KB006182

PLAYER'S HANDBOOK

플레이어즈 핸드북 한국어판

CREDITS

D&D Lead Designers: Mike Mearls, Jeremy Crawford

Player's Handbook **Lead:** Jeremy Crawford
Rules Development: Rodney Thompson, Peter Lee
Writing: James Wyatt, Robert J. Schwalb, Bruce R. Cordell
Editing: Michele Carter, Chris Sims, Scott Fitzgerald Gray, Christopher Perkins
Producer: Greg Bilsland

Art Directors: Kate Irwin, Dan Gelon, Jon Schindehette, Mari Kolkowsky, Melissa Rapier, Shauna Narciso
Graphic Designers: Bree Heiss, Emi Tanji, Barry Craig
Cover Illustrator: Tyler Jacobson
Interior Illustrators: Steve Argyle, Tom Babbey, Daren Bader, Drew Baker, Mark Behm, Eric Belisle, Christopher Bradley, Noah Bradley, Sam Burley, Clint Cearley, Milivoj Ćeran, Sidharth Chaturvedi, Jedd Chevrier, jD, Allen Douglas, Jesper Ejsing, Craig Elliott, Wayne England, Scott M. Fischer, Randy Gallegos, Justin Gerard, Florian De Gesincourt, Lars Grant-West, Jon Hodgson, Ralph Horsley, Lake Hurwitz, Tyler Jacobson, Kekai Kotaki, Olly Lawson, Raphael Lübke, Titus Lunter, Slawomir Maniak, Brynn Metheney, Aaron Miller, Christopher Moeller, Mark Molnar, Scott Murphy, William O'Connor, Hector Ortiz, David Palumbo, Alessandra Pisano, Claudio Pozas, Rob Rey, Wayne Reynolds, Aaron J. Riley, Chris Seaman, Cynthia Sheppard, Craig J Spearing, John Stanko, Matt Stawicki, Alex Stone, Thom Tenery, Cory Trego-Erdner, Beth Trott, Autumn Rain Turkel, Jose Vega, Tyler Walpole, Julian Kok Joon Wen, Richard Whitters, Eva Widermann, Ben Wootten, Kieran Yanner
Additional Contributors: Kim Mohan, Matt Sernett, Chris Dupuis, Tom LaPille, Richard Baker, Miranda Horner, Jennifer Clarke Wilkes, Steve Winter, Nina Hess, Steve Townshend, Chris Youngs, Ben Petrisor, Tom Olsen

Project Management: Neil Shinkle, Kim Graham, John Hay
Production Services: Cynda Callaway, Brian Dumas, Jefferson Dunlap, David Gershman, Anita Williams

Brand and Marketing: Nathan Stewart, Liz Schuh, Chris Lindsay, Shelly Mazzanoble, Hilary Ross, Laura Tommervik, Kim Lundstrom, Trevor Kidd

Based on the original game created by
E. Gary Gygax and Dave Arneson, with Brian Blume, Rob Kuntz, James Ward, and Don Kaye

Drawing from further development by
J. Eric Holmes, Tom Moldvay, Frank Mentzer, Aaron Allston, Harold Johnson, Roger E. Moore, David "Zeb" Cook, Ed Greenwood, Tracy Hickman, Margaret Weis, Douglas Niles, Jeff Grubb, Jonathan Tweet, Monte Cook, Skip Williams, Richard Baker, Peter Adkison, Keith Baker, Bill Slavicsek, Andy Collins, and Rob Heinsoo

Playtesting provided by
over 175,000 fans of D&D. Thank you!

Additional consultation provided by
Jeff Grubb, Kenneth Hite, Kevin Kulp, Robin Laws, S. John Ross, the RPGPundit, Vincent Venturella, and Zak S.

한국어판 던전즈 앤 드래곤즈 플레이어즈 핸드북
2019년 8월 05일 발매
저자: Mike Mearls, Jeremy Crawford
제작: D&D5 한국어판 제작지원협회 (DKSA)
유통: TRPG Club
기획: Shane Kim, 정재민, 김효경, 한상덕
번역: DKSA 번역팀(Shane Kim, 박정민 외)
교정: DKSA, TRPG Club(곽건민, 김효경, 오근영, 전홍준, 정재민, 박찬일 외)
편집: 곽건민(이그니시스), DKSA 지원팀
협력: 김희정, 박형구 님과 커뮤니케이션 그룹스 D&D 팀, 이준호, 네이버 TRPG 카페, 한우주, 신두하, 한상덕, 민기쁨, 깔깔고블린과 권지훈, 다이스라떼와 Joey Croner.

GALE FORCE NINE PRODUCTION TEAM:
Project Manager: Matthew Vaughan
Project Team: Chris Forgham, Emily Harwood
Producer: John-Paul Brisigotti

표지 해설

타일러 재콥슨Tyler Jacobson은 화염 거인의 왕 스누레와의 치열한 싸움을 그렸습니다. 그는 어리석은 불청객들을 살려두지 않겠다는 듯 충직한 헬하운드를 불러내고 있습니다.

면책조항: 여러분이 파티를 나누거나, 교활한 눈을 번뜩거리는 커다란 녹색 괴물의 입에 사지를 집어넣거나, 버그베어의 만찬 초대에 응하거나, 언덕 거인의 연회장을 기습하거나, 드래곤을 화나게 하거나(어떠한 행위로든), DM이 "후회하지 않을 자신 있어요?"라고 물었을 때 "예!"라고 대답하여 일어난 모든 결과에 관해, *Wizards of the Coast* 및 D&D5 한국어판 제작지원협회는 일체의 책임을 지지 않습니다.

ISBN: 979-11-88546-12-1 73601-K
Korean edition, 2019

목차

알리는 말씀

도량형 환산

D&D 5판 영문판은 영미권 특유의 도량형 단위인 임페리얼 유닛(Imperial Unit)을 쓰므로, 피트(ft) 및 파운드(lb)를 기본 단위로 사용하였습니다. 이에 한국어판 번역에서는 임페리얼 유닛을 미터법으로 변환하는 도량형 환산을 아래 제시합니다.

부피 단위

1 갤런 = 약 3.79리터

길이 단위

1 마일 = 약 1.6km
1 야드 = 약 0.9m
1 피트(ft) = 약 0.3m
1 인치 = 약 2.54cm

무게 단위

1 파운드(lb) = 약 0.45kg
1 온스 = 약 28.3g

약어

본 룰북에서는 위의 단위들에 더해, 아래 단어들을 약어로 사용하고 있습니다.

히트 포인트 = hp
던전 마스터 = DM
방어도 = AC
난이도 = DC

수정 내용의 적용

D&D 5판 한국어판은 2018년 9월에 발표된 수정안까지 적용하여 번역되었습니다.

들어가는 말

옛날하고도 아주 먼 옛날, 미국이라는 나라의 중서부, 더 자세히 말하자면 미네소타와 위스콘신 주라는 곳에 사이좋은 친구들이 있었습니다. 그리고 그곳에 함께 모인 그들은 게임의 역사를 영원히 바꾸어 놓았습니다.

처음부터 그럴 생각은 아니었습니다. 그들은 마법과 괴물, 모험이 넘치는 세계의 이야기를 읽기만 하는 것에 질렸습니다. 그들은 그저 보기만 하기보다는 직접 경험하고 싶어 했습니다. 그렇게 그들은 던전즈 & 드래곤즈Dungeons & Dragons를 만들었고, 그들이 게임계에 붙인 불은 오늘날까지 이어지고 있습니다. 이 사실은 두 가지를 말해 줍니다.

먼저, 게임은 우리가 실제 존재하지 않는 세상을 즐기고 상상하는데 최고의 수단임을 입증했다는 것입니다. 디지털로 하는 것이든 테이블에 둘러앉아 즐기는 것이든 현대의 거의 모든 게임은 D&D에 영향을 받지 않은 것이 없습니다.

또한, 그들이 만들어 낸 게임은 세상 사람들의 마음을 사로잡는 놀라운 힘을 지니고 있었습니다. 던전즈 & 드래곤즈Dungeons & Dragons는 전세계적인 사회 현상이 되었습니다. 그것은 최초의 롤플레잉 게임이었고, 아직도 최고의 게임 중 하나로 남아 있습니다.

D&D를 재미있게 즐기기 위해서 모든 규칙을 전부 기억하거나 세세한 사항까지 시시콜콜하게 기억할 필요는 없습니다. 웃게 생긴 주사위를 굴리는 기술의 대가가 될 필요도 없습니다. 사실 이러한 것들은 전혀 신경 쓸 필요가 없습니다. 이것이 이 게임의 가장 훌륭한 점이기도 합니다.

당신에게는 오직 두 가지만 필요합니다. 먼저, 같이 게임을 공유할 친구들이 필요합니다. 친구들과 함께 게임을 즐기는 것만으로도 충분히 즐겁겠지만, D&D는 단순히 재미있는 놀이 이상의 무언가입니다.

D&D를 즐긴다는 말은 다른 누군가와 힘을 합쳐 무언가를 만들어가는 과정을 경험한다는 뜻입니다. 당신과 친구들은 함께 긴장과 드라마가 가득한 장대한 서사를 만들 수 있습니다. 당신은 몇 년 뒤에 돌이켜보며 웃음 지을 만한 재미있는 사건도 만들 수 있습니다. 때때로 주사위가 당신한테 잔인하게 굴겠지만, 그럴 때는 포기하지 말고 다시 기운을 차리면 됩니다. 당신과 친구들이 힘을 합쳐 만들어 낸 이야기는 오래도록 함께 이야기할 무언가가 되어 줄 것입니다.

만약 당신에게 함께 즐길 친구들이 없다고 해도 걱정할 필요는 없습니다. 함께 둘러앉아 D&D를 하다 보면 다른 곳에서는 찾아볼 수 없는 신기한 화학작용이 일어납니다. 모르는 누군가와 같이 게임을 즐기다 보면 어느 사이엔가 서로 친구가 될 수 있습니다.

이것이 이 게임의 멋진 부분입니다. 당신과 함께 게임을 즐길 모임이 근처 게임 상점이나 인터넷 게시판, 아니면 게임 컨벤션 등에서 당신을 기다리고 있을지도 모릅니다.

당신에게 필요한 두 번째는 생생한 상상력, 아니, 무언가 상상하고자 하는 마음가짐 정도입니다. 당신은 대단한 이야기꾼이나 재기발랄한 연기자가 될 필요가 없습니다. 그저 무언가 만들어 내고, 당신이 만들어낸 것을 다른 누군가와 공유할 만한 용기를 가지면 됩니다.

또한, D&D는 더 깊은 우정을 쌓을 기회뿐 아니라, 당신에게 무언가 만들고 공유할 수 있는 자신감도 만들어 줄 수 있습니다. D&D는 당신에게 더 현명한 해결책이 필요할 때 그것을 찾아내는 방법을 가르쳐줄 수 있습니다. 단순히 무언가를 수동적으로 받아들이기보다 상상력을 발휘하게끔 동기를 부여할 수 있습니다.

당신이 처음 만드는 캐릭터나 모험은 아마 과거에 봤던 것들을 조합해서 만들었을 것입니다. 역사상 가장 위대했던 던전 마스터들이라도 그랬습니다. 모두 처음에는 그렇게 시작하는 법입니다. 이러한 현실을 받아들이고 새로운 캐릭터와 모험을 만들어 봅시다. 두 번째는 더 나아질 것이며, 거듭할수록 더더욱 발전하는 것을 느낄 수 있습니다. 시간을 들여 이 과정을 반복하다 보면 당신은 곧 캐릭터의 배경 이야기에서부터 판타지 모험이 벌어지는 세계의 장대한 배경에 이르기까지 모든 것을 만들어 낼 수 있게 될 것입니다.

이런 요령은 한번 익히면, 절대 잊어버리지 않습니다. 수많은 작가와 예술가, 다른 창작자 모두가 D&D를 즐기기 위해 몇 장의 메모를 끄적이고 부엌 테이블에서 주사위를 굴리다가 그들만의 창작을 시작하게 되었습니다.

무엇보다 중요한 점은, D&D가 고스란히 당신의 것이라는 점입니다. 게임 테이블에 둘러앉아 우정을 쌓는 경험 역시 당신만의 것입니다. 당신이 헤쳐온 모험, 당신이 만든 캐릭터, 당신이 겪었던 추억, 이런 것들은 모두 당신의 것입니다. D&D는 이 세상 속에서 유일하게 상상하는 것은 무엇이든 펼칠 수 있는 당신만의 공간이 되어줄 것입니다.

이제 시작할 때가 되었습니다. 게임의 규칙들을 읽고 그 세계의 이야기를 시작해 봅시다. 하지만 언제나 이 점을 잊지 마십시오. 이야기에 생명을 불어넣는 사람은 바로 당신입니다. 당신이 생명의 불꽃을 전해주지 않는다면, 이 모든 것에는 아무런 의미도 없습니다.

마이크 미얼스 Mike Mearls
2014년 5월

소개문

던전즈 & 드래곤즈Dungeons & Dragons 롤플레잉 게임은 검과 마법이 존재하는 세계의 이야기를 다룹니다. 이 게임은 어린 시절 소꿉놀이와 비슷한 점이 있습니다. 소꿉놀이와 마찬가지로 D&D는 상상력으로 성립합니다. 폭풍이 몰아치는 밤하늘 아래 우뚝 솟은 성을 떠올리고, 그 안에서 판타지 세계의 모험자들이 어떻게 도전에 맞서 싸울지 상상하는 것이 이 게임의 줄거리입니다.

> **던전 마스터(DM):** 험준한 산 사이로 난 길은 동쪽으로 쭉 이어져 있고, 여러분 눈앞에는 레이븐로프트 성이 보입니다. 바위로 이루어져 있지만 반쯤 무너진 성채의 탑이 다가오는 자들을 조용히 지켜보고 있는 것 같습니다. 버려진 경비 초소들도 보입니다. 탑 건너편에는 넓은 협곡이 보이고, 아래에는 짙은 안개가 끼어 있습니다. 협곡 위에는 도개교가 내려져 있고, 그 너머로 성의 안뜰로 이어지는 아치 입구가 보입니다.
>
> 도개교를 올리는 사슬은 바람에 흔들리며 소리를 내고, 녹이 잔뜩 슬어 있는 쇠는 제 무게에 못 이겨 삐걱대고 있습니다. 높고 튼튼해 보이는 성벽 위에는 바위 가고일이 앉아 텅 빈 눈으로 소름끼치는 웃음을 지으며 여러분을 바라보는 것 같습니다. 낡은 나무로 된 창살문이 아치 위에 있지만 이미 이끼에 감겨 썩어가고 있습니다. 저 멀리 레이븐로프트 성의 정문이 열려 있는 게 보이고, 문 안에서 새어 나온 따뜻한 빛이 안뜰을 비추고 있습니다.
>
> **필립(가레스를 플레이 중):** 난 저 가고일을 살펴보고 싶어. 그냥 석상 같지 않거든.
>
> **에이미(리바를 플레이 중):** 도개교는 어때? 튼튼해 보여? 확인 좀 해 볼래. 건너가다가 우리 무게를 이기지 못하고 무너질 것 같지는 않아?

하지만 소꿉놀이와는 달리 D&D에는 이야기에 구조를 제공하며, 모험자들이 취한 행동이 어떤 결과를 맞이했는지를 판정하는 방법이 있습니다. 플레이어들은 자신이 가한 공격이 명중했는가 아닌가를 판정하기 위해, 절벽을 뛰어넘었는지를 알기 위해. 마법적인 번개가 떨어질 때 몸을 날려 피했는지를 정하기 위해. 이 외의 다른 위험한 시도가 성공했는지 파악하기 위해 다양한 주사위를 굴립니다. 이야기 속에서는 무엇이든 가능하며, 주사위에 따라 다양한 결말을 맞이할 수 있습니다.

> **던전 마스터(DM):** 자 하나씩 처리합시다. 필립, 가고일을 살펴본다고 했죠?
>
> **필립:** 응. 정말 그냥 석상이야? 움직일 낌새는 없어?
>
> **DM:** 지능 판정을 할게요.
>
> **필립:** 내 수사 기술이 적용되나?
>
> **DM:** 물론이죠!
>
> **필립(20면체 주사위를 굴린다):** 어, 7이네.
>
> **DM:** 그냥 단순한 장식으로 보이네요. 에이미? 리바는 도개교를 살펴보는 거죠?

던전즈 & 드래곤즈Dungeons & Dragons 게임에서, 각 플레이어는 자신을 대신할 모험자(캐릭터라고도 부릅니다)를 만들고, 친구들이 만든 다른 모험자들과 일행을 이루게 됩니다. 이들은 함께 협력하며 어두운 던전과 폐허가 된 도시, 저주받은 고성, 정글 속 깊은 곳의 잃어버린 신전 혹은 신비한 산 아래의 용암이 흐르는 동굴을 탐험합니다. 모험자들은 수수께끼를 풀고, 다른 캐릭터들과 이야기하며, 판타지의 괴물들과 전투를 벌이고, 상상을 초월하는 마법 물건들과 다른 보물들을 찾아냅니다.

하지만, 플레이어 중 한 명은 던전 마스터(DM)의 역할을 담당해야 합니다. DM은 이야기 진행을 지도하는 사람이자 심판 역할을 합니다. DM은 캐릭터들이 진행할 모험을 만들고, 그들이 마주해야 하는 위험과 탐사해야 할 미지의 세상을 꾸밉니다. DM은 레이븐로프트 성의 입구 모습을 묘사하고, 플레이어들은 자신의 모험자가 무엇을 할지 결정합니다. 그들은 위험하게 낡은 도개교를 그냥 건너게 될까요? 아니면 로프로 서로의 몸을 묶어 도개교가 무너질 위험에 대비할까요? 어쩌면 마법 주문을 사용해서 협곡을 날아 넘어가야 하는 것은 아닐까요?

DM은 모험자들의 행동 결과를 판정하고, 그들이 무엇을 겪을지 이야기해 줍니다. DM이 모든 플레이어의 시도에 바로바로 대응할 수 있기 때문에. D&D는 무한한 유연함을 가지며 매번 새롭고 신기한 모험에 나설 수 있습니다.

이 게임에 진짜 끝은 없습니다. 이야기나 사명 하나가 끝나면, 곧바로 다음 시작이 찾아오기 마련입니다. 이렇게 쭉 이어지는 긴 이야기를 바로 **캠페인(Campaign)**이라고 부릅니다. 게임을 진행하는 많은 사람이 몇 달, 심지어 몇 년간 하나의 캠페인을 진행하기도 합니다. 이들은 매주 친구들과 만나 이야기를 진행하며, 캠페인이 계속될수록 모험자들이 성장하는 모습을 기록합니다. 괴물들을 쓰러트릴 때마다, 모험을 완수할 때마다, 보물을 발견할 때마다 모험자들은 새로운 능력을 얻고 이야기를 이어나가게 됩니다. 그리고 이러한 성장이 모험자의 레벨로 나타납니다.

던전즈 & 드래곤즈Dungeons & Dragons라는 게임에는 승패가 없습니다. 최소한. 일반적인 의미의 승패는 없다고 해야 할 것입니다. DM과 플레이어들은 과감한 모험자들이 무시무시한 위험에 맞서는 이야기를 함께 만들어나갑니다. 때로 모험자들은 처참한 최후를 맞이하기도 합니다. 난폭한 괴물들에게 갈가리 찢기거나, 교활한 악당의 손에 살해당할 수도 있습니다. 그렇다 하더라도 모험자들은 강력한 마법으로 쓰러진 동료를 되살릴 수도 있고, 플레이어가 새로운 캐릭터를 만들어 일행에 합류할 수도 있습니다. 모험에 완전히 실패할 수도 있지만, 게임에 참가한 모든 사람이 재미있는 시간을 즐겼고 기억에 남는 이야기를 만들었다면, 그들 모두 게임에서 이긴 것이나 다름없습니다.

모험의 세계

던전즈 & 드래곤즈Dungeons & Dragons의 무대가 되는 수많은 세계는 마법과 괴물들이 존재하는 곳이며, 용감한 전사들과 놀라운 모험이 기다리고 있습니다. 이 세계는 중세 판타지에 기반을 두고 있지만, 새로운 크리쳐와 장소, 다양한 마법이 이러한 세계들에 독창성을 만들어줍니다.

던전즈 & 드래곤즈Dungeons & Dragons 게임의 세계들은 흔히 **멀티버스(Multiverse)**라 부르는 방대한 우주에 속해 있으며, 기이하고 신비로운 방법을 통해 다른 존재의 세계들로 이어집니다. 이를 통해 모험자들은 불의 원소계나 어비스의 무한 심연으로 갈 수 있으며, 그 외에도 멀티버스에는 끝없이 다양한 세계들이 있습니다. 이들 중 상당수는 D&D 게임의 공식 배경으로 출판

되었습니다. 포가튼 렐름즈, 드래곤랜스, 그레이호크, 다크 선, 미스타라, 에버론 등의 배경이 멀티버스의 구조를 이루고 있습니다. 이렇게 유명한 세계들 외에도 D&D의 플레이어들이 자신들만의 게임을 위해 몇 세대에 걸쳐 만든 수천수만 개의 세계가 존재합니다. 그리고 당신 역시 자신만의 세계를 만들어 멀티버스에 또 다른 다채로움을 더할 수 있을 것입니다.

이러한 세계들에는 공통적인 특징들도 있지만, 각각의 세계에는 개별적인 역사와 문화, 독특한 괴물과 종족, 판타지에 나올법한 지형들과 고대의 던전, 그리고 교활한 악당들이 있습니다. 어떤 세계에서는 익숙한 종족들에게 기이한 특징이 생기기도 합니다. 예를 들어, 다크 선 배경의 하플링들은 밀림에 사는 식인종이며, 엘프들은 사막의 유목민들입니다. 또한 몇몇 세계의 독특한 종족들은 아직 다른 세계에 널리 알려지지 않았습니다. 에버론의 워포지드 같은 경우가 그러합니다. 이들은 최종 전쟁(the Last War)에서 싸우기 위해 생명을 부여받은 병사들로 처음 만들어졌습니다. 몇몇 세상에서는 거대한 이야기 하나가 그 세상을 움직이기도 합니다. 예를 들어, 드래곤랜스 배경에서는 랜스의 전쟁(the War of Lance)이 이야기의 중심축으로 작동합니다. 하지만 이들 모두는 D&D 세계의 일부이며, 당신 역시 이 책의 규칙들을 이용해 캐릭터를 만들고 이 세계 중 하나에서 살아갈 수 있습니다.

당신의 DM은, 기존에 존재하는 세계 중 하나를 캠페인의 배경으로 삼을 수도 있고, 자신만의 세계를 만들 수도 있습니다. D&D의 세계는 너무나 다채롭기 때문에, 게임에 영향을 주는 DM만의 독특한 규칙이 있는지 확인해 보는 편이 좋습니다. 그리고 출판된 것이든 만든 것이든 캠페인과 그 배경에 대한 최종 결정권은 어찌 되었든 당신의 DM이 지니고 있습니다.

이 책의 사용법

플레이어즈 핸드북(Player's Handbook)은 크게 세 부분으로 나누어집니다.

제1부는 캐릭터를 만드는 과정을 다루고 있으며, 게임 도중 당신이 플레이하게 될 캐릭터의 생성 규칙을 안내하고 있습니다. 여기에서는 다양한 종족과 클래스, 배경, 장비, 그 외에도 캐릭터를 만드는 데 필요한 여러 선택지를 찾아볼 수 있습니다. 제1부의 규칙 중 상당수는 제2부와 제3부에서 관련 자료를 찾아볼 수 있습니다. 만약 당신이 제1부에서 나온 개념을 잘 이해하지 못하겠다면, 이 책의 색인을 참조하시길 바랍니다.

제2부는 소개 부분에서 설명하는 기본적인 규칙을 포함해 실제로 게임을 진행하는데 사용하는 상세한 규칙들을 설명하고 있습니다. 이 부분에서는 다양한 행동의 성공과 실패를 판정하기 위해 어떤 주사위를 굴려야 하는지 설명하고, 탐험, 교류, 전투라는 게임 행동의 3대 분류를 소개하고 있습니다.

제3부는 마법에 대한 것입니다. 이 부분에서는 D&D 세계에서 사용하는 마법의 본성에 관해 설명하고, 주문시전의 규칙을 다루며, 마법을 사용하는 캐릭터(그리고 괴물)들이 활용할 수 있는 다종다양한 마법을 소개하고 있습니다.

게임을 진행하는 법

던전즈 & 드래곤즈Dungeons & Dragons의 기본적인 게임 진행은 대체로 아래와 같은 흐름으로 이루어집니다.

1. DM이 상황을 설명한다. DM은 플레이어들에게 모험자들이 어디에 있으며, 그 주변 환경을 설명하고, 그들이 기본적으로 무엇을 어떻게 선택할 수 있는지를 알려줍니다. (방에서 나가는 문이 몇 개인지, 탁자 위에는 무엇이 있는지, 술집에 있는 사람은 누구누구인지 등등)

2. 플레이어들이 하고 싶은 행동을 선언한다. 예를 들어, 가끔 플레이어 한 사람이 일행 전체를 대표해서 "우리는 동쪽 문으로 갈 거야."라고 선언할 수도 있습니다. 때로는 서로 다른 모험자가 각자 다른 행동을 하기도 합니다. 한 명은 보물 상자를 살펴보는가 하면, 또 다른 누군가는 벽에 새겨진 신비로운 문양을 조사하고, 세 번째 모험자는 괴물들이 다가오는지 경계하는 식입니다. 플레이어들은 차례에 따라 행동할 필요가 없지만, DM은 모든 플레이어의 선언을 듣고 그들의 행동이 어떤 결과를 가져올 것인지 판정해야 합니다.

때로는 그러한 행동이 아주 간단한 것일 수도 있습니다. 만약 모험자가 방을 가로질러 걸어가서 문을 열겠다고 한다면, DM은 그냥 문이 열렸으며 문 뒤에 무엇이 있는지 말해 줄 것입니다. 하지만 문이 잠겨 있거나 복도에 치명적인 함정이 숨겨진 경우도 있으며, 그 외에도 다른 이유로 모험자가 목적을 달성하기 어려울 수도 있습니다. 이럴 때 DM은 무슨 일이 벌어졌는가를 결정하며, 필요에 따라서는 행동의 결과를 판정하기 위해 주사위를 굴릴 수도 있습니다.

3. DM은 모험자의 행동 결과를 이야기한다. 행동에 따른 결과를 이야기하고 나면, 다시 새로운 결정을 할 때까지 DM은 제1단계로 돌아가 묘사를 계속합니다.

이 방식에 따라서 모험자들은 조심스럽게 유적을 탐사하고, 거만한 대공과 이야기하며, 강력한 드래곤에 맞서 생사를 건 혈투를 벌이게 됩니다. 특히나 전투 같은 상황이 벌어지면, 플레이어들(그리고 DM)은 "턴(Turn)"이라고 부르는 순서에 따라 행동을 선언하고 그 결과를 확인하는 구조를 취하게 됩니다. 하지만 대부분의 경우 게임 진행은 유동적이고 유연하며, 모험의 상황에 따라 그때그때 맞추어 갈 수 있습니다.

모험의 행동은 플레이어들과 DM의 상상 속에서 이루어지며, 주변 환경의 묘사는 DM의 이야기만으로 이루어지기도 합니다. 몇몇 DM은 음악이나 그림, 혹은 녹음해 둔 음향 효과를 이용해 분위기를 살리기도 하며, 많은 플레이어나 DM은 다양한 모험자나 괴물, 다른 캐릭터들을 연기하기 위해 목소리를 다르게 내기도 합니다. 때때로 DM은 모험 상황에서 플레이어들이 장면에 등장하는 크리쳐가 어디 있는지 정확히 알 수 있게끔 지도를 그리고 토큰이나 미니어쳐를 이용하기도 합니다.

게임의 주사위

이 게임은 각 면에 다른 숫자가 쓰여 있는 다면체 주사위 여러 개를 사용합니다. 게임 상점이나 서점 등에서 이러한 주사위를 구매할 수 있을 것입니다.

이 규칙에서, 각각의 주사위는 d 뒤에 면의 갯수를 넣어 표기합니다. 즉 쓰이는 주사위는 d4, d6, d8, d10, d12, d20 등으로 나타냅니다. 예를 들어, d6은 6면체 주사위입니다. (많은 게임에서 사용하는 정육면체 주사위를 말합니다.)

퍼센트 주사위, 혹은 d100이라 부르는 방식은 약간 다릅니다. 이것은 두 개의 10면체 주사위(d10)를 굴려서 하나는 10단위, 하나는 1단위로 취급하여 1에서 100까지의 결과를 얻는 방식입니다. 예를 들어 당신이 10단위 주사위로 7, 1단위 주사위로 1이 나왔다면, d100에서 71이 나온 것입니다. 0이 2개 나오면 100으로 취급합니다. 몇몇 10면체 주사위들은 뒤에 0이 붙어 10단위용이라고 따로 표기되어 있기도 합니다. (00, 10, 20 같은 식으로 쓰여 있습니다.) 그렇지 않은 경우, 주사위를 던지기 전 무엇이 10단위 주사위인지 명확히 해 두는 것이 좋습니다.

당신이 주사위를 던져야 할 때면, 규칙상에서 어떤 주사위를 몇 개나 던져야 하는지, 결과에 들어가는 수정치는 얼마인지가 명시되어 있을 것입니다. 예를 들어 "3d8+5"란 8면체 주사위 3개를 던진 후, 그 합계에 5를 더한 게 결과값이라는 뜻입니다.

때때로 "1d3"이나 "1d2" 같은 단위가 나올 때도 있습니다. 1d3을 구하려면 d6을 굴린 다음 숫자를 2로 나누면 됩니다. (반올림), 1d2를 구하려면, 아무 주사위나 굴린 다음 홀수는 1로, 짝수는 2로 취급하면 됩니다. (혹은, 주사위의 중간값보다 크면 2로 취급하는 방식을 사용하기도 합니다.)

D20에 대해

모험자가 휘두른 검이 드래곤에게 상처를 입혔을까요? 아니면 강철처럼 단단한 비늘에 튕기고 말았을까요? 오우거는 모험자의 터무니없는 거짓말을 믿을까요? 캐릭터는 거친 강을 헤엄쳐 건널 수 있을까요? 캐릭터는 화염구Fireball의 폭발에서 몸을 날려 피할 수 있을까요? 아니면 터지는 불꽃의 피해를 고스란히 받아야 할까요? 행동의 결과가 불확실할 때, 던전즈 & 드래곤즈Dungeons & Dragons 게임에서는 20면체 주사위, 즉 d20을 사용하여 성공과 실패를 판정합니다.

게임에 등장하는 모든 캐릭터와 괴물은 여섯 가지 능력치 점수를 지니고 있습니다. 이 능력치들은 근력, 민첩, 건강, 지능, 지혜, 매력으로 이루어지며, 대개 모험자들은 3에서 18 사이의 값을 지니고 있습니다. (괴물들은 1보다 낮거나 30보다 높은 점수를 가질 수도 있습니다.) 이 능력치 점수에서 계산할 수 있는 능력 수정치는, 플레이어 캐릭터나 괴물의 행동에 필요한 모든 d20 판정의 가장 기본적인 요소가 됩니다.

능력 판정, 명중 굴림, 내성 굴림은 d20 굴림이 쓰이는 가장 기본적인 세 종류의 판정이며, 게임의 핵심이 됩니다. 세 가지 모두, 아래와 같은 간단한 순서를 거쳐 판정합니다.

1. **주사위를 굴리고 수정치를 더합니다.** 20면체 주사위를 굴린 다음 그에 연관된 수정치를 더합니다. 수정치는 여섯 가지 능력치 점수에 따라 정해지며, 캐릭터가 판정에 관련된 기술을 지니고 있는 경우에는 숙련 보너스가 더해지기도 합니다. (각각의 능력치와 그 수정치를 계산하는 방법은 제1장을 참조하십시오.)

2. **환경에 따른 보너스와 페널티를 계산합니다.** 클래스 요소, 주문, 특정한 환경, 혹은 몇몇 효과 등은 판정에 보너스나 페널티를 가할 수 있습니다.

3. **결과를 목표치와 비교합니다.** 만약 능력 판정, 명중 굴림, 내성 굴림의 결과값이 목표치 이상이라면, 판정에 성공한 것입니다. 아니라면, 판정은 실패한 것입니다. 이 목표치는 대개 DM이 결정하며, 플레이어들이 굴린 능력 판정, 명중 굴림, 내성 굴림의 결과값을 보고 성공 또는 실패를 말해줍니다.

능력 판정이나 내성 굴림의 목표치는 흔히 **난이도(Difficulty Class, DC)**라고 부르며, 명중 굴림의 목표치는 **방어도(Armor Class, AC)**라고 부릅니다.

이 간단한 규칙이 D&D 게임 진행의 대부분을 차지하고 있습니다. 또한 제7장에는 d20이 게임에서 사용될 때의 자세한 규칙들이 소개되어 있습니다.

이점과 불리점

능력 판정, 명중 굴림, 혹은 내성 굴림에는 **이점** 혹은 **불리점**이라 부르는 특별한 상황이 영향을 줄 수도 있습니다. 이점은 d20 판정에 관련해 유리한 상황을 맞이했다는 것이며, 불리점은 그 반대로 불리한 상황에 처했음을 나타냅니다. 당신이 이점이나 불리점을 받고 있다면, 판정시 d20을 하나 더 굴립니다. 이점을 받는 상태라면 두 개의 20면체 중 높은 값을 사용하며, 불리점을 받고 있다면 낮은 값을 사용해야 합니다. 예를 들어, 당신이 불리점을 받고 d20 2개를 굴려 17과 5가 나왔다면, 당신은 5를 써야 합니다. 만약 당신이 이점을 받는 상태였다면, 17을 씁니다.

이점과 불리점에 대한 더 상세한 규칙은 제7장에 소개되어 있습니다.

예외가 일반보다 우선한다

이 책의 규칙, 특히 제2부와 제3부에 수록된 규칙들은 게임 진행에 사용합니다. 이 규칙들에 포함되는 여러 가지 종족 특성, 클래스 요소, 주문, 마법 물건, 괴물의 특수 능력이나 기타 게임 요소들은 일반적 규칙을 벗어나거나 예외로 취급되곤 합니다. 이 점을 명심하십시오. 만약 예외를 두는 특별 규칙이 일반 규칙과 서로 맞지 않는다면, 특별 규칙이 우선합니다.

예외 규칙은 대체로 사소한 부분입니다. 예를 들어, 많은 모험자들은 롱보우에 숙련을 갖고 있지 않지만, 모든 우드 엘프는 종족 특성으로 롱보우에 숙련을 가집니다. 이러한 특징은 게임 내에서 작은 예외를 만듭니다. 이보다 훨씬 눈에 띄게 일반적 규칙을 벗어나는 경우도 있습니다. 예를 들어, 모험자는 대개 벽을 통과할 수 없지만, 어떤 마법 주문을 사용하면 벽을 통과할 수도 있습니다. 마법은 규칙에서 큰 예외를 만들곤 합니다.

나머지 버림

또한, 당신이 알아 두어야 할 일반 규칙이 한 가지 더 있습니다. 게임 내에서 숫자를 나눌 때, 따로 언급이 없다면 소수점 아래 값은 일반적으로 버립니다. 0.5 이상으로 반올림할 수 있더라도, 일단 일반 규칙은 나머지를 버립니다.

모험

던전즈 & 드래곤즈Dungeons & Dragons는 던전 마스터가 준비한 모험에 캐릭터 집단이 도전하는 형태로 이루어져 있습니다. 캐릭터들에게는 모험에서 저마다 맡을 수 있는 역할이 있으며, 능력치, 기술, 클래스 요소, 장비, 마법 물건 등으로 그 역할을 수행합니다. 모든 캐릭터는 저마다 다른 존재이며, 다양한 강점과 약점을 지니고 있습니다. 그러므로 서로의 약점을 보완해 줄 수 있는 일행이야말로, 가장 뛰어난 모험자 일행이라 부를 수 있습니다. 모험자들이 서로 협력하지 않는다면, 모험을 성공적으로 완수할 수 없습니다.

모험은 게임의 심장이며, 시작과 중간, 끝이 있는 이야기이기도 합니다. 모험은 던전 마스터가 직접 만들 수도 있고, DM이 출판된 모험을 구매하여 원하는 조건에 맞춰 조정할 수도 있습니다. 어느 쪽이든, 모험은 무너진 성, 드넓은 황야, 복잡한 대도시 등의 흥미로운 지역들을 배경으로 합니다. 또한 모험에는 다양한 캐릭터들이 등장하기도 합니다. 모험에는 같이 게임을 하는 플레이어들의 캐릭터 외에도 논플레이어 캐릭터(NPC)들이 출연합니다. 이 캐릭터들은 후견인이나 동료, 적, 고용인, 기타 배경의 엑스트라 등으로 모험에 얼굴을 비출 것입니다. 때로는 그러한 NPC 중 누군가가 모험의 원인이 되는 사건을 일으킨 악당이 될 수도 있습니다.

모험을 진행하는 동안, 캐릭터들은 다양한 크리쳐들과 신기한 물건들, 그리고 어떤 식으로든 대응해야만 하는 상황과 마주하게 됩니다. 모험자들이 목적을 이루려면, 가끔은 전투를 벌여 다른 크리쳐들을 죽이거나 사로잡아야 할 수도 있습니다. 때로는 모험자들이 목적을 이루기 위해 다른 크리쳐들과 대화를 나누어야 할 수도 있습니다. 크리쳐 외에도, 어쩌면 마법 물건과 대화를 나누어야 할 때도 있습니다. 또 가끔은 모험자들이 현 상황을 타개하기 위해 수수께끼를 풀거나 숨겨진 무언가를 찾아야 할 때도 있습니다. 그러는 동안 모험자들은 세상을 탐험하며, 어디로 갈 것이며 다음에는 무엇을 할지 결정합니다.

각 모험의 길이는 다양하고, 복잡한 정도도 제각각 다릅니다. 짧은 모험은 몇 개의 도전만으로 이루어지기도 하며, 한 번의 게임 모임으로 끝날 수도 있습니다. 긴 모험은 수백 개의 전투와 교류, 다른 도전이 있으며, 열 번이 넘는 모임을 거치며 실제로도 몇 주나 몇 달간 진행하기도 합니다. 대개 모험은 모험자들이 문명의 땅으로 돌아와 휴식을 취하며 전리품을 만끽할 때 끝나곤 합니다.

하지만 그것이 이야기의 끝은 아닙니다. 모험은 TV 드라마 시리즈의 에피소드 하나로 생각하면 됩니다. 여러 개의 흥미로운 장면이 연속적으로 이어져 만들어진 한 편의 이야기입니다. 반면에 캠페인은 시리즈 전체를 말합니다. 캠페인은 여러 모험을 나열하여 만들어지는 장대한 이야기이며, 모험자 일행은 시작부터 끝까지 이 대서사시를 만들어 가게 됩니다.

모험의 3요소

모험자들은 플레이어가 상상하는 것이면 무엇이든 시도할 수 있지만, 이들의 활동 대부분은 크게 탐험, 사회적 교류, 전투라는 세 개의 대분류로 나눌 수 있습니다.

탐험은 세상 속을 여행하는 모험자들의 활동과 주의를 끌 만한 사물에 집중하고 사건에 연관을 가지는 여러가지 일들을 말합니다. 탐험은 플레이어들이 각자 자기 캐릭터의 행동을 선언하고, 던전 마스터가 그 행동에 따라 어떤 일이 벌어졌는지 설명해 주면서 진행됩니다. 넓게 보자면 일행이 광활하게 펼쳐진 평원을 며칠에 걸쳐 여행하거나 지하로 이어진 동굴을 몇 시간 동안 내려가는 일 등을 탐험이라 할 수 있으며, 좁게 본다면 던전의 방에 있는 손잡이를 잡아당기고는 무슨 일이 벌어질지 살펴보는 것 역시 탐험의 일부분이라고 할 수 있을 것입니다

사회적 교류는 모험자들이 다른 누군가(혹은 무언가)와 이야기하는 활동을 말합니다. 이 교류는 고블린 소굴의 외곽에서 사로잡은 척후병 심문하기, 구출한 포로에게서 정보를 얻어내기, 오크 족장에게 자비를 애원하기, 수다쟁이 마법 거울을 설득하여 멀리 떨어진 곳을 보여달라고 부탁하기 등을 모두 포함하고 있습니다.

탐험과 사회적 교류에 대한 규칙들은 제7장과 제8장에 수록되어 있으며, 여기에 제3장의 여러 가지 클래스 요소들이나 제4장의 인격 특성들 또한 영향을 줄 수 있습니다.

제9장에서 집중적으로 다루는 **전투**는 주인공들과 다른 크리쳐들이 서로에게 무기를 휘두르거나 주문을 시전하고 더 좋은 자리를 차지하기 위해 끝없이 움직이는 등의 행동으로 상대를 쓰러트리려는 모든 노력을 말합니다. 쓰러트린다는 것은 적들을 모두 죽이거나, 포로를 사로잡거나, 내쫓아 버리는 일을 모두 포함합니다. 전투는 D&D 게임 전체에서 가장 정교하게 구성된 부분입니다. 전투에 참여하는 모든 이들은 자기 '턴'에 맞추어 공평하게 행동할 기회를 얻을 수 있습니다. 모험자들은 치열한 전투 속에서도 다채롭고 놀라운 일들을 벌일 수 있습니다. 방패를 타고 계단을 미끄러져 내려가거나, 어떤 원리로 움직이는지도 모르는 기계를 조작하기 위해 손잡이를 당겨 보거나, 주변 환경을 이용할 수도 있습니다. 전투 중에는 동료나 적, 중립적인 상대와 대화를 나누는 일도 얼마든지 일어날 수 있습니다.

마법의 경이로움

대부분의 D&D 모험은 마법과 관련된 사건이 얽혀 있습니다. 마법은 모험자들의 삶에 도움이 될 수도 있고 해를 끼칠 수도 있습니다. 제10장과 제11장은 마법을 집중적으로 다루고 있습니다.

던전즈 & 드래곤즈Dungeons & Dragons의 세계에서도 마법의 수련자는 흔한 편이 아니고, 대개 특별한 재능을 지닌 이들만이 마법의 길에 들어섭니다. 물론 평범한 사람들도 마법이 존재한다는 증거는 자주 접하지만, 대개는 사소한 것들입니다. 판타지적인 괴물, 기도에 응답을 받는 모습, 경호원으로 방패 수호자를 데리고 다니는 마법사가 지나다니는 광경 등이 이러한 마법의 증거입니다.

하지만 모험자들에게 있어, 마법은 생존의 열쇠입니다. 팔라딘이나 클레릭의 치료 마법이 없다면, 모험자들은 부상으로 인해 쉽게 쓰러지고 말 것입니다. 클레릭이나 바드의 마법적인 도움이 없다면, 전사들은 강력한 적의 압도적인 힘 앞에 무릎 꿇고 말 것입니다. 위저드나 드루이드의 순수한 마법적인 힘과 다재다능함이 없다면, 모험의 모든 위협은 열 배는 더 위험해질 것입니다.

또한, 마법은 악당들이 즐겨 사용하는 도구이기도 합니다. 마법으로 사악한 일을 꾸미려는 주문시전자의 음모를 계기로 많은 모험이 시작되곤 합니다. 사교 교단의 지도자는 바닷속 깊은 곳에 잠들어 있는 신을 깨우려 할 수도 있고, 마귀할멈은 어린아이들을 납치해 그들의 활력을 마법적으로 빨아 마시려 할 수도 있습니다. 정신 나간 위저드가 살아 있는 것을 흉내 내는 자동인형의 군대를 만들어서 날뛰게 하며, 드래곤 한 마리가 파괴신으로 승천하기 위한 신비로운 의식을 거행하려 들 수도 있습니다. 앞서 말한 모든 것은 모험자들이 마주칠 수 있는 마법적 위험의 일부일 뿐입니다. 하지만 모험자들 역시 다양한 주문과 마법 물건의 도움을 받을 수 있다면 충분히 승리의 기회를 잡을 수 있습니다!

제1부

캐릭터 제작

제1장: 캐릭터 제작 순서

던전즈 & 드래곤즈Dungeons & Dragons 게임을 즐기기 위한 첫 번째 단계는 당신만의 캐릭터를 상상하고 만들어 내는 일입니다. 당신의 캐릭터는 게임내 정보와 역할 연기의 실마리들, 그리고 당신의 상상력이 한데 모여 만들어집니다. 당신은 인간이나 하플링 따위의 종족을 고르고, 파이터나 위저드 등의 클래스를 선택하게 됩니다. 당신은 또한 캐릭터의 개성을 선택하고 외모를 정하며, 배경 이야기를 만들어냅니다. 일단 완성되고 나면, 캐릭터는 게임 속에서 당신의 분신이 되어 던전즈 & 드래곤즈Dungeons & Dragons의 세상 속에서 살아가게 될 것입니다.

아래의 1단계에 들어가기 전에, 먼저 당신이 어떤 모험자를 만들고 싶은지를 생각해 보는 것이 좋습니다. 당신은 용감한 파이터나 은신에 뛰어난 로그, 열성적인 클레릭, 재능 넘치는 위저드를 만들고 싶을 수도 있습니다. 어쩌면 당신은 맨손 전투로 적을 쓰러트리는 기골 장대한 로그나 멀리서 적을 노리는 저격수같이 특이한 캐릭터에 더 흥미를 느낄 수도 있습니다. 드워프나 엘프가 나오는 판타지 소설을 좋아하십니까? 그런 종족의 캐릭터를 만들어 보십시오. 일행 중에서 가장 튼튼한 모험자를 만들고 싶으십니까? 클래스로 바바리안이나 팔라딘을 선택해 보십시오. 어디서부터 시작해야 할지 모르겠다면, 이 책에 수록된 일러스트를 보면서 상상력을 펼쳐 보아도 좋습니다.

일단 당신의 마음에 드는 캐릭터를 정했다면, 아래 설명된 여러 단계를 순서대로 거쳐 나가며 당신이 원하는 캐릭터를 만들 수 있도록 결정을 내리면 됩니다. 당신이 지닌 캐릭터의 컨셉은 여러 선택을 거치며 점차 발전되어 나갈 것입니다. 가장 중요한 것은, 당신이 즐겁게 게임에 임할 수 있는 캐릭터를 만드는 것입니다.

이 장 전체에서, 우리는 캐릭터의 정보를 기록해 나가는 도구를 **캐릭터 시트(Character Sheet)**라는 용어로 칭할 것입니다. 물론 이 책 뒷부분에 공식적인 캐릭터 시트가 실려 있긴 하지만, 디지털 기록 도구나 그냥 노트 종이를 이용해 캐릭터 시트를 만들 수도 있습니다. 하지만 게임 중에 어떤 정보가 필요하며 그 정보를 어떻게 사용해야 하는지 능숙하게 파악할 수 있을 때까지는 D&D 공식 캐릭터 시트를 사용하는 것을 추천합니다.

브루노 만들기

캐릭터 제작의 단계마다, 우리는 밥이라는 플레이어가 브루노라는 드워프 캐릭터를 만들어나가는 과정을 예시로 제공할 것입니다.

1. 종족 정하기

모든 캐릭터는 저마다 종족에 속해 있습니다. 종족이란 D&D 세계에 존재하는 지적인 인간형 종을 뜻하는 말입니다. 가장 평범한 플레이어 캐릭터 종족들에는 드워프, 엘프, 하플링, 인간 등이 있습니다. 이들 종족 아래에는 산 드워프나 우드 엘프 같은 **하위종족**들이 있기도 합니다. 제2장에서는 이러한 종족들에 대한 더 많은 정보를 제공하고 있으며, 드래곤본, 노움, 하프 엘프, 하프 오크, 티플링처럼 비교적 덜 퍼져 있는 종족들 역시 소개하고 있습니다.

종족 선택은 당신 캐릭터의 정체성을 정하는 중요한 방법이며, 대략적인 외모나 문화적인 영향, 선조에게서 받은 천성적인 재능들 역시 종족으로 정해집니다. 당신은 캐릭터 종족에 따라 특별한 감각, 몇몇 무기나 도구 혹은 기술에 대한 숙련, 하급 주문을 시전하는 능력 등 다양한 종족 특성(Racial Trait)을 얻을 수 있습니다. 이러한 요소들은 때때로 클래스 선택 (2단계 참조)에 큰 도움을 주기도 합니다. 예를 들어, 라이트풋 하플링은 뛰어난 로그가 될 수 있으며, 하이 엘프는 강력한 위저드

가 되곤 합니다. 때로는 전형적인 성향에 반대되는 캐릭터를 만들어 보는 것도 재미있을 것입니다. 예를 들어 하프 오크 팔라딘이나 산 드워프 위저드는 확실히 기이하겠지만, 분명 기억에 남는 캐릭터가 될 것입니다.

당신의 종족은 또한 능력치 점수 일부를 상승시켜 주기도 합니다. 이에 대해서는 3단계에서 더 자세히 다룰 것입니다. 이러한 능력치 상승을 기록해 두었다가 나중에 잊지 말고 적용하도록 하십시오.

종족에 따라 주어진 요소들을 당신의 캐릭터 시트에 기록하십시오. 당신이 시작 시에 알고 있는 언어와 기본 이동속도 역시 잊지 말고 기록하는 것이 좋습니다.

브루노 만들기, 1단계

밥은 자리에 앉아 자기 캐릭터를 만들기 시작했습니다. 그는 무뚝뚝한 산 드워프를 만들어서 게임을 하고 싶었습니다. 그는 25ft의 이동속도와 공용어 및 드워프어를 할 수 있다는 사실을 포함해, 드워프의 종족 특성들을 캐릭터 시트에 기록해 두었습니다.

2. 클래스 정하기

모든 모험자는 다양한 클래스 중 하나의 일원입니다. 클래스는 캐릭터의 직업적 능력이나 특수한 재능, 괴물들과 싸울 때나 던전을 탐험할 때, 아니면 긴장 넘치는 협상을 벌일 때 즐겨 쓰는 전술 등을 넓게 포괄하는 개념입니다. 캐릭터 클래스에 대한 자세한 설명은 제3장에 수록되어 있습니다.

당신의 캐릭터는 클래스를 선택했을 때 여러 가지 이익을 받을 수 있습니다. 이러한 이익들 대부분은 **클래스 요소(Class Feature)**라고 부릅니다. 이러한 요소들은 주문시전 능력을 포함해 그 클래스만이 지니고 있는 다양하고 특수한 능력들을 알려줍니다. 또한, 당신이 클래스를 고르면 갑옷이나 무기, 기술, 내성 굴림, 때로는 도구 등에 대한 **숙련**을 얻을 수 있습니다. 이 숙련은 당신의 캐릭터가 특별히 잘하는 분야를 말합니다. 이 분야들은 무기를 다루는 재능이나 거짓말을 설득력 있게 하는 재주까지 다양하게 나타날 수 있습니다.

당신의 캐릭터 시트에 당신이 고른 클래스가 1레벨 때 얻을 수 있는 요소를 모두 기록하십시오.

레벨

대개 캐릭터는 1레벨에서 시작하여 모험을 거쳐 나가면서 **경험치(XP)**를 얻어 성장하게 됩니다. 1레벨 캐릭터는 모험의 세계에서는 아직 경험을 쌓지 못한 이들이지만, 이전에 군인이나 해적으로 살아가며 여러 위험을 헤쳐 나왔을 수도 있습니다.

1레벨로 게임을 시작한다는 것은 당신의 캐릭터가 모험자의 삶에 이제 막 첫발을 내디뎠다는 뜻입니다. 만약 당신이 충분히 게임에 익숙하거나, 이미 진행되고 있는 D&D 캠페인에 참가하게 될 경우 DM은 아마 더 높은 레벨로 시작하라고 할 수도 있습니다. 높은 레벨의 캐릭터는 이미 몇 번의 무시무시한 모험을 거쳐 살아남았다는 것을 가정하고 있습니다.

당신의 캐릭터 시트에 레벨을 기록하십시오. 만약 당신이 더 높은 레벨로 시작하게 되었다면, 1레벨 이후 레벨이 올라가면서

> ### 빠른 제작
> 제3장의 클래스 설명에는 각각 그 클래스를 빠르게 만들기 위한 제안들이 실려 있습니다. 이 제안에는 가장 높은 능력치 점수를 정하는 법이나, 클래스에 어울리는 배경, 그리고 시작시 유용한 주문 등이 포함되어 있습니다.

얻게 되는 추가적인 요소들도 기록하십시오. 또한 경험치 역시 기록해 두어야 합니다. 1레벨 캐릭터는 0점의 XP를 갖고 있으며, 높은 레벨의 캐릭터는 그 레벨의 최저 경험치를 갖고 있을 것입니다. (이 장 뒷부분의 "1레벨 이후" 부분을 참조하십시오.)

히트 포인트와 히트 다이스

당신의 캐릭터는 전투나 기타 위험한 상황을 얼마나 끈질기며 튼튼하게 버티는지 나타내는 히트 포인트(hit point: hp)를 갖고 있습니다. 당신의 히트 포인트는 당신의 히트 다이스(Hit Dice: HD)에 따라 결정됩니다. 히트 다이스는 히트 포인트 다이스의 줄임말입니다.

능력치 점수 요약

근력
나타내는 것: 천성적 운동신경, 신체적인 힘
누구에게 중요한가: 바바리안, 파이터, 팔라딘
상승하는 종족:

산 드워프(+2)	하프 오크(+2)
드래곤본(+2)	인간(+1)

민첩
나타내는 것: 신체적 재빠름, 반사신경, 균형감각, 신체 제어
누구에게 중요한가: 몽크, 레인저, 로그
상승하는 종족:

엘프(+2)	숲 노움(+1)
하플링(+2)	인간(+1)

건강
나타내는 것: 건강함, 체력, 생명력
누구에게 중요한가: 모두
상승하는 종족:

드워프 (+2)	하프 오크(+1)
스타우트 하플링(+1)	인간(+1)
바위 노움(+1)	

지능
나타내는 것: 날카로운 지성, 기억력, 분석력
누구에게 중요한가: 위저드
상승하는 종족:

하이 엘프(+1)	티플링(+1)
노움(+2)	인간(+1)

지혜
나타내는 것: 예민함, 직관력, 통찰
누구에게 중요한가: 클레릭, 드루이드
상승하는 종족:

언덕 드워프(+1)	인간(+1)
우드 엘프(+1)	

매력
나타내는 것: 자신감, 말솜씨, 지도력
누구에게 중요한가: 바드, 소서러, 워락
상승하는 종족:

하프 엘프(+2)	드래곤본(+1)
드로우(+1)	인간(+1)
라이트풋 하플링(+1)	티플링(+2)

당신의 캐릭터는 1레벨 때 1개의 히트 다이스를 가지며, 주사위의 종류는 클래스에 따라 결정됩니다. 당신은 주사위의 최대값만큼의 히트 포인트를 가지고 시작하게 되며, 이는 당신의 클래스 설명에 나와 있습니다. (또한 당신은 3단계에서 정하게 될 건강 수정치 만큼 추가로 hp를 얻습니다.) 이 수치를 최대 히트 포인트, 혹은 **최대 hp**라고 부릅니다.

당신의 캐릭터 시트에 캐릭터의 히트 포인트를 기록합니다. 또한 당신의 캐릭터가 사용하는 히트 다이스의 종류와, 가지고 있는 히트 다이스의 개수도 기록합니다. 당신이 휴식을 끝마칠 때마다, 당신은 히트 다이스를 소비하여 hp를 회복할 수 있습니다. (제8장의 "휴식"을 참조하십시오.)

숙련 보너스

각 클래스의 능력들을 정리한 표에는 레벨에 따른 숙련 보너스 역시 나와 있습니다. 1레벨 캐릭터는 +2의 숙련 보너스를 받습니다. 이 숙련 보너스는 캐릭터 시트에 있는 여러 가지 판정의 수정치에 더해집니다.

- 당신이 숙련을 가진 무기의 명중 굴림
- 당신이 시전하는 주문의 명중 굴림
- 당신이 숙련을 가진 기술과 연관된 능력 판정
- 당신이 숙련을 가진 도구와 연관된 능력 판정
- 당신이 숙련을 가진 내성 굴림
- 당신이 시전하는 주문에 대한 내성 굴림의 DC (주문시전 클래스마다 설명되어 있습니다.)

당신이 선택한 클래스에 따라, 당신은 특정한 무기나 내성 굴림, 기술과 도구에 대한 숙련을 얻을 수 있습니다. (기술은 제7장에, 도구는 제5장에 상세히 설명되어 있습니다.) 또한 당신이 배경을 선택하면 그 배경에 따라서도 기술이나 도구 숙련을 얻을 수 있으며, 몇몇 종족들 역시 숙련을 주기도 합니다. 숙련 보너스를 포함한 이 숙련들 모두를 당신의 캐릭터 시트에 기록해 두십시오.

당신의 숙련 보너스는 한 번의 판정에 두 번 이상 적용될 수 없습니다. 하지만 당신의 숙련 보너스를 적용하기 전에 보너스 자체가 감소하거나 증가하기도 합니다. (예를 들어 숙련 보너스가 두 배로 적용되거나 절반만 적용되기도 합니다.) 만약 상황에 따라 당신의 숙련 보너스가 두 배로 적용될 때가 있더라도, 어쨌든 한 번의 판정에는 한 번만 보너스를 더할 수 있습니다.

브루노 만들기. 2단계

밥은 브루노가 도끼를 들고 전장에 뛰어들며, 뿔 한쪽이 부러진 투구를 착용했을 거라고 상상했습니다. 그는 브루노를 파이터로 만들었고, 파이터의 숙련들과 1레벨 클래스 요소를 자신의 캐릭터 시트에 기록했습니다.

브루노는 1레벨 파이터로서 1개의 d10 히트 다이스를 가지고 있습니다. 그의 히트 포인트는 10 + 건강 수정치로 정해질 것입니다. 밥은 이것을 기록해 두었고, 나중에 건강 점수가 정해지면 최종적인 최대 hp가 결정될 것입니다. 그리고 밥은 1레벨 캐릭터로서 받는 숙련 보너스 +2 역시 기록했습니다.

3. 능력치 점수 정하기

당신의 캐릭터가 게임 속에서 하는 행동 대부분은 **근력, 민첩, 건강, 지능, 지혜, 매력**이라는 여섯 개의 능력치 중 하나에 의존하게 됩니다. 각각의 능력치는 점수로 수치화되며, 당신은 그 능력치 점수들을 캐릭터 시트에 기록해야 합니다.

여섯 개의 능력치와 그 사용법은 제7장에 좀 더 상세히 설명되어 있습니다. 능력치 점수 요약 표를 보면 각각의 능력치가 무엇

을 나타내는지, 어떤 클래스가 그 능력치를 중요하게 여기는지, 그리고 어떤 종족이 능력치를 상승시키는지 요약되어 있습니다.

당신은 4개의 6면체 주사위를 굴려 그중 가장 낮은 점수를 제외하고 나머지 3개를 더하는 식으로 **능력치마다** 무작위로 정할 수 있습니다. 이렇게 여섯 번 굴려 보면 6개의 능력치 점수를 얻게 됩니다. 만약 당신이 시간을 절약하고 싶다거나 무작위로 능력치를 결정하는 방식을 좋아하지 않는다면, 15, 14, 13, 12, 10, 8의 여섯 개 점수를 대신 사용해도 됩니다.

이제 이 숫자 여섯 개를 근력, 민첩, 건강, 지능, 지혜, 매력이라는 여섯 능력치에 원하는 대로 배분합니다. 그런 다음, 당신이 선택한 종족에 따라 정해진 점수를 증가시킵니다.

능력치를 정하고 나면, 능력치 점수와 수정치 표를 통해 **능력 수정치**를 정할 때입니다. 표를 사용하지 않고 수정치를 정하고 싶다면, 능력치 점수에서 10을 뺀 다음 2로 나누면 됩니다. (나머지 버림) 능력치 점수 옆에 그 수정치를 기록하십시오.

브루노 만들기, 3단계

밥은 표준 능력치 배열(15, 14, 13, 12, 10, 8)을 이용해 브루노의 능력치를 정하기로 했습니다. 그는 근력에 15를 두었고, 두 번째로 높은 14는 건강에 배분했습니다. 브루노는 무뚝뚝한 전사였지만, 드워프로서 오래 살아가며 현명해졌고, 뛰어난 지도자이기도 합니다. 그러니 그는 다음으로 높은 점수를 지혜와 매력에 주었습니다. 이후 그가 지닌 드워프의 종족 특성으로 건강 2점과 근력 2점이 증가한 것도 추가했습니다. 그 결과 브루노의 능력치 점수와 수정치는 이렇게 정해졌습니다. 근력 17(+3), 민첩 10(+0), 건강 16(+3), 지능 8(-1), 지혜 13(+1), 매력 12(+1)

밥은 마지막으로 브루노의 최종 히트 포인트를 기록했습니다. 10 + 건강 수정치에서 건강 수정치가 +3이므로, 브루노는 총 13점의 hp를 갖게 되었습니다.

변형 규칙: 능력치 조정하기

당신의 DM이 허락한다면, 당신은 능력치 점수를 조정하는 변형 규칙을 이용할 수 있습니다. 여기 설명된 방법은 당신이 원하는 대로 능력치 점수를 하나하나 결정할 수 있게 해 줄 것입니다.

당신은 능력치 점수에 배분할 수 있는 27점의 점수를 가지고 시작하게 됩니다. 이 점수를 아래의 능력치 점수 비용 표에 따라 분배하여 각 능력치를 정하면 됩니다. 예를 들어, 하나의 능력치를 14점으로 만들고 싶으면 7점을 소비해야 합니다. 이 방법을 사용하면, 종족 특성을 적용하기 전 가장 높게는 15점까지 능력치 점수를 올릴 수 있습니다. 당신은 8점보다 낮은 능력치 점수를 가질 수 없습니다.

이 방법을 사용하면 당신은 3개의 유별나게 높은 능력치와 3개의 상당히 낮은 능력치로 이루어진 캐릭터를 만들 수 있습니다. (15, 15, 15, 8, 8, 8) 또한 모든 능력치가 평균보다 살짝 높은 캐릭터 (13, 13, 13, 12, 12, 12) 역시 만들 수 있습니다. 두 극단 사이의 다른 방법들 역시 얼마든지 가능합니다.

능력치 점수 비용

점수	비용	점수	비용
8	0	12	4
9	1	13	5
10	2	14	7
11	3	15	9

능력치 점수와 수정치

점수	수정치	점수	수정치
1	-5	16–17	+3
2–3	-4	18–19	+4
4–5	-3	20–21	+5
6–7	-2	22–23	+6
8–9	-1	24–25	+7
10–11	+0	26–27	+8
12–13	+1	28–29	+9
14–15	+2	30	+10

4. 캐릭터 묘사하기

일단 당신이 캐릭터가 지닌 게임의 기초적 측면을 만들었다면, 이제 그를 하나의 인물로 만들어 내는 일이 남았습니다. 당신의 캐릭터에게는 이름이 필요합니다. 몇 분이라도 시간을 들여 그가 어떻게 생겼을지, 그가 평소에 어떻게 행동하는지 떠올려 봅시다.

제4장에서 제공하는 정보들을 이용하면, 당신은 캐릭터의 신체적 외관과 개성 요소들을 만들 수 있습니다. 당신의 캐릭터가 지닌 **성향**(그가 무언가 결정할 때 따르게 되는 도덕적 기준점)과 **이상**을 결정하십시오. 제4장에서는 또한 당신의 캐릭터가 가장 아끼고 소중히 여기는 **유대**나, 어느 날 그를 위험에 몰아넣게 될지도 모르는 **단점** 역시 만들 수 있게 도와줄 것입니다.

당신의 캐릭터가 지닌 배경은 그가 과거 어디서 왔고, 원래 직업은 무엇이었으며, 세계 속에서 그 캐릭터가 차지하고 있던 위치

브루노

를 알려줍니다. 당신의 DM은 제4장에 수록된 것 이외에도 다른 배경들을 제공해 줄 수 있습니다. 또한 당신은 캐릭터의 컨셉에 맞추어 더 세밀하고 정교한 배경을 만들기 위해 DM과 같이 협력해야 할 것입니다.

캐릭터는 배경을 통해 다방면에서 도움이 되는 배경 요소 (Background Feature)를 얻을 수 있고, 기술이나 언어 혹은 도구 등에 대한 숙련 두 가지를 얻을 수 있습니다. 이 정보들 역시 캐릭터의 다른 요소들과 마찬가지로 캐릭터 시트에 기록하시기 바랍니다.

캐릭터 능력치를 읽는 법

캐릭터의 외모와 개성을 만들 때는 당신의 캐릭터가 어떤 종족인지, 어떤 능력치를 지니고 있는지도 고려해야 합니다. 힘은 세지만 지능은 낮은 캐릭터는 근력이 약하지만 아주 똑똑한 캐릭터와 다른 방식으로 행동할 것입니다.

예를 들어, 높은 근력을 지닌 캐릭터는 거구에 근육질일 것이며, 낮은 근력을 지닌 캐릭터는 말라깽이거나 뚱뚱할 수도 있습니다.

높은 민첩을 지닌 캐릭터는 유연하고 슬림한 체격이겠지만, 낮은 민첩의 캐릭터는 어설프고 뚱뚱하거나 손놀림이 둔할 것입니다.

높은 건강을 지닌 캐릭터는 혈색이 좋고 활기차며 눈빛이 밝지만, 낮은 건강의 캐릭터는 아파 보이거나 연약할 것입니다.

높은 지능을 지닌 캐릭터는 왕성한 지식욕을 보이며 학구적이겠지만, 낮은 지능의 캐릭터는 단순하게 말하며 사소한 것을 쉽게 잊어버릴 것입니다.

높은 지혜의 캐릭터는 판단력과 공감능력이 뛰어나고 주변 상황을 빠르게 파악하겠지만, 낮은 지혜의 캐릭터는 멍하고 어수룩한데다가 주의가 산만할 것입니다.

높은 매력의 캐릭터는 자신감이 넘치고 우아하면서도 어딘가 위협적인 태도를 지닐 수 있겠지만, 낮은 매력의 캐릭터는 쉽게 남의 신경을 긁거나 말투가 어눌하고 남의 눈에 잘 띄지 않을 것입니다.

브루노 만들기, 4단계

밥은 브루노의 기초적인 세부 사항들을 채워 넣었습니다. 그의 이름, 그의 성별(남성), 그의 키와 몸무게, 그리고 성향(질서 선)이 이러한 세부 사항입니다. 그는 높은 근력과 건강을 갖고 있기에 혈색이 좋은 단단한 체격을 지니고 있으며, 지능이 낮기에 건망증이 좀 있을 것 같다고 정했습니다.

밥은 브루노가 귀족의 혈통을 잇고 있다고 정했지만, 그의 씨족은 그가 아주 어릴 때 고향에서 추방당했습니다. 이후 그는 멀리 떨어진 아이스윈드 데일의 대장간에서 일하며 자랐습니다. 하지만 브루노에게는 영웅적인 운명이 기다리고 있었습니다. 바로 그의 고향을 되찾는 운명 말입니다. 그리하여 밥은 자신의 드워프 캐릭터에게 시골 영웅 배경을 정해 주었습니다. 그는 배경으로 얻은 숙련과 기타 특징들을 캐릭터 시트에 기록했습니다.

밥은 브루노의 개성에 대해 나름대로 생각해 둔 바가 있었고, 그래서 시골 영웅 배경에서 제안한 인격 특성들은 넘어가기로 했습니다. 그는 그 대신 브루노가 사람 좋고 감성적인 드워프로, 친구와 동료들을 사랑하지만, 그 연약한 마음을 퉁명스럽고 험악한 태도로 감추고 있다고 정했습니다. 그는 배경의 이상 목록 중에서 공정함을 따르기로 했습니다. 브루노가 생각하기에 법 위에 있는 자는 아무도 없기 때문입니다.

브루노의 개인 역사를 생각해 보면 그가 지닌 유대는 분명합니다. 그는 언젠가 자신의 고향인 미스랄 홀을 되찾고자 합니다. 그곳은 한때 드워프들의 고향이었지만, 그림자 드래곤이 차지하려고 드워프들을 내쫓은 곳이기 때문입니다. 브루노의 단점은 그의 따스하고 감성적인 면에 연관되어 있습니다. 그는 고아나 불행한 이들을 쉽게 지나치지 못하며, 가끔은 확실치 않은 상황에서도 자비를 베풀려고 합니다.

5. 장비 고르기

당신은 선택한 클래스와 배경에 따라 **시작 장비**를 얻을 수 있습니다. 여기에는 무기와 갑옷, 기타 모험 도구 등이 포함되어 있습니다. 이 장비들을 캐릭터 시트에 기록하십시오. 이 모든 물건에 대한 세부사항은 제5장에 수록되어 있습니다.

당신은 클래스와 배경에 따른 장비를 받는 대신, 직접 시작시 장비를 구매할 수도 있습니다. 당신은 클래스에 따라 일정한 **금화(gp)**를 받게 되며, 얼마나 받는지는 제5장을 참조하시기 바랍니다. 제5장에는 다양한 장비의 목록과 그 가격도 나와 있습니다. 당신이 바란다면, 별다른 값어치가 없는 잡동사니 한 가지 역시 지니고 있을 수 있습니다. (잡동사니 표는 제5장 마지막에 나와 있습니다.)

당신이 얼마나 많은 물건을 가지고 다닐 수 있는가는 당신의 근력 점수에 따라 정해집니다. 근력 점수 × 15lbs 이상의 물건은, 산다 해도 당신이 다 들고 다닐 수 없습니다. 적재량에 대한 상세한 정보는 제7장을 참조하십시오.

방어도

당신의 **방어도(AC)**는 당신이 전투 중에 부상을 얼마나 잘 피할 수 있는가를 나타냅니다. 방어도에 영향을 주는 것은 당신이 입고 있는 갑옷과 들고 있는 방패, 그리고 당신의 민첩 수정치 등입니다. 하지만 모든 캐릭터가 갑옷을 입거나 방패를 들고 다니지는 않습니다.

갑옷이나 방패가 없다면, 당신 캐릭터의 AC는 10 + 당신의 민첩 수정치로 정해집니다. 만약 당신의 캐릭터가 갑옷을 입거나 방패를 들고 있다면, 그에 따른 AC는 제5장의 규칙을 통해 계산할 수 있습니다. 당신의 AC를 캐릭터 시트에 기록하십시오.

갑옷이나 방패를 사용하려면 캐릭터가 그에 대한 숙련을 지니고 있어야 합니다. 갑옷이나 방패 숙련은 클래스에 따라 주어집니다. 숙련 없이 갑옷을 입거나 방패를 들게 되면 그에 따르는 부작용을 받게 되며, 이것 역시 제5장에서 설명하고 있습니다.

몇몇 주문과 클래스 요소를 통해 당신의 AC를 정하는 방식이 달라질 수도 있습니다. 만약 다양한 방식으로 AC를 정할 수 있다면, 그중 당신이 원하는 방식을 선택하시면 됩니다.

무기

당신의 캐릭터가 지닌 무기마다, 명중 굴림시에 사용하는 수정치와 명중했을 때의 피해 굴림을 기록해 두십시오.

당신이 무기로 공격을 가하면, d20을 굴려 거기에 해당하는 능력 수정치와 숙련 보너스를 더하십시오. (단, 당신이 숙련을 지닌 무기로 공격했을 때만 해당합니다.)

- **근접 무기**로 공격한 경우, 명중 굴림과 피해 굴림에 근력 수정치를 이용합니다. 레이피어 등 교묘함 속성을 지닌 무기를 사용했다면 대신 민첩 수정치를 사용할 수 있습니다.
- **장거리 무기**로 공격한 경우, 명중 굴림과 피해 굴림에 민첩 수정치를 이용합니다. 핸드액스 등 투척 속성을 지닌 무기를 사용했다면, 대신 근력 수정치를 사용할 수 있습니다.

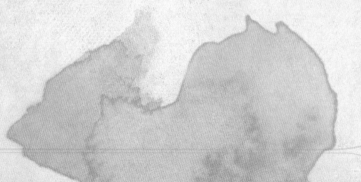

브루노 만들기, 5단계

밥은 파이터 클래스와 시골 영웅 배경을 통해 얻은 시작 장비를 캐릭터 시트에 기록했습니다. 그의 시작 장비에는 체인 메일과 방패가 있으며, 그 결과 브루노는 AC 18을 지니게 되었습니다.

밥은 브루노의 무기로 배틀액스와 핸드액스 두 개를 선택했습니다. 배틀액스는 근접 무기이니, 브루노는 근력을 이용해 명중 굴림과 피해 굴림을 하게 됩니다. 그의 명중 보너스는 근력 수정치(+3)에 숙련 보너스를 더해 +5가 되었습니다. 배틀액스는 1d8점의 참격 피해를 가하고, 브루노는 여기에 근력 수정치를 더해서 1d8+3점의 참격 피해를 줄 수 있습니다. 브루노는 핸드액스를 던질 때 역시 같은 명중 보너스를 사용합니다. (핸드액스는 투척 무기라서 명중과 피해에 근력을 사용합니다.) 그리고 핸드액스는 명중시 1d6+3점의 참격 피해를 주게 될 것입니다.

6. 함께하기

대부분의 D&D 캐릭터는 홀로 움직이지 않습니다. 캐릭터들은 공통의 목적을 지니고 함께 일하는 모험자 집단, 즉 **일행(Party)** 속에서 자기 역할을 맡아 움직입니다. 던전즈 & 드래곤즈Dungeons & Dragons 세계 속의 수많은 위협에서 일행이 살아남으려면, 팀워크와 협조 정신이 꼭 필요할 것입니다. 동료 플레이어들이나 DM과 함께 당신의 캐릭터가 다른 이들과 언제 어떻게 만났는지, 그리고 그들이 같이하는 목적은 어떤 것인지 등을 정하도록 합시다.

1레벨 이후

당신의 캐릭터가 모험을 거치고 도전을 극복해 나가면 경험을 쌓게 되고, 이 경험은 경험치로 나타납니다. 당신의 캐릭터가 특정한 경험치에 도달하면 능력이 전반적으로 발전하게 됩니다. 이러한 발달을 **"레벨이 올랐다"**고 표현합니다.

캐릭터의 레벨이 오를 때마다, 당신은 클래스 설명에 나온 대로 추가적인 요소를 얻을 수 있습니다. 능력치 점수를 상승시킬 때도 있는데, 이때는 능력치 두 개를 각각 1점씩 올리거나 하나의 능력치를 2점 올릴 수 있습니다. 하지만, 능력치 점수는 최대 20점까지만 올릴 수 있습니다. 캐릭터 레벨이 상승하게 되면 숙련 보너스도 증가할 것입니다.

레벨이 오를 때마다, 당신은 추가로 1개의 히트 다이스를 얻게 됩니다. 이 히트 다이스를 굴리고 여기에 당신의 건강 수정치를 더한 다음, 그 합계(최소 1)을 당신의 최대 hp에 추가하십시오. 다른 방법을 쓰고 싶다면, 캐릭터 설명에 나와 있는 중간값(나머지 올림)을 사용해도 됩니다.

건강 수정치가 +1 증가했다면, 당신의 최대 hp는 레벨당 1점씩 증가할 것입니다. 예를 들어, 만약 브루노가 파이터로 8레벨이 되어서 건강 점수를 17점에서 18점으로 올렸다면, 건강 수정치는 +3에서 +4로 증가하게 됩니다. 그는 8레벨 캐릭터이므로, 이때 그의 최대 hp는 8점 증가하게 될 것입니다.

캐릭터 성장 표에는 1레벨부터 20레벨까지의 상승을 위해 얼마나 많은 경험치가 필요한지, 그리고 레벨에 따른 숙련 보너스가 어떻게 상승하는지 나와 있습니다. 이 정보를 당신이 선택한 클래스의 상세 설명 표와 비교하여, 레벨마다 얻는 능력 향상을 확인하고 시트에 기록하십시오.

게임 진행의 단계

캐릭터 성장 표의 색 구분은 게임 진행의 4단계를 나타내고 있습니다. 이 단계에 관련된 어떤 규칙이 있는 것은 아닙니다. 그저 캐릭터 레벨이 올라감에 따라 게임의 분위기가 바뀌어 가는 것을 대략 나타내고 있을 뿐입니다.

첫 번째 단계(1~4레벨)에서, 캐릭터들은 실질적으로 수습 모험자들입니다. 그들은 자기 클래스의 일원으로서 그 특징과 능력을 배워 나가며, 위저드의 비전 전통이나 파이터의 무예 아키타입 등 이후 발전하게 되면서 어떤 길을 따르게 될지 중요한 결정을 내리게 됩니다. 그들이 맞서는 위협은 비교적 소규모로, 지역 농장이나 작은 촌락에 위험한 것들 정도입니다.

두 번째 단계(5~10레벨)에서, 캐릭터들은 완전히 한 사람 몫의 모험자가 됩니다. 많은 주문시전자는 이 단계에 들어설 때 3레벨 주문을 시전할 수 있게 되며, *화염구Fireball*나 *번개Lightning Bolt*같이 지금까지와는 다른 수준의 마법을 다루게 됩니다. 이 단계에서 무기를 사용하는 클래스들은 한 라운드에 여러 번 공격하는 능력을 얻게 됩니다. 이 캐릭터들은 점점 더 중요해지며, 그들이 맞서는 위협은 도시나 왕국을 위험에 빠트릴 만한 것들이 됩니다.

세 번째 단계(11~16레벨)에서, 캐릭터들은 일반인들은 상상도 하지 못할 힘을 얻게 되며 모험자들 중에서도 특별한 존재가 됩니다. 많은 주문시전자들은 11레벨이 되면 6레벨 주문을 시전할 수 있게 되며, 이 주문들은 과거에는 불가능했던 일들을 가능하게 만들어 줍니다. 다른 캐릭터들은 더 많은 공격을 가하게 해 준다거나 공격을 통해 더 인상적인 효과를 낼 수 있게 됩니다. 이 강력한 모험자들은 지역 전체나 대륙의 위기에 맞서 싸우게 될 것입니다.

그리고 네 번째 단계(17~20레벨)에 도달하면, 캐릭터들은 자기 클래스의 정점에 이르게 되며, 그들 사이에서 실로 영웅적인 (혹은 악명높은) 본보기가 됩니다. 그들은 세계의 운명이나 멀티버스의 근본적인 질서가 걸린 싸움에서 그만큼 거대한 적과 맞서 싸우게 될 것입니다.

캐릭터 성장

경험치	레벨	숙련 보너스
0	1	+2
300	2	+2
900	3	+2
2,700	4	+2
6,500	5	+3
14,000	6	+3
23,000	7	+3
34,000	8	+3
48,000	9	+4
64,000	10	+4
85,000	11	+4
100,000	12	+4
120,000	13	+5
140,000	14	+5
165,000	15	+5
195,000	16	+5
225,000	17	+6
265,000	18	+6
305,000	19	+6
355,000	20	+6

제2장: 종족

장 대한 워터딥, 자유도시 그레이호크, 멀티버스의 교역 도시이자 경이로운 '문의 도시' 시길과 같은 던전즈 & 드래곤즈Dungeons & Dragons의 세계 속 대도시를 방문한 사람들은 오감을 압도하는 경험을 느낄 수 있을 것입니다. 가지각색의 언어로 서로를 부르는 목소리들, 거리에 붐비는 사람들 사이로 다채로운 요리의 향기가 하수구의 악취에 뒤섞여 사라지기도 합니다. 이런저런 양식의 건축물을 보면, 그 다양성만큼이나 다채로운 주민들의 출신을 알 수 있습니다.

사람들의 생김새도 정말 다양합니다. 체격도, 체형도, 피부의 색도 다르며, 눈 돌아갈 정도로 다양한 색과 가지각색의 복장을 한 사람들은 서로 속해 있는 수많은 종족을 대변합니다. 조그마한 하플링에서부터 튼튼한 드워프, 당당하고 아름다운 엘프들에 이르는 많은 종족이 인간과 섞여 살아가고 있습니다.

이와 같은 일반적인 종족에 더해, 가끔 진짜 보기 드문 종족도 보입니다. 거대한 체격의 드래곤본이 군중을 헤치며 나아가는가 하면, 티플링은 조용히 한 쪽 그림자 속에 숨어 장난기 넘치는 눈빛을 빛내고 있습니다. 일행 중 한 명이 자동으로 움직이는 신기한 목제 장난감을 가동하자, 노움으로 이뤄진 무리는 배꼽 빠지게 웃고 있습니다

부모 종족 중 어디에도 속하지 못한 하프 엘프와 하프 오크가 인간들 사이에 섞여서 일하며 살아가고 있습니다. 그리고 햇빛이 들지 않는 곳에는 고독한 드로우가 한 명 있습니다. 방대한 지하 세계 언더다크에서 도망친 자. 그는 자신의 종족을 두려워하는 이 세계에서 살아가고자 하는 것입니다……

종족 선택

인간은 D&D 세계에서 가장 일반적인 종족이지만 그들은 엘프, 드워프, 하플링, 그리고 그 외에도 여러 다양하고 신비한 종족과 함께 살고 함께 일하고 있습니다. 당신의 캐릭터는 이러한 여러 종족 중 하나입니다

멀티버스의 모든 지적 종족이 플레이어가 조종하는 모험자에 어울리는 것은 아닙니다. 일반적인 모험자들은 엘프, 드워프, 하플링, 인간 중에서 주로 나옵니다. 그에 비해 티플링이나 드래곤본, 노움, 하프 엘프, 하프 오크는 모험자로서 그렇게 일반적이지는 않습니다. 엘프의 하위종족 중 하나인 드로우 또한, 그리 일반적이지는 못합니다.

당신이 선택한 종족은 당신의 캐릭터에게 다양한 영향을 줄 것입니다. 종족을 선택하면, 캐릭터의 모험 처음부터 끝까지 함께하게 될 몇 가지의 기본적인 특성이 결정됩니다. 따라서 종족을 선택할 때는 어떤 캐릭터를 만들고 싶은지 신중히 고민한 뒤에 결정합시다. 예를 들자면 하플링은 날쌘 로그에 어울리며, 드워프는 끈질긴 전사와 잘 맞고, 엘프는 비전 마법의 달인이 되기에 어울리는 종족입니다.

종족 선택은 단순히 캐릭터의 능력치와 특징에 영향을 주는 것을 넘어서, 당신 캐릭터가 만들어나갈 이야기의 계기가 됩니다. 이 장에 실린 각 종족의 세부 사항에는 그 종족의 캐릭터를 연기할 때 도움이 되는 정보, 성격, 외형, 그 종족의 사회 특징, 성향 등이 포함되어 있습니다. 이 세부 사항은 당신이 움직일 캐릭터에 대해 생각해 볼 때 많은 도움이 될 것입니다. 물론 모험자는 자기 종족의 일반적 모습과는 매우 동떨어질 수도 있습니다. 이 경우, 당신의 캐릭터가 '왜' 평범하지 않은 지에 대해 생각해보는 것도 중요한 부분이 될 수 있습니다. 이러한 고민은 캐릭터의 배경이나 개성에 대해 고민할 때 도움이 될 것입니다.

종족 특성

각 종족의 설명에서는 그 종족이 가진 공통적인 특성(Trait)에 대해 이야기합니다. 대부분의 종족이 지닌 특성에는 다음과 같은 항목이 포함되어 있습니다.

능력치 점수 상승

종족에 따라 캐릭터의 능력치 중 하나 혹은 몇 가지가 상승할 수 있습니다.

연령

연령 항목에서는 해당 종족에서 성인으로 인정하는 나이와 평균 예상 수명이 쓰여 있습니다. 이 정보는 당신의 캐릭터가 게임 개시 시의 연령을 결정하는 데 도움이 될 것입니다. 당신은 캐릭터의 연령을 마음대로 정할 수 있으며, 적절한 나이는 당신 캐릭터의 능력치가 왜 높고 낮은지를 설명할 수 있게 도와줄 것입니다.

예를 들어 아이나 노인을 플레이할 경우 근력이나 건강이 낮은 것은 나이 때문이라고 할 수 있습니다. 한편 어느 정도 나이를 먹었다면, 그 기간의 경험으로 지능과 지혜가 높아진 것을 설명할 수 있을 것입니다.

성향

대부분의 종족은 특정 성향에 편중된 경향이 있습니다. 이에 관련해서는 해당 항목에서 설명합니다. 이는 플레이어 캐릭터의 성향을 제한하기 위한 목적이 아닙니다. 그러나, 예를 들어 '드워프 사회는 질서를 중요시하는데, 나의 드워프 캐릭터가 혼돈 성향인 것은 왜일까' 등을 고민해보는 것은 이후 자신의 캐릭터 상을 확립시키는 데 도움이 될지도 모릅니다.

크기

대부분의 캐릭터 종족은 크기 분류상 중형입니다. 이는 대략 신장 4~8ft 크기에 해당하는 크리쳐를 말하는 분류입니다. 일부 종족의 캐릭터는 소형 크기 분류에 해당하며, 키가 2~4ft 정도입니다 크기가 다르다는 것은 게임의 몇몇 규칙이 다르게 적용된다는 뜻입니다. 소형 캐릭터의 규칙 차이 중 가장 중요한 것은 중량형 무기를 사용할 수 없다는 것입니다. 여기에 대해서는 제5장 "장비"에서 자세히 설명하도록 하겠습니다.

이동속도

당신의 이동속도는 당신이 여행시(제8장, "모험" 참조)와 전투(제9장, "전투" 참조) 중 얼마만큼의 거리를 이동할 수 있는지 결정합니다.

언어

당신은 캐릭터 종족에 따라 특정 언어를 말하거나, 읽고 쓸 수 있습니다. D&D 멀티버스에 존재하는 일반적인 언어 목록은 제4장 "개성과 배경"을 참조하십시오.

하위종족

몇몇 종족은 그 아래 하위종족을 지니고 있습니다. 하위종족의 캐릭터는 본래 종족의 모든 특성과 함께, 자신이 속한 하위종족의 특성들을 추가로 갖게 됩니다. 하위종족 간의 관계가 어떠한지는 종족에 따라, 세계에 따라 다를 수 있습니다.

예를 들어, 드래곤랜스 세계에서 산 드워프와 언덕 드워프는 같은 민족에 속하면서도 서로 다른 씨족(Clan)으로 함께 생활하지만, 포가튼 렐름즈 세계로 오면 이들은 서로 멀리 떨어져 별개의 왕국을 세우고 있으며 그들 자신을 존중하는 의미에서 방패 드워프라거나 황금 드워프라는 식으로 부릅니다.

작지만 단단한 이들

드워프는 용맹하고 건강하며, 전사, 광부, 석공, 금속세공사의 종족으로 유명합니다. 신장은 5ft가 채 못 되지만, 떡 벌어진 체격에 근육질이라 체중은 꽤 나가는 편입니다. 인간과 드워프를 비교해보면 인간이 키는 2ft 정도 크지만, 체중은 비슷한 경우가 종종 있습니다. 드워프의 용기와 내구력은 자신들보다 덩치가 큰 종족들에게 조금도 뒤지지 않습니다.

드워프의 피부색은 짙은 갈색에서부터 하얀 피부에 울긋불긋한 피부까지 다양하지만 가장 보편적인 피부색은 옅은 갈색 혹은 농갈색으로 흙과 비슷한 색상이 많습니다. 머리색은 검은색이나 회색, 갈색이 많으며 길게 길러서 간단하게 정리하는 편입니다. 피부가 하얀 드워프는 붉은 머리인 경우가 많습니다. 드워프 남성은 수염을 중요시하며 정성껏 관리합니다.

오랜 기억과 오랜 원한

드워프는 길면 400년 이상을 살아갑니다. 그렇기 때문에, 특히나 장수한 드워프일수록 지금과는 매우 동떨어진 옛 세상의 일까지 기억하고 있습니다. 예를 들어, (포가튼 렐름즈 세계의) 펠바르 요새(Citadel Felbarr)에 사는 드워프들 중 가장 나이 먹은 이들은 300년 전에 요새를 습격한 오크들 탓에 드워프들이 250년이나 유랑하며 생활한 일을 기억하기도 합니다. 이처럼 오랜 삶을 사는 드워프는, 인간이나 하플링과 같은 짧은 수명을 가진 종족과는 다른 시각으로 세상을 보게 됩니다.

드워프는 자신들이 사랑하는 산들과 마찬가지로 단단하고 참을성이 강해, 수 세기의 시간이 흘러도 인내하고 버터 쉽게 바뀌지 않습니다. 그들은 이 세계가 아직 젊었을 때, 고대 드워프의 요새가 처음 세워졌을 때의 선조 혈통까지 거슬러 올라가는 자기 씨족의 전통을 존중하며, 일족의 관습을 쉽게 잊지 않습니다. 이러한 전통 중에는 드워프의 신들에 대한 헌신도 포함됩니다. 신들은 근면한 노동, 전투의 기술, 대장간 일에 대한 열정 등 드워프들이 중시하는 이상을 내세웁니다.

각각의 드워프는 의지가 투철하고, 충성스러우며, 내뱉은 말은 반드시 지키고, 할 때는 반드시 해내곤 합니다. 때로 그 모습은 고집불통처럼 보일 때도 있습니다. 많은 드워프는 정의에 대한 학고

드워프 Dwarf

"늦었구만. 엘프 녀석." 친숙하면서도 거친 목소리가 들렸다. 죽어 나자빠진 적의 등 뒤에서 브루노 배틀해머가 걸어 나왔다. 엘프 친구가 무거운 괴물의 몸 아래 깔려 있다는 사실은 아랑곳하지도 않는 것 같았다. 투덜거리는 소리가 들리건 말건, 이 드워프의 긴 코와 회색의 희끗희끗한 머리카락, 그리고 여전히 불꽃처럼 붉은 수염이 나타나자, 드리즈트의 마음은 반가움으로 가득 찼다. "찾다 보면 말썽에 휘말려 들었을 거라 생각했지!"

- R. A. 살바토레, 수정 파편

고대의 영광으로 가득찬 수많은 왕국, 산의 지하를 파고 파서 만든 거대한 광장, 깊은 광산과 뜨거운 용광로. 쇠망치와 곡괭이 소리가 울려 퍼지는 갱도, 씨족과 전통에 대한 충성, 고블린이나 오크에 대한 격렬한 적의. ……이처럼 다양한 공통점이 모든 드워프를 하나로 묶어주고 있습니다.

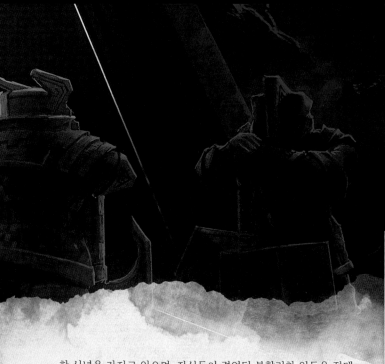

한 신념을 가지고 있으며, 자신들이 겪었던 불합리한 일들을 절대 잊지 않습니다. 한 명의 드워프가 불합리한 일을 겪었다면, 그것은 곧 씨족 전체에 대한 모욕이 됩니다. 그 때문에 한 명의 드워프가 보복에 나서면 그건 곧 씨족 전체의 일로 확대되곤 합니다.

씨족과 왕국

산 아래 깊숙이 뻗어 있는 그들의 왕국에서 드워프들은 보석과 귀금속을 채굴하고, 경이로운 물품을 화로에서 만들어 냅니다. 그들은 귀금속과 훌륭한 장신구의 아름다움과 예술성을 사랑합니다. 드워프 중 일부는 사랑이 지나쳐 탐욕에 이르기도 합니다. 산 지하에서 얻어낼 수 없는 보물이라면 무엇이 되었든 교역을 통해서 손에 넣곤 합니다. 드워프는 배를 체질적으로 좋아하지 않기 때문에, 일확천금을 노리는 인간이나 하플링은 드워프를 대신해서 드워프의 물품들을 배로 교역합니다. 다른 종족 중에서 신용할 수 있는 자는 드워프의 거주지에서 환영받지만, 그렇다 해도 일부 지역에는 절대 출입할 수 없을 것입니다.

드워프 사회에서 가장 중요한 구성단위는 씨족입니다. 그리고 드워프는 사회적 지위를 중요하게 생각합니다. 그들의 왕국에서 멀리 떨어져 사는 드워프일지라도 자신의 씨족에 대한 소속감을 소중히 여기며, 가문과 연관이 있는 드워프라면 바로 알아보고 저주나 맹세를 할 때는 선조의 이름을 거는 게 일반적입니다. 씨족에서 쫓겨난 자(Clanless)가 된다는 것은 드워프에게 있어서 정말 최악의 운명이라 할 수 있습니다.

타향살이하는 대부분의 드워프는 장인, 특히나 무기장인, 갑옷장인, 보석세공사 등으로 살아갑니다. 개중에는 용병이나 경호원 일을 하는 자도 있으며, 이런 이들은 용맹하고 충성스러운 만큼 어디서든 환영받습니다.

신, 황금, 그리고 씨족

모험의 길을 택한 드워프 중 몇몇은 재보를 원해서 그 길에 들어섭니다. 그러한 보물은 자신을 위한 것일 수도 있고, 다른 누군가를 위한 이타적 목적에서 재산을 원하는 것일 수도 있습니다. 다른 드워프들은 신들의 명령이나 계시에 따라 움직입니다. 직접 신의 목소리를 들은 이가 있는가 하면, 드워프 신 중 하나에 영광을 돌리고자 하는 자도 있습니다. 씨족이나 선조 또한 중요한 동기가 될 수 있습니다. 드워프 중 어떤 자는 씨족의 실추된 명예를 되찾기를 바랄지 모릅니다. 또 어떤 자는 오랜 옛날 가문이 입은 불합

리한 일에 대한 보복을 꿈꾸고 있을지 모릅니다. 어쩌면 가문에서 추방당한 이후 다시금 새로운 보금자리를 찾아 모험을 떠난 자들 역시 있을지도 모릅니다. 그리고 어떤 이들은 수 세기도 전에 위대한 선조가 사용하다 전장에서 잃어버린 도끼를 찾고 있을지도 모릅니다.

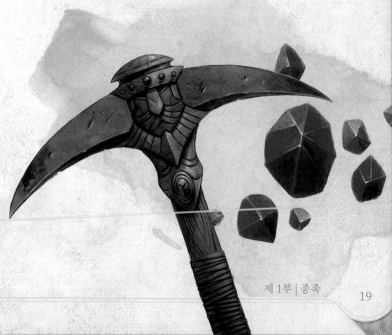

드워프의 이름

드워프의 이름은 가문의 장로가 전통에 따라 지어줍니다. 드워프에게 있어서 "적절한" 이름이란 몇 세대에 걸쳐 몇 번이고 사용된 이름을 말합니다. 드워프에게 있어 이름이란 개인이 아니라 씨족에 속한 것입니다. 그 때문에 씨족의 이름을 욕보이고 더럽힌 자는 그 이름을 박탈당하게 됩니다. 드워프의 법에 따르면 이름을 박탈당한 드워프는 본래 이름은 물론이고, 드워프 이름 또한 절대 사용할 수 없습니다.

남성 이름: 애드릭, 알베리히, 베언, 바렌드, 브로터, 브루노, 대인, 다렉, 델그, 에버크, 아인켈, 파그림, 플린트, 가데인, 하벡, 킬드랙, 모그란, 오르식, 오스카르, 랜그림, 루릭, 타클린, 소라딘, 소린, 토르덱, 트라우본, 트라복, 울프가, 베이트, 본달

여성 이름: 앰버, 아르틴, 아우드힐드, 군로다, 거디스, 헬야, 흐린, 카트라, 크리스트리드, 일데, 리프트라사, 말드레드, 리스윈, 샌, 토베라, 토르가, 비스트라

씨족 이름: 발데르크, 배틀해머, 브로운앤빌, 단킬, 파이어포지, 프로스트비어드, 코룬, 홀데렉, 아이언피스트, 로데르, 루트게르, 럼나하임, 스트라클린, 토룬, 운가르트

드워프의 특성

당신의 드워프 캐릭터는 아래와 같은 태생적 능력을 가지고 있습니다. 이는 드워프의 자연적인 본성에 의한 것입니다.

능력치 점수 상승. 건강 능력치가 2점 상승합니다.

연령. 드워프는 인간과 똑같은 속도로 성년을 맞이하지만, 50세까지는 젊은이 대우를 받습니다. 수명은 평균 350세 정도입니다.

성향. 대부분의 드워프는 질서 성향으로, 엄격한 규율 사회가 유익한 사회라고 굳게 믿고 있습니다. 또한, 많은 자가 선 성향으로 정정당당한 행동을 중시하며, 만인이 공정한 질서의 이익을 얻어야만 한다고 믿습니다.

크기. 드워프의 신장은 4~5ft, 체중은 평균 150lbs 정도로, 크기 분류는 중형에 속합니다.

이동속도. 당신의 걷는 속도는 25ft입니다. 드워프는 중장 갑옷을 착용했을 때도 이동속도가 줄어들지 않습니다.

암시야(Darkvision). 당신은 지하 생활에 익숙하며, 어둠 속이나 약한 빛 상황에서도 볼 수 있는 눈을 가지고 있습니다. 당신은 약한 빛 속에서도 60ft까지는 밝은 빛과 같이 볼 수 있습니다. 또한, 같은 범위의 어둠 속을 약한 빛과 같이 볼 수 있습니다. 어둠 속에서는 물체의 색을 구분할 수 없으며, 그저 흑백의 음영만을 볼 수 있습니다.

드워프의 탄성(Dwarven Resilience). 독에 대한 내성 굴림에 이점을 얻습니다. 또한, 독성 피해에 대해 저항(제9장 "전투" 참조)을 얻습니다.

드워프 전투 훈련. 당신은 배틀액스, 핸드 액스, 라이트 해머, 워해머에 대한 숙련을 얻습니다.

도구 숙련. 당신은 석공의 도구, 대장장이 도구, 양조사의 도구 중 한 가지 장인의 도구를 선택해 그 숙련을 얻을 수 있습니다.

돌의 피(Stonecunning). 당신은 석조물의 유래와 관련되어 지능(역사학) 판정을 행할 때 역사학 기술에 숙련을 가진 것으로 취급하며, 이미 역사학 기술이 있다면 판정에 숙련 보너스를 두 배로 더할 수 있습니다.

언어. 공용어와 드워프어로 의사소통과 읽고 쓰기를 할 수 있습니다. 본래 드워프어는 강한 자음 발음과 콧소리가 특징적인데, 이것은 드워프가 다른 언어를 쓰더라도 두드러지게 나타나는 현상입니다.

하위종족. D&D 세계에서 드워프는 주로 언덕 드워프와 산 드워프의 두 하위종족으로 나누어집니다. 당신은 둘 중 하나를 선택할 수 있습니다.

언덕 드워프

언덕 드워프로서, 당신은 예리한 감각, 깊은 통찰, 범상치 않은 끈기를 지니고 있습니다. 페이룬 남부 지방에 강대한 왕국을 세운 황금 드워프, 드래곤랜스 세계에 존재하는 네이다르(Neidar) 추방민이나 크린의 타락한 클라르(Klar)족 드워프는 모두 언덕 드워프입니다.

능력치 점수 상승. 지혜 능력치가 1점 상승합니다.

드워프의 끈기(Dwarven Toughness). 최대 hp가 1점 상승합니다. 레벨이 오를 때마다 추가로 1점씩의 hp를 얻습니다.

산 드워프

산 드워프는 튼튼하고 강한 힘을 지니고 있으며, 혹독한 지역에서의 생활에 익숙합니다. 드워프치고는 살짝 키가 크며, 하얀 피부를 가진 경우가 많습니다. 페이룬 북방의 방패 드워프, 드래곤랜스 세계에 존재하는 강압적인 하일라르(Hylar) 씨족이나 고결한 다에와르(Daewar) 씨족은 모두 산 드워프 들입니다.

능력치 점수 상승. 근력 능력치가 2점 상승합니다.

드워프 갑옷 훈련. 당신은 경장 갑옷과 평장 갑옷에 대한 숙련을 얻습니다.

두에르가 Duergar

두에르가, 혹은 회색 드워프라 불리는 드워프들은 언더다크의 깊은 도시에서 살고 있습니다. 이들은 흉폭하면서도 몸을 숨기는 데 능숙한 노예상인으로 지상 세계를 습격해 포로를 잡아 언더다크의 다른 종족에게 팔아넘기는 일을 합니다. 또한 이들은 타고난 마법 능력으로 투명화하거나 일시적으로 거대화할 수 있습니다.

엘프 ELF

"이렇게 아름다운 광경이 있을 줄이야."

골드문이 조용히 말했다. 그날의 여정은 고됐지만, 그 보답은 정말로 상상 이상이었다. 일행은 높은 절벽 위에 서서 전설로만 전해 내려오는 퀄리노스트(Qualinost)의 모습을 바라보았다.

도시의 네 귀퉁이에 선 하얀 대리석으로 만들어진 가느다란 네 개의 첨탑은 송곳처럼 반짝이는 은빛으로 찬란하게 빛나고 있었다. 우아한 아치가 첨탑과 첨탑 사이를 가로질러 하늘을 수놓았다. 고대의 드워프 금속 장인들이 만든 솜씨였다. 이 아치는 군단의 행렬에도 견딜 수 있게 튼튼했지만, 겉으로 보기에는 새 한 마리가 내려앉기만 해도 균형이 무너질 것처럼 섬세하게 보였다. 이 반짝이는 아치가 유일한 도시의 경계선이었다. 퀄리노스트에는 성벽이 없었다. 이 엘프들의 도시는 두 팔을 벌려 사랑스럽게 야생의 세계를 껴안고 있었다.

　　　- 마가렛 와이즈 & 트레이시 힉맨, 가을 황혼의 용들

엘프의 아름다움은 이 세상의 것이라고는 생각할 수 없는 우아함에서 나옵니다. 이들은 마법적인 종족으로, 이 세계에서 살고 있지만 오롯이 이 세계에 속한 것은 아닙니다. 그들의 세계는 공기 중에 잔잔한 음악 소리가 울려 퍼지고 산들바람에는 부드러운 향기가 떠다니는 신비롭고 기묘한 아름다움을 지닌 곳입니다. 고대의 숲속, 은은한 빛이 반짝이며 빛나는 은색 첨탑이 이들의 거처입니다. 엘프는 자연과 마법, 미술과 예술, 음악과 시, 그리고 이 세계의 긍정적인 면을 사랑합니다.

말쑥한 체격과 우아함

엘프는 이 세상의 것이라고는 상상할 수 없는 우아한 아름다움과 섬세한 외모를 가지고 있습니다. 그 모습은 인간의 눈에는 물론이고 그 외의 많은 종족의 눈에도 무시무시할 정도로 아름답게 비칩니다. 키는 평균적으로 인간보다 조금 작아서 약 5ft에서 6ft 사이 정도입니다. 그리고 인간보다 슬림힌 제격으로 제숭은 100~145lbs에 불과합니다. 키는 남녀별 차이가 없으며, 체중은 남성이 여성보다 조금 더 무거운 편입니다.

드리즈트 도어덴

인간에게서 볼 수 있는 피부색이나 머리색, 그리고 눈동자 색은 엘프에게서도 모두 볼 수 있습니다. 또한 엘프 중에는 적동색, 청동색, 수은처럼 하얀 피부를 가진 자도 있으며, 녹색이나 푸른 머리칼도 볼 수 있고, 흰자나 검은자 없이 황금이나 은색 호수와 같은 눈동자를 가진 자도 있습니다. 또한 수염은 없고, 체모는 얇은 편입니다. 이들은 주로 밝은 색상의 우아한 옷을 즐겨 입으며, 단순하면서도 아름다운 장신구를 주로 착용합니다.

장기적인 시야

엘프의 수명은 거의 700년 이상에 달하며, 그렇기 때문에 엘프들은 짧은 수명의 종족들이 심각하게 받아들일 사압도 보다 장기적인 안목으로 받아들이곤 합니다. 그들은 흥분하기보다는 즐기는 경우가 많으며, 탐욕보다는 호기심에 이끌립니다. 생각지 못한 일이 닥쳐도 의연한 태도를 무너트리지 않습니다. 하지만 사명을 지

니고 모험에 나서거나 새로운 기술과 기예를 갈고 닦는 등 하나의 목표를 세우면 엘프들 역시 전심전력으로 몰두하곤 합니다. 그들은 오랜 시간에 걸쳐 우정이나 적의를 가지며, 그 우정과 적의를 잊기 위해서는 더 오랜 시간이 필요합니다. 작은 모욕은 경멸로 대응하지만, 큰 모욕은 복수로 맞서려 합니다.

엘프들은 위험에 처했을 때, 마치 어린 나뭇가지처럼 유연하게 대처합니다. 이들은 의견 차이를 좁히기 위해 폭력보다 절충과 타협을 중요하게 생각합니다. 엘프들은 자신들의 숲속에 이방인이 들어와도 그저 곧 나갈 것이라고 생각하며 침입자들이 떠날 때까지 조용히 모습을 감추는 편입니다. 하지만 일어서야만 할 때가 온다면 엘프들 역시 결연한 태도를 보이며, 검과 활, 전략에 대한 기술을 유감없이 보여줄 것입니다.

숲속에 숨겨진 세상

많은 엘프가 숲속에 숨겨진 작은 마을에서 살아갑니다. 새나 동물을 사냥하거나 식량을 채집하고, 농작물을 기르는 것이 이들의 일상입니다. 그들의 기술과 마법을 사용하면 숲을 태우거나 땅을 개간하지 않아도 자신들이 필요한 만큼은 숲에서 얻을 수 있습니다. 그들은 뛰어난 장인들이기 때문에 정교하게 가공된 옷과 예술품을 만들어 내곤 합니다. 외지인들과의 교류는 대체로 한정되어 있지만, 몇몇 엘프들은 채광에 관심이 없는 동족들을 위해 자신들의 가공품을 금속과 거래하며 살아가곤 합니다.

자신들의 고향을 벗어나 살아가는 엘프들은 대개 음유시인이나 예술가, 혹은 학자로 지냅니다. 인간 귀족들은 아이들에게 검술이나 마법을 가르치기 위해 엘프 교사들을 앞다투어 고용하려 하곤 합니다.

탐험과 모험

엘프들은 방랑벽 때문에 모험에 나섭니다. 그들의 수명은 매우 길기 때문에, 탐험과 발견만으로 수 세기를 보내곤 합니다. 그들은 인간 사회의 성급함을 좋아하지 않습니다. 매일매일 다급하게 십년 단위로 끝없이 변하기 때문입니다. 그래서 그들은 자신들만의 속도에 맞추어 느긋하고 자유롭게 여행하곤 합니다. 엘프들은 또

한 무예를 연마하고 더 강력한 마법의 힘을 찾고자 하며, 모험은 그런 수양의 좋은 기회가 되어줍니다. 어떤 엘프들은 압제에 맞서 싸우는 저항군에 합류하기도 하며, 다른 이들은 대의를 위해 싸우는 용사가 되기도 합니다.

엘프의 이름

엘프들은 스스로 성인이라고 선언하기 전까지는 아이 취급을 받으며, 대개는 100번째 생일을 전후해서 성인이 됩니다. 성인이 되기 전의 엘프들은 아명을 사용하는 경우가 많습니다.

엘프는 성인이 되었을 때 스스로 이름을 선택합니다. 하지만 어린 시절의 모습을 알고 있는 이들은 여전히 아명으로 서로를 부르기도 합니다. 엘프들의 이름은 모두 독특하지만, 자신이 존경하는 인물이나 다른 가족의 일원에게서 따오는 경우도 많습니다. 남녀 간의 이름 차이는 그리 크지 않습니다. 아래의 이름 분류는 어디까지나 일반적인 성향일 뿐입니다. 또한 모든 엘프는 가문을 나타내는 성(姓)을 지니고 있습니다. 대체로 엘프들의 성은 엘프어의 단어를 합쳐 만들어집니다. 인간 사회를 여행하는 엘프들은 자기들의 성을 공용어로 바꿔 사용하기도 하지만, 엘프어 그대로 쓰는 이들도 많습니다.

아명: 아라, 브린, 델, 에린, 파엔, 인닐, 라엘, 멜라, 나일, 나에리스, 파안, 레엘, 린, 사이, 실린, 시아, 발

남성 성인 이름: 아드란, 아엘라르, 아라밀, 아란니스, 아우스트, 베이로, 베리안, 칼릭, 에니알리스, 에르단, 에레반, 갈린단, 하다라이, 헤이안, 하이모, 임메랄, 이벨리오스, 라우시안, 민다르티스, 파엘리아스, 페렌, 콰리온, 리아르던, 롤렌, 소벨리스, 타미오르, 타리볼, 테렌, 바리스.

여성 성인 이름: 아드리에, 알테아, 아나스트리아나, 안드라스테, 안티우아, 베스린나, 바이렐, 카엘린, 드루실리아, 엔나, 펠로시알, 이엘레니아, 젤렌네스, 케일레스, 레샨나, 리아, 메리엘레, 미엘리, 나이바라, 쾰레나, 퀼라스, 사리알, 샤나이라, 샤바, 실라퀴, 테이라스트라, 티아, 바다니아, 발란테, 자나피아

가문의 성(공용어로 번역): 아마키르(보석꽃), 아마스타시아(별의 꽃), 갈란노델(달속삭임), 홀림니언(금강석이슬), 일펠키르(보석송이), 리아던(은잎사귀), 멜리암네(떡갈나무발), 네일로(밤바람), 시안나델(달의 시냇물), 실로시엔트(황금꽃잎)

엘프의 특성

당신의 엘프 캐릭터는 다양한 자연적인 능력을 지니고 있으며, 이 특성들은 수천 년에 걸쳐 엘프 문화를 이루어 왔습니다.

능력치 점수 상승. 민첩 능력치가 2점 상승합니다.

연령. 엘프들은 신체적으로 인간과 비슷하게 성장하지만, 신체적 성장보다는 세상의 경험을 성인의 척도로 보고 있습니다. 일반적으로 엘프들이 자신의 성인 이름을 가지는 것은 100살 전후이며, 750살까지 살곤 합니다.

성향. 엘프들은 자유와 다양성, 자기표현을 사랑하며, 그래서 혼돈 성향으로 약간 치우치곤 합니다. 그들은 자신의 자유만큼이나 다른 이들의 자유에도 큰 가치를 두고 지키고자 하며, 그래서 선 성향으로 좀 더 기울어져 있습니다. 물론 드로우는 예외입니다. 이들은 오랜 세월 언더다크에 추방된 동안 악랄하고 위험해졌습니다. 드로우들은 악 성향을 지니는 경우가 많습니다.

크기. 엘프들은 5~6ft의 키를 지니고 있으며, 매우 마른 체형입니다. 엘프는 중형 크기를 지닙니다.

이동속도. 당신의 기본 보행속도는 30ft입니다.

암시야(Darkvision). 당신은 어두운 숲과 밤하늘에 익숙하며, 어둠 속이나 약한 빛 상황에서도 볼 수 있는 우월한 시각을 지니고 있습니다. 당신은 약한 빛 속에서도 60ft까지는 밝은 빛에 있는 것처럼 볼 수 있으며, 어둠 속에서도 60ft까지는 약한 빛에 있는 것처럼 볼 수 있습니다. 어둠 속에서는 색을 구별할 수 없으며 회색의 음영으로만 보입니다.

예리한 감각(Keen Sense). 당신은 감지 기술에 숙련을 지닙니다.

요정 선조(Fey Ancestry). 당신은 매혹 상태에 대한 내성 굴림에 이점을 얻으며, 마법으로 잠들지 않습니다.

망아상태(Trance). 엘프들은 잠들지 않습니다. 대신, 그들은 반쯤 깬 상태로 하루 4시간 깊은 명상에 빠집니다. (이러한 명상을 공용어로 망아상태라고 부릅니다.) 이렇게 명상하는 동안 당신은 꿈을 꾸기도 합니다. 하지만 이러한 꿈은 오랜 기간 당신이 거쳐온 본능적인 정신 수련에 가까운 것입니다. 이렇게 4시간 동안 휴식을 취했다면, 당신은 인간이 8시간 동안 수면을 취한 것과 마찬가지의 이익을 얻을 수 있습니다.

언어. 당신은 공용어와 엘프어로 의사소통과 읽고 쓰기를 할 수 있습니다. 엘프어는 미묘한 억양과 복잡한 문법을 가진 우아한 언어입니다. 엘프들의 문체는 매우 풍부하고 다양하며, 그들의 노래와 시는 다른 종족들 사이에서도 높은 명성을 지니고 있습니다. 많은 음유시인은 엘프어를 공부하며, 자신들의 레퍼토리에 엘프 발라드를 추가하곤 합니다.

하위종족. 엘프는 태곳적 분열로 인해 하이 엘프와 우드 엘프, 그리고 흔히 드로우라 부르는 다크 엘프의 세 종족으로 나누어졌습니다. 이 하위종족 중 하나를 선택하십시오. 몇몇 세계에서는 더 다양한 종족으로 분류되기도 합니다. (예를 들어 포가튼 렐름즈에서는 선 엘프와 문 엘프가 있습니다.) 그러니 당신이 원한다면 더 세분화한 하위종족을 선택할 수도 있습니다.

하이 엘프

당신은 하이 엘프로서 예민한 정신을 지니고 있으며 최소한의 기초적인 마법을 익히고 있습니다. D&D의 여러 세계에는 크게 두 가지의 하이 엘프들이 있습니다. 첫 번째는 오만하고 은둔적인 이들로 자신들이 다른 모든 종족뿐 아니라 다른 엘프들보다도 우월하다고 생각하는 이들입니다. 그레이호크에서 이들은 그레이 엘프 혹은 계곡 엘프 등이며, 포가튼 렐름즈의 선 엘프, 드래곤랜스의 실바네스티 역시 이러한 분류에 속합니다. 두 번째는 더 평범하고 친근한 이들로, 인간이나 다른 종족들과 흔히 어울려 살아가는 이들입니다. 그레이호크의 하이 엘프와 드래곤랜스의 퀄리네스티, 포가튼 렐름즈의 문 엘프가 여기에 속합니다.

페이룬의 선 엘프(혹은 골드 엘프나 선라이즈 엘프라고도 합니다.)들은 청동색 피부에 구릿빛, 검은색, 혹은 금발 머리카락을 지니고 있습니다. 이들의 눈은 금색 또는 은색이며, 검은색 눈동자를 지니기도 합니다. 문 엘프(혹은 실버 엘프나 회색 엘프라고도 부릅니다.)들은 그들보다 하얀색으로, 피부는 석고처럼 하얗고 때로는 희미하게 푸른 빛이 감돌기도 합니다. 머리카락은 은백색이나 검은색, 청색이 많으며, 금색이나 갈색, 붉은색 머리도 있습니다. 눈동자는 푸른색이나 녹색으로, 눈동자 속에 금색 반점이 있습니다.

능력치 점수 상승. 지능 능력치가 1점 상승합니다.

엘프 무기 훈련(Elf Weapon Training). 롱소드, 숏소드, 숏보우, 롱보우에 대한 숙련을 얻습니다.

소마법(Cantrip). 당신은 위저드 주문 목록의 소마법 중에서 하나를 알고 있습니다. 이 소마법을 사용할 때는 지능이 당신의 주문시전 능력치가 됩니다.

추가 언어. 당신은 의사소통과 읽고 쓰기가 가능한 언어를 하나 더 선택할 수 있습니다.

우드 엘프

당신은 우드 엘프로서 예민한 감각과 직감을 지니고 있으며, 당신이 자라온 숲속에서 재빠르고 은밀하게 움직일 수 있습니다. 이 분류에는 그레이호크의 와일드 엘프(그루가크)나 드래곤랜스의 카고네스티가 속해 있습니다. 또한 그레이호크나 포가튼 렐름즈에서 우드 엘프라 부르는 종족들 역시 당연히 여기 속합니다. 페이룬에서 우드 엘프(와일드 엘프, 그린 엘프, 포레스트 엘프라고 부를 때도 있습니다.)들은 인간들의 도시와 멀리 떨어진 숲에 숨어 살면서 다른 종족들을 의심의 눈초리로 바라보곤 합니다.

우드 엘프의 피부는 구릿빛을 띠며 가끔 녹색이 감돌 때도 있습니다. 머리색은 갈색이나 검은색이 많지만, 가끔 구릿빛이나 금발이 나오기도 합니다. 눈동자는 녹색, 갈색 혹은 녹갈색입니다.

능력치 점수 상승. 지혜 능력치가 1점 상승합니다.

엘프 무기 훈련(Elf Weapon Training). 롱소드, 숏소드, 숏보우, 롱보우에 대한 숙련을 얻습니다.

빠른 발놀림(Fleet of Foot). 당신의 기본 보행 이동속도는 35ft가 됩니다.

야생의 가면(Mask of the Wild). 당신은 숲속에 있을 때나 폭우나 눈이 내릴 때, 안개, 기타 자연 현상으로 인한 것이라면 가볍게 가려진 상태만으로도 은신 시도를 할 수 있습니다.

다크 엘프 (드로우)

본래 어두운 피부를 지닌 엘프의 하위종족에서 갈라져 나온 드로우들은 여신 롤스를 따라 지상에서 추방당해 악과 타락의 길로 들어섰습니다. 이제 그들은 롤스의 인도에 따라 언더다크의 심연 속에 자신들만의 문화를 세웠습니다. 흔히 다크 엘프라고도 부르는 드로우들은 흑요석처럼 검은 피부에 하얀색 혹은 창백한 노란색 머리카락을 지니고 있습니다. 그들의 눈동자는 너무 창백해 하얗게 보이기도 합니다. 하지만 잘 보면 라일락, 핑크색, 붉은색, 푸른색, 은색의 음영이 살짝 비칩니다 그들은 다른 엘프들보다 비교적 작은 몸집을 지니고 더 말랐습니다.

드로우 모험자는 거의 없고, 애초에 세계마다 드로우라는 종족이 다 있는 것도 아닙니다. 드로우 캐릭터를 만들고자 하기 전에는 DM과 상의가 필요합니다.

능력치 점수 상승. 매력 능력치가 1점 상승합니다.

우월한 암시야(Superior Darkvision). 당신의 암시야는 120ft 반경으로 늘어납니다.

태양광 민감성(Sunlight Sensitivity). 당신은 자신이나 목표가 햇빛을 직접 받고 있을 때 명중 굴림과 지혜(감지) 판정에 불리점을 받습니다.

드로우 마법(Drow Magic). 당신은 춤추는 빛*Dancing Light* 소마법을 알고 있습니다. 3레벨에 도달하면 하루 1번 요정 불꽃 *Faerie Fire* 주문을 시전할 수 있습니다. 5레벨에 도달하면 하루 1번 암흑*Darkness* 주문을 시전할 수 있습니다. 이 주문들을 사용할 때는 매력이 당신의 주문시전 능력치가 됩니다. 하루 1번 시전할 수 있는 주문들은 긴 회복을 끝내야 다시 사용할 수 있습니다.

드로우 무기 훈련(Drow Weapon Training). 당신은 레이피어, 숏소드, 핸드 크로스보우에 대한 숙련을 지니고 있습니다.

드로우의 어둠

널리 알려진 단 하나의 예외가 없었더라면, 드로우 종족은 모두에게 증오와 멸시의 대상이 되었을 것입니다. 대개 그들은 언더다크의 지하 심연에 살면서 악마를 숭배하는 약탈자들로 알려져 있습니다. 그들은 가장 어두운 밤에 숨어들어와 그들이 증오하는 지상의 거주자들을 약탈하고 살육한다고들 합니다. 그들의 사회는 그들이 신앙하는 거미 여신 롤스의 총애를 얻기 위해 혈안이 되어 있는 타락한 사회입니다. 이 귀족 가문들은 서로 패권을 둘러싸고 암살을 벌이며 가문 전체를 멸문시키기도 합니다.

하지만 이 전형적인 예에서 벗어난 드로우가 적어도 한 명은 있습니다. 포가튼 렐름즈 세계에서 북방에 살고 있는 레인저인 드리즈트 도어덴(Drizzt Do'Urden)은 약하고 죄 없는 자들을 지키는 선한 마음을 지닌 수호자로 자신을 입증해 왔습니다. 그는 피의 숙명을 거부하고 그를 두려워하고 멸시하는 이들로 가득한 지상 세계에 정착하였습니다. 고향 언더다크의 사악한 사회를 벗어나고자 하는 소수의 드로우들에게 있어, 드리즈트는 실로 훌륭한 모범이라 할 수 있을 것입니다.

드로우들은 지상에 살고 있는 자들이 열등하며 노예로만 써먹을 수 있다고 믿으며 자라왔습니다. 양심에 눈을 뜨게 되었거나 다른 종족과 협조할 수밖에 없는 드로우들에게조차 이러한 편견을 극복하는 것은 어려운 일입니다. 특히나 그들이 대하는 다른 종족들도 마찬가지로 드로우를 증오할 때는 그 어려움이 더 커질 것입니다.

제 1부 | 종족

인간 HUMAN

머나먼 고대로부터 롱보트를 타고 바다와 강을 오가는 끈질긴 이들의 이야기가 전해져 온다. 처음에는 약탈하고 노획하기 위해서 였지만, 그 다음에는 정착하기 위해 노를 저었다. 그들의 이야기와 노래가 담긴 책 속에는 활력과 모험심이 가득했다. 리리엘은 소중한 양초에 하나씩 불을 붙여가며 밤새도록 책을 읽었다.

그녀는 인간들에 대해 그처럼 깊게 생각한 적이 없었다. 하지만 이 이야기들은 그녀를 매료시켰다. 누렇게 변색한 책장 속에는 용감한 영웅과 기이하고 사나운 동물들, 강대한 원시 신들, 그리고 머나먼 땅에서 자아낸 마법의 이야기가 가득했다.

- 엘레인 커닝햄, 드로우의 딸

인간들은 대개 세계의 평범한 종족 중 가장 어린 축에 속합니다. 드워프나 엘프, 드래곤에 비교하면 인간들은 세상에 온 시기도 늦었고 수명도 짧습니다. 하지만 그 짧은 수명 때문인지, 인간들은 자신의 삶을 바쳐 무언가를 이룩하고자 노력합니다. 어쩌면 그들은 더 오래된 종족들에게 무언가를 증명하고자 하는 것일지도 모릅니다. 그래서 인간들은 정복과 무역에 기반한 강대한 제국을 세우곤 합니다. 그들을 이끄는 것이 무엇이든, 인간들은 혁신가이자 성취가이며, 세상을 탐험하는 선구자들입니다.

광범위한 특징

이주와 정복을 활발하게 벌이는 인간은 그 어떤 주요 종족들보다 다채로운 신체적 특징을 지니고 있습니다. 전형적인 인간의 모습 따위는 존재하지 않습니다. 인간의 신장은 대개 5~6ft 내외이며, 125~250lbs 정도의 몸무게를 지니고 있습니다. 인간의 피부는 검은색에서 창백한 색에 이르기까지 다양하며, 머리색도 검은색에서 금발까지 가지각색입니다. (머릿결도 곱슬머리일 수도, 직모일 수도 있습니다.) 남자들은 턱이나 뺨에 수염을 기르기도 합니다. 인간들은 대부분 순수한 인간 혈통만 지닌 것이 아닙니다. 엘프나 오크의 혈통이 섞인 경우도 있고 다른 피가 섞였을 수도 있습니다. 인간들은 10대 후반에 성인이 되며 한 세기가 되기 전에 천수를 다합니다.

모든 것의 다양성

인간들은 주요 종족 중 최고의 적응력과 야심을 지닌 이들입니다. 인간들은 사는 지역에 따라 취향이나 도덕, 관습이 크게 다릅니다. 어쨌든 일단 정착하고 나면 인간은 그 정착지에 눌러살곤 합니다. 그렇게 그들은 세대를 거치며 도시를 건설하고 수백 년을 지속하는 거대한 왕국을 세웁니다. 인간 개개인의 수명은 비교적 짧을지 몰라도, 인간이 세운 국가나 문화, 전통은 누구도 그 기원을 기억하지 못할 정도로 오래 남곤 합니다. 인간은 현재를 충실하게 살아가며, 그래서 모험자로서 잘 어울립니다. 하지만 인간들은 미래에 대한 계획을 세우기도 하며, 오랫동안 남을 무언가를 남기고자 합니다. 개인이든 집단으로든 인간은 적응력이 높고 임기응변에 강하며, 정치적 사회적 변화에 민감하게 대응합니다.

인간들은 서로 잘 섞이는 만큼 다른 종족과도 잘 지냅니다. 얼마나 가까운가를 굳이 따지지 않는다면 인간들은 대부분의 종족과 좋은 관계를 유지하고 있습니다. 인간들은 곧잘 사절이나 외교관, 행정관, 상인, 각종 공공기관의 일원으로 활동합니다.

드워프. "튼튼하고 믿을만한 친구들이지. 항상 자기 말을 지키거든. 하지만 그저 황금만 보면 사족을 못 쓰는 게 문제긴 하지."

엘프. "엘프들의 숲속에서 어슬렁거리는 건 좋지 않아. 침입자들을 별로 좋아하진 않거든. 아차 하는 사이에 화살꽂이가 되거나 마법에 당할 수도 있어. 하지만 엘프가 그 오만함을 넘어서 너를 동등한 친구로 생각하게 된다면 정말 많은 걸 배울 수 있지."

하플링. "하플링 집에서 먹는 밥보다 맛있는 건 없어. 천장에 머리를 찧지만 않는다면 말이야. 편안하고 따뜻한 불가 앞에서 좋은 음식을 먹고 재미있는 이야기를 나눌 수 있지. 그래도 만약 하플링이 뭐든 야심을 가진다면, 진짜로 뭔가 해낼 수 있을 거야."

대대로 이어지는 전통

엘프나 드워프가 홀로 어떤 장소를 지키거나 비밀을 지키는 의무를 질 때, 인간들은 성기사단을 세우거나 조직을 창설하여 그러한 의무를 대대로 수행합니다. 드워프의 씨족이나 하플링 장로들이 고대의 전통을 매번 새로운 세대에게 전할 때, 인간들은 교단이나 정부, 도서관을 세우고 법률을 만들어 자신들의 전통을 역사의 기반으로 만듭니다. 인간은 불멸을 소망합니다. (불사의 비밀을 찾거나 죽음의 손아귀에서 신성한 승천으로 벗어난 극히 일부를 제외하면) 그들은 자신들이 죽고 난 후에도 다른 사람들에게 길이 기억될 무언가를 이룩해 그러한 불멸을 얻고자 합니다.

이방인을 꺼리는 자들도 있지만 인간 사회는 대체로 다른 종족들을 잘 수용하는 편입니다. 비인간 종족들의 땅에서 인간들을 수용하는 정도에 비하면, 인간들의 땅에서 비인간 종족들을 훨씬 잘 받아들이고 있습니다.

야망의 성취

모험을 추구하는 자들은 야심이 가득한 인간 종족 중에서도 가장 과감하고 거대한 야심을 지닌 이들입니다. 그들은 권력과 부, 명성을 얻어 인간들 사이에서 영광을 얻고자 합니다. 반면, 집단이나 국가 따위가 아니라 대의를 위해 움직이는 인간들 역시 많이 있습니다.

인간의 이름과 민족성

인간의 문화는 다른 종족들보다 훨씬 다채로운 만큼, 인간 사회에서 전형적인 이름 같은 것은 존재하지 않습니다. 인간 부모 중에서는 자식의 이름을 드워프어나 엘프어 등 다른 언어에서 가져오는 경우도 있습니다. (발음은 정확할 때도 있고 아닐 때도 있습니다.) 하지만 대부분의 부모는 자신들 지역의 문화나 선조들의 전통에 따라 아이의 이름을 지어줍니다.

인간의 문화와 물리적 특징은 지역마다 크게 다릅니다. 예를 들어 포가튼 렐름즈를 보아도 북서쪽에 위치한 실버 마치와 동방의 터미쉬, 임플리투르, 혹은 더 멀리 떨어진 카라 투르는 서로 의복도, 건축도, 음식도, 음악도, 문학도 완전히 다릅니다. 하지만 인간들의 다채로운 신체적 특징은 고대의 대이주로 인한 것이기 때문에, 실버 마치의 인간이라 해도 피부색이나 머리색, 신체적 특징은 얼마든지 다양하게 나타날 수 있습니다.

포가튼 렐름즈에서는 서로 다른 아홉 인종이 널리 알려져 있고, 페이룬의 여러 변방에만 있는 지역적 인종들을 합하면 12종 이상이 더 있습니다. 이 집단들은 저마다 전형적인 이름이 있으며, 이 이름들을 살펴보면 당신의 캐릭터가 어떤 지방에서 살았는지 상상하는 데 도움이 될 것입니다.

다마라인 DAMARAN

다마라인은 페이룬 북서부에서 쉽게 찾아볼 수 있습니다. 이들은 평균적인 키와 체격을 지니고 있으며, 피부색은 갈색에서 흰색까지 다양합니다. 머리카락은 주로 갈색이나 검은색이고, 눈동자 색은 아주 다양하지만 갈색이 가장 많습니다.

다마라인 이름: (남자) 보르, 포델, 글라르, 그리고르, 이간, 이보르, 코세프, 마이발, 오렐, 파벨, 세르고르; (여자) 알레스라, 카라, 카테닌, 마라, 나탈리, 올마, 타나, 조라; (성) 베르스크, 체르닌, 닷스크, 쿨레노브, 마르스크, 네메스크, 셰모브, 스타라그

라셰미인 Rashemi

내해(Inner Sea)의 동쪽에 가장 널리 퍼져 있는 라셰미인은 뮬란 인들과 섞여 살곤 합니다. 라셰미인은 키가 작은 편이고 튼튼하며 근육질입니다. 그들은 보통 어두운 피부색에 검은 눈동자, 검은 머리카락을 지니고 있습니다.

라셰미인 이름: (남자) 보리비크, 파우가르, 잔다르, 카니타르, 마 디스라크, 랄메비크, 샤우마르, 블라디슬라크; (여자) 페바라, 헐 마라, 임미스, 임젤, 나바라, 셰바라, 탐미스, 율드라; (성) 체르고 바, 디에니나, 일타즈야라, 머르네타라, 스타야노가, 울모키나

뮬란인 Mulan

내해의 동부와 남동부를 차지하고 있는 뮬란인들은 대개 키가 크 고 말랐으며 피부는 호박색에 담갈색, 갈색 눈동자를 지니고 있습 니다. 이들은 검은색에서 암갈색 머리카락을 지니고 있지만, 뮬란 인들이 큰 세력을 지닌 지역에서는 귀족을 포함해 많은 뮬란인들 이 머리를 깔끔하게 밀고 다니곤 합니다.

뮬란인 이름: (남자) 아오스, 바레리스, 에풋 캉, 케토스, 무메드, 라마스, 소 케후르, 타자르 데; (여자) 아리지마, 챠티, 네피스, 누알라, 뮤리티, 세프리스, 톨라, 우마라, 졸리스; (성) 앙크랍, 안스쿨드, 페짐, 하펫, 나탄뎀, 세프렛, 우트라크

서우인 Shou

페이룬에서 동쪽으로 멀리 떨어진 카라투르에서 가장 많은 숫자 를 자랑하며 강한 세력을 지닌 것이 서우인들입니다. 이들은 황색 에서 청동색 피부를 지니고, 검은색 머리카락에 검은 눈동자를 지 니고 있습니다. 서우인들은 성이 이름 앞에 옵니다.

서우인 이름: (남자) 안, 첸, 치, 파이, 장, 준, 리안, 롱, 멩, 온, 샨, 수이, 웬; (여자) 바이, 차오, 지아, 레이, 메이, 콰오, 수이, 타 이; (성) 치엔, 황, 카오, 쿵, 라오, 링, 메이, 핀, 신, 섬, 탄, 왕

일러스카인 Illuskan

일러스카인들은 키가 크고 하얀 피부를 지닌 사람들로, 눈동자 색 은 푸른색이거나 강철 같은 회색입니다. 이들 대다수는 짙은 검은 색 머리카락을 지니고 있지만, 그들 중에서도 가장 북서쪽에 사는 사람들은 금발이나 붉은색, 혹은 밝은 갈색 머리카락을 지니고 있 습니다.

일러스카인 이름: (남자) 앤더, 블라스, 브랜, 프라스, 게스, 란더, 루스, 말케르, 스토르, 다만, 우르스; (여자) 아마프레이, 베사, 세프레이, 케트라, 마라, 올가, 실리프레이, 웨스트라; (성) 브라 이트우드, 헬더, 혼레이브, 랙만, 스톰윈드, 윈드리버

초운다스인 Chondathan

초운다스인들은 깡마르고 황갈색 피부를 지닌 사람들로, 주로 갈 색 머리가 많지만, 금발이나 검은 머리도 있습니다. 대부분은 키 가 크고 녹색이나 갈색 눈동자를 지니고 있지만, 예외는 얼마든지 있습니다. 이들은 내해를 둘러싼 페이룬의 중앙부 어디에서나 쉽 게 찾아볼 수 있습니다.

초운다스인 이름: (남자) 다르빈, 도른, 이븐더, 고르스태그, 그림, 헬름, 말락, 모른, 란달, 스테드; (여자) 아벤느, 에스벨레, 제세 일, 케리, 루렌스, 마이리, 로완, 샨드리, 테셀레; (성) 암블크라 운, 버크만, 던드래곤, 이븐우드, 그레이캐슬, 톨스태그

칼림샨인 Calishite

칼림샨인은 다른 지역 사람들보다 키도 작고 깡말랐으며, 피부색 이나 머리색, 눈동자 모두 어두운 갈색인 경우가 많습니다. 이들 은 대체로 페이룬 남서쪽에서 많이 볼 수 있습니다.

칼림샨인 이름: (남자) 에시에르, 발데이드, 하세이드, 케메드, 메 흐멘, 수데이만, 자세이르; (여자) 아탈라, 세이딜, 하마, 쟈스 말, 메일릴, 세이포라, 야세이라, 자셰이다; (성) 바샤, 두메인, 야산, 칼리드, 모스타나, 파샤, 레인

테시르인 Tethyrian

페이룬 서부 소드 코스트 전역에 걸쳐 사는 테시르인들은 평균적 인 키와 체격을 지니고 있습니다. 그들은 대개 어두운 피부를 지 니고 있지만, 북쪽으로 갈수록 하얀 피부도 많아집니다. 머리카락 이나 눈동자 색은 다양하지만, 갈색 머리에 푸른 눈동자가 많습니 다. 테시르인은 초운다스인 계열의 이름을 많이 사용합니다.

투라미인 Turami

내해 남부의 토착민족인 투라미인은 대체로 키가 크고 근육질로, 옅은 적갈색 피부에 검은 곱슬머리이며 눈동자도 검은색입니다.

투라미인 이름: (남자) 안톤, 디에로, 마르고크, 피에론, 리말도, 로메로, 살라자르, 움베로; (여자) 발라마, 도나, 파일라, 잘라 나, 루이사, 마르타, 쿠알라, 셀리스, 본다; (성) 아고스토, 아스 트리오, 칼라브라, 도미니, 팔로네, 마리발디, 피사카, 라몬도

인간의 특성

인간을 일반화하는 것은 어려운 일이지만, 당신의 인간 캐릭터는 아래 특성들을 지니고 있습니다.

능력치 점수 상승. 모든 능력치가 각각 1점씩 상승합니다.

연령. 인간은 10대 후반에 성년이 됩니다. 수명은 100세를 맞 이하는 경우가 거의 없습니다.

성향. 인간은 어떤 성향으로도 기울어지지 않았습니다. 인간 중에는 가장 선량한 자도, 가장 악한 자도 존재합니다.

크기. 인간은 다양한 신장과 체격을 지니고 있습니다. 대개 키 는 5~6ft 정도로, 중형 크기로 취급합니다.

이동속도. 당신의 기본 보행 이동속도는 30ft입니다.

언어. 당신은 공용어와 당신이 선택한 다른 한 가지 언어로 의 사소통하고 읽고 쓸 수 있습니다. 인간들은 흔히 자신들이 같이 생 활하는 자들의 언어를 배우곤 하며, 널리 쓰이지 않는 사투리를 배 울 때도 있습니다. 또한 이들은 다른 언어에서 빌려온 표현을 자주 사용하기도 합니다. 오크의 욕설이나 엘프어의 음악적 표현, 드워 프의 군사적 문구 등이 그렇게 빌려온 표현의 좋은 예시입니다.

인간 특성 변형 규칙

만약 당신의 캠페인에서 제6장의 선택 재주 규칙을 사용하고 있다면, 당신의 던전 마스터는 인간의 능력치 점수 상승 특성 대신 아래의 특 징을 줄 수도 있습니다.

능력치 점수 상승. 당신이 선택한 두 종류의 능력치가 각각 1점씩 상승합니다.

기술. 당신은 선택한 한가지 기술에 대해 숙련을 얻습니다.

재주. 당신은 한가지 재주를 선택할 수 있습니다.

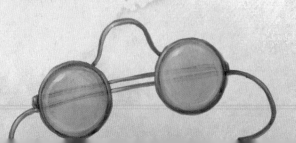

하플링 HALFLING

주변 수백 마일 내에서 하플링이라곤 레지스(Regis) 뿐이었다. 그는 머리 뒤로 손을 깍지끼고 이끼투성이 나뭇등걸에 등을 기대고 앉아 있었다. 레지스는 조그마한 하플링 중에서도 특히 몸집이 작았다. 곱슬곱슬한 갈색 머리카락까지 합해봐야 3ft 정도였지만, 기회가 있을 때마다 맛난 음식을 즐겨 먹는 통해 배는 불룩했다. 그는 낚싯대로 쓰곤 하는 구부러진 나뭇가지를 발가락 사이에 걸쳐놓고는 고요한 호숫가를 바라보았다. 거울같이 아름다운 고요한 메어 듀얼던(Maer Dualdon) 호수의 표면을.

- R. A. 살바토레, 수정 파편

하플링들 대부분이 인생의 목표로 삼는 것은 바로 집의 편안함입니다. 미쳐 날뛰는 괴물들이나 요란스러운 군대로부터 멀리 떨어진 조용하고 평화로운 장소 말입니다. 조용히 타오르는 불꽃과 든든한 식사가 있고, 좋은 술과 즐거운 대화를 나눌 수 있는 곳이 그들이 원하는 것들입니다. 몇몇 하플링들은 멀리 떨어진 과수원 등에 정착해 살아가는가 하면, 어떤 이들은 항상 떠돌아다니는 유목 집단을 이루고 있기도 합니다. 그들은 끝없이 펼쳐진 지평선과 길게 이어진 도로, 새로운 사람들과 새로운 세상을 발견하는 즐거움에 매혹된 것입니다. 하지만 아무리 떠돌이 하플링이라 하더라도 평화와 음식, 따뜻한 온기와 자신의 집을 사랑한다는 점은 변함이 없습니다. 그리고 방랑자들에게 집이란 흙투성이 도로 위를 달리는 마차나 강 위를 흘러가는 나룻배인 경우도 있습니다.

작은 몸집과 실용주의

조그마한 하플링들은 자신들보다 덩치 큰 사람들이 가득한 세상을 살아가기 위해, 눈에 띄지 않고 상대에게 발견되어도 공격받지 않는 방법을 터득하였습니다. 그들의 신장은 약 3ft 정도로, 비교적 무해해 보이는 외모 덕에 그들은 제국의 그림자 속에 숨어 전쟁과 정치적 혼돈을 피해 살아남을 수 있었습니다. 하플링들은 약간 살집이 있는 편으로, 체중은 40~45lbs 정도 나갑니다.

하플링의 피부색은 갈색에서 핑크색까지 다양합니다. 머리카락은 갈색이나 연갈색의 곱슬머리이며, 눈은 갈색 혹은 옅은 담갈색입니다. 하플링 남성은 곧잘 구레나룻을 기르지만, 턱수염까지 기르는 경우는 많지 않고 콧수염은 더 희귀합니다. 하플링은 단순하면서도 착용감이 좋은 밝은색의 옷을 즐겨 입습니다.

하플링의 실용성은 복장뿐 아니라 모든 면에서 엿볼 수 있습니다. 그들은 기본적인 의식주와 단순한 즐거움에 더 많은 관심이 있으며, 허영과는 거리가 멉니다. 아무리 부자 하플링이라 하더라도 모두가 보라고 자랑하기보다는 안전한 곳에 조용히 보물을 숨겨 둘 뿐입니다. 또한 하플링은 문제가 발생했을 때 단순명료한 해결책을 찾는데 능하고, 우유부단하게 망설이는 법이 없습니다.

친절함과 호기심

하플링들은 밝고 붙임성이 좋습니다. 그들은 따뜻한 난로와 편안한 집안 만큼이나 가족과 친구들 사이의 유대감을 소중히 여기며, 황금이나 영광을 꿈꾸는 경우는 많지 않습니다. 하플링 모험자들 역시 공동체를 위해서나, 방랑벽, 아니면 호기심 때문에 모험에 나서는 경우가 많습니다. 그들은 신기한 음식이나 특이한 옷가지 등 단순한 것이라도 새로운 것을 발견하는 걸 좋아합니다.

하플링들은 정에 약하고, 누군가 곤경에 처해 있다면 쉽게 지나치지 못합니다. 그들은 마음이 넓고, 아무리 힘들 때라도 자신들이 지닌 것을 남들에게 기쁘게 베풀곤 합니다.

군중에 섞여 사는 자들

하플링들은 인간, 드워프, 엘프 공동체에 쉽게 녹아들고, 널리 환영을 받습니다. 조용한 성격과 겸손하며 기민한 천성 때문에 그들은 잘 눈에 띄지 않습니다.

하플링들은 같은 하플링들이든 다른 종족이든 가리지 않고 다른 이들과 같이 일하는데 능숙하며, 친구들에게 진심을 다합니다. 그들은 친구나 가족, 혹은 자신들의 공동체가 위험에 처했을 때는 정말 놀랄 만큼 뛰어난 용맹함을 보여줍니다.

목가적인 즐거움

대부분의 하플링은 큰 농장이나 잘 관리된 작은 숲이 있는 평화롭고 조용한 공동체에서 생활합니다. 하플링들이 자기들만의 왕국을 세우는 경우는 많지 않으며, 자신들의 고요한 "샤이어(Shire)" 이상으로 땅을 탐내는 경우도 없습니다. 하플링은 귀족이나 왕족이 되는 경우가 거의 없고, 대신 가문의 장로가 주로 지도를 합니다. 가문은 제국의 흥망성쇠와 관계없이 자신들의 전통적인 방식을 고수합니다.

> ### 상냥하고 긍정적
> 하플링들은 다른 모두와 잘 지내는 편이고, 전체적인 편견을 잘 가지지 않으며 쉽게 험담을 하지 않습니다.
> *드워프.* "드워프는 가까워진다면 믿음이 가고 자기 말을 반드시 지키는 친구들이야. 그래도 좀 더 자주 웃는 편이 좋지 않을까?"
> *엘프.* "진짜 아름다워! 얼굴도 이쁘고 음악도 멋지고, 움직임 하나하나가 우아하잖아. 멋진 꿈속에서 뛰쳐나온 것만 같아. 그런데 그 미소짓는 얼굴 뒤에 뭐가 있는지는 모르겠어. 아마 보여주는 것 이상의 무언가가 있겠지."
> *인간.* "사실 인간들은 우리랑 되게 비슷해. 적어도 그들 중 몇몇은 말이야. 성이나 탑에 사는 사람들 말고 농부나 양치기들은 진짜 착하고 좋은 친구들이야. 귀족들이나 군인들이 나쁘다는 건 아니야. 그 사람들도 자기들만의 신념이 있거든. 그리고 그들이 자기들 땅을 지키는데 필사적인 만큼 우리들도 지켜주곤 하니까."

많은 하플링들이 다른 종족들 사이에 섞여 살아가며, 열심히 일하는 만큼 많은 보수를 받아 맛있는 음식을 마음껏 먹고 마시며 풍요를 즐기곤 합니다. 어떤 하플링 공동체는 한 지역에 정착하지 않고 마차나 배를 타고 돌아다니며 살아가기도 합니다.

탐험의 기회

하플링들은 주로 자기들의 공동체를 지키기 위해, 친구들을 돕기 위해, 더 넓고 신기한 세상을 탐험하기 위해 모험에 나섭니다. 그들에게 모험이란 평생 살아갈 직업이라기보다 우연한 기회 혹은 필요해서 잠깐 접하게 되는 일인 경우가 많습니다.

하플링의 이름

하플링은 이름과 성이 있으며, 별명을 가질 때도 많습니다. 아예 별명이 여러 세대를 걸쳐 정착해서 가문의 성이 될 때도 있습니다.

남자 이름: 알톤, 엔더, 카데, 콜린, 엘돈, 에리히, 판난, 가렛, 린달, 라일, 메릭, 마일로, 오스본, 페린, 리드, 로스코에, 웰비

여자 이름: 안드리, 브리, 칼리, 코라, 유페미아, 틸리안, 키트리, 라비니아, 리다, 메를라, 네다, 파엘라, 포르티아, 세라피나, 샤엔나, 트림, 바니, 베르나

성: 브러쉬개더, 굿바렐, 그린보틀, 하이힐, 힐토플, 리갤로우, 티리프, 쏜게이지, 토스코블, 언더보우

하플링의 특성

하플링 캐릭터들은 모두 아래와 같은 공통적 특성을 지닙니다.

능력치 점수 상승. 민첩 능력치가 2점 상승합니다.

연령. 하플링은 20대에 성인이 되고, 평균 150세 정도까지 삽니다.

성향. 대부분의 하플링은 질서 선 성향을 지니고 있습니다. 그들은 대체로 선한 마음을 지니고 친절하며, 다른 사람들이 고통받는 것을 참지 못하고, 압제를 견디지 못합니다. 그들은 또한 매우 질서적이고 전통적이며, 공동체에 협력하고 옛 방식을 따르는 데서 편안함을 느끼곤 합니다.

크기. 하플링의 평균 신장은 3ft정도이며, 체중은 40lbs 정도 나갑니다. 하플링은 소형 크기를 지니고 있습니다.

이동속도. 하플링의 기본 보행 이동속도는 25ft입니다.

행운아(Lucky). 하플링은 명중 굴림, 능력 판정, 내성 굴림에서 1이 나왔을 때 주사위를 다시 굴릴 수 있습니다. 하지만 이렇게 다시 굴려 나온 주사위 결과를 반드시 사용해야 합니다.

용감함(Brave). 하플링은 공포 상태에 대한 내성 굴림에 이점을 얻습니다.

하플링의 기민함(Halfling Nimbleness). 하플링은 자기보다 큰 크기의 크리쳐가 점유하고 있는 공간을 지나쳐 이동할 수 있습니다.

언어. 하플링은 공용어와 하플링어로 의사소통하고 읽고 쓰기를 할 수 있습니다. 하플링어가 비밀인 것은 아니지만, 하플링들은 다른 이들에게 하플링어를 잘 알려주지 않습니다. 하플링이 문장으로 기록을 남기는 경우는 드물고, 문학 작품도 많지 않습니다. 하지만 그들의 구전 전통은 아주 강하게 남아 있습니다. 대부분의 하플링들은 다른 종족들의 땅에서나 여행을 다니면서 주로 공용어를 이용하곤 합니다.

하위종족. 하플링은 라이트풋과 스타우트라는 두 하위종족으로 나누어져 있으며, 둘은 별개의 하위종족이라기보다는 가까운 친척 같은 분위기로 지내고 있습니다. 두 하위종족 중 하나를 선택하십시오.

라이트풋

라이트풋 하플링은 눈에 띄지 않게 몸을 숨기는데 능하며, 다른 사람들을 엄폐물로 사용하기도 합니다. 라이트풋 하플링은 굉장히 친절하고 다른 사람들과 좋은 관계를 유지합니다. 포가튼 렐름즈에서 라이트풋 하플링은 널리 퍼져 있고 어디에서나 흔히 볼 수 있습니다.

라이트풋 하플링은 방랑벽이 심하며, 다른 종족들 사이에 섞여 살아가거나 유목 생활을 하기도 합니다. 그레이호크에서 라이트풋 하플링은 헤어풋이라거나 톨펠로우라는 이름으로 알려져 있습니다.

능력치 점수 상승. 매력 능력치가 1점 상승합니다.

자연스러운 은신(Naturally Stealthy). 당신은 자기보다 큰 크리쳐를 엄폐물로 삼아 은신을 시도할 수 있습니다.

스타우트

스타우트 하플링은 평균보다 큰 신장에 독에 대한 강력한 내성을 지니고 있습니다. 어떤 사람들은 스타우트 하플링들에게 드워프의 피가 섞여 있다고도 합니다. 이 하플링들은 포가튼 렐름즈에서 스트롱하트로도 알려져 있으며, 주로 남부에서 많이 살고 있습니다.

능력치 점수 상승. 건강 능력치가 1점 상승합니다.

강건한 탄성(Stout Resilience). 당신은 독에 대한 내성 굴림에 이점을 받으며, 독성 피해에 대한 저항을 지니고 있습니다.

노움 GNOME

깡마른 몸에 아마색 머리카락, 호두같이 짙은 갈색의 피부를 지닌 버젤(Burgell)의 눈은 녹청색으로 빛나고 있었다. 버젤은 일어서봤자 에이론(Aeron)의 허리에도 오지 않았으니, 문구멍으로 엿보려면 의자 위에 올라서야만 했다. 어쨌든 여기는 인간들의 땅 오에론(Oeron)이었으니, 이곳 역시 다른 건물들처럼 인간용으로 지어져 버젤은 스스로 불편을 해결할 수밖에 없었다.

하지만 좋은 점도 있었다. 이 커다란 방에는 노움용으로 만들어진 작은 물건들을 한가득 채워둘 수 있었다. 정면의 방은 그의 작업실이었고, 망치나 정, 톱, 자물쇠 따기나 렌즈, 보석세공용의 루페, 주문을 쓸 때 사용하는 다양한 가루나 조각을 담은 자루가 여기저기 놓여 있었다. 버젤의 패밀리어는 뚱뚱한 회색 고양이였고, 마도서 위에서 몸을 말고 있었다. 고양이는 가소롭다는 듯 에이론을 슬쩍 쳐다보고는 다시 잠든 것 같았다.

-리처드 리 바이어스, 검은 부케

노움들이 모여 사는 공동체에서는 그들의 분주한 소리가 끊이지 않고 들려옵니다. 그리고 가끔은 큰 소리가 터지면서 사소한 소음들이 묻혀버리기도 합니다. 한쪽에서는 끼릭거리는 톱니바퀴 소리가 들리고, 다른 한쪽에서는 작은 폭발음이 들려옵니다. 승리의 함성이 울려 퍼지는가 하면 집이 떠나가라 크게 웃음보가 터집니다. 노움은 삶의 기쁨을 찾으며 발명, 발견, 조사, 창조, 놀이 등 매 순간의 즐거움을 놓치지 않으려 하는 종족입니다.

역동적인 표현들

노움은 그 작은 몸에 활력과 긍정이 넘치는 종족입니다. 신장은 겨우 3ft 내외에 체중은 40~45lbs 정도이며, 갈색이나 황갈색 피부에 커다란 코 아래에는 언제나 활짝 웃는 얼굴이 있습니다. 그들의 눈은 언제나 즐거움으로 반짝이며 빛납니다. 그들의 옅은 색 머리카락은 사방으로 뻗쳐 있어, 마치 주변 모든 것에 관심을 가지는 노움의 모습을 그대로 드러내는 것 같습니다.

노움의 개성은 겉모습에 그대로 나타납니다. 남자의 수염은 제멋대로인 머리와 달리 깔끔하게 정돈되어 있지만, 그 정돈 방법은 평범하지 않습니다. 특이하게 갈라져 있거나 위로 뻗어 있는 경우도 많기 때문입니다. 노움들은 대개 검고 수수한 옷을 즐겨 입곤 합니다. 하지만 화려한 수를 놓거나 엠보싱 처리하는 경우도 있고, 보석으로 멋지게 옷을 장식할 때도 있습니다.

전심전력을 다한 즐거움

노움에게 있어서 삶은 그 자체가 놀라운 일로, 3~5세기를 살아가며 매 순간을 최대한 즐기고자 합니다. 인간들은 그처럼 길게 살아가면 지루하지 않을까 하기도 하고, 엘프들은 기나긴 삶을 살아가며 세상의 아름다움을 천천히 음미하지만, 노움들은 하고 싶은 것도 보고 싶은 것도 너무나 많기에 이 시간조차 짧다고 생각하곤 합니다.

노움들은 머리속에서 씽씽 돌아가는 생각을 그대로 전달하지 못해 안달하듯 이야기합니다. 한편 노움들은 어떤 주제에 대해 이야기할 때 자기 생각이나 의견만 늘어놓지 않고, 주변 사람들의 이야기도 주의깊게 들으면서 상대의 말에 맞장구도 쳐 주고 감탄하고 칭찬을 아끼지 않습니다.

노움은 장난이라면 뭐든지 좋아하며, 특히 말장난이나 농담이라면 사족을 못 씁니다. 하지만 진지하게 해야 할 일이 있으면 정말 전력을 다합니다. 많은 노움들은 기술자나 연금술사, 땜장이나

발명가로 실력을 쌓고 살아갑니다. 그들은 과감하게 실수를 저지르고 그 실수를 고쳐 나가는 과정을 웃으며 즐깁니다. 그들은 과감하게, 가끔은 경솔하게 보일 정도로 위험을 감수하며 더 큰 꿈을 좇아 나갑니다.

떠들썩한 땅굴

노움들은 수풀이 우거진 구릉 지대에 집을 짓습니다. 주로 지하에 굴을 파고 살곤 하지만, 드워프들보다는 신선한 공기가 들어오는 곳을 좋아합니다. 노움은 자연을 사랑하며, 되도록 생명력 넘치는 지상에서 살아가려고 합니다. 노움의 집은 교묘한 건축법과 단순한 환영들로 잘 숨겨져 있습니다. 환영받는 손님이라면 밝고 따뜻한 노움의 토굴에 초대받을 수 있을 것이며, 환영받지 못하는 자들은 애초에 입구조차 찾기 어려울 것입니다.

인간들의 땅에 정착한 노움은 대개 보석 연마사나 기계공, 학자, 땜장이로 살아갑니다. 인간 가문에서는 학생들에게 심각한 학문을 즐겁게 가르칠 수 있는 노움 교사를 고용하며 숙박을 제공할 때도 있습니다. 노움의 인생은 길기 때문에 인간 가문과 함께 살며 여러 세대를 가르치기도 합니다.

노움의 이름

노움은 이름을 모으길 좋아하고, 그래서 대개 5~6개 정도의 이름을 갖고 있습니다. 부모와 가족, 씨족의 장로, 일가친척에게 하나씩 이름을 받고, 그에 더해 살아가면서 같이 지내는 사람들이 하나씩 별명을 붙여주기도 합니다. 노움들의 이름은 선조나 먼 친척의 것을 조금씩 변형해서 짓기도 하고, 아예 새로 만들기도 합니다. 인간들과 대할 때는 이름이 더 단순해야 한다는 걸 알게 된 노움들은 다른 종족들에게 그냥 개인 이름, 씨족 이름, 별명으로 이루어진 3개 정도의 이름만을 알려줍니다. 하지만 이렇게 고르는 것은 이름 중에서도 가장 재미있는 것들입니다.

남자 이름: 알스톤, 알린, 보디녹, 브록, 버겔, 딤블, 엘돈, 에르키, 폰킨, 프러그, 게르보, 짐블, 글림, 에베도, 켈렌, 남포들, 오린, 로온다르, 세이보, 신드리, 윌린, 렌, 조우크

여자 이름: 빔노틴, 브리에나, 카라니프, 카를린, 도넬라, 두바밀, 엘라, 엘리조벨, 엘리윅, 라일리, 룹모틴, 로릴라, 마르드냅, 니사, 닉스, 오우다, 오를라, 로이윈, 샤밀, 타나, 웨이워켓, 잔나

> ### 지저 노움(스비프네블린 Svifneblin)
> 노움의 세번째 하위종족인 지저 노움들은 언더다크 곳곳에 작은 공동체를 이루어 살고 있습니다. 두에르가나 드로우들과 달리, 스비프네블린들은 지상에 살고 있는 사촌들처럼 선한 심성을 지니고 있습니다. 하지만 주변의 환경이 너무나 적대적이라서 유머나 긍정주의는 많이 약해져 있는 편이고, 그들이 지닌 창의성은 대개 석공 작업에 연관되어 있습니다.

씨족 이름: 베렌, 다에르겔, 폴코르, 개릭, 네클, 뷔니그, 닌겔, 라울노르, 슈에펜, 팀버스, 투렌

별명: 맥주팀벙이, 난로잿더미, 오소리, 망토꾼, 쌍자물쇠, 부싯깃머리, 짝짝이신발, 찌름쟁이, 보석불꽃, 오리채이기

세상을 둘러보기

노움들은 호기심이 많고 충동적입니다. 그들은 세상을 돌아보기 위해, 아니면 탐욕을 사랑하기 때문에 모험에 나섭니다. 보석과 다른 아름다운 물건들을 사랑하는 몇몇 노움들은 위험한 방법이긴 하지만 더 빨리 재산을 쌓을 수 있다며 모험에 뛰어들기도 합니다. 무엇 때문에 모험에 들어섰든 간에, 모험자 생활을 시작한 노움들은 그 생활조차 진심으로 즐깁니다. 심지어 모험을 너무 즐기는 나머지, 다른 동료들이 짜증을 느낄 때조차 있습니다.

노움의 특성

당신은 다른 노움들과 마찬가지로 아래와 같은 특성을 지닙니다.

능력치 점수 상승. 지능 능력치가 2점 상승합니다.

연령. 노움은 인간과 같은 속도로 성장하지만, 40세쯤은 되어야 한 사람의 성인으로 인정받곤 합니다. 노움은 대개 350살에서 500살 정도의 수명을 지니고 있습니다.

성향. 노움은 선 성향을 지닐 때가 많습니다. 학자나 기술자, 연구자, 수사관이나 발명가로 살아가는 이들은 질서 성향을 지닐 때가 많고, 음유시인이나 장난꾼, 방랑자, 보석상으로 살아가는 이들은 혼돈 성향을 지니곤 합니다. 노움들은 착한 성품을 타고난 종족으로서, 장난을 치더라도 악의를 가진 것보다는 즐거운 장난을 치려고 합니다.

크기. 노움은 평균 3~4ft 정도의 키에 40lbs 정도의 체중을 지닙니다. 노움은 소형 크기를 지니고 있습니다.

이동속도. 노움의 기본 보행 이동속도는 25ft입니다.

암시야(Darkvision). 노움은 지하에서 살아가는 것에 익숙하기 때문에, 어둡거나 약한 빛 환경에서도 우월한 시각을 지니고 있습니다. 당신은 약한 빛 속에서도 60ft까지는 밝은 빛처럼 볼 수 있으며, 어둠 속에서도 60ft까지는 약한 빛에 있는 것처럼 볼 수 있습니다. 어둠 속에서는 색을 구분할 수 없으며, 흑백의 음영만을 볼 수 있습니다.

노움의 교활함(Gnome Cunning). 노움은 마법에 대한 지능, 지혜, 매력 내성 굴림에 이점을 얻습니다.

언어. 당신은 공용어와 노움어로 의사소통과 읽고 쓰기를 할 수 있습니다. 노움어로 쓰인 공학 서적이나 자연 도감은 매우 높은 평가를 받습니다.

하위종족. D&D 세계에서 노움의 주된 하위종족은 숲 노움과 바위 노움으로 나누어집니다. 당신은 둘 중 하나를 선택할 수 있습니다.

바위 노움

바위 노움들은 천성적으로 창의적이며 강한 인내력을 지니고 있습니다. D&D 세계 대부분의 노움은 바위 노움이며, 드래곤랜스 배경에서는 땜장이 노움으로도 알려져 있습니다.

능력치 점수 상승. 건강 능력치가 1점 상승합니다.

마도기술의 전승(Artificer's Lore). 당신은 마법 물건이나 연금술 물품, 혹은 기계 장치와 연관된 지능(역사학) 판정을 할 때, 통상적인 경우와 달리 자신의 숙련 보너스를 두 배로 더할 수 있습니다.

땜장이(Tinker). 당신은 장인의 도구 한 종류에 대한 숙련을 지니고 있습니다. 이 도구를 사용할 때, 당신은 10gp어치의 재료를 사용하고 1시간 정도의 작업을 해서 초소형 크기의 태엽장치를 만들 수 있습니다.(AC 5, hp 1) 이 태엽장치는 24시간 동안 작동합니다. (시한이 끝나기 전 1시간 동안 수리하면 다시 계속 작동할 수 있습니다.) 작동 중에도 당신은 행동을 사용해 태엽장치를 해제할 수 있습니다. 태엽장치를 해제하면 만들 때 사용했던 재료를 도로 회수할 수 있습니다. 당신은 동시에 3개까지의 태엽장치를 유지할 수 있습니다.

태엽장치를 만들 때는 아래 3가지 중 하나를 선택해 만들 수 있습니다.

발화기. 이 장치는 작은 불꽃을 냅니다. 이 불꽃은 촛불이나 횃불, 화톳불에 불을 붙일 수 있습니다. 이 장치를 쓰려면 행동을 사용해야 합니다.

음악상자. 이 상자를 열면 적당한 크기의 노래 하나가 흘러나옵니다. 상자를 닫으면 연주가 중단됩니다.

태엽 장난감. 이 장난감은 태엽장치로 움직이는 동물이나 괴물, 사람 모습을 하고 있습니다. 개구리나 쥐, 새, 드래곤이나 병사 모습의 장난감을 만드는 것도 가능합니다. 이 장난감을 바닥에 놓으면 당신의 턴이 될 때마다 무작위 방향으로 5ft씩 움직이며 그 모습에 어울리는 소리를 냅니다.

숲 노움

숲 노움들은 천성적으로 환영에 익숙하며, 기민함과 은밀함을 타고났습니다. D&D 세계에서 숲 노움들은 희귀하며 잘 모습을 드러내지 않습니다. 그들은 깊은 숲속의 비밀스러운 공동체에서 살아가며, 환영과 속임수로 위협에서 몸을 숨기고, 발견되면 즉시 도주로를 확보합니다. 숲 노움들은 같이 숲속에 사는 선량한 다른 종족들과 우호적인 관계를 유지하는 편입니다. 특히 엘프나 선한 요정들을 소중한 동료로 생각하며, 주변의 작은 숲 동물들과 친해져 위협에 대한 정보를 얻곤 합니다.

능력치 점수 상승. 민첩 능력치가 1점 상승합니다.

타고난 환영술사(Natural Illusionist). 당신은 하급 환영 Minor Image 소마법을 알고 있습니다. 이 주문을 시전할 때는 지능을 주문시전 능력치로 사용합니다.

작은 동물들과의 대화(Speak with Small Beast). 당신은 소리와 몸짓을 통해 소형이나 그보다 작은 크기의 야수들과 의사소통을 할 수 있습니다. 숲 노움들은 동물들을 사랑하며, 다람쥐나 오소리, 토끼, 두더쥐, 딱다구리 등의 생물을 애완동물로 삼곤 합니다.

씨족 없는 메헨의 얼굴에서 그저 드래곤의 무심한 모습만을 보곤 했다. 하지만 그녀의 눈에는 비늘의 미묘한 움직임과 찡그리는 눈썹의 모습이 보였다. 눈길을 향하며 드러내는 이빨이 보였다. 아버지의 얼굴에는 깊이가 있었다.

하지만 파리다의 눈으로 바라보아도 지금은 그 모든 비늘이 미동조차 하지 않고 드래곤의 무심함을 보여주는 것만 같았다.

- 에린 M. 에반스, 대적자

드래곤본은 그 이름처럼 드래곤의 피를 이어받은 종족으로, 경외의 시선을 받으며 세상을 당당히 살아가고 있습니다. 그들은 알에서 태어나는 종족으로, 드래곤의 신이나 강력한 드래곤이 인간형 종족과 자신들의 장점만을 가지도록 만들어 냈다고도 합니다. 일부 드래곤본들은 참된 드래곤에게 충성을 다하며 신하로 살아갑니다. 또 다른 이들은 대전쟁에 참여하는 군인으로 살기도 합니다. 그리고 일부는 특별한 목적 없이 부초처럼 세상을 떠돌며 살아가기도 합니다.

긍지 높은 드래곤의 혈족

드래곤본은 두 발로 서서 걸어 다니는 드래곤처럼 생겼지만, 날개와 꼬리가 없습니다. 본래 드래곤본들은 자신들의 선조인 드래곤처럼 선명한 비늘을 지니고 있었지만, 수세대에 걸쳐 피가 섞인 끝에 지금은 대부분 비슷한 색의 비늘을 지니게 되었습니다. 드래곤본의 작고 고운 비늘은 황동색이나 청동색인 경우가 많으며, 일부는 진홍색, 적갈색, 금색, 녹청색을 띠기도 합니다. 드래곤본은 키가 크고 강인합니다. 이들의 키는 평균 6.5ft 정도이며, 체중은 300lbs 쯤입니다. 이들의 손발에는 갈퀴 같은 발톱이 나 있으며, 손에는 엄지와 다른 손가락이 3개씩 나 있습니다.

일부 드래곤본 씨족에서는 선조 드래곤의 혈통이 강하게 나타납니다. 이런 드래곤본들의 비늘은 선조와 가까운 색이 됩니다. 선명한 붉은색, 녹색, 흰색, 검은색, 청색을 띠는 경우도 있으며, 은은히 빛나는 금이나 은색, 황동, 청동, 구리색 비늘을 지니는 경우도 있습니다.

드래곤본 DRAGONBORN

그녀의 아버지는 포탈로 향하는 세 계단 중 첫 번째 단 위에 가만히 서 있었다. 그의 얼굴 비늘은 노쇠하여 가장자리가 희끗희끗해지기 시작했지만, 씨족 없는 메헨(Clanless Mehen)은 여전히 사나운 곰도 맨손으로 때려눕힐 수 있을 것만 같았다. 그는 평소 즐겨 입던 낡은 갑옷 대신 밝은 은빛 무늬가 그려진 보라색 비늘 갑옷을 입고 있었다. 팔에는 무언가 생소한 가문의 문양이 그려진 문장을 차고 있었다. 그저 등 뒤에 둘러맨 검만큼은 과거 메헨이 아루쉬 베이엠(Arush Vayem)의 문에서 그녀와 쌍둥이를 주웠을 때부터 변함없이 그가 써 왔던 것 그대로였다.

파리다는 어렸을 때부터 신기하게도 아버지의 표정을 잘 읽었다. 그녀나 하빌라의 눈 움직임조차 제대로 읽지 못하는 인간은

자주적인 씨족

드래곤본들에게 있어, 씨족은 자신의 생명보다 소중합니다. 드래곤본은 신들보다도 씨족에 더 헌신하며 충성을 바칩니다. 드래곤본 각자의 행동은 그가 속한 씨족의 명예를 좌우하게 되며, 명예를 더럽힌 자는 씨족에서 제명되고 추방당합니다. 모든 드래곤본은 씨족 내에서 자신들의 지위와 책임을 자각하고 있으며, 지위에 맞는 모습을 보여 명예를 지켜야 합니다.

드래곤본은 자주적인 종족인 만큼, 자기 개발을 결코 소홀히 하지 않습니다. 이들은 기술 연마에 높은 가치를 두며, 항상 수련에 최선을 다합니다. 드래곤본은 최선을 다했다고 생각할 때까지는 절대 포기하지 않고, 실패를 인정하지도 않습니다. 자기 분야에서 대가로 인정받는 것은 드래곤본들에게 있어 일생의 목표가 되곤 합니다. 다른 종족의 일원이라도 자기 분야에 최선을 다하는 모습을 보인다면 드래곤본의 존중을 받을 수 있습니다.

드래곤본들은 자주적으로 살아가기 위해 최선을 다하지만, 난관에 처했을 때는 도움을 구할 수 있다는 점도 알고 있습니다. 하지만 이들은 대개 씨족 내에서 서로에게 도움을 청하며, 동족이 아닌 다른 종족의 도움을 청하거나 신들에게 기도하며 간청하는 경우는 거의 없습니다.

드래곤본의 이름

드래곤본들은 태어나면서 이름을 짓곤 하지만, 대개는 명예를 드러내기 위해 씨족의 이름을 먼저 밝히곤 합니다. 같이 자란 형제나 친척 사이에는 서로 구분하거나 친분을 강조하려고 아명이나 별명을 붙이기도 합니다. 이 별명들은 과거 행적이나 버릇에서 따온 경우가 많습니다.

남자 이름: 아르쟌, 발라사르, 발라쉬, 도나르, 게쉬, 헤스칸, 크리브, 메드라쉬, 메헨, 나다르, 판드제드

여자 이름: 아크라, 바이리, 다아르, 파리드, 하란, 하빌라, 제에리, 카바, 코린, 미샨, 날라, 페라, 레이안, 소라, 수리나, 타바, 우아디지트

특이한 종족들

노움부터 소개되는 종족들은 흔치 않은 종족들입니다. 이들은 일부 D&D 세계에는 존재하지 않을 수도 있으며, 존재하는 세계에서도 인간, 엘프, 하플링, 드워프처럼 널리 퍼져 있는 것은 아닙니다.

D&D 멀티버스의 대도시에는 수많은 종족이 모이니만큼 가장 희귀한 종족들의 모습도 볼 수 있습니다. 하지만 작은 마을이나 촌락에서는 경우가 다릅니다. 평범한 이들은 평생 살아가는 동안 단 한 번도 특이한 종족들의 모습을 보지 못할 수도 있고, 그래서 이들을 마주하면 이방인처럼 대하게 됩니다.

노움. 노움들은 위협적이지 않아 보이며, 특유의 유머 감각으로 의혹을 받아도 쉽게 벗어납니다. 평범한 이들은 평생 살아가며 한 번도 노움을 본 적 없는 경우도 있어 호기심을 보이기도 하지만, 노움이 공포심이나 적대심의 대상이 되는 경우는 많지 않습니다.

드래곤본. 어떤 이들은 드래곤본을 괴물로 여깁니다. 특히 유색 드래곤의 혈통이 드러난 경우라면 더욱 두려움의 대상이 됩니다. 그래도 드래곤본이 입에서 불꽃을 뿜고 파괴를 일으키기 전까지는 그저 경계만 할 뿐, 공포를 쉽게 겉으로 드러내진 않습니다.

티플링. 사람들은 현실적인 이유로 하프 오크를 경계하지만, 티플링을 볼 때면 초자연적인 공포를 느끼기도 합니다. 그들 혈통 속에 흐르는 악의 기운은 겉모습에도 그대로 드러납니다. 티플링이 구층지옥에서 올라온 악마라고 믿는 이들도 많습니다. 사람들은 티플링을 보면 바로 성호를 긋고 쉽게 접근하지 않으며, 심하면 아예 티플링이 다가오기 전에 상점 문을 닫아 버리기도 합니다.

하프 엘프. 평생 살면서 하프 엘프를 한 번도 본 적 없는 사람들도 많고, 아예 존재조차 모르는 사람들도 있습니다. 사람들은 하프 엘프 방랑자의 소문이 조용히 퍼지면 곁눈질로 살펴보곤 합니다. 하지만 대놓고 적대심이나 호기심을 드러내는 이들은 많지 않습니다.

하프 오크. 하프 오크들은 실제로 성격이 급하고 싸움을 좋아하는 경우가 많습니다. 그래서 사람들은 하프 오크 이방인에게 거리를 두곤 합니다. 상점 주인들은 하프 오크가 들어오면 값비싼 물건이나 깨지기 쉬운 것을 숨기기도 합니다. 술집에 하프 오크가 보이면 싸움이 벌어질지도 모른다는 생각에 사람들이 슬금슬금 물러서기도 합니다.

아명: 오름이, 접힌귀, 펄쩍이, 조용이, 방패물이, 열심이

씨족 이름: 클레틴티알로르, 다아르덴드리안, 델미레브, 드라켄단디언, 펜켄카브라던, 케페쉬몰릭, 케라이온, 킴바툴, 린샤카센달로르, 마이아스탄, 넴모니스, 노리시우스, 오핀슈탈라지르, 프레시얀딜린, 셰스텐델리아스, 터누로스, 베디사터리기쉬, 야리제리트

드래곤본의 특성

당신을 포함한 드래곤본들은 드래곤의 혈통을 통해 아래의 특성들을 지니게 되었습니다.

능력치 점수 상승. 당신은 근력 능력치가 2점, 매력 능력치가 1점 상승합니다.

연령. 어린 드래곤본은 빠르게 성장합니다. 알에서 깨어난 지 몇 시간 만에 걷기 시작하며, 3살만 되어도 인간 나이 10살 정도로 성숙해지며, 15살이 되면 성년을 맞이합니다. 드래곤본들의 평균 수명은 80세 전후입니다.

성향. 드래곤본의 성향은 극단적으로 치우치곤 합니다. 그들은 바하무트와 티아마트의 싸움으로 나타나는 선과 악 사이의 우주적 대결에 참여해 어느 한 편에 서곤 합니다. 많은 드래곤본은 선한 편이지만, 티아마트의 편에 선 자들은 끔찍한 악당이 되기도 합니다.

용족 선조

드래곤	피해 종류	브레스 무기
골드	화염	15ft 길이 원뿔형 (민첩 내성)
그린	독성	15ft 길이 원뿔형 (건강 내성)
레드	화염	15ft 길이 원뿔형 (민첩 내성)
브라스	화염	30ft 길이 5ft 폭 직선형. (민첩 내성)
브론즈	번개	30ft 길이 5ft 폭 직선형. (민첩 내성)
블랙	산성	30ft 길이 5ft 폭 직선형. (민첩 내성)
블루	번개	30ft 길이 5ft 폭 직선형. (민첩 내성)
실버	냉기	15ft 길이 원뿔형 (건강 내성)
카퍼	산성	30ft 길이 5ft 폭 직선형. (민첩 내성)
화이트	냉기	15ft 길이 원뿔형 (건강 내성)

드라코니언 DRACONIANS

드래곤랜스 배경에서는 사악한 여신 타키시스의 추종자들이 금속 드래곤들의 알을 타락시켜 드라코니언이라 부르는 사악한 드래곤을 창조하는 암흑의 의식을 배웠습니다. 금속 드래곤들처럼 다섯 종으로 이루어진 드라코니언들은 랜스의 전쟁에서 타키시스를 위해 싸웠습니다. 이들은 각각 아우락(골드), 바아즈(브라스), 보작(브론즈), 실박(실버), 카팍(카퍼) 드라코니언이라고 부릅니다. 이 드라코니언들은 드래곤본과 달리 브레스 무기 대신 독특한 마법 능력을 지니고 있습니다.

크기. 드래곤본은 인간보다 키와 체격이 더 큽니다. 신장은 6ft가 넘고, 체중도 평균적으로 250lbs 정도입니다. 드래곤본은 중형 크기를 지니고 있습니다.

이동속도. 당신의 기본 보행 이동속도는 30ft입니다.

용족 선조(Draconic Ancestry). 당신은 드래곤을 선조로 두고 있습니다. 아래 용족 선조 표에서 한 종류의 드래곤을 선택하십시오. 당신의 브레스 무기와 피해 저항 종류는 당신이 선조로 택한 드래곤에 따라 정해집니다.

브레스 무기(Breath Weapon). 당신은 행동을 사용하여 입에서 파괴적인 힘을 내뿜을 수 있습니다. 당신이 선택한 용의 선조에 따라 이렇게 내뿜는 브레스의 크기, 형태, 피해 종류가 달라집니다.

당신이 브레스 무기를 사용할 때, 그 해당 범위에 있는 모든 크리쳐는 내성 굴림을 굴립니다. 이 내성 굴림의 종류는 당신이 내뿜는 브레스에 따라 달라지며, DC는 8 + 당신의 건강 수정치 + 당신의 숙련 보너스로 정해집니다. 이 내성에 실패한 크리쳐들은 2d6점의 피해를 입으며, 내성에 성공하면 피해는 절반으로 줄어듭니다. 브레스 무기의 피해는 6레벨에 3d6으로, 11레벨에 4d6으로, 16레벨에 5d6으로 점차 증가합니다.

브레스 무기를 사용했다면, 짧은 휴식이나 긴 휴식을 마치기 전에는 다시 이를 사용할 수 없습니다.

피해 저항(Damage Resistance). 당신은 용족 선조를 결정할 때, 그 혈통에 따라 특정한 피해에 대한 저항을 얻습니다.

언어. 당신은 공용어와 용언으로 의사소통과 읽고 쓰기를 할 수 있습니다. 용언은 가장 오래된 언어 중 하나이며 가끔 마법 연구에 사용되기도 합니다. 이 언어는 경자음과 치찰음이 많아 다른 종족들이 듣기에는 굉장히 거슬립니다.

티플링 TIEFLING

"하지만 자네도 다른 사람들이 어찌 보는지 알고 있지 않나. 악마의 아이여."

그는 겨울 폭풍처럼 차가운 시선으로 검은 눈을 빛내며 그녀를 바라보았다. 남자의 목소리에는 지금까지 찾아보기 어려웠던 진지함이 담겨 있었다.

"뭐라고 하더라?" 그는 이야기를 이었다. "첫 번째는 호기심이요, 두 번째는 음모의 의심에―"

"세 번째는 저주야." 그녀가 말을 받았다. "내가 그런 헛소리를 처음 들어본 것 같아?"

"물론 아니겠지." 그녀가 으르렁거리자 그는 슬쩍 덧붙였다. "자네 마음을 읽을 필요도 없이 그 정도는 알 수 있지. 아가씨. 모든 티플링들이 짊어진 짐 아니겠는가. 어떤 이들은 그 짐으로 무

너지고, 다른 이들은 목에 걸고 나아가며, 어떤 이들은 기꺼운 마음으로 그 짐을 즐기기도 하지." 그는 고개를 삐딱하게 기울이고는 그녀를 짓궂은 눈으로 빤히 바라보았다. "자네는 그 짐과 싸우고 있지. 그렇잖은가? 사나운 들고양이처럼 말이야. 사람들이 뭐라고 할 때마다 자네의 발톱은 더욱더 날카로워지겠지."

― 에린 M. 에반스, 유황의 천사들

티플링의 삶은 사람들의 따가운 시선과 주변의 수군거림, 거리의 폭력과 모욕, 불신과 두려움으로 가득 차 있습니다. 더욱 고통스러운 것은 자신이 아니라 몇 세대 전 선조가 구층지옥의 지배자 아스모데우스(Asmodeus)와 맺은 계약 때문에 악의 정수가 스며들어 이러한 결과가 만들어졌다는 점입니다. 티플링의 생김새와 천성은 그들의 잘못이 아니라 선조들의 원죄 때문입니다. 티플링은 자자손손 그 업을 짊어진 채 살아가고 있습니다.

지옥의 혈통

티플링은 인간에서 갈라져 나왔으며, 얼핏 보면 여전히 인간처럼 보입니다. 하지만 그 외모에는 하계의 혈통이 남긴 흔적이 뚜렷하게 남아 있습니다. 티플링의 이마에는 다양한 형태를 띠는 큰 뿔이 돋아나 있습니다. 산양의 뿔처럼 굽은 것이 있는가 하면 가젤처럼 곧게 솟은 뿔도 있습니다. 영양처럼 나선형으로 말린 뿔이 돋아나기도 합니다. 그들은 4~5ft 길이의 두꺼운 꼬리도 가지고 있으며, 기분이 나쁘거나 초조할 때면 꼬리를 다리 주변에 돌돌 말기도 합니다. 티플링의 송곳니는 사냥개의 것처럼 날카롭게 보입니다. 눈동자의 색은 검은색, 은색, 붉은색, 금색, 흰색 등으로, 눈동자나 눈자위가 따로 있는 것이 아니라 통일되어 있습니다. 티플링의 피부색은 인간의 것과 비슷하지만 붉은 기운이 감돌곤 합니다. 뿔 뒤로 자란 머리카락은 주로 검은색이나 흑갈색이지만, 암적색이나 암청색, 보라색 머리카락도 있습니다.

자신만을 믿는 삶

티플링은 소수 종족으로, 대개 인간의 마을이나 도시에서 섞여 살아갑니다. 티플링의 성장 환경은 대체로 열악합니다. 성장한 이들은 사기꾼이나 도둑, 아니면 범죄 조직의 두목이 되기도 합니다. 가끔은 다른 소수 종족들의 피난처에 티플링이 함께할 때도 있으며, 그런 곳에서는 약간의 존경을 받기도 합니다.

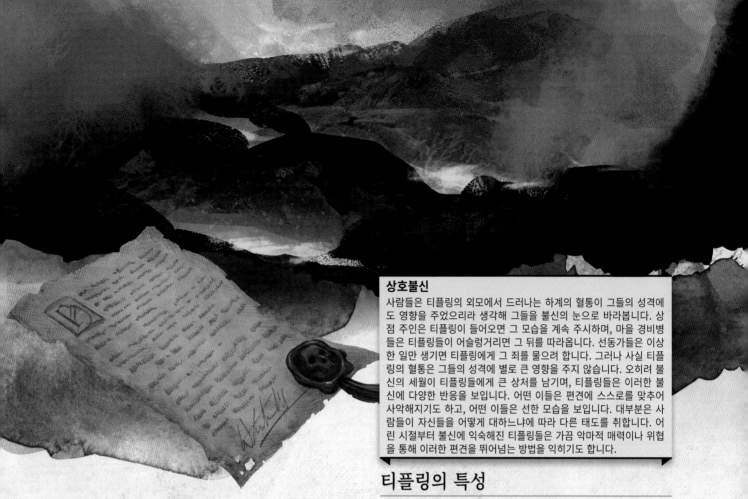

티플링에게 고향이라 할 만한 곳은 없습니다. 그러다 보니 그들은 오로지 자기들의 힘만으로 세상을 살아야 하며, 살아남으려면 강인해져야 한다는 점을 잘 알고 있습니다. 티플링은 쉽사리 남들을 믿지 않고 친구도 잘 사귀지 않습니다. 그러나 동료가 티플링을 신뢰하는 모습을 보여준다면, 티플링 역시 동료에게 신뢰를 보여줄 것입니다. 그리고 일단 티플링이 누군가를 진심으로 신뢰하게 되면, 그는 평생 충실하게 우정을 지켜나갈 것입니다.

티플링의 이름

티플링의 이름은 3가지로 나뉩니다. 먼저 티플링은 자신이 자란 문화권에 따른 이름을 사용합니다. 몇몇은 하계어 이름을 지니고 있는데, 이 이름을 통해 예전부터 내려온 악마의 혈통을 나타내곤 합니다. 마지막으로 젊은 티플링들은 세상 속에서 자기 자리를 찾기 위해 최선을 다하며, 자신들에게 있어 중요한 의미를 지닌 단어를 이름으로 삼기도 합니다. 일부는 이 이름을 고귀한 사명으로 받아들이지만, 다른 일부에게 있어서는 가혹한 운명의 상징이 되기도 합니다.

남성 하계 이름: 아크메노스, 암논, 바라카스, 다마코스, 에케몬, 이아도스, 카이론, 류시스, 벨렉, 모르다이, 모르토스, 벨라이오스, 스카모스, 테라이

여성 하계 이름: 아크타, 아나키스, 브리세이스, 크리엘라, 다마이아, 에아, 칼리스타, 레리사, 마카리아, 네메이아, 오리안나, 파엘라이아, 리에타

"미덕" 이름: 기예, 부패, 찬송, 업적, 절망, 탁월, 공포, 영광, 희망, 이상, 음악, 상실, 시학, 사명, 우연, 존경, 애상, 무모, 고뇌, 피로

티플링의 특성

티플링은 몸속에 흐르는 지옥의 혈통을 통해 아래 특성들을 공유하고 있습니다.

능력치 점수 상승. 당신은 지능 능력치가 1점, 매력 능력치가 2점 상승합니다.

연령. 티플링은 인간과 동일한 속도로 성장하지만, 평균 수명은 약간 더 깁니다.

성향. 티플링은 선천적으로 악한 성향을 띄지 않지만, 많은 이들은 결국 그렇게 되곤 합니다. 하지만 악하든 아니든 그들은 독립적인 성격을 지니기 때문에 주로 혼돈 성향으로 기울어지곤 합니다.

크기. 티플링은 인간과 비슷한 키와 체격을 가지고 있습니다. 티플링은 중형 크기를 지닙니다.

이동속도. 당신의 기본 보행 이동속도는 30ft입니다.

암시야(Darkvision). 당신이 지닌 하계의 혈통 덕에 당신은 어둠 속과 약한 빛 환경에서도 우월한 시력을 지니고 있습니다. 당신은 약한 빛 내에서도 60ft 내라면 밝은 빛에서처럼 볼 수 있으며, 어둠 속에서도 60ft 이내에서는 약한 빛처럼 볼 수 있습니다. 어둠 속에서는 색을 구분할 수 없으며, 모든 것이 흑백의 음영으로 보입니다.

지옥의 저항력(Hellish Resistance). 당신은 화염 피해에 대한 저항을 얻습니다.

하계의 유산(Infernal Legacy). 당신은 단순마술Thaumaturgy 소마법을 알게 됩니다. 당신은 3레벨부터 지옥의 책망Hellish Rebuke 주문을, 5레벨부터 암흑Darkness 주문을 시전할 수 있습니다. 이 주문들은 당신의 매력을 주문시전 능력치로 사용합니다. 각 주문은 1번씩 시전하면 긴 휴식을 마쳐야 다시 사용할 수 있습니다.

언어. 당신은 공용어와 하계어로 의사소통과 읽고 쓰기를 할 수 있습니다.

하프 엘프 Half-Elf

플린트(Flint)는 석양에 눈을 찌푸렸다. 길을 따라 걸어오는 사람의 모습을 본 것만 같았다. 그는 그들을 찾아 키 큰 소나무 아래로 자리를 옮겼다. 다가오는 사람의 걸음걸이에는 자연스러운 우아함, 즉 엘프들의 우아함이 있었다. 하지만 엘프라기엔 그 사람의 몸집은 컸고, 인간 특유의 단단한 근육이 드러나 보였다. 수염을 기르고 있다는 건 분명히 인간의 특징이었다. 녹색 후드 아래로는 햇볕에 탄 갈색 피부와 적갈색 수염만을 볼 수 있었다. 그는 장궁을 한쪽 어깨에 걸치고, 왼쪽 허리에는 검을 차고 있었다. 그는 부드러운 가죽으로 차려입었고, 옷차림에는 엘프 취향의 복잡하고 정교한 장식이 새겨져 있었다. 하지만 크린(Krynn) 세상을 모두 뒤져보아도 수염 난 엘프 따위는 존재하지 않을 터였다. 엘프는 아니겠지만…

"타니스(Tanis)냐?" 플린트는 남자가 다가오자 조심스레 말했다. "그렇다네." 방금 도착한 사내는 수염 아래에서 흰 이를 드러내며 싱긋 웃었다. 그는 드워프가 채 막기도 전에 팔을 활짝 벌려 플린트를 껴안았다. 플린트는 오랜 친구를 잠깐 마주 껴안아 주었지만, 체면을 생각하고는 슬쩍 몸을 빼서 하프 엘프의 포옹에서 빠져나왔다.

- 마가렛 와이즈, 트레이시 힉맨, 가을 황혼의 용들

하프 엘프들은 두 세상에서 살아가지만, 어디에도 진정 속하지 못합니다. 어떤 이들은 하프 엘프가 두 부모 종족의 장점만을 받아 태어났다고도 합니다. 그들에게는 인간의 호기심과 창의성, 야심이 있으며, 엘프들의 섬세한 감각과 자연 사랑, 예술적 취향이 공존하고 있다는 것입니다. 일부 하프 엘프들은 인간들과 같이 살아가지만, 친구나 연인들이 자신과 달리 세월의 영향을 받는 것을 보며 감정적인 거리를 두는 경우도 있습니다. 엘프 사회에 섞여 들어간 하프 엘프는 친구들이 여전히 아이일 때 훌쩍 커버리곤 합니다. 많은 하프 엘프들은 어느 쪽에도 완전히 적응하지 못하고 외로이 떠돌거나, 다른 부적응자 및 이방인들과 함께 모험자의 삶을 택하기도 합니다.

두 세상에 속한 자

인간들은 하프 엘프에게서 엘프의 모습을 보곤 하지만, 엘프들은 그들에게서 인간의 특징을 발견합니다. 하프 엘프의 키는 부모 종족과 유사하며, 체중은 두 종족의 중간쯤입니다. 이들의 평균 신장은 5~6ft이며, 체중은 100~180lbs 정도입니다. 남자는 여자보다 약간 더 크며, 엘프와 달리 수염이 납니다. 일부는 엘프의 모습을 숨기려고 일부러 수염을 기르기도 합니다.

하프 엘프의 피부색이나 머리색, 얼굴형 등은 두 부모 종족 사이의 모습으로 나타나며, 그래서 부모 종족의 특징보다 훨씬 다양합니다. 눈동자 색은 엘프 부모를 따르는 경우가 많습니다.

뛰어난 사절

하프 엘프들은 대개 어릴 때부터 모두와 친밀해지는 법을 배우며, 서로 간의 적의를 풀고 공통점을 찾는 법을 알게 됩니다. 하프 엘프들은 엘프 특유의 오만함은 없지만 엘프만큼 우아하고, 인간의 투박함은 없지만 인간의 활력은 지니고 있습니다. 따라서 하프 엘프는 각광받는 사절이 되곤 합니다. (다만 인간과 엘프간 분쟁의 경우, 각자 하프 엘프가 상대편에 가깝다고 의심하기 때문에 중재에 어려움을 겪습니다.)

교섭가 혹은 방랑자

하프 엘프는 자신들만의 왕국을 세우지 못했지만, 인간의 도시에서 환영받습니다. 그리고 약간 덜 반겨주긴 하지만 엘프의 숲에도 왕래할 수 있습니다. 엘프와 인간들이 자주 마주하는 지역에서는 하프 엘프의 숫자도 많아 자신들만의 작은 공동체를 만들기도 합니다. 하프 엘프는 다른 동족과 여행하는 것을 좋아하며, 오직 동족들만이 두 세상 사이에서 살아가는 어려움을 진정 이해할 수 있다고 생각합니다.

하지만 대부분의 세상에서 하프 엘프는 흔치 않기에, 몇 년간 단 한 명의 동족도 만나지 못하고 살아가는 하프 엘프도 많이 있습니다. 몇몇 하프 엘프는 함께 여행하는 것보다 함정꾼이나 숲지기, 사냥꾼이나 모험자로 홀로 살아가려 하며, 도시에는 잘 들르지 않습니다. 그들은 엘프들처럼 장수하는 동안 방랑벽을 느끼기도 합니다. 한편, 문명사회에 발을 들인 이들은 카리스마와 사회적 기술을 적극적으로 활용해 외교적 역할을 맡거나 사기꾼이 되기도 합니다.

하프 엘프의 이름

하프 엘프는 인간이나 엘프의 작명법을 따릅니다. 어느 쪽 사회와도 완전히 맞지 않는다는 것을 드러내려고 일부러 인간 사회에서 엘프 이름을 짓거나, 엘프 사회에서 인간 이름을 쓰는 경우도 종종 있습니다.

하프 엘프의 특성

하프 엘프 캐릭터는 엘프와 특성 몇 가지를 공유하고 있으며, 하프 엘프만의 고유 특성도 있습니다.

능력치 점수 상승. 당신은 매력 능력치가 2점 상승하며, 그 외에도 다른 능력치를 2개 골라 각각 1점씩 상승시킬 수 있습니다.

연령. 하프 엘프는 인간과 동일한 속도로 성장해 20세 전후에 성인이 됩니다. 하지만 수명은 인간보다 훨씬 길어서 180세를 넘길 때도 있습니다.

성향. 하프 엘프는 엘프 혈통에 따라 혼돈 성향으로 약간 기울어져 있습니다. 이들은 개인의 자유와 창조적 표현력을 중시하며, 지도자나 추종자가 되려 하지 않습니다. 그들은 규칙을 비웃고, 다른 이들의 요구를 무시할 때도 있습니다. 그러다 보니 가끔은 불신의 대상이 되기도 합니다.

크기. 하프 엘프의 체격은 대체로 인간과 비슷하며, 키는 5~6ft 정도입니다. 하프 엘프는 중형 크기를 지닙니다.

이동속도. 당신의 기본 보행 이동속도는 30ft입니다.

암시야(Darkvision). 당신은 엘프 혈통 덕에 어둠 속과 약한 빛 환경에서도 뛰어난 시각을 지니고 있습니다. 당신은 약한 빛 속에서 60ft 내에는 밝은 빛에서처럼 볼 수 있으며, 어둠 속에서도 60ft 내는 약한 빛에서처럼 볼 수 있습니다. 어둠 속에서는 색을 구분할 수 없으며, 흑백의 음영으로 사물을 구분해야 합니다.

요정 선조(Fey Ancestry). 당신은 매혹에 대한 내성 굴림에 이점을 받으며, 마법으로 잠들지 않습니다.

다재다능(Skill Versatility). 당신은 기술 두 가지를 선택하여, 그 기술들에 대한 숙련을 얻습니다.

언어. 당신은 공용어와 엘프어, 그리고 다른 언어 하나를 선택하여 의사소통과 읽고 쓰기를 할 수 있습니다.

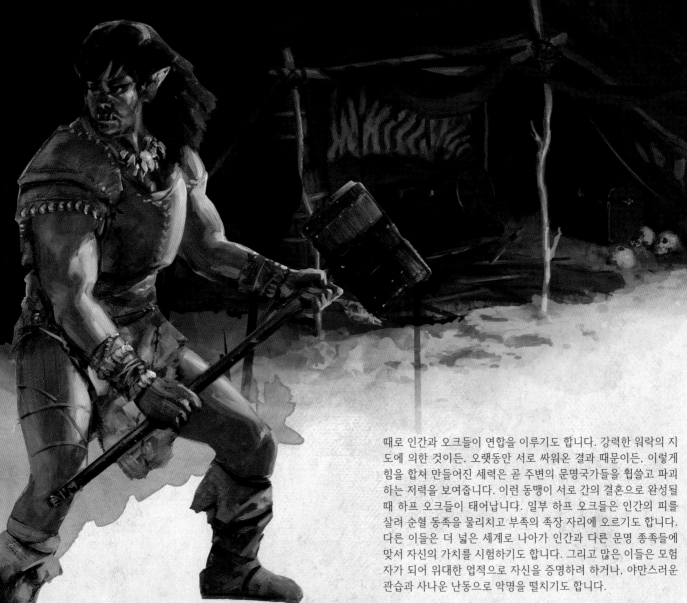

하프 오크 HALF-ORC

전쟁족장 무렌(Mhurren)은 침구 대신 깔고 있던 모피 위에 누워 있는 여자들 사이에서 몸을 일으켰다. 그는 기골 장대한 체격 위에 단단한 강철 고리를 이어 만든 짧은 강철 허버크를 걸치고 있었다. 그는 항상 자기 부하들보다 먼저 일어났다. 인간의 피가 강하게 흐르고 있었기 때문에, 다른 동족들과 달리 햇빛을 꺼릴 필요가 없었기 때문이다.

피투성이 해골 부족의 전사들 위에 군림하기 위해서는 힘과 사나움, 지혜가 모두 필요했다. 인간의 피를 이었다는 사실은 전사로서의 명성에 흠이 되지 못했다. 그는 다른 순혈 전사에 뒤지지 않을 정도로 강하고, 끈질기고, 피에 굶주려 있었다. 오크들만큼 강하지 못한 하프 오크들은 피투성이 해골이나 다른 오크 부족들 사이에서 결코 오래 버틸 수 없었다. 그러나 오히려 인간의 피가 섞여 있기에 오히려 교활함과 야망을 갖추고 자제심을 발휘할 수 있는 전사가 되는 경우도 있었다. 무렌이 바로 그러한 자였다. 그는 부족의 지배자이며, 이천 개의 창을 자기 뜻대로 부릴 수 있었다. 그가 바로 타르(Thar) 전역에서 가장 강력한 족장이었다.

- 리처드 베이커, 소드메이지

때로 인간과 오크들이 연합을 이루기도 합니다. 강력한 워락의 지도에 의한 것이든, 오랫동안 서로 싸워온 결과 때문이든. 이렇게 힘을 합쳐 만들어진 세력은 곧 주변의 문명국가들을 휩쓸고 파괴하는 저력을 보여줍니다. 이런 동맹이 서로 간의 결혼으로 완성될 때 하프 오크들이 태어납니다. 일부 하프 오크들은 인간의 피를 살려 순혈 동족을 물리치고 부족의 족장 자리에 오르기도 합니다. 다른 이들은 더 넓은 세계로 나아가 인간과 다른 문명 종족들에 맞서 자신의 가치를 시험하기도 합니다. 그리고 많은 이들은 모험자가 되어 위대한 업적으로 자신을 증명하려 하거나, 야만스러운 관습과 사나운 난동으로 악명을 떨치기도 합니다.

흉터와 힘

하프 오크는 잿빛 피부에 뒤로 불룩한 이마를 가졌고, 척 보기만 해도 누구나 오크의 혈통을 타고났음을 알 수 있는 장대한 거구에 단단한 턱과 큰 이빨을 지니고 있습니다. 이들은 평균 5~7ft 키에 180~250lbs 정도의 체중을 가지고 있습니다.

오크들은 전투의 부상을 자랑스러워하고, 의식용 흉터를 아름답다고 여깁니다. 하지만 흉터 중에는 과거 노예였다거나 불명예스러운 추방자임을 나타내는 것도 있습니다. 오크 사회에서 살아가는 하프 오크들은 흉터가 많으며 각 흉터는 모욕의 상징일수도, 명예의 상징일 수도 있습니다. 흉터는 과거 행적과 부상을 증명합니다. 인간 사회에서 살아가는 하프 오크들은 자랑스레 흉터를 드러내거나, 오히려 부끄러움에 흉터를 숨기기도 합니다.

그럼쉬의 상징

외눈박이 신 그럼쉬가 오크를 창조했다고 알려져 있으며, 그 신앙을 포기한 오크들조차 그럼쉬의 의사에서 벗어나기란 어려운 일입니다. 하프 오크들도 마찬가지입니다. 일부는 인간의 피가 섞여 있다 해도 꿈속에서 내면의 분노를 폭발시키라는 그럼쉬의 속삭임을 듣기도 합니다. 어떤 이들은 전투에서 칼을 맞대고 있을 때 그럼쉬가 흡족해하는 것을 느끼기도 합니다.

받아들여지기 위한 노력

하프 오크들 대다수는 오크들을 미워하는 자들에게서 받아들여지는 저마다의 방법을 찾아야 합니다. 어떤 이들은 조용히 숨을 죽이고 주의를 끌지 않으려 하고, 다른 이들은 가능한 한 신앙심과 선의를 보여주고자 합니다. (그게 진심인 경우도 있고, 그저 흉내만 내기도 합니다.) 그리고 어떤 하프 오크들은 그저 다른 사람들이 모두 피해야 할 정도로 강해지고자 합니다.

그럴 때 하프 오크들은 신의 기쁨을 같이 즐기기도 하고, 공포와 두려움에 몸을 떨기도 합니다. 하프 오크가 천성적으로 악하지는 않지만, 마음속 어딘가에는 분명 악이 도사리고 있습니다. 그들은 전력으로 악을 거부하기도 하고, 그냥 받아들이기도 합니다.

하프 오크들은 그럼쉬의 분노 외의 다른 감정도 강하게 느낍니다. 분노는 정말로 그들의 피를 끓게 하며 타오릅니다. 모욕감은 강산과 같이 몸을 찌르고, 슬픔은 온몸의 힘을 빼앗아 버립니다. 하지만 즐거움을 느낄 때는 정말 크고 즐거운 웃음소리를 냅니다. 하프 오크들은 먹고 마시는 일, 몸싸움이나 북소리의 박자, 거친 춤 같이 단순한 것들에서 큰 기쁨을 느낍니다. 하프 오크들은 성미가 급하며, 냉정한 성격을 지닌 하프 오크는 거의 없습니다. 그들은 생각보다 행동이 앞서며, 말싸움보다는 직접 주먹을 날립니다. 문명 지역에서 살아가는 하프 오크들은 가장 뛰어난 자제력을 갖춘 이들뿐입니다.

부족과 슬럼가

하프 오크는 대개 오크들 사이에서 살아갑니다. 인간들이 그나마 하프 오크들을 받아들이며, 오크 부족에 속하지 않은 하프 오크들은 인간들의 땅에서 자리를 잡곤 합니다. 거친 야만 부족에서 스스로를 증명하는 경우도 있고, 거대한 도시의 빈민가에서 살아남기 위해 발버둥치는 이들도 있습니다. 어디에 자리를 잡든지, 하프 오크들은 강인한 힘과 인내력을 갖추고 인간의 혈통으로 얻은 결단력을 지닌 채 살아갑니다.

하프 오크의 이름

하프 오크들은 대개 자신이 자란 문화에 따라 이름을 짓습니다. 인간 사회에서 살아가려는 이들은 오크 이름을 버리고 인간식 이름을 쓰기도 합니다. 반면, 오크 이름이 더 위협적으로 느껴지기 때문에 인간 이름을 버리고 오크 이름을 쓰는 이들도 있습니다.

남자 오크 이름: 덴크, 팽, 겔, 헹크, 홀그, 아임쉬, 케스, 크루스크, 무렌, 론트, 슈엄프, 토우크

여자 오크 이름: 바기, 에멘, 엥공, 칸시프, 미에브, 니에가, 오바크, 아운카, 샤우타, 수타, 볼라, 볼렌, 예벨다

하프 오크의 특성

하프 오크 캐릭터는 오크 혈통에 따라 아래와 같은 특성들을 지니고 있습니다.

능력치 점수 상승. 당신은 근력 능력치가 2점, 건강 능력치가 1점 상승합니다.

연령. 하프 오크는 인간보다 빨리 성숙하고 나이를 먹습니다. 이들은 14세 정도의 성인이 되며, 75세보다 오래 사는 경우는 거의 없습니다.

성향. 하프 오크는 오크 혈통에 따라 혼돈 성향을 이어받는 경우가 많고, 선 성향으로 기울어지는 경우는 드뭅니다. 오크 사회에서 살아가는 하프 오크들은 대개 악 성향을 지닙니다.

크기. 하프 오크는 인간보다 체격이 크고 건장합니다. 키는 5ft 정도부터, 6ft를 가볍게 넘기는 이들도 있습니다. 하프 오크는 중형 크기를 지닙니다.

이동속도. 당신의 기본 보행 이동속도는 30ft입니다.

암시야(Darkvision). 당신은 오크 혈통을 타고나 어둠 속이나 약한 빛 환경에서도 뛰어난 시각을 지니고 있습니다. 당신은 약한 빛 속에서도 60ft까지는 밝은 빛처럼 볼 수 있으며, 어둠 속에서도 60ft까지는 약한 빛에서처럼 볼 수 있습니다. 어둠 속에서는 물체의 색을 구분할 수 없으며, 흑백의 음영만을 볼 수 있습니다.

위압적(Menacing). 당신은 위협 기술에 숙련을 얻습니다.

불굴의 인내력(Relentless Endurance). 당신의 hp가 0이 되었을 때, 즉사하지 않았다면 당신은 hp 0으로 쓰러지는 대신 한 번은 hp 1을 남겨 견딜 수 있습니다. 이 특성은 한 번 발동되고 나면 긴 휴식을 마칠 때까지 다시 사용할 수 없습니다.

야만적인 공격(Savage Attacks). 당신이 근접 무기 공격으로 치명타를 냈다면, 당신은 무기의 피해 주사위를 한 번 더 굴려 그 값을 치명타 피해에 더할 수 있습니다.

언어. 당신은 공용어와 오크어로 의사소통과 읽고 쓰기를 할 수 있습니다. 오크어는 경자음이 두드러지는 굉장히 귀에 거슬리는 언어입니다. 오크어에는 고유 문자가 없으며, 드워프어 문자를 빌려와 쓰고 있습니다.

제3장: 클래스

모험자는 평범한 사람과 다릅니다. 그들은 스릴을 찾아서 보통 사람들이라면 절대 선택하지 않을 인생에 몸을 던집니다. 그들은 세상의 어둠을 탐험하고 보통의 남녀들은 맞서지 못할 도전에 맞서 싸우는 영웅들입니다.

클래스는 당신의 캐릭터가 지닌 가능성을 단적으로 보여줍니다. 클래스는 단순한 직업 이상의 것이며, 캐릭터가 지닌 사명 그 자체이기도 합니다. 클래스는 당신이 세상을 바라보는 관점을 설명하며, 멀티버스 내의 여러 세력이나 사람들과 어떠한 관계를 맺고 있는지를 보여줍니다. 예를 들어 파이터라면, 스스로를 게임 속의 말로 여기며 전략적 기동에 기반한 실용적인 시각으로 세상을 바라볼 것입니다. 반면 클레릭은 스스로를 신의 위대한 계획을 따르는 충성스러운 하인이거나 신들이 벌이는 위대한 분쟁의 도구라고 여길 것입니다. 파이터는 용병단이나 군대에 연줄이 있겠지만, 클레릭은 사제나 팔라딘, 열성적인 신도들 사이에서 널리 알려져 있을 것입니다.

클래스는 다양하고 특별한 여러 기능을 지니고 있습니다. 파이터는 모든 무기와 갑옷을 능숙하게 다루며, 위저드는 주문을 구사합니다. 클래스 레벨이 낮을 때는 2~3종의 요소만을 제공하지만, 레벨이 올라갈수록 점점 더 많은 기능을 얻게 되며 이미 얻은 요소들도 점차 발전해 나갑니다. 이 장에서 설명하는 여러 클래스의 설명에는 레벨 상승에 따라 얻을 수 있는 능력과 기능들이 정리된 표가 있으며, 각각의 요소에 대한 자세한 설명도 수록되어 있습니다.

모험자들은 가끔 여러 클래스를 동시에 가지는 식으로 성장합니다. 로그가 갑자기 삶의 방식을 바꾸어 팔라딘으로서의 맹세를 할 수도 있습니다. 바바리안이 뒤늦게 마법적 재능에 눈을 떠 소서러 클래스를 얻은 다음, 바바리안으로서의 발전을 계속하기도 합니다. 엘프들은 무예와 마법을 함께 수련하여 파이터와 위저드 클래스를 같이 성장시키기도 합니다. 이렇게 클래스를 조합하는 방식을 멀티클래스라 하며, 이에 대한 자세한 규칙은 제6장에 설명되어 있습니다.

아래 클래스 표에 소개된 12개의 클래스는 D&D 세계 어디에나 존재하는 전형적인 모험자들의 모습을 분류한 것입니다.

클래스

클래스	상세 설명	히트 다이스	주요 능력치	내성 굴림 숙련	무기와 갑옷 숙련
드루이드	달빛과 식물, 불과 번개 등 자연의 힘을 휘두르는 옛 믿음의 사제. 동물의 형상으로 변신하는 이들.	d8	지혜	지능 & 지혜	(금속을 제외한) 경장과 평장 갑옷, 방패, 클럽, 대거, 다트, 자벨린, 메이스, 쿼터스태프, 시미터, 시클, 슬링, 스피어
레인저	무예 기술과 자연의 마법을 함께 사용하며 문명의 변경에서 싸우는 이들	d10	민첩 & 지혜	근력 & 민첩	경장과 평장 갑옷, 방패, 단순 무기와 군용 무기
로그	은신과 속임수를 이용해 장애물과 적들을 돌파하는 불한당들	d8	민첩	민첩 & 지능	경장 갑옷, 단순 무기, 핸드 크로스보우, 롱소드, 레이피어, 숏소드
몽크	무예의 달인들. 육신의 힘을 지니고 신체적 영적 완성을 추구하는 이들	d8	민첩 & 지혜	근력 & 민첩	단순 무기, 숏소드
바드	창조의 음악에서 힘을 얻는 영감이 넘치는 음악가들	d8	매력	민첩 & 매력	경장 갑옷. 단순 무기. 핸드 크로스보우, 롱소드, 레이피어, 숏소드
바바리안	원시적 배경에서 살아가며 전투시 격노에 빠져드는 사나운 전사들	d12	근력	근력 & 건강	경장과 평장 갑옷, 방패, 단순 무기와 군용 무기
소서러	재능이나 혈통으로부터 선천적인 마법의 힘을 사용하는 주문시전자들	d6	매력	건강 & 매력	대거, 다트, 슬링, 쿼터스태프, 라이트 크로스보우
워락	외계의 존재와의 거래로 힘을 얻어낸 마법의 사용자들	d8	매력	지혜 & 매력	경장 갑옷, 단순 무기
위저드	현실의 구조 그 자체를 조작하는 학구적인 마법의 사용자들	d6	지능	지능 & 지혜	대거, 다트, 슬링, 쿼터스태프, 라이트 크로스보우
클레릭	위대한 힘을 섬기며 신성한 마법을 사용하는 사제이자 용사들.	d8	지혜	지혜 & 매력	경장과 평장 갑옷, 방패, 단순 무기
파이터	무예 전투의 달인들. 다양한 무기와 갑옷을 사용하는 기술에 능숙한 전사들.	d10	근력 또는 민첩	근력 & 건강	모든 갑옷과 방패, 단순 무기와 군용 무기
팔라딘	성스러운 맹세에 묶여 있는 신성한 전사들	d10	근력 & 매력	지혜 & 매력	모든 갑옷과 방패, 단순 무기와 군용 무기

드루이드 DRUID

엘프는 호랑가시나무 장식이 달린 거칠고 울퉁불퉁한 지팡이를 높게 쳐들어, 횃불을 들고 숲을 위협하는 오크들에게 폭풍의 격노를 불러내 폭발하는 벼락 줄기를 연달아 떨어트립니다.

높게 솟아 있는 나뭇가지에서 모습을 드러낸 표범은 악의 대기 원소 사원이 세워진 정글을 내려다봅니다. 이윽고 인간의 모습으로 변한 표범은 사교도들의 움직임을 주의 깊게 살펴보고 있습니다.

순수한 불꽃으로 만들어진 검을 휘두르는 하프 엘프는 스켈레톤 병사들 사이로 뛰어들어 부정한 마법으로 만들어진, 생명을 흉내 내는 사악한 것들을 쓰러트려 갑니다.

자연의 원소력을 부리는 것이든, 야생 세계의 존재들을 흉내 내는 것이든, 드루이드들은 자연 그 자체의 끈기와 교활함, 그리고 분노를 대표하는 존재입니다. 그들은 자연을 지배하지 않습니다. 대신, 그들은 자연이 지닌 불굴의 의지가 자신들을 통해 드러난다고 생각합니다.

대자연의 힘

드루이드는 그 무엇보다 자연을 존중하며, 그들이 지닌 주문이나 다른 마법적 능력들은 자연 그 자체나 자연의 신으로부터 얻은 것입니다. 많은 드루이드는 특정한 신을 섬기지 않고, 오히려 자연과 하나가 되는 신비로운 경지를 추구합니다. 그러나 드루이드 중 일부는 거친 야생의 신이나 동물의 신, 원소의 힘을 섬기는 이들도 있습니다. 신전이나 사당에서 이루어지는 신들에 대한 신앙과 달리, 고대의 드루이드 전통을 따르는 것을 옛 믿음(Old Faith)이라 부르기도 합니다.

드루이드 주문들은 자연과 동물들에서 유래한 것들이 많고, 이빨과 발톱, 해와 달, 화염과 폭풍의 힘을 담고 있습니다. 또한 드루이드들은 동물의 형태를 취할 수 있으며, 일부는 이 힘을 더욱 깊이 수련하여 본래 모습보다 동물의 형상을 더 편하게 느끼기도 합니다.

균형을 수호하는 자

드루이드가 볼 때, 자연은 위태로운 균형 위에 있습니다. 세상을 이루는 불과 물, 바람과 대지의 사대 원소는 평형을 이루어야만 합니다. 만약 한 원소가 다른 것들을 압도하는 힘을 지니게 되면

드루이드

레벨	숙련 보너스	클래스 요소	배운 소마법	\- 주문 레벨당 주문 슬롯 \-								
				1	2	3	4	5	6	7	8	9
1	+2	드루이드어, 주문시전	2	2	—	—	—	—	—	—	—	—
2	+2	야생 변신, 드루이드 회합	2	3	—	—	—	—	—	—	—	—
3	+2	—	2	4	2	—	—	—	—	—	—	—
4	+2	야생 변신 향상, 능력치 점수 상승	3	4	3	—	—	—	—	—	—	—
5	+3	—	3	4	3	2	—	—	—	—	—	—
6	+3	드루이드 회합 추가 요소	3	4	3	3	—	—	—	—	—	—
7	+3	—	3	4	3	3	1	—	—	—	—	—
8	+3	야생 변신 향상, 능력치 점수 상승	3	4	3	3	2	—	—	—	—	—
9	+4	—	3	4	3	3	3	1	—	—	—	—
10	+4	드루이드 회합 추가 요소	4	4	3	3	3	2	—	—	—	—
11	+4	—	4	4	3	3	3	2	1	—	—	—
12	+4	능력치 점수 상승	4	4	3	3	3	2	1	—	—	—
13	+5	—	4	4	3	3	3	2	1	1	—	—
14	+5	드루이드 회합 추가 요소	4	4	3	3	3	2	1	1	—	—
15	+5	—	4	4	3	3	3	2	1	1	1	—
16	+5	능력치 점수 상승	4	4	3	3	3	2	1	1	1	—
17	+6	—	4	4	3	3	3	2	1	1	1	1
18	+6	시간을 초월한 몸, 야수 주문	4	4	3	3	3	3	1	1	1	1
19	+6	능력치 점수 상승	4	4	3	3	3	3	2	1	1	1
20	+6	대드루이드	4	4	3	3	3	3	2	2	1	1

세상은 멸망하고 모두 그 원소계에 빨려 들어가고 말 것입니다. 그래서 드루이드들은 원소 악을 따르는 사교도나 특정 원소의 광적인 숭배자들에 맞서 싸웁니다.

드루이드들은 만물의 생명을 유지해 주는 생태계의 절묘한 균형을 존중하며, 문명인들이 자연을 적대하지 않고 조화롭게 살아갈 수 있도록 살핍니다. 드루이드들은 자연의 냉혹한 면도 이해하지만, 비홀더나 마인드 플레이어 등의 기괴체나 좀비, 뱀파이어 등의 언데드처럼 부자연스러운 것을 증오합니다. 때로는 드루이드들이 토벌대를 이끌고 이것들을 퇴치하기도 합니다. 특히 이런 괴물들이 드루이드의 영역에 침입했을 때는 절대 용서하지 않습니다.

드루이드들은 주로 신성한 곳을 수호하며, 더럽혀지지 않은 자연을 감시하면서 조용히 살아갑니다. 하지만 명백한 위협이 닥치고 그들의 안식처와 자연의 균형이 위기에 처하면, 드루이드들은 더 활동적인 역할에 나서거나 모험자가 되어 그러한 위협에 맞서곤 합니다.

드루이드 만들기

드루이드 캐릭터를 만들 때는, 어떻게 당신이 자연과 긴밀한 유대를 맺게 되었는지 생각해 보아야 합니다. 당신은 어쩌면 옛 믿음이 여전히 살아 숨쉬는 사회 출신일 수도 있으며, 깊은 숲속에서 다른 드루이드의 손에 자랐을 수도 있습니다. 어쩌면 당신은 거대한 독수리나 다이어 울프의 모습으로 나타난 자연의 정령들과 운명적인 만남을 거쳐 살아남았을지도 모릅니다. 무시무시한 폭풍이 몰아치거나 화산이 폭발했을 때 당신이 태어났고, 이 징조가 당신을 드루이드로 키우라는 뜻이라고 이해한 부모의 바람을 따랐을지도 모릅니다.

당신은 드루이드로서 소명을 받은 순간부터 지금까지 쭉 모험자로서 살아왔습니까? 아니면 처음에는 성스러운 나무나 샘을 관리하며 살아왔습니까? 어쩌면 당신의 고향이 악에 오염되었을 수도 있습니다. 그리하여 당신은 새로운 고향을 찾거나 자신만의 목적을 얻기 위해 모험에 나선 것일지도 모릅니다.

빠른 제작

드루이드를 빨리 만들고자 한다면 아래 순서를 따르시길 권합니다. 우선 지혜를 가장 높은 능력치로 정하고, 건강을 그다음으로 선택합니다. 그런 다음, 은둔자 배경을 선택하시면 됩니다.

클래스 요소

드루이드로서, 당신은 아래와 같은 요소들을 지니고 있습니다.

히트 포인트

히트 다이스: 드루이드 레벨당 1d8점
1레벨 시의 히트 포인트: 8 + 당신의 건강 수정치
레벨 상승시의 히트 포인트: 1레벨 상승할 때마다 1d8(또는 5) + 당신의 건강 수정치만큼 증가

숙련

갑옷: 경장 갑옷, 평장 갑옷, 방패 (드루이드는 금속으로 만들어진 갑옷이나 방패를 사용할 수 없습니다.)
무기: 클럽, 대거, 다트, 자벨린, 메이스, 쿼터스태프, 시미터, 시클, 슬링, 스피어
도구: 약초학 키트

내성 굴림: 지능, 지혜
기술: 비전학, 동물 조련, 통찰, 의학, 자연학, 감지, 종교학, 생존 중 2개 선택

장비

당신은 아래와 같은 초기 장비를 지니고 있습니다. 여기에 당신의 배경으로 얻는 장비를 더합니다.

- *(a)* 목제 방패 또는 *(b)* 단순 무기 하나
- *(a)* 시미터 또는 *(b)* 단순 근접 무기 하나
- 레더 아머, 탐험가의 꾸러미, 그리고 드루이드 매개체

드루이드어 Druidic

당신은 드루이드들이 사용하는 비밀 언어인 드루이드어를 알고 있습니다. 당신은 이 언어로 이야기하거나 비밀스러운 메시지를 남길 수 있습니다. 당신이나 이 언어를 알고 있는 다른 사람은 자동적으로 그런 메시지를 발견할 수 있습니다. 하지만 다른 이들은 DC 15의 지혜(감지) 판정에 성공해야 메시지를 발견할 수 있으며, 마법을 사용하지 않는다면 메시지를 해독할 수 없습니다.

주문시전

당신은 자연 그 자체의 신성한 정수에 자신의 의지를 드리워서 주문을 시전할 수 있습니다. 주문 시전에 대한 일반 규칙은 제10장을, 드루이드 주문 목록은 제11장을 참조하시기 바랍니다.

소마법

당신은 1레벨 때 드루이드 주문 목록에서 소마법 2개를 선택해 배울 수 있습니다. 레벨이 올라가면 당신은 드루이드 표에 나온 대로 드루이드 소마법을 추가로 배울 수 있습니다.

주문의 준비와 시전

당신은 드루이드 표를 참조해 각 레벨에 몇 개씩의 주문 슬롯을 지니고 있는지 확인할 수 있습니다. 드루이드 주문을 시전하려면 먼저 해당 주문 레벨 이상의 주문 슬롯을 소비해야 합니다. 긴 휴식을 마칠 때 이미 소비한 주문 슬롯을 모두 회복할 수 있습니다.

당신은 드루이드 주문 목록 중 자신이 준비해 둘 주문들을 골라야 합니다. 당신은 자신의 지혜 수정치 + 드루이드 레벨 합계만큼의 주문을 고를 수 있습니다. (최소 1개) 이 주문들은 반드시 당신이 사용할 수 있는 주문 슬롯 레벨 이하여야 합니다.

예를 들어, 당신이 3레벨 드루이드라면 당신은 1레벨 슬롯 4개와 2레벨 슬롯 2개를 지니고 있으므로, 1레벨과 2레벨 주문을 준

신성한 초목

드루이드는 자신이 신성한 것으로 여기는 식물이 있습니다. 오리나무, 물푸레나무, 자작나무, 딱총나무, 개암나무, 호랑가시나무, 노간주나무, 겨우살이, 참나무, 마가목, 주목 등이 이러한 신성한 나무가 될 수 있습니다. 드루이드는 이런 나무를 주문시전의 매개체로 이용하기도 하고, 참나무나 주목, 겨우살이의 가지나 잎을 지팡이에 매달아 쓰기도 합니다.

또한 드루이드는 이러한 나무로 무기나 방패를 만들기도 합니다. 주목은 죽음과 재생에 연관되어 있기 때문에, 시미터나 시클 등의 무기로 만들곤 합니다. 물푸레나무는 생명과 관계가 있으며, 떡갈나무는 힘과 연관이 있습니다. 이 나무들은 클럽이나 쿼터스태프 등 무기의 축을 만들거나 통으로 무기로 사용되기도 합니다. 오리나무는 바람과 연관이 깊기 때문에 다트나 자벨린 같은 투척무기의 재료로 사용됩니다.

이런 초목이 자라지 않는 지역의 드루이드는 다른 식물을 사용하기도 합니다. 예를 들어 사막의 드루이드라면 유카 나무나 선인장을 중요하게 생각할지도 모릅니다.

비할 수 있습니다. 당신의 지혜가 16이라면, 당신은 지혜 수정치 (3)에 레벨(3)을 더해 총 6개의 주문을 준비할 수 있습니다. 만약 당신이 1레벨 주문인 *상처 치료Cure Wounds*를 준비했다면, 당신은 1레벨이나 2레벨 슬롯을 소비해 이 주문을 시전할 수 있습니다. 주문을 시전해도 준비된 목록에서 사라지지는 않습니다.

당신은 긴 휴식을 마칠 때 준비한 주문 목록을 변경할 수 있습니다. 새로운 주문 목록을 준비하려면 기도와 명상으로 시간을 보내야 합니다. 여기에는 준비하려는 주문의 레벨당 1분씩의 시간이 들어갑니다.

주문시전 능력치

드루이드 주문을 시전할 때는 지혜를 당신의 주문시전 능력치로 사용합니다. 드루이드의 마법은 자연에 대한 헌신과 조율에서 나오는 것이기 때문입니다. 당신은 주문시전 능력치가 필요할 때마다 지혜와 그 수정치를 사용합니다. 또한 당신이 시전하는 드루이드 주문의 내성 DC를 정할 때나 주문 공격시 명중 굴림 수정치에도 지혜를 사용합니다.

주문 내성 DC =
8 + 당신의 숙련 보너스 + 당신의 지혜 수정치

주문 공격 수정치 =
당신의 숙련 보너스 + 당신의 지혜 수정치

의식 시전

당신은 의식 태그가 붙어 있는 드루이드 주문을 준비했을 때, 그 주문을 의식으로 시전할 수 있습니다.

주문시전 매개체

당신은 드루이드 주문을 시전할 때, 드루이드 매개체(제5장 참조)를 주문시전 매개체로 사용할 수 있습니다.

야생 변신 Wild Shape

당신은 2레벨부터 행동을 사용해 마법적으로 당신이 직접 본 적 있는 야수 크리쳐의 모습으로 변신할 수 있습니다. 당신은 이 요소를 2번 사용할 수 있습니다. 짧은 휴식이나 긴 휴식을 마치면 사용한 횟수가 다시 회복됩니다.

당신이 어떤 야수로 변신할 수 있는지는 드루이드 레벨에 따라 달라집니다. 야수 형상 표에 이러한 제한이 나와 있습니다. 예를 들어, 2레벨이라면 당신은 비행이나 수영 이동속도가 없는 도전지수 1/4 이하의 야수로 변신할 수 있습니다.

야수 형상

레벨	최대 CR	제한	예시
2	1/4	비행이나 수영 이동속도 없음	늑대
4	1/2	비행 이동속도 없음	악어
8	1	—	거대 독수리

당신은 드루이드 레벨 ÷ 2 (나머지 버림) 시간까지 변신한 모습을 유지할 수 있습니다. 지속시간이 끝나면 다시 해당 요소를 사용하지 않는 한 원래 모습으로 돌아옵니다. 자기 턴에 추가 행동을 사용해도 원래 모습으로 돌아올 수 있습니다. 무의식 상태가 되거나, hp가 0으로 떨어지거나, 죽는 경우에도 자동으로 원래 모습으로 돌아옵니다.

변신 중에는 아래와 같은 규칙이 적용됩니다.

- 당신의 게임 자료는 변신한 야수의 것을 따릅니다. 단, 당신의 성향과 개성, 그리고 지혜, 지능, 매력 능력치는 그대로 당신의 것을 사용합니다. 또한 당신은 기술과 내성 숙련을 유지할 수 있으며, 변신한 형태의 것도 추가로 얻습니다. 만약 변신한 형태가 이미 당신이 지닌 숙련과 같은 것을 지니고 있다면, 둘 중 더 높은 보너스를 사용할 수 있습니다. 단, 해당 형태가 전설적 행동이나 본거지 행동을 지니고 있어도 당신은 그러한 것을 사용할 수 없습니다.
- 당신은 변신할 때 새 형태의 hp와 히트 다이스를 얻습니다. 당신이 다시 원래 모습으로 돌아오면 변신하기 직전의 본래 hp로 돌아옵니다. 하지만 당신이 변신 중 hp가 0으로 떨어져 본래 형태로 돌아온 경우, 0으로 떨어진 다음 남은 몫의 피해는 원래 형태의 hp에 가해집니다. 예를 들어 당신이 변신 중 hp가 1점만 남았을 때 10점의 피해를 받게 되었다면, 0점이 되어 원래 형태로 돌아온 다음 나머지 9점의 피해를 받게 됩니다. 이렇게 남겨진 피해로 인해 원래 형태의 hp까지 0으로 떨어지지 않는 한 당신은 무의식 상태로 쓰러지지 않고 견딜 수 있습니다.
- 변신 중에는 주문을 시전할 수 없으며, 새로운 형태에 따라 말을 하거나 손을 사용하는 행동도 제한될 수 있습니다. 그러나 변신 중에도 이미 시전한 주문의 정신집중은 유지할 수 있으며, 낙뢰 소환Call Lightning 주문처럼 이미 시전한 주문에 따라 가능한 행동도 계속 취할 수 있습니다.
- 당신은 새로운 형태가 신체적으로 허락하는 한 자신의 클래스나 종족, 기타 조건으로 얻은 모든 요소의 효과를 유지하고 사용할 수 있습니다. 단, 암시야 등의 특수 감각은 새로운 형태도 동일하게 가진 것이 아니라면 사용할 수 없습니다.
- 당신은 장비를 그 자리에 떨어트리거나, 새로운 형태에 녹아들게 하거나, 새로운 형태에 착용하는 방식 중 하나를 선택할 수 있습니다. 착용한 장비는 본래대로 기능하지만, 새로운 형태에서 제대로 기능하는지는 새 형태의 크기나 모습에 따라 DM이 판정합니다. 새로운 형태가 착용할 수 없는 장비는 녹아들지 않는 한 바닥에 떨어질 것입니다. 몸에 녹아든 장비는 변신 중에 아무런 효과도 발휘하지 않습니다.

드루이드 회합
DRUID CIRCLE

당신은 드루이드 2레벨이 되었을 때, 대지의 회합과 달의 회합 중 하나에 가입할 수 있습니다. 두 회합에 대한 내용은 클래스 설명 마지막에 나와 있습니다. 당신은 선택한 회합의 특징에 따라 2, 6, 10, 14레벨에 추가적 요소를 얻을 수 있습니다.

능력치 점수 상승

당신은 드루이드 4, 8, 12, 16, 19레벨 때 각각 원하는 능력치 하나를 골라 2점 상승시키거나, 두 개의 능력치를 각각 1점씩 상승시킬 수 있습니다. 단, 이 방식으로는 능력치를 20점보다 높게 올릴 수 없습니다.

시간을 초월한 몸 TIMELESS BODY

드루이드 18레벨에 도달하면, 원초적 마법의 힘으로 인해 당신은 더 천천히 나이를 먹게 됩니다. 이후 당신의 몸은 10년마다 1년씩만 나이를 먹게 됩니다.

야수 주문 BEAST SPELLS

드루이드 18레벨에 도달하면 당신은 야생 변신으로 어떤 형태를 취하고 있든 드루이드 주문을 시전할 수 있게 됩니다. 당신은 야수 형태에서도 음성과 동작 구성요소를 취할 수 있지만, 물질 구성요소는 사용할 수 없습니다.

대드루이드 ARCHDRUID

드루이드 20레벨에 도달하면, 당신은 이제 횟수 제한 없이 야생 변신 능력을 사용할 수 있습니다.

또한 당신은 드루이드 주문을 시전할 때 음성과 동작 구성요소를 무시할 수 있으며, 비용이 명시되지 않았고 시전시 소모되지 않는다면 물질 구성요소도 무시할 수 있습니다. 당신은 원래 모습이든 야생 변신 중이든 이러한 효과의 이익을 받을 수 있습니다.

드루이드 회합

드루이드들에게는 정치적 국경을 무시하고 대지에 널리 퍼져 있는 자신들만의 사회가 있지만, 이러한 조직들은 외부인들에게 거의 알려지지 않았습니다. 모든 드루이드는 이 사회의 구성원이지만, 그중 일부는 너무 고립된 나머지 이 사회의 고위 드루이드를 한 번도 본 적이 없거나 집회에 참가해 본 적 없는 이들도 있습니다. 드루이드는 서로를 형제자매로 여깁니다. 하지만 야생의 동물들처럼 드루이드들 역시 가끔 서로 경쟁을 벌이거나 먹이로 삼기도 합니다.

크게 나누어보면, 드루이드들은 자연과 균형, 드루이드로 지내는 방식에 대한 견해를 공유하는 이들끼리 회합을 결정하여 그 일원으로 지내곤 합니다.

대지의 회합 CIRCLE OF THE LAND

대지의 회합은 오랜 세월에 걸쳐 내려온 구전 전통을 통해 고대의 지식과 의식을 지켜온 신비학자와 현자들의 모임입니다. 이 드루이드들은 신성한 나무로 이루어진 원이나 환상열석에서 모임을 가지며, 드루이드어로 원시의 비밀을 속삭이곤 합니다. 회합의 가장 현명한 구성원은 공동체의 수석 사제처럼 여겨지며, 옛 믿음을 지키는 이들 사이에서 조언자이자 지도자의 자리를 차지합니다. 이 회합의 구성원이 되면 당신의 마법에는 회합의 신비로운 의식에 의해 대지의 힘이 흐르게 될 것입니다.

추가 소마법 BONUS CANTRIP

드루이드 2레벨에 이 회합을 선택할 때, 당신은 즉시 드루이드 소마법 하나를 더 배울 수 있습니다.

자연적 회복력 NATURAL RECOVERY

당신은 드루이드 2레벨부터 잠시 앉아서 명상하고 자연과 교감하여 마법의 힘을 약간 회복할 수 있습니다. 짧은 휴식 동안, 당신은 이처럼 이미 소비한 주문 슬롯을 회복할 수 있습니다. 회복되는 주문 슬롯의 합계는 당신의 드루이드 레벨 절반만큼입니다. (나머지 올림) 단, 6레벨 이상의 슬롯은 회복할 수 없습니다. 당신이 한 번 이 요소를 사용했다면 긴 휴식을 마쳐야만 다시 사용할 수 있습니다.

예를 들어, 당신이 4레벨 드루이드라면 당신은 짧은 휴식을 마칠 때 도합 2레벨의 주문 슬롯을 회복할 수 있습니다. 2레벨 슬롯 하나를 회복하거나, 1레벨 슬롯 2개를 회복할 수 있을 것입니다.

회합 주문 CIRCLE SPELLS

당신은 대지와의 신비한 연결을 통해 특정한 주문을 시전하는 능력을 얻습니다. 드루이드 3, 5, 7, 9레벨이 될 때마다, 드루이드가 된 대지의 속성에 따라 회합 주문을 시전할 수 있게 됩니다. 극지, 늪, 사막, 산, 숲, 언더다크, 초원, 해안 중 하나를 고르면 그에 따르는 주문 목록을 얻을 수 있습니다.

일단 회합 주문을 시전할 수 있게 되면 해당 주문은 언제나 준비된 것으로 칩니다. 이 주문은 당신이 매일 준비하는 주문 개수 제한에 포함되지 않습니다. 드루이드 주문 목록에 없는 주문이 회합 주문으로 주어졌다면, 당신은 그 주문을 드루이드 주문으로 시전할 수 있습니다.

극지

드루이드 레벨	회합 주문
3	인간형 포박Hold Person, 가시 성장Spike Growth
5	진눈깨비 폭풍Sleet Storm, 저속화Slow
7	이동의 자유Freedom of Movement, 얼음 폭풍Ice Storm
9	자연과의 회화Commune with Nature, 냉기 분사Cone of Cold

늪

드루이드 레벨	회합 주문
3	암흑Darkness, 멜프의 산성 화살Melf's Acid Arrow
5	수면 보행Water Walk, 악취 구름Stinking Cloud
7	이동의 자유Freedom of Movement, 크리쳐 위치파악Locate Creature
9	곤충 무리Insect Plague, 염탐Scrying

사막

드루이드 레벨	회합 주문
3	흐려짐Blur, 침묵Silence
5	음식과 물 창조Create Food and Water, 에너지로부터의 보호Protection from Energy
7	황폐화Blight, 환영 지형Hallucinatory Terrain
9	곤충 무리Insect Plague, 바위의 벽Wall of Stone

산

드루이드 레벨	회합 주문
3	거미 등반Spider Climb, 가시 성장Spike Growth
5	번개Lightning Bolt, 돌에 녹아들기Meld into Stone
7	바위 형상Stone Shape, 바위피부Stoneskin
9	벽통과Passwall, 바위의 벽Wall of Stone

숲

드루이드 레벨	회합 주문
3	나무껍질 피부Barkskin, 거미 등반Spider Climb
5	낙뢰 소환Call Lightning, 식물 성장Plant Growth
7	예지Divination, 이동의 자유Freedom of Movement
9	자연과의 회화Commune with Nature, 나무 질주Tree Stride

언더다크

드루이드 레벨	회합 주문
3	거미 등반Spider Climb, 거미줄Web
5	가스 형상Gaseous Form, 악취 구름Stinking Cloud
7	상급 투명화Greater Invisibility, 바위 형상Stone Shape
9	죽음구름Cloudkill, 곤충 무리Insect Plague

초원

드루이드 레벨	회합 주문
3	투명화Invisibility, 흔적없는 이동Pass without Trace
5	태양광Daylight, 가속Haste
7	예지Divination, 이동의 자유Freedom of Movement
9	몽환Dream, 곤충 무리Insect Plague

해안

드루이드 레벨	회합 주문
3	거울 분신Mirror Image, 안개 걸음Misty Step
5	수중 호흡Water Breathing, 수면 보행Water Walk
7	물 조종Control Water, 이동의 자유Freedom of Movement
9	원소 소환Conjure Elemental, 염탐Scrying

대지의 활보 LAND'S STRIDE

드루이드 6레벨에 도달하면, 당신은 비마법적인 어려운 지형을 통과할 때 추가로 이동력을 소모할 필요가 없습니다. 또한 당신은 비마법적 나무들이 있는 공간을 통과할 때 바늘이나 가시 등에 피해를 받지 않고 느려지지도 않습니다.

또한 당신은 얽혀듬Entangle 주문 등 마법적으로 창조되었거나 조작된 식물에 대한 내성 굴림에 이점을 받습니다.

자연의 보호 NATURE'S WARD

드루이드 10레벨에 도달하면, 당신은 원소나 요정에 의해 매혹되거나 공포 상태가 되지 않습니다. 또한 당신은 독과 질병에 면역이 됩니다.

자연의 성역 NATURE'S SANCTUARY

드루이드 14레벨에 도달하면, 자연계의 크리쳐는 당신과 자연 사이의 연결을 감지하고 쉽사리 당신을 공격하려 하지 않게 됩니다. 야수나 식물 크리쳐가 당신을 공격할 때, 해당 크리쳐는 당신의 주문 내성 DC를 목표로 지혜 내성에 성공해야 공격을 가할 수 있습니다. 내성에 실패하면 해당 크리쳐는 다른 목표를 골라야 하며, 아니면 공격 자체가 자동으로 빗나갑니다. 내성에 성공한 크리쳐는 24시간 동안 이 효과에 면역을 얻습니다.

크리쳐는 당신을 공격하기 전에 이 효과에 대해 먼저 느낄 수 있습니다.

달의 회합 CIRCLE OF THE MOON

달의 회합에 속한 드루이드들은 야생을 지키는 맹렬한 수호자입니다. 그들은 만월에 모여 서로 소식을 나누고 위험을 전합니다. 그들은 야생의 심장부까지 들어가며, 때로는 몇 주 동안 다른 드루이드들을 포함해 인간형 종족들과 전혀 마주치지 않고 살아가기도 합니다.

이 회합의 구성원들은 마치 달처럼 모습을 바꿉니다. 어느 날 밤에는 큰 고양이 모습으로 돌아다니는가 하면, 다음 날에는 독수리가 되어 나무 위를 날아다니고, 또 다른 날에는 곰의 모습으로 덤불을 헤치며 괴물을 뒤쫓기도 합니다. 야생의 힘이 이들의 몸에 흐르고 있습니다.

전투 야생 변신 COMBAT WILD SHAPE

드루이드 2레벨에 이 회합을 선택하면, 당신은 행동이 아니라 추가 행동만으로 야생 변신을 할 수 있게 됩니다.

또한 야생 변신을 사용중일 때, 당신은 추가 행동을 사용해 주문 슬롯 하나를 소비하고 소비한 슬롯 레벨 당 1d8점의 hp를 회복할 수 있습니다.

회합의 변신 CIRCLE FORMS

당신은 회합의 의식을 통해 좀 더 위협적인 동물 형태로 변신하는 능력을 얻습니다. 당신은 드루이드 2레벨 때부터, 야생 변신으로 최대 도전 지수 1 이하의 야수로 변신할 수 있습니다. (야수 형상표의 최대 도전 지수는 무시하지만, 다른 제한은 지켜야 합니다.)

당신이 드루이드 6레벨에 도달하면, 당신은 드루이드 레벨 ÷ 3 (나머지 버림) 까지의 도전 지수를 지닌 야수 크리쳐로 변신할 수 있습니다.

원시의 일격 PRIMAL STRIKE

드루이드 6레벨 때부터, 당신이 야수 형태에서 가하는 공격은 비마법적 공격이나 피해에 대한 면역이나 저항을 극복할 때 마법 무기로 취급합니다.

원소 야생 변신 ELEMENTAL WILD SHAPE

드루이드 10레벨 때부터, 당신은 한 번에 야생 변신 횟수 2회를 소비해 대기/대지/불/물의 원소 중 하나로 변신할 수 있습니다.

천변만화 THOUSAND FORMS

드루이드 14레벨 때부터, 당신은 더 미묘한 방식의 마법으로 당신의 신체적 형태를 바꿀 수 있게 됩니다. 당신은 언제든 자유로이 자기 변형Alter Self 주문을 시전할 수 있습니다.

드루이드와 신들

일부 드루이드들은 자연의 힘 그 자체를 섬기지만, 대다수의 드루이드들은 멀티버스에 존재하는 여러 자연의 신 중 하나를 섬기고 있습니다. (신들의 목록은 부록B에 수록되어 있습니다.) 이러한 신앙은 클레릭이나 도시 사람들의 것과 달리, 고대의 전통에 따라 이루어집니다. 사실, 그레이호크의 세계에서는 드루이드의 신앙을 "옛 믿음"이라 부르며, 농부나 숲지기, 어부 등 자연과 가까이 살아가는 이들 중에는 옛 믿음을 따르는 경우가 많습니다. 이 전통은 자연을 인격화되지 않은 원시적인 힘으로 섬기곤 하지만, 오어스의 대지모신 베오리나 오바드 하이, 엘로나, 울라 등의 신앙도 포함되어 있습니다.

그레이호크나 포가튼 렐름즈의 세계에서, 드루이드 회합은 특정한 자연의 신 하나만을 섬기지 않습니다. 예를 들어 포가튼 렐름즈의 회합에서는 실바누스, 미엘리키, 엘다스, 챠운티를 함께 섬깁니다. 심지어는 탈로스나 말라, 아우릴, 움버리 등 보다 가혹한 자연의 모습을 나타내는 신들을 함께 모시기도 합니다. 이 자연의 신들은 흔히 최초의 회합이라 부르며, 세상에 모습을 드러낸 최초의 드루이드들로 여겨지곤 합니다. 많은 드루이드는 (폭력적인 신들을 포함해) 이러한 신들에게 공경을 다합니다.

한편, 에버론의 드루이드들은 소버린 호스트나 암흑의 여섯 신, 그리고 세상의 다른 종교들과는 아무 관계가 없는 애니미즘적 신앙을 믿고 있습니다. 그들은 모든 생명체와 자연 현상에 정령이 깃들어 있다고 믿습니다. 해와 달, 바람과 불, 세상 그 자체에도 저마다 정령들이 있다는 것입니다. 따라서 그들의 주문은 정령들과 교감하고 명령을 내리는 형태를 띕니다. 하지만 별개의 철학을 따르는 드루이드 분파들마다 정령들과의 관계나 문명사회를 보는 시선이 달라집니다. 예를 들어, 물푸레묶음(Ashbound)은 비전 마법이 자연을 거스르는 악행이라고 생각하며, 겨울의 아이들(Children of Winter)은 죽음의 힘을 숭상하는 면이 있고, 관문수호자(Gatekeeper)들은 기괴체의 침략으로부터 세계를 지키는 고대의 전통을 보전하는 이들입니다.

레인저 Ranger

거칠고 사나워 보이는 인간은 홀로 나무 그림자에 숨어 근처 농장을 습격할 계획을 짜는 오크들을 사냥하고 있습니다. 양손에 소검 하나씩을 꺼내든 그는 강철의 회오리가 되어 적을 하나하나 도륙해 갑니다.

엘프는 몸을 날려 얼어붙는 한기의 브레스를 피하고, 재빨리 일어나 화이트 드래곤에게 연달아 화살을 날렸습니다. 드래곤에게서 터져 나오는 공포의 파도는 그 브레스만큼이나 차가웠지만, 그녀는 드래곤의 두꺼운 비늘 틈새로 하나씩 화살을 날려 보냅니다.

하프 엘프는 손을 높게 들어 올리며 휘파람을 불어 머리 위를 맴돌던 매를 불러왔습니다. 엘프어로 몇 마디 말을 속삭인 그는 자신이 추적하던 아울베어를 가리켰고, 활시위를 재는 동안 매가 날아가 괴물의 주의를 끌었습니다.

도시와 마을의 소란에서 멀리 떨어진 곳, 야생의 괴물들로부터 벽지에 있는 농장들을 지켜주는 울타리를 넘어 깊게 우거진 숲속이나 황량한 평야를 내달리는 레인저들은 영원한 파수꾼으로 끝나지 않는 경계를 이어가고 있습니다.

치명적인 사냥꾼

문명의 변경을 위협하는 괴물들을 사냥하는 것이 야생의 전사인 레인저의 업입니다. 야만 종족의 약탈자, 미쳐 날뛰는 야수나 괴물, 끔찍한 거인, 무시무시한 드래곤들이 바로 이들이 상대하는 적입니다. 레인저는 포식자들처럼 사냥감을 추적하는 방법을 배우고, 야생의 수풀과 바위 속에 몸을 숨기며 은밀하게 움직입니다. 레인저들은 전투 훈련을 통해 자신들이 선호하는 적에게 특히나 더 효율적인 기술들을 연마합니다.

야생에 가까운 삶을 살아가는 레인저는 드루이드처럼 자연의 힘을 빌려 주문을 시전할 수 있습니다. 이들의 주문 역시 전투 기술과 마찬가지로 재빠름과 은밀성, 사냥에 특화된 것들입니다. 레인저의 재능과 능력은 변경 지방을 수호한다는 무거운 임무에 초점을 맞춘 치명적인 것들로 이루어져 있습니다.

독립적인 모험자

평소에는 사냥꾼이나 안내인, 추적자로 생계를 꾸려나가기도 하지만, 레인저들의 진정한 소명은 야생에서 몰려오는 괴물과 야만 종족들의 위협에서 문명의 끝자락을 지키는 것입니다. 일부 지역에서는 레인저들이 비밀 조직을 구성하거나 드루이드 회합에 힘을 보태기도 합니다. 하지만 많은 레인저들은 홀로 움직이는 것을 택합니다. 이들은 드래곤이나 오크 무리가 공격해 올 때 자신들이 첫 번째 저지선이 되리라는 것을, 그리고 어쩌면 마지막 저지선이 될 수도 있다는 것을 잘 이해하고 있습니다.

이 사나운 독립정신 덕에 레인저들은 훌륭한 모험자가 될 수 있습니다. 그들은 따스한 잠자리와 목욕물이 있는 편안한 삶에서 이미 멀리 떨어져 있기 때문입니다. 도시에서 자란 모험자들이 야생의 가혹한 일상에 불안해하고 울상을 짓는 모습을 볼 때면, 레인저들은 즐거움과 동정심, 약간의 당혹감을 느끼곤 합니다. 하지만 레인저들은 다른 모험자들 역시 문명의 적과 맞싸울 때 자신들만의 역할을 수행하는 소중한 동료들이라는 점을 어렵

레벨	숙련 보너스	클래스 요소	알고 있는 주문	주문 레벨당 주문 슬롯 1	2	3	4	5
1	+2	선호하는 적, 자연의 탐험가	—	—	—	—	—	—
2	+2	전투 유파, 주문시전	2	2	—	—	—	—
3	+2	레인저 아키타입, 원시적 육감	3	3	—	—	—	—
4	+2	능력치 점수 상승	3	3	—	—	—	—
5	+3	추가 공격	4	4	2	—	—	—
6	+3	선호하는 적, 자연의 탐험가 향상	4	4	2	—	—	—
7	+3	레인저 아키타입 추가 요소	5	4	3	—	—	—
8	+3	능력치 점수 상승, 대지의 활보	5	4	3	—	—	—
9	+4	—	6	4	3	2	—	—
10	+4	자연의 탐험가 향상, 눈앞에서 사라지기	6	4	3	2	—	—
11	+4	레인저 아키타입 추가 요소	7	4	3	3	—	—
12	+4	능력치 점수 상승	7	4	3	3	—	—
13	+5	—	8	4	3	3	1	—
14	+5	선호하는 적 향상, 홀연히 사라지기	8	4	3	3	1	—
15	+5	레인저 아키타입 추가 요소	9	4	3	3	2	—
16	+5	능력치 점수 상승	9	4	3	3	2	—
17	+6	—	10	4	3	3	3	1
18	+6	야생 감각	10	4	3	3	3	1
19	+6	능력치 점수 상승	11	4	3	3	3	2
20	+6	적 살해자	11	4	3	3	3	2

지 않게 깨닫곤 합니다. 도시에서 살다 온 이들이 야생에서 음식과 깨끗한 물을 조달하는 법을 모를 수도 있지만, 저마다의 방식으로 레인저에게 큰 도움이 되어줄 수 있기 때문입니다.

레인저 만들기

레인저 캐릭터를 만들 때는 먼저 당신이 어떤 훈련을 받아서 레인저의 능력을 얻게 되었는지 생각할 필요가 있습니다. 오로지 스승한 명과 함께 야생을 떠돌아다니며 레인저의 길을 익히게 되었습니까? 모든 가르침을 받고 독립한 것입니까? 아니면 스승이 목숨을 잃는 일이 벌어졌습니까? 스승의 목숨을 앗아간 것과 같은 종류의 괴물들을 선호하는 적으로 삼았습니까? 어쩌면 당신은 드루이드 회합에 참여하는 레인저 집단을 통해 야생의 지혜와 신비로운 전통을 배우고 기술을 연마한 것일 수도 있습니다. 어쩌면 당신은 그 누구의 가르침도 받지 않고 홀로 배워가며 오로지 야생에서 살아남기 위해 자연과의 마법적 연결을 얻게 된 것일 수도 있습니다.

당신이 특정한 적들에 품고 있는 깊은 증오는 무엇 때문입니까? 괴물이 당신이 사랑하는 누군가를 죽이거나 당신의 고향을 파괴했습니까? 혹은 이러한 괴물들이 저지르는 파괴를 너무 많이 봐왔던 나머지 스스로 그들을 막겠다고 다짐한 것입니까? 모험자로서의 경력은 변경을 수호하는 의무에서 시작된 것입니까? 아니면 어떤 극적인 변화가 일어나 모험의 길에 뛰어든 것입니까? 어쩌다가 모험자들과 합류하게 되었습니까? 새로운 동료들에게 야생의 삶을 가르치는 일은 고단하고 피곤하게 느껴집니까? 아니면 그들 덕에 고독에서 벗어날 수 있어서 안심하고 있습니까?

빠른 제작

레인저를 빨리 만들고자 한다면 아래 순서를 따르시길 권합니다. 우선 민첩을 가장 높은 능력치로 정하고, 지혜를 그다음으로 선택합니다. (일부 레인저는 쌍수 전투에 집중할 경우 민첩 대신 근력

을 가장 높은 능력치로 선택합니다.) 그런 다음, 이방인 배경을 선택하시면 됩니다.

클래스 요소

레인저로서, 당신은 아래와 같은 클래스 요소를 지니고 있습니다.

히트 포인트

히트 다이스: 레인저 레벨당 1d10점
1레벨 시의 히트 포인트: 10 + 당신의 건강 수정치
레벨 상승시의 히트 포인트: 1레벨 상승할 때마다 1d10(또는 6) + 당신의 건강 수정치만큼 증가

숙련

갑옷: 경장 갑옷, 평장 갑옷, 방패
무기: 단순 무기 및 군용 무기 전체
도구: 없음

내성 굴림: 근력, 민첩
기술: 동물 조련, 운동, 통찰, 수사, 자연학, 감지, 은신, 생존 중 3개 선택

장비

당신은 아래와 같은 초기 장비를 지니고 있습니다. 여기에 당신의 배경으로 얻는 장비를 더합니다.

- *(a)* 스케일 메일 또는 *(b)* 레더 아머
- *(a)* 숏소드 2개 또는 *(b)* 단순 근접 무기 2개
- *(a)* 던전 탐색자의 꾸러미 또는 *(b)* 탐험가의 꾸러미
- 롱보우와 화살 20개가 든 화살통

선호하는 적 FAVORED ENEMY

당신은 레인저 1레벨 때부터 특정한 종류의 적에 맞서는 경험을 쌓았습니다. 당신은 그러한 적을 추적하고 사냥하는 방법, 심지어는 이야기를 나누는 방법에 대해서도 알게 됩니다.

기괴체, 야수, 천상체, 구조물, 용족, 원소, 요정, 악마, 거인, 괴물류, 점액류, 식물, 언데드 중 한 가지 종류를 정해 선호하는 적으로 정합니다. 혹은 인간형 크리처 종족 중 둘(예를 들자면 놀과 오크 등)을 정해 선호하는 적으로 삼을 수도 있습니다.

이렇게 선호하는 적을 추적할 때 당신은 지혜(생존) 판정에 이점을 받으며, 그러한 적들에 대한 정보를 기억하기 위한 지능 판정에도 이점을 받습니다.

당신이 선호하는 적으로 선택한 종족이 대화를 나눌 수 있는 능력을 지니고 있다면, 당신은 이 요소를 얻을 때 적이 사용하는 언어 한 가지도 배우게 됩니다.

당신은 6레벨과 14레벨에 도달할 때 다시 한 종류씩 선호하는 적을 추가로 선택할 수 있으며, 이때 새로운 언어도 하나씩 배울 수 있습니다. 이처럼 새로이 선호하는 적을 고르는 것은 레벨이 오르는 과정에서 마주친 괴물들에 대한 경험에 의한 것입니다.

자연의 탐험가 NATURAL EXPLORER

당신은 여러 자연환경 중 특히 한 가지 환경에 익숙하며, 그러한 환경에서 여행하고 생존하는 것이야말로 특기 분야라 할 수 있습니다. 극지, 해안, 사막, 숲, 초원, 산, 늪, 언더다크 중 한 가지 환경을 선호하는 지형으로 선택합니다. 선호하는 지형과 연관된 지능이나 지혜 판정을 할 때, 당신이 숙련을 지닌 기술을 사용한다면 그 숙련 보너스를 2배로 적용할 수 있습니다.

또한, 선호하는 지형을 1시간 이상 여행하고 있으면, 아래와 같은 이익을 얻을 수 있습니다.

• 어려운 지형으로 인해 일행의 이동속도가 느려지지 않습니다.
• 일행은 마법적인 수단을 제외하면 절대 길을 잃지 않습니다.
• 조달이나 길 찾기, 추적 등 여행 중 다른 활동을 하고 있으면서도 항상 주변에 대한 경계를 유지할 수 있습니다.
• 홀로 여행하고 있는 경우, 은신을 유지하면서도 보통 속도로 여행할 수 있습니다.
• 당신은 식량 조달을 할 때, 보통보다 2배 더 많은 음식을 얻을 수 있습니다.
• 다른 크리처를 추적할 때, 당신은 추적하는 상대의 정확한 숫자, 크기, 얼마나 오래전에 해당 지역을 지나갔는지를 파악할 수 있습니다.

당신은 6, 10레벨에 도달할 때 각각 한 종류씩 선호하는 지형을 추가로 선택할 수 있습니다.

전투 유파 FIGHTING STYLE

레인저 2레벨에 도달하면, 전투 유파 한 가지를 자신의 전문분야로 삼을 수 있습니다. 아래 선택지 중 하나를 선택하십시오. 이후 다시 전투 유파를 선택할 때, 이전에 선택한 유파를 다시 고를 수는 없습니다.

결투술 DUELING

당신이 한 손에 근접 무기를 들고 다른 손에는 무기를 들지 않았다면, 들고 있는 무기의 피해 굴림에 +2 보너스를 받습니다.

궁술 ARCHERY

당신은 장거리 무기를 사용해 공격할 때 명중 굴림에 +2 보너스를 받습니다.

방어술 DEFENSE

당신은 갑옷을 입고 있을 때, AC에 +1 보너스를 받습니다.

쌍수 전투술 TWO-WEAPON FIGHTING

당신은 양손에 각각 무기를 들고 싸울 때, 주로 쓰지 않는 손으로 가한 공격의 피해에도 능력 수정치를 더할 수 있습니다.

주문시전

레인저 2레벨에 도달하면 당신은 드루이드처럼 자연의 정수에서 마법의 힘을 얻어 주문을 시전하는 능력을 얻게 됩니다. 주문시전에 대한 일반규칙은 제10장을, 레인저의 주문 목록은 제11장을 참조하십시오.

주문 슬롯

당신은 레인저 표를 참조해 각 레벨에 몇 개씩의 주문 슬롯을 지니고 있는지 확인할 수 있습니다. 레인저 주문을 시전하려면 먼저 해당 주문 레벨 이상의 주문 슬롯을 소비해야 합니다. 긴 휴식을 마칠 때 이미 소비한 주문 슬롯을 모두 회복할 수 있습니다.

예를 들어 당신이 1레벨 주문인 동물 친밀화*Animal Friendship*를 알고 있고 1레벨과 2레벨 슬롯이 하나씩 남아 있다면, 당신은 둘 중 어느 슬롯이든 소비해서 동물 친밀화 주문을 시전할 수 있습니다.

알고 있는 주문의 목록

당신은 레인저 주문 목록에서 1레벨 주문 2개를 배웁니다.

레인저 표의 알고 있는 주문 항목은 당신이 언제 더 많은 레인저 주문을 알게 되는가 보여줍니다. 이 주문들의 레벨은 당신이 가진 주문 슬롯 레벨 이하여야 합니다. 예를 들어, 당신이 레인저 5레벨이 되었다면 당신은 1레벨 또는 2레벨 주문을 하나 더 배울 수 있습니다.

또한 당신은 레인저 레벨이 오를 때마다 이미 알고 있던 레인저 주문 하나를 골라 주문 목록에 있는 다른 주문으로 교체할 수 있습니다. 이때 당신이 선택한 주문의 레벨 역시 당신의 주문 슬롯 레벨 이하여야 합니다.

주문 시전 능력치

레인저 주문을 시전할 때는 지혜를 당신의 주문시전 능력치로 사용합니다. 당신의 마법은 자연과의 조율에서 나오는 것이기 때문입니다. 당신은 주문시전 능력치가 필요할 때마다 지혜와 그 수정치를 사용합니다. 또한 당신이 시전하는 레인저 주문의 내성 DC를 정할 때나 주문 공격시 명중 굴림 수정치에도 지혜를 사용합니다.

주문 내성 DC =
8 + 당신의 숙련 보너스 + 당신의 지혜 수정치

주문 공격 수정치 =
당신의 숙련 보너스 + 당신의 지혜 수정치

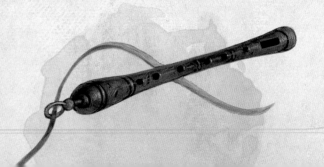

레인저 아키타입 RANGER ARCHETYPE

당신은 레인저 3레벨이 되었을 때 헌터와 비스트 마스터 중 한 가지 아키타입을 선택해 그 길에 매진하게 됩니다. 두 길에 대한 내용은 클래스 설명 마지막에 나와 있습니다. 당신은 선택한 길에 따라 3, 7, 11, 15레벨에 추가적 요소를 얻을 수 있습니다.

원시적 육감 PRIMEVAL AWARENESS

당신은 레인저 3레벨 때부터 행동을 사용하고 레인저 주문 슬롯 하나를 소비해 주변 환경에 오감을 집중할 수 있습니다. 당신은 주변 1마일 내에 있는 기괴체, 천상체, 용족, 원소, 요정, 악마, 언데드 중 한 가지 괴물의 존재 여부를 감지할 수 있습니다. 이 효과의 지속시간은 소비한 주문 슬롯 레벨당 1분씩입니다. 만약 당신이 선호하는 지형에서 탐색하는 중이라면 감지 범위는 6마일로 증가합니다. 단, 이 요소는 괴물의 존재 유무만 파악할 수 있을 뿐, 정확한 위치나 숫자는 파악할 수 없습니다.

능력치 점수 상승

당신은 레인저 4, 8, 12, 16, 19레벨 때 각각 원하는 능력치 하나를 골라 2점 상승시키거나, 두 개의 능력치를 각각 1점씩 상승시킬 수 있습니다. 단, 이 방식으로는 능력치를 20점보다 높게 올릴 수 없습니다.

추가 공격

레인저 5레벨에 도달하면, 당신은 자기 턴에 공격 행동을 할 때마다 공격을 두 번씩 가할 수 있습니다.

대지의 활보 LAND'S STRIDE

레인저 8레벨에 도달하면 당신은 비마법적인 어려운 지형을 통과할 때 추가로 이동력을 소모할 필요가 없습니다. 또한 당신은 느려지지 않고 비마법적 식물들이 있는 공간을 통과할 수 있으며, 나무의 바늘이나 가시 등에 아무런 해도 입지 않습니다.

그리고 당신은 얽혀듬Entangle 주문으로 만들어진 것처럼 마법적으로 창조되었거나 조작된 식물에 대한 내성 굴림에 이점을 받습니다.

눈앞에서 사라지기 HIDE IN PLAIN SIGHT

레인저 10레벨에 도달하면, 당신은 1분의 시간을 들여 자신을 위장할 수 있습니다. 위장복을 만들려면 주변에 흙이나 점토, 나뭇가지, 그을음 등의 자연적 재료가 있어야 합니다.

일단 위장복을 만들고 나면, 당신은 나무나 벽 등 당신보다 큰 고체 표면이나 물체에 몸을 바짝 붙여 은신을 시도할 수 있습니다. 이렇게 위장한 상태로 움직이거나 행동하지 않고 있을 때, 당신은 민첩(은신) 판정에 +10 보너스를 받습니다. 일단 이동하거나 행동 또는 반응행동을 사용한 경우, 다시 시간을 들여 위장복을 만들어야만 이 효과를 또 받을 수 있습니다.

홀연히 사라지기 VANISH

레인저 14레벨에 도달하면, 당신은 자기 턴에 행동 대신 추가 행동을 써서 은신 시도를 할 수 있습니다. 또한 당신이 일부러 흔적을 남기지 않는 한, 비마법적 수단을 사용하는 것만으로는 당신을 추적할 수 없습니다.

야생 감각 FERAL SENSES

레인저 18레벨에 도달하면, 당신은 보이지 않는 적과 싸울 때 유용한 초자연적 감각을 얻게 됩니다. 당신이 볼 수 없는 크리쳐를 공격할 때, 당신은 볼 수 없다는 이유로는 명중 굴림에 불리점을 받지 않습니다.

또한 주변 30ft 내에 투명한 크리쳐가 있다면, 당신은 그 위치를 파악할 수 있습니다. 단, 은신한 적도 자동 발견하는 것은 아닙니다. 단 당신은 장님이나 귀머거리 상태가 아니어야 합니다.

적 살해자 FOE SLAYER

레인저 20레벨에 도달하면, 당신은 선호하는 적들에 대해 비할데 없는 사냥꾼이 됩니다. 당신은 자기 턴마다 한 번씩, 선호하는 적을 공격할 때 명중 굴림이나 피해 굴림에 자신의 지혜 수정치를 더할 수 있습니다. 당신은 주사위를 굴리기 전이든 굴린 다음이든 이 능력을 사용하겠다고 선언할 수 있지만, 결과가 확정되기 전에는 선언을 해야만 합니다.

레인저 아키타입

레인저는 전통적으로 헌터와 비스트 마스터라는 두 가지 이상을 따르곤 합니다.

비스트 마스터 BEAST MASTER

비스트 마스터(야수의 주인) 아키타입은 문명의 일원과 야생에서 살아가는 야수들 사이의 우정을 체현하고 있습니다. 야수와 레인저는 문명과 야생을 동시에 위협하는 괴물들에 맞서 함께 힘을 모아 싸울 것입니다. 비스트 마스터 아키타입을 따른다는 것은 이러한 이상에 헌신하고, 자신의 동물 동료를 친구로 인정하며 함께 하고자 함을 의미합니다.

레인저의 동료 RANGER'S COMPANION

레인저 3레벨에 도달하면 당신은 앞으로 모험에 동행하며 당신과 함께 싸워줄 야수 동료를 얻을 수 있습니다. 중형 이하 크기에 도전 지수 1/4 이하인 야수 하나를 선택하십시오. (부록 D에 수록된 것 중에서는 매, 마스티프, 팬서 등이 예시가 될 것입니다.) 이 야수의 AC, 명중 굴림, 피해 굴림에는 당신의 숙련 보너스를 더할 수 있습니다. 또한 야수에게 숙련된 기술이나 내성이 있다면 그 판정에도 당신의 숙련 보너스를 더하게 됩니다. 야수의 최대 hp는 당신의 레인저 레벨 × 4가 됩니다. 단, 만약 야수의 본래 최대 hp가 더 크다면 본래의 것을 그대로 사용합니다. 야수 동료 역시 다른 크리쳐들과 마찬가지로 짧은 휴식을 취할 때 히트 다이스를 소비해 hp를 회복할 수 있습니다.

야수는 당신의 명령에 복종하며, 최선을 다해 받은 명령을 수행합니다. 야수는 당신의 우선권 순서에 자신의 턴을 가집니다. 당신은 자기 턴에 말로 명령을 내려 야수에게 어디로 이동하라고 할 수 있습니다. (행동 필요 없음.) 또한 당신은 행동을 사용하여 야수에게 공격, 질주, 퇴각, 원호 행동을 하라고 말로 명령을 내릴 수 있습니다. 당신이 명령을 내리지 않을 경우 야수는 회피 행동을 취할 것입니다. 당신이 추가 공격 요소를 얻었다면, 야수에게 공격 행동을 하라고 명령을 내릴 때 당신 자신도 무기 공격을 1회 가할 수 있습니다

당신이 행동불능 상태이거나 야수 동료와 떨어져 있는 상태라면, 야수는 그 자신의 뜻에 따라 움직이며 스스로를 보호하려 들 것입니다. 야수가 기회공격 등 반응행동을 사용할 때는 당신의 명령이 필요하지 않습니다.

선호하는 지형을 야수 동료만 데리고 여행할 경우, 당신은 은신한 상태에서도 보통 속도로 여행할 수 있습니다.

만약 야수 동료가 사망하면, 당신은 자신에게 적대적이지 않은 야수 하나를 찾아 8시간 동안 마법적인 결속을 맺어 새 동료로 삼을 수 있습니다. 새로운 동료는 이전 야수와 같은 종류일 수도 있고, 매번 다른 종류를 맞이할 수도 있습니다.

탁월한 훈련 EXCEPTIONAL TRAINING

레인저 7레벨에 도달하면, 당신의 턴에 야수 동료가 공격하지 않은 경우, 당신은 추가 행동을 사용해 야수에게 야수 자신의 턴에 질주, 퇴각, 원호 행동을 하라고 명령할 수 있습니다.

또한 야수의 공격은 비마법적 공격에 대한 저항이나 면역을 극복할 때 마법 무기로 취급하게 됩니다.

야수의 격노 BESTIAL FURY

레인저 11레벨에 도달하면 당신의 야수 동료는 공격 행동을 사용할 때 공격을 2번 가할 수 있습니다. 만약 야수 동료에게 다중공격 행동이 있었다면, 두 번 공격을 가하는 대신 다중공격을 사용하게 할 수도 있습니다.

주문 공유 SHARE SPELLS

레인저 15레벨에 도달하면, 당신이 자기 자신을 목표로 삼는 주문을 시전할 때 주변 30ft 내에 야수 동료도 있을 경우, 야수 동료도 동시에 그 주문의 효과를 받도록 할 수 있습니다.

헌터 HUNTER

헌터(사냥꾼) 아키타입을 따른다는 것은 문명과 공포스러운 야생의 괴물들 사이에 서 있는 방파제 역할을 스스로 받아들였다는 것을 뜻합니다. 헌터의 길을 걷게 되면, 미쳐 날뛰는 오우거나 바글대는 오크 무리, 거대한 거인이나 공포스러운 드래곤 등 다양한 위협에 맞서 싸우는 특별한 기술을 익히게 됩니다.

사냥꾼의 사냥감 HUNTER'S PREY

레인저 3레벨에 도달하면, 당신은 아래 요소 중 하나를 선택해 얻을 수 있습니다.

거체 학살자(Colossus Slayer). 당신의 집요함은 아무리 강인한 적이라도 지쳐 떨어지게 합니다. 당신이 무기 공격으로 최대 hp 상태가 아닌 크리처를 명중시켰다면, 당신은 추가로 1d8점의 피해를 더 가할 수 있습니다. 이 추가 피해는 매 턴 한 번씩만 가할 수 있습니다.

거인 살해자(Giant Killer). 대형 이상 크기의 크리처가 당신 주변 5ft 내에서 당신을 공격해 명중하거나 빗나갔을 때, 당신은 반응행동을 사용하여 즉시 상대에게 공격을 가할 수 있습니다. 단, 이때 당신은 공격해 온 적을 볼 수 있어야만 합니다.

무리 파쇄자(Horde Breaker). 당신은 매턴 한 번씩 무기 공격을 가할 때, 같은 무기를 사용해 본래 목표 주변 5ft 내에 있으면서 당신의 간격에 닿는 다른 크리처 하나에게도 같은 공격을 한 번 가할 수 있습니다.

방어적 전술 DEFENSIVE TACTICS

레인저 7레벨에 도달하면, 당신은 아래 요소 중 하나를 선택해 얻을 수 있습니다.

무리 탈출(Escape the Horde). 당신에게 가해지는 모든 기회 공격에는 불리점이 가해집니다.

다중공격 방어(Multiattack Defense). 어떤 크리처가 당신을 공격해 명중당한 경우, 당신은 같은 턴에 계속 이어지는 그 크리처의 공격에 대해서 AC +4의 보너스를 받을 수 있습니다.

강철의 의지(Steel Will). 당신은 공포 상태에 대한 내성 굴림에 이점을 받습니다.

다중공격 MULTIATTACK

레인저 11레벨에 도달하면, 당신은 아래 요소 중 하나를 선택해 얻을 수 있습니다.

연사(Volley). 당신은 행동을 사용해 무기의 사거리 내에서 당신이 볼 수 있는 지점 하나를 지정하여, 주변 10ft 반경 내의 모든 적에게 한 번씩 장거리 무기 공격을 가할 수 있습니다. 이렇게 공격하려면 공격 한 번당 하나의 탄환을 소비해야 하며, 명중 굴림은 공격하는 대상마다 따로 굴려야 합니다.

회오리 공격(Whirlwind Attack). 당신은 행동을 사용해 주변 5ft 내에 있는 모든 크리처에게 1번씩 근접 공격을 가할 수 있습니다. 이때 명중 굴림은 공격하는 대상마다 따로 굴려야 합니다.

우월한 사냥꾼의 방어 SUPERIOR HUNTER'S DEFENSE

레인저 15레벨에 도달하면, 당신은 아래 요소 중 하나를 선택해 얻을 수 있습니다.

회피기동(Evasion). 당신은 레드 드래곤의 화염 브레스나 번개Lightning Bolt 주문 등, 범위 효과에 포함되었을 때 몸을 날려 피하는 법을 배웁니다. 민첩 내성에 성공하면 절반의 피해만 받는 효과의 목표가 되었을 때, 당신이 내성에 성공하면 아예 피해를 받지 않을 수 있습니다. 또한, 내성에 실패해도 절반의 피해만 받게 됩니다.

파도에 맞서기(Stand Against the Tide). 적대적인 크리처가 당신에게 근접 공격을 가했으나 빗나간 경우, 당신은 반응행동을 사용해 당신이 선택한 다른 크리처에게 그 공격을 다시 가하도록 할 수 있습니다. 단, 이때 공격자가 스스로를 공격하게 만들 수는 없습니다.

놀라운 회피(Uncanny Dodge). 당신은 눈에 보이는 공격자에게 공격받아 명중당했을 때, 반응행동을 사용하여 그 공격의 피해를 절반으로 줄일 수 있습니다.

로그 Rogue

하플링은 동료들에게 기다리라는 손짓을 보내고는 던전의 홀로 향했습니다. 그녀는 문에 귀를 가져다 대더니, 이것저것 도구들을 꺼내서 눈 깜박할 새 문의 자물쇠를 땄습니다. 그리고는 파이터 친구가 다가와 문을 박차는 사이 다시 그림자 속으로 녹아 들어갔습니다.

인간 한 명이 골목길의 그림자 속에 숨어 동료들과 매복을 준비하고 있습니다. 목표로 점찍어 두었던 악명높은 노예상인이 골목길에 모습을 보이자 동료가 갑자기 큰 소리를 질렀습니다. 노예상이 살펴보려고 다가오는 순간, 미처 다른 소리를 내기도 전에 암살자의 칼날이 목을 깊게 베어 들어갔습니다.

노옴은 숨죽여 키득거리며 손가락을 휘저어 경비병의 허리춤에서 열쇠고리를 꺼냈습니다. 이제 곧 그녀의 손에 열쇠가 들어오면 감옥문이 열리며 그녀와 동료들은 언제든 탈출할 수 있을 것입니다.

로그는 기술과 은밀성, 적들의 취약점을 이용해 어떤 순간에서든 우위를 차지합니다. 그들은 어떤 문제에 마주하든 해결책을 찾아내는데 능하며, 임기응변의 대가이자 다재다능한 존재로서 어떤 모험자 집단에서도 빼놓을 수 없는 주춧돌이 되어줍니다.

기술과 정교함

로그는 전투 능력을 갈고닦는 만큼이나 다양한 기술들에 대한 수련도 게을리하지 않습니다. 로그보다 다양한 기술에 능통한 캐릭터는 찾기 어려울 것입니다. 대다수의 로그는 은신과 기만에 집중하지만, 어떤 이들은 등반이나 함정 해체, 자물쇠 따기 등 던전 환경에서 더 많은 도움이 될 기술을 연마하곤 합니다.

로그들은 전투 상황에도 야만적인 힘보다는 교활한 지혜에 더 무게를 둡니다. 로그는 적들을 힘으로 밀어붙이는 대신 정교한 일격을 가해 단번에 쓰러트리려 합니다. 로그들의 위험을 회피하는 능력은 거의 초자연적으로 느껴질 정도이며, 자신의 다른 능력들을 보조하기 위해 몇몇 마법적 재주를 익히기도 합니다.

그림자 속의 삶

로그는 사람들이 많은 곳이라면 어디에나 있습니다. 대부분은 강도나 암살자, 소매치기나 사기꾼 등 로그에 대한 편견에 어긋나지 않는 삶을 살아갑니다. 이 불한당들은 때로 도둑 길드나 다른 범죄 조직을 만들기도 합니다. 많은 로그가 독립적으로 활동하곤 하지만, 가끔은 수련생을 고용해 사기와 도둑질에 손을 대기도 합니다. 한편, 열쇠공이나 수사관, 구제업자 등 제대로 된 직업을 가진 로그들도 있긴 합니다. 특히나 하수구에 거대 쥐나 위어랫들이 실존하는 세계에서 구제업자란 정말 위험한 직업입니다.

모험자의 길에 들어선 로그는 합법과 불법 사이를 넘나들곤 합니다. 보물 더미를 찾는데 인생을 건 냉혹한 범죄자들이 있는가 하면, 법의 눈을 피하고자 모험의 길에 뛰어든 자도 있습니다. 어떤 로그들은 오로지 고대의 폐허와 숨겨진 무덤 속 보물들을 찾기 위해 자신들의 기술과 재주를 연마하기도 합니다.

로그 만들기

로그 캐릭터를 만들 때는, 당신과 법의 관계부터 생각해 보아야 합니다. 당신은 과거에 범죄자였거나 지금도 범죄를 저지르고 있습니까? 당신은 법 집행자나 분노한 도적 길드 마스터를 피해 달아난 것입니까? 아니면 더 큰 위험과 보상을 위해 제 발로 길드를 떠난 것입니까? 당신을 모험의 길로 들어서게 한 것은 탐욕입니까? 아니면 다른 욕망이나 이상 때문입니까?

과거의 삶으로부터 떠나게 된 계기는 무엇입니까? 크게 한탕을 벌이려다가 일이 끔찍하게 잘못 돌아간 나머지 그 길을 접을 수 밖에 없었습니까? 어쩌면 당신에게 행운이 따라서 강도질이 대성공한 덕분에 지금까지의 엉망진창 인생에서 겨우 벗어난 것일 수도 있습니다. 방랑벽이 도져서 결국 고향을 떠나게 된 것입니까? 어쩌면 당신은 갑작스러운 사건으로 스승이나 가족을 떠날 수밖에 없어서 새로이 먹고 살길을 찾아야만 했던 것일지도 모릅니다. 혹은 그저 어쩌다 당신이 만난 친구가 모험자였고, 그의 일행이 되어 모험에 따라나서면서 당신의 재능을 써먹을 새로운 가능성을 발견한 것일 수도 있습니다.

빠른 제작

로그를 빨리 만들고자 한다면 아래 순서를 따르시길 권합니다. 우선 민첩을 가장 높은 능력치로 정하고, 수사 기술을 쓰고 싶거나 아케인 트릭스터 아키타입을 따르고 싶다면 지능을 그다음으로 선택합니다. 만약 기만 기술이나 사회적 교류에 능한 캐릭터를 만들고 싶다면 매력을 그다음으로 선택합니다. 그런 다음, 범죄자 배경을 선택하시면 됩니다.

클래스 요소

로그로서, 당신은 아래와 같은 클래스 요소를 지닙니다.

히트 포인트

히트 다이스: 로그 레벨당 1d8점
1레벨 시의 히트 포인트: 8 + 당신의 건강 수정치
레벨 상승시의 히트 포인트: 1레벨 상승할 때마다 1d8(또는 5) + 당신의 건강 수정치만큼 증가

숙련

갑옷: 경장 갑옷
무기: 단순 무기 전체, 숏소드, 핸드 크로스보우, 레이피어, 롱소드
도구: 도둑 도구

내성 굴림: 민첩, 지능
기술: 곡예, 운동, 기만, 통찰, 위협, 수사, 감지, 공연, 설득, 손속임, 은신 중 4개 선택

장비

당신은 아래와 같은 초기 장비를 지니고 있습니다. 여기에 당신의 배경으로 얻는 장비를 더합니다.

- (a) 레이피어 또는 (b) 숏소드
- (a) 숏보우와 화살 20개가 들어 있는 화살통 또는 (b) 숏소드
- (a) 도둑의 꾸러미, (b) 던전 탐색자의 꾸러미, 또는 (c) 탐험가의 꾸러미
- 레더 아머, 대거 2개, 도둑 도구

숙달 EXPERTISE

로그 1레벨이 되었을 때 당신은 숙련을 가진 기술 2종을 선택하거나 기술 하나와 도둑 도구에 대한 숙련을 선택해 그 기술이나 도구를 사용하여 판정할 때 숙련 보너스를 두 배로 적용받을 수 있습니다.

로그 6레벨에 도달하면 당신은 다시 (기술 혹은 도둑 도구) 숙련 2종을 선택해 숙련 보너스를 두 배로 받을 수 있습니다.

암습 공격 SNEAK ATTACK

당신은 로그 1레벨 때부터 적의 빈틈을 찔러 교묘한 일격을 가하는 방법을 익혔습니다. 턴마다 한 번, 당신은 이점을 받은 채로 명중 굴림을 굴렸을 때, 명중시킨 공격의 피해에 추가로 1d6점을 더할 수 있습니다. 이 공격은 교묘함 속성을 지닌 무기나 장거리 무기로 가한 것이어야 합니다. 또한 목표 주변 5ft 내에 당신 외에도 목표가 적대하는 다른 크리쳐가 있는 경우라면, 명중 굴림에 이점이 없이도 추가 피해를 가할 수 있습니다. 단, 당신의 명중 굴림에 불리점이 없어야 하며, 목표 주변의 다른 크리쳐는 행동불능 상태가 아니어야 합니다.

추가 피해의 양은 로그 레벨이 올라갈수록 커집니다. 로그 표의 암습 공격 항목을 참조하십시오.

도둑의 속어 THIEVES' CANT

당신은 로그로서 훈련을 받을 때 도둑들의 속어에 대해 배웠습니다. 이 속어는 여러 방언과 은어, 암호가 섞인 것이며, 이것을 사용하면 보통 대화 도중 비밀리에 메시지를 보낼 수 있습니다. 도둑의 속어를 배운 자들만이 이렇게 숨겨진 메시지를 이해할 수 있습니다. 보통 대화 속에 메시지를 숨겨 전달하려면 평범하게 말하는 시간의 4배가 필요합니다.

당신은 또한 비밀 표식이나 상징을 통해, 이 지역은 위험하다거나 다른 도적 길드의 영토라는 경고, 근처에 사냥감이 있다거나 점 찍은 호구를 나타내는 표시, 안전 가옥을 제공중이라는 등의 간단한 메시지를 읽고 이해할 수 있습니다.

교활한 행동 CUNNING ACTION

로그 2레벨에 도달하면, 당신은 재치와 기민함을 살려 보다 빠르게 움직일 수 있게 됩니다. 당신은 전투 중 자기 턴마다 추가 행동을 사용해 은신, 질주, 퇴각 행동 중 하나를 할 수 있습니다.

로그 아키타입 ROGUISH ARCHETYPE

당신은 로그 3레벨이 되었을 때 시프, 아케인 트릭스터, 어새신의 3가지 아키타입 중 하나를 선택해 그 길을 따를 수 있습니다. 각 아키타입에 대한 내용은 클래스 설명 마지막에 나와 있습니다.

당신은 선택한 아키타입에 따라 3, 9, 13, 17레벨에 추가적 요소를 얻을 수 있습니다.

능력치 점수 상승

당신은 로그 4, 8, 10, 12, 16, 19레벨 때 각각 원하는 능력치 하나를 골라 2점 상승시키거나, 두 개의 능력치를 각각 1점씩 상승시킬 수 있습니다. 단, 이 방식으로는 능력치를 20점보다 높게 올릴 수 없습니다.

놀라운 회피 UNCANNY DODGE

로그 5레벨에 도달하면, 당신은 눈에 보이는 공격자에게 공격받아 명중당했을 때, 반응행동을 사용하여 그 공격의 피해를 절반으로 줄일 수 있습니다.

회피기동 EVASION

로그 7레벨에 도달하면, 당신은 레드 드래곤의 화염 브레스나 얼음 폭풍Ice Storm 주문 등, 범위 효과에 포함되었을 때 몸을 날려 피하는 법을 배웁니다. 민첩 내성에 성공하면 절반의 피해만 받는 효과의 목표가 되었을 때, 당신이 내성에 성공하면 아예 피해를 받지 않을 수 있습니다. 또한 내성에 실패해도 절반의 피해만 받게 됩니다.

믿음직한 재능 RELIABLE TALENT

로그 11레벨에 도달하면, 당신은 자신이 연마한 기술을 더욱 완벽하게 펼칠 수 있습니다. 당신이 숙련 보너스를 받고 능력 판정을 할 때, d20에서 9 이하의 값이 나온 경우 그것을 10으로 바꿀 수 있습니다.

맹안감각 BLINDSENSE

로그 14레벨에 도달하면, 당신이 소리를 들을 수 있는 한 주변 10ft 내에 은신해 있거나 투명한 크리쳐의 위치를 모두 파악할 수 있습니다.

유연한 마음가짐 SLIPPERY MIND

로그 15레벨에 도달하면 당신은 강력한 정신력을 얻게 됩니다. 당신은 지혜 내성 굴림에 숙련을 얻습니다.

회피본능 ELUSIVE

로그 18레벨에 도달하면, 이제 당신의 몸놀림은 너무나 교묘해져 공격자들은 거의 우위를 점할 수 없게 됩니다. 당신이 행동불능 상태가 아닌 한, 당신에게 가해지는 공격은 명중 굴림에 이점을 받을 수 없습니다.

행운의 한 방 STROKE OF LUCK

로그 20레벨에 도달하면, 당신은 절체절명에 처해 무언가 반드시 성공시켜야 할 때 이를 마음 먹은 대로 해낼 수 있는 놀라운 직감을 얻습니다. 당신이 사거리 내의 목표를 공격했을 때 빗나간 경우, 당신은 이 빗나간 공격을 명중으로 바꿀 수 있습니다. 또한 당신이 능력 판정에서 실패한 경우, 당신은 d20에서 20이 나온 것으로 판정의 결과를 바꿀 수 있습니다.

이 요소는 한 번 사용하고 나면 짧은 휴식이나 긴 휴식을 마치기 전에는 다시 사용할 수 없습니다.

로그 아키타입

모든 로그는 기술을 연마하는 데 큰 노력을 들이고, 전투에서는 정교하고 치명적이며, 재빠른 반사신경을 몸에 익히는 등 많은 공통점을 가지고 있습니다. 하지만 이러한 재능을 사용하는 방식은 저마다 다양하게 나타나며, 이 방식에 따라 아키타입이 나눠집니다. 당신은 집중하고자 하는 분야에 따라 아키타입을 고를 수 있습니다. 아키타입은 직업이라기보다, 당신이 어떤 기술에 더 주안점을 두고 수련을 쌓아 왔는가를 나타내는 것입니다.

시프 THIEF

당신은 도둑질 기술을 전문적으로 수련했습니다. 시프(도적) 아키타입을 따르는 로그들은 강도, 도적, 소매치기 등의 범죄자들인 경우가 많지만, 전문적인 보물 사냥꾼이나 탐험가, 수색자, 탐정으로 활동하는 이들도 여기 속해 있습니다. 당신은 기민함과 은신 능력을 수련하면서 동시에 고대의 유적을 파헤치는 방법과 익숙하지 않은 언어를 읽고 본래는 사용할 수 없는 마법 물건도 사용하는 기술 역시 배우게 됩니다.

빠른 손놀림 FAST HANDS

당신은 로그 3레벨 때부터 교활한 행동 요소를 통해 사용하는 추가 행동의 선택지로 민첩(손속임) 판정을 할 수 있고, 도둑 도구를 사용하여 함정을 해체하거나 자물쇠를 딸 수 있으며, 물건을 사용하는 등의 행동도 할 수 있습니다.

오르내리기 SECOND STORY WORK

당신이 로그 3레벨에 이 아키타입을 선택하면, 평소보다 더 빠르게 등반할 수 있는 능력을 얻게 됩니다. 당신은 등반시 추가로 이동력을 소모하지 않습니다.

또한, 당신이 도움닫기를 한 후 도약할 때, 당신의 멀리뛰기 거리는 당신의 민첩수정치 +1당 1ft만큼 증가합니다.

뛰어난 은신술 SUPREME SNEAK

로그 9레벨에 도달하면, 당신은 자기 턴에 이동 속도의 절반 이하만 움직였을 때 민첩(은신) 판정에 이점을 받을 수 있습니다.

마법 도구 사용 USE MAGIC DEVICE

로그 13레벨에 도달하면, 당신은 마법의 작동 원리에 익숙해져 평소라면 당신이 쓸 수 없을 법한 물건도 어떻게든 다룰 수 있게 됩니다. 당신은 마법 물건의 클래스나 종족, 레벨 요구조건을 무시하고 해당 물건을 사용할 수 있습니다.

도둑의 반사신경 THIEF'S REFLEXES

로그 17레벨에 도달하면, 당신은 매복이나 위험 회피에 놀랍도록 능숙해집니다. 당신은 전투 첫 라운드에 두 번의 턴을 행사할 수 있습니다. 첫 번째 턴은 일반적인 우선권 순서에 따라 행동하며, 두 번째 턴은 우선권 -10 순서에 행동합니다. 기습을 당했을 때는 이 요소의 효과를 받을 수 없습니다.

어새신 ASSASSIN

당신은 죽음을 가져오는 냉혹한 기술을 집중적으로 수련하였습니다. 어새신(암살자) 아키타입에 속하는 로그들은 청부업자, 첩자, 현상금 사냥꾼 등이며, 심지어는 자신이 섬기는 신의 적을 죽이기 위해 훈련받은 사제들도 있습니다. 당신은 은신, 독, 변장의 힘을 빌려 적들을 무시무시하도록 효율적인 방법으로 제거해 나갈 것입니다.

추가 숙련 BONUS PROFICIENCIES

당신이 로그 3레벨에 이 아키타입을 선택하면 변장 키트와 독 제작자의 도구에 대한 숙련을 얻습니다.

암살 ASSASSINATE

로그 3레벨 때부터, 당신은 적들을 기습할 때 가장 치명적인 존재가 됩니다. 당신은 전투에서 아직 자기 턴이 되지 않아 행동한 적 없는 크리쳐를 공격할 때 명중 굴림에 이점을 얻게 됩니다. 또한, 기습당한 크리쳐에게 당신의 공격이 명중한 경우 그 공격은 치명타가 됩니다.

침투 숙달 INFILTRATION EXPERTISE

로그 9레벨에 도달하면, 당신은 교묘한 가짜 신분을 만들어 낼 수 있습니다. 당신은 7일간 25gp를 들여 가짜 신분의 기록, 직업, 지인 등등을 만들 수 있습니다. 단, 이 방법으로 이미 존재하는 다른 인물의 신분을 가로챌 수는 없습니다. 예를 들어, 당신은 부유한 상인의 집에 숨어들기 위해 먼 도시에서 온 상인으로 위장하여 신분을 나타내기 위해 필요한 복장이나 소개장, 여러 증명서나 추천장을 만들어 낼 수 있을 것입니다.

이후 당신이 위장한 상태에서 새 신분을 제시한다면, 명백히 의심할 만한 이유가 없는 한 다른 크리쳐들은 당신의 가짜 신분을 그대로 받아들일 것입니다.

신분도용 IMPOSTER

로그 13레벨에 도달하면, 당신은 교묘하게 다른 사람처럼 말하고, 쓰고, 행동할 수 있게 됩니다. 다른 누군가를 흉내 내려면 3시간 이상의 시간을 들여 흉내 낼 대상의 행동 중 세 가지 요소(회화, 문장, 행동)를 연구해야 합니다. 그러려면 우선 대화를 듣고, 글을 분석하고, 버릇을 관찰할 필요가 있습니다.

얼핏 봐서는 당신이 누구인지 간파할 수 없습니다. 또한 누군가 이상하다는 의심을 품기 시작해도, 당신은 정체 노출을 막기 위한 매력(기만) 판정에 이점을 받습니다.

죽음의 일격 DEATH STRIKE

로그 17레벨에 도달하면, 당신은 즉사의 일격을 가하는 달인이 됩니다. 기습당한 크리쳐에게 당신의 공격이 명중하였다면, 명중당한 크리쳐는 건강 내성을 굴려야 합니다. (DC = 8 + 당신의 민첩 수정치 + 당신의 숙련 보너스) 이 내성에 실패하면 해당 공격은 2배의 피해를 가하게 됩니다.

아케인 트릭스터 ARCANE TRICKSTER

일부 로그들은 은신과 기민함을 마법으로 더욱 강화하기 위해 환혹계와 환영계 주문들을 익히곤 합니다. 이 아케인 트릭스터(비전 재주꾼) 중에는 소매치기와 도둑들도 포함되어 있지만, 한편으로는 광대, 재간꾼, 상당수의 모험자들도 섞여 있습니다.

주문시전

로그 3레벨 때 이 아키타입을 선택하면, 당신은 주문을 시전하는 능력을 얻게 됩니다. 주문시전에 대한 일반규칙은 제10장을, 위저드의 주문 목록은 제11장을 참조하십시오.

소마법. 당신은 마법사의 손*Mage Hand* 주문과 위저드 주문 목록에서 다른 두 가지 소마법을 선택하여 배울 수 있습니다. 또한 당신은 10레벨 때 추가로 한 가지 소마법을 위저드 주문 목록에서 배웁니다.

주문 슬롯. 당신은 아케인 트릭스터 주문 시전 표를 참조해 각 레벨에 몇 개씩의 주문 슬롯을 지니고 있는지 확인할 수 있습니다. 아케인 트릭스터 주문을 시전하려면 먼저 해당 주문 레벨 이상의 주문 슬롯을 소비해야 합니다. 긴 휴식을 마칠 때 이미 소비한 주문 슬롯을 모두 회복할 수 있습니다.

예를 들어 당신이 1레벨 주문인 인간형 매혹Charm Person을 알고 있고 1레벨과 2레벨 슬롯이 하나씩 남아 있다면, 당신은 둘 중 어느 슬롯이든 소비해 인간형 매혹 주문을 시전할 수 있습니다.

주문 습득. 당신은 위저드 주문 목록 중 3개를 선택해 배웁니다. 단 이 중 2개는 반드시 환혹계와 환영계 주문이어야 합니다.

아케인 트릭스터 주문 시전 표의 알고 있는 주문 항목은 당신이 언제 1레벨 이상의 위저드 주문을 더 알게 되느냐를 보여줍니다. 이 주문들의 레벨은 당신이 가진 주문 슬롯 레벨 이하여야 하며, 반드시 환혹계나 환영계에 속해 있어야 합니다. 예를 들어 7레벨이 되었다면 당신은 1레벨 또는 2레벨 주문 중 하나를 더 배울 수 있습니다.

단, 로그 8, 14, 20레벨에 얻는 주문은 학파에 관계없이 배울 수 있습니다.

또한 당신은 로그 레벨이 오를 때마다 이미 알고 있던 위저드 주문 하나를 골라 주문 목록에 있는 다른 주문으로 교체할 수 있습니다. 이때 당신이 선택한 주문의 레벨 역시 당신의 주문 슬롯 레벨 이하여야 하며, 환혹계나 환영계에 속해 있어야 합니다. 단, 당신이 8, 14, 20레벨에 얻은 주문은 학파에 관계 없이 원하는 것으로 교체할 수 있습니다.

주문시전 능력치. 위저드 주문을 시전할 때는 지능을 당신의 주문시전 능력치로 사용합니다. 당신의 마법은 끝없는 학습과 암기를 거쳐 익힌 것이기 때문입니다. 당신은 주문시전 능력치가 필요할 때마다 지능과 그 수정치를 사용합니다. 또한 당신이 시전하는 위저드 주문의 내성 DC를 정할 때나 주문 공격시 명중 굴림 수정치에도 지능을 사용합니다.

주문 내성 DC =
8 + 당신의 숙련 보너스 + 당신의 지능 수정치

주문 공격 수정치 =
당신의 숙련 보너스 + 당신의 지능 수정치

마법사의 손 요술 Mage Hand Legerdemain

로그 3레벨 때부터, 당신은 마법사의 손Mage Hand 주문을 사용할 때 흐릿한 손 모양을 아예 투명하게 만들 수 있으며, 그 손을 이용해 아래와 같은 추가적인 작업도 할 수 있게 됩니다.

• 당신은 다른 크리쳐가 장비하거나 들고 있는 용기에 물건을 집어넣을 수 있습니다.
• 당신은 다른 크리쳐가 장비하거나 들고 있는 용기에서 물건을 꺼낼 수 있습니다.
• 당신은 멀리 떨어진 곳에서도 도둑 도구를 사용하여 자물쇠를 따거나 함정을 해제할 수 있습니다.

당신이 다른 크리쳐에게 이런 작업을 하려 할 때, 상대의 지혜(감지) 판정과 대결하여 민첩(손속임) 판정에 승리한다면 상대에게 들키지 않고 이런 작업을 할 수 있습니다.

또한 당신은 교활한 행동 요소를 통해, 추가 행동 만으로 이 투명한 손을 조작할 수 있습니다.

마법적 매복 Magical Ambush

로그 9레벨에 도달하면, 당신이 은신 상태로 어떤 크리쳐에게 주문을 시전할 경우, 목표가 된 크리쳐는 그 턴 동안 모든 주문에 대한 내성 굴림에 불리점을 받습니다.

로그 레벨	알고 있는 소마법	알고 있는 주문	—주문 레벨당 주문 슬롯—			
			1	2	3	4
3	3	3	2	—	—	—
4	3	4	3	—	—	—
5	3	4	3	—	—	—
6	3	4	3	—	—	—
7	3	5	4	2	—	—
8	3	6	4	2	—	—
9	3	6	4	2	—	—
10	4	7	4	3	—	—
11	4	8	4	3	—	—
12	4	8	4	3	—	—
13	4	9	4	3	2	—
14	4	10	4	3	2	—
15	4	10	4	3	2	—
16	4	11	4	3	3	—
17	4	11	4	3	3	—
18	4	11	4	3	3	—
19	4	12	4	3	3	1
20	4	13	4	3	3	1

전천후 기만자 Versatile Trickster

로그 13레벨에 도달하면, 당신은 마법사의 손Mage Hand 주문으로 상대의 주의를 돌리는 능력을 얻습니다. 당신은 자기 턴에 추가 행동을 사용해 마법사의 손으로부터 5ft 내에 있는 크리쳐를 지정할 수 있습니다. 당신은 자기 턴이 끝날 때까지 이렇게 지정한 크리쳐를 공격할 때 명중 굴림에 이점을 얻을 수 있습니다.

주문 도둑 Spell Thief

로그 17레벨에 도달하면, 당신은 다른 주문시전자에게서 주문 시전의 지식을 훔칠 수 있습니다.

어떤 크리쳐가 당신을 대상으로 하거나 범위 내에 당신이 포함되는 주문을 시전한 경우, 당신은 바로 반응행동을 사용해 주문을 시전한 크리쳐가 내성 굴림을 하도록 만들 수 있습니다. 이 내성 굴림의 DC는 당신의 주문 내성 DC이며, 내성의 종류는 크리쳐의 주문시전 능력치입니다. 주문을 시전한 크리쳐가 이 내성에 실패했을 시, 당신은 해당 주문이 자신에게 가하는 효과를 무효화할 수 있습니다.

만약 해당 주문이 소마법이 아니고 당신이 시전할 수 있는 주문 레벨에 속한다면, 당신은 해당 주문에 대한 지식을 훔칠 수 있습니다. 이후 8시간 동안 당신은 해당 주문을 알게 되며, 당신의 주문 슬롯을 사용하여 그 주문을 시전할 수 있습니다. 상대는 이후 8시간 동안 해당 주문을 시전할 수 없게 됩니다.

이 요소는 한 번 사용하고 나면 긴 휴식을 마쳐야 다시 사용할 수 있습니다.

몽크 Monk

빗발치는 화살을 쳐내는 그녀의 손은 흐릿한 잔상처럼 보였습니다. 하프 엘프는 바리케이드를 가볍게 뛰어넘어 홉고블린들 무리 속에 몸을 던졌습니다. 그녀는 적들의 한 가운데에서 회오리치며 적들의 공격을 흘리고 연타를 날리며 하나씩 상대를 쓰러트렸고, 마지막에는 홀로 서 있게 되었습니다.

전신에 문신을 새긴 인간은 전투 자세를 취하며 깊게 숨을 들이쉽니다. 돌진해 오는 오크들의 무리가 간격에 들어오자마자, 그는 불의 숨결을 내뿜어 적들을 태워버렸습니다.

밤의 정적을 틈타 검게 차려입은 하플링은 아치 밑 그림자에 녹아 들어갔습니다. 그가 다시 모습을 드러낸 것은 까마득히 높은 발코니 위의 그림지였습니다. 그녀는 천을 두른 칼집에서 검을 뽑아 한 손에 들고, 열린 창문을 통해 무방비하게 잠자고 있는 폭군 영주의 모습을 내려다보았습니다.

수련의 방식이 어떤 것이든, 몽크들은 자신의 몸속에 흐르는 기의 힘을 마법적으로 제어하는 능력을 익히고 있습니다. 몽크는 기를 이용해 전광석화와 같은 일격을 날리며, 때로는 그 힘을 방어와 속도를 위해 사용하기도 합니다. 이처럼 기의 힘은 몽크의 모든 기술에 깊게 스며들어 있습니다.

기의 마법

몽크들은 여러 문파에서 기(氣, ki)라고 부르는 마법적 힘을 조심스레 연구하고 있습니다. 이 힘은 멀티버스 전체에 흐르는 마법의 원소 중 하나이며, 특히 생명체의 몸에 흐르고 있다고 합니다. 몽크들은 이 힘을 내면에서 끌어내 마법적 효과를 만들고 자신들의 신체적 능력을 강화합니다. 또한 몽크들은 특별한 공격을 가해 상대의 몸속에 흐르는 기를 흐트러트리기도 합니다. 몽크들은 이 힘을 통해 놀라운 속도로 움직이며 맨손으로도 엄청난 힘을 지닌 일격을 가할 수 있습니다. 충분히 경험을 축적한 몽크는 무예 숙련과 기의 통달로 점차 자기 자신과 적들의 육신을 초월하는 힘을 얻게 됩니다.

수행과 고행

D&D의 여러 세계 곳곳에는 속세에서 벗어난 작은 수도원들이 있습니다. 이런 곳에는 속세의 삶에서 벗어난 은둔자들이 살아가며, 시간조차 멈춰 있는 듯 고요합니다. 몽크는 명상과 수련을 통해 자기 자신을 완전히 하려고 수도원의 삶을 택한 이들입니다. 이들은 대개 어릴 때 수도원에 들어왔습니다. 부모가 죽었거나 더는 먹일 음식이 없어 맡겨진 아이들도 있으며, 가문이 몽크의 은혜를 입어 그 보답으로 보내진 경우도 있습니다.

몇몇 몽크들은 주변과 완전히 연을 끊고, 영적인 수양에 방해가 될 만한 것들과는 아예 관여도 하지 않으려 합니다. 또 어떤 이들은 지도자나 귀족 후원자, 혹은 세속의 권력이나 신의 명령에

몽크

레벨	숙련 보너스	무술	기 점수	비무장 이동	클래스 요소
1	+2	1d4	—	—	비무장 방어, 무술
2	+2	1d4	2	+10ft	기, 비무장 이동
3	+2	1d4	3	+10ft	문파 전통, 투사체 쳐내기
4	+2	1d4	4	+10ft	능력치 점수 상승, 저속 낙하
5	+3	1d6	5	+10ft	추가 공격, 충격의 일격
6	+3	1d6	6	+15ft	강기 일격, 문파 추가 요소
7	+3	1d6	7	+15ft	회피기동, 부동심
8	+3	1d6	8	+15ft	능력치 점수 상승
9	+4	1d6	9	+15ft	비무장 이동 향상
10	+4	1d6	10	+20ft	신체 정화
11	+4	1d8	11	+20ft	문파 추가 요소
12	+4	1d8	12	+20ft	능력치 점수 상승
13	+5	1d8	13	+20ft	태양과 달의 말
14	+5	1d8	14	+25ft	금강혼
15	+5	1d8	15	+25ft	시간을 초월한 몸
16	+5	1d8	16	+25ft	능력치 점수 상승
17	+6	1d10	17	+25ft	문파 추가 요소
18	+6	1d10	18	+30ft	허공체
19	+6	1d10	19	+30ft	능력치 점수 상승
20	+6	1d10	20	+30ft	자기 충족

의해 암살자나 첩자가 될 때만 밖으로 나설 뿐, 그 외에는 영원히 은둔하며 살아가기도 합니다.

물론 몽크들 대다수가 주변 사람들을 외면하는 것은 아닙니다. 주변 마을이나 촌락과 교류하며 음식과 다른 물건들을 들여오는 대신, 여러가지 다른 부탁을 들어주기도 합니다. 몽크들은 다재다능한 전사이기 때문에, 주변의 괴물들이나 난폭한 영주에게서 주변 마을을 지켜주는 경우도 더러 있습니다.

몽크에게 있어 모험자의 길을 선택했다는 것은 잘 자리잡은 목가적인 생활에서 벗어나 방랑자가 되었다는 것을 말합니다. 사람에 따라서는 이런 변화가 가혹하게 느껴질 수도 있기 때문에, 몽크들은 섣불리 모험을 떠나려 하지 않습니다. 수도원을 나서야 하는 이들은 그만큼 중요한 이유를 지녔을 것입니다. 자신의 신체적, 정신적 성장을 시험해 보고자 모험을 떠나는 경우가 대표적입니다. 기본적으로 몽크들은 물질적 재산에 큰 관심이 없으며 단순히 괴물을 죽이고 보물을 빼앗는 것보다 훨씬 거대한 사명을 성취하고자 합니다.

몽크 만들기

몽크 캐릭터를 만들 때는, 당신이 평생 살아오며 수련해 온 수도원과 당신의 관계를 생각해 보아야 합니다. 당신은 고아였거나 수도원에 남겨진 아이였습니까? 당신의 부모는 몽크에게 도움을 받고 그 약속을 지키기 위해 수도원에 당신을 들여보낸 것입니까? 혹은 과거에 범죄를 저지르고 몸을 피하기 위해 수도원에 들어온 것입니까? 아니면 그저 수도원의 삶을 선택한 것입니까?

당신이 왜 떠났는지에 대해서도 생각해 보아야 합니다. 수도원의 수장이 어떤 중요한 임무를 맡긴 것입니까? 어쩌면 당신은 수도원의 규칙을 어겨서 추방당한 것일지도 모릅니다. 당신은 떠나는 것을 두려워했습니까? 아니면 기쁜 마음으로 길을 나섰습니까? 수도원 밖에서 무엇을 이루고자 합니까? 언젠가 다시 수도원에 돌아갈 때를 꿈꾸고 있습니까?

몽크는 기를 통제하기 위해 엄격한 규칙을 지키며 규율 잡힌 수도원 생활을 해 왔기 때문에, 대체로 질서 성향을 지니고 있습니다.

빠른 제작

몽크를 빨리 만들고자 한다면 아래 순서를 따르시길 권합니다. 우선 민첩을 가장 높은 능력치로 정하고, 지혜를 그다음으로 선택합니다. 그런 다음, 은둔자 배경을 선택하시면 됩니다.

클래스 요소

몽크로서, 당신은 아래와 같은 클래스 요소를 지닙니다.

히트 포인트

히트 다이스: 몽크 레벨당 1d8점
1레벨 시의 히트 포인트: 8 + 당신의 건강 수정치
레벨 상승시의 히트 포인트: 1레벨 상승할 때마다 1d8(또는 5) + 당신의 건강 수정치만큼 증가

숙련

갑옷: 없음
무기: 단순 무기 전체, 숏소드
도구: 장인의 도구나 악기 중 1종 선택

내성 굴림: 근력, 민첩
기술: 곡예, 운동, 역사학, 통찰, 종교학, 은신 중 2종 선택

장비

당신은 아래와 같은 초기 장비를 지니고 있습니다. 여기에 당신의 배경으로 얻는 장비를 더합니다.

- *(a)* 숏소드 또는 *(b)* 단순 무기 1개
- *(a)* 던전 탐색자의 꾸러미 또는 *(b)* 탐험가의 꾸러미
- 다트 10개

비무장 방어 Unarmored Defense

몽크 1레벨 때부터, 당신이 아무런 갑옷도 착용하지 않고 방패도 들고 있지 않을 경우 당신의 AC는 10 + 민첩 수정치 + 지혜 수정치가 됩니다.

무술 Martial Arts

당신은 몽크 1레벨 때부터 무술 수행을 통해 비무장 공격과 몽크 무기를 사용한 전투법에 통달하게 됩니다. 몽크 무기란 숏소드와, 양손이나 중량형 속성을 지니지 않은 단순 무기들을 말합니다.

당신이 갑옷과 방패를 착용하지 않은 상태이며 맨손이거나 몽크 무기만 장비하고 있다면, 아래 이익을 얻을 수 있습니다.

- 당신은 근력 대신 민첩 능력치를 사용해 비무장 공격과 몽크 무기의 명중과 피해 굴림을 할 수 있습니다.
- 비무장 공격을 하거나 몽크 무기를 사용하여 공격할 때, 일반 피해 주사위 대신 d4를 사용할 수 있습니다. 이 피해 주사위는 몽크 레벨이 올라갈수록 커집니다. 레벨에 따른 주사위 변화는 몽크 표의 무술 항목을 참조하십시오.
- 자기 턴에 공격 행동으로 비무장 공격을 하거나 몽크 무기를 사용하여 공격했다면, 당신은 추가 행동으로 비무장 공격을 한 번 가할 수 있습니다. 예를 들어, 만약 당신이 쿼터스태프로 공격 행동을 했을 경우, 당신은 추가 행동으로 비무장 공격을 한 번 가할 수 있습니다. 단, 그 턴에 이미 추가 행동을 하지 않았을 때만 이렇게 공격을 할 수 있습니다.

수도원에 따라 특별한 몽크 무기를 쓰기도 합니다. 예를 들어 짧은 사슬로 나무 곤봉 두 개를 연결한 것(쌍절곤이라고 합니다)을 쓰거나, 짧고 곧은 날붙이가 달린 낫(카마라고 합니다)을 쓰는 경우도 있습니다. 몽크 무기의 이름이 무엇이든, 무기의 게임적 기능과 정보는 제5장을 참조하시기 바랍니다.

기 Ki

당신은 몽크 2레벨 때부터 수련을 거듭한 끝에 신비한 기의 힘을 다룰 수 있게 됩니다. 기를 얼마나 잘 다룰 수 있는가는 당신이 보유한 기 점수로 나타납니다. 몽크 레벨에 따른 기 점수 총량의 변화는 몽크 표의 기 점수를 참조하십시오.

당신은 기 점수를 소비해 다양한 기 요소를 사용할 수 있습니다. 처음에는 연타, 인내의 방어, 바람 걸음의 3가지 요소를 쓸 수 있습니다. 몽크 클래스의 레벨이 높아지면 더 다양한 기 요소를 배울 수 있게 될 것입니다.

한 번 소비한 점수는 휴식을 취하기 전까지 쓸 수 없으며, 짧은 휴식이나 긴 휴식을 마칠 때 소비한 기 점수를 모두 회복할 수 있습니다. 단, 기 점수를 회복하려면 최소 30분 정도 휴식하며 명상을 취해야만 합니다.

기 요소 중 몇 가지는 목표에게 내성 굴림을 허용하기도 합니다. 이런 경우, 내성 굴림의 DC는 아래와 같습니다.

기 내성 DC =
8 + 당신의 숙련 보너스 + 당신의 지혜 수정치

연타 Flurry of Blows

당신은 자기 턴에 공격 행동을 한 직후 기 1점을 소비해 추가 행동으로 비무장 공격을 2회 가할 수 있습니다.

인내의 방어 Patient Defense

당신은 자기 턴에 기 1점을 소비하여 추가 행동으로 회피 행동을 취할 수 있습니다.

바람 걸음 Step of the Wind

당신은 자기 턴에 기 1점을 소비해 추가 행동으로 질주나 퇴각 행동을 할 수 있으며, 그 턴 동안 당신의 도약 거리는 2배가 됩니다.

비무장 이동 Unarmored Movement

몽크 2레벨 때부터, 당신이 갑옷과 방패를 착용하고 있지 않을 때면 이동 속도가 10ft 증가합니다. 이동 속도 보너스는 몽크 레벨이 높아지면서 더 늘어나며 몽크 표를 참조하면 얼마나 늘어나는지 알 수 있습니다.

몽크 9레벨에 도달하면, 당신은 자기 턴에 수직 표면이나 액체 표면 위를 떨어지거나 빠지지 않고 이동할 수 있는 능력을 얻게 됩니다.

문파 전통 Monastic Tradition

당신은 몽크 3레벨이 되었을 때 열린 손의 길, 그림자의 길, 사대 원소의 길 중 하나의 문파를 선택해 그 길을 따를 수 있습니다. 이 문파들에 대한 내용은 클래스 설명 마지막에 나와 있습니다. 당신은 선택한 문파에 따라 3, 6, 11, 17레벨에 추가적 요소를 얻을 수 있습니다.

투사체 쳐내기 Deflect Missiles

몽크 3레벨에 도달하면, 당신은 장거리 무기 공격에 명중당했을 때 반응행동을 사용해 투사체를 쳐내거나 잡아낼 수 있게 됩니다. 이렇게 투사체 쳐내기를 사용한 경우, 해당 공격으로 받는 피해는 1d10 + 당신의 민첩 수정치 + 당신의 몽크 레벨만큼 감소합니다.

만약 이 요소를 통해 해당 장거리 공격의 피해를 0점 이하로 감소시켰다면, 당신은 그 투사체를 잡아낸 것입니다. 단, 이렇게 잡으려면 투사체의 크기가 잡을 수 있을 만큼 작아야 하고, 당신 역시 최소한 한 손은 비어 있는 상태여야 합니다. 이렇게 투사체를 잡은 경우, 당신은 기 1점을 소비해 반응행동의 일부로 방금 잡아낸 투사체를 이용해 장거리 무기 공격을 가할 수 있습니다. 이때 당신에게 잡아낸 무기에 대한 숙련이 없더라도 이 공격에 대해서는 숙련 보너스를 받을 수 있으며, 당신이 던지는 투사체는 몽크 무기로 취급합니다. 이 장거리 공격의 사거리는 20/60ft입니다.

능력치 점수 상승

당신은 몽크 4, 8, 12, 16, 19레벨 때 각각 원하는 능력치 하나를 골라 2점 상승시키거나, 두 개의 능력치를 각각 1점씩 상승시킬 수 있습니다. 단, 이 방식으로는 능력치를 20점보다 높게 올릴 수 없습니다.

저속 낙하 Slow Fall

몽크 4레벨에 도달하면, 당신은 추락할 때 반응행동을 사용해 당신이 받을 낙하 피해를 당신의 몽크 레벨 × 5점만큼 감소시킬 수 있습니다.

추가 공격

몽크 5레벨에 도달하면, 당신은 자기 턴에 공격 행동을 할 때마다 공격을 두 번씩 가할 수 있습니다.

충격의 일격 STUNNING STRIKE

몽크 5레벨에 도달하면, 당신은 상대 몸속의 기 흐름을 교란하는 공격을 가할 수 있습니다. 당신이 근접 무기 공격으로 다른 크리쳐를 명중시켰다면, 기 1점을 소비해 충격의 일격을 시도할 수 있습니다. 목표는 건강 내성을 굴려 실패할 시 당신의 다음 턴이 끝날 때까지 충격 상태가 됩니다.

강기 일격 KI-EMPOWERED STRIKES

몽크 6레벨에 도달하면, 당신의 비무장 공격은 비마법적 무기에 대한 저항이나 면역을 극복할 때 마법 무기로 취급합니다.

회피기동 EVASION

몽크 7레벨에 도달하면, 당신은 블루 드래곤의 번개 브레스나 화염구Fireball 주문 등, 범위 효과에 포함되었을 때 몸을 날려 피하는 법을 배웁니다. 민첩 내성에 성공하면 절반의 피해만 받는 효과의 목표가 되었을 때, 당신이 내성에 성공하면 아예 피해를 받지 않을 수 있습니다. 또한 내성에 실패해도 절반의 피해만 받게 됩니다.

부동심 STILLNESS OF MIND

몽크 7레벨에 도달하면, 당신은 행동을 사용해 당신을 매혹 또는 공포 상태로 만드는 효과 하나를 즉시 종료시킬 수 있습니다.

신체정화 PURITY OF BODY

몽크 10레벨에 도달하면, 당신은 자기 몸속의 기를 다스려 질병과 독에 대한 면역을 얻습니다.

태양과 달의 말 TONGUE OF THE SUN AND MOON

몽크 13레벨에 도달하면, 당신은 다른 이들의 기에 접촉해 모든 언어를 듣고 이해하는 능력을 얻습니다. 또한 언어를 이해할 수 있는 모든 크리쳐는 당신의 말을 이해할 수 있게 됩니다.

금강혼 DIAMOND SOUL

몽크 14레벨에 도달하면, 당신은 기에 통달해 모든 내성 굴림에 숙련을 얻습니다.

또한 당신은 내성 굴림을 할 때 기 1점을 소비해 주사위를 다시 굴릴 수 있지만, 이때 반드시 다시 굴린 주사위 결과를 사용해야만 합니다.

시간을 초월한 몸 TIMELESS BODY

몽크 15레벨에 도달하면, 기가 육신을 지탱시켜 주기 때문에 고령으로 인해 몸이 약해지지 않고, 마법적으로 나이를 먹지도 않게 됩니다. 하지만 여전히 고령으로 죽을 수는 있습니다. 또한 당신은 더는 먹고 마실 필요가 없어집니다.

허공체 EMPTY BODY

당신은 몽크 18레벨 때부터 행동을 사용하고 기 4점을 소비해 1분간 투명 상태가 될 수 있습니다. 이렇게 투명해진 동안, 당신은 역장 피해를 제외한 모든 피해에 저항을 얻습니다.

또한 당신은 기 8점을 소비해 아스트랄체 투영Astral Projection 주문을 시전할 수 있으며, 이때는 물질 구성 요소가 필요 없습니다. 단, 이 방식으로 주문을 시전할 때는 다른 크리쳐들을 데려갈 수 없습니다.

자기 충족 PERFECT SELF

몽크 20레벨에 도달하면, 당신이 우선권 굴림을 굴릴 때 기 점수가 하나도 남지 않은 경우 기 4점을 회복할 수 있습니다.

문파 전통

멀티버스 속 수많은 문파들 중 세 문파가 가장 널리 퍼진 것으로 알려져 있습니다. 대부분의 수도원에서는 하나의 문파만을 집중적으로 수련하지만, 일부 수도원은 세 문파를 모두 다루며 몽크들이 각각 자신의 적성에 맞는 길을 가도록 가르치기도 합니다. 세 문파는 모두 같은 기법에 뿌리를 두고 있지만, 깊게 들어갈수록 길이 달라집니다. 그러므로, 3레벨에 도달한 몽크는 반드시 하나의 문파를 정해야 합니다.

열린 손의 길 WAY OF THE OPEN HAND

열린 손의 길을 따르는 몽크는 무장 유무에 관계없이 모든 종류의 무술에 완전히 통달한 이들입니다. 그들은 상대를 밀고 쓰러뜨리는 기술에 능하며, 기를 이용해 몸의 상처를 치유하고 주변의 해로운 힘으로부터 자신을 보호하는 명상을 수행합니다.

열린 손의 기법 OPEN HAND TECHNIQUE

몽크 3레벨에 이 문파를 선택할 때부터, 당신은 자신의 기를 통해 적의 기를 조작하는 법을 배우게 됩니다. 당신이 연타 요소로 얻은 공격을 가해 어떤 크리쳐를 명중시켰다면, 목표에게 아래 선택지 중 한 가지 효과를 가할 수 있습니다.

- 목표는 민첩 내성에 실패할 시 넘어집니다.
- 목표는 근력 내성에 실패할 시 당신으로부터 15ft 멀리 밀려납니다.
- 목표는 당신의 다음 턴이 끝날 때까지 반응행동을 할 수 없습니다.

신체의 완전화 WHOLENESS OF BODY

몽크 6레벨에 도달하면, 당신은 스스로를 치료할 수 있는 능력을 얻습니다. 당신은 행동을 사용해 자신의 몽크 레벨 × 3만큼 hp를 회복할 수 있습니다. 이 요소를 한 번 사용했다면, 긴 휴식을 마치고 나야 다시 이 요소의 사용 능력을 회복하게 됩니다.

고요함 TRANQUILITY

몽크 11레벨에 도달하면, 당신은 주변을 평화의 기운으로 감싸는 특별한 명상에 들어갈 수 있습니다. 긴 휴식을 끝낼 때, 당신은 성역화Sanctuary 주문의 효과를 얻습니다. 이 효과는 당신의 다음 긴 휴식이 시작될 때까지 지속됩니다. (일반적인 성역화 주문처럼 사전에 종료될 수 있습니다.) 이 주문의 내성 DC는 8 + 당신의 지혜 수정치 + 당신의 숙련 보너스입니다.

진동장 QUIVERING PALM

몽크 17레벨에 도달하면, 당신은 상대의 몸에 치명적인 진동을 가할 수 있습니다. 당신이 비무장 공격으로 적을 명중시켰다면, 기 점수 3점을 소비해 감지 불가능한 진동을 가할 수 있습니다. 이 진동은 당신의 몽크 1레벨당 하루씩 지속됩니다. 이 진동은 당신이 행동을 사용해 종료시키기 전까지는 아무도 해도 끼치지 않습니다. 당신이 진동을 정지시키려면, 당신은 목표와 같은 세계에 있어야 합니다. 당신이 행동을 사용해 진동을 정지시킨다면, 목표는 건강 내성을 굴려야 합니다. 목표가 내성에 실패하면 hp가 0으로 떨어집니다. 내성에 성공한 경우 10d10점의 사령 피해를 받습니다.

당신은 오직 한 번에 하나의 상대에게만 진동장을 가해 놓을 수 있습니다. 또한 당신은 아무런 피해 없이 진동을 종료시켜 줄 수 있으며, 이때는 행동을 사용할 필요가 없습니다.

그림자의 길 WAY OF SHADOW

그림자의 길을 따르는 몽크들은 은신과 기만술에 큰 가치를 둡니다. 이 몽크들은 닌자, 섀도댄서 등의 별명을 지니고 있으며, 첩자나 암살자로 활약하곤 합니다. 닌자들로 이루어진 수도원의 경우, 구성원 전체가 하나의 가문에 속해 있기도 합니다. 또한 씨족을 형성해 자신들의 기예와 임무를 비밀리에 숨기는 경우도 있습니다. 또 다른 수도원은 마치 도둑 길드처럼 움직이며 귀족이나 부유한 상인, 혹은 값을 치를만한 이들에게 고용되기도 합니다. 이러한 수도원의 수장들은 어떤 수단을 택하든 수련생들 사이에서 절대적인 권위를 지니고 있습니다.

그림자 무술 SHADOW ARTS

당신은 3레벨에 이 문파를 선택할 때부터 기를 사용해 몇몇 주문의 효과를 똑같이 발휘하는 법을 배웁니다. 당신은 행동을 사용하고 기 2점을 소비해 암흑Darkness, 암시야Darkvision, 흔적 없는 이동Pass without Trace, 침묵Silence 주문을 시전할 수 있습니다. 이 주문들은 물질 구성요소가 필요 없습니다. 또한 당신이 이미 알고 있는 것이 아니라면 추가 소마법으로 하급 환영 Minor Illusion을 배울 수 있습니다.

그림자 걸음 SHADOW STEP

몽크 6레벨에 도달하면, 당신은 그림자로 걸어 들어가 다른 그림자로 나올 수 있는 능력을 얻습니다. 당신이 약한 빛이나 어둠 속에 있을 때, 당신은 추가 행동을 사용해 주변 60ft 내에서 마찬가지로 약한 빛이나 어둠 속에 있는 점유되지 않은 공간으로 순간이동할 수 있습니다. 이때 이동하려는 장소는 당신이 볼 수 있는 곳이어야 합니다. 당신은 이렇게 이동한 턴에 가하는 첫 번째 근접 명중 굴림에 이점을 받습니다.

그림자 망토 CLOAK OF SHADOWS

몽크 11레벨에 도달하면, 당신은 그림자와 하나가 되는 법을 배웁니다. 당신이 약한 빛이나 어둠 속에 있다면, 행동을 사용하여 투명화할 수 있습니다. 당신은 공격을 가하거나, 주문을 시전하거나, 밝은 빛 지역으로 나갈 때까지 투명화를 유지할 수 있습니다.

기회연타 OPPORTUNIST

몽크 17레벨에 도달하면, 당신은 적이 공격에 명중당했을 때의 혼란을 이용할 수 있습니다. 주변 5ft 내의 크리쳐가 당신 이외의 누군가에게 공격을 받아 명중당했을 때, 당신은 반응행동을 사용하여 명중당한 크리쳐에게 근접 공격을 한 번 가할 수 있습니다.

사대원소의 길 WAY OF THE FOUR ELEMENTS

당신의 문파는 원소의 힘을 다루는 전통을 따릅니다. 기에 집중하면, 당신은 창조의 힘을 부리고 사대 원소를 마치 당신의 수족처럼 다룰 수 있습니다. 이 전통을 따르는 이들 중 일부는 사대 원소 중 하나에 특별히 더 많은 공을 들이지만, 대개는 네 원소를 골고루 다루곤 합니다.

이 전통을 따르는 몽크들 다수는 몸에 기의 힘을 상징하는 문신을 새기곤 합니다. 문신의 모습은 또아리를 튼 용이나 불사조, 물고기, 식물, 눈 덮인 산, 파도 등이 많습니다.

원소의 사도 DISCIPLE OF THE ELEMENTS

당신이 몽크 3레벨에 이 전통을 선택하면 사대 원소의 힘을 다루는 기공을 사용할 수 있게 됩니다. 하지만 기공을 사용하려면 매번 기 점수를 소비해야 합니다.

당신은 원소 조율 기공을 배우게 됩니다. 그리고 그 외에도 원소 기공 중 한 가지를 선택해 배울 수 있습니다. 당신이 배울 수 있는 기공은 아래의 "원소 기공" 부분에 나와 있습니다. 당신은 6, 11, 17레벨에 추가로 하나씩의 기공을 더 배울 수 있습니다.

당신은 새 원소 기공을 배울 때, 이미 알고 있는 기공 하나를 다른 것으로 교체할 수 있습니다.

원소 주문 시전. 일부 원소 기공은 주문시전 능력을 주기도 합니다. 주문 시전에 대한 일반 규칙은 제10장에서 찾아볼 수 있습니다. 이 주문들을 시전할 때는 일반적인 경우와 동일한 시전 시간과 기타 규칙을 따르지만, 기공으로 주문을 시전할 때는 물질 구성요소를 무시할 수 있습니다.

몽크 5레벨에 도달하면, 당신은 기 점수를 추가로 소모해 당신이 시전하는 원소 기공 주문의 레벨을 올려 더 강력한 효과를 내게끔 할 수 있습니다. 추가로 기 점수 1점을 더 소모할 때마다, 주문 슬롯이 1레벨씩 올라가는 효과를 발휘합니다. 예를 들어 당신이 5레벨 몽크이며 휩쓰는 잿불 일격을 통해 *타오르는 손길 Burning Hands* 주문을 시전하려는 경우, 당신은 기 3점을 소비해 타오르는 손길을 2레벨 주문으로 발동시킬 수 있습니다. (기본 2점에 1점을 추가 소비해서 1레벨을 높인 것입니다.)

이 방법으로 사용할 수 있는 최대 기 점수는 몽크 레벨에 따라 달라집니다. (기공을 사용할 때 쓰는 기본 기 점수와 주문 레벨 상승을 위해 추가로 소비한 점수의 합계가 아래 주문과 기 점수 표에 나와 있는 것을 넘어서는 안 됩니다.)

주문과 기 점수

몽크 레벨	주문 사용시 최대 기 점수
5-8	3
9-12	4
13-16	5
17-20	6

원소 기공 ELEMENTAL DISCIPLINES

아래 원소 기공들은 가나다순에 따라 수록되어 있습니다. 기공에 표기된 레벨 요구 조건은 캐릭터 레벨이 아니라 몽크 클래스 레벨을 말합니다.

겨울의 숨결Breath of Winter (17레벨 필요). 당신은 기 6점을 소비해 냉기 분사Cone of Cold 주문을 시전할 수 있습니다.

고요한 대기의 주먹Fist of Unbroken Air. 당신은 공기를 압축해 강렬한 주먹처럼 날릴 수 있습니다. 행동을 사용하고 기 2점을 소비하여 주변 30ft 내에서 당신이 볼 수 있는 크리처 하나를 목표로 정합니다. 목표는 근력 내성에 실패할 시 3d10점의 타격 피해를 입고, 당신이 추가로 기 점수를 소비했다면 추가된 기 1점당 1d10점의 타격 피해를 더 받습니다. 또한 당신은 목표를 20ft 멀리 밀어내고 넘어트릴 수 있습니다. 목표가 내성에 성공한 경우 피해는 절반으로 줄어들고 밀려나거나 넘어지지 않습니다.

구르는 대지의 파도Wave of Rolling Earth (17레벨 필요). 당신은 기 6점을 소비해 바위의 벽Wall of Stone 주문을 시전할 수 있습니다.

굶주린 불꽃의 강River of Hungry Flame (17레벨 필요). 당신은 기 5점을 소비하여 불꽃의 벽Wall of Fire 주문을 시전할 수 있습니다.

네 천둥의 주먹Fist of Four Thunders. 당신은 기 2점을 소비해 천둥파도Thunderwave 주문을 시전할 수 있습니다.

물의 채찍Water Whip. 행동을 사용해 기 2점을 소비하면 물의 채찍을 만들 수 있습니다. 당신은 이 채찍을 이용해 주변 30ft 이내에서 당신이 볼 수 있는 크리처 하나를 끌어당기거나 밀쳐 균형을 잃게 할 수 있습니다. 목표가 된 크리처는 민첩 내성에 실패할 시 3d10점의 타격 피해를 입고 당신이 추가로 기 점수를 소비한 경우 추가된 기 1점당 1d10점의 타격 피해를 더 받습니다. 또한 당신은 그 크리처를 넘어트리거나 최대 25ft 가까이 끌어당길 수 있습니다. 목표가 내성에 성공했다면 피해는 절반으로 줄어들고, 넘어지거나 끌어당겨지지 않습니다.

바람 영혼의 질주Rush of the Gale Spirits. 당신은 기 2점을 소비하여 돌풍Gust of Wind 주문을 시전할 수 있습니다.

바람 타기Ride the Wind (11레벨 필요). 당신은 기 4점을 소비하여 당신 자신에게 비행Fly 주문을 시전할 수 있습니다.

북풍의 움켜쥠Clench of the North Wind (6레벨 필요). 당신은 기 3점을 소비하여 인간형 포박Hold Person 주문을 시전할 수 있습니다.

불뱀의 이빨Fangs of the Fire Snake. 당신은 자기 턴에 공격 행동을 할 때, 기 1점을 소비해 주먹과 발에서 불길이 뻗어 나가게 할 수 있습니다. 당신의 비무장 공격은 이 행동 동안 10ft 더 멀리까지 닿을 수 있습니다. 이 효과는 그 턴 동안만 유지됩니다. 이렇게 먼 거리의 적을 공격할 때는 타격 피해 대신 화염 피해를 가합니다. 또한 당신은 공격이 명중했을 때 추가로 기 점수를 1점을 소비해 1d10점의 화염 피해를 더할 수 있습니다.

불사조의 불길Flames of the Phoenix (11레벨 필요). 당신은 기 4점을 소비해 화염구Fireball 주문을 시전할 수 있습니다.

안개 자세Mist Stance (11레벨 필요). 당신은 기 4점을 소비하여 당신 자신에게 가스 형상Gaseous Form 주문을 시전할 수 있습니다.

영원한 산의 방어Eternal Mountain Defense (17레벨 필요). 당신은 기 5점을 소비해 바위피부Stoneskin 주문을 당신 자신에게 시전할 수 있습니다.

원소 조율Elemental Attunement. 당신이 행동을 사용하면 주변 30ft 내의 원소력을 잠시 조종할 수 있습니다. 당신은 아래 효과 중 하나를 낼 수 있습니다.

- 당신은 바람, 대지, 불, 물에 관계된 무해한 감각 효과 하나를 만들 수 있습니다. 반짝이는 불꽃이나 가벼운 바람, 안개, 돌이 살짝 구르는 등의 효과가 가능합니다.
- 당신은 즉시 촛불이나 횃불, 작은 모닥불에 불을 붙이거나 끌 수 있습니다.
- 당신은 1lb 정도의 살아있지 않은 물질을 1시간 동안 차갑게 하거나 데울 수 있습니다.
- 당신은 1 × 1× 1ft 정도의 흙이나 불, 물, 안개 등의 모양을 바꾸어 1분 정도 유지할 수 있습니다.

정상의 울림Gong of the Summit (6레벨 필요). 당신은 기 3점을 소비하여 분쇄Shatter 주문을 시전할 수 있습니다.

휩쓰는 잿불 일격Sweeping Cinder Strike. 당신은 기 2점을 소비하여 타오르는 손길Burning Hands 주문을 시전할 수 있습니다.

흐르는 강의 형상Shape the Flowing River. 당신은 행동을 사용하고 기 1점을 소비해 당신 주변 120ft 내에 있는 30 × 30 × 30ft 이내의 물이나 얼음을 목표로 할 수 있습니다. 당신은 이 범위 내에서 마음대로 물을 얼음으로, 혹은 얼음을 물로 바꿀 수 있습니다. 또한 얼음의 경우 그 모습을 당신이 원하는 대로 바꿀 수 있습니다. 당신은 얼음의 수위를 높이거나 낮출 수 있으며, 얼음으로 도랑을 메꾸거나 만들 수 있고, 벽을 세우거나 기둥을 만들 수도 있습니다. 이렇게 얼음의 형태를 변화시킬 경우 본래 주문의 영향을 받던 범위의 절반까지로만 만들 수 있습니다. 예를 들어 당신이 30 × 30 × 30ft의 물에 영향을 주었다면, 최대 15ft 높이의 기둥이나 15ft 깊이의 도랑을 만들 수 있으며, 얼음 표면을 15ft 높이까지 올리고 내릴 수 있다는 것입니다. 이렇게 얼음이나 물을 변화시키는 효과로는 함정을 만들거나 다른 크리처에게 해를 가할 수 없습니다.

문파와 사원

D&D의 여러 세계 속에는 여러 문파를 따르는 수많은 사원이 있습니다. 포가튼 렐름즈의 극동 지방에 있는 서우 룽처럼 아시아 문화의 흔적이 남은 곳의 사원에서는 무술을 지도하며 철학적 전통도 함께 가르칩니다. 철수문(The Iron Hand School), 오성문(the Five Stars School), 북권문(the Northern Fist School), 남성문(the Southern Star School) 등은 서우 룽에서 신체적, 정신적, 영적 수련을 가르치는 몽크 문파들입니다. 이 문파들 중 일부는 서방 페이룬에도 조금씩 존재합니다. 특히 테스크나 웨스트게이트처럼 서우인들이 많이 이주해 온 지역에서는 어렵지 않게 발견할 수 있습니다.

다른 문파들은 주로 신체적, 정신적 자기 수양의 가치를 가르치는 신들과 깊은 연관이 있습니다. 포가튼 렐름즈에는 흔히 초월단(the Order of the Dark Moon)이라 부르는 몽크들이 있는데, 이들은 상실의 여신인 샤를 섬기곤 합니다. 이 몽크들은 주로 멀리 떨어진 언덕이나 뒷골목, 지하의 골목에서 비밀스러운 공동체를 이루어 살아갑니다. 인내의 신 일마터의 사원은 꽃의 이름을 딴 것들이 많고, 조직의 이름은 교단의 위대한 영웅을 따르곤 합니다. 예를 들어 두 번 순교한 성 솔라스의 결사(the Disciple of Saint Sollas Twice-Martyred)의 수련생들은 다마라 근교의 노란 장미 사원(the Monastery of Yellow Rose)에 근거지를 두고 있습니다. 에버론의 수도원들은 무술과 학문의 삶을 결합하고 있습니다. 이들 대부분은 소버린 호스트의 신들을 섬기곤 합니다. 한편, 드래곤랜스의 세계 속 몽크들은 대부분 명상과 생각의 신인 마자레를 섬기곤 합니다. 그레이호크에서는 황혼과 정신적 수양의 여신 잔 예를 섬기거나 신체적 수양의 신인 주오켄을 섬기는 수도원이 많습니다.

그레이호크 속 진홍 형제단(the Scarlet Brotherhood)의 일원인 사악한 몽크들은 신이 아니라 국가와 인종에 맹목적 열정을 바치고 있습니다. 이들은 자신들의 인종인 술족이 다른 인류들보다 위대하며 세계 전체를 지배해야 한다고 생각합니다.

바드 BARD

낡은 가죽 갑옷을 입은 하프 엘프가 콧노래를 흥얼거리며 고대의 기념비를 손가락으로 매만지자, 노래 속에 담긴 마법의 힘으로 오래전 잊혀진 폐허 속의 지식이 그녀의 마음속에 차오릅니다. 이 기념비를 세웠던 고대인들의 지식과 신화 속 전승이 그녀에게 고스란히 전해집니다.

강인해 보이는 인간 전사는 박자에 맞춰 검으로 자신의 미늘 갑옷을 두드리며 전쟁 찬가를 불러 동료들에게 용기와 영웅심을 불러일으킵니다. 그의 노래 속에 담긴 마법의 힘은 동료들을 더 튼튼하고 용감하게 만들어 줍니다.

만면에 웃음을 흘리는 노움은 시탄을 연주하며 그 자리에 참석한 귀족들의 귓가에 미묘한 마법의 힘을 흘려 넣었습니다. 기타와 비슷한 악기에서 흘러나오는 음색 덕분에 동료들의 이야기에는 더욱 설득력이 실리게 되었습니다.

바드들 중에는 학자도, 음유시인도, 불한당도 있습니다. 바드는 말과 음악 속에 마법의 힘을 섞어 동료들을 고무시키고 적들의 사기를 꺾으며, 마음을 조작하고 환영을 만들며 심지어 상처까지 치료할 수 있습니다.

음악과 마법

D&D 세계의 말과 음악은 단순히 공기의 진동이 아닙니다. 이들은 그 자신만의 힘을 지니고 있습니다. 바드는 노래와 연설의 대가로 그 힘을 통해 마법을 부립니다. 바드들은 멀티버스가 '창조의 말'을 통해 태어났다고 하며, 신들의 말씀을 통해 형태를 갖추었고, 아직도 창조의 말이 남긴 메아리가 우주를 퍼져 나가고 있다고 합니다. 바드의 음악은 이 메아리를 잡아내어 자신들의 주문과 힘을 만들어 내는 것입니다.

바드의 가장 강력한 힘은 그들의 다재다능함에 있습니다. 많은 바드가 가열찬 전투의 외곽에서 마법의 힘으로 동료들을 고무하고 멀리서 적들을 방해하는 것을 좋아합니다. 하지만 바드들은 지근거리에서도 자신들을 지킬 수 있으며, 마법을 이용해 스스로의 검과 갑옷을 강화할 수 있습니다. 그들의 주문은 직접적인 파괴를 불러일으키기보다는 주로 상대를 매혹하거나, 환영을 보여주는 것입니다. 그들은 여러 주제에 대해 넓은 지식을 갖추고 있으며, 무엇을 하든 어느 정도는 그럴듯하게 해내는 천부적 재능을 지니고 있습니다. 음악 연주이든 고대의 지식이든 바드들이 배워야겠다고 마음만 먹으면 무엇이든 빠르게 배우고 익힐 수 있습니다.

경험에서 배우기

진정한 바드는 그리 흔치 않습니다. 술집에서 노래를 부르는 음유시인이나 궁정에서 재담을 떠드는 광대들이 모두 바드는 아니라는 것입니다. 음악 속에 숨겨진 마법의 힘을 발견하기 위해서는 끝없이 학습해야 하며, 천부적인 재능도 필요합니다. 가수나 재담꾼들 모두가 이런 재능을 지닌 것은 아닙니다. 그래도 단순한 예능인과 진정한 바드 사이의 차이를 알아차리기는 쉽지 않습니다. 바드는 전승 지식을 모으고 이야기를 퍼트리며 머나먼 땅을 오가면서 살아갑니다. 그들 역시 다른 예능인들처럼 청중들의 감사와 보답에 기대어 하루하루 지내곤 합니다. 하지만 지식의 깊이와 음악적인 재능, 마법의 힘이 모두 갖추어진 진정한 바드는 분명 다른 예능인들이 따라올 수 없는 역량의 차이를 보여줍니다.

바드는 좀처럼 한곳에 오래 머무는 일이 없습니다. 그들은 천성적으로 여행에 대한 욕망을 지니고 있습니다. 새로운 이야기를 찾고, 새로운 기술을 배우고, 지평선 너머 새로운 것을 찾아 나서고 싶어 합니다. 어쩌면 모험자가 되는 것이 그들의 소명일지도 모릅니다. 모험의 길은 무언가 새로운 것을 배우고 새로운 기술을 시험해 볼 기회를 제공합니다. 오래전에 잊혀진 무덤을 파헤쳐 잃어버린 마법을 찾아내고 옛 책들을 해석하는 일, 신기하고 이상한 장소로 여행해서 기이한 생물들을 마주하는 일들은 바드들을 매혹시킵니다. 바드는 영웅들과 함께하며 그들의 업적을 가까이서 보고 싶어합니다. 직접 겪은 전율할 만한 경험을 이야기로 만들어내는 것은 다른 바드들도 존경을 금치 못할 위업입니다. 사실, 그렇게 영웅들의 이야기를 가까이서 전하며 그 마음가짐을 새기다 보면, 어느새 바드 자신도 영웅의 반열에 올라 거대한 위업을 이루기도 합니다.

바드 만들기

바드들은 진실이든 아니든 이야기 그 자체에 탐닉합니다. 당신의 캐릭터가 지닌 실제 배경이나 동기는 당신의 이야기에 비하면 별로 중요하지 않습니다. 어쩌면 당신은 평화롭고 평범한 어린 시절을 보냈을 수도 있습니다. 하지만 그러면 재미있는 이야기가 될 수 없으니, 어쩌면 당신은 머나먼 늪에서 해그(Hag)의 손에 자란 고아라는 식으로 이야기를 꾸며냈을 수도 있습니다. 혹은 당신의 어린 시절이 실제로 꽤 괜찮은 이야깃거리일 수도 있습니다. 어떤 바드들은 요정이나 다른 초자연적 존재들에게 영감을 받아 마법적인 음악의 힘을 얻기도 합니다.

당신은 많은 경험을 쌓은 바드 대가 아래에서 스스로 길을 떠날 때까지 수련을 쌓았습니까? 아니면 바드 학교에서 가르침을 받으며 전승 지식과 음악적 마법을 배웠습니까? 어쩌면 당신은 어려서 마을을 뛰쳐나온 고아로, 당신의 스승이 되어준 바드와 함께 멀리 여행을 다녔을 수도 있습니다. 아니면 대가에게 가정교육을 받은 버릇없는 귀족 자제였을지도 모릅니다. 어쩌면 해그의 손아귀에 붙잡혔다가 무언가 엄청난 것을 바치는 대신 목숨과 자유를 얻고 음악적인 재능에까지 눈을 떴을지도 모릅니다. 그렇다면 당신은 대체 무엇을 바친 것입니까?

빠른 제작

바드를 빨리 만들고자 한다면 아래 순서를 따르시길 권합니다. 우선 매력을 가장 높은 능력치로 정하고, 민첩을 그다음으로 선택합니다. 그런 다음 예능인 배경을 선택하십시오. 소마법 중 춤추는 빛*Dancing Light*과 잔혹한 모욕*Vicious Mockery*을 고르고, 1레벨 주문은 인간형 매혹*Charm Person*, 마법 탐지*Detect Magic*, 치료의 단어*Healing Word*, 천둥파도*Thunderwave*를 고르시면 됩니다.

클래스 요소

바드로서, 당신은 아래와 같은 클래스 요소를 지닙니다.

히트 포인트

히트 다이스: 바드 레벨당 1d8점
1레벨 시의 히트 포인트: 8 + 당신의 건강 수정치
레벨 상승시의 히트 포인트: 1레벨 상승할 때마다 1d8(또는 5) + 당신의 건강 수정치만큼 증가

숙련

갑옷: 경장 갑옷
무기: 단순 무기 전체, 핸드 크로스보우, 롱소드, 레이피어, 숏소드
도구: 악기 중 3종 선택

내성 굴림: 민첩, 매력
기술: 모든 기술 중 3종 선택

장비

당신은 아래와 같은 초기 장비를 지니고 있습니다. 여기에 당신의 배경으로 얻는 장비를 더합니다.

- *(a)* 레이피어, *(b)* 롱소드 또는 *(c)* 단순 무기 중 하나
- *(a)* 외교관의 꾸러미 또는 *(b)* 예능인의 꾸러미
- *(a)* 류트 또는 *(b)* 악기 중 다른 하나
- 레더 아머와 대거 하나

바드

레벨	숙련 보너스	클래스 요소	배운 소마법	알고 있는 주문	1	2	3	4	5	6	7	8	9
1	+2	주문시전, 바드의 고양감(d6)	2	4	2	—	—	—	—	—	—	—	—
2	+2	팔방미인, 휴식의 노래(d6)	2	5	3	—	—	—	—	—	—	—	—
3	+2	바드 학파, 숙달	2	6	4	2	—	—	—	—	—	—	—
4	+2	능력치 점수 상승	3	7	4	3	—	—	—	—	—	—	—
5	+3	바드의 고양감(d8), 고양감의 샘	3	8	4	3	2	—	—	—	—	—	—
6	+3	매혹반사, 바드 학파 추가 요소	3	9	4	3	3	—	—	—	—	—	—
7	+3	—	3	10	4	3	3	1	—	—	—	—	—
8	+3	능력치 점수 상승	3	11	4	3	3	2	—	—	—	—	—
9	+4	휴식의 노래(d8)	3	12	4	3	3	3	1	—	—	—	—
10	+4	바드의 고양감(d10), 숙달, 마법적 비밀	4	14	4	3	3	3	2	—	—	—	—
11	+4	—	4	15	4	3	3	3	2	1	—	—	—
12	+4	능력치 점수 상승	4	15	4	3	3	3	2	1	—	—	—
13	+5	휴식의 노래(d10)	4	16	4	3	3	3	2	1	1	—	—
14	+5	마법적 비밀, 바드 학파 추가 요소	4	18	4	3	3	3	2	1	1	—	—
15	+5	바드의 고양감(d12)	4	19	4	3	3	3	2	1	1	1	—
16	+5	능력치 점수 상승	4	19	4	3	3	3	2	1	1	1	—
17	+6	휴식의 노래(d12)	4	20	4	3	3	3	2	1	1	1	1
18	+6	마법적 비밀	4	22	4	3	3	3	3	1	1	1	1
19	+6	능력치 점수 상승	4	22	4	3	3	3	3	2	1	1	1
20	+6	우월한 고양감	4	22	4	3	3	3	3	2	2	1	1

주문 시전

당신은 음악과 바람을 통해 세상의 짜임새를 풀어내고 당신이 바라는 대로 다시 엮는 능력을 지니고 있습니다. 당신의 주문은 당신의 방대한 레퍼토리의 일부이며, 서로 다른 상황을 조율할 수 있는 마법의 힘입니다. 주문시전에 대한 일반적인 규칙은 제10장을, 바드의 주문 목록에 대해서는 제11장을 참조하십시오.

소마법

당신은 1레벨 때 바드 주문 목록에서 소마법 2개를 선택해 배울 수 있습니다. 레벨이 올라가면 당신은 바드 표에 나온 대로 바드 소마법을 추가로 배울 수 있습니다.

주문 슬롯

당신은 바드 표를 참조해 각 레벨에 몇 개씩의 주문 슬롯을 지니고 있는지 확인할 수 있습니다. 바드 주문을 시전하려면 먼저 해당 주문 레벨 이상의 주문 슬롯을 소비해야 합니다. 긴 휴식을 마칠 때 이미 소비한 주문 슬롯을 모두 회복할 수 있습니다.

예를 들어 당신이 1레벨 주문인 *상처 치료Cure Wounds*를 알고 있고 1레벨과 2레벨 슬롯이 하나씩 남아 있다면, 당신은 둘 중 어느 슬롯이든 소비해서 *상처 치료* 주문을 시전할 수 있습니다.

알고 있는 주문들

당신은 1레벨에 바드 주문 목록에서 1레벨 주문 4가지를 선택해 배울 수 있습니다.

바드 표의 알고 있는 주문 항목은 당신이 언제 더 많은 바드 주문을 알게 되는가 보여줍니다. 이 주문들의 레벨은 당신이 가진 주문 슬롯 레벨 이하여야 합니다. 예를 들어, 당신이 바드 3레벨이 되었다면 당신은 1레벨 또는 2레벨 주문을 하나 더 배울 수 있습니다.

또한 당신은 바드 레벨이 오를 때마다 이미 알고 있던 바드 주문 하나를 골라 주문 목록에 있는 다른 주문으로 교체할 수 있습니다. 이때 당신이 선택한 주문의 레벨 역시 당신의 주문 슬롯 레벨 이하여야 합니다.

주문시전 능력치

바드 주문을 시전할 때는 매력을 당신의 주문시전 능력치로 사용합니다. 당신의 마법은 음악과 성악에서 우러나오는 진심과 영혼에서 나오는 것이기 때문입니다. 당신은 주문시전 능력치가 필요할 때마다 매력과 그 수정치를 사용합니다. 또한 당신이 시전하는 바드 주문의 내성 DC를 정할 때나 주문 공격시 명중 굴림 수정치에도 매력을 사용합니다.

주문 내성 DC =
8 + 당신의 숙련 보너스 + 당신의 매력 수정치

주문 공격 수정치 =
당신의 숙련 보너스 + 당신의 매력 수정치

의식 시전

당신이 의식 태그가 붙어 있는 바드 주문을 알고 있다면, 그 주문을 의식으로 시전할 수 있습니다.

주문시전 매개체

당신은 바드 주문을 시전할 때, 악기(제5장 참조)를 주문시전 매개체로 사용할 수 있습니다.

바드의 고양감 BARDIC INSPIRATION

당신은 음악이나 노래를 통해 다른 사람의 힘을 끌어올릴 수 있습니다. 당신은 자기 턴에 추가 행동을 사용해 주변 60ft 내에서 자신을 제외하고 당신의 목소리를 들을 수 있는 크리쳐 하나를 선택해 바드의 고양감을 전해 줄 수 있습니다. 이렇게 선택된 크리쳐는 바드의 고양감 주사위를 얻습니다. 시작 시점에서 이 주사위는 d6입니다.

이후 10분간, 이 크리쳐는 능력 판정이나 명중 굴림, 혹은 내성 굴림을 할 때 자신이 받은 바드의 고양감 주사위를 같이 굴려 그 결과를 더할 수 있습니다. 이 주사위는 d20을 굴린 다음 사용을 결정할 수도 있지만, DM이 성공 혹은 실패를 판정한 다음에는 사용할 수 없습니다. 일단 바드의 고양감 주사위를 사용했다면 그 주사위는 사라집니다. 바드의 고양감 주사위는 크리쳐 당 오로지 하나만 가지고 있을 수 있습니다.

이 요소는 당신의 매력 수정치 만큼 사용할 수 있습니다. (최소 1회) 이렇게 소비한 사용횟수는 긴 휴식을 마칠 때 모두 회복할 수 있습니다.

당신이 사용하는 바드의 고양감 주사위는 바드 레벨이 상승하며 점점 커집니다. 당신은 5레벨에 d8, 10레벨에 d10, 15레벨에 d12 주사위를 사용하게 될 것입니다

팔방미인 JACK OF ALL TRADES

바드 2레벨에 도달하면, 당신은 자신이 숙련 보너스를 받지 않는 모든 능력 판정에 숙련 보너스의 절반(나머지 버림)을 더할 수 있습니다.

휴식의 노래 SONG OF REST

당신은 바드 2레벨 때부터 부드러운 음악이나 노래를 불러 짧은 휴식을 취하는 동안 상처입은 동료들의 활력을 회복하는 데 도움이 되는 능력을 얻습니다. 만약 당신이나 다른 우호적인 크리쳐가 짧은 휴식을 취하는 동안 당신의 공연을 들으며 히트 다이스를 소비했다면, 짧은 휴식을 마칠 때 추가로 1d6점의 hp를 더 회복할 수 있습니다.

이렇게 추가로 회복되는 hp의 양은 바드 레벨이 상승하며 점점 증가합니다. 9레벨에 1d8, 13레벨에 1d10, 17레벨에 1d12점의 hp를 더 회복할 수 있게 됩니다.

바드 학파 BARD COLLEGES

당신은 바드 3레벨이 되었을 때 전승 학파와 용맹 학파 중 원하는 바드 학파를 택해 더 발전된 기교를 익힐 수 있습니다. 이 학파에 대한 내용은 클래스 설명 마지막에 나와 있습니다. 당신은 선택한 학파에 따라 3, 6, 14레벨에 추가적 요소를 얻을 수 있습니다.

숙달 EXPERTISE

바드 3레벨이 되었을 때, 당신은 숙련을 가진 기술 2종을 선택해 그 기술을 사용하는 능력 판정시 숙련 보너스를 두 배로 적용받을 수 있습니다.

바드 10레벨에 도달하면 당신은 다시 2개의 기술을 숙달의 대상으로 선택해 숙련 보너스를 두 배로 받을 수 있습니다.

능력치 점수 상승

당신은 바드 4, 8, 12, 16, 19레벨 때 각각 원하는 능력치 하나를 골라 2점 상승시키거나, 두 개의 능력치를 각각 1점씩 상승시킬 수 있습니다. 단, 이 방식으로는 능력치를 20점보다 높게 올릴 수 없습니다.

고양감의 샘 FONT OF INSPIRATION

바드 5레벨에 도달하면, 당신은 긴 휴식뿐 아니라 짧은 휴식을 마칠 때도 소비한 바드의 고양감 사용 횟수를 모두 회복합니다.

매혹반사 COUNTERCHARM

바드 6레벨에 도달하면, 당신은 음악을 연주하거나 힘이 담긴 언어를 말해 정신에 영향을 주는 효과를 방해하는 법을 배웁니다. 당신은 행동을 사용하고 자신의 다음 턴이 끝날 때까지 지속되는 연주를 시작할 수 있습니다. 이렇게 연주하는 동안, 당신과 주변 30ft 내의 모든 우호적인 크리쳐는 공포와 매혹 상태에 대한 내성 굴림에 이점을 받습니다. 단, 당신의 소리를 들을 수 있는 크리쳐만 이 효과를 받을 수 있습니다. 당신이 행동불능 상태가 되거나 침묵 상태가 되면 다음 턴이 끝나기 전에도 공연이 중단될 수 있으며, 또한 당신 스스로도 언제든 연주를 그만둘 수 있습니다. (행동 필요 없음.)

마법적 비밀 MAGICAL SECRETS

바드 10레벨에 도달하면, 당신은 광범위한 수련을 통해 마법적 지식을 습득할 수 있습니다. 당신은 바드를 포함해 모든 클래스의 주문 중 2개를 선택해 배울 수 있습니다. 단, 이렇게 배우려는 주문은 바드 표에 따라 바드로서 시전할 수 있는 레벨 이하여야 합니다. 소마법을 배우는 것도 가능합니다.

당신은 이렇게 선택한 주문을 바드 주문으로 시전할 수 있으며, 이 주문들은 당신이 알고 있는 주문 숫자에 포함됩니다.

당신은 바드 14레벨과 18레벨이 되었을 때 다시 모든 클래스의 주문 목록 중 원하는 것을 2개씩 선택해 배울 수 있습니다.

우월한 고양감 SUPERIOR INSPIRATION

바드 20레벨에 도달하면, 당신이 우선권을 굴릴 때 바드의 고양감을 모두 사용한 상태일 경우 사용횟수 1회를 회복하게 됩니다.

바드 학파

바드의 길은 실로 방대합니다. 바드들은 서로를 찾아 이야기와 노래를 교환하며, 서로의 성취를 나누고 지식을 공유합니다. 바드들은 스스로 학파라 부르는 느슨한 조직을 이루고 있으며, 이 학파를 통해 자신들의 전통을 지켜나가는 모임을 지속합니다.

전승 학파 COLLEGE OF LORE

전승 학파의 바드들은 학자들의 고서에서 농부들의 이야기까지, 세상 모든 것에 약간씩이나마 참된 지식이 깃들어 있음을 알고 있습니다. 술집에서 평범한 발라드를 부르건, 왕궁에서 우아한 합주를 연주하건, 이 바드들은 언제나 재능을 펼치며 청중을 매료시킵니다. 박수갈채가 가라앉고 나면, 청중들은 신전의 사제들에 지니던 믿음이든, 왕에 대한 충성이든, 지금껏 굳게 믿어오던 것들에 대해 의심을 갖게 될 것입니다.

전승 학파의 충성심은 왕이나 신들을 향한 것이 아닙니다. 미와 진실을 추구하는 것이야말로 이들의 길입니다. 이 학파의 바드를 사절이나 조언자로 두려는 귀족은 바드들이 정치적 언사를 구사하기보다는 솔직한 태도를 보인다는 사실을 알게 될 것입니다.

이 학파의 구성원들은 대학과 도서관뿐 아니라 강의실과 기숙사에서도 함께 서로의 전승지식을 나눕니다. 그들은 축제나 국가 행사가 벌어질 때도 모여 자신들이 발견한 부패와 거짓을 폭로하고, 잘못된 권위를 내세우는 잘나신 양반들을 조롱하며 즐거워하기도 합니다.

추가 숙련 BONUS PROFICIENCY
당신은 바드 3레벨에 이 학파를 선택할 때 추가로 3개의 기술을 골라 해당 기술들에 대한 숙련을 얻을 수 있습니다.

날카로운 말 CUTTING WORDS
당신은 바드 3레벨 때부터 자신의 재치를 이용해 다른 이들의 자신감과 자존심을 빼앗고 혼란시키거나 주의를 돌리는 능력을 얻습니다. 당신 주변 60ft 내에서 당신이 볼 수 있는 크리쳐 하나가 명중 굴림이나 능력 판정, 피해 굴림 등을 하려 할 때, 당신은 반응행동을 사용하고 바드의 고양감 1회를 소모해 바드의 고양감 주사위를 던진 다음, 그 결과값을 상대의 주사위에서 뺄 수 있습니다. 상대가 주사위를 굴린 다음에도 이 요소를 사용하겠다고 선언할 수 있지만, DM이 성공이나 실패를 판정하고 결과를 확정한 다음에는 사용할 수 없습니다. 당신의 목소리를 듣지 못하거나 매혹 상태에 면역인 크리쳐에게는 이 요소를 사용할 수 없습니다.

추가 마법적 비밀 ADDITIONAL MAGICAL SECRETS
바드 6레벨에 도달하면, 당신은 모든 클래스의 주문 중 원하는 것 2개를 골라 습득할 수 있습니다. 이 주문들은 소마법이거나 바드 표에 따라 당신이 시전할 수 있는 레벨 이하의 것이어야 합니다. 당신이 선택한 주문들은 바드 주문으로 취급하지만, 당신이 알고 있는 주문 수에는 포함되지 않습니다.

독보적인 기술 PEERLESS SKILL
바드 14레벨에 도달하면, 당신은 능력 판정을 할 때 바드의 고양감을 1회 소비하고, 당신이 지닌 바드의 고양감 주사위를 굴려 그 결과를 능력 판정 값에 더할 수 있습니다. 이 요소는 당신이 주사위를 굴린 다음에도 사용할 수 있으나, DM이 성공이나 실패를 판정하고 결과를 확정한 다음에는 사용할 수 없습니다.

용맹 학파 COLLEGE OF VALOR
용맹 학파의 바드는 대담무쌍한 음유시인으로, 오래전 위대한 영웅들의 기억을 되살리는 이야기를 노래합니다. 그들은 노래를 통해 새로운 세대의 영웅들에게 영감을 불어넣고자 합니다. 이 바드들은 벌꿀술을 나누는 회당이나 커다란 모닥불에 둘러앉아 과거나 현재 벌어진 업적을 노래합니다. 그들은 거대한 사건을 처음으로 목격하기 위해 머나먼 땅을 여행하고, 사건의 기억이 세상에서 사라지지 않도록 보존합니다. 그들의 노래에 영감을 받은 이들은 옛 영웅들의 성취에 부끄럽지 않은 위업을 세우기 위해 일어설 것입니다.

추가 숙련 BONUS PROFICIENCIES
당신이 바드 3레벨에 이 학파를 선택할 때, 당신은 평장 갑옷과 방패, 모든 군용 무기에 대한 숙련을 얻습니다.

전투 고양감 COMBAT INSPIRATION
당신은 바드 3레벨 때부터 전투에서 다른 이들을 고무하는 능력을 배웁니다. 당신에게 바드의 고양감 주사위를 받은 크리쳐는 무기 피해 주사위를 굴릴 때도 바드의 고양감 주사위를 더할 수 있습니다. 또한, 누군가 해당 크리쳐에게 공격을 가해 명중 굴림을 굴릴 때, 해당 크리쳐는 반응행동을 사용해 바드의 고양감 주사위를 굴린 다음 그 결과를 자신의 AC에 더할 수 있습니다. 이 능력은 명중 굴림을 굴린 다음에도 쓸 수 있지만 명중과 실패가 확정된 이후에는 쓸 수 없습니다.

추가 공격
바드 6레벨에 도달하면, 당신은 자기 턴에 공격 행동을 할 때마다 공격을 두 번씩 가할 수 있습니다.

전투 마법 BATTLE MAGIC
바드 14레벨에 도달하면, 당신은 주문을 자아내는 재주와 무기를 쓰는 기술을 마치 하나의 행동처럼 자연스레 이어갈 수 있게 됩니다. 당신이 행동을 사용하여 바드 주문을 시전했다면, 그 턴에 추가 행동으로 무기 공격을 1회 가할 수 있습니다.

바바리안 Barbarian

키 큰 인간 부족 전사가 털가죽을 두른 채 도끼를 들고 눈보라 속을 당당히 걸어 나갑니다. 그는 감히 부족의 사냥감인 엘크를 약탈한 서리거인에게 돌격하며 큰 소리로 웃음을 터트립니다.

하프 오크는 야만적인 부족의 지배권을 둘러싸고 덤벼든 도전자에게 으르렁거리고는 지난 여섯 명의 라이벌들에게 그랬던 것처럼 맨손으로 목을 꺾어버릴 준비를 했습니다.

드워프는 입에 거품을 물고 드로우의 얼굴에 투구째로 박치기를 날리고는, 다른 놈의 배에는 갑옷 차림의 팔꿈치를 찔러 넣었습니다.

이 바바리안들은 제각각 다르지만 한 가지 공통점이 있습니다. 제어할 수 없고, 쉽사리 꺼지지 않으며, 이성을 뛰어넘는 분노에 휩싸여 있다는 것 말입니다. 이 격노는 그저 단순한 감정이 아닙니다. 그것은 궁지에 몰린 포식자의 거친 발악처럼, 몰아치는 폭풍의 위세와 거친 바다의 파도처럼 막을 수 없는 힘입니다.

일부 바바리안들은 사나운 동물 정령들과의 교감을 통해 격노의 힘을 끌어올리기도 합니다. 다른 이들은 고통으로 가득 찬 세상에서 격노를 느끼기도 합니다. 모든 바바리안들에게 격노는 단순히 전투의 광란뿐 아니라 놀라운 반사신경과 끈기를 주고 강력한 힘을 발휘하게 해 주는 원천이 되어주는 것입니다.

원초의 본능

스스로 문명인이라 부르는 사람들은 마을이나 도시에 모여 살아가며, 동물들이 살아가는 자연의 법칙에서 멀리 떨어져 나왔다는 것을 우월성의 증표로 여깁니다. 하지만 바바리안들에게 있어 문명은 미덕이 아니라 약함의 증표입니다. 이들은 내면에 잠들어 있는 동물적 본성을 받아들였습니다. 날카로운 본능, 원시적인 강인함, 사나운 격노는 이러한 동물적 본성을 그대로 드러내 줍니다. 바바리안들은 성벽 안에서 사람들에 둘러싸여 있을 때 불편함을 느낍니다. 그들은 자신들의 부족이 살아가며 사냥을 벌이는 툰드라, 정글, 초원을 고향으로 여기며 그리워합니다.

바바리안들은 전투의 혼돈 속에서 진정 살아있음을 느낍니다. 그들은 격노를 터트리며 광전사로 변해 초자연적인 힘과 끈기를 얻습니다. 이들이 항상 격노에 휩싸일 수 있는 것은 아니지만, 휴식을 취하기 전 몇 번이라도 격노를 일으킨다면 눈앞의 모든 위협을 쓰러트리기엔 충분할 것입니다.

위험 속의 삶

문명사회에서 "야만인"이라 부르는 부족 사람들이 모두 바바리안은 아닙니다. 도시 내에서 진정한 전사를 찾는 것이 어려운 만큼, 부족 내에서 진정한 바바리안을 찾는 것도 쉬운 일은 아닙니다. 그들은 일족을 지키고 전쟁이 벌어지면 지도자의 역할을 합니다. 야생 속의 삶은 위험으로 가득 차 있습니다. 대립하는 부족들과의 분쟁도 있고, 기후가 사나울 때도 있으며, 무시무시한 괴물들이 도사리고 있을 때도 있습니다. 바바리안은 자신들의 동족이 위험에 노출되지 않도록 항상 앞장서서 맞서곤 합니다.

바바리안

레벨	숙련 보너스	클래스 요소	격노	격노 피해
1	+2	격노, 비무장 방어	2	+2
2	+2	무모한 공격, 위험감지	2	+2
3	+2	원시의 길	3	+2
4	+2	능력치 점수 상승	3	+2
5	+3	추가 공격, 빠른 이동	3	+2
6	+3	원시의 길 추가 요소	4	+2
7	+3	야만의 본능	4	+2
8	+3	능력치 점수 상승	4	+2
9	+4	야만적인 치명타 (주사위 1개)	4	+3
10	+4	원시의 길 추가 요소	4	+3
11	+4	끈질긴 격노	4	+3
12	+4	능력치 점수 상승	5	+3
13	+5	야만적인 치명타 (주사위 2개)	5	+3
14	+5	원시의 길 추가 요소	5	+3
15	+5	지속되는 격노	5	+3
16	+5	능력치 점수 상승	5	+4
17	+6	야만적인 치명타 (주사위 3개)	6	+4
18	+6	불굴의 힘	6	+4
19	+6	능력치 점수 상승	6	+4
20	+6	원시의 용사	무제한	+4

위험에 맞서는 용기를 지니고 있기에, 바바리안들은 모험 생활에도 쉽게 적응합니다. 본래 야만 부족들은 방랑 생활을 하는 경우도 많기 때문에 정처 없이 떠도는 모험자들의 삶 역시 바바리안에게는 큰 문제가 아닙니다. 어떤 바바리안들은 가족처럼 끈끈한 부족의 유대를 그리워하기도 하지만, 결국은 모험자 일행의 동료애가 그러한 유대를 대신해 줄 것입니다.

바바리안 만들기

바바리안 캐릭터를 만들 때는 당신의 캐릭터가 어디서 왔는지, 어떤 위치에 있었는지 생각할 필요가 있습니다. DM과 이야기를 나누며 당신의 출신에 대해 상의해 봅시다. 머나먼 지역 출신이라 캠페인의 무대가 되는 지역에서는 이방인으로 취급받고 있습니까? 아니면 캠페인의 무대 자체가 거친 개척지에서 벌어지는 것이라 바바리안들이 비교적 흔하게 보이는 편입니까?

어쩌다가 모험의 길에 들어서게 되었습니까? 부귀영화를 찾아 도시에 들어선 것입니까? 아니면 공통의 위협에 맞서 도시의 군인들과도 힘을 합치게 된 것입니까? 괴물이나 침략자 무리가 고향 땅을 침범해 정처 없는 피난길에 나선 것입니까? 어쩌면 당신은 전쟁 포로 출신이며, 사슬에 묶인 채 "문명 국가"에 끌려와 싸움 끝에 자유를 얻어낸 것일지도 모릅니다. 어쩌면 당신은 범죄나 터부 때문에 부족에서 쫓겨났거나, 하극상이 일어나 목숨만 부지해 달아난 것일지도 모릅니다.

빠른 제작

바바리안을 빨리 만들고자 한다면 아래 순서를 따르시길 권합니다. 우선 근력을 가장 높은 능력치로 정하고, 건강을 그다음으로 선택합니다. 그런 다음, 이방인 배경을 선택하시면 됩니다.

클래스 요소

바바리안으로서, 당신은 아래와 같은 클래스 요소를 지닙니다.

히트 포인트

히트 다이스: 바바리안 레벨당 1d12점
1레벨 시의 히트 포인트: 12 + 당신의 건강 수정치
레벨 상승시의 히트 포인트: 1레벨 상승할 때마다 1d12(또는 7) + 당신의 건강 수정치만큼 증가

숙련

갑옷: 경장 갑옷, 평장 갑옷, 방패
무기: 단순 무기 및 군용 무기 전체
도구: 없음

내성 굴림: 근력, 건강
기술: 동물 조련, 운동, 위협, 자연학, 감지, 생존 중 2종 선택

장비

당신은 아래와 같은 초기 장비를 지니고 있습니다. 여기에 당신의 배경으로 얻는 장비를 더합니다.

- *(a)* 그레이트액스 또는 *(b)* 군용 근접 무기 하나
- *(a)* 핸드액스 2개 또는 *(b)* 단순 무기 하나
- *(a)* 탐험가의 꾸러미와 자벨린 4개

격노 RAGE

전투가 벌어질 때, 당신은 원시의 격렬함을 불러일으켜 싸움에 뛰어듭니다. 당신은 자기 턴에 추가 행동을 사용해 격노에 들어설 수 있습니다.

중장 갑옷을 입지 않고 있을 때 격노에 들어갔다면, 당신은 아래와 같은 이익을 얻을 수 있습니다.

• 당신은 근력 판정과 근력 내성 굴림에 이점을 받습니다.
• 당신이 근력을 사용한 근접 무기 공격을 할 때, 당신은 피해 굴림에 보너스를 더할 수 있습니다. 이 보너스는 바바리안 표에 격노 피해 항목으로 나와 있습니다.
• 당신은 타격, 관통, 참격 피해에 저항을 얻습니다.

만약 당신에게 주문시전 능력이 있다 해도, 격노 중에는 주문을 시전하거나 정신 집중을 유지할 수 없습니다.

격노는 한 번 들어간 후 1분간 지속됩니다. 무의식 상태가 되거나, 지난 턴 이후 피해를 받지 않은 상태로 이번 턴에 당신이 적대적 크리쳐를 공격하지 않고 턴을 종료했다면 1분이 되기 전에도 종료될 수 있습니다. 또한 당신은 자기 턴에 언제든 추가 행동으로 스스로 격노를 종료할 수 있습니다.

일단 바바리안 표에 수록된 격노 항목이 기록된 횟수만큼 격노를 모두 사용했다면, 긴 휴식을 마쳐야 격노 사용 횟수를 회복할 수 있습니다.

비무장 방어 UNARMORED DEFENSE

만약 어떠한 갑옷도 착용하지 않았다면, 당신의 AC는 10 + 당신의 민첩 수정치 + 당신의 건강 수정치가 됩니다. 당신이 방패를 사용해도 이 이익을 받을 수 있습니다.

무모한 공격 RECKLESS ATTACK

바바리안 2레벨부터, 당신은 방어를 포기하고 무모하게 공격을 가할 수 있습니다. 당신은 자기 턴에 처음으로 공격을 가할 때, 무모한 공격을 하겠다고 선언할 수 있습니다. 무모함을 사용하면, 당신은 이번 턴 동안 근력을 사용하는 모든 근접 명중 굴림에 이점을 받을 수 있습니다. 단, 그 대신 당신의 다음 턴이 시작될 때까지 당신을 공격하는 모든 명중 굴림 역시 이점을 받게 됩니다.

위험 감지 DANGER SENSE

당신은 바바리안 2레벨 때부터 위험이 다가오거나 수상한 것이 근처에 있을 때 본능적으로 이를 알아차릴 수 있는 비범한 감각을 얻게 됩니다.

당신은 함정이나 주문 등 당신이 볼 수 있는 효과에 대한 민첩 내성 굴림에 이점을 받습니다. 단, 당신이 장님 혹은 귀머거리 상태이거나 행동불능 상태일 때는 이 효과를 받지 못합니다.

원시의 길 PRIMAL PATH

당신은 바바리안 3레벨이 되었을 때 광전사의 길과 토템 투사의 길 중 하나를 택해 자신의 격노가 어디에서 유래되었는가 정할 수 있습니다. 두 길에 대한 내용은 클래스 설명 마지막에 수록되어 있습니다. 당신은 이렇게 선택한 길에 따라 3, 6, 10, 14레벨에 추가적 요소를 얻을 수 있습니다.

능력치 점수 상승

당신은 바바리안 4, 8, 12, 16, 19레벨 때 각각 원하는 능력치 하나를 골라 2점 상승시키거나, 두 개의 능력치를 각각 1점씩 상승시킬 수 있습니다. 단, 이 방식으로는 능력치를 20점보다 높게 올릴 수 없습니다.

추가 공격

바바리안 5레벨에 도달하면, 당신은 자기 턴에 공격 행동을 할 때마다 공격을 두 번씩 가할 수 있습니다.

빠른 이동 FAST MOVEMENT

바바리안 5레벨 때부터, 중장 갑옷을 입지 않고 있을 때 당신의 이동 속도는 10ft 증가합니다.

야만의 본능 FERAL INSTINCT

바바리안 7레벨에 도달하면, 당신의 본능은 더욱 예리해져 우선권 굴림에 이점을 받을 수 있습니다.

또 당신이 전투가 시작될 때 행동불능 상태가 아니었는데 기습을 당했다면, 당신은 첫 번째 턴에 정상적으로 행동할 수 있습니다. 그러나 이렇게 얻은 턴에서는 우선 격노에 들어가야 다른 행동을 할 수 있습니다.

야만적인 치명타 BRUTAL CRITICAL

바바리안 9레벨에 도달하면, 근접 공격으로 치명타를 가했을 때 당신은 치명타 추가 피해에 무기 주사위를 하나 더 굴려 그 결과를 더할 수 있습니다. 이 추가 무기 피해는 바바리안 13레벨에 2개로, 17레벨에 3개로 점차 증가합니다.

끈질긴 격노 RELENTLESS RAGE

바바리안 11레벨에 도달하면, 당신은 치명적인 부상을 입은 상태에서도 격노의 힘을 통해 싸움을 계속할 수 있는 능력을 얻습니다. 당신이 격노 상태일 때 hp가 0으로 떨어졌으나 즉사는 하지 않았다면, 당신은 DC 10의 건강 내성을 굴릴 수 있습니다. 이 내성에 성공할 시, 당신은 hp 1을 남길 수 있습니다.

이 요소는 처음 발동된 후 다시 발동될 때마다 DC 5씩 증가합니다. 일단 당신이 짧은 휴식이나 긴 휴식을 마치면 DC는 다시 기본값인 10으로 돌아옵니다.

지속되는 격노 PERSISTENT RAGE

바바리안 15레벨에 도달하면, 당신의 격노는 너무나 격렬해져 무의식 상태에 빠지거나 스스로 끝내기 전까지는 계속 지속됩니다.

불굴의 힘 INDOMITABLE MIGHT

바바리안 18레벨에 도달하면, 당신의 행한 근력 판정의 결과가 자신의 근력 점수보다 낮을 경우, 대신 근력 점수를 판정 결과로 사용할 수 있습니다.

원시의 용사 PRIMAL CHAMPION

바바리안 20레벨에 도달하면, 당신은 야생 그 자체의 힘을 체현하는 존재가 됩니다. 당신의 근력과 건강 점수는 4점씩 증가하며, 두 능력치 점수의 최대치 역시 24로 증가합니다.

원시의 길

모든 바바리안의 가슴 속에는 격노가 끓어오르며, 그들을 위대한 길로 이끌어 줍니다. 하지만 격노의 원천은 바바리안마다 다릅니다. 어떤 이들은 내면의 고통과 슬픔, 분노를 통해 강철처럼 단단한 격노를 벼려냅니다. 한편, 다른 이들은 토템 동물들이 내리는 영적인 축복으로서 격노의 힘을 다루기도 합니다.

광전사의 길 PATH OF THE BERSERKER

몇몇 바바리언들에게 있어 격노란 모든 것을 끝내는 방법입니다. 그리고 그 끝은 폭력을 불러옵니다. 광전사의 길은 피로 얼룩진 다스릴 수 없는 격노의 길입니다. 광전사의 격노에 들어서면, 당신 자신의 건강이나 안전 따위는 도외시한 채 오로지 전투의 혼돈에서 환희를 느끼게 될 것입니다.

광분 FRENZY

당신은 바바리안 3레벨에 이 원시의 길을 선택할 때부터, 격노에 들어설 때마다 아예 광분에 빠지는 것을 선택할 수 있습니다. 광분에 빠지게 되면, 당신은 격노가 지속되는 동안 매번 자기 턴에 추가 행동으로 근접 무기 공격을 1회 가할 수 있습니다. 단 격노가 끝나게 되면 당신은 탈진 1단계를 얻게 됩니다. (부록 A를 참조하십시오.)

무아지경의 격노 MINDLESS RAGE

바바리안 6레벨에 도달하면, 당신은 격노 상태에 들어가 있을 때 공포나 매혹 상태가 되지 않습니다. 만약 당신이 격노에 들어가 있을 때 공포나 매혹 효과에 걸린다면, 그러한 효과는 격노 도중에는 억제되어 있다가 격노가 끝나면 효과를 발휘합니다.

위협적 존재감 INTIMIDATING PRESENCE

바바리안 10레벨 때부터, 당신은 행동을 사용해 적들에게 위협적으로 보이는 능력을 얻습니다. 주변 30ft 내에서 당신이 볼 수 있는 크리쳐 하나를 목표로 정합니다. 목표 역시 당신을 보거나 들을 수 있다면 지혜 내성을 굴려야 합니다. (DC는 8 + 당신의 숙련 보너스 + 당신의 매력 수정치입니다) 내성에 실패할 시, 목표는 당신의 다음 턴이 끝날 때까지 당신에 대해서 공포 상태가 됩니다. 당신이 다음 턴에도 행동을 사용한다면 목표의 공포 상태를 다시 다음 턴이 끝날 때까지로 연장할 수 있습니다.

목표가 당신이 보이지 않는 곳까지 도망가거나, 당신에게서 60ft 이상 떨어진 장소에서 턴을 종료한 경우 효과는 종료됩니다.

목표가 내성에 성공한 경우, 당신은 이후 24시간 동안 해당 목표에게 같은 요소를 사용할 수 없습니다.

앙갚음 RETALIATION

당신은 바바리안 14레벨에 도달하면, 주변 5ft 내의 크리쳐에게 피해를 받았을 때 반응행동을 사용하여 해당 크리쳐에게 근접 무기 공격을 1회 가할 수 있습니다.

토템 투사의 길
PATH OF THE TOTEM WARRIOR

토템 투사의 길은 영적인 여정입니다. 바바리안은 안내자이자 보호자, 영감을 주는 존재로서 동물 정령을 받아들입니다. 전투시에는 토템 정령이 초자연적 힘으로 당신을 채워주며, 바바리안의 격노에 마법적 힘을 부여하게 됩니다.

많은 바바리안 부족은 씨족에 친밀한 동물을 토템으로 삼곤 합니다. 이런 경우 하나의 동물 정령만을 모시는 경우가 많지만, 항상 예외도 존재하는 법입니다.

영혼을 찾는 자 SPIRIT SEEKER

당신은 자연 세계와의 조율을 추구하며, 그 결과 야수들과 더 친밀해지게 됩니다. 3레벨에 이 원시의 길을 선택하면, 당신은 *야수 감각Beast Sense*과 *동물과의 대화Speak with Animals* 주문을 시전하는 능력을 얻습니다. 이 주문들은 의식 형태로만 시전할 수 있습니다. 의식 시전에 대한 자세한 내용은 제10장을 참조하시기 바랍니다.

토템 정령 TOTEM SPIRIT

바바리안 3레벨에 이 원시의 길을 선택했을 때, 당신은 토템 정령을 선택하고 그에 따라 새 요소를 얻습니다. 당신은 반드시 토템의 형상을 물리적으로 모사한 물체를 지녀야 합니다. 이 물체는 부적이거나 다른 장식품 등등의 형태가 될 수 있으며, 토템이 될 동물의 가죽이나 깃털, 발톱, 이빨, 뼈 등이 포함되어 있어야 합니다. 또 다른 선택지로, 당신 자신이 토템 정령을 나타내는 물리적 특징을 지니고 있는 경우 역시 가능합니다. 예를 들어, 기이할 정도로 털이 수북하거나 두꺼운 피부를 가지고 있다면 곰을 토템으로 모시는 것일지도 모릅니다. 독수리를 토템을 모시는 경우 눈동자가 노란색일 수도 있습니다.

아래 목록의 동물들 외에도, 고향에서 더 흔하게 보이는 동물을 토템을 정하는 것 역시 가능합니다. 독수리 대신 매나 대머리 수리를 토템으로 삼는 것은 그리 큰 차이가 없습니다.

곰. 격노에 들어서면, 당신은 정신 피해를 제외한 모든 피해에 저항을 얻습니다. 곰의 정령은 당신에게 어떠한 타격에도 쓰러지지 않는 힘을 부여할 것입니다.

독수리. 격노에 들어서면, 다른 크리쳐들이 당신에게 기회공격을 가할 때는 명중에 불리점을 받습니다. 또 당신은 자기 턴에 추가 행동을 사용해 질주를 할 수 있습니다. 독수리의 정령은 당신에게 전장을 종횡무진으로 가로지르는 포식자의 힘을 부여할 것입니다.

늑대. 격노에 들어서면, 동료들은 당신 주변 5ft 내에 있는 적대적 크리쳐에게 근접 무기 공격을 가할 때 명중에 이점을 받습니다. 늑대 정령은 당신에게 사냥의 우두머리가 되는 힘을 부여할 것입니다.

야수의 형상 ASPECT OF THE BEAST

바바리안 6레벨에 도달하면 당신은 토템 동물을 선택해 마법적 효과를 받을 수 있습니다. 당신은 3레벨 때 선택한 동물과 같은 토템을 고를 수도 있고, 서로 다른 것을 고를 수도 있습니다.

곰. 곰의 힘을 얻습니다. 당신의 운반 능력(최대 적재량과 들어올릴 수 있는 최대 무게)이 2배로 증가합니다. 또 당신은 물체를 밀거나 당기거나 들어올리거나 파괴하기 위한 근력 판정에 이점을 받습니다.

독수리. 독수리의 시력을 얻습니다. 당신은 아무런 어려움 없이 1마일 거리까지 볼 수 있으며, 100ft 거리에서라면 아무리 세밀한 것이라도 발견할 수 있습니다. 또 당신은 약한 빛 환경에서 지혜(감지) 판정에 불리점을 받지 않습니다.

늑대. 늑대의 사냥 감각을 얻습니다. 당신은 빠른 속도로 이동하면서 다른 크리쳐를 추적할 수 있습니다. 또한 당신은 은신 상태를 유지하면서도 보통 속도로 여행할 수 있습니다.

영혼과 함께 걷는 자 SPIRIT WALKER

바바리안 10레벨에 도달하면, 당신은 *자연과의 대화Commune with Nature* 주문을 시전하는 능력을 얻습니다. 단, 의식 주문의 형태로만 시전할 수 있습니다. 이 주문을 시전하면 토템 정령이나 야수의 형상에서 선택한 동물의 모습이 나타나 당신이 원하는 정보를 알려줄 것입니다.

토템과의 조율 TOTEMIC ATTUNEMENT

바바리안 14레벨에 도달하면, 선택한 토템 정령에 따라 마법적인 효과를 얻게 됩니다. 당신은 이전에 선택했던 동물들을 그대로 따를 수도 있고, 새로운 동물 정령을 택할 수도 있습니다.

곰. 격노 도중, 당신 주변 5ft 내에 있는 모든 적대적 크리쳐는 당신이나 이와 동일한 요소를 지닌 캐릭터를 공격하는 게 아닌 한 모든 명중 굴림에 불리점을 받습니다. 당신을 보거나 들을 수 없는 경우 혹은 공포에 대해 면역인 경우에는 이 효과에 영향을 받지 않습니다.

독수리. 격노 도중, 당신은 현재 보행 이동 속도만큼의 비행 이동 속도를 얻을 수 있습니다. 이 효과는 순간적으로 터져 나오는 것이며, 허공에 머물 방법이 없이 하늘에 뜬 상태로 턴을 마치면 추락하게 될 것입니다.

늑대. 격노 도중, 당신은 근접 무기 공격으로 명중시킨 대형 이하 크리쳐 중 하나에게 추가 행동을 사용해 넘어트리기를 시도할 수 있습니다.

소서러 SORCERER

황금색 눈동자를 빛내며 손을 펼치자 그녀의 몸을 타고 흐르는 용의 불길이 적들에게 쏟아집니다. 지옥불에 타오르는 적들을 뒤로하고, 그녀는 용의 날개를 펼쳐 하늘로 날아오릅니다.

하프 엘프는 바람을 불러 일으키며 긴 머리를 휘날렸습니다. 그가 양손을 뻗고 머리를 쳐들자 몸이 허공에 떠올랐습니다. 마력의 파도가 몰아치며, 강렬한 벼락이 적들을 사정없이 내리쳤습니다.

석순 뒤에 몸을 숨기고 있던 하플링은 달려드는 트로글로다이트에게 손가락을 뻗었습니다. 손끝에서 불꽃이 튀어나오며 적을 강타했습니다. 그녀는 싱긋 웃고 다시 바위 뒤에 몸을 숨겼지만, 야생 마법의 여파로 자기 피부가 파랗게 물들었다는 사실은 깨닫지 못하는 것 같았습니다.

소서러들은 특이한 혈통을 타고나 태어날 때부터 마력을 지니고 있던 이들입니다. 몇몇은 이러한 힘이 이세계의 영향이며, 알 수 없는 우주의 힘에 의한 것이라고도 합니다. 소서러의 마법은 배워서 익힐 수 있는 것이 아닙니다. 소서러의 삶을 선택하는 이는 아무도 없습니다. 오히려 마법이 누군가를 선택했을 때, 그가 소서러로 태어나는 것입니다.

날 것 그대로의 마법

소서러들에게 있어 마법은 삶의 일부입니다. 마법은 소서러의 몸과 마음, 영혼 속에 깃들어 언제든 터져 나오길 기다리고 있습니다. 어떤 소서러들은 드래곤의 마력이 이어진 고대의 혈통을 통해 마법을 지니고 있습니다. 또 일부는 날 것 그대로의 통제할 수 없는 마력을 몸 안에 숨기고 있으며, 그래서 그들이 마법을 쓸 때면 혼돈의 폭풍이 소용돌이치곤 합니다.

소서러의 힘이 나타나는 방식은 도저히 예측할 수 없습니다. 용의 혈통을 잇는 가문 중에서도 매 세대에 정확히 한 명의 소서러만 태어나는 가문이 있는가 하면, 가문의 모든 구성원이 소서러인 경우도 있습니다. 하지만 대개의 경우, 소서러의 재능은 순전히 우연한 기회로 발현되곤 합니다. 일부 소서러는 자신들의 힘이 어디서 온 것인지 전혀 알지 못하며, 또 어떤 이들은 과거 삶 속에서 겪었던 기이한 일들이 그 이유가 아니었을까 짐작하기도 합니다. 데몬과 접촉했다거나, 태어났을 때 드라이어드의 축복을 받았거나, 신비한 샘물을 마셔서 소서러의 재능에 눈을 뜨는 경우도 있습니다. 또 어떤 경우는 마법의 신에게서 받은 재능일 수도 있고, 내부 이계의 원소력이나 광기에 찬 혼돈이 휘몰아치는 림보의 힘을 얻는 경우도 있습니다. 어떤 소서러는 그저 현실의 작동 원리를 어렴풋이 깨달은 것일지도 모릅니다.

소서러들은 위저드처럼 주문책이나 고대의 마법서를 사용하지 않으며, 워락들처럼 후견자의 힘을 받아 주문을 사용하지도 않습니다. 그저 자기 내면에 잠들어 있는 선천적인 마법의 힘을 일깨워 보면, 점점 더 강력하고 새로운 방식으로 힘을 사용할 수 있다는 것을 깨달을 뿐입니다.

설명할 수 없는 힘

소서러의 수는 많지 않고, 그나마 모험자가 되는 경우는 더욱 희귀합니다. 마력을 지닌 이들은 핏속에 흐르는 힘이 자신들을 가만히 놔두지 않는다는 사실을 잘 알고 있습니다. 소서러의 힘은 계속 자신을 드러내고자 하며, 잠들어 있다가도 예측할 수 없는 형태로 튀어나오곤 합니다.

소서러

레벨	숙련 보너스	술법점수	클래스 요소	알고 있는 소마법	알고 있는 주문	1	2	3	4	5	6	7	8	9
						— 주문 레벨당 주문 슬롯 —								
1	+2	—	주문시전, 마술의 기원	4	2	2	—	—	—	—	—	—	—	—
2	+2	2	마법력의 샘	4	3	3	—	—	—	—	—	—	—	—
3	+2	3	마법변형	4	4	4	2	—	—	—	—	—	—	—
4	+2	4	능력치 점수 상승	5	5	4	3	—	—	—	—	—	—	—
5	+3	5	—	5	6	4	3	2	—	—	—	—	—	—
6	+3	6	마술의 기원 추가 요소	5	7	4	3	3	—	—	—	—	—	—
7	+3	7	—	5	8	4	3	3	1	—	—	—	—	—
8	+3	8	능력치 점수 상승	5	9	4	3	3	2	—	—	—	—	—
9	+4	9	—	5	10	4	3	3	3	1	—	—	—	—
10	+4	10	마법변형	6	11	4	3	3	3	2	—	—	—	—
11	+4	11	—	6	12	4	3	3	3	2	1	—	—	—
12	+4	12	능력치 점수 상승	6	12	4	3	3	3	2	1	—	—	—
13	+5	13	—	6	13	4	3	3	3	2	1	1	—	—
14	+5	14	마술의 기원 추가 요소	6	13	4	3	3	3	2	1	1	—	—
15	+5	15	—	6	14	4	3	3	3	2	1	1	1	—
16	+5	16	능력치 점수 상승	6	14	4	3	3	3	2	1	1	1	—
17	+6	17	마법변형	6	15	4	3	3	3	2	1	1	1	1
18	+6	18	마술의 기원 추가 요소	6	15	4	3	3	3	3	1	1	1	1
19	+6	19	능력치 점수 상승	6	15	4	3	3	3	3	2	1	1	1
20	+6	20	술법 회복	6	15	4	3	3	3	3	2	2	1	1

소서러들은 가끔 스스로도 이해하지 못할 만큼 막연한 이유로 모험에 뛰어들곤 합니다. 어떤 이들은 자기 안에 흐르는 마력을 제어할 방법을 찾으려 하기도 하며, 마법의 근원을 찾으려는 경우도 있습니다. 어떤 이들은 자신을 괴롭히는 내면의 힘을 완전히 버리기 위해 모험에 나서기도 합니다. 이와는 정반대로 마력을 온전히 되찾고자 모험하는 소서러도 있습니다. 목적이야 제각각이지만, 소서러들은 모험자 일행에 있어 유용한 동료가 되곤 합니다. 이들이 위저드만큼 폭넓은 지식을 지닌 것은 아니지만, 소서러들은 자신들이 지닌 주문을 유연하게 사용하는 방식을 잘 알고 있기 때문입니다.

소서러 만들기

소서러 캐릭터를 만들 때 생각해야 하는 가장 중요한 질문은, 당신의 힘이 어디서 유래했는가 하는 것입니다. 당신은 캐릭터를 만드는 과정에서 용의 혈통을 타고났는지, 야생 마법의 영향을 받았는지를 결정해야 하지만, 힘의 정확한 근원은 어디까지나 당신이 정해야 합니다. 머나먼 선조로부터 내려오는 가문의 저주입니까? 아니면 어떤 기묘한 사건이 벌어져 당신의 내면에 상처를 남기고 그 대가로 마법의 힘을 남긴 것입니까?

몸속에 흐르는 마법의 힘에 대해 어떻게 생각하고 있습니까? 받아들였습니까? 제어하고자 합니까? 아니면 그 예측 불가능한 본성을 즐기고 있습니까? 마력은 당신에게 축복입니까 아니면 저주입니까? 스스로 힘을 얻고자 한 것입니까? 아니면 그저 주어진 것입니까? 마력을 거부할 기회가 있었습니까? 아니면 받아들인 것을 후회하며 되돌리고자 합니까? 어쩌면 당신은 무언가 거대한 목적을 위해 힘을 얻게 된 것이라고 느낄 수도 있습니다. 혹은 힘을 특권으로 여기며 힘이 없는 자들에게서 무엇이든 빼앗을 수 있다고 생각할지도 모릅니다. 어쩌면 당신의 힘은 권능을 지닌 존재와 연결된 것일지도 모릅니다. 태어날 때 요정의 축복을 받았거나, 드래곤이 당신의 혈관에 피를 한 방울 떨어트렸을 수도 있습니다. 어쩌면 당신은 리치가 실험을 통해 창조한 존재일지도 모르며, 신이 직접 선택하여 힘을 내려준 것일 수도 있습니다.

빠른 제작

소서러를 빨리 만들고자 한다면 아래 순서를 따르시길 권합니다. 우선 매력을 가장 높은 능력치로 정하고, 건강을 그다음으로 선택합니다. 그런 다음, 은둔자 배경을 선택하십시오. 소마법 중 빛 *Light*, 요술*Prestidigitation*, 서리 광선*Ray of Frost*, 전격의 손아귀*Shocking Grasp*를 선택하고, 1레벨 주문은 방패*Shield*와 마법 화살*Magic Missile*을 선택하시면 됩니다.

클래스 요소

소서러로서, 당신은 아래와 같은 클래스 요소를 지니고 있습니다.

히트 포인트

히트 다이스: 소서러 레벨당 1d6점
1레벨 시의 히트 포인트: 6 + 당신의 건강 수정치
레벨 상승시의 히트 포인트: 1레벨 상승할 때마다 1d6(또는 4) + 당신의 건강 수정치만큼 증가.

숙련

갑옷: 없음
무기: 대거, 다트, 슬링, 쿼터스태프, 라이트 크로스보우
도구: 없음

내성 굴림: 건강, 매력
기술: 비전학, 기만, 통찰, 위협, 설득, 종교학 중 2종 선택

장비

당신은 아래와 같은 초기 장비를 지니고 있습니다. 여기에 당신의 배경으로 얻는 장비를 더합니다.

- *(a)* 라이트 크로스보우와 볼트 20개 또는 *(b)* 단순 무기 하나
- *(a)* 구성요소 주머니 또는 *(b)* 비전 매개체 하나
- *(a)* 던전 탐색자의 꾸러미 또는 *(b)* 탐험가의 꾸러미
- 대거 2개

주문 시전

과거에 겪었던 사건이나 당신의 부모, 혹은 선조의 선택이 당신에게 지울 수 없는 각인을 남겼고, 그 결과 비전 마법의 힘이 당신 몸속에 흐르고 있습니다. 어떻게 얻게 된 것이든, 이 마력의 샘은 당신의 마법에 힘을 부여합니다. 주문시전에 대한 일반적 규칙은 제10장을, 소서러 주문 목록은 제11장을 참조하십시오.

소마법

당신은 1레벨 때 소서러 주문 목록에서 소마법 4개를 선택해 배울 수 있습니다. 레벨이 올라가면 당신은 소서러 표에 나온 대로 소서러 소마법을 추가로 배울 수 있습니다.

주문 슬롯

당신은 소서러 표를 참조해 각 레벨에 몇 개씩의 주문 슬롯을 지니고 있는지 확인할 수 있습니다. 소서러 주문을 시전하려면 먼저 해당 주문 레벨 이상의 주문 슬롯을 소비해야 합니다. 긴 휴식을 마칠 때 이미 소비한 주문 슬롯을 모두 회복할 수 있습니다.

예를 들어 당신이 1레벨 주문인 *타오르는 손길Burning Hands*을 알고 있고 1레벨과 2레벨 슬롯이 하나씩 남아 있다면, 당신은 둘 중 어느 슬롯이든 소비해서 *타오르는 손길* 주문을 시전할 수 있습니다.

알고 있는 주문들

당신은 1레벨에 소서러 주문 목록에서 1레벨 주문 2가지를 선택해 배울 수 있습니다.

소서러 표의 알고 있는 주문 항목은 당신이 언제 더 많은 소서러 주문을 알게 되는가 보여줍니다. 이 주문들의 레벨은 당신이 가진 주문 슬롯 레벨 이하여야 합니다. 예를 들어, 당신이 소서러 3레벨이 되었다면 당신은 1레벨 또는 2레벨 주문을 하나 더 배울 수 있습니다.

또한 당신은 소서러 레벨이 오를 때마다 이미 알고 있던 소서러 주문 하나를 골라 주문 목록에 있는 다른 주문으로 교체할 수 있습니다. 이때 당신이 선택한 주문의 레벨 역시 당신의 주문 슬롯 레벨 이하여야 합니다.

주문시전 능력치

소서러 주문을 시전할 때는 매력을 당신의 주문시전 능력치로 사용합니다. 당신의 마법은 내면의 마력에 의지를 투영해 세상을 변화시키는 힘이기 때문입니다. 당신은 주문시전 능력치가 필요할 때마다 매력과 그 수정치를 사용합니다. 또한 당신이 시전하는 소서러 주문의 내성 DC를 정할 때나 주문 공격시 명중 굴림 수정치에도 매력을 사용합니다.

주문 내성 DC =
8 + 당신의 숙련 보너스 + 당신의 매력 수정치

주문 공격 수정치 =
당신의 숙련 보너스 + 당신의 매력 수정치

주문시전 매개체

당신은 소서러 주문을 시전할 때, 비전 매개체(제5장 참조)를 주문시전 매개체로 사용할 수 있습니다.

마술의 기원 SORCEROUS ORIGIN

당신은 용의 혈통과 야생 마법이라는 두 기원 중 하나를 택해 자기 내면의 마력이 어디서 유래한 것인가 정할 수 있습니다. 이 기원에 대한 내용은 클래스 설명 마지막에 나와 있습니다.

당신은 자신이 선택한 기원에 따라 1, 6, 14, 18레벨에 추가적 요소들을 얻을 수 있습니다.

마법력의 샘 FONT OF MAGIC

소서러 2레벨에 도달하면, 내면 깊은 곳에 존재하는 마력의 샘에서 힘을 끌어올 수 있습니다. 이 샘의 힘은 술법 점수로 나타나며, 이 점수를 이용하면 다양한 마법적 효과를 일으킬 수 있습니다.

술법 점수 SORCERY POINTS

당신은 술법 점수 2점을 얻습니다. 소서러 레벨이 올라갈수록, 당신은 점점 더 많은 술법 점수를 지닐 수 있습니다. 이는 소서러 표의 술법 점수 항목에 나와 있습니다. 당신은 표에 설명된 자기 레벨 한계치 이상으로 술법 점수를 축적할 수 없습니다. 당신이 소비한 술법 점수는 긴 휴식을 마칠 때 모두 회복됩니다.

유연한 주문시전 FLEXIBLE CASTING

당신은 술법 점수를 소비해 추가 주문 슬롯을 얻거나, 주문 슬롯을 소비해 추가 술법 점수를 얻을 수 있습니다. 소서러 레벨이 올라가면 술법 점수를 사용하는 다른 방법들도 배울 수 있습니다.

주문 슬롯 만들기. 자기 턴에 추가 행동을 사용하고 술법 점수를 소비해 주문 슬롯을 하나 만들어 낼 수 있습니다. 주문 슬롯 생성 표를 참조하면 만들고자 하는 주문 슬롯의 레벨에 따라 얼마나 많은 술법 점수를 소비해야 하는지 알 수 있습니다. 6레벨 이상의 주문 슬롯은 술법 점수로 만들 수 없습니다.

술법 점수로 얻은 추가 주문 슬롯은 긴 휴식 때까지 소비하지 않은 경우 그대로 사라집니다.

주문 슬롯 생성

주문 슬롯 레벨	술법 점수 비용
1	2
2	3
3	5
4	6
5	7

주문 슬롯을 술법 점수로 변환. 당신은 자기 턴에 추가 행동을 사용하여 주문 슬롯을 소비하고, 그렇게 소비한 주문 슬롯의 레벨만큼 술법 점수를 얻을 수 있습니다.

마법변형 METAMAGIC

소서러 3레벨에 도달하면, 당신은 필요에 따라 자신의 주문을 수정하고 조절할 수 있는 능력을 얻습니다. 당신은 아래 주어진 마법변형 선택지 중 2가지를 골라 사용할 수 있습니다. 이후 소서러 10레벨과 17레벨에 도달했을 때 각각 하나씩의 선택지를 더 얻을 수 있습니다.

설명에 예외가 명시되어 있지 않은 한, 마법변형은 당신이 주문을 시전할 때 단 하나만 선택해 적용할 수 있습니다.

주문 세심화 CAREFUL SPELL

당신은 다른 크리쳐가 내성 굴림을 굴려야 하는 주문을 시전할 때, 목표 중 일부를 보호해 그들에게는 주문의 전력이 미치지 않도록 할 수 있습니다. 주문을 시전할 때 술법 점수 1점을 소비하고 당신의 매력 수정치(최소 1체)까지의 크리쳐를 선택합니다. 이렇게 선택된 크리쳐들은 당신이 시전하는 해당 주문의 내성 굴림에 자동 성공합니다.

주문 원거리화 DISTANT SPELL

당신은 5ft 이상의 사거리를 지닌 주문을 시전할 때 술법 점수 1점을 소비해 해당 주문의 사거리를 2배로 늘릴 수 있습니다.

또 당신은 사거리가 접촉인 주문을 시전할 때, 술법 점수 1점을 소비해 해당 주문의 사거리를 30ft로 늘릴 수 있습니다.

주문 강력화 EMPOWERED SPELL

당신이 주문의 피해 주사위를 굴릴 때, 술법 점수 1점을 소비해 당신의 매력 수정치(최소 1개)만큼 주사위를 다시 굴릴 수 있습니다. 단, 이때 반드시 새로 나온 주사위 값을 사용해야만 합니다.

주문 강력화는 이미 다른 마법 변형을 적용한 주문에 대해서도 사용할 수 있습니다.

주문 연장화 EXTENDED SPELL

당신은 지속시간 1분 이상의 주문을 시전할 때 술법 점수 1점을 소비해 지속시간을 2배로 늘릴 수 있습니다. 단, 24시간 이상으로 지속시간을 늘릴 수는 없습니다.

주문 상승화 HEIGHTENED SPELL

당신은 내성 굴림으로 효과에 저항할 수 있는 주문을 시전할 때, 술법 점수 3점을 소비해 주문의 목표 중 하나를 선택합니다. 이 목표는 주문에 대한 첫 번째 내성 굴림에 불리점을 받습니다.

주문 신속화 QUICKENED SPELL

당신은 시전시간이 1 행동인 주문을 시전할 때, 술법 점수 2점을 소비해 본래 시전시간 대신 1 추가 행동으로 주문을 시전할 수 있습니다.

주문 미묘화 SUBTLE SPELL

당신은 주문을 시전할 때, 술법 점수 1점을 소비해 동작이나 음성 구성요소를 무시하고 주문을 시전할 수 있습니다.

주문 이중화 TWINNED SPELL

당신은 사거리가 자신이 아니며 크리쳐 하나만을 목표로 하는 주문을 시전할 때, 해당 주문 레벨만큼의 술법 점수를 소비해 주문의 사거리 내에서 두 번째 크리쳐를 목표로 지정할 수 있습니다. (소마법의 경우 술법 점수 1점이 필요합니다.)

이 마법변형은 본래 레벨에서 크리쳐 하나만을 목표로 하는 주문에만 사용할 수 있습니다. 예를 들어, *마법 화살Magic Missile*이나 *타오르는 광선Scorching Ray*은 불가능하며, *서리 광선Ray of Frost*이나 *오색의 보주Chromatic Orb*는 가능합니다.

능력치 점수 상승

당신은 소서러 4, 8, 12, 16, 19레벨 때 각각 원하는 능력치 하나를 골라 2점 상승시키거나, 두 개의 능력치를 각각 1점씩 상승시킬 수 있습니다. 단, 이 방식으로는 능력치를 20점보다 높게 올릴 수 없습니다.

술법 회복 SORCEROUS RESTORATION

당신이 소서러 20레벨에 도달하면, 짧은 휴식을 마칠 때마다 술법 점수 4점을 회복할 수 있습니다.

마술의 기원

다양한 소서러들은 서로 다른 기원을 통해 내면의 마력을 얻었습니다. 이런저런 변형이 존재하긴 하지만, 이러한 기원 대부분은 크게 용의 혈통과 야생 마법 두 가지로 나뉩니다.

용의 혈통 DRACONIC BLOODLINE

당신의 내면에 잠든 마법은 당신이나 선조의 피 속에 섞여 있는 드래곤의 마법에서 유래했습니다. 이 기원을 지닌 소서러 대부분은 가문을 거슬러 가다보면 드래곤과 거래했던 고대의 강력한 소서러나 드래곤을 부모로 두고 있다고 주장하는 자를 발견할 수 있습니다. 이 가문 중 일부는 세상에 자리를 잘 잡고 있지만, 대개 세월이 지나며 흐려지고 사라지기도 합니다. 어쩌면 소서러 본인이 드래곤과 계약을 맺었거나, 기이한 상황으로 인해 드래곤의 피가 섞인 혈통을 맨 처음 열게 된 것일 수도 있습니다.

선조룡 Dragon Ancestor

당신은 1레벨 때 이 기원을 선택하면서 어떤 드래곤이 당신의 선조였는지 선택하게 됩니다. 드래곤의 종류에 따라 연관된 피해가 달라지며, 이후 클래스 요소에도 영향을 주게 됩니다.

선조룡

드래곤	피해 종류
골드	화염
그린	독성
레드	화염
브라스	화염
브론즈	번개
블랙	산성
블루	번개
실버	냉기
카퍼	산성
화이트	냉기

당신은 용언으로 말할 수 있으며, 용언을 읽고 쓸 수 있습니다. 또한 당신이 드래곤과 교섭하며 매력 판정을 할 때는 숙련 보너스를 2배로 적용받게 됩니다.

용의 탄성 Draconic Resilience

당신은 몸속을 흐르는 마력 덕분에 선조룡의 신체적 특징을 이어받을 수 있습니다. 1레벨 때 당신의 최대 hp가 1점 증가하며, 소서러 레벨이 올라갈 때마다 1점씩 추가로 hp가 늘어납니다.

또한 당신의 피부 일부를 드래곤의 것 같은 얇은 비늘이 덮게 됩니다. 당신이 어떠한 갑옷도 착용하고 있지 않을 때, 당신의 AC는 13 + 당신의 민첩 수정치가 됩니다.

원소 친화 Elemental Affinity

소서러 6레벨에 도달하면, 당신은 선조룡에 연관된 피해를 가하는 주문을 시전할 때, 피해 주사위 중 하나에 당신의 매력 수정치를 더할 수 있습니다. 또 당신은 술법 점수 1점을 소비해 1시간 동안 해당 피해 종류에 대해 내성을 얻을 수 있습니다.

용의 날개 Dragon Wings

소서러 14레벨에 도달하면, 당신은 등에 드래곤의 날개를 돋아나게 할 수 있는 능력을 얻습니다. 날개를 펴면 당신은 현재 이동 속도와 같은 비행 이동 속도를 얻습니다. 당신은 자기 턴에 추가 행동을 사용해 날개를 펼 수 있습니다. 이 날개는 당신이 다시 추가 행동으로 사라지게 하기 전까지 유지됩니다.

날개에 맞추어 제작된 갑옷이 아니라면, 갑옷을 입은 상태에서는 이 능력을 사용할 수 없습니다. 또한 옷 역시 날개에 맞춰 제작된 것이 아니라면 날개를 펼 때 옷이 찢어질 것입니다.

용의 존재감 Draconic Presence

소서러 18레벨에 도달하면, 당신은 선조룡의 무시무시한 존재감을 드러내 주변을 공포에 빠뜨리거나 위축시킬 수 있습니다. 당신은 행동을 사용하고 술법 점수 5점을 소비해 이 능력을 발동시킬 수 있습니다. 발동 당시 당신은 압도의 오오라와 공포의 오오라 중 하나를 선택하며, 선택된 오오라는 주변 60ft 반경에 퍼집니다. 이 오오라는 1분간 지속되며, 그전에도 당신이 집중을 중단하면 종료됩니다. (주문에 대한 집중과 동일) 범위 내의 모든 적대적 크리처는 자기 턴이 시작할 때 지혜 내성을 굴립니다. 압도의 오오라를 사용하는 경우, 내성에 실패하면 매혹 상태가 됩니다.

공포의 오오라를 사용하는 경우, 내성에 실패하면 공포 상태가 됩니다. 이 상태는 오오라가 지속되는 동안 유지됩니다. 오오라에 대한 내성에 성공한 크리처는 이후 24시간 동안 당신의 오오라에 대해 면역을 얻습니다.

야생 마법 Wild Magic

당신의 내면에 잠든 마력은 우주의 질서가 세워지기 전부터 존재했던 혼돈의 힘에서 비롯된 것입니다. 당신은 날 것 그대로의 마력에 노출되었거나, 림보, 원소계, 아니면 신비한 파 랠럼과 연결된 포탈의 영향을 받았을 수도 있습니다. 어쩌면 당신은 강력한 요정이나 데몬에 의해 낙인을 받았을 수도 있습니다. 혹은 그 어떤 이유도 없이 순수한 우연에 의해 태어나면서부터 주어진 것일지도 모릅니다. 어떤 이유로 주어진 것이든, 이 혼돈의 마력은 당신의 내면에서 고동치며 해방되는 순간을 기다리고 있습니다.

야생 마법 여파 Wild Magic Surge

당신이 1레벨에 이 기원을 선택하면, 당신의 주문에는 길들여지지 않은 마법의 여파가 담기게 됩니다. 턴 당 한 번, 당신이 1레벨 이상의 소서러 주문을 시전한 직후 DM은 당신에게 d20을 굴리도록 할 수 있습니다. 그리고 이 d20에서 1이 나온 경우 야생 마법 여파 표에서 주사위를 굴려 발생하는 마법 효과를 판정합니다. 만약 나타나는 효과가 주문이라면, 당신은 그 주문에도 당신의 마법 변형을 적용할 수 있습니다. 만약 여파의 효과가 정신집중을 요구하는 것이라면, 여파로 발생한 경우 정신집중 없이도 최대 지속시간까지 유지됩니다.

혼돈의 물결 Tides of Chaos

당신은 소서러 1레벨 때부터 혼돈의 힘을 조작하는 능력을 얻습니다. 당신은 명중 굴림, 능력 판정, 내성 굴림을 굴릴 때 한 번 이점을 받을 수 있습니다. 이렇게 한 번 이점을 받았다면, 긴 휴식을 마치기 전까지는 이 요소를 다시 사용할 수 없습니다.

이 요소를 사용하고 회복하기 전 상태일 때, DM은 당신이 1레벨 이상의 소서러 주문을 시전하고 난 직후 당신에게 야생 마법 여파 표에 따라 d20을 굴리라고 할 수 있습니다. 이렇게 한 번 여파를 겪고 나면 당신은 이 요소를 다시 사용할 수 있게 됩니다.

운 비틀기 Bend Luck

당신은 소서러 6레벨부터 야생 마법을 이용해 운명을 비틀 수 있는 능력을 얻습니다. 당신이 볼 수 있는 다른 크리처가 명중 굴림, 능력 판정, 내성 굴림을 굴릴 때, 당신은 반응행동을 사용하고 술법 점수 2점을 소비해 1d4를 굴릴 수 있습니다. 당신은 이 1d4의 결과를 해당 크리처가 굴린 d20에 보너스나 페널티로 적용시킬 수 있습니다. 당신은 크리처가 주사위를 굴린 다음에도 이 요소를 사용할 수 있지만, 결과가 확정된 다음에는 쓸 수 없습니다.

혼돈 통제 Controlled Chaos

소서러 14레벨에 도달하면, 당신은 야생 마법의 여파를 더 잘 통제할 수 있게 됩니다. 당신은 야생 마법 여파가 발생할 때마다 주사위를 2번 굴려 그중 원하는 결과를 선택할 수 있습니다.

주문 폭격 Spell Bombardment

소서러 18레벨에 도달하면, 당신은 주문의 파괴력을 더욱 강력하게 만드는 능력을 얻습니다. 당신은 주문의 피해 주사위를 굴릴 때, 최대값이 나온 주사위가 있다면 그중 하나를 다시 굴려 그 값 역시 피해에 더할 수 있습니다. 이 요소는 턴당 한 번만 적용할 수 있습니다.

야생 마법 여파

d100	효과
01–02	이후 1분간, 당신의 턴이 시작될 때마다 이 표를 다시 굴립니다. 이후 판정에서 01–02는 무시합니다.
03–04	이후 1분간, 당신은 시야 안에 있는 투명 상태의 크리쳐들을 모두 볼 수 있습니다.
05–06	DM이 선택하고 조종하는 모드론 하나가 당신 주변 5ft 내에 나타난 다음 1분 후에 사라집니다.
07–08	당신은 자신을 중심으로 3레벨 화염구*Fireball*주문을 시전합니다
09–10	당신은 *마법 화살Magic missile* 주문을 5레벨로 시전합니다.
11–12	d10을 굴립니다. 홀수가 나왔다면, 그 값만큼 키가 작아집니다. 짝수가 나왔다면 그 값만큼 키가 커집니다. 키가 커지고 작아지는 단위는 인치입니다.
13–14	당신은 자신을 중심으로 혼란*Confusion* 주문을 시전합니다.
15–16	이후 1분간, 당신은 자기 턴이 시작될 때마다 5점의 hp를 회복합니다.
17–18	당신이 재채기할 때까지 얼굴에서 깃털 수염이 자라납니다. 재채기를 하면 얼굴에서 깃털이 폭발하여 주변으로 흩어집니다.
19–20	당신은 자신을 중심으로 기름칠*Grease* 주문을 시전합니다.
21–22	이후 1분 내에 당신이 시전하는 다음번 주문에 내성을 굴리려는 크리쳐는 내성 굴림에 불리점을 받습니다.
23–24	당신의 피부는 밝은 푸른색으로 변합니다. *저주 해제Remove curse* 주문으로 이 효과를 끝낼 수 있습니다.
25–26	이후 1분간, 당신의 이마에 눈이 생겨납니다. 그동안, 당신은 시각에 관계된 지혜(감지) 판정에 이점을 받습니다.
27–28	이후 1분간, 시전 시간이 1 행동인 당신의 모든 주문은 대신 1 추가 행동으로 시전할 수 있게 됩니다.
29–30	당신은 60ft 내의 볼 수 있는 점유되지 않은 공간을 선택해 그곳으로 순간이동합니다.
31–32	당신은 자신의 다음 턴이 끝날 때까지 아스트랄계로 날아가며, 끝나고 나면 원래 자리에 도로 나타납니다. 원래 자리가 점유되어 있으면 가장 가까운 점유되지 않은 자리에 나타납니다.
33–34	이후 1분 이내에 당신이 시전하는 다음번 주문의 피해는 무조건 최대치가 됩니다.
35–36	d10을 굴립니다. 홀수가 나온다면, 당신은 그 숫자만큼 나이가 어려집니다. (최소 1살) 짝수가 나온다면, 당신은 그 숫자만큼 나이를 먹습니다.
37–38	60ft 이내의 점유되지 않은 공간에 DM이 조종하는 1d6체의 플럼프가 나타납니다. 이들은 당신에게 공포를 느끼는 상태이며, 1분 뒤에 사라집니다.
39–40	당신은 2d10점의 hp를 회복합니다.
41–42	당신은 자신의 다음 턴이 시작될 때까지 관상식물로 변합니다. 식물 상태일 때, 당신은 행동불능 상태이며 모든 피해에 취약성을 지닙니다. 만약 당신이 식물 상태일 때 hp가 0점이 된다면 당신은 본래 형태로 돌아옵니다.
43–44	다음 1분간, 당신은 자기 턴마다 추가 행동을 사용해 20ft까지를 순간이동 할 수 있습니다.
45–46	당신은 자신에게 부양*Levitate* 주문을 시전합니다.
47–48	DM이 조종하는 유니콘이 5ft 주변에 나타납니다. 유니콘은 1분 뒤에 사라집니다.
49–50	당신은 이후 1분간 말을 할 수 없게 됩니다. 당신이 말하려 할 때마다 입에서 분홍 거품이 나옵니다.
51–52	이후 1분간, 유령같이 반투명한 방패가 당신 주변을 떠돌며 AC에 +2 보너스를 주고 *마법 화살Magic missile* 주문에 대한 면역을 제공합니다.
53–54	당신은 이후 5d6일 동안 알코올에 취하지 않습니다.
55–56	당신의 머리카락은 모두 빠지고, 이후 24시간 동안 다시 원래 길이로 자라납니다.
57–58	이후 1분간, 누군가 장비하거나 들고 있지 않은 가연성 물체는 당신이 만질 때마다 불에 타게 됩니다.
59–60	당신은 사용한 것 중 가장 낮은 레벨의 주문 슬롯을 하나 회복합니다.
61–62	이후 1분간, 당신은 말할 때마다 고함을 치게 됩니다.
63–64	당신은 자신을 중심으로 *안개 구름Fog cloud* 주문을 시전합니다.
65–66	당신은 주변 30ft 내의 크리쳐를 셋까지 목표로 정합니다. 이렇게 정해진 목표들은 각각 4d10의 번개 피해를 받습니다.
67–68	당신은 자신의 다음 턴이 끝날 때까지, 가장 가까운 크리쳐에 대해 공포 상태가 됩니다.
69–70	당신 주변 30ft 내의 모든 크리쳐는 이후 1분간 투명 상태가 됩니다. 이 투명 상태는 공격하거나 주문을 시전한 경우 종료됩니다.
71–72	이후 1분간, 당신은 모든 피해에 저항을 얻습니다.
73–74	당신 주변 60ft 내의 무작위 크리쳐 하나는 1d4시간 동안 중독 상태가 됩니다.
75–76	이후 1분간, 당신은 30ft 주변에 밝은 빛을 냅니다. 당신 주변 5ft 내에서 턴을 마치는 크리쳐는 모두 자신의 다음 턴이 끝날 때까지 장님 상태가 됩니다.
77–78	당신은 자신에게 변신*Polymorph* 주문을 시전합니다. 만약 당신이 내성 굴림에 실패한 경우, 주문의 지속시간 동안 양으로 변하게 됩니다.
79–80	이후 1분간, 당신 주변 10ft 내에는 환영 나비와 꽃잎이 흩날립니다.
81–82	당신은 즉시 행동 1회를 더 얻습니다.
83–84	당신 주변 30ft 내의 모든 크리쳐는 1d10점의 사령 피해를 받습니다. 당신은 이렇게 가해진 사령 피해의 총합만큼 hp를 회복합니다.
85–86	당신은 *거울 분신Mirror Image*을 시전합니다.
87–88	당신은 60ft 내의 무작위 크리쳐에게 비행*Fly*주문을 시전합니다.
89–90	이후 1분간, 당신은 투명 상태가 됩니다. 이동안, 다른 크리쳐는 당신 소리를 들을 수 없습니다. 이 투명 상태는 당신이 공격하거나 주문을 시전하면 끝납니다.
91–92	이후 1분 이내에 당신이 죽는다면, 당신은 즉시 환생*Reincarnate* 주문을 시전받은 것처럼 되살아납니다.
93–94	이후 1분간, 당신의 크기는 1단계 커집니다.
95–96	당신과 30ft 내의 모든 크리쳐는 이후 1분간 관통 피해에 취약성을 얻습니다.
97–98	당신은 이후 1분간, 미약한 음악 소리에 휩싸입니다.
99–00	당신은 소비한 술법 점수를 모두 회복합니다.

워락 WARLOCK

황금색 로브를 입고 어깨에 슈도드래곤을 태운 젊은 엘프가 따뜻한 미소를 짓자, 마법의 매력이 달콤한 말을 타고 흘러 궁정 경비병을 자기 마음대로 움직일 수 있게 되었습니다.

주름투성이 노파가 데몬 후견자의 이름을 속삭이자, 주문에 악마의 마력이 차오르며 그녀의 양손에서 불꽃이 솟아오릅니다.

기이한 별들의 배치를 살펴보며 낡아빠진 책을 뒤적이던 티플링은 광기에 찬 눈으로 영창을 계속하며 신비의 의식을 통해 머나먼 이계로 통하는 문을 열고자 합니다.

워락은 멀티버스의 구조 속에 숨겨진 지식을 추구하는 자들입니다. 그들은 초자연적인 권능을 지닌 신비한 존재들과 계약을 맺어 미묘하고 강력한 마법의 힘을 얻었습니다. 이들은 요정 귀족이나 데몬, 데빌, 해그, 파 렐름의 이질적인 존재에 대한 고대의 지식에서 힘을 얻어 비전의 비밀과 융합해 자신들의 능력으로 삼고 있습니다.

계약과 은총

워락은 외세계의 존재와 계약을 맺은 자입니다. 어찌 보면 워락과 후견자의 관계는 클레릭과 그가 섬기는 신의 관계와 유사한 것 같기도 합니다. 하지만 워락이 섬기는 후견자들은 신이 아닙니다. 워락은 데몬 대공, 아크데빌, 혹은 진정 이질적인 존재를 섬기는 사교의 교단을 이끄는 경우도 있습니다. 이런 것들은 결코 클레릭이 섬기는 존재가 아닙니다. 사실 이러한 관계는 장인과 도제 사이의 관계와 유사하기도 합니다. 워락은 배움을 거듭하며 점차 큰 힘을 얻게 되지만, 그 대신 후견자를 위해 봉사를 해야 할 수도 있습니다.

워락이 사용하는 마법은 어둠 속에서도 볼 수 있는 능력을 주거나 어떤 언어든 읽을 수 있는 능력을 주는 등 워락 그 자신을 변화시키기도 하며, 강력한 주문을 사용할 수 있게 해주기도 합니다. 학구적인 위저드들과 달리, 워락은 마법을 보조하기 위해 근접 전투에 대비하는 법도 익히곤 합니다. 워락은 경장 갑옷을 입을 수 있으며, 단순 무기들을 사용하는 법을 배웁니다.

비밀의 탐닉자

워락을 움직이는 원동력은 지식과 힘에 대한 끝없는 갈망입니다. 그들은 이 갈망 때문에 계약을 맺게 되며, 일단 계약을 하고 나면 그들의 삶은 영원히 달라집니다.

섣불리 악마와 계약을 맺었다가 스스로를 속박하게 된 워락의 이야기는 널리 알려져 있습니다. 그러나 워락의 후견자들이 모두 악마인 것은 아닙니다. 가끔은 황야 한가운데를 여행하던 여행자가 기이하게 아름다운 탑에 들렀다가 요정 군주와 만나 자신도 모르는 채 계약을 맺게 되는 경우도 있습니다. 또 가끔은 금지된 고서를 펼쳐 보았다가 물질계나 알려진 모든 이계 너머에 있는, 이질적인 광기의 세계를 접해 계약하게 되는 경우도 있습니다.

일단 계약을 맺고 나면, 지식과 권능을 추구하는 워락의 갈망은 단순히 연구와 학습만으로는 충족할 수 없게 됩니다. 애당초

레벨	숙련 보너스	클래스 요소	알고 있는 소마법	알고 있는 주문	주문슬롯 개수	슬롯 레벨	알고 있는 영창
1	+2	외세계의 후견자, 계약 마법	2	2	1	1	—
2	+2	섬뜩한 영창	2	3	2	1	2
3	+2	계약의 은혜	2	4	2	2	2
4	+2	능력치 점수 상승	3	5	2	2	2
5	+3	—	3	6	2	3	3
6	+3	외세계의 후견자 추가 요소	3	7	2	3	3
7	+3	—	3	8	2	4	4
8	+3	능력치 점수 상승	3	9	2	4	4
9	+4	—	3	10	2	5	5
10	+4	외세계의 후견자 추가 요소	4	10	2	5	5
11	+4	신비의 비밀 (6레벨)	4	11	3	5	5
12	+4	능력치 점수 상승	4	11	3	5	6
13	+5	신비의 비밀 (7레벨)	4	12	3	5	6
14	+5	외세계의 후견자 추가 요소	4	12	3	5	6
15	+5	신비의 비밀 (8레벨)	4	13	3	5	7
16	+5	능력치 점수 상승	4	13	3	5	7
17	+6	신비의 비밀 (9레벨)	4	14	4	5	7
18	+6	—	4	14	4	5	8
19	+6	능력치 점수 상승	4	15	4	5	8
20	+6	섬뜩한 대가	4	15	4	5	8

힘을 손에 넣고자 하지 않았다면 그처럼 강대한 후견자와 계약을 맺지도 않았을 것입니다. 계약을 맺은 워락은 일생을 바쳐 자신들의 목적을 추구하며, 그러다가 모험의 길로 나설 때도 있습니다. 혹은 그들에게 힘을 내려준 후견자가 워락에게 모험에 나서는 것을 요구하기도 합니다.

워락 만들기

워락 캐릭터를 만들 때는, 먼저 당신의 후견자가 누구이며 계약의 내용은 어떤 것이었는가 생각할 필요가 있습니다. 당신은 왜 계약을 했으며, 후견자와는 어떻게 처음 접촉했습니까? 유혹을 이기지 못하고 데빌을 소환했습니까? 아니면 이질적인 고대신과 접촉하는 의식을 수행하려 했습니까? 후견자를 적극적으로 찾았습니까? 아니면 후견자가 당신을 찾아내고 선택한 것입니까? 당신은 계약에 따르는 의무를 즐겁게 수행하고 있습니까, 아니면 고통스러워하며 마지못해 따르고 있습니까?

DM과 함께 상의하여 당신의 캐릭터가 모험의 여정을 걷는 동안 계약이 얼마나 큰 위치를 차지하는지 생각해 보는 것이 좋습니다. 당신은 후견자의 요구 때문에 모험에 나선 것일 수도 있고, 당신이 모험을 계속하는 도중 후견자가 끝없이 자잘한 요구를 해올 수도 있습니다.

당신과 후견자의 관계는 어떻습니까? 우호적입니까? 적대적입니까? 불편합니까? 로맨틱합니까? 당신의 후견자는 당신에게 얼마나 중요한 의미를 지니고 있습니까? 당신은 후견자의 전체 계획에서 어떤 위치를 차지하고 있습니까? 당신은 후견자의 다른 하수인들을 알고 있습니까?

당신과 후견자는 어떻게 교류하고 있습니까? 당신에게 패밀리어가 있다면, 그 패밀리어가 가끔 후견자의 목소리로 말할 수도 있습니다. 어떤 워락들은 나무에 쓰인 글귀로, 찻잎의 흔적으로, 구름의 모양으로 후견자의 메시지를 읽기도 합니다. 이 메시지는 오직 워락의 눈에만 보일 것입니다. 다른 워락들은 꿈이나 백일몽 속에서 후견자와 이야기하기도 하며, 중개자를 통해서만 연락을 주고받기도 합니다.

빠른 제작

워락을 빨리 만들고자 한다면 아래 순서를 따르시길 권합니다. 매력을 가장 높은 능력치로 정하고, 건강을 그다음으로 선택합니다. 그런 다음, 사기꾼 배경을 선택하십시오. 소마법 중 섬뜩한 방출Eldritch Blast 과 냉랭한 접촉Chill Touch을 선택하고, 1레벨 주문은 인간형 매혹 Charm Person과 주술 화살Witch Bolt을 선택하시면 됩니다.

클래스 요소

워락으로서, 당신은 아래와 같은 클래스 요소를 지니고 있습니다.

히트 포인트

히트 다이스: 워락 레벨당 1d8점
1레벨 시의 히트 포인트: 8 + 당신의 건강 수정치
레벨 상승시의 히트 포인트: 1레벨 상승할 때마다 1d8(또는 5) + 당신의 건강 수정치만큼 증가

숙련

갑옷: 경장 갑옷
무기: 단순 무기 전체
도구: 없음

내성 굴림: 지혜, 매력
기술: 비전학, 기만, 역사학, 위협, 수사, 자연학, 종교 중 2종 선택

장비

당신은 아래와 같은 초기 장비를 지니고 있습니다. 여기에 당신의 배경으로 얻는 장비를 더합니다.

- *(a)* 라이트 크로스보우와 볼트 20개 또는 *(b)* 단순 무기 하나
- *(a)* 구성요소 주머니 또는 *(b)* 비전 매개체
- *(a)* 학자의 꾸러미 또는 *(b)* 던전 탐색자의 꾸러미
- 레더 아머, 단순 무기 하나, 대거 2개

외세계의 후견자 OTHERWORLDLY PATRON

당신은 워락 1레벨 때 대요정, 악마, 위대한 옛것 중 어떤 존재와 계약을 맺은 것인지 결정해야 합니다. 각 후견자에 대한 내용은 클래스 설명 마지막에 나와 있습니다. 당신은 자신이 선택한 후견자에 따라 6, 10, 14레벨에 추가적 요소를 얻을 수 있습니다.

계약 마법 PACT MAGIC

당신은 후견자가 내려준 마법의 힘과 스스로의 연구를 통해 주문을 시전할 수 있습니다. 주문시전의 일반적인 규칙은 제10장을, 워락 주문 목록은 제11장을 참조하십시오.

소마법

당신은 1레벨 때 워락 주문 목록에서 소마법 2개를 선택해 배울 수 있습니다. 레벨이 올라가면 당신은 워락 표에 나온 대로 워락 소마법을 추가로 배울 수 있습니다.

주문 슬롯

워락 표에는 레벨에 따른 주문 슬롯 수가 쓰여 있습니다. 이 슬롯은 1레벨에서 5레벨까지의 워락 주문을 시전할 때 사용할 수 있습니다. 당신의 슬롯은 모두 동일한 레벨이며 슬롯 레벨 역시 표에 나와 있습니다. 1레벨 이상의 워락 주문을 시전하려면 먼저 주문 슬롯을 소비해야 합니다. 짧은 휴식이나 긴 휴식을 마칠 때 소비한 주문 슬롯을 모두 회복할 수 있습니다.

예를 들어, 당신이 5레벨이라면 3레벨 주문 슬롯 2개를 가지고 있을 것입니다. 1레벨 주문 주술 화살Witch Bolt를 시전할 때, 당신은 이 슬롯 중 하나를 소비해 3레벨 형태로 시전할 수 있습니다.

알고 있는 주문들

당신은 1레벨에 워락 주문 목록에서 1레벨 주문 2가지를 선택해 배울 수 있습니다.

워락 표의 알고 있는 주문 항목은 워락 레벨이 오를 때 몇 개의 주문을 새로 알게 되는가 보여줍니다. 이 주문들의 레벨은 당신의 주문 슬롯 레벨 이하여야 합니다. 예를 들어, 워락 6레벨이 되었다면 당신은 워락 주문 목록의 1~3레벨 주문 중 원하는 주문 하나를 새로 배울 수 있습니다.

또한 당신은 워락 레벨이 오를 때마다 이미 알던 워락 주문 중 하나를 골라 주문 목록에 있는 다른 주문으로 교체할 수 있습니다. 이때 당신이 선택한 주문의 레벨 역시 당신의 주문 슬롯 레벨 이하여야 합니다.

주문시전 능력치

워락 주문을 시전할 때는 매력을 당신의 주문시전 능력치로 사용합니다. 당신은 주문시전 능력치가 필요할 때마다 매력과 그 수정치를 사용합니다. 또한 당신이 시전하는 워락 주문의 내성 DC를 정할 때나 주문 공격시 명중 굴림 수정치에도 매력을 사용합니다.

주문 내성 DC =
8 + 당신의 숙련 보너스 + 당신의 매력 수정치

주문 공격 수정치 =
당신의 숙련 보너스 + 당신의 매력 수정치

주문시전 매개체

당신은 워락 주문을 시전할 때, 비전 매개체(제5장 참조)를 주문시전 매개체로 사용할 수 있습니다.

섬뜩한 영창 ELDRITCH INVOCATIONS

당신은 신비한 전승을 배우는 과정을 통해 기이한 마법적 능력을 부여해 주는 금단의 지식인 섬뜩한 영창을 얻게 됩니다.

당신은 워락 2레벨이 되었을 때 섬뜩한 영창 2가지를 선택해 배울 수 있습니다. 당신이 선택 가능한 영창 목록은 클래스 상세 설명에 수록되어 있습니다. 당신이 워락 레벨을 올리면, 워락 표에 나와 있는 대로 더 많은 영창을 배울 수 있습니다.

또한 당신은 워락 레벨을 올릴 때마다 자신이 이미 알고 있는 섬뜩한 영창 중의 하나를 해당 레벨에서 배울 수 있는 다른 영창으로 교체할 수 있습니다.

계약의 은혜 PACT BOON

워락 3레벨에 도달하면, 당신과 계약한 후견자는 당신의 충성스러운 봉사에 보답하기 위한 선물을 내려줍니다. 당신은 아래 요소 중 원하는 것 한 가지를 선택할 수 있습니다.

사슬의 계약 PACT OF THE CHAIN

당신은 패밀리어 찾기Find Familiar 주문을 배우며 의식으로 시전할 수 있게 됩니다. 이 주문은 당신이 알고 있는 주문 개수에 포함되지 않습니다.

당신은 이 주문을 시전할 때, 일반적인 형태 대신 임프, 슈도드래곤, 콰짓, 스프라이트 형상의 패밀리어를 부를 수 있습니다.

또 당신이 공격 행동을 할 때, 당신은 자신의 공격 한 번을 포기하는 대신 패밀리어가 반응행동을 사용해 한 번 공격하도록 할 수 있습니다.

칼날의 계약 PACT OF THE BLADE

당신은 행동을 사용해 빈손에서 계약 무기를 만들어 낼 수 있습니다. 당신은 매번 계약 무기를 불러낼 때마다 원하는 근접 무기의 형태를 취하도록 할 수 있습니다. (제5장의 무기 정보를 참조하십시오.) 당신은 계약 무기를 장비하고 있는 동안 그 무기에 대한 숙련도 얻을 수 있습니다. 이 무기는 비마법적 공격에 대한 저항이나 면역을 극복할 때 마법 무기로 취급합니다.

당신의 계약 무기는 당신으로부터 5ft 이상 떨어진 채 1분 이상 지나면 사라집니다. 또한 당신이 이 요소를 다시 사용하거나, 스스로 무기를 없애려 할 경우(행동 필요 없음), 혹은 당신이 사망할 경우에도 사라집니다.

당신은 마법 무기를 들고 있을 때 특별한 의식을 거행해서 당신의 계약 무기로 삼을 수 있습니다. 이 의식은 1시간이 걸리며, 짧은 휴식 동안 거행할 수 있습니다. 계약 무기로 결속하면 당신은 이 무기를 사라지게 하면서 이차원 공간 어딘가에 두고, 계약 무기를 만들어 낼 때 다시 불러올 수 있습니다. 유물이나 의식을 지닌 무기는 계약 무기로 만들 수 없습니다. 당신이 사망할 경우 계약 무기와의 결속도 깨지게 됩니다. 또한 당신이 다른 무기로 1시간 동안 의식을 거행해 계약 무기로 만들 경우, 기존의 계약 무기는 결속이 깨집니다. 결속이 깨진 무기는 이차원 공간에서 빠져나와 당신의 발밑에 떨어질 것입니다.

고서의 계약 PACT OF THE TOME

당신의 후견자는 당신에게 그림자의 책이라 부르는 마도서를 주었습니다. 당신은 이 요소를 얻을 때, 모든 클래스의 주문 목록 중 원하는 소마법을 3개 가져올 수 있습니다. (각 소마법은 서로 다른 클래스의 주문 목록에서 가져올 수 있습니다) 이 책을 지니고 있는 동안, 당신은 이 소마법들을 자유로이 시전할 수 있습니다. 당신이 그림자의 책에 가져온 소마법들은 워락 주문으로 취급합니다.

당신이 그림자의 책을 잃어버렸다면, 1시간 길이의 의식을 통해 후견자에게 다시 책을 받을 수 있습니다. 이 의식은 짧은 휴식이나 긴 휴식 동안 거행할 수 있으며, 책을 새로 받았다면 기존의 책은 파괴됩니다. 또한 당신이 사망한 경우 그림자의 책은 재가 되어 사라집니다.

능력치 점수 상승

당신은 워락 4, 8, 12, 16, 19레벨 때 각각 원하는 능력치 하나를 골라 2점 상승시키거나, 두 개의 능력치를 각각 1점씩 상승시킬 수 있습니다. 단, 이 방식으로는 능력치를 20점보다 높게 올릴 수 없습니다.

신비의 비밀 MYSTIC ARCANUM

워락 11레벨에 도달하면, 당신의 후견자는 신비의 비밀이라 부르는 마법적인 비밀을 알려줍니다. 당신은 워락 주문 목록에서 6레벨 주문 하나를 골라 신비의 비밀로 정할 수 있습니다.

당신은 주문 슬롯을 소비하지 않고 신비의 비밀을 한 번 시전할 수 있습니다. 이후 다시 신비의 비밀을 시전하려면 긴 휴식을 마쳐야 합니다.

워락 레벨이 높아지면 당신은 더 많은 워락 주문을 골라 이 방식으로 시전할 수 있습니다. 13레벨에 7레벨 주문 하나를, 15레벨에 8레벨 주문 하나를, 17레벨에 9레벨 주문 하나를 각각 신비의 비밀로 정할 수 있습니다. 신비의 비밀은 주문 레벨 당 각각 한 번씩 시전할 수 있으며, 긴 휴식을 마치면 모든 레벨의 신비한 비밀을 다시 회복할 수 있습니다.

섬뜩한 대가 ELDRITCH MASTER

워락 20레벨에 도달하면, 당신은 후견자에게 청원하며 내면의 신비한 힘을 끌어내 당신이 소비한 주문 슬롯을 회복할 수 있습니다. 이렇게 계약 마법 슬롯을 모두 회복하려면, 1분간 후견자에게 청원을 해야 합니다. 일단 한 번 주문 슬롯을 이렇게 회복하였다면, 긴 휴식을 마쳐야 다시 이 요소를 사용할 수 있습니다.

외세계의 후견자

워락의 후견자는 물질계와는 전혀 다른 세계에 거하는 강력한 존재들입니다. 이들은 신이 아니지만, 신과 같은 권능을 지니고 있습니다. 다양한 후견자가 워락에게 힘과 영창을 부여하지만, 그 힘에는 반드시 대가가 따릅니다.

몇몇 후견자들은 워락들을 많이 끌어모으며, 신비의 지식을 비교적 쉽게 전해 주고 능력을 끌어올려 주는 대신, 자신의 의지에 필멸자들을 종속시키기도 합니다. 어떤 후견자들은 피치못할 경우에만 자신의 힘을 빌려주며, 오직 한 명의 워락하고만 계약하기도 합니다. 같은 후견자를 모시는 워락들은 서로를 형제나 동료, 혹은 경쟁자로 바라보기도 합니다.

대요정 THE ARCHFEY

당신의 후견자는 요정의 군주나 여군주입니다. 그들은 필멸의 종족들이 태어나기도 전 잊혀진 비밀을 지닌 전설의 존재들입니다. 이들의 동기는 파악할 수 없고, 가끔은 변덕을 부리기도 합니다. 이들은 때때로 더 강력한 권능을 얻기 위해서, 혹은 오래된 분쟁을 끝내기 위해서 워락을 부리기도 합니다. 이 부류에 속하는 것은 서리의 대공, 황혼 궁전의 통치자인 대기와 어둠의 여왕, 여름 궁정의 티타니아, 그녀의 배우자인 녹색의 군주 오베론, 바보들의 왕자 히르삼, 그리고 고대의 해그 등이 있습니다.

> ### 당신이 받은 계약의 은혜
>
> 계약의 은혜를 통해 얻게 되는 크리쳐나 물체는 당신의 후견자가 지닌 본성을 반영하고 있습니다.
>
> **사슬의 계약.** 당신의 패밀리어는 일반적인 것들보다 더 영리합니다. 패밀리어의 기본 형태는 후견자의 성질을 반영합니다. 대요정이라면 스프라이트나 슈도드래곤인 경우가 많고, 악마라면 콰짓이나 임프일 것입니다. 위대한 옛것의 본성은 이해를 초월한 것이기 때문에 어떠한 패밀리어든 어울릴 수 있습니다.
>
> **칼날의 계약.** 만약 후견자가 대요정이라면, 당신의 무기는 나뭇잎 모양으로 감싸인 가느다란 검으로 나타날지도 모릅니다. 후견자가 악마라면, 당신의 무기는 검은 금속에 불꽃무늬가 새겨진 도끼일 수도 있습니다. 위대한 옛것과 계약을 맺었다면, 당신의 무기는 고대의 것으로 보이는 창이며, 그 창날에는 깜빡이지 않는 눈처럼 당신을 주시하는 보석이 박혀 있을 수도 있습니다.
>
> **고서의 계약.** 대요정에게서 그림자의 책을 받았다면, 그 책은 금테 장식이 들어간 고급스러운 장정으로 그 안에는 환혹계와 환영계 주문이 가득 차 있을 수도 있습니다. 악마가 내려준 책이라면 악마의 가죽에 강철 장정을 한 무거운 책으로, 조형계와 온갖 사악한 주문에 대한 금단의 지식이 들어 있을 것입니다. 위대한 옛것이 내려준 책의 경우, 미치광이가 얼기설기 써 갈긴 일기장의 모습으로, 그 안에는 오로지 제발로 광기에 빠져야만 이해할 수 있는 내용이 들어 있을지도 모릅니다.

확장된 주문 목록

대요정들은 워락 주문 목록에 아래 주문들을 추가하여 당신이 배울 수 있게 합니다. 아래 주문들은 이제 당신의 워락 주문 목록에 추가될 것입니다.

대요정 확장 주문 목록

주문 레벨	주문
1	요정 불꽃Faerie Fire, 수면Sleep
2	감정 진정화Calm Emotions, 환영력Phantasmal Force
3	점멸Blink, 식물 성장Plant Growth
4	야수 지배Dominate Beast, 상급 투명화Greater Invisibility
5	인간형 지배Dominate Person, 유사화Seeming

요정의 존재감 FEY PRESENCE

당신이 1레벨에 이 계약을 선택했을 때부터, 후견자는 요정이 지닌 매혹과 공포의 존재감을 불러오는 힘을 당신에게 전해 줍니다. 당신은 행동을 사용하고 자신을 기점으로 10 × 10 × 10ft의 입방체 내의 모든 크리쳐에게 당신의 워락 주문 내성 DC를 목표로 지혜 내성을 굴리게 합니다. 내성에 실패한 크리쳐는 당신의 다음 턴이 끝날 때까지 당신에게 매혹되거나 공포 상태에 빠집니다. (효과의 종류는 당신이 선택합니다.)

이 요소를 한 번 사용했다면, 짧은 휴식이나 긴 휴식을 마쳐야 다시 사용할 수 있습니다.

안개 도주 MISTY ESCAPE

워락 6레벨에 도달하면, 당신은 해를 입을 때 순간적으로 안개처럼 사라질 수 있습니다. 당신은 피해를 받았을 때 반응행동을 사용해 투명화한 다음 60ft 내에서 당신이 볼 수 있는 점유되지 않은 공간으로 순간이동할 수 있습니다. 당신은 자신의 다음 턴이 시작될 때까지, 혹은 당신이 공격하거나 주문을 시전할 때까지 투명 상태를 유지할 수 있습니다.

이 요소를 한번 사용했다면, 짧은 휴식이나 긴 휴식을 마쳐야 다시 사용할 수 있습니다.

미혹의 방어 BEGUILING DEFENSES

워락 10레벨에 도달하면, 당신의 후견자는 적들이 정신에 영향을 주는 마법을 사용할 때 그것을 되돌리는 방법을 알려줍니다. 당신은 매혹 상태에 면역이 되며, 다른 크리쳐가 당신을 매혹하려 할 경우 반응행동을 사용해 시전자에게 그 매혹을 되돌릴 수 있습니다. 당신을 매혹하려 한 크리쳐는 당신의 워락 주문 내성 DC를 목표로 지혜 내성을 굴려 실패할 시 1분간 매혹 상태에 빠집니다. 해당 크리쳐가 피해를 받으면 매혹은 즉시 종료됩니다.

어둠의 광기 DARK DELIRIUM

워락 14레벨에 도달하면, 당신은 크리쳐 하나를 환영의 세계로 끌고 갈 수 있습니다. 당신은 행동을 사용하고 60ft 내에서 당신이 볼 수 있는 크리쳐 하나를 목표로 지정합니다. 목표는 당신의 워락 주문 내성 DC를 목표로 지혜 내성을 굴려 실패할 시 1분간 당신에게 매혹되거나 공포 상태가 됩니다.(효과 종류는 당신이 선택합니다) 이 지속시간 동안 당신의 집중이 깨지거나 목표가 피해를 받으면 효과는 종료됩니다.

이 환영이 지속되는 한, 목표는 자신이 안개 속 세상에서 길을 잃었다고 생각합니다. 안개 속 세상의 모습은 당신이 원하는 대로 만들어 낼 수 있습니다. 목표는 오로지 자기 자신과 당신, 그리고 당신이 만든 환영 세상만을 보고 들을 수 있습니다.

이 요소를 한 번 사용했다면, 짧은 휴식이나 긴 휴식을 마쳐야 다시 사용할 수 있습니다.

악마 THE FIEND

당신은 하계의 악마와 계약을 맺었습니다. 당신의 의도와는 상관없겠지만, 이들의 목적은 대개 사악한 것입니다. 악마들은 세상 모든 것을 타락시키거나 파괴하길 원하며, 당신이라고 예외가 되는 것은 아닙니다. 계약을 맺을 정도로 강력한 악마는 데모고르곤이나 오르커스, 프라스울브루, 바포맷 같은 데몬 대공이나, 아스모데우스, 디스파터, 메피스토펠레스, 벨리알 같은 아크데빌들입니다. 특별히 강력한 핏 핀드나 발러, 울트롤로스나 유골로스 군주들 역시 계약을 맺을 수 있습니다.

확장된 주문 목록

악마들은 워락 주문 목록에 아래 주문을 추가하여 당신이 배울 수 있게 합니다. 아래 주문들은 이제 당신의 워락 주문 목록에 추가될 것입니다.

악마 확장 주문 목록

주문 레벨	주문
1	타오르는 손길Burning Hands, 명령Command
2	장님화/귀머거리화Blindness/Deafness, 타오르는 광선Scorching Ray
3	화염구Fireball, 악취 구름Stinking Cloud
4	화염 방패Fire Shield, 불꽃의 벽Wall of Fire
5	화염 직격Flame Strike, 신성화Hallow(불경화 형태로)

어두운 이의 축복 DARK ONE'S BLESSING

당신은 워락 1레벨에 이 계약을 맺을 때부터, 적대적 크리쳐의 hp를 0으로 만들었을 때 당신의 매력 수정치 + 워락 레벨만큼 임시 hp를 얻을 수 있습니다. (최소 1)

어두운 이의 명운 DARK ONE'S OWN LUCK

워락 6레벨에 도달하면, 당신은 후견자에 간청해 당신을 위해 운명을 조작해 달라고 할 수 있습니다. 당신이 능력 판정이나 내성 굴림을 굴릴 때, 이 요소를 사용하고 d10을 굴려 그 결과를 더할 수 있습니다. 당신은 d20을 굴린 다음에도 이 요소를 사용할 수 있지만, 효과가 확정된 다음에는 사용할 수 없습니다.

이 요소를 한 번 사용했다면, 짧은 휴식이나 긴 휴식을 마쳐야 다시 사용할 수 있습니다.

악마의 탄성 FIENDISH RESILIENCE

워락 10레벨에 도달하면, 당신은 짧은 휴식이나 긴 휴식을 마칠 때마다 한 가지 속성의 피해를 선택해 그 피해에 대한 저항을 얻을 수 있습니다. 이 저항은 당신이 이 요소를 이용해 다른 종류의 피해를 선택할 때까지 유지됩니다. 마법 무기나 은제 무기로 가해지는 피해는 이 저항을 무시할 수 있습니다.

지옥너머로 던지기 HURL THROUGH HELL

워락 14레벨에 도달하면, 당신이 어떤 크리쳐를 공격하여 명중시켰을 때 이 요소를 사용해 즉시 목표를 하계로 던져버릴 수 있습니다. 이 크리쳐는 즉시 사라져 악몽같은 공간으로 날아갑니다.

목표는 당신의 다음 턴이 끝날 때 자신이 사라졌던 자리에 나타납니다. 만약 그 자리가 점유되었다면, 가장 가까운 점유되지 않은 자리에 나타날 것입니다. 목표가 악마가 아니었다면, 목표는 지옥에서의 끔찍한 경험으로 인해 10d10점의 정신 피해를 받습니다.

이 요소를 한번 사용했다면, 긴 휴식을 마쳐야 다시 사용할 수 있습니다.

위대한 옛것 THE GREAT OLD ONE

당신의 후견자는 현실의 짜임새에서 받아들이기에는 너무나 이질적인 본성을 지니고 있습니다. 이들은 현실 너머의 공간인 파 렐름에서 온 것일 수도 있고, 전설로만 알려진 고대신의 일원일 수도 있습니다. 이들의 동기는 필멸자가 이해할 수 없으며, 그 고대의 지식은 너무나 심오하여 가장 거대한 도서관조차 그 안에 담긴 수많은 비밀에 비하면 빛이 바랠 것입니다. 위대한 옛것은 당신의 존재조차 알지 못할 수도 있고, 아예 당신에게 무관심할 수도 있습니다. 하지만 당신은 그 존재에게서 비밀을 배우고, 그 마력을 얻어내 쓰고 있습니다.

이 부류에는 잠복하는 자 고나도어, 사슬에 묶인 신 타리즈던, 밤의 뱀 덴다르, 돌아오는 자 자르곤, 위대한 크툴루를 포함한 형용하지 못할 것들이 속합니다.

확장된 주문 목록

위대한 옛것은 워락 주문 목록에 아래 주문을 추가하여 당신이 배울 수 있게 합니다. 아래 주문들은 이제 당신의 워락 주문 목록에 추가될 것입니다.

위대한 옛것 확장 주문 목록

주문 레벨	주문
1	불화의 속삭임Dissonant Whispers, 타샤의 끔찍한 웃음Tasha's Hideous Laughter
2	생각 탐지Detect Thoughts, 환영력Phantasmal Force
3	투시Clairvoyance, 전음Sending
4	야수 지배Dominate Beast, 에바드의 검은 촉수Evard's Black Tentacles
5	인간형 지배Dominate Person, 염동력Telekinesis

깨어난 정신 Awakened Mind

당신은 1레벨에 이 계약을 선택했을 때부터 이질적 지식을 통해 다른 크리쳐의 정신에 접촉하는 능력을 얻습니다. 당신은 주변 30ft 내의 볼 수 있는 크리쳐와 정신감응으로 대화할 수 있습니다. 당신과 목표가 딱히 언어를 공유할 필요는 없지만, 최소한 언어 하나는 이해할 수 있어야 정신감응도 이해할 수 있습니다.

엔트로피의 방벽 Entropic Ward

워락 6레벨에 도달하면, 당신은 상대의 공격이 실패했을 때 유리하게 이용할 수 있는 마법적 방어법을 배웁니다. 다른 크리쳐가 당신에게 공격을 가할 때, 당신은 반응행동을 사용해 그 명중 굴림에 불리점을 줄 수 있습니다. 만약 해당 명중 굴림이 빗나갔다면, 당신의 다음 턴이 끝나기 전에 당신이 그 크리쳐를 공격할 경우 첫 번째 명중 굴림에 이점을 받을 수 있습니다.

이 요소는 한 번 사용하고 나면, 짧은 휴식 혹은 긴 휴식을 마쳐야 다시 사용할 수 있습니다.

생각의 방패 Thought Shield

워락 10레벨에 도달하면, 당신이 스스로 원하지 않는 한 정신감응을 포함해 그 어떤 수단으로도 당신의 생각을 읽을 수 없게 됩니다. 또 당신은 정신 피해에 대한 저항을 얻습니다. 어떤 크리쳐가 당신에게 정신 피해를 가하려 한 경우, 공격자 역시 당신과 같은 양의 정신 피해를 받게 됩니다.

노예 창조 Create Thrall

워락 14레벨에 도달하면, 당신은 후견자의 이질적 마법을 통해 인간형 크리쳐의 정신을 침범할 수 있는 능력을 얻게 됩니다. 당신은 행동을 사용하고 행동불능 상태인 인간형 크리쳐에 접촉해 이 요소를 사용할 수 있습니다. 목표는 저주 해제Remove Curse 주문을 받기 전까지 당신에게 매혹된 상태가 됩니다. 이 주문은 해제되거나 당신이 다른 목표를 노예로 삼기 전까지 계속 유지됩니다.

당신과 노예는 서로 같은 세계에 있는 한 아무리 멀리 떨어져 있더라도 정신감응으로 의사소통을 나눌 수 있습니다.

섬뜩한 영창

섬뜩한 영창에 요구사항이 있다면, 해당 사항을 만족시켜야 배울 수 있다는 뜻입니다. 당신은 레벨이 오를 때, 요구사항을 만족시키는 동시에 섬뜩한 영창을 배울 수 있습니다. 섬뜩한 영창의 요구 레벨은 캐릭터 레벨이 아니라 워락 클래스 레벨입니다.

격퇴의 마탄 Repelling Blast
요구사항: 섬뜩한 방출 소마법

당신이 섬뜩한 방출Eldritch Blast로 크리쳐를 명중시켰을 때, 당신은 그 크리쳐를 직선으로 10ft 멀리 밀어낼 수 있습니다.

고뇌의 마탄 Agonizing Blast
요구사항: 섬뜩한 방출 소마법

당신이 섬뜩한 방출을 시전할 때, 명중한 공격 1회당 한 번씩 피해에 당신의 매력 수정치를 더할 수 있습니다.

고대 비밀의 서 Book of Ancient Secrets
요구사항: 고서의 계약 선택 요소

당신은 이제 그림자의 책에 마법 의식을 기록할 수 있습니다. 모든 클래스의 1레벨 주문 중 의식 태그가 붙은 주문 2개를 선택합니다. 두 주문을 서로 다른 클래스의 목록에서 고를 수도 있습니다. 그림자의 책에는 이 주문들이 수록되며, 이 주문들은 당신이 알고 있는 주문의 개수에 포함되지 않습니다. 당신은 그림자의 책을 손에 들고 있을 때, 이 주문들을 의식으로 시전할 수 있습니다. 당신이 다른 방식으로 해당 주문을 알고 있는 것이 아닌 한, 의식이 아닌 방법으로는 시전할 수 없습니다. 또한 당신이 알고 있는 워락 주문 중 의식 태그가 붙은 것이 있다면, 해당 주문 역시 의식 형태로 시전할 수 있습니다.

당신이 모험 도중 다른 의식 주문을 발견했다면, 그 주문들도 그림자의 책에 옮겨 넣을 수 있습니다. 당신은 자신의 워락 레벨 절반보다 낮은 레벨의 의식 주문을 그림자의 책에 옮겨 쓸 수 있습니다.(나머지 올림) 주문을 옮겨쓰기 위해서는 주문 레벨당 2시간이 들어가며, 주문 레벨당 50gp 정도 가치의 희귀한 잉크가 필요합니다.

공포의 단어 Dreadful Word
요구사항: 7레벨

당신은 워락 주문 슬롯 하나를 소비해 혼란Confusion 주문을 시전할 수 있습니다. 이 영창은 한번 사용했다면 긴 휴식을 마쳐야 다시 사용할 수 있습니다.

그림자의 갑옷 Armor of Shadows

당신은 주문 슬롯이나 물질 구성요소를 쓰지 않고도 언제나 자신에게 마법 갑주Mage Armor 주문을 시전할 수 있습니다.

그림자의 동행 One with Shadows
요구사항: 5레벨

당신이 약한 빛이나 어두운 지역에 있을 때, 당신은 행동을 사용하여 투명화할 수 있습니다. 이 투명화는 이동하거나 행동, 추가 행동 혹은 반응행동을 취할 때까지 유지됩니다.

기만의 영향력 Beguiling Influence

당신은 기만과 설득 기술에 숙련을 얻습니다.

다섯 숙명의 도둑 Thief of Five Fates

당신은 워락 주문 슬롯 하나를 소비해 억압Bane 주문을 시전할 수 있습니다. 이 영창은 한번 사용했다면 긴 휴식을 마쳐야 다시 사용할 수 있습니다.

두 마음의 시선 Gaze of Two Minds

당신은 행동을 사용해서 자발적으로 효과를 받고자 하는 인간형 생물에 접촉해 다음 턴이 끝날 때까지 그 크리쳐의 감각을 통해 느낄 수 있게 됩니다. 이 효과는 당신과 해당 크리쳐가 같은 세계 내에 있다면, 당신은 자기 턴이 될 때마다 계속 행동을 사용하여 이 감각 연결을 유지할 수 있습니다. 행동을 사용할 때마다 지속 시간은 다음 턴이 끝날 때까지로 연장됩니다. 다른 크리쳐의 감각을 이용하고 있는 동안 당신은 그 크리쳐가 지닌 특수 감각을 이용할 수 있으며, 당신 자신은 장님에 귀머거리 상태가 되어 주변 환경을 인지하지 못합니다.

룬 수호자의 눈 Eyes of the Rune Keeper

당신은 모든 글을 읽을 수 있습니다.

마음 몰아넣기 Mire the Mind
요구사항: 5레벨

당신은 워락 주문 슬롯을 사용하여 저속화Slow 주문을 한 번 시전할 수 있습니다. 이 영창은 한번 사용했다면 긴 휴식을 취해야 다시 사용할 수 있습니다.

머나먼 땅의 영상 VISIONS OF DISTANT REALMS
요구사항: 15레벨

당신은 주문 슬롯을 사용하지 않고 비전의 눈Arcane Eye 주문을 언제나 자유로이 시전할 수 있습니다.

목마른 칼날 THIRSTING BLADE
요구사항: 5레벨, 칼날의 계약 선택 요소

당신이 자기 턴에 계약 무기로 공격 행동을 행할 때, 당신은 두 번 공격을 가할 수 있습니다.

무덤의 속삭임 WHISPERS OF THE GRAVE
요구사항: 9레벨

당신은 주문 슬롯을 사용하지 않고 죽은 자와의 대화Speak with Dead 주문을 언제나 자유로이 시전할 수 있습니다.

불운의 상징 SIGN OF ILL OMEN
요구사항: 5레벨

당신은 워락 주문 슬롯을 사용하여 저주 부여Bestow Curse 주문을 시전할 수 있습니다. 이 영창은 한번 사용했다면 긴 휴식을 취해야 다시 사용할 수 있습니다.

사슬 주인의 목소리 VOICE OF THE CHAIN MASTER
요구사항: 사슬의 계약 선택 요소

당신은 같은 세계에 위치하는 한, 거리를 무시하고 패밀리어와 정신감응으로 의사소통할 수 있으며 패밀리어의 감각으로 보고 들을 수 있습니다. 또한 당신이 패밀리어의 감각을 사용하고 있을 때, 당신은 패밀리어를 통해 자신의 목소리로 말할 수 있습니다. 패밀리어에게 말하는 능력이 없더라도 이렇게 말하는 것은 가능합니다.

생명을 마시는 자 LIFEDRINKER
요구사항: 12레벨, 칼날의 계약 선택 요소

당신이 계약 무기로 어떤 크리처를 명중시켰다면, 목표는 당신의 매력 수정치만큼 추가로 사령 피해를 받습니다. (최소 1점)

섬뜩한 시야 ELDRITCH SIGHT
당신은 주문 슬롯을 사용하지 않고 언제든 마법 탐지Detect Magic 주문을 시전할 수 있습니다.

섬뜩한 창 ELDRITCH SPEAR
요구사항: 섬뜩한 방출 소마법

당신의 섬뜩한 방출Eldritch Blast 소마법은 사거리가 300ft로 증가합니다.

수많은 얼굴의 가면 MASK OF MANY FACES
당신은 주문 슬롯을 소비하지 않고 언제나 자기 위장Disguise Self 주문을 시전할 수 있습니다.

수많은 형태의 주인 MASTER OF MYRIAD FORMS
요구사항: 15레벨

당신은 주문 슬롯을 소비하지 않고, 언제나 자기 변형Alter Self 주문을 시전할 수 있습니다.

승천의 발걸음 ASCENDANT STEP
요구사항: 9레벨

당신은 주문 슬롯이나 물질 구성요소를 소비하지 않고서도 언제나 자신에게 부양Levitate 주문을 시전할 수 있습니다.

악마의 눈 DEVIL'S SIGHT
당신은 비마법적이든 마법적이든 어떠한 어둠 속에서도 120ft까지의 범위를 그대로 볼 수 있습니다.

악마의 활력 FIENDISH VIGOR
당신은 주문 슬롯이나 물질 구성요소를 소비하지 않고 언제든 1레벨 주문 형태로 거짓 삶False Life 주문을 자신에게 시전할 수 있습니다.

안개의 시야 MISTY VISIONS
당신은 주문 슬롯이나 물질 구성요소를 소비하지 않고 언제나 조용한 영상Silent Image 주문을 시전할 수 있습니다.

외세계의 도약 OTHERWORLDLY LEAP
요구사항: 9레벨

당신은 주문 슬롯이나 물질 구성요소를 소비하지 않고 언제나 자신에게 도약Jump 주문을 시전할 수 있습니다.

육신의 조각가 SCULPTOR OF FLESH
요구사항: 7레벨

당신은 워락 주문 슬롯을 사용하여 변신Polymorph 주문을 시전할 수 있습니다. 이 영창은 한번 사용했다면 긴 휴식을 취해야 다시 사용할 수 있습니다.

주술 시야 WITCH SIGHT
요구사항: 15레벨

당신은 30ft 내의 시야 내에 있는 모든 변신자의 본래 모습을 파악할 수 있으며, 변환계나 환영계 주문으로 모습을 바꾸거나 가린 크리처들 역시 파악할 수 있습니다.

짐승의 언어 BEAST SPEECH
당신은 주문 슬롯을 소비하지 않고서도 언제나 동물과의 대화Speak with Animals 주문을 시전할 수 있습니다.

카르케리의 사슬 CHAINS OF CARCERI
요구사항: 15레벨, 사슬의 계약 선택 요소

당신은 천상체나 악마, 원소를 목표로 할 때, 주문 슬롯이나 물질 구성요소를 소비하지 않고 괴물 포박Hold Monster 주문을 언제든 시전할 수 있습니다. 단, 같은 크리처에게 다시 이 요소를 사용하려면, 먼저 긴 휴식을 취한 다음에만 다시 사용할 수 있습니다.

혼돈의 졸개 MINIONS OF CHAOS
요구사항: 9레벨

당신은 워락 주문 슬롯을 사용하여 원소 소환Conjure Elemental 주문을 한 번 시전할 수 있습니다. 이 영창은 한번 사용했다면 긴 휴식을 취해야 다시 사용할 수 있습니다.

홀리는 속삭임 BEWITCHING WHISPERS
요구사항: 7레벨

당신은 워락 주문 슬롯을 사용해 충동Compulsion 주문을 한 번 시전할 수 있습니다. 이 영창은 한번 사용했다면 긴 휴식을 취해야 다시 사용할 수 있습니다.

위저드
WIZARD

높은 지위를 상징하는 은색 로브를 차려입은 엘프는 눈을 감아 혼란스러운 전장의 모습을 지운 뒤 조용히 주문을 읊조렸습니다. 손가락을 앞으로 뻗어 신비한 문양을 그리자 주문이 완성되며 적들 사이로 작은 불구슬이 날아갔습니다. 그리고 갑자기 거대한 폭발이 일어나며 불길이 적들을 집어삼켰습니다.

서기는 계속 자기 작업을 확인해 가며 돌바닥에 분필로 마법진을 그린 다음, 그 위에 조심스레 쇳가루를 뿌렸습니다. 마법의 원이 완성되자 그는 긴 주문을 영창하기 시작했습니다. 원 한가운데 구멍이 열리며 하계에서 올라오는 유황의 냄새가 그의 코를 찔렀습니다.

노움은 던전의 갈림길 바닥에 주저앉아 기묘한 문양이 그려진 뼛조각들을 던지고는 힘이 담긴 말을 중얼거렸습니다. 눈을 감자, 그의 시각은 더욱 선명해졌습니다. 그는 천천히 고개를 끄덕인 다음 눈을 뜨고, 손가락으로 왼쪽 통로를 가리켰습니다.

위저드는 궁극의 마법 사용자입니다. 주문을 사용하는 능력이야말로 그들의 모든 것입니다. 우주를 엮은 미묘한 마법의 짜임새를 움직이는 위저드들은 폭발적인 불꽃과 갈래 번개에서 시작해 미묘한 속임수나 거친 힘으로 정신을 조작하는 일까지 다양한 주문을 시전할 수 있습니다. 그들은 마법으로 이계에서 괴물들을 소환하며, 미래를 엿보고, 적들의 시신을 좀비로 되살리기도 합니다. 그들이 사용하는 가장 강대한 주문은 하나의 물질을 다른 것으로 바꾸며, 하늘에서 운석을 떨어트리고, 이세계로 가는 포탈을 만들기도 합니다.

비전의 학자

마법의 힘은 거칠고 수수께끼투성이입니다. 그리고 형태와 기능도 셀 수 없이 다양합니다. 그러다 보니 수많은 이가 그 신비를 완전히 깨우치려 애쓰고 있으며, 가능만 하다면 신과 같은 힘을 얻어 세상을 마음대로 변화시킬 수 있으리라 믿습니다. 주문을 시전하는 모습만 보면 그저 몇 마디 말과 손짓을 하고 특이한 물질만 약간 뿌리는 것으로 끝나는 것 같지만, 사실 그 바탕에는 기나긴 수련과 수많은 연습의 경험이 깔려 있습니다.

위저드는 주문에 살고 주문에 죽습니다. 주문을 제외한 다른 모든 것은 그저 부차적인 문제일 뿐입니다. 그들은 실험과 경험을 통해 새로운 주문을 배웁니다. 다른 위저드들과 주문을 교환하기도 합니다. 또한 고대의 마도서나 안내문, 요정처럼 마법의 힘을 지닌 고대의 존재에게 주문을 배울 때도 있습니다.

지식의 유혹

위저드의 삶은 평범한 인생과는 거리가 멉니다. 그나마 가장 평범하게 사는 경우가 도서관이나 대학의 학자가 되어 다른 이들에게 멀티버스의 지식을 가르치며 살아가는 정도일 것입니다. 다른 위저드들은 예언자가 되거나 군대에 들어가기도 하며, 때로는 범죄자가 되거나 한 지역의 지배자가 되기도 합니다.

레벨	숙련 보너스	클래스 요소	배운 소마법	1	2	3	4	5	6	7	8	9
				\multicolumn{9}{c}{— 주문 레벨당 주문 슬롯 —}								
1	+2	주문시전, 비전 회복	3	2	–	–	–	–	–	–	–	–
2	+2	비전 전통	3	3	–	–	–	–	–	–	–	–
3	+2	–	3	4	2	–	–	–	–	–	–	–
4	+2	능력치 점수 상승	4	4	3	–	–	–	–	–	–	–
5	+3	–	4	4	3	2	–	–	–	–	–	–
6	+3	비전 전통 추가 요소	4	4	3	3	–	–	–	–	–	–
7	+3	–	4	4	3	3	1	–	–	–	–	–
8	+3	능력치 점수 상승	4	4	3	3	2	–	–	–	–	–
9	+4	–	4	4	3	3	3	1	–	–	–	–
10	+4	비전 전통 추가 요소	5	4	3	3	3	2	–	–	–	–
11	+4	–	5	4	3	3	3	2	1	–	–	–
12	+4	능력치 점수 상승	5	4	3	3	3	2	1	–	–	–
13	+5	–	5	4	3	3	3	2	1	1	–	–
14	+5	비전 전통 추가 요소	5	4	3	3	3	2	1	1	–	–
15	+5	–	5	4	3	3	3	2	1	1	1	–
16	+5	능력치 점수 상승	5	4	3	3	3	2	1	1	1	–
17	+6	–	5	4	3	3	3	2	1	1	1	1
18	+6	주문 통달	5	4	3	3	3	3	1	1	1	1
19	+6	능력치 점수 상승	5	4	3	3	3	3	2	1	1	1
20	+6	대표 주문	5	4	3	3	3	3	2	2	1	1

하지만 지식과 힘의 유혹은 가장 평범한 삶을 살아온 위저드조차 안전한 도서관과 연구실을 벗어나 고대의 폐허와 무너진 도시 사이를 떠돌게 만들곤 합니다. 수많은 위저드는 고대 문명의 선각자들을 연구하면 오래전 잊혀진 마법의 비밀을 깨우칠 수 있으리라고 생각합니다. 그리고 그 비밀을 찾아내기만 한다면 그 힘을 뛰어넘는 더 강력한 마법을 개발할 수도 있을 것입니다.

위저드 만들기

위저드 캐릭터를 만들 때는 최소한 한 번쯤은 특이한 사건을 중심으로 한 배경 이야기를 생각해 보아야 합니다. 당신은 어떻게 처음 마법을 접하게 되었습니까? 당신에게 마법의 적성이 있다는 사실은 어떻게 알게 되었습니까? 천성적인 재능에 의한 것입니까? 아니면 끝없는 노력과 수련으로 얻은 것입니까? 당신은 마법적인 크리쳐나 마법의 기초에 대해 기록된 고대의 마법책을 발견한 것입니까?

어쩌다가 연구하는 삶에서 벗어나게 된 것입니까? 처음 맛본 마법적 지식에 대한 갈증 때문에 모험에 나선 것입니까? 다른 위저드들이 아직 발견하지 못한 지식의 비밀 창고를 찾았습니까? 어쩌면 당신은 위험을 마주하고 새로 얻은 마법적인 기술을 시험해 보고 싶었던 것뿐일 수도 있습니다.

빠른 제작

위저드를 빨리 만들고자 한다면 아래 순서를 따르시길 권합니다. 우선 지능을 가장 높은 능력치로 정하고, 건강이나 민첩을 그다음으로 선택합니다. 만약 당신이 환혹학파를 따를 생각이라면 매력을 높이는 것도 좋습니다. 그런 다음, 학자 배경을 선택합니다. 소마법 중 마법사의 손Mage Hand , 빛Light , 서리 광선Ray of Frost을 선택하고, 1레벨 주문은 타오르는 손길Burning Hands , 인간형 매혹Charm Person , 깃털 낙하Feather Fall , 마법 갑주Mage Armor , 마법 화살Magic Missile , 수면Sleep을 선택해 주문책에 옮기시면 됩니다.

클래스 요소

위저드로서, 당신은 아래와 같은 클래스 요소를 지니게 됩니다.

히트 포인트

히트 다이스: 위저드 레벨당 1d6점
1레벨 시의 히트 포인트: 6 + 당신의 건강 수정치
레벨 상승시의 히트 포인트: 1레벨 상승할 때마다 1d6(또는 4) + 당신의 건강 수정치만큼 증가

숙련

갑옷: 없음
무기: 대거, 다트, 슬링, 쿼터스태프, 라이트 크로스보우
도구: 없음

내성 굴림: 지능, 지혜
기술: 비전학, 역사학, 통찰, 수사, 의학, 종교학 중 2종 선택

장비

당신은 아래와 같은 초기 장비를 지니고 있습니다. 여기에 당신의 배경으로 얻는 장비를 더합니다.

- (a) 쿼터스태프 또는 (b) 대거
- (a) 구성요소 주머니 또는 (b) 비전 매개체
- (a) 학자의 꾸러미 또는 (b) 탐험가의 꾸러미
- 주문책 한 권

주문 시전

비전 마법을 배우는 연구자로서, 당신은 주문이 담겨 있는 주문책을 지니고 있습니다. 이 책 속의 주문들이 당신을 진정한 힘으로 이끌어 주는 첫 실마리가 될 것입니다. 주문시전에 대한 일반적인 규칙은 제10장을, 위저드 주문 목록은 제11장을 참조하십시오.

소마법

당신은 1레벨 때 위저드 주문 목록에서 소마법 3개를 선택해 배울 수 있습니다. 레벨이 올라가면 당신은 위저드 표에 나온 대로 위저드 소마법을 추가로 배울 수 있습니다.

주문책 SPELLBOOK

1레벨 때, 당신은 위저드 주문 목록에서 6개의 1레벨 주문을 선택해 주문책에 옮겨 적을 수 있습니다. 소마법은 주문책에 기록할 필요가 없습니다.

주문의 준비와 시전

당신은 위저드 표를 참조해 각 레벨에 몇 개씩의 주문 슬롯을 지니고 있는지 확인할 수 있습니다. 위저드 주문을 시전하려면 먼저 해당 주문 레벨 이상의 주문 슬롯을 소비해야 합니다. 긴 휴식을 마칠 때 이미 소비한 주문 슬롯을 모두 회복할 수 있습니다.

당신은 주문책에서 자신이 준비해 둘 주문을 골라야 합니다. 당신은 자신의 지능 수정치 + 위저드 레벨 합계만큼의 주문을 고를 수 있습니다. (최소 1개) 이 주문들의 레벨은 반드시 당신이 사용할 수 있는 주문 슬롯 레벨 이하여야 합니다.

예를 들어, 당신이 3레벨 위저드라면 당신은 1레벨 슬롯 4개와 2레벨 슬롯 2개를 지니고 있으므로, 1레벨과 2레벨 주문을 준비할 수 있습니다. 당신의 지능이 16이라면, 당신은 지능 수정치(3)에 레벨(3)을 더해 총 6개의 주문을 준비할 수 있습니다. 만약 당신이 1레벨 주문인 *마법 화살Magic Missile*을 준비했다면, 당신은 1레벨이나 2레벨 슬롯을 소비해 이 주문을 시전할 수 있습니다. 주문을 시전해도 준비된 목록에서 사라지지는 않습니다.

당신은 긴 휴식을 할 때, 준비된 주문 목록을 변경할 수 있습니다. 새로운 위저드 주문 목록을 준비하려면 당신의 주문책을 읽고 당신이 해야 하는 주문과 동작을 암기하고 공부해야 합니다. 당신의 목록에 들어 있는 주문의 하나하나를 준비하는 데는 그 주문의 레벨당 1분씩의 시간이 들어갑니다.

주문시전 능력치

위저드 주문을 시전할 때는 지능이 당신의 주문시전 능력치가 됩니다. 당신의 마법은 학습과 암기를 통해 얻은 것이기 때문입니다. 당신은 주문시전 능력치가 필요할 때마다 지능과 그 수정치를 사용합니다. 또한, 당신은 지능 수정치를 사용해 당신이 시전하는 위저드 주문의 내성 DC를 정하며, 주문 공격시 명중 굴림 수정치에도 이를 사용합니다.

주문 내성 DC =
8 + 당신의 숙련 보너스 + 당신의 지능 수정치

주문 공격 수정치 =
당신의 숙련 보너스 + 당신의 지능 수정치

의식 시전

당신의 주문책에 있는 위저드 주문 중 의식 태그가 붙어 있는 주문이 있다면, 해당 주문은 준비하지 않아도 의식으로 자유로이 시전할 수 있습니다.

주문시전 매개체

당신은 위저드 주문을 시전할 때, 비전 매개체(제5장 참조)를 주문시전 매개체로 사용할 수 있습니다.

1레벨 이상의 주문 배우기

위저드 레벨을 올릴 때마다, 당신은 2개씩의 새로운 위저드 주문을 선택해 주문책에 추가할 수 있습니다. 이 주문들의 주문 레벨은 반드시 당신이 사용할 수 있는 주문 슬롯 레벨 이하여야 합니다. 위저드 표에 사용 가능한 주문 슬롯의 레벨이 나와 있습니다. 당신은 모험 도중 다른 주문들을 발견하여 주문책에 옮겨 적을 수도 있습니다. (옆의 "당신의 주문책" 부분을 참조하십시오.)

비전 회복 ARCANE RECOVERY

당신은 주문책을 연구하며 소비한 마력 일부를 회복하는 법을 배웠습니다. 하루 한 번, 당신은 짧은 휴식을 마칠 때 소비한 주문 슬롯 일부를 회복할 수 있습니다. 회복되는 주문 슬롯의 합계는 당신의 위저드 레벨 절반(나머지 올림)만큼이며, 6레벨 이상의 슬롯은 회복할 수 없습니다.

예를 들어 당신이 4레벨 위저드라면, 당신은 합계 2레벨까지의 주문 슬롯을 회복할 수 있습니다. 당신은 2레벨 슬롯 하나를 회복하거나, 1레벨 슬롯 2개를 회복하는 방식을 선택할 수 있습니다.

대표 주문 SIGNATURE SPELLS

위저드 20레벨에 도달하면, 당신은 강력한 주문 두 개를 선택해 훨씬 가벼운 노력으로 시전할 수 있게 됩니다. 당신의 주문책에서 3레벨 주문 2개를 자신의 대표 주문으로 선택합니다. 이 주문들은 언제나 준비된 상태로 취급하며, 준비하는 주문 개수에 포함되지 않습니다. 당신이 이 주문을 3레벨 형태로 시전할 때, 한 번은 주문 슬롯을 소비하지 않을 수 있습니다. 이 주문을 두 번 이상 시전하려면 여전히 주문 슬롯을 소비해야 합니다. 짧은 휴식이나 긴 휴식을 마치고 나면 다시 한번씩은 주문 슬롯을 소비하지 않고 시전할 수 있습니다.

만약 당신이 대표 주문을 더 높은 레벨로 시전하려고 한다면, 일반적인 경우와 마찬가지로 주문 슬롯을 소비해야 합니다.

비전 전통

마법 연구의 전통은 오랜 역사를 지니고 있으며, 필멸자가 처음 마법을 발견했던 때로 거슬러 올라갑니다. 마법은 너무나 복잡하기에, D&D 세계에서는 서로 다른 여러 전통으로 나누어져 확고하게 뿌리를 내려왔습니다.

멀티버스 내에서 가장 일반적인 비전 전통은 마법의 학파를 중심으로 분류하는 것입니다. 오랜 세월 동안 위저드들은 수천 개가 넘는 주문을 8개의 학파로 나누어 분류해 왔습니다. 이러한 학파에 대한 내용은 제10장에서 자세히 소개하고 있습니다. 어떤 곳에는 각각의 학파마다 별개의 교육기관을 세우기도 합니다. 어떤 곳에서는 환영학파를 가르치고, 다른 곳에서는 환혹학파를 가르치는 식입니다. 또 다른 곳에서는 마치 대학의 학과들처럼 구성되며, 서로 학생이나 예산을 놓고 경쟁을 벌이기도 합니다. 심지어 홀로 탑에 쳐박혀 연구만 하는 위저드라도, 누군가를 가르칠 때는 마법의 학파를 따라 가르칩니다. 주문은 학파마다 서로 다른 기법을 요구하기 때문입니다.

방출학파 SCHOOL OF EVOCATION

당신은 극한의 냉기나 타오르는 불꽃, 터져 나가는 천둥이나 번쩍이는 번개, 혹은 지독한 산을 만들어 내는 등, 강력한 원소 효과를 다루는 마법을 공부했습니다. 방출술사 중 일부는 군대의 포격수가 되어 원거리에서 적들을 쓸어버리기도 합니다. 어떤 이들은 자신들이 지닌 강력한 힘으로 약자들을 보호자가 되며, 또 일부는 도적이나 모험자, 혹은 폭군이 되어 자신들의 이익을 추구하기도 합니다.

방출계 전공 EVOCATION SAVANT

위저드 2레벨 때부터, 당신은 방출계 주문을 자신의 주문책에 옮겨 넣을 때 절반의 시간과 비용만 사용할 수 있습니다.

주문 조정 SCULPT SPELLS

위저드 2레벨 때부터, 당신은 방출계 주문을 시전할 때 효과 범위 중에서 비교적 안전한 공간을 만들어 낼 수 있습니다. 당신이 볼 수 있는 크리처들에게 영향을 주는 방출계 주문을 시전할 때, 당신은 1 + 주문 레벨만큼 크리처를 선택할 수 있습니다. 이렇게 선택된 크리처들은 자동으로 해당 주문의 내성 굴림에 성공할 수 있으며, 내성에 성공할 시 절반의 피해만 입는 주문일 경우 이렇게 지정된 크리처들은 아예 피해를 입지 않을 수 있습니다.

강화된 소마법 POTENT CANTRIP

위저드 6레벨에 도달하면, 당신이 사용하는 소마법 중 피해를 주는 것들은 심지어 적들이 피하더라도 영향을 발휘하게 됩니다. 당신이 목표로 한 크리처가 소마법에 대한 내성 굴림에 성공했더라

비전 전통 ARCANE TRADITION

당신은 위저드 2레벨 때 마법의 8대 학파 중 하나를 선택하여 비전 전통의 길을 따를 수 있습니다. 8대 학파는 방출학파, 방호학파, 변환학파, 사령학파, 예지학파, 조형학파, 환영학파, 환혹학파이며 각 학파에 대한 내용은 클래스 설명 마지막에 수록되어 있습니다.

당신은 자신이 선택한 전통에 따라 6, 10, 14레벨에 추가적 요소를 얻을 수 있습니다.

능력치 점수 상승

당신은 위저드 4, 8, 12, 16, 19레벨 때 각각 원하는 능력치 하나를 골라 2점 상승시키거나, 두 개의 능력치를 각각 1점씩 상승시킬 수 있습니다. 단, 이 방식으로는 능력치를 20점보다 높게 올릴 수 없습니다.

주문 통달 SPELL MASTERY

위저드 18레벨에 도달하면, 당신은 몇몇 주문에 완전히 통달해 언제든 마음대로 시전할 수 있게 됩니다. 당신의 주문책에서 1레벨 주문과 2레벨 주문을 각각 하나씩 선택합니다. 당신이 이렇게 선택한 주문들을 가장 낮은 레벨 형태로 시전할 때, 당신은 주문 슬롯을 소비하지 않고 시전할 수 있습니다. 만약 당신이 이 주문들을 더 높은 형태로 시전하고자 한다면 여전히 주문 슬롯을 소비해야 합니다.

당신은 8시간 동안 연구해서 선택했던 주문들 전부나 주문 중 하나를 동일한 레벨의 다른 주문으로 교체할 수 있습니다.

도, 해당 크리쳐는 절반의 피해를 받게 됩니다. 만약 해당 소마법이 피해 외에도 다른 효과를 가한다면, 내성에 성공할 시 그러한 효과들은 피할 수 있습니다.

강화된 방출 EMPOWERED EVOCATION

위저드 10레벨에 도달하면, 당신은 방출계 위저드 주문을 시전할 때마다 피해 굴림 중 하나에 당신의 지능 수정치를 더할 수 있습니다.

과전환 OVERCHANNEL

위저드 14레벨에 도달하면, 당신은 단순한 주문의 위력을 더욱 증가시킬 수 있습니다. 당신이 1레벨 이상, 5레벨 이하의 피해를 가하는 위저드 주문을 시전할 때, 당신은 그 주문이 가할 수 있는 최대치의 피해를 가하도록 할 수 있습니다.

이 요소를 처음 사용할 때는 어떠한 부작용도 없습니다. 그러나 당신이 긴 휴식을 취하기 전 이 요소를 두 번째로 사용한 경우, 당신은 시전한 주문 레벨 당 2d12점의 사령 피해를 받습니다. 긴 휴식을 취하기 전 이 요소를 한 번씩 더 사용할 때마다, 받게 되는 사령 피해는 주문 레벨 당 1d12점씩 증가합니다. (3번째 사용하면 레벨당 3d12점 피해를 받습니다.) 이 사령 피해는 저항이나 면역을 무시합니다.

방호학파 SCHOOL OF ABJURATION

방호학파는 방어, 추방, 보호의 마법에 주력하고 있습니다. 이 학파를 나쁘게 평가하는 자들은 이들의 마법이 그저 다른 학파들을 부정하고 무효화하기만 할 뿐, 어떠한 긍정적 효과도 주지 못한다고 비판하기도 합니다. 하지만 당신은 해로운 효과를 끝내고, 약자들을 보호하며, 사악한 힘을 추방하는 것은 결코 철학이 결여된 것이 아니며, 오히려 가장 존경받을 만한 행동임을 잘 이해하고 있습니다.

이 학파의 일원들은 방호술사라 부르며, 제령이 필요한 사악한 정령들을 추방하고 중요한 지역을 마법적인 염탐에서 보호하고, 이계로 통하는 포탈을 닫아야 할 때 활약하곤 합니다.

방호계 전공 ABJURATION SAVANT

위저드 2레벨 때부터, 당신은 방호계 주문을 자신의 주문책에 옮겨 넣을 때 절반의 시간과 비용만 사용할 수 있습니다.

비전 방호벽 ARCANE WARD

위저드 2레벨 때부터, 당신은 스스로를 보호하는 마법 장벽을 짜낼 수 있습니다. 당신이 1레벨 이상의 방호계 주문을 시전할 때, 당신은 즉시 그 주문의 실타래 일부를 이용해 자신을 지키는 마법 방호벽을 만들 수 있습니다. 이 방호벽은 당신이 긴 휴식을 마칠 때까지 지속됩니다. 비전 방호벽의 최대hp는 당신의 위저드 레벨 × 2 + 당신의 지능 수정치입니다. 당신이 피해를 받을 때마다 당신 대신 방호벽이 피해를 받게 되며, 방호벽의 hp가 0으로 떨어지면, 남은 피해부터는 당신이 받게 됩니다.

방호벽의 hp가 0으로 떨어지면 더는 피해를 흡수할 수는 없지만, 그래도 여전히 마법은 남아 있습니다. 당신이 1레벨 이상의 방호계 주문을 시전할 때마다, 방호벽은 주문 레벨 × 2 만큼 hp를 회복합니다.

일단 당신이 방호벽을 창조했다면, 긴 휴식을 마칠 때까지는 다시 방호벽을 만들 수 없습니다.

방호벽 투영 PROJECTED WARD

위저드 6레벨에 도달하면, 주변 30ft 내에서 당신이 볼 수 있는 크리쳐가 피해를 받을 때, 당신은 반응행동을 사용해 당신의 비전 방호벽이 대신 그 피해를 흡수하게 할 수 있습니다. 만약 이 피해로 인해 비전 방호벽의 hp가 0으로 떨어졌다면, 남은 피해는 원래 목표가 받게 됩니다.

향상된 방호술 IMPROVED ABJURATION

위저드 10레벨에 도달하면, 당신은 능력 판정을 요구하는 방호계 주문(주문반사Counterspell나 마법 무효화Dispel Magic 등)을 시전할 때, 능력 판정에 자신의 숙련 보너스를 더할 수 있습니다.

주문 저항 SPELL RESISTANCE

위저드 14레벨에 도달하면, 당신은 모든 주문에 대한 내성 굴림에 이점을 얻습니다.

또한, 당신은 주문으로 받는 모든 피해에 대해 저항을 얻습니다.

변환학파 SCHOOL OF TRANSMUTATION

당신은 에너지와 물질을 변환시키는 주문을 배웠습니다. 당신에게 있어 세상은 고정된 것이 아니라 끝없는 변화의 가능성을 품고 있는 것입니다. 그리고 당신은 기쁘게 그 변화의 사도가 되어 세상을 바꾸어 가고자 합니다. 당신은 순수한 창조의 힘을 지니고 물질적 형태와 정신적 상태를 모두 변화시키는 법을 배웁니다. 당신의 마법은 현실이라는 대장간에서 대장장이로 일할 수 있는 능력을 부여하는 도구입니다.

일부 변환술사들은 땜장이나 재간꾼으로 일하며, 사람들을 두꺼비로 변화시키거나 구리를 은으로 바꾸어 즐거움과 수입을 함께 얻곤 합니다. 또 다른 변환술사들은 자신들의 마법 학문을 더 진지한 일에 투자하여, 세계를 만들고 파괴할 수 있는 신들의 힘을 얻고자 합니다.

변환계 전공 TRANSMUTATION SAVANT

위저드 2레벨 때부터, 당신은 변환계 주문을 자신의 주문책에 옮겨 넣을 때 절반의 시간과 비용만 사용할 수 있습니다.

하급 연금술 MINOR ALCHEMY

위저드 2레벨 때 당신이 이 학파를 선택했을 때부터, 당신은 비마법적 물체의 물리적 특성을 변화시켜 다른 물질로 바꿀 수 있습니다. 당신은 전체가 나무나 돌(보석은 불가능), 철, 구리, 은으로 만들어진 물체에 특별한 연금술 처리를 가하여, 위 목록 내에서의 다른 물질로 변화시킬 수 있습니다. 당신은 1입방피트의 물체를 변화시키는데 10분 정도씩을 들여야 합니다. 1시간이 지나거나 당신의 집중이 끝나면 해당 물체의 구성물질은 원래대로 돌아옵니다. (주문의 정신집중과 마찬가지로 취급합니다.)

변환술사의 돌 TRANSMUTER'S STONE

위저드 6레벨에 도달하면, 당신은 8시간을 들여 변환계 마법을 저장할 수 있는 변환술사의 돌을 만들 수 있습니다. 당신은 스스로 이 돌의 이익을 얻거나 다른 크리쳐에게 주어 이익을 얻게 할 수 있습니다. (당신 자신이든 아니든) 이 돌을 지닌 크리쳐는 아래 목록 중에서 당신이 선택한 이익을 얻게 됩니다. 어떤 이익을 줄지는 돌을 만들 때 선택할 수 있습니다.

- 당신은 60ft 거리의 암시야를 얻습니다.(제8장 참조)
- 과적 상태가 아닌 경우 이동속도가 10ft 증가합니다.
- 건강 내성 굴림에 숙련을 얻습니다.
- 산성, 냉기, 화염, 번개, 천둥 중 한 가지 속성의 피해에 저항을 얻습니다. (돌을 만들 때 어떤 속성인지 결정할 수 있습니다.)

당신이 돌을 직접 가지고 있으면, 1레벨 이상의 변환계 주문을 시전할 때마다 돌의 효과를 바꿀 수 있습니다.

만약 당신이 새 변환술사의 돌을 만들었다면, 기존에 있던 돌은 더는 기능하지 않습니다.

형태변신자 SHAPECHANGER

위저드 10레벨에 도달하면, 주문책에 변신Polymorph 주문을 (아직 주문책에 없다면) 추가할 수 있습니다. 당신은 주문 슬롯을 소비하지 않고 변신 주문을 시전할 수 있습니다. 단, 이렇게 시전했을 때는 오직 당신 자신만을 목표로 할 수 있으며, 도전 지수 1 이하의 야수로만 변신할 수 있습니다.

당신이 이렇게 변신 주문을 사용했다면, 짧은 휴식 혹은 긴 휴식을 마치기 전까지는 다시 이 요소를 사용할 수 없습니다. 하지만 주문 슬롯을 소비하면 여전히 일반적인 변신 주문을 시전할 수 있습니다.

변환술의 대가 MASTER TRANSMUTER

위저드 14레벨에 도달하면, 당신은 행동을 사용하여 변환술사의 돌 안에 담아 둔 마법을 한 번에 터트릴 수 있습니다. 이렇게 돌을 소모할 경우, 당신은 아래 효과 중 한 가지를 사용할 수 있습니다. 소모된 돌은 파괴되며, 당신은 긴 휴식을 취하고 나서야 다시 변환술사의 돌을 만들 수 있습니다.

강력한 변형Major Transformation. 당신은 비마법적 물체 한 가지를 변환시킵니다. 이 물체는 5 × 5 × 5ft 이하의 물체여야 합니다. 당신은 이 물체를 비슷한 크기와 질량을 지니고 가치가 비슷하거나 낮은 다른 물체로 바꿀 수 있습니다. 이렇게 물체를 변환시키는 데에는 10분의 시간이 필요합니다.

만병통치약Panacea. 당신은 변환술사의 돌로 한 크리쳐에 접촉하여 그 크리쳐의 모든 저주, 질병, 독을 제거할 수 있습니다. 또한, 해당 크리쳐는 모든 hp를 회복합니다.

생명 회복Restore Life. 당신은 변환술사의 돌로 한 크리쳐에 접촉하여 *사자 소생Raise Dead* 주문을 시전할 수 있습니다. 이렇게 시전할 때는 주문 슬롯이 필요하지 않으며, 당신의 주문책에 해당 주문이 없어도 시전할 수 있습니다.

젊음 회복Restore Youth. 당신은 변환술사의 돌로 한 크리쳐에 접촉하여, 그 크리쳐의 나이를 3d10살 젊어지게 할 수 있습니다. 최대 13살까지 어려지게 할 수 있으나, 효과를 거부하는 크리쳐에게는 사용할 수 없습니다. 이 효과가 수명을 늘어나게 하는 것은 아닙니다.

사령학파 SCHOOL OF NECROMANCY

사령술 학파는 삶과 죽음, 불사에 대한 우주적 힘을 다룹니다. 당신은 이 전통에 따라 생명체를 움직이는 모든 힘을 조작할 수 있습니다. 이 학문이 점차 발전하면 당신은 마법으로 생명체에게서 생명력을 빼앗아 육신을 파괴할 수도 있고, 그것을 다시 당신이 다루는 힘으로 바꿀 수도 있습니다.

죽음에 관련된 힘을 다루기에 많은 이들이 사령술사를 두려워하며, 종종 악당으로 취급하기도 합니다. 모든 사령술사가 사악한 것은 아니지만, 죽은 자를 조작하고 움직이는 일은 많은 사회에서 금기시됩니다.

사령계 전공 NECROMANCY SAVANT

위저드 2레벨 때부터, 당신은 사령계 주문을 자신의 주문책에 옮겨 넣을 때 절반의 시간과 비용만 사용할 수 있습니다.

잔혹한 수확 GRIM HARVEST

위저드 2레벨 때부터, 당신은 자신의 주문으로 죽인 크리쳐에게서 생명력을 수확할 수 있게 됩니다. 턴 당 한 번씩 당신이 1레벨 이상의 주문으로 크리쳐를 죽일 때마다, 당신은 자신이 사용한 주문 레벨 × 2만큼의 hp를 회복할 수 있습니다. 만약 당신이 사용한 주문이 사령계라면 주문 레벨 × 3만큼의 hp를 회복합니다. 언데드나 구조물을 파괴한 경우, 이 이익을 얻을 수 없습니다.

언데드 노예 UNDEAD THRALLS

위저드 6레벨에 도달하면, (아직 주문책에 없을 때) *사체 조종 Animate Dead* 주문을 당신의 주문책에 추가할 수 있습니다. 당신이 *사체 조종* 주문을 시전할 때, 당신은 추가로 한 구의 시체나 뼈 무더기에 주문을 걸어 좀비나 스켈레톤을 하나 더 만들 수 있습니다.

당신이 사령술 주문으로 언데드를 만들 때마다, 당신은 아래와 같은 추가 이익을 얻습니다.

- 당신이 만든 언데드 크리쳐의 최대hp는 당신의 위저드 레벨만큼 증가합니다.
- 당신이 만든 언데드 크리쳐의 무기 피해 굴림에는 당신의 숙련 보너스가 더해집니다.

불사의 친숙함 INURED TO UNDEATH

위저드 10레벨에 도달하면, 당신은 사령 피해에 저항을 얻게 됩니다. 또한, 당신의 최대 hp는 감소하지 않습니다. 당신은 언데드와 그들을 움직이는 힘에 오래 접하며 지내왔기 때문에, 그들이 가하는 최악의 효과들에 대해 익숙해진 것입니다.

언데드 통제 COMMAND UNDEAD

위저드 14레벨에 도달하면, 당신은 마법을 사용하여 심지어 다른 위저드가 만든 언데드들이라도 당신의 통제하에 둘 수 있습니다. 당신은 행동을 사용하여 60ft 내에서 볼 수 있는 언데드 하나를 목표로 정합니다. 해당 크리쳐는 당신의 위저드 주문 내성 DC를 목표로 매력 내성 굴림을 굴려야 합니다. 이 내성에 성공하면, 당신은 같은 크리쳐에게 다시 이 요소를 사용할 수 없습니다. 이 내성에 실패하면, 해당 크리쳐는 당신에게 우호적으로 변하며 당신이 이 요소를 다시 사용할 때까지 당신의 명령에 복종할 것입니다.

지능을 지닌 언데드는 이렇게 통제하기가 더 어렵습니다. 만약 목표가 지능 8 이상이라면, 목표는 내성 굴림에 이점을 받습니다. 만약 목표가 지능 12 이상이며 내성 굴림에 실패했다면, 목표는 한 시간마다 한 번씩 다시 내성 굴림을 굴려 성공시 당신의 통제에서 벗어나게 됩니다.

예지학파 SCHOOL OF DIVINATION

예지술사의 조언을 원하는 것은 왕족과 평민을 가리지 않고 누구나 마찬가지입니다. 과거와 현재, 미래를 더 명확히 이해하려는 자는 예지술사의 도움을 원합니다. 예지술사는 시간과 공간, 의식의 베일 너머를 볼 수 있습니다. 당신은 통찰과 원격 시야, 탐지, 초자연적 지식과 예견을 전문 분야로 삼고 있습니다.

예지계 전공 DIVINATION SAVANT

위저드 2레벨 때부터, 당신은 예지계 주문을 자신의 주문책에 옮겨 넣을 때 절반의 시간과 비용만 사용할 수 있습니다.

조짐 PORTENT

당신이 예지계를 선택하고 위저드 2레벨이 되었을 때부터, 당신은 미래의 조짐을 느낄 수 있게 됩니다. 당신은 긴 휴식을 마칠 때마다 d20을 2번 굴려 그 결과를 기록해 둡니다. 당신은 자신이나 당신이 볼 수 있는 다른 크리쳐가 굴린 명중 굴림이나 내성 굴림, 능력 판정에서 나온 주사위 값을 이렇게 미리 저장해 둔 결과값과 교체할 수 있습니다. 교체는 주사위를 굴리기 전에 선언해야 하며, 턴 당 한 번만 이렇게 주사위값을 교체할 수 있습니다.

예언된 굴림 결과값은 한 번씩만 이용할 수 있습니다. 당신이 긴 휴식에 들어가면, 사용하지 않은 주사위값은 모두 사라집니다.

숙달된 예지 EXPERT DIVINATION

위저드 6레벨에 도달하면, 당신은 예지계 주문에 너무나 친숙해져 큰 노력을 들이지 않고서도 시전할 수 있게 됩니다. 당신이 주문 슬롯을 사용하여 2레벨 이상의 예지계 주문을 시전할 때, 당신은 이미 소비한 주문 슬롯 하나를 회복할 수 있습니다. 이렇게 회복되는 슬롯은 당신이 시전한 예지계 주문의 슬롯보다 낮아야 하며, 6레벨 이상의 주문 슬롯은 회복할 수 없습니다.

제3의 눈 THE THIRD EYE

위저드 10레벨에 도달하면, 당신은 행동을 사용하여 감지하는 능력을 더욱 높일 수 있습니다. 당신이 이 요소를 사용하면, 아래 이익 중 하나를 선택하여 얻습니다. 이렇게 얻은 이익은 당신이 행동불능 상태가 되거나 짧은 휴식 혹은 긴 휴식을 취할 때까지 지속됩니다. 휴식을 취하기 전에는 이 요소를 다시 사용할 수 없습니다.

암시야Darkvision. 당신은 사거리 60ft의 암시야를 얻습니다. (제8장 참조)

에테르 시야Ethereal Sight. 당신은 60ft 거리까지 에테르계를 볼 수 있습니다.

강력한 해독력Greater Comprehension. 당신은 모든 언어를 읽을 수 있습니다.

투명체 감지See Invisibility. 당신은 시야가 닿는 10ft 거리 내에서 투명 상태의 크리쳐나 물체를 볼 수 있습니다.

강력한 조짐 GREATER PORTENT

위저드 14레벨에 도달하면, 당신의 꿈속 예견은 더욱 강력해지며, 앞으로 다가올 일들이 선명하게 당신의 마음속에 떠오르게 됩니다. 당신은 조짐 요소를 통해 긴 휴식을 마쳤을 때 주사위 2개가 아닌 3개의 값을 저장해 둘 수 있습니다.

조형학파 SCHOOL OF CONJURATION

당신은 조형술사로서 허공에서 사물과 크리쳐를 만들어 내는 주문을 즐겨 쓰곤 합니다. 당신은 목숨을 빼앗는 끔찍한 구름을 만들어 내거나, 다른 곳에서 크리쳐를 소환해 당신을 도와 싸우도록 할 수 있습니다. 이 학파에 대한 조예가 깊어지면 순간이동 주문들을 배워 아무리 먼 거리라도 눈 깜빡할 사이 오갈 수 있게 되며, 마음만 먹으면 즉시 이계로도 갈 수 있게 됩니다.

조형계 전공 CONJURATION SAVANT

위저드 2레벨 때부터, 당신은 조형계 주문을 자신의 주문책에 옮겨 넣을 때 절반의 시간과 비용만 사용할 수 있습니다.

하급 조형술 MINOR CONJURATION

위저드 2레벨 때 이 학파를 선택하면, 당신은 행동을 사용하여 당신은 손 안이나 10ft 내의 당신이 볼 수 있는 점유지지 않은 공간에 움직이지 않는 물체를 소환할 수 있습니다. 이 물체는 3 × 3 × 3ft 이하여야 하며, 10lbs 이하의 무게여야 합니다. 또한 당신은 과거에 보았던 비마법적 물체만을 소환할 수 있습니다. 이렇게 소환된 물체는 마법의 빛을 내며, 5ft 거리에 약한 빛을 비춥니다.

이렇게 소환한 물체는 1시간 뒤 사라지며, 그전에도 피해를 받거나 당신이 다시 이 요소를 사용하면 사라집니다.

온건한 위치전환 BENIGN TRANSPOSITION

위저드 6레벨에 도달하면, 당신은 행동을 사용하여 30ft 이내의 당신이 볼 수 있는 점유지지 않은 공간으로 순간이동 할 수 있습니다. 또한, 당신은 같은 사거리 내에서 소형 또는 중형 크리쳐가 점유하고 있는 공간을 선택할 수도 있습니다. 이렇게 선택한 크리쳐가 기꺼이 위치를 바꾸고자 할 경우, 당신과 그 크리쳐는 서로 위치를 교환할 수 있습니다.

당신이 이 요소를 사용했다면, 당신은 긴 휴식을 마치거나 1레벨 이상의 조형계 주문을 시전해야 다시 이 요소를 사용할 수 있게 됩니다.

집중된 조형 FOCUSED CONJURATION

위저드 10레벨에 도달하면, 당신은 조형계 주문에 집중을 유지하고 있을 때 피해를 입어도 그 피해 때문에 집중이 깨지지 않습니다.

소환 지속술 DURABLE SUMMONS

위저드 14레벨에 도달하면, 당신이 조형계 주문으로 만들어 내거나 소환한 크리쳐는 각각 30점씩의 임시hp를 얻게 됩니다.

환영학파 SCHOOL OF ILLUSION

당신은 감각을 비틀고 정신을 희롱해 제아무리 현명한 사람일지라도 속일 수 있는 마법을 배웠습니다. 미묘하게 이루어지는 당신의 마법과 예리한 정신으로 만들어 낸 환영은 아무리 있을 수 없는 일이라도 현실처럼 보이게 만듭니다. 노움 위저드들을 포함한 환영술사들 중 일부는 온건한 속임수꾼이 되어 사람들을 흥겹게 하려고 주문을 쓰곤 합니다. 하지만 어떤 이들은 기만술을 다루는 악랄한 환영술사로서 자신들의 환영을 이용해 남들에게 공포를 심거나 속여넘겨 이익을 취하기도 합니다.

환영계 전공 ILLUSION SAVANT

위저드 2레벨 때부터, 당신은 환영계 주문을 자신의 주문책에 옮겨 넣을 때 절반의 시간과 비용만 사용할 수 있습니다.

향상된 하급 환영 IMPROVED MINOR ILLUSION

위저드 2레벨 때 이 학파를 선택하면, 당신은 *하급 환영Minor Illusion* 소마법을 배울 수 있습니다. 만약 당신이 이 소마법을 알고 있다면, 다른 소마법 하나를 선택하여 배우게 됩니다. 이 소마법은 당신이 알고 있는 소마법 개수 제한에 포함되지 않습니다.

당신이 하급 환영 주문을 시전할 때, 당신은 한 번의 시전 만으로도 소리와 모습의 환영을 동시에 만들 수 있습니다.

유연한 환영 MALLEABLE ILLUSIONS

위저드 6레벨에 도달하면, 당신이 지속시간 1분 이상의 환영계 주문을 시전할 때, 자신의 턴마다 행동을 사용해 환영의 성질을 변화시킬 수 있습니다. 이때 당신은 변화시키려는 환영을 볼 수 있어야 하며, 변화의 범위는 주문의 본래 한계를 따릅니다.

환영 복제 ILLUSORY SELF

위저드 10레벨에 도달하면, 당신은 즉시 자신의 환영 분신을 만들어 위험에 대처할 수 있습니다. 어떤 크리쳐가 당신을 공격하여 명중 굴림을 굴릴 때, 당신은 반응행동을 사용하여 자신과 공격자 사이에 환영 분신을 만들어 낼 수 있습니다. 해당 공격은 자동으로 실패하며, 환영은 사라집니다.

당신이 이 요소를 사용했다면, 당신은 짧은 휴식이나 긴 휴식을 마쳐야 다시 이 요소를 사용할 수 있게 됩니다.

환영 현실 ILLUSORY REALITY

위저드 14레벨에 도달하면, 당신은 그림자 마법을 짜내는 비밀을 배워 당신의 환영을 현실과 마찬가지로 만들 수 있습니다. 당신이 1레벨 이상의 환영계 주문을 시전했을 때, 그 환영에 속하는 움직이지 않는 비마법적 물체 하나를 선택하여 현실로 만들 수 있습니다. 당신은 주문이 지속되는 도중 자신의 턴에 추가 행동을 사용해 이 요소를 사용할 수 있습니다. 이렇게 현실이 된 물체는 1분간만 현실이 됩니다. 당신은 협곡을 건너는 다리의 환영을 만든 다음, 동료들이 모두 건너갈 때까지 그 환영 다리가 실체를 지니도록 할 수 있습니다.

단, 이 물체는 피해를 주는 용도로 사용하거나 어떤 식으로든 다른 크리쳐에게 해를 끼칠 수 없습니다.

환혹학파 SCHOOL OF ENCHANTMENT

환혹학파의 일원인 당신은 타인과 괴물을 기만하고 그들의 마음속에 침투하는 마법을 배웠습니다. 어떤 환혹술사들은 폭력을 막고 서로의 무기를 거두어 잔혹함을 잠재우고 자비를 선보이는 평화의 사도가 되기도 합니다. 또한 몇몇 이들은 마법적으로 다른 이들을 굴복시키고 지배하는 폭군이 되기도 합니다. 대부분의 환혹술사들은 두 극단 사이 어딘가에 위치합니다.

환혹계 전공 ENCHANTMENT SAVANT

위저드 2레벨 때부터, 당신은 환혹계 주문을 자신의 주문책에 옮겨 넣을 때 절반의 시간과 비용만 사용할 수 있습니다.

최면 시선 HYPNOTIC GAZE

위저드 2레벨 때 이 학파를 선택하면, 당신은 부드러운 말과 매력적인 시선을 이용해 다른 크리쳐를 마법적으로 사로잡을 수 있습니다. 당신은 행동을 사용하여 5ft 내에서 당신을 보고 들을 수 있는 크리쳐 하나를 선택해 이 요소를 사용할 수 있습니다. 해당 목표는 당신의 위저드 주문 내성 DC를 목표로 지혜 내성 굴림을 굴려야 하며, 실패할 시 당신의 다음 턴이 끝날 때까지 당신에게 매혹된 상태가 됩니다. 매혹된 크리쳐의 이동속도는 0으로 떨어지며, 행동불능 상태가 되고 눈에 띄게 멍해집니다.

이후 이어지는 턴에서도 당신은 자기 행동을 사용하여 다시 이 효과의 지속시간을 다음 턴이 끝날 때까지로 연장할 수 있습니다. 그러나 이 효과는 당신이 해당 크리쳐로부터 5ft 이상 멀어지거나, 당신을 보거나 들을 수 없게 되거나, 그 크리쳐가 피해를 받게 되면 깨집니다.

일단 이 효과가 끝나거나 그 크리쳐가 최초의 내성 굴림에 성공했다면, 당신은 긴 휴식을 취하기 전까지 같은 크리쳐에게 다시 이 요소를 사용할 수 없습니다.

본능적인 매혹 INSTINCTIVE CHARM

위저드 6레벨에 도달하면, 당신이 볼 수 있는 30ft 이내의 크리쳐가 당신에게 명중 굴림을 굴릴 때, 당신은 반응행동을 사용하여 그 공격의 방향을 비틀어 공격의 사거리 내에 있는 다른 크리쳐를 향하도록 할 수 있습니다. 공격자는 당신의 위저드 주문 내성 DC를 목표로 지혜 내성 굴림을 굴려야 합니다. 이 내성 굴림에 실패하면, 공격자는 사거리 내에서 그 자신과 당신을 제외한 가장 가까운 크리쳐에게 공격을 가하게 됩니다. 만약 가장 가까운 거리 내에 여러 크리쳐가 있다면, 공격자는 자신이 그중 어떤 크리쳐를 공격할지 선택할 수 있습니다. 공격자가 내성에 성공한 경우, 당신은 긴 휴식을 취하기 전까지 같은 크리쳐에게 다시 이 요소를 사용할 수 없습니다.

이 요소는 공격이 명중인지 아닌지를 판정하기 전에 사용하겠다고 선언해야 합니다. 매혹에 면역인 크리쳐는 이 효과에 영향을 받지 않습니다.

이중 환혹 SPLIT ENCHANTMENT

위저드 10레벨에 도달하면, 당신은 본래 하나의 목표만을 대상으로 하는 1레벨 이상의 환혹계 주문을 시전할 때, 같은 사거리 내에서 두 번째 목표를 지정하여 동시에 주문을 걸 수 있습니다.

기억 변형 ALTER MEMORIES

위저드 14레벨에 도달하면, 당신은 어떤 크리쳐에게 당신의 마법적 영향력을 깨닫지 못하도록 만드는 능력을 얻을 수 있습니다. 당신이 하나 이상의 크리쳐를 매혹 상태로 만드는 환혹계 주문을 시전할 때, 당신은 그중 하나를 목표로 지정하여 자신이 매혹당했었다는 사실을 전혀 깨닫지 못하게 만들 수 있습니다.

또한, 주문의 지속시간이 끝나기 전, 당신은 행동을 사용해 선택한 크리쳐가 매혹 상태가 되었을 때의 시간 중 일부를 잊어버리도록 만들 수 있습니다. 해당 크리쳐는 당신의 위저드 주문 내성 DC를 목표로 지능 내성을 굴려 실패할 시 최대 1 + 당신의 매력 수정치(최소 1) 시간 분량의 기억을 잃어버립니다. 단, 이렇게 잊어버리게 만드는 것은 당신이 시전한 환혹계 주문의 지속시간까지만 가능합니다.

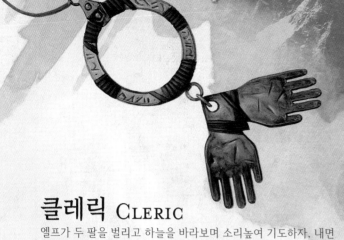

클레릭 CLERIC

엘프가 두 팔을 벌리고 하늘을 바라보며 소리높여 기도하자, 내면의 빛이 주변에 퍼지기 시작하며 전투로 지친 동료들의 상처가 아물어 갑니다.

드워프는 영광의 찬가를 부르며 도끼를 휘둘러 다가오는 오크 무리를 쓰러트립니다. 그는 적을 하나씩 쓰러트릴 때마다 신의 영광을 찬미하고 있습니다.

저주받은 망자들의 무리가 당장이라도 동료들을 덮치려는 모습이 보이자, 인간은 성표를 높이 들고 기도를 외쳤습니다. 성표에서 빛이 퍼져 나오자, 좀비들은 두려워하며 뒤로 물러섰습니다.

클레릭은 필멸자의 세계와 머나먼 신들의 거처를 이어주는 존재입니다. 그들은 다양한 신을 섬기며 신들의 뜻을 수행합니다. 클레릭은 평범한 사제들과 달리 신성한 마법의 힘을 사용할 수 있습니다.

치료자이자 전사

신성 마법이란 그 이름이 말해주듯 신들의 힘을 세상에 불러내 사용하는 것입니다. 클레릭은 이 힘에 능통하며, 신성 마법을 통해 세상에 기적을 불러옵니다. 신들이 누구에게나 이런 힘을 허락하는 것은 아닙니다. 오로지 드높은 소명을 받은 선택된 자에게만 이러한 힘을 내려줍니다.

신성 마법을 다루는 것은 학습이나 훈련으로 배울 수 있는 일이 아닙니다. 클레릭이 형식적 기도와 고대의 예식을 배우긴 하지만, 클레릭 주문을 사용하는 능력은 신에 대한 헌신과 신의 뜻을 이해하는 과정에서 주어지는 것입니다.

클레릭은 동료들을 치유하고 고무시켜주는 힘과 적들을 방해하고 피해를 입히는 힘을 동시에 다룰 수 있습니다. 그들은 경외와 공포를 불러일으키며, 질병이나 독의 저주를 내리기도 합니다. 심지어 천상에서 불꽃을 떨어트려 적들을 태워버리기도 합니다. 클레릭은 사악한 자들에게 철퇴를 내리기 위해, 신의 힘과 더불어 근접 전투에 대한 훈련도 충실하게 받는 편입니다.

신의 사도

신전의 수련사제나 열성적인 신도들 모두가 클레릭이 되는 것은 아닙니다. 사제들 중에는 신전의 간소한 생활이 적성에 맞아 들어온 사람도 있고, 마법과 전투보다는 기도와 희생으로 신의 뜻을 이루려는 이들도 있습니다. 정치적 야심을 이루려면 사제가 되어야 하는 곳에서는 권력을 위해 성직에 몸을 담는 사람도 있습니다. 진정한 클레릭은 그리 쉽게 발견할 수 있는 것이 아닙니다.

클레릭이 모험에 나서는 것은 대개 신의 뜻에 따른 결과입니다. 신들의 목적을 수행하기 위해서는 용감하게 문명의 경계를 넘어 야생의 세계로 가야 할 때도 있으며, 악을 물리치고 고대의 무덤에서 신성한 유물을 찾아야 할 수도 있습니다. 또한 클레릭은 신도들을 지키려 싸움에 나서기도 합니다. 쳐들어오는 오크들과 맞서 싸우고 국가 간의 평화를 주선하며, 데몬 대공이 이 세계에

레벨	숙련 보너스	클래스 요소	배운 소마법	1	2	3	4	5	6	7	8	9
						— 주문 레벨당 주문 슬롯 —						
1	+2	주문시전, 신성 권역	3	2	—	—	—	—	—	—	—	—
2	+2	신성 변환(1/휴식), 신성 권역 추가 요소	3	3	—	—	—	—	—	—	—	—
3	+2	—	3	4	2	—	—	—	—	—	—	—
4	+2	능력치 점수 상승	4	4	3	—	—	—	—	—	—	—
5	+3	언데드 파괴(CR 1/2)	4	4	3	2	—	—	—	—	—	—
6	+3	신성 변환(2/휴식), 신성 권역 추가 요소	4	4	3	3	—	—	—	—	—	—
7	+3	—	4	4	3	3	1	—	—	—	—	—
8	+3	능력치 점수 상승, 언데드 파괴(CR 1), 신성 권역 추가 요소	4	4	3	3	2	—	—	—	—	—
9	+4	—	4	4	3	3	3	1	—	—	—	—
10	+4	신의 간섭	5	4	3	3	3	2	—	—	—	—
11	+4	언데드 파괴 (CR 2)	5	4	3	3	3	2	1	—	—	—
12	+4	능력치 점수 상승	5	4	3	3	3	2	1	—	—	—
13	+5	—	5	4	3	3	3	2	1	1	—	—
14	+5	언데드 파괴 (CR 3)	5	4	3	3	3	2	1	1	—	—
15	+5	—	5	4	3	3	3	2	1	1	1	—
16	+5	능력치 점수 상승	5	4	3	3	3	2	1	1	1	—
17	+6	언데드 파괴 (CR 4), 신성 권역 추가 요소	5	4	3	3	3	2	1	1	1	1
18	+6	신성 변환 (3/휴식)	5	4	3	3	3	3	1	1	1	1
19	+6	능력치 점수 상승	5	4	3	3	3	3	2	1	1	1
20	+6	신의 간섭 향상	5	4	3	3	3	3	2	2	1	1

들어오려는 포탈을 막기 위해 동분서주하는 것 역시 그런 이유 때문입니다.

클레릭 모험자들은 여전히 자신들의 교단과 연줄을 지니고 있는 경우가 많습니다. 이 연줄을 통해 신전이 클레릭의 동료인 모험자들에게 도움을 요청할 때도 있고, 모험자들 역시 도움을 받기도 합니다.

클레릭 만들기

클레릭 캐릭터를 만들 때는, 당신이 어떤 신을 섬기고 있으며 어떤 원칙을 따르는가부터 생각해 보아야 합니다. 부록 B에서는 멀티버스의 수많은 신을 소개하고 있습니다. DM과 상의하여 캠페인 세계에 어떤 신들이 있는지 확인하시기 바랍니다.

일단 모시는 신을 정했다면, 당신과 신 사이의 관계를 생각해 볼 때입니다. 당신은 기꺼이 신을 따르고 있습니까? 아니면 신이 당신을 선택했고, 당신의 바람과는 무관하게 자기 뜻대로 부리고 있는 것입니까? 교단의 다른 사제들은 당신을 어떻게 대하고 있습니까? 신앙의 용사로 여깁니까? 아니면 말썽꾼이라고 생각합니까? 당신의 궁극적 목표는 무엇입니까? 신이 당신에게 특별한 임무를 부여했습니까? 아니면 위대한 사명을 통해 스스로의 가치를 입증하려고 합니까?

빠른 제작

클레릭을 빨리 만들고자 한다면 아래 순서를 따르시길 권합니다. 우선 지혜를 가장 높은 능력치로 놓고, 근력이나 건강을 그다음으로 선택합니다. 그런 다음, 복사 배경을 선택하시면 됩니다.

클래스 요소

클레릭으로서, 당신은 아래와 같은 클래스 요소를 지니고 있습니다.

히트 포인트

히트 다이스: 클레릭 레벨당 1d8점
1레벨 시의 히트 포인트: 8 + 당신의 건강 수정치
레벨 상승시의 히트 포인트: 1레벨 상승할 때마다 1d8(또는 5) + 당신의 건강 수정치만큼 증가

숙련

갑옷: 경장 갑옷, 평장 갑옷, 방패
무기: 단순 무기 전체
도구: 없음

내성 굴림: 지혜, 매력
기술: 역사학, 통찰, 의학, 설득, 종교학 중 2종 선택

장비

당신은 아래와 같은 초기 장비를 지니고 있습니다. 여기에 당신의 배경으로 얻는 장비를 더합니다.

- *(a)* 메이스 또는 *(b)* (숙련시) 워해머
- *(a)* 스케일 메일 *(b)* 레더 아머 또는 *(c)* (숙련시) 체인 메일
- *(a)* 라이트 크로스보우와 볼트 20개 또는 *(b)* 단순 무기 하나
- *(a)* 사제의 꾸러미 또는 *(b)* 탐험가의 꾸러미
- 방패와 성표

주문 시전

당신은 신성한 힘을 통하여 클레릭 주문을 시전할 수 있습니다. 주문시전의 일반 규칙은 제10장을, 클레릭 주문 목록은 제11장을 참조하십시오.

소마법

당신은 1레벨 때 클레릭 주문 목록에서 소마법 3개를 선택해 배울 수 있습니다. 레벨이 올라가면 당신은 클레릭 표에 나온 대로 클레릭 소마법을 추가로 배울 수 있습니다.

주문의 준비와 시전

당신은 클레릭 표를 참조해 각 레벨에 몇 개씩의 주문 슬롯을 지니고 있는지 확인할 수 있습니다. 클레릭 주문을 시전하려면 먼저 해당 주문 레벨 이상의 주문 슬롯을 소비해야 합니다. 긴 휴식을 마칠 때 이미 소비한 주문 슬롯을 모두 회복할 수 있습니다.

당신은 클레릭 주문 목록 중 자신이 준비해 둘 주문들을 골라야 합니다. 당신은 자신의 지혜 수정치 + 클레릭 레벨 합계만큼의 주문을 고를 수 있습니다. (최소 1개) 이 주문들은 반드시 당신이 사용할 수 있는 주문 슬롯 레벨 이하여야 합니다.

예를 들어, 당신이 3레벨 클레릭이라면 당신은 1레벨 슬롯 4개와 2레벨 슬롯 2개를 지니고 있으므로, 1레벨과 2레벨 주문을 준비할 수 있습니다. 당신의 지혜가 16이라면, 당신은 지혜 수정치 (3)에 레벨(3)을 더해 총 6개의 주문을 준비할 수 있습니다. 만약 당신이 1레벨 주문인 *상처 치료Cure Wounds*를 준비했다면, 당신은 1레벨이나 2레벨 슬롯을 소비해 이 주문을 시전할 수 있습니다. 주문을 시전한다 해도 당신이 준비한 목록에서 사라지지는 않습니다.

당신은 긴 휴식을 마칠 때 준비한 주문 목록을 변경할 수 있습니다. 새로운 클레릭 주문 목록을 준비하려면 기도와 명상으로 시간을 보내야 합니다. 여기에는 준비하려는 주문의 레벨당 1분씩의 시간이 들어갑니다.

주문시전 능력치

클레릭 주문을 시전할 때는 지혜를 당신의 주문시전 능력치로 사용합니다. 당신의 마법은 신에 대한 헌신에서 나오는 것이기 때문입니다. 당신은 주문시전 능력치가 필요할 때마다 지혜와 그 수정치를 사용합니다. 또 당신이 시전하는 클레릭 주문의 내성 DC를 정할 때나 주문 공격시 명중 굴림 수정치에도 지혜를 사용합니다.

주문 내성 DC =
8 + 당신의 숙련 보너스 + 당신의 지혜 수정치

주문 공격 수정치 =
당신의 숙련 보너스 + 당신의 지혜 수정치

의식 시전

당신은 의식 태그가 붙어 있는 클레릭 주문을 준비했을 때, 그 주문을 의식으로 시전할 수 있습니다.

주문시전 매개체

당신은 클레릭 주문을 시전할 때, 성표(제5장 참조)를 주문시전 매개체로 사용할 수 있습니다.

신성 권역 DIVINE DOMAIN

당신은 지식, 생명, 광휘, 자연, 폭풍, 기만, 전쟁 등 여러 권역 중에 당신의 신과 연관된 것 하나를 선택해야 합니다. 각 권역에 대한 내용은 클래스 설명 마지막에 수록되어 있으며, 권역에 연관된 신들의 예시 또한 나와 있습니다. 당신은 1레벨에 권역을 선택하면서 권역에 따른 주문과 추가 요소를 얻습니다. 또한 2레벨에 권역에 따른 신성 변환의 추가 사용법을 알게 되며, 6, 8, 17레벨에도 선택에 따른 추가적 요소를 얻을 수 있습니다.

권역 주문 DOMAIN SPELLS

권역마다 권역 주문이라 부르는 주문들의 목록이 있습니다. 이 주문들은 당신의 클레릭 레벨에 따라 얻을 수 있는 것들이며 권역 설명에 자세히 나와 있습니다. 일단 권역 주문을 얻었다면 당신은 언제나 이 주문들을 준비하고 있는 것이며, 권역 주문은 매일 준비할 수 있는 주문 개수에 포함되지 않습니다.

만약 당신이 클레릭 주문 목록에 없는 주문을 권역 주문으로 받은 경우, 당신은 해당 주문을 시전할 때 클레릭 주문으로 취급할 수 있습니다.

신성 변환 CHANNEL DIVINITY

당신은 클레릭 2레벨 때부터, 신에게서 직접 받은 신성한 힘을 통해 특별한 마법적 효과들을 일으킬 수 있습니다. 2레벨 때 당신은 언데드 퇴치와 권역에 따라 얻은 것을 합해 2개의 효과를 사용할 수 있습니다. 몇몇 권역들은 레벨이 올라가면서 추가적인 효과들을 사용할 수 있게 해주며, 이는 각 권역 설명에 나와 있습니다.

신성 변환을 사용할 때, 당신은 어떤 효과를 내고 싶은지 선택해야 합니다. 한 번 신성 변환을 사용했다면 짧은 휴식이나 긴 휴식을 마칠 때까지 다시 사용할 수 없습니다.

몇몇 신성 변환은 내성 굴림이 필요합니다. 당신이 사용한 능력이 내성 굴림을 허용한다면, 이 내성 굴림의 DC는 당신의 클레릭 주문에 대한 내성 DC와 같습니다.

6레벨에 도달하면, 당신은 휴식 사이에 신성 변환을 2번 사용할 수 있게 됩니다. 또한, 18레벨에 도달하면, 당신은 휴식 사이에 신성 변환을 3번 사용할 수 있게 됩니다. 짧은 휴식이나 긴 휴식을 마치면 소비한 신성 변환 횟수를 모두 회복할 수 있습니다.

신성 변환: 언데드 퇴치 TURN UNDEAD

당신은 행동을 사용하고 성표를 높이 쳐들며 기도를 읊어 언데드들을 쫓아낼 수 있습니다. 당신을 보거나 들을 수 있는 30ft 내의 모든 언데드는 지혜 내성 굴림을 굴려야 합니다. 이 내성에 실패한 크리쳐는 피해를 받기 전까지 1분간 퇴치됩니다.

퇴치당한 크리쳐는 자신의 턴이 될 때마다 전력을 다해 당신으로부터 멀어져야 하며, 자신의 의지로 당신 주변 30ft에 접근할 수 없습니다. 또한, 퇴치당한 상태에서는 반응행동을 사용할 수 없습니다. 퇴치당해 있는 동안에는 질주 행동만을 사용하거나 어떻게든 이동을 막는 요소를 피해 도망치려 할 것입니다. 만약 어디로도 도망갈 곳이 없다면, 퇴치당한 크리쳐는 회피 행동을 사용합니다.

능력치 점수 상승

당신은 클레릭 4, 8, 12, 16, 19레벨 때 각각 원하는 능력치 하나를 골라 2점 상승시키거나, 두 개의 능력치를 각각 1점씩 상승시킬 수 있습니다. 단, 이 방식으로는 능력치를 20점보다 높게 올릴 수 없습니다.

언데드 파괴 Destroy Undead

클레릭 5레벨에 도달하면, 당신이 사용한 언데드 퇴치의 내성 굴림에 실패한 언데드들 중 도전 지수가 일정 수치 이하인 것은 퇴치되어 도망가는 대신 즉시 파괴됩니다. 파괴되는 도전 지수는 아래 언데드 파괴 표를 참조하시기 바랍니다.

언데드 파괴

클레릭 레벨	파괴되는 언데드 CR
5	1/2 이하
8	1 이하
11	2 이하
14	3 이하
17	4 이하

신의 간섭 Divine Intervention

클레릭 10레벨에 도달하면, 당신은 진정 위급할 때 당신의 신에게 도움을 청하며 탄원을 올릴 수 있습니다.

신의 도움을 요청하기 위해서는 행동을 사용해야 합니다. 당신이 원하는 도움을 이야기한 다음, d100을 굴립니다. d100의 결과가 당신의 클레릭 레벨 이하로 나왔다면, 당신의 신이 그 탄원을 듣고 당신이 원하는 도움을 줄 것입니다. DM은 실제로 발휘되는 간섭의 형태를 결정할 수 있습니다. 간섭으로는 클레릭 주문이나 신에 연관된 권역 주문의 형태가 가장 많이 사용됩니다.

만약 당신의 신이 도움을 줬다면, 당신은 이후 7일간 다시 이 요소를 사용하지 못합니다. 신의 도움을 받지 못한 경우 긴 휴식을 마치고 나면 다시 이 요소를 사용할 수 있습니다.

20레벨에 도달하면, 당신이 신에게 도움을 청할 때 주사위 굴림 없이 자동 성공한 것으로 칩니다.

신성 권역

만신전에 속하는 신들은 필멸자의 삶과 문명 중 서로 다른 부분에 영향력을 지니고 있으며, 이러한 영향력에 속하는 부분을 권역이라고 부릅니다. 또한 하나의 신이 지닌 모든 권역을 하나로 합친 것을 신의 권능(Portfolio)이라고 부릅니다. 예를 들어, 그리스 신 아폴로의 권능에는 지식, 생명, 광휘의 권역이 포함되어 있습니다. 당신은 클레릭으로서 자신이 섬기는 신의 권능 중 한 측면을 선택하여, 그 권역에 해당하는 힘을 얻을 수 있습니다.

당신의 선택은 교단 내부의 종파에 따른 것일 수도 있습니다. 예를 들어, 아폴로의 경우, 어떤 지방에서는 포이보스("빛나는 자") 아폴로라고 부르며 빛의 권역에서 더 숭배받았던 반면, 또 다른 지역에서는 아폴로 아케시우스("치료하는 자")라 부르며 지식 권역의 신으로서 더 깊은 의미를 두었습니다. 아니면, 당신은 그저 개인적인 이유로 신의 여러 측면 중 한 가지 권역을 더 중요하게 생각하고 있는 것일 수도 있습니다.

각 권역의 설명에는 그 권역에 영향력을 지닌 신들의 예시가 나와 있습니다. 이 예시는 포가튼 렐름즈, 그레이호크, 드래곤랜스, 에버론 캠페인 배경의 신들과, 켈트, 그리스, 북유럽, 이집트 만신전의 신들이 포함되어 있습니다.

광휘 권역 Light Domain

광휘의 신들에는 헬름, 라샌더, 폴터스, 브란찰라, 은빛 불꽃 교단, 벨레누스, 아폴로, 라 호라프티 등이 포함되어 있습니다. 이들은 재생과 재활, 진실, 경계, 아름다움 같은 이상을 수호하며, 때때로 태양을 상징으로 사용합니다. 이러한 신 중 일부는 태양 그 자체로 상징되거나 태양을 끄는 마차를 타기도 합니다. 또 다른 신들은 그림자를 꿰뚫어 보며 모든 기만을 무찌르는 영원한 감시자로 나타나기도 합니다. 어떤 이들은 미와 기예의 신으로서 영혼의 발전을 위한 기교를 가르치기도 합니다. 빛의 신을 따르는 성직자들은 그들의 신이 가져다주는 통찰의 시선을 지니고 빛이 감도는 깨어있는 영혼들입니다. 이들은 거짓을 밝혀내고 어둠을 내쫓는 의무를 지니기도 합니다.

광휘 권역 주문

클레릭 레벨	주문
1	타오르는 손길Burning Hands, 요정 불꽃Faerie Fire
3	화염 구체Flaming Sphere, 타오르는 광선Scorching Ray
5	태양광Daylight, 화염구Fireball
7	신앙의 수호자Guardian of Faith, 불꽃의 벽Wall of Fire
9	화염 직격Flame Strike, 염탐Scrying

추가 소마법

1레벨 때 이 권역을 선택하면, (당신이 이미 습득하지 않은 경우) 빛Light 소마법을 배울 수 있습니다.

수호하는 섬광 Warding Flare

1레벨 때부터, 당신은 자신과 공격하는 적 사이에 신성한 빛이 터져 나오게 할 수 있습니다. 30ft 이내에서 당신이 볼 수 있는 크리쳐에게서 공격받았을 때, 당신은 반응행동을 사용하여 순간적으로 빛이 터져 나오게 해서 적의 명중 굴림에 불리점을 줄 수 있습니다. 단, 이 요소는 명중 여부가 결정되기 전에 사용을 선언해야 합니다. 장님 상태에 면역인 크리쳐는 이 요소의 영향을 받지 않습니다.

당신은 자신의 지혜 수정치(최소 1)와 같은 횟수만큼 이 요소를 사용할 수 있습니다. 긴 휴식을 마치면 사용한 횟수를 모두 회복합니다.

신성 변환: 새벽의 광명 RADIANCE OF THE DAWN

클레릭 2레벨 때부터, 당신은 신성 변환을 사용해 태양빛을 불러와 어둠을 내쫓고 적들에게 광휘 피해를 가할 수 있습니다.

당신이 행동을 사용하고 성표를 높이 쳐들면, 주변 30ft 내의 마법적인 어둠이 무효화됩니다. 또한, 당신 주변 30ft 내의 모든 적대적 크리쳐는 건강 내성을 굴려 실패할 시 2d10+당신의 클레릭 레벨 만큼 광휘 피해를 받습니다. 내성에 성공하면 피해는 절반으로 줄어듭니다. 당신에게서 완전 엄폐 상태인 크리쳐는 이 요소에 영향을 받지 않습니다.

향상된 섬광 IMPROVED FLARE

클레릭 6레벨에 도달하면, 당신은 주변 30ft 내의 적이 당신 외의 다른 크리쳐를 공격할 때도 수호하는 섬광을 발동시킬 수 있습니다.

강화된 주문시전 POTENT SPELLCASTING

클레릭 8레벨에 도달하면, 당신이 클레릭 소마법으로 피해를 가할 때 당신의 지혜 수정치를 피해에 더할 수 있습니다.

빛의 분출 CORONA OF LIGHT

클레릭 17레벨에 도달하면, 당신은 행동을 사용하여 태양처럼 빛나는 오오라를 두를 수 있습니다. 이 오오라는 당신이 행동을 사용해 취소하거나 1분이 지날 때까지 지속됩니다. 당신은 60ft 반경에 밝은 빛을 내며, 추가로 30ft까지는 약한 빛으로 밝힙니다. 당신의 적들이 밝은 빛 범위에 있을 때는 화염이나 광휘 피해를 가하는 주문에 대한 내성 굴림에 불리점을 받게 됩니다.

기만 권역 TRICKERY DOMAIN

기만의 신들에는 티모라, 베샤바, 올리다마라, 나그네, 갈 글리터골드, 로키 등이 속합니다. 이들은 문제를 일으키는 자들이며, 신들과 인간들이 받아들이는 질서에 끝없이 도전하는 이들입니다. 이 신들은 도적이나 불한당, 도박사, 반란군, 그리고 해방운동가들의 수호신입니다. 기만의 신을 섬기는 클레릭들은 세상을 교란시키는 힘입니다. 이들은 오만한 자의 코를 꺾고 폭군을 조롱하며, 부자의 재물을 빼앗고 갇힌 자를 풀어주며 의미 없는 전통을 조롱하곤 합니다. 이들은 정면으로 적에 맞서기보다 기만하고 약 올리며 적들이 가진 것을 훔치는 것을 좋아합니다.

기만 권역 주문

클레릭 레벨	주문
1	인간형 매혹Charm Person, 자기 위장Disguise Self
3	거울 분신Mirror Image, 흔적없는 이동Pass without Trace
5	점멸Blink, 마법 무효화Dispel Magic
7	차원문Dimension Door, 변신Polymorph
9	인간형 지배Dominate Person, 기억 조작Modify Memory

기만자의 축복 BLESSING OF THE TRICKSTER

1레벨 때 이 권역을 선택하면, 당신은 행동을 사용하여 당신을 제외하고 기꺼이 효과를 받으려는 크리쳐에게 접촉하여 민첩(은신) 판정에 이점을 줄 수 있습니다. 이 축복은 1시간이 지나거나 당신이 이 요소를 다시 사용하면 사라집니다.

신성 변환: 복제 발동 INVOKE DUPLICITY

클레릭 2레벨 때부터, 당신은 신성 변환을 사용하여 자신의 환영 복제를 만들어 낼 수 있습니다.

당신은 행동을 사용하여 당신 자신의 완벽한 환영을 만들어 낼 수 있습니다.(주문에 대한 정신집중과 동일. 최대 1분) 이 환영은 30ft 이내에서 당신이 볼 수 있는 점유되지 않은 공간에 나타납니다. 당신은 이후 자기 턴에 추가 행동을 사용하여 이 환영을 다른 공간으로 최대 30ft씩 이동시킬 수 있습니다. 그러나 환영은 당신으로부터 120ft 이내에 있어야 합니다.

환영이 지속되는 동안 당신이 환영의 위치에 있는 것처럼 주문을 시전할 수 있지만, 여전히 당신 자신의 감각을 사용해야 합니다. 또한 당신과 환영이 같이 어떤 크리쳐의 5ft 이내에 인접한 경우, 당신은 환영으로 상대의 주의를 흐트러뜨릴 수 있어서 명중 굴림에 이점을 받을 수 있습니다.

신성 변환: 그림자 망토 CLOAK OF SHADOWS

클레릭 6레벨에 도달하면, 당신은 신성 변환을 사용해 모습을 지울 수 있습니다.

당신은 행동을 사용하여 자신의 다음 턴이 끝날 때까지 투명 상태가 됩니다. 투명 상태인 동안 공격하거나 주문을 시전하면 투명 상태가 해제됩니다.

신성한 일격 DIVINE STRIKE

클레릭 8레벨에 도달하면, 신에게서 무기에 독을 주입할 수 있는 능력을 받을 수 있습니다. 당신의 턴마다 한 번씩, 무기로 크리쳐를 공격하여 명중할 때마다 당신은 추가로 1d8점의 독성 피해를 가할 수 있습니다. 이 추가 피해는 14레벨에 2d8점으로 증가합니다.

향상된 복제 발동 IMPROVED DUPLICITY

클레릭 17레벨에 도달하면, 당신은 복제 발동을 사용할 때 최대 4개까지의 환영 분신을 만들어 낼 수 있습니다. 당신은 자기 턴에 추가 행동을 사용해서 이 분신들 모두를 30ft씩 이동시킬 수 있으며, 각각의 분신들은 당신으로부터 120ft 내에 있어야 합니다.

생명 권역 LIFE DOMAIN

생명 권역은 맥동하는 긍정적인 힘에 집중하고 있습니다. 이 힘은 우주를 이루는 근본 요소 중 하나로, 살아 있는 모든 생명을 유지시킵니다. 생명의 신들은 생명과 건강을 수호하며 병들고 상처받은 이들을 치료합니다. 이들은 위급한 이들에게 도움을 주며, 죽음과 불사의 세력을 물리치곤 합니다. 악하지 않은 신들 거의 대다수는 이 권역에 영향력을 지니고 있습니다. 특히 챠운티, 아라와이, 데메테르 등 농업에 관계된 신들이나 라샌더, 펠러, 라 호라프티 같은 태양신들, 일마타나 미샤칼, 아폴로, 디안세트 같은 치료 혹은 인내의 신들, 헤스티아나 하토르, 볼드레이 같은 가정과 공동체의 신들이 생명 권역에 깊게 관계되어 있습니다.

생명 권역 주문

클레릭 레벨	주문
1	축복Bless, 상처 치료Cure Wounds
3	하급 회복Lesser Restoration, 영체 무기Spiritual Weapon
5	희망의 봉화Beacon of Hope, 재활성화Revivify
7	죽음 방비Death Ward, 신앙의 수호자Guardian of Faith
9	다중 상처 치료Mass Cure Wounds, 사자 소생Raise Dead

추가 숙련

1레벨 때 이 권역을 선택하면, 당신은 중장 갑옷에 대한 숙련을 얻을 수 있습니다.

생명의 사도 DISCIPLE OF LIFE

1레벨 때부터, 당신의 치료 주문은 더 효과적으로 변합니다. 당신이 hp를 회복하는 1레벨 이상의 주문을 시전할 때마다, 회복되는 크리쳐는 추가로 2 + 주문 레벨만큼의 hp를 더 회복합니다.

신성 변환: 생명 보존 PRESERVE LIFE

클레릭 2레벨 때부터, 당신은 신성 변환을 사용하여 심한 부상을 입은 자들을 치료할 수 있습니다.

당신은 행동을 사용하고 성표를 높게 들어 당신의 클레릭 레벨 × 5 만큼의 hp를 회복시킬 수 있습니다. 당신은 이 회복량으로 당신 주변 30ft 이내의 크리쳐 중 하나를 회복시키거나, 여러 크리쳐들을 나누어 회복시킬 수 있습니다. 이 요소로는 크리쳐마다 최대 hp의 절반까지만을 회복할 수 있습니다. 언데드나 구조물에게는 이 요소를 사용할 수 없습니다.

축복받은 치유사 BLESSED HEALER

클레릭 6레벨에 도달하면, 다른 이들을 치유하는 당신의 치료 주문은 동시에 당신도 치료할 수 있게 됩니다. 당신이 1레벨 이상의 주문을 시전해 다른 크리쳐의 hp를 회복하면, 당신 자신 역시 2 + 주문 레벨만큼의 hp를 회복합니다.

신성한 일격 DIVINE STRIKE

클레릭 8레벨에 도달하면, 당신은 무기에 신성한 힘을 주입할 수 있는 능력을 받을 수 있습니다. 당신의 턴마다 한 번씩, 무기로 크리쳐를 공격하여 명중할 때마다 당신은 추가로 1d8점의 광휘 피해를 가할 수 있습니다. 이 추가 피해는 14레벨에 2d8점으로 증가합니다.

최상의 치유력 SUPREME HEALING

클레릭 17레벨에 도달하면, 당신이 hp를 회복하는 주문을 사용하여 주사위를 굴려 회복량을 정할 때, 주사위를 굴리는 대신 주사위마다 최대치가 나온 것으로 취급할 수 있습니다. 예를 들어, 당신이 2d6점의 hp를 회복하는 주문을 시전한 경우 12점을 회복할 수 있습니다.

자연 권역 NATURE DOMAIN

자연의 신들은 자연 그 자체만큼이나 다양합니다. 실바누스나 오바드 하이, 치슬레브, 발리노르, 판 등 같은 깊은 숲의 신이 있는가 하면, 엘다스처럼 샘이나 들판에 연관된 친근한 신도 있습니다. 드루이드는 자연 전체를 섬기지만 때로는 자연의 신 중 하나를 모실 때도 있습니다. 이들은 신비한 의식을 수행하고 자신들만의 비밀 언어로 이루어진 모두에게 잊혀진 기도를 올리곤 합니다. 하지만 자연의 신들 대다수는 클레릭들에게도 경배를 받습니다. 자연의 신을 섬기는 클레릭들은 특정한 자연의 신 하나의 관심을 대변합니다. 이들은 더 적극적으로 신의 뜻을 행동으로 옮깁니다. 이 클레릭들은 숲을 훼손하는 사악한 괴물들을 사냥하며, 신심 깊은 이들의 수확을 축복하고, 그들의 신에게서 분노를 산 자들의 곡식을 시들게 버리게 합니다.

자연 권역 주문

클레릭 레벨	주문
1	동물 친밀화Animal Friendship, 동물과의 대화Speak with Animals
3	나무껍질 피부Barkskin, 가시 성장Spike Growth
5	식물 성장Plant Growth, 바람의 벽Wind Wall
7	야수 지배Dominate Beast, 붙잡는 덩굴Grasping Vine
9	곤충 무리Insect Plague, 나무 질주Tree Stride

추가 숙련

1레벨 때 이 권역을 선택하면, 당신은 중장 갑옷에 대한 숙련을 얻을 수 있습니다.

자연의 시종 ACOLYTE OF NATURE

1레벨 때, 당신은 드루이드 소마법 중 하나를 골라 배울 수 있습니다. 또한, 당신은 동물 조련, 자연학, 생존 중 한 가지 기술을 선택하여 그에 대한 숙련을 얻습니다.

신성 변환: 동물 및 식물 매혹
CHARM ANIMALS AND PLANTS

클레릭 2레벨 때부터, 당신은 신성 변환을 사용해 동물이나 식물을 매혹할 수 있습니다.

당신은 행동을 사용하고 성표를 높게 들며 신의 이름을 외칩니다. 당신 주변 30ft 내에서 당신을 볼 수 있는 동물이나 식물 크리쳐들은 모두 지혜 내성을 굴려야 합니다. 이 내성에 실패한 크리쳐는 피해를 받거나 1분이 지날 때까지 당신에게 매혹된 상태가 됩니다. 매혹 상태일 때는 당신과 당신이 지정하는 다른 크리쳐들에게 우호적으로 행동할 것입니다.

원소 감퇴 DAMPEN ELEMENTS

클레릭 6레벨에 도달하면, 당신이나 당신 주변 30ft 이내의 크리쳐가 산성, 냉기, 화염, 번개, 천둥 피해를 받을 때, 당신은 반응행동을 사용하여 해당 피해에 대한 저항을 부여할 수 있습니다.

신성한 일격 DIVINE STRIKE

클레릭 8레벨에 도달하면, 당신은 무기에 신성한 힘을 주입할 수 있는 능력을 받을 수 있습니다. 당신의 턴마다 한 번씩, 무기로 크리쳐를 공격하여 명중할 때마다 당신은 추가로 1d8점의 냉기, 화염, 또는 번개 피해를 가할 수 있습니다. (피해 종류는 당신이 선택합니다.) 이 추가 피해는 14레벨에 2d8점으로 증가합니다.

자연의 대가 MASTER OF NATURE

클레릭 17레벨에 도달하면, 당신은 동물이나 식물 크리쳐에게 명령을 내리는 능력을 얻게 됩니다. 당신은 자기 턴에 추가 행동을 사용하여 동물 및 식물 매혹 요소를 사용해 매혹시킨 크리쳐들에게 말로 명령을 내릴 수 있습니다. 이 크리쳐들은 각자 자신의 다음 턴에 받은 명령을 수행할 것입니다.

지식 권역 KNOWLEDGE DOMAIN

오그마, 보콥, 길리언, 아우레온, 토트 등과 같은 지식의 신들은 학습과 이해에 지고의 가치를 두고 있습니다. 이들 중 일부는 도서관과 대학을 통해 지식을 수집하며 공유하려 하고, 다른 이들은 공예와 발명의 실용적 지식을 장려합니다. 어떤 신들은 지식을 수집해 자신들만의 비밀로 두려 하기도 합니다. 또 다른 신들은 신도들이 멀티버스의 비밀을 풀게 되면 무시무시한 힘을 얻게 될 거라고 약속하기도 합니다. 이런 신을 따르는 신도들은 희귀한 전승 지식을 배우고 낡은 고서들을 수집하며, 땅속 깊이 숨겨진 비밀 장소들을 파고들어 가능한 모든 것을 배우려 합니다. 곤드나 레오룩스, 오나타르, 모라딘, 헤파이스토스, 고이브니우 같은 일부 신들은 발명이나 기술 같은 실용적 지식을 전수하기도 합니다.

지식 권역 주문

클레릭 레벨	주문
1	명령Command, 식별Identify
3	점술Augury, 암시Suggestion
5	탐지방어Nondetection, 죽은 자와의 대화Speak with Dead
7	비전의 눈Arcane Eye, 혼란Confusion
9	전설 전승Legend Lore, 염탐Scrying

지식의 축복 BLESSINGS OF KNOWLEDGE

당신은 1레벨 때 추가로 2종의 언어를 선택하여 배울 수 있습니다. 또한 당신은 비전학, 역사학, 자연학, 종교학 중 2종의 기술을 선택하여 숙련을 얻습니다.

이 기술들에 연관된 능력 판정을 행할 때는 당신의 숙련 보너스를 2배로 적용할 수 있습니다.

신성 변환: 시대의 지식 KNOWLEDGE OF THE AGES

클레릭 2레벨 때부터, 당신은 신성 변환을 사용하여 신성한 지식의 샘에 접할 수 있습니다. 당신은 행동을 사용하여 기술이나 도구 한 가지를 선택합니다. 이후 10분간 당신은 선택한 기술이나 도구에 대한 숙련을 얻습니다.

신성 변환: 생각 읽기 READ THOUGHTS

클레릭 6레벨에 도달하면, 당신은 신성 변환을 사용하여 다른 크리쳐의 생각을 읽을 수 있습니다. 당신은 이후 생각을 읽은 자의 마음속으로 들어가 명령을 내릴 수도 있습니다.

당신은 행동을 사용하여 60ft 이내에서 볼 수 있는 크리쳐 하나를 선택합니다. 목표는 지혜 내성 굴림을 굴려야 합니다. 만약 목표가 내성에 성공했다면, 당신은 긴 휴식을 마치기 전까지 다시 같은 목표에게 이 요소를 사용할 수 없습니다.

목표가 내성 굴림에 실패했다면, 당신은 목표의 표면적 생각을 읽을 수 있습니다. (지금 당장 가장 많이 생각하는 것. 현재의 감정 상태, 현재의 생각 흐름 등이 포함됩니다.) 이 능력은 목표가 60ft 이내에 있을 때만 가능합니다. 이 효과는 1분이 지나면 끝납니다.

이 효과가 지속되는 동안, 당신은 자기 턴에 행동을 사용하여 이 효과를 끝내는 대신 주문 슬롯을 소비하지 않고 해당 크리쳐에게 암시Suggestion 주문을 시전할 수 있습니다. 목표는 이 암시 주문의 내성 굴림에 자동으로 실패합니다.

강화된 주문시전 POTENT SPELLCASTING

클레릭 8레벨에 도달하면, 당신이 클레릭 소마법으로 피해를 가할 때 당신의 지혜 수정치를 피해에 더할 수 있습니다.

과거의 시야 VISIONS OF THE PAST

클레릭 17레벨에 도달하면, 당신은 접촉한 물체나 주변 장소에 관련된 과거의 영상을 볼 수 있습니다. 당신은 1분간 기도와 명상에 돌입해야 하며, 그 이후 꿈이나 그림자처럼 과거 사건의 단편을 엿볼 수 있습니다. 당신은 최대 자신의 지혜 점수 1점당 1분의 시간을 명상할 수 있습니다. 그동안은 마치 주문에 정신집중을 유지하는 것처럼 집중을 유지해야 합니다.

당신이 이 요소를 한 번 사용했다면, 짧은 휴식이나 긴 휴식을 마칠 때까지 다시 사용할 수 없습니다.

물체 읽기. 당신은 읽고자 하는 물체를 들고 명상에 들어가며, 물체의 과거 소유자에 대한 영상을 볼 수 있습니다. 1분의 명상이 끝나고 나면 당신은 과거 소유자가 이 물건을 어떻게 얻고 잃어버렸는지 알게 되며, 물건이나 소유자에 연관된 가장 최근의 중요한 사건 역시 알게 됩니다. 만약 해당 물체가 읽은 소유자 외에도 최근까지 또 다른 크리쳐의 소유였다면, 당신은 추가로 1분 더 명상하여 더 과거의 소유자에 대한 정보까지 알 수 있습니다. (최근이란 당신의 지혜 점수 1점당 1일 전까지를 말합니다.)

지역 읽기. 당신이 명상에 들어가면, 당신은 주변 환경에서 최근 일어난 중요한 사건의 영상을 볼 수 있습니다. 주변 환경은 방이나 거리, 터널, 공터 등을 말하며, 50 × 50 × 50ft까지의 공간을 정할 수 있습니다. 이 방법으로는 당신의 지혜 점수 1점당 1일씩의 과거를 볼 수 있습니다. 당신이 1분간 명상할 때마다, 당신은 최근에 일어났던 일부터 중요한 사건들에 대한 정보를 얻을 수 있습니다. 중요한 사건들은 대개 강력한 감정들을 동반합니다. 전투나 배신, 결혼, 살인, 탄생이나 장례식 등의 사건 등이 중요한 사건으로서 자주 남곤 하지만 더 평범한 사건이라도 당신의 현재 상황에 비추어 중요한 일일 경우 그 영상을 볼 수 있을 것입니다.

전쟁 권역 WAR DOMAIN

전쟁에는 여러 측면이 있습니다. 전쟁은 평범한 사람을 영웅으로 만들기도 하고, 훌륭하고 용감한 업적을 세운 인물이 위기에 처해 겁에 질리게 하거나 잔혹한 행동을 하게끔 하기도 합니다. 하지만 어떤 경우이든 전쟁의 신들은 전사들을 돌보며 위대한 업적에 걸맞은 보상을 내리곤 합니다. 이런 신들을 모시는 클레릭은 전투에 능하며, 전투에서 주변을 고무시키거나 폭력적인 행동을 통해 기도를 올리기도 합니다. 전쟁의 신 중에는 토름이나 헤이로너스, 키리 졸리스 같은 기사도와 명예의 신이 있는가 하면, 에리스널, 격노자, 그럼쉬, 아레스 같은 파괴와 약탈의 신도 있고, 베인, 헥스터, 마글루비에트 같은 정복과 지배의 신도 있습니다. 템퍼스, 니케, 누아다 같은 다른 전쟁신들은 보다 중립적인 입장을 취하며, 전쟁의 어떤 측면에서든 전사들을 수호하곤 합니다.

전쟁 권역 주문

클레릭 레벨	주문
1	신성한 청원Divine Favor, 신앙의 방패Shield of Faith
3	무기 마법화Magic Weapon, 영체 무기Spiritual Weapon
5	성전사의 망토Crusader's Mantle, 영혼 수호자Spirit Guardians
7	이동의 자유Freedom of Movement, 바위피부Stoneskin
9	화염 직격Flame Strike, 괴물 포박Hold Monster

추가 숙련

1레벨 때 이 권역을 선택하면, 당신은 군용 무기와 중장 갑옷에 대한 숙련을 얻을 수 있습니다.

전쟁 사제 WAR PRIEST

1레벨 때부터, 당신의 신은 당신이 전투에 참여할 때 강렬한 고양감을 내려줍니다. 당신이 공격 행동을 사용할 때, 당신은 추가 행동으로 무기 공격을 한 번 가할 수 있습니다.

당신은 이 요소를 당신의 지혜 수정치와 동일한 횟수만큼 사용할 수 있습니다. (최저 1회) 당신이 긴 휴식을 취하고 나면 소비한 사용횟수를 모두 회복하게 됩니다.

신성 변환: 유도된 일격 GUIDED STRIKE

클레릭 2레벨 때부터, 당신은 신성 변환을 사용하여 초자연적 정확성으로 일격을 가할 수 있게 됩니다. 당신이 명중 굴림을 굴릴 때, 당신은 신성 변환을 사용하여 주사위에 +10 보너스를 받을 수 있습니다. 당신은 주사위를 굴린 다음에도 이 요소를 사용할 수 있지만, DM이 명중인가 아닌가를 판정한 다음에는 사용할 수 없습니다.

신성 변환: 전쟁신의 축복 WAR GOD'S BLESSING

클레릭 6레벨에 도달하면, 당신 주변 30ft 내의 크리쳐가 명중 굴림을 굴릴 때, 당신은 반응행동을 사용하여 신성 변환을 소비하고 그 굴림에 +10 보너스를 줄 수 있습니다. 당신은 주사위를 굴린 다음에도 이 요소를 사용할 수 있지만, DM이 명중인가 아닌가를 판정한 다음에는 사용할 수 없습니다.

신성한 일격 DIVINE STRIKE

클레릭 8레벨에 도달하면, 당신은 무기에 신성한 힘을 주입할 수 있는 능력을 받을 수 있습니다. 당신의 턴마다 한 번씩, 무기로 크리쳐를 공격하여 명중할 때마다 당신은 추가로 1d8점의 피해를 가할 수 있습니다. (피해의 종류는 무기가 원래 가하는 것과 같습니다.) 이 추가 피해는 14레벨에 2d8점으로 증가합니다.

전투의 화신 AVATAR OF BATTLE

클레릭 17레벨에 도달하면, 당신은 비마법적 무기로 가해지는 모든 관통, 타격, 참격 피해에 저항을 얻습니다.

폭풍 권역 TEMPEST DOMAIN

폭풍 권역을 지닌 신들에는 탈로스, 움버리, 코드, 제보임, 포식하는 자, 제우스, 토르 등 폭풍과 바다, 하늘을 지배하는 이들이 속합니다. 이들 중에는 번개와 천둥을 다스리는 신이나 지진의 신, 화염의 신, 폭력이나 물리적 힘, 용기의 신들 또한 포함되곤 합니다. 일부 만신전에서는 이 권역의 신들이 천둥번개로 신속한 심판을 내려 다른 신들을 통치하기도 합니다. 바다를 항해하는 민족의 신 중에서 이 권역의 신들은 바다의 신이자 뱃사람들의 수호신으로서 널리 숭배를 받습니다. 폭풍의 신들은 자신들의 클레릭을 보내 보통 사람들에게 신의 분노를 두려워하게 하며, 사람들이 바른길을 걷고 신들을 진정시킬 공물을 바치게 하기도 합니다.

폭풍 권역 주문

클레릭 레벨	주문
1	안개 구름Fog Cloud, 천둥파도Thunderwave
3	돌풍Gust of Wind, 분쇄Shatter
5	낙뢰 소환Call Lightning, 진눈깨비 폭풍Sleet Storm
7	물 조종Control Water, 얼음 폭풍Ice Storm
9	파괴의 파도Destructive Wave, 곤충 무리Insect Plague

추가 숙련

1레벨 때 이 권역을 선택하면, 당신은 군용 무기와 중장 갑옷에 대한 숙련을 얻을 수 있습니다.

폭풍의 격노 WRATH OF THE STORM

당신은 1레벨 때 천둥처럼 공격자를 격퇴할 수 있는 능력을 얻습니다. 당신 주변 5ft 이내의 볼 수 있는 크리쳐가 당신을 공격하여 당신이 명중 당했다면, 당신은 반응 행동을 사용하여 공격자에게 민첩 내성 굴림을 굴리게 할 수 있습니다. 공격자가 내성 굴림에 실패했다면 2d8점의 천둥 혹은 번개 피해를 받습니다. (피해 종류는 당신이 선택합니다.) 내성에 성공했다면 피해는 절반으로 줄어듭니다.

당신은 이 요소를 당신의 지혜 수정치와 동일한 횟수만큼 사용할 수 있습니다. (최저 1회) 당신이 긴 휴식을 마치고 나면 소비한 사용횟수를 모두 회복하게 됩니다.

신성 변환: 파괴적 격분 DESTRUCTIVE WRATH

클레릭 2레벨 때부터, 당신은 신성 변환을 사용하여 예측할 수 없는 맹렬함을 지닌 폭풍의 힘을 불러올 수 있습니다.

당신이 천둥이나 번개 피해를 굴릴 때, 신성 변환을 사용하면 주사위를 굴리는 대신 최대치의 피해를 가할 수 있게 됩니다.

천둥벼락의 일격 THUNDERBOLT STRIKE

클레릭 6레벨에 도달하면, 대형 이하 크기의 크리쳐에게 번개 피해를 가할 때, 당신은 해당 크리쳐를 10ft 멀리 밀어낼 수 있습니다.

신성한 일격 DIVINE STRIKE

클레릭 8레벨에 도달하면, 당신은 무기에 신성한 힘을 주입하는 능력을 받을 수 있습니다. 당신의 턴마다 한 번씩, 무기로 크리쳐를 공격하여 명중할 때마다 당신은 추가로 1d8점의 천둥 피해를 가할 수 있습니다. 이 추가 피해는 14레벨에 2d8점으로 증가합니다.

폭풍의 자손 STORMBORN

클레릭 17레벨에 도달하면, 당신은 현재의 보행 이동속도와 동일한 비행 속도를 얻게 됩니다. 단, 지하나 실내에 있을 때는 이 요소를 사용할 수 없습니다.

파이터 Fighter

금속 소리가 울리는 철판 갑옷을 몸에 걸친 여전사는 방패를 들어 몸을 보호하며 엄청난 수의 고블린 무리에게 돌진합니다. 그녀 뒤에는 징박은 가죽 갑옷을 입은 엘프가 고풍스러운 활로 연달아 화살을 날려 보내며 엄호하고 있습니다. 하프 오크는 고함을 치며 명령을 내리곤, 두 동료를 도와 전투를 더 유리한 상황으로 끌고가려 합니다.

사슬 갑옷을 걸친 드워프는 방패를 들어 동료를 내리치려는 오우거의 곤봉을 가로막고는 타격을 옆으로 흘려보냈습니다. 동료 하프 엘프는 비늘 갑옷을 입은 채 시미터 두 자루를 휘두르며 칼날의 폭풍이 되어 오우거 주변을 맴돌며 약점을 찾으려 합니다.

그물과 삼지창에 능숙한 검투사는 투기장 한복판에서 적과 맞서며, 전술적 이점을 찾아 분주히 움직입니다. 갑자기 상대가 들고 있던 검이 푸른 빛으로 번쩍이더니 칼날에서 번개가 날아와 그를 강타했습니다.

위의 영웅들은 모두 파이터입니다. 아마도 파이터는 던전즈 앤 드래곤즈Dungeons & Dragons의 세계에서 가장 다채로운 클래스일 것입니다. 사명을 쫓는 기사, 정복 군주, 왕의 명을 받은 용사, 정예 군인, 역전의 용병, 도적 우두머리에 이르는 모든 전사가 파이터가 될 수 있습니다. 이들은 다종다양한 무기와 갑옷을 다루며 전투 기술에 관해서는 누구보다 뛰어난 지식을 지니고 있습니다. 그들은 항상 죽음과 함께 합니다. 그들은 죽음의 전령이 되기도 하며, 그들 자신이 죽음에 가까이 가기도 합니다.

다재다능한 전문가

파이터는 여러 가지 전투 방식의 기초를 배웁니다. 파이터들은 누구나 도끼를 휘두르는 법과 레이피어로 펜싱하는 법을 다 알고 있으며, 장검이나 대검을 쓰는 법, 심지어 그물로 적을 사로잡는 법까지 알고 있습니다. 갑옷이나 방패의 사용법 역시 마찬가지입니다. 파이터는 모든 갑옷과 방패를 익숙하게 다룰 수 있습니다. 파이터들은 이처럼 광범위한 기초 훈련을 바탕으로, 자신이 선호하는 특정한 전투 방식을 전문적으로 훈련합니다. 어떤 이들은 궁술에 집중하는가 하면, 또 다른 이들은 두 무기를 동시에 다루는 방식을 파고듭니다. 또 일부는 무예에 마법을 접목하는 방식을 연구하기도 합니다. 이 다재다능한 기본 기술과 전문화된 전투 방식을 동시에 가진 파이터는 전장에서나 던전에서나 탁월한 전투 요원이 됩니다.

위험에 익숙한 자

도시 경비대나 마을 민병대, 혹은 왕실 사병의 전사들이 전부 파이터인 것은 아닙니다. 이러한 군인들 대부분은 그저 기본적 전투 훈련만 받은 비교적 덜 훈련된 병사들일 뿐입니다. 한편, 숙련병, 장교, 훈련된 경호원, 헌신적인 기사 등은 파이터일 가능성이 더 클 것입니다.

몇몇 파이터는 자신의 기술을 살려 모험자가 되기도 합니다. 모험자로서 던전을 파고들어 괴물들을 죽이는 위험한 일은 파이터에게 있어 제2의 천성이나 다름없습니다. 그들이 떠나온 전쟁터의 삶 역시 마찬가지로 위험하기 때문입니다. 하지만 파이터들은 위험이 클수록 보답도 크다는 사실을 알고 있습니다. 도시 경비대를 지휘하면 더 안전하게 살기야 하겠지만, 불꽃을 뿜는 검을 볼 기회는 그다지 많지 않을 것입니다.

파이터

레벨	숙련 보너스	클래스 요소
1	+2	전투 유파, 재기의 바람
2	+2	행동 연쇄 (1회 사용)
3	+2	무예 아키타입
4	+2	능력치 점수 상승
5	+3	추가 공격
6	+3	능력치 점수 상승
7	+3	무예 아키타입 추가 요소
8	+3	능력치 점수 상승
9	+4	불요불굴 (1회 사용)
10	+4	무예 아키타입 추가 요소
11	+4	추가 공격(2)
12	+4	능력치 점수 상승
13	+5	불요불굴 (2회 사용)
14	+5	능력치 점수 상승
15	+5	무예 아키타입 추가 요소
16	+5	능력치 점수 상승
17	+6	행동 연쇄 (2회 사용), 불요불굴(3회 사용)
18	+6	무예 아키타입 추가 요소
19	+6	능력치 점수 상승
20	+6	추가 공격(3)

파이터 만들기

파이터 캐릭터를 만들고자 할 때는 캐릭터의 배경에서 두 개의 요소를 생각해 보시기 바랍니다. 먼저 당신은 어디서 전투 훈련을 받았습니까? 그리고 당신과 주변의 평범한 전사들 사이의 차이점은 어떤 것입니까? 당신은 다른 이들보다 더 비정한 마음가짐을 지니고 있습니까? 당신이 보여준 뛰어난 헌신에 대한 보답으로 스승이 당신에게 더 많은 가르침을 주었습니까? 애초에 당신이 훈련에 몰두하게 된 이유는 무엇입니까? 고향에 위협이 닥쳐 복수를 하고자 한 것입니까? 아니면 그저 당신의 실력을 증명하고 싶었던 것입니까?

　당신은 귀족의 사병이나 지역 민병대로서 정규 훈련을 받았을 수도 있습니다. 또한, 당신은 사관학교에서 전술과 전략, 군의 역사를 공부했을지도 모릅니다. 당신은 어쩌면 홀로 배워 나가며 세련된 것은 아니어도 실전적인 경험을 쌓은 것일지도 모릅니다. 당신은 농장에서의 따분한 삶을 벗어나기 위해 검을 들었습니까? 아니면 자랑스러운 가족의 전통을 지키기 위해 검을 들었습니까? 당신의 장비는 군대의 보급품이었을 수도 있고, 가문의 유산이었을 수도 있습니다. 아니면 당신이 몇 년 동안 고생하며 저축한 돈으로 사들인 것일 수도 있습니다. 당신의 무장은 이제 가장 중요한 소지품이 되었습니다. 무기와 갑옷이야말로 죽음이 당신을 포옹하지 못하도록 해 주는 유일한 장벽이기 때문입니다.

빠른 제작

파이터를 빨리 만들고자 한다면 아래 순서를 따르시길 권합니다. 우선 근력이나 민첩을 가장 높은 능력치로 정합니다. 근접 무기에 중점을 둔다면 근력, 장거리(혹은 교묘함) 무기에 중점을 둔다면 민첩이 좋습니다. 두 번째로는 건강을 높이는 것이 일반적이지만, 엘드리치 나이트를 고르려 한다면 지능을 높여도 됩니다. 그런 다음, 군인 배경을 선택하시면 됩니다.

클래스 요소

파이터로서, 당신은 아래와 같은 클래스 요소를 지니고 있습니다.

히트 포인트

히트 다이스: 파이터 레벨당 1d10점
1레벨 시의 히트 포인트: 10 + 당신의 건강 수정치
레벨 상승시의 히트 포인트: 1레벨 상승할 때마다 1d10(또는 6) + 당신의 건강 수정치만큼 증가

숙련

갑옷: 모든 갑옷과 방패
무기: 단순 무기 및 군용 무기 전체
도구: 없음

내성 굴림: 근력, 건강
기술: 곡예, 동물 조련, 운동, 역사학, 통찰, 위협, 감지, 생존 중 2종 선택

장비

당신은 아래와 같은 초기 장비를 지니고 있습니다. 여기에 당신의 배경으로 얻는 장비를 더합니다.

- (a) 체인 메일 또는 (b) 레더 아머와 롱보우, 화살 20개
- (a) 군용 무기 하나와 방패 또는 (b) 군용 무기 2개
- (a) 라이트 크로스보우와 볼트 20개 또는 (b) 핸드액스 2개
- (a) 던전 탐색자의 꾸러미 또는 (b) 탐험가의 꾸러미

전투 유파

당신은 파이터 클래스를 시작하며 전투 유파 한 가지를 자신의 전문분야로 삼을 수 있습니다. 아래 선택지 중 하나를 선택하십시오. 이후 다시 전투 유파를 선택할 때, 이전에 선택한 유파를 다시 고를 수는 없습니다.

결투술 DUELING

당신이 한 손에 근접 무기를 들고 다른 손에는 무기를 들지 않았다면, 들고 있는 무기의 피해 굴림에 +2 보너스를 받습니다.

궁술 ARCHERY

당신은 장거리 무기를 사용해 공격할 때 명중 굴림에 +2 보너스를 받습니다.

대형 무기 전투술 GREAT WEAPON FIGHTING

당신이 양손으로 근접 무기를 사용해 공격할 때, 무기 피해 굴림 주사위에서 1이나 2가 나왔다면 그 주사위를 한 번 다시 굴릴 수 있습니다. 당신은 반드시 다시 나온 값을 사용해야 합니다. 다시 굴려 또 1이나 2가 나왔다 해도 그대로 그 값을 사용합니다. 당신은 양손이나 다용도 속성을 지닌 무기를 사용할 때만 이 이익을 받을 수 있습니다.

방어술 DEFENSE

당신은 갑옷을 입고 있을 때, AC에 +1 보너스를 받습니다.

보호술 PROTECTION

당신이 볼 수 있는 크리쳐가 당신 주변 5ft 이내의 다른 크리쳐를 목표로 공격을 가할 때, 당신은 반응행동을 사용해 그 명중 굴림에 불리점을 가할 수 있습니다. 이 요소를 사용하려면 방패를 장비하고 있어야 합니다.

쌍수 전투술 TWO-WEAPON FIGHTING

당신은 양손에 각각 무기를 들고 싸울 때, 주로 쓰지 않는 손으로 가한 공격의 피해에도 능력 수정치를 더할 수 있습니다.

재기의 바람 SECOND WIND

당신은 위험으로부터 스스로를 보호할 때 한정적으로나마 사용할 수 있는 체력의 근원을 지니고 있습니다. 당신은 자기 턴에 추가 행동을 사용하여 1d10 + 당신의 파이터 레벨만큼 hp를 회복할 수 있습니다.

당신이 이 요소를 한 번 사용했다면, 짧은 휴식이나 긴 휴식을 마치고 나서야 다시 이 요소를 사용할 수 있습니다.

행동 연쇄 ACTION SURGE

파이터 2레벨 때부터, 당신은 짧은 시간 동안 자신의 한계를 넘어서는 활약을 하도록 스스로를 몰아붙일 수 있습니다. 당신은 자기 턴에 행동 하나를 더 사용할 수 있습니다. 이 행동은 보통 행동과 추가 행동에 더해 사용합니다.

당신이 이 요소를 한 번 사용했다면, 짧은 휴식이나 긴 휴식을 마치고 나서야 다시 이 요소를 사용할 수 있습니다. 17레벨에 도달하면, 당신은 휴식 사이에 이 요소를 2번 사용할 수 있게 됩니다. 하지만 턴 당 한 번씩만 사용할 수 있습니다.

무예 아키타입 MARTIAL ARCHETYPE

당신은 파이터 3레벨에 자신의 전투 기법과 기교를 종합해 챔피언, 배틀 마스터, 엘드리치 나이트 중 한 가지 아키타입을 선택할 수 있습니다. 각 아키타입에 대한 내용은 클래스 설명 마지막에 수록되어 있습니다. 이렇게 선택한 아키타입에 따라 당신은 3, 7, 10, 15, 18레벨 때 추가적 요소를 얻을 수 있습니다.

능력치 점수 상승

당신은 파이터 4, 6, 8, 12, 14, 16, 19레벨 때 각각 원하는 능력치 하나를 골라 2점 상승시키거나, 두 개의 능력치를 각각 1점씩 상승시킬 수 있습니다. 단, 이 방식으로는 능력치를 20점보다 높게 올릴 수 없습니다.

추가 공격

파이터 5레벨에 도달하면, 당신은 자기 턴에 공격 행동을 할 때마다 공격을 두 번씩 가할 수 있습니다.

당신이 가할 수 있는 공격 횟수는 파이터 11레벨에 도달하면 3번이 되며, 20레벨에 도달하면 총 4번 공격할 수 있습니다.

불요불굴 INDOMITABLE

파이터 9레벨에 도달하면, 당신은 실패한 내성 굴림을 한 번 다시 굴릴 수 있습니다. 만약 당신이 내성 굴림을 다시 굴릴 경우 무조건 새로 나온 결과를 사용해야 하며, 이 요소를 한 번 사용했다면 긴 휴식을 마쳐야 다시 사용할 수 있게 됩니다.

당신이 13레벨에 도달하면 휴식 사이에 이 요소를 2번 사용할 수 있게 되며, 17레벨에 도달하면 3번 사용할 수 있게 됩니다.

무예 아키타입

파이터들은 자신들의 전투 실력을 향상시키기 위해 각자 다른 다양한 접근 방식을 택하곤 합니다. 무예 아키타입은 당신이 어떠한 접근 방식을 선택하였는가를 뜻합니다.

배틀 마스터 BATTLE MASTER

흔히들 떠올리는 배틀 마스터(전투 달인)는 수세대에 걸쳐 내려오는 무예 기술을 전수하는 자입니다. 배틀 마스터에게 있어서 전투는 일종의 학문 분야이며, 때로는 단순히 싸움을 넘어 무기의 제작법이나 글을 쓰는 법까지 포함하곤 합니다. 배틀 마스터가 되기 위해 필요한 모든 역사와 이론, 기교를 통달하는 자는 많습니다. 그러나 그 한계를 넘은 소수의 파이터만이 다양한 경험을 쌓은 끝에 위대한 기술과 지식을 지니게 됩니다.

전투 우월성 COMBAT SUPERIORITY

파이터 3레벨 때 이 아키타입을 선택하면, 당신은 우월성 주사위라 부르는 특별한 주사위를 사용하는 다양한 기교들을 배울 수 있습니다.

기교Maneuvers. 당신은 아래 "기교" 목록 중 3개의 기교를 선택해 배울 수 있습니다. 기교들은 다양한 방식으로 공격을 강화해 줍니다. 당신은 공격당 한 가지 기교만 사용할 수 있습니다.

당신은 7, 10, 15레벨에 추가로 2개씩의 기교를 더 배울 수 있습니다. 당신이 새로운 기교를 배울 때마다, 당신은 기존에 알고 있던 기교 하나를 다른 것으로 교체할 수도 있습니다.

우월성 주사위Superiority Dice. 당신은 우월성 주사위 4개를 지닙니다. 이 주사위들은 d8입니다. 당신이 우월성 주사위를 사용하면 사용된 주사위는 사라집니다. 당신이 짧은 휴식 혹은 긴 휴식을 마치면 사용한 우월성 주사위를 모두 회복할 수 있습니다. 당신은 7, 15레벨에 각각 1개씩 우월성 주사위를 더 받습니다.

내성 굴림. 몇몇 기교는 목표에게 효과를 피하기 위한 내성 굴림을 허용해 주기도 합니다. 이 경우, 내성 굴림의 DC는 아래와 같이 계산합니다.

기교 내성 DC =
8 + 당신의 숙련 보너스 + 당신의 근력 혹은 민첩 수정치
(능력치는 당신이 선택합니다.)

전장의 생도 STUDENT OF WAR
파이터 3레벨 때부터, 당신은 장인의 도구 한 가지를 골라 그 도구에 대한 숙련을 얻을 수 있습니다.

적 파악하기 KNOW YOUR ENEMY
파이터 7레벨에 도달하면, 당신은 전투 중이 아닌 다른 크리쳐를 1분간 관찰하거나 대화를 나눠서 그 크리쳐가 지닌 능력이 당신과 비교하여 어떠한지 판단할 수 있습니다. DM은 아래 정보 중에서 당신이 선택한 2가지 분야에 있어 해당 크리쳐가 당신과 동등한지, 우월한지, 아니면 열등한지 말해줄 것입니다.

• 근력 점수
• 민첩 점수
• 건강 점수
• 방어도
• 현재 hp
• 전체 클래스 레벨
• 파이터 클래스 레벨

향상된 전투 우월성 IMPROVED COMBAT SUPERIORITY
파이터 10레벨에 도달하면, 당신이 사용하는 우월성 주사위는 d10이 됩니다. 이 주사위는 18레벨 때 d12로 커집니다.

고집스러움 RELENTLESS
파이터 15레벨에 도달하면, 당신이 우선권 굴림을 굴릴 때 우월성 주사위가 하나도 남아있지 않을 경우, 당신은 우월성 주사위를 1개 회복할 수 있습니다.

기교 MANEUVERS
아래 기교들은 가나다순으로 나열되어 있습니다.

기동 공격 기교Maneuvering Attack. 당신이 어떤 크리쳐를 무기로 공격하여 명중시켰을 때, 당신은 우월성 주사위 1개를 소비하여 동료들을 더 유리한 위치로 이동시킬 수 있습니다. 당신은 우월성 주사위를 무기의 피해 굴림에 더하며, 당신을 보거나 들을 수 있는 우호적인 크리쳐 하나를 선택합니다. 해당 크리쳐는 자신의 반응행동을 사용하여 자신의 이동속도 절반까지 움직일 수 있으며, 당신의 공격을 맞은 목표는 이 이동에 대해 기회공격을 가할 수 없습니다.

내지르는 공격 기교Lunging Attack. 당신이 자기 턴에 근접 무기 공격을 가할 때, 당신은 우월성 주사위 하나를 소비하여 해당 공격에 한해 무기의 간격을 5ft 늘릴 수 있습니다. 만약 당신의 공격이 명중했다면, 피해 굴림에 우월성 주사위를 더합니다.

넘어트리는 공격 기교Trip Attack. 당신이 어떤 크리쳐를 무기로 공격하여 명중시켰을 때, 당신은 우월성 주사위 하나를 소비하여 목표를 넘어트리려고 시도할 수 있습니다. 당신은 무기의 피해 굴림에 우월성 주사위를 더하며, 목표가 대형 이하 크기인 경우 목표는 근력 내성 굴림을 굴려야 합니다. 이 내성 굴림에 실패하면 목표는 넘어집니다.

도발하는 공격 기교Goading Attack. 당신이 어떤 크리쳐를 무기로 공격하여 명중시켰을 때, 당신은 우월성 주사위 하나를 소비하여 목표가 당신을 공격하도록 도발할 수 있습니다. 당신은 무기의 피해 굴림에 우월성 주사위를 더하며, 목표는 지혜 내성 굴림을 굴려야 합니다. 이 내성에 실패하면, 당신의 다음 턴이 끝날 때까지 목표가 당신을 제외한 다른 크리쳐를 공격하려 하면 명중 굴림에 불리점을 받게 됩니다.

무장해제 공격 기교Disarming Attack. 당신이 어떤 크리쳐를 무기로 공격하여 명중시켰을 때, 당신은 우월성 주사위 하나를 소비하여 목표를 무장해제하려 할 수 있습니다. 당신은 무기의 피해 굴림에 우월성 주사위를 더하며, 목표는 근력 내성 굴림을 굴려야 합니다. 이 내성에 실패하면 목표는 당신이 선택한 물체를 바닥에 떨어트리게 됩니다.

밀어내는 공격 기교Pushing Attack. 당신이 어떤 크리쳐를 무기로 공격하여 명중시켰을 때, 당신은 우월성 주사위 하나를 소비하여 목표를 밀어내려 시도할 수 있습니다. 당신은 무기의 피해 굴림에 우월성 주사위를 더하며, 목표가 대형 이하 크기라면 목표는 근력 내성 굴림을 굴려야 합니다. 이 내성 굴림에 실패하면 목표는 당신으로부터 15ft 멀리 밀려납니다.

받아넘기기 기교Parry. 다른 크리쳐가 근접 공격으로 당신에게 피해를 가했을 때, 당신은 반응행동을 사용하고 우월성 주사위 하나를 굴릴 수 있습니다. 당신은 자신이 받은 공격의 피해에서 우월성 주사위의 결과값 + 당신의 민첩 수정치를 뺄 수 있습니다.

받아치기 기교Riposte. 다른 크리쳐가 당신에게 근접 공격을 가했는데 빗나갔을 때, 당신은 반응행동을 사용하고 우월성 주사위 하나를 소비하여 해당 크리쳐에게 근접 무기 공격을 가할 수 있습니다. 만약 이 공격이 명중했다면, 무기의 피해 굴림에 우월성 주사위를 더합니다.

속임수 공격 기교Feinting Attack. 당신은 자신의 턴에 추가 행동을 사용하고 우월성 주사위 하나를 소비해 당신 주변 5ft 내에 있는 크리쳐 하나를 속여 넘기려 시도할 수 있습니다. 당신은 해당 크리쳐를 공격하는 다음번 명중 굴림에 이점을 받을 수 있습니다. 이 공격이 명중한 경우, 무기의 피해 굴림에 우월성 주사위를 더합니다. 이 이점은 턴이 끝날 때 사라집니다.

위압적 공격 기교Menacing Attack. 당신이 어떤 크리쳐에게 무기 공격을 가해 명중시켰을 때, 당신은 우월성 주사위 하나를 소비하여 목표를 겁에 질리게 할 수 있습니다. 당신은 무기의 피해 굴림에 우월성 주사위를 더하며, 목표는 지혜 내성 굴림을 굴려야 합니다. 이 내성에 실패하면, 목표는 당신의 다음 턴이 끝날 때까지 당신에 대해 공포 상태가 됩니다.

정밀 공격 기교Precision Attack. 당신이 어떤 크리쳐에게 무기 공격을 가할 때, 당신은 우월성 주사위 하나를 소비해 그 결과값을 명중 굴림에 더할 수 있습니다. 당신은 명중 굴림을 굴린 다음에도 이 기교를 사용할 수 있지만, 공격의 결과가 정해지고 적용된 다음에는 사용할 수 없습니다.

지휘관의 일격 기교Commander's Strike. 당신이 자기 턴에 공격 행동을 할 때, 당신은 공격 중 한 번을 포기하는 대신 추가 행동으로 동료 하나에게 공격 지시를 내릴 수 있습니다. 당신을 보거나 들을 수 있는 우호적 크리쳐 하나를 선택하여 우월성 주사

위 하나를 소비합니다. 선택된 크리쳐는 즉시 자신의 반응행동을 사용하여 한 번의 무기 공격을 가할 수 있으며, 이 공격의 피해 굴림에는 우월성 주사위의 결과값이 더해집니다.

집결 기교Rally. 당신은 자기 턴에 추가 행동을 사용하고 우월성 주사위 하나를 소비하여 동료들의 의지를 끌어올릴 수 있습니다. 당신을 보거나 들을 수 있는 크리쳐 하나를 선택합니다. 그 크리쳐는 우월성 주사위의 결과값 + 당신의 매력 수정치만큼 임시 hp를 얻습니다.

혼란의 일격 기교Distracting Strike. 당신이 어떤 크리쳐를 무기로 공격하여 명중시켰을 때, 당신은 우월성 주사위 하나를 소비하여 동료들에게 공격을 가할 틈을 열어줄 수 있습니다. 무기의 피해 굴림에 우월성 주사위를 더합니다. 당신의 다음 턴이 시작하기 전까지, 당신을 제외하고 해당 목표를 공격하는 다음 공격자는 첫 번째 명중 굴림에 이점을 받을 수 있습니다.

회피의 발놀림 기교Evasive Footwork. 당신은 이동할 때 우월성 주사위 하나를 소비하여 그 결과값을 AC에 더할 수 있습니다. 이 보너스는 이동이 끝나면 사라집니다.

휩쓰는 공격 기교Sweeping Attack. 당신이 어떤 크리쳐를 근접 무기로 공격하여 명중시켰을 때, 당신은 우월성 주사위 하나를 소비하여 다른 크리쳐에게도 같은 공격을 가할 수 있습니다. 본래 목표에서 5ft 내에 있으면서 당신의 공격 범위 내에 있는 다른 크리쳐를 고릅니다. 만약 당신의 본래 명중 굴림 결과가 두 번째 크리쳐도 명중시킬 수 있다면, 두 번째 목표는 당신의 우월성 주사위 결과값만큼 피해를 받습니다. 이 피해는 본래의 무기 피해와 같은 종류로 가해집니다.

엘드리치 나이트 ELDRITCH KNIGHT

흔히들 떠올리는 엘드리치 나이트(비술 기사)는 일반적인 무예 기술과 세심한 마법적 학문을 결합한 자를 말합니다. 엘드리치 나이트는 위저드들이 수련하는 것과 비슷한 마법적 기술을 쓰곤 합니다. 그들은 8대 학파 중 방호계와 방출계 학파에 집중합니다. 방호계 마법은 전투 중 엘드리치 나이트에게 추가적 방어력을 제공하며, 방출계 마법은 한 번에 여러 적에게 피해를 가할 수 있도록 해 공격의 범위를 크게 늘려 줍니다. 이 기사들은 비교적 적은 수의 주문만 알고 있으며, 주문책에 기록하기보다는 자신의 기억에 의존해 주문을 사용합니다.

주문 시전

파이터 3레벨 때부터, 당신은 주문을 시전하는 능력을 얻어 자신의 무예 실력을 강화할 수 있습니다. 주문시전에 대한 일반 규칙은 제10장을, 위저드 주문 목록은 제11장을 참조하십시오.

소마법. 당신은 위저드 주문 목록에서 소마법 2개를 택해 배울 수 있습니다. 당신은 10레벨 때 추가로 위저드 소마법 하나를 더 배울 수 있습니다.

주문 슬롯. 당신은 엘드리치 나이트 주문 시전 표를 참조해 각 레벨에 몇 개씩의 주문 슬롯을 지니고 있는지 확인할 수 있습니다. 엘드리치 나이트 주문을 시전하려면 먼저 해당 주문 레벨 이상의 주문 슬롯을 소비해야 합니다. 긴 휴식을 마칠 때 이미 소비한 주문 슬롯을 모두 회복할 수 있습니다.

예를 들어, 예를 들어 당신이 1레벨 주문인 *방패Shield*를 알고 있고 1레벨과 2레벨 슬롯이 하나씩 남아 있다면, 당신은 둘 중 어느 슬롯이든 소비해서 *방패* 주문을 시전할 수 있습니다.

알고 있는 주문. 당신은 위저드 주문 목록 중 3개를 선택해 배웁니다. 단 이 주문 중 2개는 반드시 방호계나 방출계에 속하는 주문이어야 합니다.

엘드리치 나이트 주문 시전 표의 알고 있는 주문 항목은 당신이 언제 1레벨 이상의 위저드 주문을 더 알게 되느냐를 보여줍니다. 이 주문들의 레벨은 당신이 가진 주문 슬롯 레벨 이하여야 하며, 반드시 방호계나 방출계에 속해 있어야 합니다. 예를 들어 7레벨이 되었다면 당신은 1레벨 또는 2레벨 주문 중 하나를 더 배울 수 있습니다.

단, 파이터 8, 14, 20레벨에 얻는 주문은 학파에 관계없이 배울 수 있습니다.

또한 당신은 파이터 레벨이 오를 때마다 이미 알고 있던 위저드 주문 하나를 골라 주문 목록에 있는 다른 주문으로 교체할 수 있습니다. 이때 당신이 선택한 주문의 레벨 역시 당신의 주문 슬롯 레벨 이하여야 하며, 방호계나 방출계에 속해 있어야 합니다. 단, 당신이 3, 8, 14, 20레벨에 얻은 주문은 학파에 관계없이 원하는 것으로 교체할 수 있습니다.

주문시전 능력치. 위저드 주문을 시전할 때는 지능을 당신의 주문시전 능력치로 사용합니다. 당신의 마법은 끝없는 학습과 암기를 거쳐 익힌 것이기 때문입니다. 당신은 주문시전 능력치가 필요할 때마다 지능과 그 수정치를 사용합니다. 또한 당신이 시전하는 위저드 주문의 내성 DC를 정할 때나 주문 공격시 명중 굴림 수정치에도 지능을 사용합니다.

주문 내성 DC =
8 + 당신의 숙련 보너스 + 당신의 지능 수정치

주문 공격 수정치 =
당신의 숙련 보너스 + 당신의 지능 수정치

무기 결속 WEAPON BOND

파이터 3레벨 때, 당신은 자신과 무기 하나 사이에 마법적인 연결을 만드는 의식을 배웁니다. 이 의식은 1시간 정도가 걸리며, 짧은 휴식 중에 거행할 수 있습니다. 결속하려는 무기는 의식을 거행하는 도중 계속 당신이 들고 있어야 하며, 의식이 끝나면 당신과 무기 사이에는 결속이 생겨납니다.

당신이 결속된 무기를 들고 있을 때, 당신은 행동불능 상태가 되지 않는 한 무장해제 상태가 되지 않습니다. 당신과 무기가 같은 세계에 있는 한, 당신은 언제나 자기 턴에 추가 행동을 사용하여 무기를 소환할 수 있으며, 소환된 무기는 즉시 당신의 손에 나타납니다.

당신은 무기를 2개까지 결속시킬 수 있지만, 추가 행동으로 소환할 수 있는 무기는 한 번에 하나씩뿐입니다. 만약 당신이 세 번째 무기를 결속하려 할 경우, 기존에 결속된 두 무기 중 하나와의 결속을 깨야만 합니다.

전쟁 마법 WAR MAGIC

파이터 7레벨에 도달하면, 당신이 행동을 사용해서 소마법을 시전할 때, 추가 행동을 사용해서 무기 공격을 한 번 가할 수 있습니다.

섬뜩한 일격 ELDRITCH STRIKE

파이터 10레벨에 도달하면, 당신은 무기를 사용해서 상대가 지닌 주문의 저항력을 베어버리는 방법을 배우게 됩니다. 당신이 어떤 크리처를 무기로 공격하여 명중시키면, 해당 크리처는 당신의 다음 턴이 끝날 때까지 당신이 시전하는 주문의 첫 번째 내성 굴림에 불리점을 받습니다.

비전 돌격 ARCANE CHARGE

파이터 15레벨에 도달하면, 당신은 행동 연쇄를 사용할 때, 당신 주변 30ft 내에서 당신이 볼 수 있는 점유되지 않은 공간으로 순간이동할 수 있습니다. 이 순간이동은 행동 연쇄로 얻은 행동을 사용하기 전에도 할 수 있고, 아니면 사용한 다음에도 할 수 있습니다.

엘드리치 나이트 주문 시전

파이터 레벨	알고 있는 소마법	알고 있는 주문	주문레벨당 주문슬롯			
			1	2	3	4
3	2	3	2	—	—	—
4	2	4	3	—	—	—
5	2	4	3	—	—	—
6	2	4	3	—	—	—
7	2	5	4	2	—	—
8	2	6	4	2	—	—
9	2	6	4	2	—	—
10	3	7	4	3	—	—
11	3	8	4	3	—	—
12	3	8	4	3	—	—
13	3	9	4	3	2	—
14	3	10	4	3	2	—
15	3	10	4	3	2	—
16	3	11	4	3	3	—
17	3	11	4	3	3	—
18	3	11	4	3	3	—
19	3	12	4	3	3	1
20	3	13	4	3	3	1

향상된 전쟁 마법 IMPROVED WAR MAGIC

파이터 18레벨에 도달하면, 당신이 행동을 사용하여 주문을 시전하였을 때 추가 행동을 사용하면 한 번의 무기 공격을 가할 수 있습니다.

챔피언 CHAMPION

챔피언은 순수한 육체의 힘을 갈고 닦아 치명적일 정도의 완벽함을 이루려는 이들입니다. 이 부류에 속하는 파이터들은 열정적인 훈련과 우수한 신체 능력을 결합해 파괴적인 타격을 가하곤 합니다.

향상된 치명타 IMPROVED CRITICAL

파이터 3레벨 때 이 무예 아키타입을 선택하면, 당신의 무기 공격은 명중 굴림 주사위에서 19-20이 나왔을 때 치명타를 가하게 됩니다.

뛰어난 운동능력 REMARKABLE ATHLETE

파이터 7레벨에 도달하면, 당신은 숙련 보너스를 더하지 못하는 모든 근력, 민첩, 건강 능력 판정에 숙련 보너스의 절반(나머지 올림)을 더할 수 있습니다.

또한, 당신이 도움닫기 후 도약을 한다면, 당신이 뛰어넘는 거리는 당신의 근력 수정치 +1당 1ft만큼 증가합니다.

추가 전투 유파 ADDITIONAL FIGHTING STYLE

파이터 10레벨에 도달하면, 당신은 전투 유파 클래스 요소 중에서 두 번째 유파를 선택해 얻을 수 있습니다.

우월한 치명타 SUPERIOR CRITICAL

파이터 15레벨에 도달하면, 당신의 무기 공격은 명중 굴림 주사위에서 18-20이 나왔을 때 치명타를 가하게 됩니다.

생존의 대가 SURVIVOR

파이터 18레벨에 도달하면, 타격을 견뎌내는 당신의 힘은 정점에 도달하게 됩니다. 당신의 hp가 절반 이하라면, 당신은 자기 턴이 시작할 때마다 5 + 당신의 건강 수정치만큼 hp를 회복합니다. 단, 당신의 hp가 0으로 떨어졌을 때는 이 요소의 이익을 받지 못합니다.

팔라딘 PALADIN

그녀가 입은 철판 갑옷은 긴 여행으로 먼지투성이가 되었지만, 햇빛을 받자 아름답게 반짝였습니다. 그녀가 검과 방패를 내리고 부상으로 죽어가는 남자에게 손을 올리자, 손에서 신성한 광채가 빛나며 그의 상처가 아물기 시작했습니다. 남자의 눈은 놀라움으로 휘둥그레 커졌습니다.

드워프 하나가 바위 그림자에서 몸을 드러냈습니다. 검은 망토 차림의 모습은 마치 밤의 어둠 속에서 투명한 것처럼 보였습니다. 그는 오크 부대 패거리가 최근의 승리를 자축하는 모습을 지켜보다, 맹세의 기도를 읊으며 부대 한가운데로 미끄러져 들어갔습니다. 그리고 그의 모습을 눈치채기도 전에 오크 두 마리가 죽어 쓰러져 버리고 말았습니다.

빛기둥 속에서 반짝이는 은빛 머리카락을 한 엘프가 서 있었습니다. 오직 그의 모습만을 비추는 것 같은 빛 속에서, 그는 크게 웃으며 비틀린 거인을 향해 창을 겨누었습니다. 가느다란 창날은 그의 눈동자처럼 불꽃을 발했고, 그 빛은 곧 무시무시한 어둠을 꿰뚫었습니다.

모든 팔라딘은 어떠한 기원과 사명을 따르든, 자신들의 맹세로 한데 묶여 악의 세력과 맞서 싸웁니다. 사제들 앞에서 신의 제단에 맹세한 것이든, 자연 정령과 엘프들 앞에서 신성한 나무에 맹세한 것이든, 죽은 자들의 시체에 둘러싸여 유일하게 살아남은 자로 절망과 슬픔에 맹세한 것이든, 팔라딘의 맹세는 강력한 힘으로 자신을 묶고 있습니다. 이 맹세야말로, 헌신적인 전사를 진정 축복받은 용사로 만들어주는 힘의 근원입니다.

정의로운 명분

팔라딘은 공평함과 정의를 지키며, 다가오는 어둠에 맞서 세상의 모든 선을 지키고, 곳곳에 숨어있는 악의 세력을 반드시 처단하겠다는 맹세를 합니다. 팔라딘들마다 서로 다른 정의와 명분을 따르기 때문에 자세한 내용은 저마다 다를 수도 있지만, 이들 모두는 맹세로 굳게 묶여 있습니다. 비록 대다수의 팔라딘들이 신을 믿고 따르긴 하지만, 팔라딘의 힘은 신의 은총뿐만 아니라 정의에 대한 헌신 그 자체에서 나오는 것이기도 합니다.

팔라딘은 오랜 시간 전투 기술을 훈련해 다양한 무기와 갑옷을 다루는 법을 익힙니다. 하지만 무예의 기술은 그들이 지닌 마법적인 힘에 비하면 부차적인 것에 지나지 않습니다. 병들고 다친 이를 치료하는 힘, 사악한 자들이나 언데드를 물리치는 힘, 무고한 자를 보호하고 정의를 위해 싸우는 자들을 지키는 마법의 힘이 그들의 가장 중요한 능력입니다.

평범한 삶 너머

어느 면으로 보나, 팔라딘의 인생은 모험 그 자체라 할 수 있습니다. 큰 부상 때문에 쉬고 있는 것이 아닌 한, 팔라딘들은 항상 선과 악의 싸움 최전선에 서 있습니다. 군대나 민병대에 속한 수많은 전사 중 진정한 파이터를 찾는 것도 쉽지 않지만, 팔라딘으로서의 진정한 사명을 받은 이는 더욱 희귀합니다. 팔라딘은 소명을 받으면 과거의 직업과 경험을 모두 던져버리고 악과 싸우기 위해

팔라딘

레벨	숙련 보너스	클래스 요소	주문 레벨당 주문 슬롯				
			1	2	3	4	5
1	+2	신성한 감각, 치유의 손길	—	—	—	—	—
2	+2	전투 유파, 주문시전, 신성한 강타	2	—	—	—	—
3	+2	신성한 건강, 성스러운 맹세	3	—	—	—	—
4	+2	능력치 점수 상승	3	—	—	—	—
5	+3	추가 공격	4	2	—	—	—
6	+3	보호의 오오라	4	2	—	—	—
7	+3	성스러운 맹세 추가 요소	4	3	—	—	—
8	+3	능력치 점수 상승	4	3	—	—	—
9	+4	—	4	3	2	—	—
10	+4	용기의 오오라	4	3	2	—	—
11	+4	향상된 신성한 강타	4	3	3	—	—
12	+4	능력치 점수 상승	4	3	3	—	—
13	+5	—	4	3	3	1	—
14	+5	정화의 손길	4	3	3	1	—
15	+5	성스러운 맹세 추가 요소	4	3	3	2	—
16	+5	능력치 점수 상승	4	3	3	2	—
17	+6	—	4	3	3	3	1
18	+6	오오라 향상	4	3	3	3	1
19	+6	능력치 점수 상승	4	3	3	3	2
20	+6	성스러운 맹세 추가 요소	4	3	3	3	2

분연히 일어섭니다. 때때로 그들 역시 맹세를 하고 왕의 신하가 되거나 정예 기사단의 지도자가 되기도 하지만, 진정한 충성은 왕이나 국가가 아니라 정의 그 자체를 향하고 있습니다.

모험자의 길에 들어선 팔라딘은 언제나 진지하게 만사를 대합니다. 고대의 유적을 파헤치거나 먼지투성이 무덤에 들어가는 것은 단순히 보물을 얻기 위함이 아니라 더 높은 목표를 추구하기 위한 사명의 일부입니다. 던전이나 원시의 숲속에는 악이 도사리고 있습니다. 그리고 이러한 악에게 승리를 거둘 수 있다면, 아무리 작은 승리라고 할지라도 우주의 균형을 보다 선에 가까이 끌어올 수 있을 것입니다.

팔라딘 만들기

팔라딘 캐릭터를 만들 때 가장 중요한 것은 그가 받드는 성스러운 사명이 무엇인지 생각해 보는 것입니다. 비록 맹세와 관련된 클래스 요소는 3레벨이 되어서야 등장하지만, 그 전에 클래스 설명의 마지막 부분인 맹세에 대한 내용을 읽고 미리 계획을 세워두는 것이 좋습니다. 당신은 선 그 자체의 겸허한 종으로 정의와 명예의 신들을 섬기며 빛나는 갑옷을 두르고 악을 물리치는 성스러운 기사입니까? 영광스러운 빛의 용사로서 어둠에 맞서 아름다운 것들을 드높이며 여러 신보다도 오래된 전통을 지키겠다는 맹세를 하였습니까? 아니면 거대한 악행을 저지른 자들에 대한 복수를 맹세하고 신들이 보낸 죽음의 천사입니까? 아니면 당신 자신의 복수심에 따라 움직이며 악을 처단하는 자입니까? 부록 B에는 멀티버스 속에서 팔라딘들이 섬기는 여러 신이 나와 있습니다. 토름, 티르, 헤이로너스, 팔라딘, 키리졸리스, 돌 아라, 은빛 불꽃 교단, 바하무트, 아테나, 라 호라프티, 헤임달 등이 팔라딘의 신으로 널리 알려져 있습니다.

당신은 어떻게 팔라딘으로서의 소명을 깨달았습니까? 기도하는 도중 보이지 않는 신이나 천사의 음성을 들은 것입니까? 다른 팔라딘이 당신의 가능성을 발견하고 종자로서 훈련시킨 것입니까? 아니면 고향이 파괴되는 등의 끔찍한 사건 끝에 당신의 사명에 나서게 된 것입니까? 어쩌면 당신은 신성한 나무들로 숨겨진 엘프들의 피난처에 들렀다가 세상의 선과 아름다움을 지키는 것이야말로 당신의 사명임을 깨달은 것일지도 모릅니다. 아니면 당신은 태어날 때부터 혼에 각인된 것처럼 사명을 따랐고, 기억도 나지 않는 어린 시절부터 팔라딘으로서의 삶을 살고 있었는지도 모릅니다.

팔라딘은 악의 세력과 맞서는 수호자이기 때문에, 악 성향을 지니는 경우가 거의 없습니다. 그들 대부분은 자비와 정의의 길을 걷습니다. 당신의 성향이 어떻게 성스러운 사명에 영향을 끼치게 되었는지, 신들과 필멸자들에 대한 당신의 태도는 어떤 차이를 보이는지 생각해 보십시오. 당신의 맹세는 성향과 조화로이 어울릴 수도 있고, 아직 이루지 못한 이상을 나타내는 지표가 되어 당신을 이끄는 것일 수도 있습니다.

빠른 제작

팔라딘을 빨리 만들고자 한다면 아래 순서를 따르시길 권합니다. 우선 근력을 가장 높은 능력치로 정하고, 매력을 그다음으로 선택합니다. 그런 다음, 귀족 배경을 선택하시면 됩니다.

클래스 요소

팔라딘으로서, 당신은 아래와 같은 클래스 요소를 지니고 있습니다.

히트 포인트

히트 다이스: 팔라딘 레벨당 1d10점
1레벨 시의 히트 포인트: 10 + 당신의 건강 수정치
레벨 상승시의 히트 포인트: 1레벨 상승할 때마다 1d10(또는 6) + 당신의 건강 수정치만큼 증가

숙련

갑옷: 모든 갑옷과 방패
무기: 단순 무기 및 군용 무기 전체
도구: 없음

내성 굴림: 지혜, 매력
기술: 운동, 통찰, 위협, 의학, 설득, 종교학 중 2종 선택

장비

당신은 아래와 같은 초기 장비를 지니고 있습니다. 여기에 당신의 배경으로 얻는 장비를 더합니다.

- (a) 군용 무기 하나와 방패 또는 (b) 군용 무기 2개
- (a) 자벨린 5개 또는 (b) 단순 근접 무기 하나
- (a) 사제의 꾸러미 또는 (b) 탐험가의 꾸러미
- 체인 메일과 성표

신성한 감각 Divine Sense

강한 악이 존재하는 곳에서, 당신은 마치 스며드는 악취와 같이 이 악을 느낄 수 있습니다. 또한 강력한 선이 존재하는 곳에서 당신은 마치 귀에 천상의 음악이 들리는 듯 이 선을 느낄 수 있습니다. 당신은 행동을 사용하여 선악의 존재에 당신의 오감을 집중할 수 있습니다. 당신의 다음 턴이 끝날 때까지, 당신은 60ft 내에 있는 천상체, 악마, 언데드의 위치를 알 수 있습니다. 단, 완전 엄폐나 장애물 뒤에 가려진 크리쳐는 느낄 수 없습니다. 당신은 감지한 크리쳐의 종류(천상체, 악마, 언데드)를 파악할 수 있지만, 정확한 정체를 파악하지는 못합니다. (예를 들어 언데드인 것은 알아도 뱀파이어 백작인 스트라드 폰 자로비치라는 사실은 알 수 없습니다.) 당신은 같은 반경 내에서 *신성화Hallow* 주문 등으로 신성하게 변했거나 불경하게 변한 물건이나 지역을 파악할 수 있습니다.

당신은 이 요소를 1 + 당신의 매력 수정치 만큼의 횟수로 사용할 수 있습니다. 긴 휴식을 마치고 나면 소비한 사용 횟수를 모두 회복할 수 있습니다.

치유의 손길 Lay on Hands

당신의 축복받은 손길은 상처를 치료할 수 있습니다. 당신은 긴 휴식을 마칠 때마다 치유력의 총량을 얻게 됩니다. 이 총량은 당신의 팔라딘 레벨 × 5이며, 이것이 당신이 회복시킬 수 있는 hp의 양이 됩니다.

당신은 행동을 사용하여 크리쳐에 접촉하고 치유력 총량에서 원하는 만큼의 hp를 사용해 그 크리쳐를 치료할 수 있습니다. 당신은 한 번에 치유력 총량을 최대치까지 사용할 수도 있으며, 여러 번 나누어 사용할 수도 있습니다.

또한, 당신은 치유력 총량에서 hp 5점 분량을 사용하여 목표의 질병이나 독 중 하나를 제거할 수 있습니다. 치유의 손길을 한 번 사용하여 여러 독과 질병을 동시에 치료할 수는 있지만, 독이나 질병 하나당 각각 별개로 치유력 총량에서 hp를 5점씩 소비해야 합니다.

이 요소는 언데드나 구조물에는 사용할 수 없습니다.

전투 유파 Fighting Style

팔라딘 2레벨에 도달하면, 전투 유파 한 가지를 자신의 전문분야로 삼을 수 있습니다. 아래 선택지 중 하나를 선택하십시오. 이후 다시 전투 유파를 선택할 때, 이전에 선택한 유파를 다시 고를 수는 없습니다.

결투술 Dueling

당신이 한 손에 근접 무기를 들고 다른 손에는 무기를 들지 않았다면, 들고 있는 무기의 피해 굴림에 +2 보너스를 받습니다.

대형 무기 전투술 Great Weapon Fighting

당신이 양손으로 근접 무기를 사용해 공격할 때, 무기 피해 굴림 주사위에서 1이나 2가 나왔다면 그 주사위를 한 번 다시 굴릴 수 있습니다. 당신은 반드시 다시 나온 값을 사용해야 합니다. 다시 굴려 또 1이나 2가 나왔다 해도 그대로 그 값을 사용합니다. 당신은 양손이나 다용도 속성을 지닌 무기를 사용할 때만 이 이익을 받을 수 있습니다.

방어술 Defense

당신은 갑옷을 입고 있을 때, AC에 +1 보너스를 받습니다.

보호술 Protection

당신이 볼 수 있는 크리쳐가 당신 주변 5ft 이내의 다른 크리쳐를 목표로 공격을 가할 때, 당신은 반응행동을 사용해 그 명중 굴림에 불리점을 가할 수 있습니다. 이 요소를 사용하려면 방패를 장비하고 있어야 합니다.

주문시전

팔라딘 2레벨 때부터, 당신은 명상과 기도를 통해 신성 마법의 힘을 끌어내어 클레릭이 하듯 주문을 시전할 수 있습니다. 주문시전의 일반적인 규칙은 제10장을, 팔라딘 주문 목록은 제11장을 참조하십시오.

주문의 준비와 시전

당신은 팔라딘 표를 참조해 각 레벨에 몇 개씩의 주문 슬롯을 지니고 있는지 확인할 수 있습니다. 팔라딘 주문을 시전하려면 먼저 해당 주문 레벨 이상의 주문 슬롯을 소비해야 합니다. 긴 휴식을 마칠 때 이미 소비한 주문 슬롯을 모두 회복할 수 있습니다.

당신은 팔라딘 주문 목록 중 자신이 준비해 둘 주문들을 골라야 합니다. 당신은 자신의 매력 수정치 + 팔라딘 레벨 ÷ 2 (나머지 내림) 만큼의 주문을 고를 수 있습니다. (최소 1개) 이 주문들은 반드시 당신이 사용할 수 있는 주문 슬롯 레벨 이하여야 합니다.

예를 들어, 당신이 5레벨 팔라딘이라면 당신은 1레벨 슬롯 4개와 2레벨 슬롯 2개를 지니고 있으므로, 1레벨과 2레벨 주문을 준비할 수 있습니다. 당신의 매력이 14라면, 당신은 매력 수정치(2)에 레벨 ÷ 2(2)를 더해 총 4개의 주문을 준비할 수 있습니다. 만약 당신이 1레벨 주문인 *상처 치료Cure Wounds*를 준비했다면, 당신은 1레벨이나 2레벨 슬롯을 소비해 이 주문을 시전할 수 있습니다. 주문을 시전해도 준비된 목록에서 사라지지는 않습니다.

당신은 긴 휴식을 마칠 때 준비한 주문 목록을 변경할 수 있습니다. 새로운 팔라딘 주문 목록을 준비하려면 기도와 명상으로 시간을 보내야 합니다. 여기에는 준비하려는 주문의 레벨당 1분씩의 시간이 들어갑니다.

주문시전 능력치

팔라딘 주문을 시전할 때는 매력을 당신의 주문시전 능력치로 사용합니다. 당신의 마법은 강력한 신념의 힘에서 나오는 힘이기 때문입니다. 당신은 주문시전 능력치가 필요할 때마다 매력과 그 수정치를 사용합니다. 또한 당신이 시전하는 팔라딘 주문의 내성 DC를 정할 때나 주문 공격시 명중 굴림 수정치에도 매력을 사용합니다.

주문 내성 DC =
8 + 당신의 숙련 보너스 + 당신의 매력 수정치

주문 공격 수정치 =
당신의 숙련 보너스 + 당신의 매력 수정치

주문시전 매개체

당신은 팔라딘 주문을 시전할 때, 성표(제5장 참조)를 주문시전 매개체로 사용할 수 있습니다.

신성한 강타 DIVINE SMITE

팔라딘 2레벨 때부터, 당신이 어떤 크리쳐를 근접 무기로 공격하여 명중시켰을 때, 당신은 주문 슬롯 하나를 소비하여 무기 피해뿐 아니라 목표에게 추가로 광휘 피해를 가할 수 있습니다. 1레벨 슬롯을 사용한 경우 추가 피해는 2d8점이며, 슬롯이 1레벨 높아질 때마다 피해는 1d8점씩 증가해 최대 5d8점까지 증가할 수 있습니다. 당신이 공격한 목표가 언데드나 악마라면 추가로 1d8점의 피해를 가할 수 있습니다.

신성한 건강 DIVINE HEALTH

팔라딘 3레벨에 도달하면, 당신의 몸속에 흐르는 신성한 마법으로 인해 당신은 모든 질병에 대한 면역을 얻습니다.

성스러운 맹세 SACRED OATH

당신은 팔라딘 3레벨이 되었을 때, 앞으로도 영원히 지켜야하는 성스러운 맹세를 하게 됩니다. 지금까지의 시간은 그저 준비 단계였을 뿐이며, 맹세를 거쳐야 진정한 팔라딘이 되는 것입니다. 당신은 복수의 맹세, 선조의 맹세, 헌신의 맹세 중 한 가지를 택할 수 있습니다. 맹세에 대한 내용은 클래스 설명 마지막에 수록되어 있습니다.

당신은 선택한 맹세에 따라 3, 7, 15, 20레벨에 추가적 요소를 얻을 수 있습니다. 이 추가적 요소 중에는 맹세 주문과 신성 변환도 포함되어 있습니다.

맹세 주문 OATH SPELLS

각 맹세마다 그에 연관된 주문의 목록이 있습니다. 당신은 맹세 설명에 명시된 레벨이 되면 이 주문들을 사용할 수 있게 됩니다. 일단 당신이 맹세 주문을 쓸 수 있게 되면, 이 주문들은 언제나 준비된 상태가 됩니다. 맹세 주문들은 당신이 하루에 준비할 수 있는 주문의 개수에 포함되지 않습니다.

만약 팔라딘 주문 목록에 없는 주문이 맹세 주문으로 포함되어 있어도, 당신은 해당 주문을 팔라딘 주문으로 사용할 수 있습니다.

신성 변환 CHANNEL DIVINITY

당신은 맹세를 통해 신성한 힘을 변환해 마법적 효과를 일으킬 수 있는 능력을 얻었습니다. 맹세에 따른 설명에 각각의 신성 변환 선택지 사용법이 수록되어 있습니다.

당신이 신성 변환을 사용할 때, 당신은 어떤 방식으로 사용할지 정해야 합니다. 당신이 신성 변환을 한 번 사용했다면, 짧은 휴식이나 긴 휴식을 마칠 때까지는 다시 사용할 수 없습니다.

몇몇 신성 변환은 내성 굴림을 요구합니다. 이러한 효과를 사용한다면, DC는 당신의 팔라딘 주문 내성 DC와 동일합니다.

능력치 점수 상승

당신은 팔라딘 4, 8, 12, 16, 19레벨 때 각각 원하는 능력치 하나를 골라 2점 상승시키거나, 두 개의 능력치를 각각 1점씩 상승시킬 수 있습니다. 단, 이 방식으로는 능력치를 20점보다 높게 올릴 수 없습니다.

추가 공격

팔라딘 5레벨에 도달하면, 당신은 자기 턴에 공격 행동을 할 때마다 공격을 두 번씩 가할 수 있습니다.

보호의 오오라 AURA OF PROTECTION

팔라딘 6레벨에 도달하면, 당신 주변 10ft 내의 우호적인 크리쳐가 내성 굴림을 굴려야 할 때, 해당 크리쳐는 내성 굴림에 당신의 매력 수정치만큼 보너스를 받을 수 있습니다. (최소 +1) 당신의 의식이 깨어있어야 이 보너스를 제공할 수 있습니다.

18레벨에 도달하면 이 오오라의 범위는 주변 30ft로 확대됩니다.

용기의 오오라 AURA OF COURAGE

팔라딘 10레벨에 도달하면, 당신과 주변 10ft 이내의 우호적인 크리쳐는 당신의 의식이 깨어있는 한 공포 상태에 면역이 됩니다.

18레벨에 도달하면 이 오오라의 범위는 주변 30ft로 확대됩니다.

향상된 신성한 강타
IMPROVED DIVINE SMITE

팔라딘 11레벨에 도달하면, 정의의 힘이 충만해져 당신이 가하는 모든 근접 무기 공격에 신성한 힘이 깃들게 됩니다. 당신이 근접 무기로 다른 크리쳐를 공격해 명중시킬 때마다, 해당 크리쳐는 추가로 1d8점의 광휘 피해를 받습니다. 만약 당신이 공격하며 신성한 강타를 사용했다면, 신성한 강타의 추가 피해에 이 피해가 더해집니다.

정화의 손길 CLEANSING TOUCH

팔라딘 14레벨에 도달하면, 당신은 행동을 사용하여 당신 자신이나 기꺼이 효과를 받으려는 다른 크리쳐에 접촉하여 지속되고 있는 주문 효과 하나를 종료시킬 수 있습니다.

당신은 이 요소를 당신의 매력 수정치 당 1회씩 사용할 수 있습니다. (최소 1회) 긴 휴식을 마치고 나면 소모한 사용 횟수를 모두 회복하게 됩니다.

성스러운 맹세

팔라딘이 된다는 것은 대의명분에 따라 맹세하고 악과 싸우는 길을 걸어야 함을 말합니다. 3레벨이 되면 팔라딘은 최후의 훈련으로서 마지막 맹세를 하게 됩니다. 이 클래스에 속하는 캐릭터들 일부는 3레벨에서 맹세를 하기 전까지는 진정한 팔라딘이 된 것이 아니라고 생각하기도 합니다. 하지만 어떤 자들은 맹세의 과정은 그저 절차상의 의식에 불과하며, 팔라딘이 항상 가슴 속에 품고 있던 진실을 공식적으로 인정하는 과정일 뿐이라고 여기기도 합니다.

복수의 맹세 OATH OF VENGEANCE

복수의 맹세는 끔찍한 죄를 저지른 자에게 응분의 처벌을 가하겠다는 것입니다. 악의 세력이 무고한 마을 사람들을 학살할 때, 모든 사람이 신의 뜻을 저버리고 반기를 들었을 때, 도적 길드가 너무 폭력적이고 강대해졌을 때, 드래곤이 변경에서 날뛰고 있을 때, 바로 이럴 때 팔라딘이 일어나 잘못을 바로잡기 위해 복수의 맹세를 하게 됩니다. 이 팔라딘들은 자기 자신을 어벤져, 즉 복수자나 흑기사라고 부르기도 합니다. 이들은 자신의 순수함을 지키는 것보다 정의를 집행하는 것이 더 우선한다고 생각합니다.

복수의 교의 TENETS OF VENGEANCE

복수의 맹세가 담고 있는 교의는 팔라딘마다 다르지만, 모든 교의는 수단과 방법을 가리지 않고 악을 행한 자들을 처벌하려 한다는 공통점이 있습니다. 이 교의를 따르는 팔라딘들은 스스로의 올바름마저 희생하여 악에게 정의의 심판을 내리기도 하며, 따라서 중립이나 질서 중립 성향을 가질 때도 있습니다. 이 교의의 핵심 원칙들은 야만적일 만큼 단순합니다.

거대한 악과 맞서라. 내가 맹세한 적과 더 작은 악 중 맞설 적을 골라야 할 때, 나는 더 큰 악을 고르리라.

악인에게 자비는 없다. 평범한 적은 자비를 구할 수도 있으나, 내가 맹세한 적에게 자비는 없으리라.

수단과 방법을 가리지 말라. 나의 적을 물리치는 데 양심의 가책은 필요하지 않다.

책임을 다하라. 나의 적이 세상을 폐허로 만든다면, 그것은 내가 막지 못했기 때문이리라. 적의 악행으로 해를 입은 자들은 도와야만 한다.

맹세 주문

당신은 팔라딘 레벨에 따라 아래 주문을 얻습니다.

복수의 맹세 주문

팔라딘 레벨	주문
3	억압Bane, 사냥꾼의 징표Hunter's Mark
5	인간형 포박Hold Person, 안개 걸음Misty Step
9	가속Haste, 에너지로부터의 보호Protection from Energy
13	추방Banishment, 차원문Dimension Door
17	괴물 포박Hold Monster, 염탐Scrying

신성 변환

당신이 팔라딘 3레벨에 이 맹세를 택하면, 아래와 같은 두 가지 신성 변환 선택지를 사용할 수 있습니다.

적 위축Abjure Enemy. 당신은 행동을 사용하고 성표를 들어 비난의 기도를 읊으며 신성 변환을 사용합니다. 60ft 내에서 당신이 볼 수 있는 크리쳐 하나를 선택합니다. 이 크리쳐는 지혜 내성

굴림을 굴려야 합니다. 공포에 면역인 크리쳐는 내성을 굴릴 필요가 없으며, 악마나 언데드는 이 내성 굴림에 불리점을 받습니다.

내성에 실패하면, 해당 크리쳐는 피해를 받기 전까지 최대 1분간 공포 상태가 됩니다. 공포 상태에 있을 때, 크리쳐의 이동속도는 0이 되며 이동속도에 보너스를 받을 수 없습니다.

내성에 성공하면, 해당 크리쳐의 속도는 피해를 받기 전까지 최대 1분간 절반으로 줄어듭니다.

적대의 서약Vow of Enmity. 당신은 추가 행동을 사용하여 신성 변환을 소모해 10ft 내에서 당신이 볼 수 있는 크리쳐 하나에 적대의 서약을 할 수 있습니다. 당신은 이후 1분간 해당 크리쳐에 대해 명중 굴림에 이점을 받습니다. 이 이점은 적의 hp가 0으로 떨어지거나 무의식 상태에 빠지면 끝납니다.

지독한 복수자 RELENTLESS AVENGER

팔라딘 7레벨에 도달하면, 당신은 초자연적 집중력으로 물러서는 적을 몰아붙일 수 있게 됩니다. 당신이 기회공격으로 어떤 크리쳐를 명중시켰을 때, 당신은 공격 직후 같은 반응행동의 일환으로 최대 당신의 이동거리 절반까지 이동할 수 있습니다. 이 이동은 기회공격을 유발하지 않습니다.

복수의 혼 SOUL OF VENGEANCE

팔라딘 15레벨에 도달하면, 당신이 읊은 복수의 서약에 실린 권위는 당신의 적을 능가하는 강력한 힘을 부여합니다. 당신이 적대의 서약을 한 크리쳐가 공격하려 할 때 당신의 무기가 닿는 거리 안에 있다면, 당신은 반응행동을 사용하여 해당 크리쳐에게 근접 무기 공격을 한 번 가할 수 있습니다.

복수의 천사 AVENGING ANGEL

팔라딘 20레벨에 도달하면 당신은 복수의 천사 형태로 변할 수 있습니다. 당신은 행동을 사용해 변신에 들어갑니다. 이후 1시간 동안 당신은 아래 이득을 얻을 수 있습니다.

- 등 뒤에 날개가 돋아, 60ft의 비행 이동속도를 얻습니다.
- 당신은 30ft 반경에 위협의 오오라를 발산합니다. 적 크리쳐가 처음 오오라의 범위 내에 들어오거나 전투 중 오오라의 범위 내에서 자기 턴을 시작하면, 해당 크리쳐는 지혜 내성 굴림을 굴려 실패했을 시 피해를 입을 때까지 최대 1분간 당신에게 공포 상태가 됩니다. 이렇게 공포 상태에 빠진 적을 공격하는 명중 굴림은 이점을 받을 수 있습니다.

이 요소를 한번 사용했다면, 긴 휴식을 마칠 때까지는 다시 이 요소를 사용할 수 없습니다.

선조의 맹세 Oath of the Ancients

선조의 맹세는 엘프 종족이나 드루이드들의 의식만큼 오래된 것입니다. 이야기 속에 가끔 등장하는 요정 기사나 녹색의 기사, 뿔난 기사로 알려진 이들은 세상 속 모든 아름다운 것들과 생명을 지키기 위해 빛의 편에 서서 어둠과 영원히 투쟁하겠다고 맹세한 자들입니다. 이들은 명예나 용기, 정의 따위의 원칙보다 미와 생명을 더 소중하게 여깁니다. 이들은 자신의 갑옷이나 옷차림에 잎사귀나 뿔, 꽃처럼 성장의 상징을 그려 넣어 생명과 빛을 지킨다는 자신들의 맹세를 드러내 보이곤 합니다.

선조의 교의 Tenets of the Ancients

선조의 맹세가 지닌 교의는 오랜 세월에 거쳐 이어져 왔습니다. 이 맹세는 질서나 혼돈을 넘어서는 선의 원칙을 강조합니다. 이 4개의 핵심 원칙은 매우 단순합니다.

빛을 밝혀라. 자비와 친절, 용서를 통해 세상에 희망의 빛을 밝히고 절망을 물러서게 하라.

빛을 보호하라. 선과 아름다움, 사랑과 웃음이 있는 곳에 악이 침범하려 할 때 그것을 막으리라. 생명이 번성하는 곳을 황폐하게 하려는 세력에 맞서 싸우리라.

자신의 빛을 보존하라. 노래와 웃음 속에서 기뻐하며, 미와 예술 속에서 즐거워하라. 가슴 속의 빛이 꺼진다면, 세상의 빛조차 지킬 수 없으리라.

빛이 되어라. 절망에 빠져 살아가는 이들에게 영광스러운 봉화가 되어라. 기쁨과 용기에서 나온 빛이 모든 업적을 드높이 밝히게 하라.

맹세 주문

당신은 팔라딘 레벨에 따라 아래 주문을 얻습니다.

선조의 맹세 주문

팔라딘 레벨	주문
3	포획의 일격Ensnaring Strike, 동물과의 대화Speak with Animals
5	달빛 광선Moonbeam, 안개 걸음Misty Step
9	식물 성장Plant Growth, 에너지로부터의 보호Protection from Energy
13	얼음 폭풍Ice Storm, 바위피부Stoneskin
17	자연과의 회화Commune with Nature, 나무 질주Tree Stride

신성 변환

당신이 팔라딘 3레벨에 이 맹세를 택하면, 아래와 같은 두 가지 신성 변환 선택지를 사용할 수 있습니다.

대자연의 분노Nature's Wrath. 당신은 신성 변환을 사용하여 원시의 힘이 적을 묶게 할 수 있습니다. 당신은 행동을 사용하여 유령 같은 덩굴을 만들어 10ft 주변에서 당신이 볼 수 있는 크리쳐 하나를 얽어맵니다. 이 크리쳐는 근력이나 민첩 내성 굴림을 굴려야 하며, 실패하면 포박 상태가 됩니다. (능력은 굴리는 쪽이 선택합니다.) 덩굴에 포박된 크리쳐는 자신의 턴을 마칠 때마다 다시 내성 굴림을 굴릴 수 있으며, 성공하면 덩굴은 사라지고 풀려날 수 있습니다.

불신자 퇴치Turn the Faithless. 당신은 신성 변환을 사용하여 고대의 말을 읊어 요정이나 악마들에게 고통을 가할 수 있습니다. 당신은 행동을 사용하고 성표를 들며 주변 30ft 내에서 당신의 소리를 들을 수 있는 모든 악마와 요정에게 지혜 내성 굴림을 굴리게 합니다. 이 내성에 실패한 크리쳐는 피해를 입을 때까지 최대 1분간 퇴치됩니다.

퇴치된 크리쳐는 자기 턴에 전력을 다하여 당신에게서 멀어지려 할 것이며, 자기 의지로 당신 주변 30ft에 들어오지 못합니다. 또한 퇴치된 상태에서는 반응행동을 사용할 수 없습니다. 퇴치된 크리쳐는 행동으로 질주만 사용하거나 이동을 방해하는 요소를 배제하여 어떻게든 계속 도망가려 합니다. 만약 어디로도 도망갈 수 없는 곳에 몰려 있다면 해당 크리쳐는 회피 행동을 할 것입니다.

만약 크리쳐가 환영이나 변신 등 효과에 의해 숨겨져 있었다면, 퇴치당해 있는 동안에는 본래 모습으로 돌아옵니다.

방비의 오오라 Aura of Warding

팔라딘 7레벨에 도달하면, 당신 주변에 짙게 자리 잡은 고대의 마법은 기이한 방어막을 형성합니다. 당신이나 주변 10ft 내의 우호적인 크리쳐는 주문으로 인한 피해에 대한 저항을 얻습니다.

18레벨에 도달하면 이 오오라의 범위는 주변 30ft로 확대됩니다.

불사의 파수꾼 Undying Sentinel

팔라딘 15레벨에 도달하면, 당신의 hp가 0이 되었는데 즉사당하지 않았을 경우 당신은 쓰러지는 대신 hp 1점을 남길 수 있습니다. 이 요소를 한번 사용했다면, 긴 휴식을 끝마칠 때까지는 다시 사용할 수 없습니다.

또한, 당신은 노령에 의한 부작용을 받지 않게 되며, 마법적으로 나이를 먹지 않습니다.

장생의 용사 ELDER CHAMPION

팔라딘 20레벨에 도달하면, 당신은 고대의 자연이 지닌 힘을 상징하는 형태로 변할 수 있습니다. 예를 들어, 당신의 피부는 녹색이 되거나 나무껍질 같은 느낌으로 변할 수 있으며, 당신의 머리카락은 나뭇잎이나 이끼처럼 변하기도 하고, 사슴뿔이 자라거나 사자의 갈기가 나기도 합니다.

당신은 행동을 사용해 변신에 들어갑니다. 이후 1분간, 당신은 아래와 같은 이익을 얻습니다.

* 당신의 턴이 시작할 때마다 10점씩의 hp를 회복합니다.
* 당신은 시전 시간이 1 행동인 팔라딘 주문을 대신 1 추가 행동으로 시전할 수 있습니다.
* 당신으로부터 10ft 이내의 적대적 크리쳐들은 당신의 팔라딘 주문이나 신성 변환에 대한 내성 굴림에 불리점을 받게 됩니다.

이 요소를 한번 사용했다면, 긴 휴식을 마칠 때까지는 다시 이 요소를 사용할 수 없습니다.

헌신의 맹세 OATH OF DEVOTION

헌신의 맹세는 정의, 미덕, 질서의 이상으로 팔라딘을 결속시킵니다. 때로는 이들을 카발리어, 백기사, 성전사 등으로 부르기도 합니다. 이 팔라딘들은 빛나는 갑옷을 입고 명예에 따라 행동하며 정의와 대의를 추구한다는 기사의 이상 그 자체를 따릅니다. 이들은 가장 엄격한 행동 규범을 지키며, (좋을 수도 있고 나쁠 수도 있지만) 세상 모두가 그러한 규범을 지키도록 강권하기도 합니다. 이 맹세를 한 이들 대다수는 질서와 선의 신에게 헌신하며 자신들 역시 이 신들의 교의를 따릅니다. 이들은 선의 완벽한 하인인 천사를 자신들의 이상으로 삼고, 투구나 문장에 천사의 날개를 그려 넣기도 합니다.

헌신의 교의 TENETS OF DEVOTION

비록 헌신의 맹세마다 정확한 말이나 문장은 다르지만, 이 맹세를 따르는 팔라딘들은 아래 교의들을 공유합니다.

정직. 거짓말을 하거나 남을 속이지 말라. 그대의 말을 반드시 지키도록 하라.

용기. 공포에 사로잡히지 말라. 그러나 주의 깊게 행동하는 것은 현명한 일이다.

연민. 타인을 돕고 약자를 지키며 그들을 위협하는 자들을 벌하라. 적들에게 자비를 보이되, 지혜롭게 자비를 행하라.

명예. 타인을 공정하게 대하고, 그대 자신의 명예로운 행동으로 모범이 되어라. 가능한 많은 선을 행하고 가능한 해를 끼치지 말라.

의무. 그대의 행동과 그 결과에 책임을 다하라. 그대의 보호 아래 있는 자들을 지키고, 정당한 권위를 지닌 자에 복종하라.

맹세 주문

당신은 팔라딘 레벨에 따라 아래 주문을 얻습니다.

헌신의 맹세 주문

팔라딘 레벨	주문
3	*악과 선으로부터의 보호Protection from Evil and Good*, *성역화Sanctuary*
5	*하급 회복Lesser Restoration*, *진실의 공간Zone of Truth*
9	*희망의 봉화Beacon of Hope*, *마법 무효화Dispel Magic*
13	*이동의 자유Freedom of Movement*, *신앙의 수호자Guardian of Faith*
17	*회화Commune*, *화염 직격Flame Strike*

신성 변환 CHANNEL DIVINITY

당신이 팔라딘 3레벨에 이 맹세를 택하면, 아래와 같은 두 가지 신성 변환 선택지를 사용할 수 있습니다.

무기 축성Sacred Weapon. 당신은 행동을 사용하고 신성 변환을 소모해 당신이 들고 있는 무기 하나에 긍정적 힘을 채워 넣을 수 있습니다. 이후 1분간, 당신은 해당 무기의 모든 명중 굴림에 자신의 매력 수정치를 더합니다. (최소 +1) 이 무기는 또한 20ft 반경에 밝은 빛을, 추가로 20ft까지는 약한 빛을 냅니다. 이미 마법적인 무기에 시전한 것이 아니라면, 이 무기는 지속시간 동안 마법 무기로 취급합니다.

당신은 자기 턴에 행동을 사용하며 언제든 이 효과를 중단할 수 있습니다. 또한 당신이 이 축성한 무기를 더는 소지하지 않게 되거나 당신이 무의식 상태에 빠지면 이 효과는 바로 종료됩니다.

불경함 퇴치Turn the Unholy. 당신은 행동을 사용하고 성표를 들어 신성 변환을 소모하면서 악마와 언데드를 내쫓는 기도를 읊을 수 있습니다. 당신 주변 30ft 내에서 당신을 보거나 들을 수 있는 악마나 언데드들은 모두 지혜 내성 굴림을 굴려야 합니다. 만약 해당 크리쳐가 내성에 실패했다면, 피해를 입을 때까지 최대 1분간 퇴치 상태가 됩니다.

퇴치당한 크리쳐는 자신의 턴에 전력을 다해서 당신에게서 멀어지려 할 것이며, 자기 의지로 당신 주변 30ft에 들어오지 못합니다. 또한, 퇴치중인 크리쳐는 반응행동을 사용할 수 없습니다. 퇴치된 크리쳐는 행동으로 질주만 사용하거나 이동을 방해하는 요소를 배제하여 어떻게든 계속 도망가려 합니다. 만약 어디로도 도망갈 수 없는 곳에 몰려 있다면 해당 크리쳐는 회피 행동을 할 것입니다.

헌신의 오오라 AURA OF DEVOTION

팔라딘 7레벨에 도달하면, 당신과 주변 10ft 이내의 모든 우호적인 크리쳐들은 당신에게 의식이 있는 동안 매혹 상태에 면역이 됩니다.

팔라딘 18레벨에 도달하면 이 오오라의 범위는 주변 30ft로 확대됩니다.

영혼 정화 PURITY OF SPIRIT

팔라딘 15레벨에 도달하면, 당신은 언제나 *악과 선으로부터의 보호* 주문의 효과를 받게 됩니다.

신성한 후광 HOLY NIMBUS

팔라딘 20레벨에 도달하면, 당신은 행동을 사용하여 태양빛의 오오라를 펼칠 수 있습니다. 이후 1분간, 당신 주변 30ft까지는 밝은 빛, 추가로 30ft까지는 약한 빛 환경이 됩니다.

밝은 빛 공간에서 자신의 턴을 시작하는 적대적 크리쳐는 매번 10점의 광휘 피해를 받습니다.

또한, 이 빛이 지속되는 동안 당신은 악마나 언데드의 주문에 대한 내성 굴림에 이점을 받습니다.

이 요소를 한번 사용했다면, 긴 휴식을 마칠 때까지는 다시 이 요소를 사용할 수 없습니다.

제4장: 개성과 배경

캐릭터들은 단순히 종족과 클래스를 조합한 것 이상의 존재입니다. 이들은 각자 나름대로 이야기와 관심사를 가지고 있으며, 클래스나 종족만으로는 설명할 수 없는 능력을 지닌 독립적인 존재들입니다. 이 장에서는 이름이나 신체적 상세 정보 등 캐릭터를 다른 이들과 구별시켜주는 여러 특징과 배경 및 언어에 대한 규칙, 개성과 성향에 대한 상세한 설명을 다루고 있습니다.

캐릭터의 상세 정보

캐릭터의 이름과 신체적 특징은 다른 플레이어들이 그 캐릭터에 대해 알게 되는 첫 번째 정보입니다. 따라서 우선 당신의 캐릭터가 어떤 이름이며 어떻게 생겼는지를 마음속으로 충분히 생각해 보는 것이 좋습니다.

이름

캐릭터의 종족 설명에는 그 종족의 구성원들이 사용하는 이름의 예시가 수록되어 있습니다. 이 예시를 참조하시고 충분히 생각한 다음 이름을 정하시기 바랍니다.

성별

당신은 성별에 따른 특별한 이익이나 불이익을 받지 않고 원하는 성별의 캐릭터를 만들 수 있습니다. 오히려 문화권마다 존재하는 생물학적 성별, 사회적 성별, 성별 간 행동의 선입관 등을 생각해 보고, 당신의 캐릭터가 그러한 선입관에 부합하는지 아닌지를 따져 보는 것이 좋습니다. 예를 들어, 남자 드로우 클레릭은 드로우 사회에서 흔치 않은 존재이니만큼, 그의 클래스 자체가 드로우 사회를 떠나 지상으로 올라와야 했던 이유가 될 수도 있습니다.

티카와 아르테미스: 대조적인 캐릭터들

이 장에서는 아래 두 인간 파이터의 예시를 통해, 배경의 설정에 따라 캐릭터들이 얼마나 큰 차이를 지니게 되는지 설명하고자 합니다.

드래곤랜스 배경의 등장인물인 티카 웨이런(Tika Waylan)은 거친 유소년기를 보낸 10대 소녀입니다. 도적의 딸이었던 그녀는 집에서 달아났지만, 솔레이스 거리에서 아버지의 직업을 그대로 이어받게 되었습니다. 하지만 "마지막 우리 집" 여관 주인을 상대로 도둑질을 하려고 했을 때 붙잡혀 버리고 말았습니다. 여관 주인은 그녀를 체포하거나 하는 대신, 그대로 거두어 여관의 여급으로 일하게 해 주었습니다. 드래곤 군대가 솔레이스 마을을 폐허로 만들고 여관을 완전히 박살 내 버렸을 때, 티카는 어쩔 수 없이 소꿉친구들과 함께 모험에 나서게 되었습니다. 그녀는 파이터로서 재능이 있었고(프라이팬이 가장 흔히 쓰는 무기이긴 했지만), 거리에서 자란 경험 덕에 모험에 도움이 될 법한 여러 기술도 익히고 있었습니다.

아르테미스 엔트레리(Artemis Entreri)는 포가튼 렐름즈의 칼림포트(Calimport) 거리에서 자랐습니다. 그는 자신의 재치와 힘, 기민함을 이용해 수백개가 넘는 빈민가 중 일부를 자신의 영역으로 만들었습니다. 몇 년이 지나자 그는 도시에서 가장 강력한 도둑 길드의 관심을 끌게 되었고, 젊은 나이에도 불구하고 길드 내에서 빠르게 높은 지위에 올랐습니다. 아르테미스는 도시의 파샤가 가장 아끼는 암살자 중 한 사람이 되었고, 결국 도둑맞은 보석을 되찾기 위해 머나먼 아이스윈드 데일에 파견되었습니다. 그는 살인 전문가이며, 자신의 기술을 향상시키기 위해 끊임없이 도전을 거듭하곤 합니다.

티카와 아르테미스는 둘 다 인간이며, 둘 다 파이터입니다. 게다가 둘 다 약간씩 로그의 경험을 지니고 있습니다. 근력과 민첩 점수가 높은 것도 비슷합니다. 하지만 그 이상의 유사점은 존재하지 않습니다.

생물학적이나 사회적 성별에 따른 이분법적 사고에 너무 얽매일 필요는 없습니다. 예를 들어, 엘프 신 코렐론 라레시안은 중성 혹은 양성을 모두 가진 존재로 여겨지며, 멀티버스 내의 엘프 종족 중에서는 이러한 코렐론의 특징을 그대로 이어받는 경우도 있습니다. 또한 당신은 스스로 남자라고 여기며 여성의 몸에 갇혀 있다고 생각하는 캐릭터를 만들 수도 있고, 남자로 착각 당하는 것을 정말 싫어하는 수염 기른 여성 드워프 캐릭터를 만들 수도 있습니다. 이처럼 캐릭터가 지닌 성적 지향은 전적으로 당신이 선택할 문제입니다.

키와 체중

당신은 종족 설명에 수록된 정보를 사용하거나 아래의 무작위 신장 체중 표를 이용해서 자기 캐릭터의 키와 체중을 정할 수 있습니다. 캐릭터의 키와 체중을 정할 때는 당신의 캐릭터가 지닌 능력치 점수와 얼마나 어울리는지 생각해 보십시오. 힘이 약하지만 기민한 캐릭터라면 마른 체격을 지니고 있을 것입니다. 반면 강한 힘을 지닌 튼튼한 캐릭터는 큰 키에 몸이 무거울 수도 있습니다.

무작위 신장 체중 표를 이용해 캐릭터의 키와 체중을 구할 때는 먼저 신장 수정치 항목에서 주사위를 굴리고, 그 값을 기본 키에 더합니다. (키의 단위는 피트(ft)와 인치(inch)입니다.) 체중을 정할 때는 체중 수정치에 주어진 주사위를 굴리고, 그 값을 신장 수정치에서 굴린 주사위 값에 곱하여 기본 체중에 더합니다. (체중의 단위는 파운드(lbs)입니다.)

무작위 신장 체중

종족	기본 신장	신장 수정치	기본 체중	체중 수정치
인간	4'8"	+2d10	110lbs	×(2d4)lbs
언덕 드워프	3'8"	+2d4	115lbs	×(2d6)lbs
산 드워프	4'	+2d4	130lbs	×(2d6)lbs
하이 엘프	4'6"	+2d10	90lbs	×(1d4)lbs
우드 엘프	4'6"	+2d10	100lbs	×(1d4)lbs
드로우	4'5"	+2d6	75lbs	×(1d6)lbs
하플링	2'7"	+2d4	35lbs	×1lb
드래곤본	5'6"	+2d8	175lbs	×(2d6)lbs
노움	2'11"	+2d4	35lbs	×1lb
하프 엘프	4'9"	+2d8	110lbs	×(2d4)lbs
하프 오크	4'10"	+2d10	140lbs	×(2d6)lbs
티플링	4'9"	+2d8	110lbs	×(2d4)lbs

참고: 1인치(1")=약 2.5cm, 12인치=1ft(1'), 1파운드(1lb)=약 450g

예를 들어, 티카는 인간이기 때문에 기본 신장 4ft 8인치에 추가로 2d10인치를 더해 키를 정합니다. 2d10을 굴리자 12가 나왔고, 따라서 티카의 키는 5ft 8인치로 정해졌습니다. 그리고 플레이어는 체중 수정치를 얻기 위해 2d4를 굴렸고, 결과로 3이 나왔습니다. 따라서 티카의 추가 체중은 +36lbs로 정해졌습니다. 인간의 기본 체중은 110lbs이므로, 총 146lbs의 체중을 지니게 된 것입니다.

그 외 신체적 특징

당신은 캐릭터의 나이와 눈동자 및 머리카락의 색, 피부색 등을 정할 수 있습니다. 당신의 캐릭터에게 약간의 독특함을 더하고 싶다면, 흉터나 가벼운 장애, 문신 등 기억에 남을만한 신체적 특색을 더해 보는 것도 좋습니다.

티카와 아르테미스: 캐릭터의 세부사항

티카 웨이런과 아르테미스 엔트레리의 이름이 어떻게 정해졌고, 어떻게 각자의 개성을 반영하는지 생각해 봅시다. 티카는 더는 어린아이가 아니라는 것을 증명하고 싶어 하는 젊은 여성입니다. 그녀의 이름은 젊고 평범하게 들립니다. 아르테미스는 기이하고 머나먼 땅에서 온 듯한 신비로운 뉘앙스의 이름으로 지어졌습니다.

티카가 처음 모험에 나섰을 때는 19살이었습니다. 그녀는 적갈색 머리와 녹색 눈동자, 주근깨가 난 하얀 피부를 가지고 있었으며, 오른쪽 엉덩이에 사마귀가 있습니다. 아르테미스는 작은 키에 단단하고 잘 발달된 근육질 몸매를 지닌 남성입니다. 광대뼈가 도드라진 그의 얼굴은 언제나 면도해야 할 것처럼 새까만 수염이 나 있습니다. 까마귀처럼 새까만 그의 머리카락은 숱이 많지만, 회색의 눈동자는 생기를 잃은 듯합니다. 그의 삶과 영혼이 얼마나 공허한지 보여주는 것입니다.

성향 ALIGNMENT

던전즈 & 드래곤즈DUNGEONS & DRAGONS 게임 세계 속의 여러 크리쳐들은 성향을 통해 다양한 도덕적, 개인적 태도를 나타내곤 합니다. 성향은 먼저 도덕을 가늠하는 요소(선, 악, 중립)과 사회와 질서를 가늠하는 요소(질서, 중립, 혼돈)을 조합해 표현됩니다. 따라서 총 아홉 가지의 조합이 가능합니다.

아래 설명하고 있는 아홉 종류 성향을 요약하자면, 해당 성향의 크리쳐들이 어떻게 행동하는가에 대한 대략적 설명입니다. 실제 개별 크리쳐들은 이러한 설명에 꼭 부합하지 않으며, 다양한 차이점을 지니고 있습니다. 오히려 전형적인 설명과 똑같이 행동하는 경우가 훨씬 희귀합니다.

질서 선(LG) 크리쳐는 사회적으로 올바르다고 여기는 행동을 하려고 합니다. 골드 드래곤, 팔라딘, 드워프들 대부분이 질서 선 성향을 따릅니다.

중립 선(NG) 크리쳐는 다른 사람들이 도움을 요청할 때 그들을 돕기 위해 최선을 다합니다. 천상체 대부분과 몇몇 구름 거인, 노움들 대다수가 중립 선 성향을 따릅니다.

혼돈 선(CG) 크리쳐는 다른 사람의 기대나 예상은 신경 쓰지 않고 오로지 자신의 양심에 따라 움직입니다. 카퍼 드래곤, 유니콘, 엘프들 대다수가 혼돈 선 성향을 따릅니다.

질서 중립(LN) 크리쳐는 법과 전통, 개인적 규범에 따라 행동합니다. 몽크를 거의 대부분과 몇몇 위저드가 질서 중립 성향에 따라 행동합니다.

중립(N)은 도덕적 문제에 처했을 때 명확한 태도를 취하지 않고 그때그때 최선이라 생각하는 행동을 합니다. 리저드포크, 드루이드, 인간들 대부분이 중립 성향입니다.

혼돈 중립(CN) 크리쳐는 자기 마음이 내키는 대로 행동하며, 개인의 자유를 최우선으로 생각합니다. 바바리안이나 로그 대부분과 일부 바드가 혼돈 중립 성향을 따릅니다.

질서 악(LE) 크리쳐는 전통과 법, 질서에서 벗어나지 않는 한 자신의 욕망을 최우선으로 추구합니다. 블루 드래곤, 데빌, 홉고블린 등이 질서 악 성향을 따릅니다.

중립 악(NE) 크리쳐는 연민이나 후회 따위는 생각하지 않으며, 보복이나 처벌이 없을 것 같다면 무엇이든 원하는 대로 저지릅니다. 드로우 대부분과 일부 구름 거인, 유골로스 등이 중립 악 성향을 따릅니다.

혼돈 악(CE) 크리쳐는 자신들의 탐욕, 증오, 피에 대한 갈망에 따라 무자비하게 폭력을 휘두르며 원하는 것을 차지합니다. 레드 드래곤, 데몬, 오크들 대부분이 혼돈 악 성향을 따릅니다.

멀티버스 내에서의 성향

사고 능력을 갖춘 크리쳐들 대부분에게 있어 성향이란 도덕적 선택입니다. 인간, 드워프, 엘프 등의 인간형 종족에 속하는 이들은 자신이 원하는 대로 선과 악, 질서와 혼돈 사이에서 어떤 길을 따를 것인지 선택할 수 있습니다. 신화에 따르면, 선한 성향의 신들은 피조물들에게 자유의지를 주어 스스로 도덕적 길을 선택하도록 했다고 합니다. 자유의지가 없이 선을 강조하는 것은 노예와 다름없다는 점을 알고 있었기 때문입니다.

하지만 몇몇 종족을 창조한 악한 신들은 처음부터 자신들을 섬기도록 피조물을 만들었습니다. 이 종족들은 태어났을 때부터 자신들의 창조주와 비슷한 성향을 띄곤 합니다. 오크들 대부분은 창조신 그룸쉬가 지닌 폭력적이고 야만적인 본성을 공유하고 있으며, 보다 쉽게 악으로 치우칩니다. 선한 성향을 택한 오크 역시 있을 수 있지만, 일생동안 내면의 방향성과 투쟁을 벌여야 할 것입니다. (심지어 하프 오크들조차 오크 신의 영향력이 끈질기게 자신을 유혹하는 것을 느끼곤 합니다)

천상체나 악마들에게 있어, 성향은 존재 그 자체의 정수를 이루는 것입니다. 데빌은 질서 악 성향을 선택한 것이 아니며, 질서 악으로 기울어진 것도 아닙니다. 본질 그 자체가 질서 악 성향을 지니고 있는 것입니다. 만약 데빌이 어떤 식으로든 질서 악 성향에서 벗어났다면, 더이상 데빌로 남을 수 없게 되어버립니다.

이성적 판단력을 지니지 못한 크리쳐들 대부분은 성향이 없습니다. 그들의 성향은 그저 "성향없음"으로 표기되어 있습니다. 이런 크리쳐들은 도덕적이나 윤리적 선택을 할 수 있는 능력이 없으며, 야수적 본성에 따라 움직일 뿐입니다. 예를 들어, 상어는 야만적인 포식자이긴 하지만 악한 것은 아닙니다. 그저 성향이 없을 뿐입니다.

드워프어 문자: 글자 샘플

A	B	C	D	E	F	G	H	I	J	K	L	M
ᚲ	ᛝ	ᛁ	ᚻ	ᛉ	ᛗ	ᛠ	ᛏ	ᛁ	ᛃ	ᚦ	ᛒ	ᛈ

N	O	P	Q	R	S	T	U	V	W	X	Y	Z
ᛊ	ᛏ	ᚠ	ᛁ	ᛁ	ᛚ	ᛉ	ᛖ	ᛏ	ᛖ	ᛁ	ᛉ	ᛝ

언어

종족에 따라 캐릭터가 사용하는 기본 언어가 달라집니다. 또한 당신이 선택한 배경에 따라 하나 이상의 언어를 더 배울 수도 있습니다. 이렇게 당신이 정한 언어들을 캐릭터 시트에 기록하시기 바랍니다.

아래 표준 언어 표에서 언어를 선택하거나, 캠페인에서 가장 널리 쓰이는 언어를 선택하십시오. DM이 허락해 준다면 표준 언어 대신 특이한 언어를 배우거나 도둑의 은어나 드루이드어 같은 비밀 언어를 배울 수도 있습니다.

이들 언어 중 일부는 기타 많은 방언의 원류가 되기도 합니다. 예를 들어, 원시어는 창공어, 수중어, 화염어, 대지어라는 4가지 방언을 포함하고 있으며, 이들 언어는 원소계에서 널리 이용되는 것들입니다. 동일한 뿌리를 지닌 방언을 사용하는 크리쳐들끼리는 어색하더라도 대화를 나눌 수 있습니다.

표준 언어

언어	일반적인 사용자	문자
공용어 Common	인간	공용문자
드워프어 Dwarvish	드워프	드워프 문자
엘프어 Elvish	엘프	엘프 문자
거인어 Giant	오우거, 거인	드워프 문자
노움어 Gnomish	노움	드워프 문자
고블린어 Goblin	고블리노이드	드워프 문자
하플링어 Halfling	하플링	공용문자
오크어 Orc	오크	드워프 문자

특이한 언어

언어	일반적인 사용자	문자
삼림어 Sylvan	요정 크리쳐	엘프 문자
심연어 Abyssal	데몬	하계문자
용언 Draconic	드래곤, 드래곤본	용언문자
원시어 Primordial	원소	드워프 문자
지저어 Deep Speech	마인드 플레이어, 비홀더	–
지하공용어 Undercommon	지하 무역상	엘프 문자
천상어 Celestial	천상체	천상문자
하계어 Infernal	데빌	하계문자

엘프어 문자: 글자 샘플

티카와 아르테미스: 성향

티카 웨이런은 중립 선 성향을 지녔습니다. 그녀는 선한 마음씨를 지니고 자기 힘이 닿는 데까지 다른 사람들을 도우려 합니다. 반면, 아르테미스는 질서 악 성향입니다. 그는 생명의 가치 따위에는 아무 관심이 없지만, 살인 기술만큼은 전문적인 시각에서 접근합니다.

아르테미스는 악한 성향을 지닌 캐릭터이기 때문에, 이상적인 모험자라고는 할 수 없습니다. 그는 악당으로 자신의 경력을 시작했고, 피치 못할 경우 자신의 이익을 위해서만 영웅들과 힘을 모았습니다. 악한 모험자들은 대개 자신의 이익에 몰두하며 동료들과 자주 충돌을 일으킵니다. 대개 악한 성향은 악당과 괴물들이 지니게 됩니다.

캐릭터의 개성

캐릭터가 지닌 다양한 특징, 버릇, 습관, 믿음, 단점 등의 개성을 그려가면 게임 속에서 실제 인물 같은 생동감을 얻을 수 있습니다. 캐릭터의 개성은 인격 특성, 이상, 유대, 단점이라는 네 가지 분류로 이루어집니다. 이러한 분류 외에도 캐릭터가 좋아하는 문구나 단어, 사소한 습관이나 버릇, 악덕이나 인내심의 한계점 등 다양한 것을 추가할 수 있습니다.

이 장 뒤에 소개하고 있는 각각의 배경들은 상상력에 불을 지필만 한 적당한 개성 요소들을 포함하고 있습니다. 이러한 선택지들에 너무 연연할 필요는 없지만, 캐릭터의 배경을 정하기엔 좋은 출발점이 되어줄 것입니다.

인격 특성 PERSONALITY TRAITS

당신은 캐릭터에게 두 개의 인격 특성을 줄 수 있습니다. 인격 특성은 당신의 캐릭터를 차별화하는 작고 단순한 방법으로 쓰일 수 있습니다. 인격 특성은 당신이 캐릭터에 대해 뭔가 재미있고 흥미로운 상상을 할 수 있도록 도와줄 수 있어야 합니다. 즉, 당신의 캐릭터가 어떤 존재인가 알려주는 명확한 자기 묘사여야 합니다. 이런 면에서 볼 때 "나는 똑똑해."는 그리 좋은 인격 특성이 아닙니다. 똑똑한 캐릭터는 그 외에도 여럿 존재할 수 있기 때문입니다. 하지만 "나는 캔들킵의 책이란 책은 다 읽었어."는 그 캐릭터가 지닌 관심과 취향에 대해 말해주는 좋은 인격 특성이 될 수 있습니다.

인격 특성은 캐릭터가 좋아하는 것, 캐릭터의 과거 업적, 그가 두려워하거나 싫어하는 것, 그의 태도나 버릇, 그가 지닌 능력치 점수의 영향력 등을 표현할 수 있습니다.

티카와 아르테미스: 인격 특성

티카와 아르테미스는 서로 뚜렷하게 대비되는 인격 특성을 지니고 있습니다. 티카는 거만한 자들을 싫어하며, 도둑으로 지내던 시절 높은 곳에서 떨어진 기억 때문에 고소공포증이 있습니다. 아르테미스는 언제나 최악의 사태에 대비하며, 항상 자신감을 가지고 빠르고 정확하게 움직입니다.

두 캐릭터의 이상을 살펴봅시다. 티카 웨이런은 어린아이 같은 순진함을 지니고 생명의 가치와 모두를 존중하는 것의 중요성을 믿고 있습니다. 중립 선 성향을 지닌 그녀는 생명과 존중의 이상을 믿고 있습니다. 아르테미스 엔트레리는 결코 감정에 휩쓸리지 않으며, 항상 자신의 기술을 발전시키기 위해 도전을 거듭합니다. 그는 질서 악 성향을 지니고 있기에, 어느 한쪽에 치우쳐 판단을 그르치지 않으려 하는 동시에 권력에 대한 갈망도 이상으로 가지고 있습니다.

티카 웨이런은 "마지막 우리 집" 여관과 유대를 지니고 있습니다. 여관 주인은 그녀에게 새 삶의 기회를 주었고, 여관에서 일할 때 모험자 동료들과 우정을 맺게 되었기 때문입니다. 날뛰는 드래곤 군대 때문에 여관이 완전히 파괴되었기 때문에, 티카는 자연스럽게 드래곤 군대에 대한 분노와 증오를 지니게 되었습니다. 그녀의 유대는 "나는 마지막 우리 집 여관을 파괴한 드래곤 군대에게 앙갚음을 할 수 있다면 무엇이든 하겠어."라는 문장으로 표현할 수 있을 것입니다.

아르테미스 엔트레리가 지닌 유대는 기이하고 역설적이게도 그의 적수인 드리즈트 도어덴과의 관계입니다. 둘은 검술뿐 아니라 결단력과 의지에 있어서도 비슷한 점이 많았습니다. 아르테미스는 드리즈트와 처음 맞설 때 적의 내면에서 자신과 유사한 무언가를 발견했습니다. 만약 그의 인생이 조금만 달랐더라도 그 역시 이 드로우 영웅과 같은 삶을 살았을지도 모릅니다. 그 순간부터, 아르테미스는 단순한 암살자 이상의 존재가 되었습니다. 그는 드리즈트와의 경쟁의식을 통해 반영웅이 된 것입니다. 그의 유대는 "드리즈트 도어덴보다 내가 더 뛰어나다는 것을 증명할 때까지 나는 결코 쉬지 않겠어."라는 말로 설명할 수 있습니다.

두 캐릭터 모두 중요한 약점들을 지니고 있습니다. 티카는 순진하며, 감정적으로 여립니다. 그녀는 동료들보다 훨씬 어리기 때문에, 예전에 그랬던 것처럼 자기를 아이 취급하면 짜증을 냅니다. 자신이 어른임을 증명하기 위해서라면 티카는 평소 하지 않았을 법한 일을 할 수도 있습니다. 반면, 아르테미스 엔트레리는 모든 개인적 관계를 끊고 고립되어 있으며, 그저 홀로 남겨져 지낼 수 있길 바랄 뿐입니다.

인격 특성을 정할 때는 캐릭터가 지닌 능력치 점수 중 가장 높은 것과 낮은 것이 무엇인지부터 생각해 보는 것이 좋습니다. 능력치 점수는 캐릭터가 지닌 긍정적인 면이나 부정적인 면을 나타낼 수 있습니다. 예를 들어, 캐릭터는 낮은 능력치 점수를 극복하기 위해 노력하고 있다는 특성이나, 높은 능력치 점수 때문에 우쭐댄다는 특성을 추가할 수 있습니다.

이상 IDEALS

캐릭터의 원동력이 되는 이상 한 가지를 설명합니다. 당신의 이상은 당신이 지니고 있는 가장 강력한 믿음이며, 근본적인 도덕과 윤리 원칙의 기준이 되어 세상을 바라보는 잣대가 되어 줍니다. 이상은 인생 목표와 핵심 믿음 체계의 바탕이 될 것입니다.

아래 질문들에 대한 대답 중 하나가 이상이 될 수 있습니다. 당신이 결코 배신하지 않을 원칙은 무엇입니까? 스스로의 희생을 감수하게끔 만드는 것은 무엇입니까? 무엇이 당신을 움직이게 하며, 당신의 목적과 야심으로 이끌어 줍니까? 당신이 추구하는 것 중 가장 중요한 것은 무엇입니까?

이상은 원하는 대로 선택할 수도 있지만, 캐릭터가 지닌 성향에서 시작해 보는 것도 좋은 선택이 될 수 있습니다. 이 장에서 설명하고 있는 각각의 배경에는 이상에 대한 제안을 여섯 개씩 소개하고 있습니다. 이들 중 다섯 가지는 각각 질서, 혼돈, 선, 악 중립이라는 성향에 맞추어 주어진 것입니다. 그리고 나머지 하나는 도덕이나 윤리적 기준보다는 배경 그 자체에 더 무게를 두어 정해졌습니다.

유대 BONDS

캐릭터가 지닌 유대 관계 중 하나를 설정합니다. 캐릭터가 지닌 유대는 다른 사람이나 장소, 사건과의 관계를 설명해줍니다. 당신은 배경 설정을 통해 어떻게 유대를 맺었는지 정할 수 있습니다. 이러한 유대는 당신에게 영웅의 마음가짐을 갖게 해 준 것일 수도 있고, 유대를 맺은 존재가 위험에 처할 경우 이익과는 상반되는 행동을 하도록 만들 수도 있습니다. 유대는 이상과 비슷한 방식으로 당신의 캐릭터가 동기와 목적의식을 지니도록 이끌어 줍니다.

아래 질문들에 대한 대답 중 하나를 유대로 삼을 수 있습니다. 당신이 가장 아끼는 것은 누구입니까? 당신이 속해 있다고 생각하는 장소가 있습니까? 당신이 가장 소중하게 간직하고 있는 소지품은 무엇입니까?

당신이 지닌 유대는 클래스나 배경, 종족에 관계된 것일 수도 있고, 그 외 캐릭터의 개인적인 역사나 개성에 연관된 것일 수도 있습니다. 당신은 모험을 진행해 나가는 과정에서 새로운 유대를 얻을 수도 있습니다.

단점 FLAWS

마지막으로 캐릭터가 지닌 단점을 정할 차례입니다. 당신의 캐릭터가 지닌 단점은 캐릭터가 즐기는 악덕이나 충동, 공포, 약점 등을 나타냅니다. 특히, 누군가 단점을 이용할 경우 당신을 파멸시키거나 최선의 선택을 하지 못하도록 만들 수 있는 것이야말로 좋은 단점이라고 할 수 있습니다. 단점은 그저 부정적인 인격 특성

용언 문자: 글자 샘플

A	B	C	D	E	F	G	H	I	J	K	L	M

N	O	P	Q	R	S	T	U	V	W	X	Y	Z

이 아니라 더 심각한 영향을 줄 수 있는 무언가입니다. 아래 질문들에 대해 대답해 보면 단점을 정하는 데 도움을 받을 수 있습니다. 무엇이 당신을 화나게 만듭니까? 당신이 가장 두려워하는 사람이나 개념, 사건은 무엇입니까? 당신이 특히 즐기는 고약한 습관이나 악덕이 있습니까?

고양감 INSPIRATION

고양감 규칙은 당신이 캐릭터의 인격 특성이나 이상, 유대, 단점 등을 잘 표현할 경우 던전 마스터가 그에 대한 보상을 줄 수 있도록 만든 것입니다. 당신은 고양감을 사용해서 억압받는 사람들에 대한 연민이라는 인격 특성을 이용해 거지 왕초와의 교섭을 유리하게 이끌어 나갈 수도 있습니다. 혹은 당신이 유대감을 느끼는 고향 마을의 안전을 지켜야 한다는 마음을 표현한 대가로 고양감을 얻어, 당신에게 걸려 있는 주문의 효과를 떨쳐내는 데 도움을 받을 수 있을지도 모릅니다.

고양감 얻기

DM은 다양한 이유로 고양감을 줄 수 있습니다. 가장 일반적인 것은 당신이 캐릭터의 인격 특성을 잘 표현했거나, 단점이나 유대로 인해 불리한 선택을 해야 했거나, 그 외에도 당신의 캐릭터를 잘 드러내 보여주는 행동을 했을 때의 보답으로 주는 것입니다. DM은 당신이 게임 도중 어떻게 해야 고양감을 얻을 수 있는지 이야기해 줄 것입니다.

고양감은 한 번에 하나씩만 가지고 있을 수 있습니다. 나중에 쓰려고 여러 개의 고양감을 축적할 수는 없습니다.

고양감 사용하기

당신이 명중 굴림이나 내성 굴림, 능력 판정을 할 때, 고양감을 가지고 있었다면 그 고양감을 소비해서 해당 판정에 이점을 받을 수 있습니다.

또한 만약 당신이 고양감을 가지고 있다면, 다른 플레이어가 뛰어난 역할 연기를 했거나 영리한 생각을 보여준 경우, 혹은 그저 게임을 더 신나게 만들었을 때 당신이 지닌 고양감을 건네주어 그 캐릭터에게 보답할 수 있습니다.

혹은 다른 플레이어 캐릭터가 이야기에 큰 진전을 만들어 주는 행동을 했거나, 이야기를 더 즐겁고 흥미롭게 만들어 주었다면 마찬가지로 당신이 지니고 있던 고양감을 건네줄 수 있습니다.

배경 BACKGROUNDS

모든 이야기에는 출발점이 있습니다. 당신의 캐릭터가 지닌 배경은 당신이 어디에서 왔는지, 모험자가 되기 전에는 어떤 삶을 살고 있었는지, 세상에서 어떠한 지위와 위치에 속한 인물이었는지를 말해줍니다. 당신의 파이터는 과거 용감한 기사였을 수도 있고, 싸움에 지친 병사였을 수도 있습니다. 당신의 위저드는 학자였을 수도 있고 장인이었을 수도 있습니다. 당신의 로그는 길드에 속한 도적이었을 수도 있고, 청중들의 갈채를 받던 광대였을 수도 있습니다.

티카와 아르테미스: 배경

티카 웨이런과 아르테미스 엔트레리는 둘 다 어린 시절 거리의 고아로 자랐습니다. 티카는 그 이후 여관 종업원이 되었지만, 그것만으로는 인생이 크게 변하지 않았습니다. 따라서 그녀는 "부랑아" 배경을 선택해 손속임과 은신 기술에 숙련을 얻었고 도둑 도구를 사용하는 방법을 배웠습니다. 반면 아르테미스 엔트레리는 범죄자로서의 배경이 더 잘 어울렸으며, 이 배경에 따라 기만과 은신 기술을 배웠고 도둑 도구와 독 제작자 도구에 대한 숙련을 얻었습니다.

배경을 선택하면 당신은 캐릭터의 정체성과 관련된 중요한 이야기 요소들을 얻을 수 있습니다. 캐릭터의 배경을 정할 때 스스로 생각해 보아야 할 가장 중요한 질문은 "무엇이 바뀌었는가?" 하는 것입니다. 당신의 캐릭터는 왜 예전의 삶을 버리고 모험에 뛰어들게 된 것입니까? 시작 시점의 장비를 구매한 돈은 어디서 구한 것입니까? 당신이 부유한 배경 출신이라면, 왜 더 많은 돈을 지니고 시작할 수 없었던 것입니까? 클래스를 통해 얻은 기술은 어떻게 배운 것입니까? 당신과 비슷한 배경을 지닌 평범한 사람들과 당신의 차이는 어떤 것입니까?

이 장에 수록된 예시 배경들은 특성이나 숙련, 언어 등 게임 내에서 쓸 수 있는 구체적 이익과 역할 연기에 대한 제안 등을 모두 함께 포함하고 있습니다.

숙련

캐릭터는 자신이 선택한 배경에 따라 두 가지 기술에 대한 숙련을 얻습니다. 각 기술에 대한 세부 사항은 제7장에 소개되어 있습니다.

또한 배경 대부분은 이런저런 도구에 대한 숙련도 한 가지 이상 제공합니다. 도구와 도구 숙련에 대한 내용은 제5장에 소개되어 있습니다.

만약 캐릭터가 서로 다른 이유로 인해 한 가지 기술에 대한 숙련을 두 번 이상 얻었다면, 같은 종류(기술이라면 기술, 도구라면 도구) 내에서 다른 숙련 하나로 교체할 수 있습니다.

언어

배경 중 일부는 종족에 의해 주어진 것 이외에도 추가 언어를 배우게 해 줍니다. 언어에 대한 사항은 이 장의 앞에서 설명하고 있습니다.

장비

당신은 배경에 따라 시작시 장비 꾸러미를 받을 수 있습니다. 만약 제5장에서 설명하는 선택 규칙에 따라 꾸러미 대신 돈으로 장비를 구매해 게임을 시작하게 되었다면, 배경에 의한 시작시 장비는 받을 수 없습니다.

개성 제안

배경 설명에서는 해당 배경과 어울리는 개성 요소들을 제안하고 있습니다. 당신은 원하는 개성을 직접 선택하거나 주사위를 굴려 무작위로 정할 수도 있으며, 제안에서 영감을 얻어 자신만의 개성을 만들어 낼 수도 있습니다.

맞춤 배경 만들기

당신은 서로 다른 배경의 여러 요소를 변경하고 조합해서 캠페인 배경이나 당신의 캐릭터에 더 잘 어울리는 배경을 만들 수 있습니다. 배경을 변경하려

하는 경우, 하나의 요소를 동일한 다른 요소로 바꾸고, 숙련을 얻을 기술 두 가지를 선택하며, 샘플 배경에서 언어나 도구 숙련 두 가지를 선택해 제공할 수 있습니다. 당신은 배경이 제공하는 장비 꾸러미를 사용하거나, 제5장에서 설명하는 것처럼 화폐를 사용해 장비를 구매할 수 있습니다. (돈으로 구매하는 방식을 따른다면 배경의 시작시 장비 꾸러미는 얻을 수 없습니다.) 마지막으로, 인격 특성 두 가지와 이상, 유대, 단점을 각각 하나씩 선택합니다. 만약 당신이 원하는 배경에 알맞은 요소를 찾지 못했다면, DM과 의논해 새로운 요소를 만들 수도 있습니다.

군인 SOLDIER

당신이 기억하는 한, 당신은 항상 전쟁터 한복판에 있었습니다. 당신은 어릴 때부터 여러 무기와 갑옷의 사용법을 배웠고, 기본적인 생존 기술과 전장에서 살아남는 법을 익혔습니다. 어쩌면 당신은 정규군의 일원이었을 수도 있고, 얼마 전 일어났던 전쟁에서 용맹을 떨친 지역 민병대나 용병단의 구성원이었을 수도 있습니다.

당신이 이 배경을 선택할 때, DM과 상의하여 당신이 몸담았던 군대 조직이 무엇이었는지, 그 조직 내에서 당신의 지위는 어떤 것이었는지, 어디까지 진급했는지, 군 경력 동안 어떤 경험을 쌓아왔는지 등을 정할 수 있습니다. 당신은 정규군이었습니까? 아니면 마을 경비대나 촌락의 민병대였습니까? 어쩌면 당신은 귀족이나 길드의 사병이었을 수도 있고, 용병단 출신일 수도 있습니다.

기술 숙련: 운동, 위협
도구 숙련: 게임 세트 중 하나. 탈것(지상)
장비: 계급장, 쓰러트린 적에게서 빼앗은 기념품(단검, 부러진 칼날, 깃발 조각), 뼈 주사위나 카드패 한 벌, 평범한 옷 한 벌, 10gp가 들어 있는 벨트 주머니)

전문 병과

군인으로 지내던 동안, 당신은 군대에서 특별한 역할을 수행했을 것입니다. d8을 굴리거나 아래 표에서 당신이 맡았던 역할을 결정하도록 합니다.

d8	전문화	d8	전문화
1	장교	6	보급관
2	척후병	7	기수
3	보병	8	지원병(요리사, 대장장이 등등)
4	기병		
5	치유사		

배경 요소: 군대의 계급 MILITARY RANK

당신은 군인 경력 동안 군대 내에서 계급을 지니고 있었습니다. 과거 당신이 속했던 군대 조직에 속한 병사들은 당신의 권위와 영향력을 인정할 것이며, 더 낮은 계급에 속한 이들은 당신에게 경의를 표할 것입니다. 당신은 계급을 이용해 군인들에게 영향력을 행사하거나, 단순한 장비 혹은 잠깐 쓰고 돌려줄 말 등등을 보급품으로 지급받을 수 있습니다. 또한, 당신은 계급으로 영향력을 행사할 수 있는 우호적인 군대 야영지나 요새에 출입할 수 있습니다.

개성 제안

전쟁의 공포와 엄격한 군대의 규율은 군인들의 마음에 흔적을 남깁니다. 이 경험은 그들의 이상을 바꾸고 강한 유대를 만들며, 때로는 공포나 부끄러움, 증오 등의 흉터를 남기기도 합니다.

d8	인격 특성
1	나는 언제나 친절하고 예의 바르다.
2	나는 전쟁의 기억으로 고통받고 있다. 나는 그 폭력의 모습들을 떨쳐 버릴 수 없다.
3	나는 너무 많은 친구를 잃었다. 그래서 친구를 새로 사귈 때는 주저하게 된다.
4	나는 군대 경험을 통해서 대부분의 전투 상황에 대응할 수 있는 주의사항과 기이한 이야기를 수도 없이 들어왔다.
5	나는 눈도 깜빡 않고 헬 하운드와 눈싸움을 벌일 수 있다.
6	나는 단단해 보이는 것이나 물건을 부수는 것이 즐겁다.
7	나는 유머 감각이 부족하다.
8	나는 문제에 즉각적으로 대처한다. 단순하고 직접적인 방법이야말로 가장 훌륭한 해결책이다.

d6	이상
1	**대의.** 우리는 다른 이들의 생명을 지키기 위해 우리의 생명을 던진다. (선)
2	**책임.** 나는 반드시 해야 할 일을 하고 정당한 권리에 복종한다. (질서)
3	**독립.** 사람들이 명령에 맹목적으로 따를 때, 그들은 폭정에 길들여지는 것이다. (혼돈)
4	**힘.** 삶은 전쟁이고, 더 강한 자가 승리한다. (악)
5	**살리면서 살아가기.** 이상에는 서로 죽고 죽이거나 전쟁을 벌일 만큼의 가치가 없다. (중립)
6	**국가.** 나의 도시, 나의 나라, 그리고 내 민족이야말로 가장 중요한 것이다. (무관)

d6 유대

1	나는 지금도 내 민족을 위해 목숨을 바칠 수 있다.
2	누군가 전장에서 내 목숨을 구해 주었다. 그 이후, 나는 결코 친구를 뒤에 남기고 떠나지 않는다.
3	내 명예는 나의 생명.
4	나는 내 부대가 겪었던 괴멸적 타격이나, 그때 상대한 적을 절대 잊지 않을 것이다.
5	나는 함께 싸우는 이들을 위해서라면 목숨을 바칠 수 있다.
6	나는 스스로 싸움에 나서지 못하는 이들을 위해 싸운다.

d6 단점

1	전장에서 마주치는 괴물 같은 적들은 아직도 나를 공포에 몸서리치게 만든다.
2	나는 스스로 전사임을 입증하지 못한 사람은 존중하지 않는다.
3	나는 전투에서 수많은 목숨을 잃어버리게 한 끔찍한 실수를 저질렀다. 그리고 그 실수를 감추기 위해서라면 무슨 짓이라도 저지를 것이다.
4	나는 적들에게 맹목적이고 비이성적인 증오를 품고 있다.
5	나는 그것이 아무리 끔찍한 악법이더라도 법에 복종한다.
6	나는 나 자신의 실수를 인정하느니 차라리 내 갑옷을 씹어먹고 말겠다.

귀족 NOBLE

당신은 부와 권력, 특권이 어떤 것인지 이해하고 있습니다. 당신은 귀족의 작위를 지니고 있으며, 당신의 가문은 영지를 소유하고 세금을 거두며 중요한 정치적 영향력을 지니고 있습니다. 당신은 허드렛일이나 불편 따위와는 아무 상관 없는 귀족적인 삶을 살아왔을 수도 있고, 갓 귀족이 된 부유한 상인일 수도 있으며, 가문에서 버려지고도 아직 현실을 인정하지 못하고 특권 의식에 젖은 망나니일 수도 있습니다. 어쩌면 당신은 영지의 백성을 지켜야 한다는 의무감과 자비심을 지닌, 정직하고 성실한 영주일 수도 있습니다.

DM과 상의하여 당신이 지닌 작위를 정하고, 그 작위에 실린 권위가 얼마나 큰 것인지도 결정하십시오. 귀족의 작위는 당신 한 명에게 주어지는 것이 아니며, 가문 전체에 그에 따른 책임이 달려 있습니다. 당신은 이후 자기 작위를 자녀에게 물려주게 될 것입니다. 따라서, 당신은 그저 작위만 결정할 것이 아니라 DM과 함께 당신의 가문을 정하고 가문에서 어떤 영향을 받았는지도 상의해야만 합니다.

당신의 가문은 전통 있는 명가입니까? 아니면 최근에 작위를 하사받은 가문입니까? 당신의 가문은 얼마나 큰 영향력을 지니고 있으며, 어떤 곳을 영지로 가지고 있습니까? 해당 지역의 다른 귀족이나 명사들 사이에서 가문의 명성은 어떻게 알려져 있습니까? 평민들은 당신의 가문을 어떻게 바라보고 있습니까?

가문 내에서 당신의 위치는 어떻습니까? 가문의 수장이나 상속자입니까? 이미 작위를 물려받았습니까? 작위에 따르는 책임감에 대해 어떻게 생각하고 있습니까? 혹은 계승 순위가 너무 낮아서, 특별히 가문에 먹칠하지 않는 한 아무도 당신에게 관심을 가지지 않습니까? 가문의 수장은 당신의 모험자 경력에 대해 어떻게 생각하고 있습니까? 당신은 가문의 자랑거리입니까? 아니면 가문의 수치입니까?

당신의 가문에는 문장이 있습니까? 당신은 가문의 문장이 새겨진 옷이나 반지를 지니고 있습니까? 당신이 언제나 몸에 걸친 특별한 색깔이 있습니까? 가문의 혈통을 상징하거나 영적인 수호자로 여겨지는 특별한 동물이 있습니까?

이러한 세부사항들은 당신의 가문과 작위가 캠페인 세계 내에서 어떻게 자리하고 있는지 알려줄 것입니다.

기술 숙련: 역사학, 설득
도구 숙련: 게임 도구 하나
언어: 선택한 언어 한 가지
장비: 고급 옷 한 벌, 문장 반지, 가계도 두루마리 하나, 25gp가 들어 있는 주머니

배경 요소: 특권 지위 POSITION OF PRIVILEGE

귀족으로 태어난 덕에, 사람들은 당신에게 최고의 대접을 해야 한다고 생각합니다. 당신은 상류 사회에서 환영을 받을 수 있고, 어디에 있든 무례하다고 여겨지지 않을 것입니다. 평민들은 당신을 대접할 때 최선을 다하고 당신이 불편하지 않도록 할 것이며, 귀족 계급에 속하는 다른 이들은 당신 역시 같은 계급의 일원으로 인정할 것입니다. 필요한 경우, 당신은 그 지역 귀족에게 청원을 할 수 있습니다.

개성 제안

귀족들은 다른 사람들이 결코 경험할 수 없는 생활수준을 경험하며 성장하고, 개성 역시 그러한 사실을 반영합니다. 귀족 작위는 수없이 많은 유대 관계를 가져옵니다. 가문에 대한 책임, 다른 귀족(특히 국왕)과의 관계, 가문이 보살펴야 하는 백성들, 심지어 작위 그 자체까지 유대의 대상이 될 수 있습니다. 하지만 때로는 이러한 책임감 때문에 귀족은 점점 쇠약해질 수도 있습니다.

d8 인격 특성

1	나의 우아한 칭찬을 받으면 모두 자기들이 세상에서 가장 대단하고 뛰어난 사람이 되었다고 생각하곤 한다.
2	나는 친절하고 관대해서 평민들의 사랑을 받는다.
3	나의 태도만 봐서는 그 누구도 내가 벼락출세했다는 사실을 짐작하지 못할 것이다.
4	나는 언제나 나를 꾸미는 데 최선을 다하고, 항상 최신 유행에 맞는 옷을 몸에 걸치고 있다.
5	나는 불결한 것을 참지 못한다. 싸구려 여관 따위에 묵을 바에야 죽는 게 낫다.
6	내가 귀족 가문에서 태어나긴 했지만, 나는 평민들과 다르지 않다. 우리 모두에게는 같은 피가 흐르고 있다.
7	나의 호의를 한번 잃어버리면, 다시는 되찾을 수 없다.
8	나에게 한 번이라도 해를 가한다면, 나는 상대를 철저하게 무너트리고, 명예를 빼앗은 후, 두 번 다시 일어날 수 없게 만들어 버린다.

d6 이상

1	**존경.** 나의 지위에는 당연히 존경이 따라온다. 하지만 사람이라면 누구나 존중받아야 마땅하다. (선)
2	**책임.** 나보다 높은 지위를 지닌 자에게는 경의를 표해야 한다. 마찬가지로 나보다 낮은 지위를 지닌 자는 나에게 경의를 표해야 할 것이다. (질서)
3	**독립.** 나는 가문의 도움 없이 스스로 자신을 보살필 수 있다는 것을 증명해야 한다. (혼돈)
4	**힘.** 내가 더 많은 권력을 얻는다면, 아무도 나에게 이래라저래라 하지 못할 것이다. (악)
5	**가문.** 피는 물보다 진하다. (무관)
6	**귀족의 의무.** 나의 백성들을 보살피고 보호하는 것은 나의 의무이다. (선)

d6 유대

1	나는 가문의 인정을 받기 위해서라면 어떠한 도전이라도 마다하지 않을 것이다.
2	내 가문이 맺고 있는 다른 귀족 가문과의 동맹은 어떤 대가를 치르더라도 반드시 지켜야만 한다.
3	우리 가문의 일원보다 중요한 것은 없다.
4	나는 내 가문이 적대시하는 다른 가문의 후계자와 사랑에 빠지고 말았다.
5	왕가에 대한 나의 충성은 절대적이다.
6	평민들은 나를 백성들의 영웅으로 대접해야 한다.

d6 단점

1	나는 속으로 모든 이를 내려다보고 있다.
2	나는 우리 가문을 영원히 망쳐 버릴 끔찍한 추문을 숨기고 있다.
3	나는 자신에 대한 협박이나 모욕이라면 아무리 작은 것이라도 분노를 참지 못한다.
4	나는 육체적 즐거움에 빠져 헤어나오질 못한다.
5	사실, 세상은 나를 중심으로 돌아가는 것이다.
6	나는 가끔 내 말과 행동 때문에 가문의 이름에 먹칠을 하곤 한다.

귀족 변형: 기사 Knight

기사는 대부분 귀족 계급 중 최하위로 여겨지곤 하지만, 더 높은 지위로 가는 길이 될 수도 있습니다. 만약 당신이 기사가 되고자 한다면, 당신은 특권 지위 대신 아래 나와 있는 하수인 배경 요소를 사용할 수 있습니다. 당신의 평민 하수인 중 하나는 (몬스터 매뉴얼 (Monster Manual)에 나와 있는) '귀족'의 게임 자료를 사용하는 종자로서 당신을 따를 것입니다. 이 종자는 기사가 되기 위해 당신에게 수련을 받고 있습니다. 나머지 두 하수인은 말을 관리하는 마부와 갑옷을 닦아주고 입혀주는 시종으로 설정할 수 있습니다.

당신은 기사도의 상징이나 궁정 연애의 이상을 담고 있는 물건을 자신의 소지품에 추가할 수 있습니다. 이는 다른 귀족 영주나 귀부인에게서 받은 손수건, 깃발 등이 포함됩니다. 어쩌면 이 물건을 준 사람이 바로 당신의 유대 대상일지도 모릅니다.

변형된 배경 요소: 하수인 Retainers

만약 당신의 캐릭터가 귀족 배경을 지니고 있다면, 특권 지위 대신 하수인 배경 요소를 선택할 수 있습니다.

당신에게는 가문에 충성하는 3명의 하수인이 따라다니며 봉사를 합니다. 이 하수인들은 단순한 하인이나 전령일 수도 있고, 그 중 한 명은 집사일 수도 있습니다. 당신의 하수인들은 평범한 일들을 수행할 수 있는 평민들이지만, 당신을 위해 전투에 뛰어들거나 던전 등 명백하게 위험한 지역에 따라나서지는 않을 것입니다. 또한 계속 위험한 상황에 처하거나 괴롭힘을 당하면 떠나버릴 수도 있습니다.

길드 직공 Guild Artisan

당신은 장인 길드의 일원입니다. 당신은 특정한 분야에 기술을 지니고, 다른 장인들과 밀접한 관계를 맺고 있습니다. 당신은 상업 세계에서 확고한 지위를 지니고 있으며, 봉건적 사회 질서의 속박에서 자유로울 수 있는 기술과 부를 지니고 있습니다. 당신은 장인 직공 아래에서 도제로 살아가며 기술을 배웠고, 스스로 대가의 자리에 오를 때까지 길드의 지원을 받을 수 있습니다.

기술 숙련: 통찰, 설득
도구 숙련: 장인의 도구 중 한 가지
언어: 선택한 언어 한 가지
장비: 장인의 도구 한 종류(선택에 따라). 길드에서 발행한 소개장, 여행자의 복장 한 벌, 15gp가 들어 있는 주머니

길드의 직종

길드는 대개 같은 직종에 속한 기술자가 여럿 존재하는 큰 도시에서만 볼 수 있습니다. 그러나 당신의 길드는 여러 마을에 흩어져 사는 장인들끼리 조직한 느슨한 연결망 형태일 수도 있습니다. 당신이 어떤 길드에 소속되어 있는지에 대해서 DM과 상의해 결정하십시오. 아래 길드 직종 표에서 원하는 직종을 고르거나, 주사위를 굴려 무작위로 선택할 수 있습니다.

d20 길드 직종

1	갑옷장인, 열쇠공, 금속세공사
2	나무조각가, 활 제작자, 관 제작자
3	대장장이, 단조공
4	도기 장인, 타일 제작자
5	땜장이, 백랍세공사
6	마차 제작자, 바퀴장인
7	목수, 공증인, 지붕제작자
8	무두장이, 가죽상인
9	방직공, 염색공
10	보석세공사, 보석상
11	서예가, 필사가, 서기
12	석공, 돌조각사
13	신발 제작자, 신발 수리상
14	연금술사와 약사
15	요리사, 제빵사
16	유리제작자, 창문청소꾼
17	조선공, 돛 제작자
18	주조사, 증류주 제조자, 포도주 장인
19	지도제작자, 측량기사, 해도제작자
20	화공, 그림복제사, 간판제작자

당신은 길드의 일원으로 적당한 재료만 주어진다면 그것으로 물건을 만들 수 있는 기술을 지니고 있습니다. (당신이 사용하는 장인 도구 숙련이 기술의 종류를 나타냅니다.) 또한 당신은 거래의 원칙들도 잘 이해하고 있으며, 장사 경험도 있습니다. 당신이 모험에 나서며 영업을 포기한 것인지, 아니면 모험과 장사를 둘 다 벌이고 있는지는 당신이 결정해야 할 문제입니다.

배경 요소: 길드의 일원 GUILD MEMBERSHIP

당신은 길드의 존경받는 구성원으로서 길드가 일원에 제공하는 혜택을 받을 수 있습니다. 같은 길드의 회원들은 당신이 필요로 하는 경우 잠자리와 음식을 제공할 것이며, 장례식에 찾아와 부조금도 낼 것입니다. 몇몇 도시나 마을에는 길드 회관이 있어서 길드의 일원들이 모일 수 있는 중심지가 되어주기도 합니다. 길드회관은 후원자나 동료, 고용인을 찾기에도 좋은 장소입니다.

때로는 길드가 강력한 정치력을 얻게 될 때도 있습니다. 만약 당신이 범죄 혐의를 받고 있다면, 길드는 당신의 무죄 혐의를 증명하기 위해 노력하고, 범죄가 정당화될 여지가 있다면 최선을 다해 당신을 지원해 줄 것입니다. 또한 당신은 길드를 통해 강력한 정치적 인사와의 만남을 주선받을 수도 있습니다. 이러한 연줄을 얻으려면 길드에 상당한 돈을 지불하거나 마법 물건을 제공해야 할 수도 있습니다.

당신은 매월 5gp 상당의 회원료를 길드에 지불해야 합니다. 만약 당신이 회원료를 지불하지 못했다면, 체납한 금액을 완납할 때까지 길드의 편의를 이용할 수 없게 됩니다.

개성 제안

길드 직공들은 세상 속 어디에나 있는 평범한 사람들입니다. 최소한 당신 역시 도구를 내려두고 모험에 나서기 전까지는 그러했습니다. 그들은 열심히 일하는 노동의 가치와 공동체의 중요성을 잘 이해하고 있지만, 탐욕과 물욕이라는 약점 또한 지니고 있습니다.

d8	인격 특성
1	나는 무엇이든 시작한 일은 최선을 다해 제대로 해야 한다고 생각하는 완벽주의자이다.
2	나는 훌륭한 기예의 가치에 감사할 줄 모르는 사람들을 얕잡아보는 속물이다.
3	나는 항상 사물이 어떻게 움직이는지, 무엇이 사람들을 움직이는지 알고 싶어 한다.
4	나는 기회가 있을 때마다 경구나 속담을 입에 달고 산다.
5	나는 근면함과 공정함에 무관심한 자들을 경멸한다.
6	내 직업에 대한 일이라면 나는 항상 말이 길어진다.
7	나는 돈을 쉽게 쓰지 못하며 항상 더 좋은 거래를 하기 위해 지치지 않고 흥정을 하곤 한다.
8	나는 뛰어난 실력으로 인정받고 있고, 모두에게 칭찬받고 싶다. 내 이야기를 들어본 적 없다는 사람과 만나면 당황하게 된다.

d6	이상
1	**공동체.** 공동체의 유대를 강화하고 문명의 안전을 도모하는 것은 모든 문명인의 의무이다. (질서)
2	**관대함.** 내게 주어진 재능은 세상 모든 사람을 이롭게 하는 방향으로 쓰여야 한다. (선)
3	**자유.** 모든 사람은 스스로의 목적을 위해 일할 수 있는 자유가 있어야 한다. (혼돈)
4	**탐욕.** 나는 오직 돈을 위해 일한다. (악)
5	**사람들.** 나에게 중요한 것은 명분 따위가 아니라 내가 아끼는 사람들이다. (중립)
6	**포부.** 나는 내 길에서 최고가 되기 위해 열심히 일하고 있다. (무관)

d6	유대
1	내가 일을 배운 공방은 나에게 가장 소중한 곳이다.
2	나는 과거 의뢰인을 위해 걸작을 만들었지만, 의뢰인은 내 작품을 받을 자격이 없었다. 나는 아직 그만한 가치를 지닌 사람을 찾고 있다.
3	나는 지금의 나를 만들어 준 길드에 크나큰 은혜를 느끼고 있다.
4	나는 누군가의 사랑을 얻기 위해 재산을 쌓고 있다.
5	언젠가 나는 길드로 돌아가 내가 가장 위대한 장인이라는 것을 입증해 보이고 말겠다.
6	나는 나의 작업장을 파괴하고 나의 인생을 망친 악의 세력에게 반드시 복수하고야 말 것이다.

d6	단점
1	나는 비싸고 귀중한 물건을 얻기 위해서라면 무슨 일이든 할 수 있다.
2	나는 누군가가 나를 속이고 있다고 생각하곤 한다.
3	내가 길드 창고에서 돈을 훔친 적이 있다는 사실을 알고 있는 사람은 아직 아무도 없다.
4	나는 내가 가진 것에 만족해 본 적이 없다. 나는 언제나 더 많은 것을 원한다.
5	귀족 작위를 얻기 위해서라면 사람이라도 죽일 수 있다.
6	나는 나보다 기술이 뛰어난 사람에게 무시무시한 질투를 품고 있다. 세상은 경쟁자투성이이다.

길드 직공 변형: 길드 상인 GUILD MERCHANT

당신은 장인 길드가 아니라 상인, 상단 운영자, 상점 주인 등의 길드에 속해 있습니다. 당신은 스스로 물건을 만들지 않지만, 다른 사람들에게 물건을 사고 팔며 돈을 벌었습니다. (어쩌면 장인들에게 원자재를 공급했을지도 모릅니다.) 어쩌면 당신의 길드는 거대한 상인 연합제나 하나의 가문일 수도 있으며, 지역 전체의 사업을 주관하고 있을 것입니다. 어쩌면 당신은 물건을 운송하는 일을 하고 있었을지도 모릅니다. 배나 마차, 혹은 상단을 통해 무역을 하거나, 당신이 운영하는 상점에서 판매일을 했을 수도 있습니다. 어쨌든 행상인의 삶은 장인이나 직공의 삶보다 모험에 마주할 가능성이 더 큽니다.

당신은 장인의 도구 대신 항해사의 도구에 대한 숙련을 얻거나 다른 언어 하나를 더 배울 수 있습니다. 또한 장인의 도구 대신 노새와 마차를 가지고 게임을 시작할 수 있습니다.

범죄자 CRIMINAL

경험 많은 범죄자인 당신은 오랫동안 법을 어기며 살았습니다. 당신은 다른 범죄자들과 부대끼며 많은 시간을 보냈고, 여전히 범죄 세계에 많은 연줄을 지니고 있습니다. 당신은 보통 사람들보다 살인, 강도, 폭력의 세계에 훨씬 가까이 있으며, 문명의 더러운 구석을 많이 보고 살아왔습니다. 당신이 여태껏 살아남을 수 있었던 것은 사회와 법의 허점을 잘 이용할 수 있었기 때문입니다.

기술 숙련: 기만, 은신
도구 숙련: 게임 세트 하나, 도둑 도구
장비: 쇠지렛대, 후드가 붙어 있는 어두운색의 보통 옷 한 벌, 15gp가 들어 있는 벨트 주머니

범죄 전문분야

범죄에도 다양한 분야가 있으며, 도둑 길드나 비슷한 조직 역시 저마다 독특한 장기 분야가 있습니다. 심지어 조직에 속하지 않고 일하는 범죄자들조차 자기 특기 분야에 더 능숙한 모습을 보이곤 합니다. 당신이 어떤 분야의 범죄를 장기로 삼았었는지 확인하려면 아래 표에서 직접 정하거나 주사위를 굴려 결정하십시오.

d8	전문화	d8	전문화
1	협박	5	강도
2	도둑질	6	살인 청부
3	폭력	7	소매치기
4	장물거래	8	밀수

배경 요소: 범죄 연줄 CRIMINAL CONTACT

당신은 범죄자들 사이에 믿을만한 연줄이 있습니다. 당신은 그 연줄에게 어떻게 연락을 취해야 하는지 알고 있으며, 필요하다면 먼 거리에서도 연락할 수 있습니다. 당신은 특히 그 지역의 전령이나 타락한 상단 운영자, 수상한 선원들을 통해 당신이 원하는 소식을 전하는 법을 잘 알고 있습니다.

개성 제안

범죄자는 다른 악당들과 별반 차이가 없어 보이며, 실제로 많은 범죄자가 악당이기도 합니다. 하지만 개중 일부는 나름대로 인망을 얻고 있습니다. 또한 자신의 악행에 대해 속죄하고 오히려 선을 행하려는 이들도 있습니다. 도적들 사이에도 명예가 있긴 하지만, 일반적인 사회나 법의 권력에는 존중을 보이지 않습니다.

d8	인격 특성
1	나는 언제나 뭔가 잘못되었을 때를 대비한 계획을 세운다.
2	나는 상황이 어떻게 돌아가든 언제나 조용하다. 나는 절대 목소리를 높이거나 감정에 지배당하지 않는다.
3	새로운 곳에 들어서면 나는 언제나 값나가는 것을 찾곤 한다. 그런 것이 숨겨져 있을 법한 장소도 마찬가지다.
4	새 적을 만드느니 새 친구를 만드는 게 낫다.
5	나는 정말로 믿음을 쉽게 주지 않는다. 가장 공정해 보이는 놈이 가장 숨기는 게 많은 법이다.
6	상황이 얼마나 위험한지는 신경 쓰지 않는다. 확률 따위 알게 뭐람.
7	나한테 무슨 일을 시키는 가장 좋은 방법은 내가 절대 그 일을 할 수 없을 거라고 말하는 거다.
8	나는 아주 가벼운 모욕에도 쉽게 이성을 잃는다.

d6	이상
1	**명예.** 나는 우리 업계 사람에게서는 절대 훔치지 않는다. (질서)
2	**자유.** 모든 속박은 풀려야 하고, 속박을 만든 사람 역시 쓰러져야 한다. (혼돈)
3	**자선.** 나는 부자들에게서 훔쳐 가난한 사람들을 도와준다. (선)
4	**탐욕.** 나는 부자가 되기 위해서라면 무엇이든지 하겠다. (악)
5	**사람들.** 나는 이상이 아니라 친구들에게 헌신을 바친다. 소중한 사람들이 아니라면 누가 스틱스 강을 건너든 신경 쓰지 않을 것이다. (중립)
6	**속죄.** 누구나 마음속 선의 불길은 남아 있다. (선)

d6	유대
1	나는 예전 은인에게 진 오래된 빚을 꼭 갚으려 한다.
2	나는 더러운 짓을 해서라도 가족을 부양해야 한다.
3	누군가 나의 소중한 것을 빼앗아갔다. 그리고 나는 그걸 도로 훔쳐 오려고 한다.
4	나는 언젠가 세상에서 가장 위대한 도둑이 될 것이다.
5	나는 끔찍한 범죄를 저질렀다. 가능하다면 속죄하고 싶다.
6	내가 사랑하는 누군가가 나의 실수로 인해 목숨을 잃었다. 그런 일이 다시 일어나서는 안 된다.

d6 단점

d6	단점
1	값나가는 물건을 보면, 저걸 어떻게 훔쳐야 좋을까만 생각하게 된다.
2	돈과 친구 중 하나를 선택해야 한다면, 아마 돈을 선택할 것이다.
3	계획이 있어도 대체로 까먹는다. 까먹지 않는다고 해도 대체로 무시한다.
4	내가 거짓말을 할 때마다 반드시 보이는 버릇이 있다.
5	나는 뭔가 안 좋게 돌아간다 싶으면 바로 도망간다.
6	내가 저지른 죄 때문에 무고한 사람이 누명을 쓰고 감옥에 갔지만, 나는 별로 신경 쓰지 않는다.

범죄자 변형: 첩자 SPY

당신이 하는 일은 도둑이나 밀수꾼과 크게 다르지 않아 보이지만, 사실 핵심적인 부분에서 큰 차이가 있습니다. 당신은 첩보 요원입니다. 당신은 국왕의 명령을 받고 일하는 밀정일 수도 있으며, 더 비싼 값을 부르는 사람이라면 누구에게나 당신이 발견한 비밀을 팔아치우는 정보상일 수도 있습니다.

복사 ACOLYTE

당신은 특정한 신이나 여러 신을 모시는 신전에서 봉사하는 삶을 살아왔습니다. 당신은 신들의 거처와 보통 사람들의 세상을 이어주는 다리로, 성스러운 의식을 행하고 제물을 바쳐 신자들에게 신의 존재를 느끼게 해 줍니다. 당신이 꼭 클레릭이어야 할 필요는 없습니다. 신성한 의식을 거행한다고 해서 꼭 당신이 신성한 힘을 사용할 수 있는 것은 아닙니다.

당신이 모시던 신이나 만신전, 혹은 다른 신적 존재를 선택하십시오. 신앙의 대상은 부록B에 수록된 목록 중에서 고르거나, DM과 상담하여 결정할 수 있습니다. DM은 당신이 신전에서 어떤 업무에 종사하고 있었는지에 대해서도 상담해 줄 것입니다. 신전의 하부 기관에 종사하며 어린 시절부터 사제들과 함께 자랐습니까? 아니면 당신은 대사제였는데 어느 날 신의 부름을 듣고 아예 다른 길을 가기로 한 것입니까? 어쩌면 당신은 정식 교단에 속하지 않은 작은 교파의 지도자였을 수도 있습니다. 아니면 당신은 부인하겠지만, 과거 당신이 몸담았던 교단이 사실 악마를 섬기던 사교도들의 집단이었을 수도 있습니다.

기술숙련: 통찰, 종교학

언어: 선택한 언어 두 가지.

장비: 성표 (사제로 재직할 당시에 선물 받은 것입니다.), 기도서나 기도용 바퀴, 향 막대 5개, 사제복, 평범한 옷 한 벌, 15gp가 들어 있는 벨트 주머니

배경 요소: 신도의 안식처 SHELTER OF THE FAITHFUL

당신은 복사로서 같은 신앙을 따르는 자들에게 존경을 받으며, 당신의 신을 위한 종교적 의식을 거행할 수 있습니다. 당신과 모험자동료들은 당신의 신앙을 인정하는 신전이나 사원, 기타 다른 종교 시설을 통해 휴식을 취하거나 치료를 받을 수 있습니다. 단, 주문에 필요한 물질 구성요소 비용은 당신이 지불해야 합니다. 또한 같은 종교의 신도들은 당신이 평범한 생활수준을 영위할 수 있도록 도와줄 것입니다. (모험자 동료들까지 지원해 주지는 않습니다.)

또한 당신은 자신이 선택한 신이나 만신전의 교단과 연줄을 지니고 있으며, 신전 내에 자신의 거처를 가지고 있습니다. 당신이 과거 성직을 수행하던 신전과 여전히 좋은 관계를 유지하고 있다면, 그 신전에 거처가 있을 것입니다. 아니면 당신이 새로운 집으로 여기는 새 신전에 보금자리가 있을 수도 있습니다. 거처를 둔 신전 근처에 있을 때, 당신은 사제들에게 도움을 요청할 수 있습니다. 그러나 이 도움은 위험하지 않은 것이어야 하며, 교단과 좋은 관계를 유지하고 있어야 합니다.

개성 제안

복사들은 신전이나 다른 종교 시설에서 경험을 쌓았습니다. 그들은 신앙의 역사와 교리를 공부하며, 신전이나 사원 교단 조직과의 관계로 인해 버릇과 이상에 영향을 받습니다. 이들의 단점은 위선적이거나 이단적인 생각일 수도 있고, 이상이나 유대가 너무 극단적으로 변해 단점이 되기도 합니다.

d8 인격 특성

d8	인격 특성
1	나는 우리 교단의 한 영웅을 우상화하고 있으며, 언제나 그의 행적을 본보기 삼아 행동하려 한다.
2	나는 서로를 원수로 여기는 적들 사이에서도 공통점을 찾으려 하고, 서로 공감하며 평화를 위해 일하려고 한다.
3	나는 모든 사건과 행동에서 징조를 읽는다. 신들은 우리에게 말씀하고 계시니, 우리는 듣기만 하면 된다.
4	내 낙천적인 생각은 그 무엇으로도 바꿀 수 없다.
5	나는 거의 모든 상황에 성스러운 문구나 속담을 인용하고, 때로는 잘못 인용하기도 한다.
6	나는 다른 교단에 관용적(배타적)이며, 다른 신들에 대한 신앙을 존중(비난)한다.
7	나는 훌륭한 음식과 음료를 즐기며, 우리 교단의 고위층으로 상류사회의 생활을 누려왔다. 거친 삶은 나를 불쾌하게 만든다.
8	나는 신전에서 너무 오래 살았기 때문에 바깥세상의 사람들을 대할 때 곤란함을 겪곤 한다.

d6 이상

d6	이상
1	**전통.** 신앙과 희생의 고대 전통은 반드시 보존되고 지켜져야 한다. (질서)
2	**자선.** 내가 치러야 할 대가가 무엇이든, 나는 언제나 어려운 사람을 도우려 한다. (선)
3	**변화.** 신들은 세상에 변화를 주려 하시니, 우리는 그것을 도와야만 한다. (혼돈)
4	**권력.** 나는 언젠가 내 교단에서 최고의 자리에 서려 한다. (질서)
5	**신앙.** 나는 내가 믿는 신이 우리를 이끌어 주시리라 믿는다. 내가 열심히 신을 섬긴다면, 모든 것이 잘 풀릴 것이다. (질서)
6	**야망.** 나는 신의 가르침을 충실히 따라서 나 자신이 신의 은총을 받을 자격이 있다는 걸 증명하고자 한다. (무관)

d6 유대

d6	유대
1	나는 우리 교단이 오래전 잃어버린 고대의 성물을 되찾는 일에 목숨을 걸었다.
2	나는 언젠가 나에게 이단이라는 낙인을 찍은 타락한 교단의 상층부에 복수할 것이다.
3	나는 부모님이 돌아가셨을 때 나를 거두어 준 사제에게 목숨의 빚을 졌다.
4	내가 하는 모든 일은 보통 사람들을 위한 것이다.
5	나는 신전을 지키기 위해서라면 무슨 일이든 할 것이다.
6	나의 적들은 어떤 성스러운 문서를 이단이라고 생각하며 파괴하려 한다. 나는 반드시 그 문서를 지킬 것이다.

d6	단점
1	나는 남에게 엄격하고, 자신에게는 더 엄격하다.
2	나는 교단의 상층부를 맹목적으로 신뢰하고 있다.
3	나는 독실한 신앙 때문에 같은 교단 사람들은 한 번도 의심해 본 적이 없다.
4	나는 생각이 경직되어 있다.
5	나는 이방인을 의심하며, 항상 최악의 경우를 상상한다.
6	내가 한번 목표를 정하면, 나는 그 목표에 너무 집착해서 삶의 다른 부분은 머릿속에서 지워버리고 만다.

부랑아 URCHIN

당신은 가난한 고아로서, 홀로 거리에서 자랐습니다. 당신은 돌봐주는 이나 지켜주는 이 없이 홀로 지내왔기에, 무엇이든 당신 스스로 해야만 했습니다. 당신은 음식을 얻기 위해 치열하게 싸워야 했고, 무언가 훔치려는 이들을 항상 경계하며 살아야 했습니다. 당신은 지붕과 골목길에서 잠을 잤고, 추위와 더위에 괴로워했습니다. 약이나 쉴 곳도 없이 병에 걸려도 아픈 것을 참아야 했습니다. 당신은 그 모든 상황에도 불구하고 살아남았고, 그 과정에서 교활함과 힘, 재빠름을 모두 갖추게 되었습니다.

당신은 최소 열흘 정도 평범하게 지낼 돈을 모아 모험자로서의 경력을 시작했습니다. 그 돈은 어떻게 얻게 된 것입니까? 당신은 어떻게 이 곤경을 빠져나와 더 나은 생활을 꿈꾸게 된 것입니까?

기술 숙련: 손속임, 은신
도구 숙련: 변장 키트, 도둑 도구
장비: 작은 나이프, 당신이 자란 도시의 지도, 애완용 쥐, 당신의 부모가 남겨준 물건, 평범한 옷 한 벌, 10gp가 들어 있는 벨트 주머니

배경 요소: 도시의 비밀 CITY SECRETS

당신은 도시의 비밀스러운 특징이나 지름길 등을 잘 알고 있습니다. 전투 상황이 아닐 때 당신과 동료들은 도시 내에서 일반적인 속도의 2배로 이동할 수 있습니다.

개성 제안

부랑아들은 좋은 의미로든 나쁜 의미로든 절망적인 가난 속에서 살아왔습니다. 그들을 움직이는 것은 거리에서 같이 살아온 사람들에게 가지는 동료의식, 조금이라도 더 나은 삶을 살겠다는 불타는 욕망, 그리고 어쩌면 자신들을 나쁘게 대한 부자들에게 언젠가 앙갚음을 하고야 말겠다는 결심 등입니다.

d8	인격 특성
1	나는 음식이나 잡동사니 등을 항상 주머니에 넣고 다닌다.
2	나는 질문을 아주 많이 한다.
3	나는 아무도 나를 붙잡을 수 없는 좁은 장소에 웅크리고 들어가는 걸 좋아한다.
4	나는 벽이나 나무에 등을 붙이고, 내가 가진 모든 것을 돌돌 말아 품에 껴안고 잠든다.
5	나는 돼지처럼 먹으며 식사 예절이 엉망이다.
6	나는 나에게 잘해주는 사람이면 누구나 나쁜 의도를 숨기고 있다고 생각한다.
7	나는 목욕하는 것을 싫어한다.
8	나는 다른 사람들이 숨기거나 넌지시 말하는 것을 그냥 대놓고 뻔뻔하게 말하곤 한다.

d6	이상
1	**존중.** 부자든 가난하든, 모든 사람은 존중받아야 한다. (선)
2	**공동체.** 우리는 서로 돕고 살아야 한다. 다른 사람들은 그렇게 해줄 리가 없기 때문이다. (질서)
3	**변화.** 빈민은 올라서야 하고. 잘나고 높으신 분들은 몰락해야 한다. 변화는 자연의 섭리다. (혼돈)
4	**보복.** 부자들에게도 밑바닥에서의 삶과 죽음이 어떤 것인지 보여줄 필요가 있다. (악)
5	**사람들.** 나는 나를 도와준 사람들을 돕는다. 그게 우리를 살아남게 만드는 비결이다. (중립)
6	**야망.** 나는 더 나은 삶을 살만한 가치가 있다는 것을 증명하고야 말겠다.

d6	유대
1	내 마을이나 도시는 내 집이다. 나는 집을 지키기 위해서 싸운다.
2	나는 내가 겪은 것을 겪게 하지 않기 위해 고아 하나를 맡아 키우고 있다.
3	나는 거리에서 살아남는 법을 가르쳐 준 다른 부랑아에게 목숨의 빚을 지고 있다.
4	나는 나를 불쌍하게 봐주었던 사람에게 갚지 못할 큰 빚을 졌다.
5	나는 어떤 중요한 인물에게서 도둑질해 가난한 삶에서 벗어났으며, 그것 때문에 아직도 수배 중이다.
6	누구도 내가 살아온 것처럼 힘든 삶을 살아서는 안 된다.

d6	단점
1	수적으로 불리해지면 나는 즉시 싸움에서 도망친다.
2	금 한 조각도 나에겐 엄청난 돈처럼 느껴진다. 더 많은 금을 얻기 위해서라면 나는 무엇이든 할 것이다.
3	나는 나 자신 말고는 아무도 완전히 믿지 않는다.
4	나는 공정한 결투를 벌이기보다는 잠자는 이를 죽이는 편을 택할 것이다.
5	다른 누군가보다 내가 더 필요한 물건을 가져가는 건 훔치는 게 아니다.
6	자신을 돌보지 못하는 사람들은 그들의 것을 누릴 자격이 없다.

사기꾼 CHARLATAN

당신은 언제나 사람들의 마음을 사로잡는 방법을 알고 있었습니다. 당신은 어떻게 해야 사람들이 화를 내는지 알았고, 몇 분 정도만 이야기를 나누면 사람들이 마음속에 품고 있는 욕망을 끌어낼 수 있었습니다. 당신은 몇 가지 물어보기만 하면 사람들의 생각을 아이들의 책처럼 펼쳐 볼 수 있었습니다. 당신은 자신의 이익을 위해 이 유용한 재능을 마음껏 이용해 왔습니다.

당신은 사람들이 무엇을 원하는지, 어떤 이야기를 듣고 싶어 하는지 당신이 무엇을 주겠다고 약속하면 속여 넘길 수 있는지 알고 있습니다. 상식이 있는 사람이라면 너무 달콤한 이야기를 의심하는 법이지만, 당신이 앞에 있으면 상식을 유지하는 것조차 여간 어려운 일이 아닙니다. 핑크색 액체가 들어 있는 이 병만 있으면 부스럼이 깨끗하게 낫는다느니, 지방 약간과 이 은가루만 있으면 젊음과 활력을 되찾을 수 있다느니, 이 도시의 강 위에 놓인 다리가 곧 팔릴 것 같다느니 하는 이야기가 당신 입에서 술술 흘러나옵니다. 이 놀라운 이야기들은 쉽게 믿기 힘들지만, 당신에게는 이 이야기들을 진짜처럼 들리게 만드는 재능이 있습니다.

기술 숙련: 기만, 손속임
도구 숙련: 변장 키트, 위조 키트
장비: 고급 옷 한 벌, 변장 키트, 사기를 치기 위한 도구(색색들이 액체가 들어 있는 병, 무게가 조작된 주사위, 표시된 카드 한 벌, 상상 속 공작의 인장 반지 등). 15gp가 들어 있는 벨트 주머니

사기 특기

모든 사기꾼에게는 저마다 가장 잘하는 낚시법이 있어서, 다른 수법들보다 자주 사용하곤 합니다. 아래 표에서 특기인 사기 분야를 선택하거나, 주사위를 굴려 무작위로 결정하십시오.

d6	사기
1	나는 도박 사기를 잘 친다.
2	나는 위조문서나 동전 위조를 잘한다.
3	나는 다른 사람들의 약점을 찔러서 재산을 가로챈다.
4	나는 옷을 갈아입는 것처럼 신분을 위조할 수 있다.
5	나는 길거리 구석에서 소매치기하곤 한다.
6	나는 사람들에게 잡동사니에 비싼 가치가 있다고 속여 팔아치우곤 한다.

배경 요소: 신분 위조 FALSE IDENTITY

당신에게는 문서와 증명서, 변장 따위가 모두 갖추어진 두 번째 신분이 있습니다. 또한, 당신은 공식 서류나 개인 편지 따위의 문서를 위조할 수 있습니다. 단, 이렇게 위조하려면 복사의 견본이 되는 문서나 손글씨가 있어야 합니다.

개성 제안

사기꾼은 생기 넘치고 매력적인 인물로, 스스로 만든 가면 뒤에 자신들의 본심을 숨기고 있습니다. 그들은 상대가 보고 싶은 것을 보여주고, 믿고 싶은 것을 믿게 하며, 사람들이 세상을 보는 방식을 연구합니다. 하지만 그들의 진짜 본성은 가끔 양심의 가책이나 오래된 적, 신뢰의 문제 때문에 큰 괴로움을 겪곤 합니다.

d8	인격 특성
1	나는 쉽게 사랑에 빠지고 쉽게 질리며, 항상 누군가를 쫓고 있다.
2	나는 언제든 농담을 달고 산다. 농담이 부적절한 순간일수록 더 농담을 꺼내고 싶다.
3	남에게 무엇인가 원하는 게 있을 때는 칭찬으로 속여 넘기곤 한다.
4	나는 큰 건수가 있다면 얼마나 위험하든 아랑곳하지 않는 타고난 도박사다.
5	나는 항상 거짓말을 한다. 마땅한 이유가 없을 때라도 저절로 입에서 거짓말이 나온다.
6	나는 조롱과 모욕을 즐겨 사용한다.
7	나는 수많은 성표를 들고 다니며, 때와 장소에 따라서 필요한 신의 이름으로 기도나 맹세를 한다.
8	나는 무언가 값나가는 게 보이면 주머니에 집어넣는다.

d6	이상
1	**독립.** 나는 자유롭다. 누구도 나에게 명령할 수 없다. (혼돈)
2	**공정.** 나는 동전 몇 푼에 생계가 걸려 있는 사람들에게는 절대로 사기를 치지 않는다. (질서)
3	**자선.** 나는 내가 얻은 돈을 진짜 필요한 사람들에게 나누어 준다. (선)
4	**창조성.** 나는 같은 사기를 절대 두 번 치지 않는다. (혼돈)
5	**우정.** 물질적인 것은 왔다가 떠나는 법. 우정의 유대만이 영원하다. (선)
6	**야망.** 나는 반드시 스스로 뭔가 이루어 낼 것이다. (무관)

d6	유대
1	나는 절대 건드리면 안 될 사람을 건드리고 말았다. 그가 나나 내가 아끼는 이들에게 해를 끼치기 전에 어떻게든 해야만 한다.
2	나는 스승에게 모든 것을 빚지고 있다. 내 스승은 끔찍한 인간이고 어딘가 감방에 들어가 있겠지만 말이다.
3	저기 어딘가에 나를 만난 적도 없는 내 아이가 있다. 나는 그 아이가 조금이라도 나은 세상에서 살길 바란다.
4	나는 본래 귀족 가문 출신이다. 언젠가 나는 내 영지와 작위를 훔쳐 간 자에게서 그걸 되찾고야 말겠다.
5	내가 사랑하는 누군가가 권력자에게 살해당했다. 언젠가 나는 복수하고야 말 것이다.
6	그런 꼴을 당할 사람이 아니었는데도 나는 어떤 사람을 속여서 파멸시켰다. 언젠가 그에게 속죄하겠지만, 그 뒤에도 나 스스로를 용서할 수 있을지 모르겠다.

d6	단점
1	나는 미인이나 미남만 보면 정신을 못 차린다.
2	나는 언제나 빚에 시달린다. 나는 나쁜 방법으로 돈을 많이 벌지만, 이것저것 사치스럽게 사느라 더 많이 쓴다.
3	남을 속이면 속였지 절대 남에게 속지는 않을 것이다.
4	나는 탐욕이 지나치다. 돈을 위해서라면 그 어떤 위험이라도 거부하지 못한다.
5	나는 나보다 더 강한 누군가를 속일 기회가 있다면 사기를 치지 않고는 견딜 수가 없다.
6	인정하기 싫고 생각만 하면 나 자신이 싫어지지만, 나는 불리한 상황이 오면 혼자서 살아남기 위해 도망가거나 숨을 것이다.

선원 SAILOR

당신은 오랫동안 배를 타고 바다를 누비며 살았습니다. 그동안 당신은 거친 폭풍우도 만났고, 심해의 괴물도 마주쳐 봤으며, 당신의 배를 바닷속 깊은 곳에 처박으려는 자들도 만났습니다. 당신의 첫사랑은 드넓게 펼쳐진 수평선이었지만, 이제는 새로운 일을 시작해야 할 때가 되었습니다.

당신이 이전에 항해하던 배가 어떤 것인지는 DM과 상의하시기 바랍니다. 상선이었습니까? 해군 군선이었습니까? 아니면 탐험이나 해적선이었습니까? 당신은 얼마나 큰 명성 또는 악명을 지니고 있었습니까? 당신은 얼마나 먼 곳까지 여행했습니까? 당신을 태웠던 배는 여전히 항해중입니까? 아니면 소식이 끊긴 지 오래되어 이미 가라앉았다고 생각하고 있습니까?

기술 숙련: 운동, 감지
도구 숙련: 항해사의 도구, 탈것(물)
장비: 방향타(클럽), 50ft 길이의 비단 로프, 토끼발이나 중앙에 구멍이 뚫린 돌 같은 행운의 부적(아니면 제5장의 잡동사니 표에 나오는 무작위 잡동사니 하나). 평범한 옷 한 벌, 10gp가 들어 있는 벨트 주머니

배경 요소: 선박의 이용 SHIP'S PASSAGE

당신이 필요하다면, 당신은 자신과 모험 동료들을 데리고 항해하는 배에 공짜로 탈 수 있습니다. 이 배는 당신이 탔던 것일 수도 있고, 당신과 좋은 관계를 맺고 있는 다른 배일 수도 있습니다. (어쩌면 과거의 동료 선원이 선장으로 있을 수도 있습니다.) 물론 당신은 부탁하는 입장이라, 정확한 출항 날짜나 배의 경로까지는 당신이 원하는 대로 맞추지 못할 수도 있습니다. 어쨌든 DM은 당신이 탄 배가 당신의 목적지까지 가는데 얼마나 긴 시간이 걸리며 어디를 들렀다 가는지 결정할 것입니다. 또한 공짜로 배를 탔기 때문에, 당신과 동료들은 항해하는 동안 선원으로 일을 해야 합니다.

개성 제안

선원들은 거칠게 살아가곤 하지만, 선원으로서의 책임감을 지니고 살아가는 이들은 믿음직한 동료도 될 수 있습니다. 배 위에서 오래 살았기 때문에 그들은 육지 사람들과는 다른 외모나 독특한 기호를 지니고 있는 경우도 자주 있습니다.

d8 인격 특성

d8	인격 특성
1	내 친구들은 무슨 일이 생기더라도 나에게 의지할 수 있다는 것을 알고 있다.
2	나는 일이 끝나면 신나게 놀기 때문에 거친 일도 견딜 수 있다.
3	새로운 항구를 찾고 새로운 친구들을 만나 술잔을 기울이는 것이 무엇보다 즐겁다.
4	나는 이야기를 재미있게 만들기 위해 진실은 잠시 접어둘 때가 있다.
5	나에게 있어 술집에서 벌이는 싸움 한판은 새 도시를 알아가는 가장 좋은 방법이다.
6	나는 가볍게 도박 한판 벌일 기회를 절대 놓치지 않는다.
7	내 말투는 오티유 둥지만큼이나 지저분하다.
8	나는 일을 끝내는 걸 좋아한다. 특히나 내가 아니라 남을 시켜서 일을 끝내는 게 좋다.

d6 이상

d6	이상
1	**존중.** 배가 잘 움직이기 위해서는 선장과 선원들 간에 서로 신뢰가 있어야 한다. (선)
2	**공정.** 모두 자기 맡은 일을 하면 모두가 보상을 나누어 가질 것이다. (질서)
3	**자유.** 바다는 자유다. 어디든 갈 수 있고 무엇이든 할 수 있는 자유 말이다. (혼돈)
4	**지배.** 나는 포식자이고, 바다 위의 다른 배들은 모두 내 먹잇감이다. (악)
5	**사람들.** 나는 이상이 아니라 내 동료 선원들에게 충실하다. (중립)
6	**야망.** 언젠가 나는 나 자신의 배를 갖고 나 자신의 운명을 찾아갈 것이다. (무관)

변형된 배경 요소: 나쁜 명성 BAD REPUTATION

당신의 캐릭터가 선원 배경을 지니고 있다면, 당신은 선박 이용 배경 요소 대신 이 배경 요소를 사용할 수 있습니다.

당신이 어디를 가든, 당신의 명성을 들은 사람들은 당신을 두려워합니다. 당신이 문명 공동체에 있을 때, 당신은 무전취식이나 가게 문을 부수는 등의 가벼운 죄에 대해서는 그냥 벗어날 수 있습니다. 대개 사람들은 당신을 두려워하기 때문에 당신의 행동을 신고하려 하지 않습니다.

---

d6 유대

d6	유대
1	나는 그 무엇보다 내 선장에게 충성한다.
2	선원과 선장들은 왔다가 떠나곤 하지만, 배야말로 가장 중요한 것이다.
3	나는 언제나 내가 탔던 첫 배를 기억한다.
4	항구 마을에 나의 연인이 있다. 그 눈만 보면 나는 바다를 잊어버릴 것만 같다.
5	나는 사기를 당해 내 몫을 빼앗겼다. 반드시 정당한 내 몫을 되찾고야 말 것이다.
6	과거 잔인한 해적인 내 선장과 동료 선원들을 죽이고 배를 약탈한 다음 나를 죽게 내버려 두었다. 그에 대한 복수는 내 몫이다.

d6 단점

d6	단점
1	나는 잘못된 명령이라도 명령에 복종한다.
2	나는 더 많은 일을 피하기 위해서라면 무슨 말이든 할 수 있다.
3	누군가 내 용기를 의심한다면, 나는 아무리 위험한 상황이라도 절대 물러서지 못한다.
4	내가 술을 마시기 시작하면, 멈추기가 어렵다.
5	나는 동전이나 다른 잡동사니만 보면 주머니에 집어넣게 된다.
6	내 거만함은 언젠가 나를 파멸로 이끌 것이다.

선원 변형: 해적 PIRATE

당신은 무시무시한 해적들 아래에서 젊은 시절을 보냈습니다. 이 해적들은 무자비한 약탈자로, 상어와 야만인들로 가득 찬 세계에서 어떻게 살아남는지를 가르쳤습니다. 당신은 대해에서 약탈로 날을 지새고 죽어 마땅한 놈들을 바닷속에 처박았습니다. 당신에게 공포와 피비린내는 익숙한 것이며, 당신은 항구 마을에서 그리 깨끗하지 못한 명성을 얻고 있습니다.

만약 당신이 선원 배경 도중 해적을 했던 경력이 있다고 결정한다면, 당신은 선박의 이용 배경 요소 대신 아래 수록된 나쁜 명성 배경 요소를 사용할 수 있습니다.

시골 영웅 FOLK HERO

당신은 보잘 것 없는 출신에서 시작했지만, 훨씬 더 위대해질 수 있는 운명을 타고났습니다. 당신이 자란 마을 사람들은 이미 당신을 용사로 생각하고 있으며, 어디에서나 평범한 사람들을 수호하고 폭군과 괴물을 쓰러트리는 것이 당신의 운명이라고 여기고 있습니다.

기술 숙련: 동물 조련, 생존
도구 숙련: 장인의 도구 하나, 탈것(지상)
도구: 장인의 도구 하나(선택에 따라), 삽, 쇠 주전자, 평범한 옷 한 벌, 10gp가 들어 있는 주머니

결정적 사건

당신은 과거 농부나 광부, 하인, 양치기, 목수, 도굴꾼 등 평범한 일을 하며 살았습니다. 그러다가 어떤 사건에 휘말린 끝에 더 위대한 삶을 향하는 길을 걷게 되었습니다. 당신이 평범한 이들의 영웅이 된 계기가 무엇인지, 아래 표에서 직접 고르거나 주사위를 굴려 무작위로 정하십시오.

1 나는 폭군의 부하에 맞서 싸웠다.

2 나는 자연 재해에서 사람들을 구했다.

3 나는 끔찍한 괴물에 홀로 맞서 싸웠다.

4 나는 타락한 상인에게서 훔쳐 가난한 이들을 도와주었다.

5 나는 침략군에 맞서 민병대를 이끌었다.

6 나는 폭군의 성에 침입해 무기를 훔쳐 사람들을 무장시켜 주었다.

7 나는 농기구로 농민들을 훈련시켜 폭군의 병사들과 맞서 싸우게 했다.

8 내가 법을 거부하는 상징적인 행동을 한 이후, 영주는 문제가 되는 법령을 폐기했다.

9 천상의 존재나 요정, 혹은 그 비슷한 무언가가 나타나 나에게 축복을 내렸거나 내 출생의 비밀을 알려주었다.

10 나는 영주의 군대에 징집되어 곧 지도자가 되었고, 영웅적인 행동으로 찬사를 받았다.

배경 요소: 소박한 환대 Rustic Hospitality

당신은 자신도 역시 평민이었기 때문에 다른 평민들과 더 쉽게 어울릴 수 있습니다. 다른 평민들을 위협하지 않는 한, 당신은 평민 사이에서 어렵지 않게 숨을 곳이나 쉼터, 힘을 회복할 만한 곳을 찾을 수 있습니다. 평민들은 목숨이 위협받지 않는 한, 법이나 추적자로부터 당신을 숨겨줄 것입니다.

개성 제안

시골 영웅은 좋은 면으로든 나쁜 면으로든 평범한 사람들의 일원입니다. 시골 영웅들은 대부분 평범한 출신을 부끄러워하지 않으며, 오히려 미덕으로 여깁니다. 그들은 고향 공동체를 정말 중요하게 여기고 있습니다.

d8 인격 특성

1 나는 사람들을 말이 아니라 행동으로 평가한다.

2 만약 누군가가 문제에 처하면 나는 언제나 도와줄 것이다.

3 내가 무언가 하고자 마음먹으면, 나는 무슨 일이 있더라도 그 길을 따른다.

4 나는 공정함에 대한 엄격한 기준이 있으며, 분쟁이 일어나면 항상 가장 공정한 결과를 가져오려 노력한다.

5 나는 내 능력에 자신감이 있고, 다른 사람들의 자신감을 끌어내기 위해 최선을 다한다.

6 생각은 다른 이들이 하는 것이고, 나는 행동부터 한다.

7 나는 영리해 보이려다 가끔 잘못된 표현을 쓰곤 한다.

8 나는 쉽게 질린다. 대체 언제쯤 되어야 나는 내 운명을 찾을 수 있을까?

d6 이상

1 **존경.** 사람들은 마땅히 존중과 존경을 받아야 한다. (선)

2 **공정함.** 법 앞에서는 모두 같은 대접을 받아야 하며, 누구도 법 위에 설 수 없다. (질서)

3 **자유.** 폭군이 사람들을 억압하게 두어서는 안 된다. (혼돈)

4 **힘.** 내가 더 강해지면, 나는 무엇이든 내가 바라는 것을 할 수 있고 내가 받아야 할 대접을 받을 수 있다. (악)

5 **진실함.** 내가 아닌 다른 누군가인 척하는 것에는 아무런 이점도 없다. (중립)

6 **운명.** 그 무엇도, 그 누구도 내가 나의 소명을 따르는 것을 막을 수 없다.

d6 유대

1 나에겐 가족이 있지만, 도대체 어디 있는지 모르겠다. 언젠가 그들을 다시 보았으면 좋겠다.

2 나는 땅을 일구고 일해왔고 땅을 사랑한다. 나는 땅을 지킬 것이다.

3 언젠가 거만한 귀족이 나를 흠씬 때렸다. 나는 괴롭힘 당하는 사람들을 만날 때마다 반드시 복수할 것이다.

4 내 도구는 내 예전 삶을 상징하는 것이다. 나는 내 뿌리를 잊지 않기 위해 도구를 반드시 지니고 다닌다.

5 나는 스스로 지킬 힘이 없는 이들을 위해 싸운다.

6 내가 내 운명을 쫓아갈 때, 내 어린 시절 첫사랑도 같이 왔으면 좋겠다.

d6 단점

1 내가 살던 영지를 지배하던 폭군은 내가 죽는 꼴을 보기 위해서라면 무엇이든 할 것이다.

2 나는 내 운명의 중요성에 설득되었고, 실패나 좌절의 위험 따위는 아랑곳하지 않고 그 길을 향한다.

3 내가 어릴 때 나를 알던 사람들은 내 부끄러운 비밀을 알고 있다. 그러니 절대 고향에 돌아갈 수 없다.

4 나는 도시의 여러 악덕을 탐닉하고 있다. 특히 술을 진탕 마시는 것이 최고다.

5 사실 나는 내가 폭군이 되어 영지를 지배했더라면 훨씬 나았을 거라고 비밀리에 생각하고 있다.

6 나는 내 동료들을 잘 믿지 못한다.

예능인 Entertainer

당신은 관중 앞에 서야 비로소 빛이 납니다. 당신은 관중의 마음을 사로잡는 법, 그들을 즐겁게 하는 법, 심지어 그들에게 영감을 주는 법까지도 알고 있습니다. 당신의 시는 듣는 이의 마음을 뒤흔들어 놓고, 희로애락의 감정을 끌어냅니다. 당신의 음악은 듣는 사람을 흥겹게 하거나 슬픔에 빠트립니다. 당신의 춤 동작은 사람들의 눈길을 사로잡고, 당신의 재담은 절대 실패하지 않습니다. 어떤 기교를 사용하든, 당신의 기술은 당신의 인생 그 자체를 담고 있습니다.

기술 숙련: 곡예, 공연

도구 숙련: 변장 키트, 악기 하나

장비: 악기 하나(선택에 따라), 팬들의 선물(러브레터, 머릿단 하나, 잡동사니 등), 공연의상, 15gp가 들어 있는 벨트 주머니

공연 방식

좋은 예능인은 다재다능한 법이며, 공연을 벌일 때마다 다양한 변화를 선보이면서 조금씩 방식을 다르게 해나갑니다. 아래 표에서 1~3개의 방식을 선택하여 당신이 예능인으로서 어떤 방식을 사용하여 사람들을 즐겁게 하는지 결정하십시오.

d10	공연 방식	d10	공연 방식
1	연기	6	악기 연주
2	춤	7	시
3	불 묘기	8	노래
4	광대	9	이야기
5	마술	10	곡예

배경 요소: 대중의 인기인 By Popular Demand

당신은 어디에서든 공연하기 적당한 장소를 찾을 수 있습니다. 대개는 여관이나 술집이 될 수도 있지만, 서커스나 극장, 아니면 귀족의 궁정이 되기도 합니다. 그런 곳에서, 당신은 매일 밤 공연을 벌이는 한 공짜로 숙박을 제공받으며 평범하거나 편안한 수준의 음식을 먹을 수 있습니다. (제공하는 쪽의 생활수준에 따라 달라집니다.) 또한, 당신의 공연으로 인해 지역의 유명인이 될 수 있습니다. 당신이 공연했던 마을이라면, 이방인이 당신을 만났을 때 호의를 지니고 접근해 올 가능성이 있습니다.

개성 제안

예능인으로서 성공하기 위해서는 대중의 관심을 단번에 사로잡을 수 있어야 하므로, 예능인들은 화려하거나 강렬한 인상을 지닌 경우가 많습니다. 이들은 때때로 로맨틱한 쪽으로 기울거나 예술과 미에 대한 고매한 이상을 주장하기도 합니다.

d8	인격 특성
1	나는 어떤 상황에서든 그에 걸맞은 이야기를 알고 있다.
2	내가 새 장소에 갈 때마다, 나는 그 지역 소문을 수집하고 가십을 퍼트린다.
3	나는 답이 없는 낭만주의자다. 언제나 "특별한 누군가"를 찾아 헤메이고 있다.
4	나에게 오랫동안 화를 내는 사람은 없다. 나는 어떤 긴장이라도 쉽게 누그러트릴 수 있다.
5	나는 멋진 모욕을 좋아한다. 나에 대한 것이라도 상관없다.
6	내가 관심의 중심에 서지 못하면 나는 기분이 언짢아진다.
7	나는 완벽하지 못하면 만족을 할 수 없다.
8	나는 노래의 높낮이를 바꾸는 것처럼 기분과 마음가짐을 빠르게 바꿀 수 있다.

d6	이상
1	**미.** 내 공연을 통해, 세상을 더 나은 곳으로 바꾸겠다. (선)
2	**전통.** 이야기, 전설, 과거의 노래들은 잊혀서는 안 된다. 그것들을 통해 우리가 배워나가기 때문이다. (질서)
3	**창의성.** 세상에는 새로운 생각과 과감한 행동이 필요하다. (혼돈)
4	**탐욕.** 나는 부와 명성을 위해 이 일을 하고 있다. (악)
5	**사람들.** 나는 공연할 때 사람들의 웃는 얼굴을 보는 게 좋다. 그것보다 중요한 것은 없다. (중립)
6	**정직.** 예술은 영혼을 비추는 거울이다. 예술은 내면에서 우러나와 우리들이 진정 누구인지 알려준다. (무관)

d6	유대
1	내 악기는 내게 가장 소중한 물건이다. 악기를 볼 때마다 내가 사랑하는 사람이 떠오른다.
2	누가 나의 귀중한 악기를 훔쳐 갔다. 언젠가 반드시 되찾고야 말 것이다.
3	나는 무슨 수를 써서든 유명해지고 싶다.
4	나는 과거 이야기 속 영웅을 우상화하고 있고, 그의 행적을 비교의 대상으로 삼는다.
5	내가 증오하는 라이벌보다 내가 낫다는 걸 증명하기 위해서라면 무엇이든 하겠다.
6	같이 공연하던 친구들을 위해서라면 무엇이든 할 수 있다.

d6	단점
1	나는 명성과 명예를 위해서라면 무엇이든 할 것이다.
2	나는 예쁜 얼굴이라면 사족을 못 쓴다.
3	과거 어떤 추문 때문에 나는 고향에 돌아갈 수 없다. 심지어 가는 곳마다 비슷한 추문이 뒤따른다.
4	과거 어떤 귀족을 풍자한 적이 있는데, 그는 아직도 내 모가지를 원하고 있다. 그런데 나는 그런 실수를 또 저지를 것 같다.
5	나는 내 기분을 숨기는 데 능숙하지 않다. 내 날카로운 독설은 어디에서든 문제를 불러일으킨다.
6	최선을 다하고 있지만, 내 친구들은 나를 못 미덥게 본다.

예능인 변형: 검투사 Gladiator

검투사는 음유시인이나 서커스 단원과 마찬가지로 예능인으로서의 성격을 지니고 있습니다. 이들은 대중에게 즐거움을 주는 화려한 전투의 기술을 익혔습니다. 이 화려한 전투는 예능의 방식이며, 그 외에도 당신은 곡예나 연기를 어느 정도 익히고 있습니다. 대중의 인기인 배경 요소를 쓰면, 당신은 공연으로 전투를 벌이는 장소를 찾을 수 있습니다. 어쩌면 검투장이나 비밀 투기장이 될 수도 있습니다. 당신은 악기 대신 트라이던트나 그물 같은 저렴하고 특이한 무기를 장비로 지니고 시작할 수 있습니다.

은둔자 HERMIT

당신은 속세에서 벗어난 은둔 생활을 보냈습니다. 어쩌면 수도원 같이 폐쇄된 공동체에서 지냈을 수도 있고, 아예 홀로 살았을 수도 있습니다. 당신은 속세의 소란에서 벗어나 조용한 나날을 보내며 고독을 찾았습니다. 어쩌면 당신이 찾아 헤매던 의문에 대한 답을 약간은 찾았을지도 모릅니다.

기술 숙련: 의학, 종교학
도구 숙련: 약초학 키트
언어: 선택한 언어 한 가지
장비: 당신의 연구나 기도가 담겨 있는 두루마리통, 겨울용 담요, 평범한 옷 한 벌, 약초학 키트, 5gp

은둔의 삶

당신은 왜 고독하게 살기로 했으며, 무엇이 당신의 고독을 끝내게 했습니까? 당신은 DM과 상의하여 왜 은거를 시작했는지 결정할 수 있습니다. 아래 표에서 이유를 찾을 수도 있고, 주사위를 굴려 무작위로 선택해도 됩니다.

d8	은둔의 삶
1	나는 깨달음을 찾고 있었다.
2	나는 교단의 교리에 따라 수도원에 들어갔다.
3	나는 내가 저지르지 않은 죄의 누명을 써 추방당했다.
4	나는 삶을 바꾸는 사건 때문에 속세를 떠났다.
5	나는 내 예술, 문학, 음악, 선언을 작업하기 위해 조용한 곳이 필요했다.
6	나는 자연과 교감하기 위해 문명에서 벗어나야 했다.
7	나는 고대의 유적이나 성물의 관리자였다.
8	나는 영적인 가치가 있는 어떤 사람이나 장소, 유물을 찾기 위해 수색하고 있었다.

배경 요소: 발견 DISCOVERY

당신은 고요한 은거 생활 도중, 독자적인 큰 발견을 하였습니다. 당신이 어떤 이유로 은거에 들어갔는지에 따라 이 발견이 어떤 것인지 정해집니다. 그것은 우주나 신들, 혹은 이계의 강력한 존재들에 대한 진실처럼 거대한 것일 수도 있습니다. 아니면 누구도 발견한 적도 없는 숨겨진 장소일 수도 있습니다. 어쩌면 오래전에 잊혀진 사실을 재발견한 것일 수도 있습니다. 혹은 역사를 다시 쓰게 할 만큼 중대한 과거의 성물을 발견했을 수도 있습니다. 어쩌면 당신이 발견한 정보가 자신들에게 불리했기 때문에 누군가가 당신을 추방했을 수도 있으며, 아니면 당신이 발견한 것 때문에 속세로 돌아가야 할 수도 있습니다.

개성 제안

은둔자 중 일부는 고독한 삶이 너무 길어져서 홀로 있는 것이 편한 이들도 있지만, 일부는 고독을 벗어나 동료들과 함께하고 싶어하기도 합니다. 고독을 포용하든, 아니면 도망치려 하든, 고독한 삶은 그들의 태도와 이상을 바꿀 수 있습니다. 일부는 사회와 너무 오래 격리되었기 때문에 살짝 미쳐버리기도 합니다.

d8	인격 특성
1	나는 홀로 지내며 너무 오래 말을 하지 않았기 때문에, 몸짓이나 으르렁대는 소리로 의사를 표현하곤 한다.
2	나는 항상 조용하다. 심지어 재난 앞에서도 그렇다.
3	내가 속해 있던 공동체의 지도자가 모든 주제에 대해서 지혜로웠기 때문에, 그의 지혜를 항상 인용하곤 한다.
4	나는 곤란한 사람에게 크나큰 동정을 느낀다.
5	나는 예의나 사회적 상식에 무지하다.
6	나는 내게 벌어지는 모든 일이 거대한 우주적 계획의 일부라고 생각한다.
7	나는 때로 내 생각과 명상에 사로잡혀 주변 환경을 제대로 인지하지 못한다.
8	나는 장대한 철학적 이론에 따라 움직이고 있으며, 내 생각을 설명하고 싶어 한다.

d6 이상

d6	이상
1	**대의.** 내 재능은 자신의 이익이 아니라 모두를 위해 쓰여야 한다. (선)
2	**논리.** 감정은 무엇이 진실이고 정의인지 알게 해주는 우리의 논리적 사고를 가리는 구름일 뿐이다. (질서)
3	**자유로운 사고.** 호기심과 탐구 정신이야말로 진보의 기둥이다. (혼돈)
4	**힘.** 고독과 명상은 신비한 마법적인 힘으로 가는 길일뿐이다. (악)
5	**사람마다 다른 삶.** 다른 사람들의 일에 끼어드는 것은 문제만 일으킬 뿐이다. (중립)
6	**나 자신을 알라.** 나 자신을 제대로 알기만 한다면, 더는 아무것도 알 필요 없다. (무관)

d6 유대

d6	유대
1	내 은거 생활 동안 함께 해 주었던 교단이나 조직의 동료보다 소중한 것은 없다.
2	나는 아직도 나를 사냥하고 있는 누군가를 피해 은거에 들어갔다. 언젠가는 그들에 맞서야만 할 것이다.
3	나는 은거에 들어가면서부터 찾고 있던 깨달음을 아직도 찾고 있다. 깨달음의 길은 멀고 흐릿하다.
4	나는 사랑하는 사람을 얻지 못하였기에 은거에 들어갔다.
5	내 발견을 세상에 밝힌다면 세상이 무너질지도 모른다.
6	나는 은거 생활 중 거대한 악을 깨달았다. 오직 나만이 그 악을 무찌를 수 있을 것이다.

d6 단점

d6	단점
1	이제 나는 속세에 돌아왔으니, 좀 지나칠 정도로 향락을 즐기고 있다.
2	나는 속세를 벗어나 명상을 했어도 어둡고 피비린내 나는 생각들을 버리지 못했다.
3	나는 자신의 사상과 철학에 너무 교조적이다.
4	나는 우정과 화합을 아랑곳하지 않고 논쟁만 벌어지면 무조건 이기려고 한다.
5	나는 아무리 작은 지식이라도 얻을 수만 있다면 어떤 위험이든 감수한다.
6	나는 비밀을 좋아하고 누구와도 비밀을 공유하지 않는다.

다른 은둔자

이 은둔자 배경은 학문과 기도를 위해 조용한 장소가 필요해 고독에 들어간 부류들을 다룹니다. 만약 당신이 다른 사람들을 피하고자 고독한 삶을 택한 것이라면, 이방인 배경을 선택해 보는 것도 좋습니다. 한편, 만약 당신이 더 종교적인 방향을 가고자 한다면, 복사 배경 역시 생각해 볼 만합니다. 아니면 성스럽고 현명한 사람을 연기해서 신도들과 다른 사람들을 속이고자 한다면 사기꾼 배경을 선택하는 것도 좋은 방법입니다.

이방인 Outlander

당신은 야생에서, 문명과 기술의 편안함에서 멀리 떨어진 곳에서 자랐습니다. 당신은 나무보다 거대한 동물 무리가 움직이는 것도 보았고, 도시에서 사는 사람들은 상상도 못 할 극단적인 기후에서도 살아남았습니다. 그리고 그렇게 주변 사방팔방에 생각하는 사람이라고는 오로지 당신뿐인 고독을 즐기며 살았습니다. 당신이 유목민이든, 탐험가이든, 사냥꾼이나 채집꾼이든, 심지어 약탈자이든 간에, 야생의 혼은 당신의 핏속에서 흐르고 있습니다. 비록 당신이 지금 발붙인 땅의 세세한 특징은 잘 모를 수도 있지만, 당신은 야생이 돌아가는 방식을 잘 알고 있습니다.

기술 숙련: 운동, 생존
도구 숙련: 악기 한 종류
언어: 선택한 언어 한 가지
장비: 지팡이, 사냥용 덫, 당신이 사냥한 동물에서 얻은 기념품, 여행자 옷 한 벌, 10gp가 들어 있는 벨트 주머니

기원

당신은 다른 사람들이 상상하지 못할 기이한 장소나 특이한 것들을 봐 왔습니다. 당신이 가 보았던 머나먼 땅들을 생각해 보고, 그 경험이 어떤 영향을 주었을지 고려해 보십시오. 당신은 아래 표에서 당신이 야생에 있을 때 어디서 지냈을지 선택하거나, 주사위를 굴려 무작위로 결정할 수 있습니다.

d10	기원	d10	기원
1	숲사람	6	현상금 사냥꾼
2	함정꾼	7	순례자
3	화전민	8	부족 유목민
4	안내인	9	사냥 채집꾼
5	추방자나 외톨이	10	부족 약탈자

배경 요소: 방랑자 Wanderer

당신은 지도와 지형에 대해 놀라운 기억력을 지니고 있고, 언제나 대략적인 지형이나 거주지, 다른 주변 환경에 대한 것들을 떠올릴 수 있습니다. 또한, 당신은 열매나 작은 사냥감, 물 등을 통해 매일 당신 자신과 추가로 다섯 명 정도의 사람들이 먹고 마실 수 있는 음식이나 식수를 찾아낼 수 있습니다.

개성 제안

문명의 혜택 아래에서 살아가는 사람들 눈에 보기엔 이방인들이 때때로 무례하거나 어색하게 보일 수 있으며, 이방인들 역시 도시의 삶에 대해서는 별반 존중을 보이지 않습니다. 부족과 씨족, 그리고 가족에 대한 자연 세계의 연결이야말로 이방인들에게 있어 가장 중요한 유대감입니다.

d8	인격 특성
1	나는 방랑벽 때문에 고향에서 멀리 떠나왔다.
2	나는 막 태어난 강아지들을 돌보듯 친구들을 보살핀다.
3	나는 쳐들어오는 오크 무리에 대해 경고하기 위해 한 번도 쉬지 않고 25마일 정도를 달렸던 적이 있다. 필요하다면 다시 한번 그렇게 할 수 있을 것이다.
4	나는 모든 상황에서 교훈을 얻는 관찰자로 살아왔다.
5	나는 부유하거나 예절 바른 사람들이랑은 잘 지내지 못한다. 돈이나 예절은 굶주린 아울베어에게서 목숨을 구해주지 못한다.
6	나는 항상 신기한 물건을 집어 들어서 살피곤 하며, 그러다 가끔은 망가트리기도 한다.
7	나는 사람들보다 동물들 주변에 있을 때 더 편하다.
8	사실 나는 늑대들에 의해 키워졌다.

d6	이상
1	**변화.** 삶은 계절처럼 끝없이 변하는 것이니 우리도 그 변화에 적응해야 한다. (혼돈)
2	**대의.** 부족 전체를 더 행복하게 만드는 것은 부족민 각각의 책임이다. (선)
3	**명예.** 내가 나의 명예를 더럽힌다면, 씨족 전체의 명예를 더럽히는 것이다. (질서)
4	**힘.** 가장 강한 자가 지배해야 마땅하다. (악)
5	**자연.** 자연 세계는 문명의 산물보다 더 중요한 것이다. (중립)
6	**영광.** 나는 전투에서 나 자신과 내 씨족의 영광을 위해 싸워야만 한다. (무관)

d6	유대
1	내 가족, 내 씨족, 내 부족은 내 삶에서 가장 중요한 것이다. 이것들은 나 자신보다 더욱 소중한 것들이다.
2	더럽혀지지 않은 야생 속 내 고향이 고통받는 것은 나 자신이 고통받는 것과 마찬가지다.
3	나는 내 고향 땅을 파괴한 사악한 자들에게 끔찍한 격노를 품고 있다.
4	나는 내 부족의 마지막 일원이고, 부족의 이름을 전설로 남기기 위해 최선을 다하고 있다.
5	나는 다가올 재앙에 대한 무시무시한 꿈을 꾸었고, 그 재앙을 막기 위해서라면 무엇이든 할 것이다.
6	나는 내 부족의 아이들을 보살펴야 할 의무를 지고 있다.

d6	단점
1	나는 와인이나 맥주, 기타 술을 너무 사랑한다.
2	인생을 최대한 즐기며 살려면 조심할 필요 따위는 없다.
3	나는 내가 받은 모든 모욕을 기억하고, 누구든 나에게 해를 끼친 사람에 대해서는 언젠가 조용히 보복한다.
4	나는 다른 종족이나 부족, 사회에 속한 사람 등을 쉽사리 믿지 못한다.
5	어떤 도전에 처하든 나는 대개 폭력으로 응답하곤 한다.
6	스스로 구하지 못하는 사람들을 구하는 것은 내 일이 아니다. 약육강식은 자연의 법칙이기 때문이다.

학자 Sage

당신은 오랜 세월 멀티버스의 지식을 연구하며 지냈습니다. 당신은 수많은 문서와 두루마리를 공부했고, 당신의 관심 분야에 있어 최고의 전문가들이 하는 강의를 들었습니다. 당신의 노력을 통해 당신은 스스로 그 분야의 대가 수준에 오르게 되었습니다.

기술 숙련: 비전학, 역사학
언어: 선택한 언어 두 가지
장비: 검은 잉크 한 병, 깃털펜, 작은 나이프. 아직 해답을 찾지 못한 과거의 죽은 동료가 보낸 질문 편지, 평범한 옷 한 벌, 10gp가 들어 있는 벨트 주머니

전문분야

당신이 학자로서 어떤 전문분야를 다루었는지 정하려면, 아래 표에서 결정하거나 주사위를 굴려 무작위로 정할 수 있습니다.

d8	전문분야	d8	전문분야
1	연금술사	5	교수
2	천문학자	6	연구자
3	의심받는 학문분야	7	위저드의 수련생
4	사서	8	서기

배경 요소: 연구자 RESEARCHER

어떤 지식이나 전승을 배우거나 떠올려야 할 때, 당신은 해당 지식에 대한 정보가 없더라도 어떻게 그 지식을 구할 수 있는지는 떠올릴 수 있습니다. 보통 이런 정보는 도서관이나 장서고, 대학이나 다른 학자들이 알고 있으며, 때로는 깊은 학식을 갖춘 다른 크리처를 찾아가야 할 수도 있습니다. 당신의 DM은 당신이 원하는 지식이 거의 닿을 수 없는 곳에 숨겨져 있다거나, 아예 찾을 수 없다고 선언할 수 있습니다. 멀티버스의 심오한 비밀을 파헤치는 일은 모험을 하거나 캠페인 전체를 투자해야 가능할지도 모릅니다.

개성 제안

학자들은 오랜 기간 연구를 거듭해 왔으며, 개성에도 이 연구 생활이 반영되어 있습니다. 학문적 추구에 헌신해 온 학자들은 지식에 가장 높은 가치를 두지만, 때로는 다른 이상을 추구하며 학문을 그 수단으로 삼기도 합니다.

d8 인격 특성

1 나는 대단한 교육을 받았음을 나타내는 길고 어려운 단어를 즐겨 사용한다.
2 나는 세상에서 가장 큰 도서관의 모든 책을 다 읽었다. 어쨌든 나는 그렇게 주장한다.
3 나는 나만큼 영리하지 못한 사람들을 돕는 데 익숙하고, 인내심을 가지고 다른 사람들에게 모든 것을 설명한다.
4 재미있는 수수께끼는 내가 가장 좋아하는 것이다.
5 나는 논쟁하며 판단을 내릴 때, 다른 사람들의 의견을 모두 들어보곤 한다.
6 나는... 멍청한... 사람들과... 이야기할 때는.... 천천히... 말하곤... 한다.... 그리고.... 사람들...대부분은.... 나보다.... 멍청하다....
7 나는 사회적으로 교류할 때 정말 끔찍하게 어색하다.
8 항상 사람들이 나의 비밀들을 훔치려 하지 않을지 전전긍긍하고 있다.

d6 이상

1 **지식.** 지식은 힘과 자기 성찰을 위한 길이다. (중립)
2 **미.** 아름다움 속에 진실이 숨겨져 있다. (선)
3 **논리.** 감정은 우리의 논리적 사고를 가로막는 장애물일 뿐이다. (질서)
4 **무제한.** 모든 존재는 무한의 가능성을 품고 있으니 그 무엇도 그 가능성을 제한해서는 안 된다. (혼돈)
5 **권력.** 지식은 권력과 지배의 수단이다. (악)
6 **향상심.** 학문적 삶의 목표는 나 자신을 더 향상시키는 것이다. (무관)

d6 유대

1 내 제자들을 지키는 것이 나의 의무이다.
2 나는 무서운 비밀이 숨겨진 고대의 문서를 가지고 있다. 이 문서가 사악한 자의 손에 들어가서는 안 된다.
3 나는 도서관, 대학, 장서고나 수도원을 보존하기 위해 일하고 있다.
4 내 일생의 역작은 특정 분야의 지식이 담겨 있는 여러 책이다.
5 나는 어떤 질문에 대한 대답을 찾기 위해 인생 전체를 던져 공부하고 있다.
6 나는 지식을 위해 영혼을 팔았다. 언젠가 위대한 업적을 이루고 그 영혼을 도로 찾고 싶다.

d6 단점

1 나는 정보를 얻을 수 있을 것 같으면 쉽사리 주의가 산만해진다.
2 사람들은 데몬을 보면 비명을 지르며 도망가겠지만, 나는 아마 멈춰서서 해부학적인 기록을 쓰고 있을 것이다.
3 고대의 비밀을 파헤치다 보면 문명이 멸망하는 것 정도는 치를 만한 대가라 할 수 있다.
4 나는 단순한 해법보다는 복잡한 방법을 선호한다.
5 나는 마음속 말을 아무 생각 없이 던져서 다른 사람들에게 모욕을 주곤 한다.
6 나는 내 목숨이나 다른 사람들의 목숨이 달린 비밀도 제대로 지키질 못한다.

제5장: 장비

대도시의 시장통에는 물건을 사고팔려는 다종다양한 사람들이 모여듭니다. 드워프 대장장이에 엘프 목공, 하플링 농부들에 노움 세공사, 물론 각국의 다양한 문화권에서 모여든 여러 종류의 인간들 역시 빼놓을 수 없습니다. 그중에서도 가장 거대한 도시에서는 진귀한 향신료에서 시작해 바구니나 연습용 검에 이르기까지 세상에 존재하는 물건이라면 거의 무엇이든 팔고 있습니다.

모험자들에게 있어서, 쓸만한 무기와 갑옷, 배낭, 밧줄 따위의 적절한 장비를 구할 수 있느냐 없느냐는 던전이나 거친 야생 속에서 생사를 가르는 문제가 될 수 있습니다. 이 장에서는 모험자들이 D&D 세계의 위협에 맞서 일반적으로 사용하는 여러 가지 장비와 평범하거나 희귀한 도구와 상품들에 대해 다뤄 보겠습니다.

시작시 장비

당신이 처음 캐릭터를 만들 때, 당신은 캐릭터의 클래스와 배경에 따라 조합된 장비를 받습니다. 하지만 다른 방식도 가능합니다. 클래스에 따라 지정된 양의 금화를 받고, 이 금화를 이용해 이 장에서 제공되는 목록을 통해 물건을 사는 것입니다. 아래 나와 있는 클래스에 따른 시작 재산 표를 보면 당신이 얼마나 많은 돈을 쓸 수 있는지 알 수 있을 것입니다.

당신은 당신의 캐릭터가 어떻게 이 시작 장비를 갖추게 되었는지 결정해야 합니다. 이것은 물려받은 유산일 수도 있고, 캐릭터가 성장하는 과정에서 구매한 것일 수도 있습니다. 당신은 군대에 복무하던 중 무기와 갑옷, 그리고 배낭을 지급받았을 수도 있습니다. 어쩌면 어디선가 훔친 물건일 수도 있습니다. 당신이 쓰는 무기는 가문의 가보이고, 여러 세대를 거친 끝에 먼 조상이었던 모험자의 무덤에서 당신이 집어 든 것일 수도 있습니다.

클래스에 따른 시작 재산

클래스	예산
드루이드	2d4 × 10gp
레인저	5d4 × 10gp
로그	4d4 × 10gp
몽크	5d4gp
바드	5d4 × 10gp
바바리안	2d4 × 10gp
소서러	3d4 × 10gp
워락	4d4 × 10gp
위저드	4d4 × 10gp
클레릭	5d4 × 10gp
파이터	5d4 × 10gp
팔라딘	5d4 × 10gp

재산

D&D 세계에서 재산은 여러 가지 형태로 나타납니다. 동전 등의 화폐류, 보석, 무역 상품, 예술품, 동물, 기타 부동산 등이 당신의 캐릭터가 얼마나 재정적으로 부유한지 나타내 줄 것입니다. 평민 계급의 일원은 물물교환을 하며, 자기들이 필요한 물건을 구하고 세금을 납부하기 위해 곡식이나 치즈 등을 이용합니다. 반면 귀족 계급은 광산이나 항구, 농장의 소유권 같은 법적인 권리들을 거래하거나, 동전을 세는 것보다는 금을 무게 단위로 측정해서 금괴를 사용하기도 합니다. 오로지 상인이나 모험자들, 그리고 전문적으로 서비스를 제공하는 고용인들만이 화폐를 주로 사용합니다.

화폐

일반적인 동전들은 어떤 금속으로 만들어졌는가에 따라 다른 가치를 지니고 있습니다. 가장 널리 쓰이는 3종의 화폐는 금화(gp), 은화(sp), 그리고 동화(cp)입니다.

금화 하나가 있으면 캐릭터는 벨트 주머니나 50ft 길이의 쓸만한 밧줄, 아니면 염소 한 마리를 살 수 있습니다. 숙련된 (하지만 아주 뛰어나지는 않은) 장인은 하루에 금화 한 개 정도를 벌어들입니다. 금화는 그 자체가 자주 쓰이지는 않더라도, 재산을 측정하는 기준 단위가 됩니다. 상인들은 금화 수백 수천개 단위의 상품이나 용역을 거래하곤 하지만, 이때 실제로 동전들이 오가는 경우는 그리 많지 않습니다. 대신 금화는 가치를 나타내는 기준이 되고, 실제 거래는 금화나 신용장, 아니면 다른 값비싼 물건들이 오가며 이루어지게 됩니다.

금화 하나는 은화 10개 정도의 가치를 지니며, 은화는 평민들 사이에서 가장 널리 쓰이는 화폐입니다. 은화 하나는 노동자가 하루 일해 벌어들이는 돈이며, 이것 하나로 램프 기름 플라스크 한 통이나, 허름한 여관에서 하룻밤 휴식을 취할 수 있습니다.

은화 하나는 동화 10개의 가치를 지니며, 동화는 노동자와 거지들 사이에서 가장 널리 쓰입니다. 동화 하나로는 양초나 횃불 하나, 아니면 분필 한 토막을 살 수 있습니다.

또한, 귀금속으로 만들어진 흔치 않은 동전들 또한 보물에 섞여 나올 때가 있습니다. 호박금화(ep)나 백금화(pp)는 사라진 옛 제국이나 멸망한 왕국에서 유래된 것들이며, 실제로 거래에 이용하게 되면 가끔은 의혹에 찬 눈초리와 불신을 받게 될 수도 있습니다. 호박금화는 은화 5개의 가치를 지니며, 백금화는 금화 10개의 가치를 지니고 있습니다.

일반적인 동전 하나는 1/3 온스 정도의 무게이며, 따라서 동전 50개는 1lb의 무게를 지닙니다.

일반적인 화폐 환전표

화폐	cp	sp	ep	gp	pp
동화(cp)	1	1/10	1/50	1/100	1/1,000
은화(sp)	10	1	1/5	1/10	1/100
호박금화(ep)	50	5	1	1/2	1/20
금화(gp)	100	10	2	1	1/10
백금화(pp)	1,000	100	20	10	1

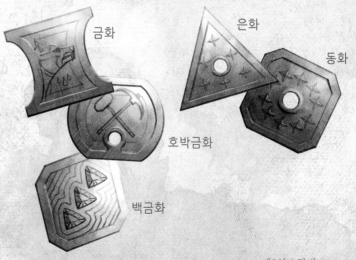

금화

은화

동화

호박금화

백금화

보물 팔기

당신이 던전을 탐험하다 보면 여러 가지 보물과 장비, 무기, 갑옷 등을 발견할 기회가 있습니다. 대개 당신은 마을이나 기타 정착지에 돌아왔을 때, 당신의 수확에 관심을 보이는 구매자나 상인들을 찾아서 이렇게 얻은 보물들을 팔아치울 수 있습니다.

무기와 갑옷, 기타 장비류. 일반적인 규칙을 따르자면, 상태가 멀쩡한 무기나 갑옷, 기타 장비류는 구매가격의 절반값에 시장에 팔 수 있습니다. 하지만 괴물이 사용하던 무기나 갑옷은 팔 수 있을 만한 상태를 유지하는 경우가 많지 않습니다.

마법 물건. 마법 물건을 파는 일은 여러 가지로 곤란합니다. 물약이나 두루마리를 구매할 사람을 찾는 일은 어렵지 않을 수도 있지만, 다른 물건들은 대개 가장 부유한 귀족들이나 살만한 가격을 지닌 경우가 많기 때문입니다. 마찬가지로 몇몇 평범한 마법 물건을 제외하면, 마법 물건이나 주문은 구매하기도 어렵습니다. 마법의 가치는 항상 단순한 금이나 재산과는 멀리 동떨어져 있는 것처럼 다루어져야만 합니다.

보석, 장신구, 예술품 등. 이러한 물건들은 시장의 구매가격 그대로 팔 수 있으며, 당신은 이 물건들을 일반적인 동전들로 바꾸거나 다른 종류의 교환 화폐로 바꿀 수 있습니다. 특별히 값비싼 보물류의 경우, DM이 이러한 물건은 오직 큰 마을이나 더 거대한 시장이 있는 곳에서만 팔 수 있다고 정할 수 있습니다.

상품류. 변경 지역에서는 많은 사람이 여전히 물물교환에 의존하고 있습니다. 보석이나 예술품처럼, 철괴, 소금, 가축, 등의 무역 상품들은 시장 구매가격 그대로 팔 수 있으며 그 가치 그대로 화폐로 사용되기도 합니다.

갑옷과 방패류

D&D 세계는 서로 다른 여러 문화권이 혼재된 곳이며, 이들 문화권은 서로 다른 기술 수준을 지니고 있습니다. 따라서, 여러 문화권을 오가는 모험자들은 필요에 따라 가죽 갑옷에서 시작해 체인 메일이나 값비싼 플레이트 아머 등 여러가지 형태의 갑옷을 다루게 됩니다. 갑옷 표에서는 게임에서 가장 널리 사용되는 여러 종류의 갑옷들을 소개하고 있으며, 이들은 경장, 평장, 중장 갑옷이라는 3가지 분류로 나뉩니다. 많은 전사가 갑옷과 방패를 꼭 구비하곤 합니다.

갑옷 표에는 D&D 세계에서 가장 널리 찾아볼 수 있는 여러 갑옷의 가격, 무게, 기타 속성들이 나와 있습니다.

갑옷 숙련. 누구나 갑옷을 입고 방패를 팔에 찰 수 있습니다. 하지만 갑옷이나 방패를 효율적으로 착용하고 사용하는 방법을 알고 있는 것은 그에 따른 숙련이 있는 자들뿐입니다. 당신은 클래스에 따라 특정한 갑옷 종류에 대한 숙련을 얻을 수 있습니다.

> ### 변형 규칙: 장비 크기
> 대부분의 캠페인에서는 상식에만 어긋나지 않는다면 당신이 발견한 장비를 모험 중에 그대로 사용할 수 있습니다. 예를 들어, 우락부락한 하프 오크는 하플링의 가죽 갑옷을 입을 수 없고, 노움은 구름 거인의 우아한 로브 속에 파묻혀 버릴 것입니다.
>
> DM은 여기에 현실 감각을 더할 수도 있습니다. 예를 들어, 인간용으로 만들어진 플레이트 아머 한 벌은 상당한 변형을 가하지 않으면 다른 이들이 입을 수 없고, 모험자가 위장을 위해 경비병의 제복을 입어도 심각하게 어울리지 않을 수 있습니다.
>
> 이 변형 규칙을 사용하려면, 모험자가 모험중 발견한 갑옷이나 의복 등 착용 가능한 물건을 사용하려면 먼저 갑옷장인이나 수선공, 가죽장인 등 전문가를 찾아가야 합니다. 이러한 조정 비용은 대개 물건 가격의 10~40% 정도입니다. DM은 1d4 × 10을 굴려 변형에 필요한 비용을 결정할 수 있습니다.

만약 숙련이 없는 갑옷을 입으려 한다면, 그 갑옷을 입은 상태에서는 모든 능력 판정, 내성 굴림, 근력이나 민첩을 사용하는 명중 굴림에 불리점을 받고 주문을 사용할 수 없게 됩니다.

방어도(AC). 갑옷은 착용자를 공격으로부터 보호합니다. 당신이 착용한 갑옷(과 방패)은 당신의 기본 방어도를 결정합니다.

중장 갑옷. 무거운 갑옷은 착용자의 잠행, 은신 능력을 제한하며 이동에 장애를 줍니다. 만약 갑옷 표의 요구 근력에 "근력 13"이나 "근력 15"같은 표현이 있다면, 그만한 근력이 없는 자가 착용할 경우 해당 갑옷은 착용자의 이동속도를 10ft 감소시킬 것입니다.

은신. 갑옷 표의 은신 항목에 "불리점"이라 쓰여 있다면, 해당 갑옷 착용자는 민첩(은신) 판정에서 불리점을 받게 된다는 뜻입니다.

방패. 방패는 나무나 금속으로 만들어졌으며 한 손으로 들 수 있습니다. 방패를 들면 당신의 AC는 2 증가합니다. 당신은 오직 방패 하나의 이득만 얻을 수 있습니다.

경장 갑옷

유연하고 얇은 재료로 만들어진 가벼운 갑옷들은 재빠른 모험자들이 기동성을 희생하지 않고도 어느 정도의 보호력을 얻을 수 있어서 즐겨 찾습니다. 당신이 경장 갑옷을 입고 있다면, 당신은 AC를 계산할 때 갑옷 보너스에 민첩 수정치를 더할 수 있습니다.

패디드(Padded). 패디드 아머, 즉 덧댐 갑옷은 여러 층의 천과 솜을 덧대어 만들어진 것입니다.

레더(Leather). 레더 아머, 즉 가죽 갑옷의 가슴판과 어깨 보호대는 기름에 끓여 단단해진 가죽으로 만들었습니다. 다른 부분들은 보다 부드럽고 유연한 재질로 되어 있습니다.

스터디드 레더(Studded Leather). 스터디드 레더, 즉 징박은 가죽 갑옷은 유연하면서도 단단한 가죽에 쇠로 된 징이나 못을 박아 더 단단하게 보강한 것입니다.

평장 갑옷

평장 갑옷은 경장 갑옷보다 더 높은 방어력을 제공하지만, 이동에 따른 제약도 더 큽니다. 당신이 평장 갑옷을 입고 있다면 AC에 여전히 당신의 민첩 수정치를 더할 수 있지만, 최대치는 +2까지로 제한됩니다.

하이드(Hide). 하이드 아머, 즉 통가죽 갑옷은 두꺼운 짐승의 가죽으로 얼기설기 만든 것이며, 주로 바바리안 부족들이나 사악한 인간형 종족, 그 외에도 더 좋은 갑옷을 만드는데 필요한 기술이나 도구가 없는 자들이 많이 사용합니다.

체인 셔츠(Chain Shirt). 체인 셔츠는 서로 연결된 수많은 금속 고리로 만들어진 것이며, 천이나 가죽을 그 위에 덧씌워 입게 됩니다. 이 갑옷은 착용자의 상체에 적당한 방어력을 제공하며, 위에 덮인 천으로 인해 사슬이 절그럭대는 소리도 막아줍니다.

스케일 메일(Scale Mail). 스케일 메일, 즉 비늘 갑옷은 물고기 비늘 모양으로 가공된 작은 금속판들이 서로 연결되어 만들어진 상의와 하의로 구성되어 있습니다. 이 갑옷에는 건틀렛이 포함됩니다.

브레스트플레이트(Breastplate). 이 갑옷은 유연한 가죽 갑옷에 더해 금속으로 만들어진 가슴판으로 이루어져 있습니다. 비록 팔이나 다리는 비교적 덜 보호하고 있지만, 이 갑옷은 착용자의 중요한 장기를 보호하면서도 비교적 움직임을 덜 제한해 줍니다.

하프 플레이트(Half Plate). 하프 플레이트는 착용자의 몸 대부분을 덮도록 만들어진 금속판들로 이루어져 있습니다. 이 갑옷은 단순한 그리브(정강이받이)와 그에 연결된 가죽끈들을 제외하면 다리 부분에 대한 보호를 제공하지 않습니다.

중장 갑옷

모든 갑옷 분류 중에서도 중장 갑옷은 최선의 방어력을 제공하는 것들로 이루어져 있습니다. 이 갑옷들은 몸 전체를 보호하도록 만들어져 있으며 다양한 종류의 공격을 막을 수 있습니다. 하지만 오직 숙련된 전사들만이 이 갑옷의 무게와 불편함을 제어할 수 있습니다.

중장 갑옷을 입으면 AC에 민첩 수정치를 더할 수 없으나, 거꾸로 민첩 수정치가 마이너스라 할지라도 페널티를 받지 않습니다.

링 메일(Ring Mail). 링 메일, 즉 고리 갑옷은 가죽 갑옷 위에 무거운 금속 고리들을 박아 넣은 것입니다. 이 고리들은 갑옷을 강화해 주고 도검이나 도끼를 막아 줍니다. 링 메일은 체인 메일에 비하면 방어력이 떨어지며, 더 좋은 갑옷을 구하지 못한 사람들이 주로 착용하곤 합니다.

체인 메일(Chain Mail). 서로 연결된 수많은 금속 고리들로 만들어진 체인 메일, 즉 사슬 갑옷은 그 아래 직조된 천을 덧대어 마찰을 막고 충격을 완화합니다. 이 갑옷은 건틀릿이 포함되어 있습니다.

스플린트(Splint). 이 갑옷은 가느다란 금속띠 여럿을 가죽 위에 연결해 만든 것입니다. 관절 부위에는 유연한 사슬 갑옷을 사용하고 있습니다.

플레이트(Plate). 플레이트 아머, 즉 판금 갑옷은 몸 전체를 막을 수 있도록 고안된 서로 연결되는 금속판들로 이루어져 있습니다. 이 갑옷 한 벌에는 건틀릿과 무거운 가죽 장화, 눈구멍이 있는 투구, 그리고 갑옷 아래 입게 되어 있는 두꺼운 패딩들이 포함되어 있습니다. 갑옷의 수많은 고리와 가죽띠가 그 하중을 전신으로 분산시켜 줄 것입니다.

갑옷

갑옷	가격	방어도(AC)	필요근력	은신	무게
경장 갑옷					
패디드	5gp	11 + 민첩 수정치	—	불리점	8lbs
레더	10gp	11 + 민첩 수정치	—	—	10lbs
스터디드 레더	45gp	12 + 민첩 수정치	—	—	13lbs
평장 갑옷					
하이드	10gp	12 + 민첩 수정치 (최대 2)	—	—	12lbs
체인 셔츠	50gp	13 + 민첩 수정치 (최대 2)	—	—	20lbs
스케일 메일	50gp	14 + 민첩 수정치 (최대 2)	—	불리점	45lbs
브레스트플레이트	400gp	14 + 민첩 수정치 (최대 2)	—	—	20lbs
하프 플레이트	750gp	15 + 민첩 수정치 (최대 2)	—	불리점	40lbs
중장 갑옷					
링 메일	30gp	14	—	불리점	40lbs
체인 메일	75gp	16	근력 13	불리점	55lbs
스플린트	200gp	17	근력 15	불리점	60lbs
플레이트	1,500gp	18	근력 15	불리점	65lbs
방패					
방패	10gp	+2	—	—	6lbs

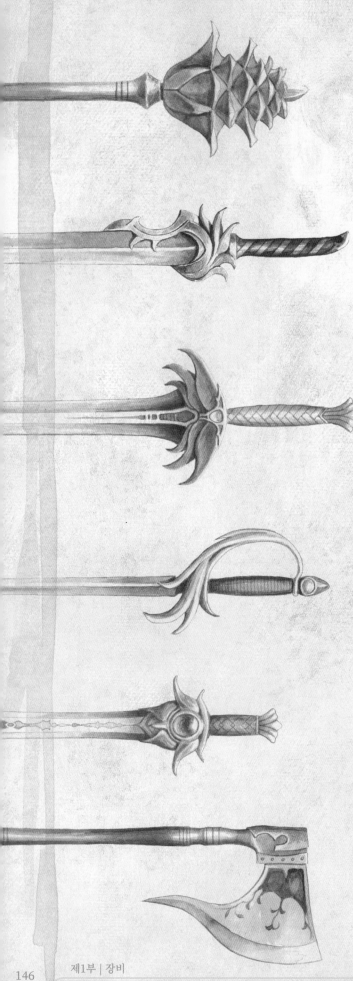

갑옷 착용과 해제

갑옷을 입거나 벗는데 얼마나 시간이 걸리는가는 갑옷의 종류에 따라 달라집니다.

착용. 이는 갑옷 착용 시 걸리는 시간입니다. 이 시간을 들여 갑옷을 제대로 착용해야 AC에 보너스를 받을 수 있습니다.

해제. 이는 갑옷을 벗는 데 걸리는 시간입니다. 다른 사람의 도움을 받는다면 이 시간을 절반으로 줄일 수 있습니다.

갑옷 착용과 해제

종류	착용	해제
경장 갑옷	1분	1분
평장 갑옷	5분	1분
중장 갑옷	10분	5분
방패	1행동	1행동

무기

당신은 클래스에 따라 특정한 무기들에 대한 숙련을 얻을 수 있습니다. 이는 대개 해당 클래스가 어디에 초점을 맞추고 있는가와 당신이 사용하는 도구들이 어떤 것들인가를 반영합니다. 당신이 롱소드를 선호하든, 롱보우를 선호하든, 당신의 무기와 이를 다룰 수 있는 능력이 모험 도중에 당신의 생사를 좌우할 것입니다.

무기 표에는 D&D 세계에서 가장 널리 쓰이는 무기들이 나와 있으며, 이러한 무기들의 가격과 무게, 그리고 얼마나 큰 피해를 주는가, 특별한 속성은 어떤 것들이 있는가가 설명되어 있습니다. 모든 무기는 근접이나 장거리로 구분됩니다. **근접 무기**는 당신에게서 5ft 이내에 있는 목표를 공격하는 것들이며, **장거리 무기**는 먼 거리에서 목표를 공격하기 위해 사용됩니다.

무기 숙련

당신은 자신의 종족과 클래스, 재주에 따라서 특정한 무기나 특정 부류의 무기에 대한 숙련을 얻을 수 있습니다. 무기들은 **단순 무기**와 **군용 무기**로 나뉩니다. 대부분의 사람은 단순 무기에 대한 숙련을 지니고 있습니다. 이 무기들은 클럽, 메이스 등을 포함해 평민들도 쉽게 손에 들고 사용할 수 있는 무기들을 포함합니다. 반면 군용 무기들은 도검과 도끼류, 장대무기 등등 효율적으로 사용하기 위해서 전문화된 훈련이 필요한 것들을 말합니다. 대부분의 전사는 자신들의 전투 훈련과 전투 스타일에 어울리기 때문에 군용 무기들을 사용하곤 합니다.

숙련된 무기를 사용할 경우, 그 무기를 사용한 공격의 명중 굴림에 당신의 숙련 보너스를 더할 수 있습니다. 만약 당신이 숙련되어 있지 않은 무기를 사용할 경우, 명중 굴림에 당신의 숙련 보너스를 더할 수 없습니다.

무기 속성

다양한 무기들이 사용법에 따라 특별한 속성을 지니고 있으며, 이러한 속성들은 무기 표에 수록되어 있습니다.

탄환. 당신은 탄환이 필요한 무기로 장거리 공격을 가할 때, 반드시 이에 맞는 탄환을 가지고 있어야 합니다. 당신이 해당 무기로 공격을 할 때마다 탄환 1개씩을 소비하게 됩니다. 화살통이나 상자 등의 용기에서 탄환을 꺼내는 것은 공격 행동에 포함되는 일이며, 장전을 위해서는 한 손이 비어 있어야 합니다. 전투가 끝나고 나서 전장을 수색해 보면, 사용한 탄환 중에서 절반 정도를 되찾을 수 있습니다.

만약 당신이 근접 전투에서 탄환 속성을 지닌 무기를 사용하려 한다면, 해당 무기는 임기응변 무기로 취급합니다. (아래의 임기응변 항목을 참조하십시오.) 슬링의 경우 이 방식으로 사용하려 해도 어떻게든 장전해서 사용해야 합니다.

교묘함. 교묘함 무기로 공격을 가하면, 명중 굴림이나 피해 굴림을 굴릴 때 근력이나 민첩 수정치 중 당신이 원하는 것을 선택하여 더할 수 있습니다. 하지만 반드시 명중 굴림 때 사용한 수정치를 피해 굴림에도 사용해야만 합니다.

중량형. 소형 크기의 캐릭터들은 중량형 무기를 사용하여 명중 굴림을 굴릴 때 불리점을 받게 됩니다. 중량형 무기의 크기와 무게는 소형 크리처가 효율적으로 사용하기엔 너무 크고 무겁습니다.

경량형. 경량형 무기는 작고 다루기 쉽기 때문에, 무기 2개를 동시에 사용하여 전투할 때 이상적입니다. 제9장에서 쌍수 전투에 대한 규칙을 참조하시기 바랍니다.

장전. 이 무기를 장전하는 데에는 시간이 필요하기 때문에, 일반적으로 당신이 여러 번 공격할 수 있다 해도 행동, 추가 행동, 반응행동을 사용하여 공격할 때는 각각 오직 한 번씩만 이 무기를 발사할 수 있습니다. 장전하려면 한 손이 자유로워야 합니다.

장거리. 장거리 공격에 사용할 수 있는 무기들을 뜻하며, 이들은 다시 각각 탄환을 사용하는 무기와 투척 무기로 나누어집니다. 사거리는 숫자 두 개가 나와 있습니다. 첫 번째는 무기의 일반적 사거리이며, 두 번째는 무기의 최대 사거리입니다. 각각은 ft 단위로 나와 있습니다. 일반 사거리보다 멀리 있는 목표를 공격하려 할 때는 명중 굴림에 불리점을 받습니다. 최대 사거리보다 멀리 있는 목표를 공격할 수는 없습니다.

간격. 이 무기는 근접 공격의 거리를 5ft 더 늘려 줍니다. 이 거리는 기회공격 범위에도 적용됩니다.

특별. 특별 속성을 지닌 무기는 사용할 때 특별한 규칙을 따릅니다. 각각의 특별 규칙은 무기의 상세 설명에 나와 있습니다. (이 장의 "특별 무기" 부분을 참조하십시오.)

투척. 만약 무기에 투척 속성이 붙어 있다면, 당신은 이 무기를 던져서 장거리 공격을 할 수 있다는 뜻입니다. 만약 이 무기가 근접 무기라면, 당신은 근접 공격을 가할 때도 똑같은 수정치를 사용하여 명중과 피해 굴림을 굴릴 수 있습니다. 예를 들어, 당신이 핸드액스를 던졌다면, 당신은 근력을 사용해 명중/피해 굴림을 굴립니다. 반면 당신이 대거를 던졌다면, 대거는 교묘함 속성이 붙어 있기 때문에 근력과 민첩 중 원하는 수정치를 선택할 수 있습니다.

양손. 이 무기를 사용해 공격하려면 양손이 다 필요합니다.

다용도. 이 무기는 한손이나 양손으로 다룰 수 있습니다. 괄호 안에 있는 피해값은 이 무기를 양손으로 사용했을 때 가해지는 피해값을 말합니다.

임기응변 무기

가끔은 캐릭터들이 무기를 지니지 못한 상태에서 손에 잡히는 것은 무엇이든 무기로 사용할 때가 있습니다. 임기응변 무기는 깨진 유리잔에서 시작해 탁자 다리, 프라이팬, 마차 바퀴나 죽은 고블린에 이르기까지 한 손이나 양손으로 잡고 무기처럼 사용할 수 있는 모든 것을 말합니다.

대부분의 경우 임기응변 무기는 실제 무기와 유사하므로 그렇게 취급할 수 있습니다. 예를 들어, 탁자 다리는 클럽과 비슷하니 마찬가지로 취급할 수 있습니다. DM의 판정에 따라서 자신이 숙련을 지닌 무기와 비슷한 것을 사용하는 경우 명중 굴림이나 피해 굴림에 숙련 보너스를 받을 수도 있습니다.

일반적인 무기와 전혀 비슷하지 않은 물건의 경우, 그냥 1d4 피해를 입힙니다. (DM이 피해의 종류를 결정할 것입니다) 만약 캐릭터가 장거리 무기를 사용해 근접 공격을 가하려 하거나, 투척 속성이 없는 근접 무기를 던질 경우 마찬가지로 1d4 피해를 입힙니다. 임기응변 무기의 사거리는 일반 20ft, 최대 60ft 정도입니다.

은도금 무기

비마법적 무기에 면역이나 저항을 지니고 있는 괴물 중 일부는 은제 무기에 피해를 받기도 합니다. 따라서 주의깊은 모험자들은 약간의 재산을 더 투자하여 무기에 은을 입히기도 합니다. 무기 하나 혹은 탄환 10개에 은을 입히는 비용은 100gp입니다. 이 비용은 은의 가격뿐 아니라, 무기의 효율성을 유지하면서도 은을 입히는 데 들어가는 시간과 전문적인 기술에 따른 것입니다.

특별 무기

특별 규칙이 적용되는 무기들은 아래와 같습니다.

랜스. 당신은 5ft 거리 내에 있는 적을 랜스로 근접 공격을 가할 때 명중 굴림에 불리점을 받습니다. 또한, 탈것에 타지 않은 상태에서 랜스를 사용하려 할 경우 양손이 필요합니다.

그물. 대형 크기 이하의 크리쳐가 그물에 명중한 경우, 풀려나기 전까지 포박 상태가 됩니다. 형체가 없거나 거대 크기 이상의 크리쳐에게는 그물은 아무 효과가 없습니다. 그물에 포박된 크리쳐는 행동을 사용하고 DC 10의 근력 판정을 하여 풀려날 수 있으며, 주변에 접근한 다른 크리쳐 역시 동일한 판정을 하여 풀어줄 수 있습니다. 그물(AC 10)에 5점의 참격 피해를 가하면 포박된 크리쳐에게 해를 가하지 않고 그물을 찢을 수 있으며, 그렇게 하면 포박 상태는 종료됩니다.

당신이 행동, 추가 행동, 반응행동을 사용해 그물로 공격을 가할 때, 실제로 당신이 여러 번 공격할 수 있더라도 그물로는 오직 한 번의 공격만 가할 수 있습니다.

모험 도구

이 부분에서는 특별 규칙이 있거나 추가적인 설명이 필요한 모험 도구들에 대해서 다룹니다.

구성요소 주머니. 구성요소 주머니는 방수 처리된 작은 가죽 허리 주머니들로, 당신이 주문을 시전할 때 사용하는 일반적인 물질 구성요소들을 나누어 담을 수 있게 되어 있습니다. 단, 특별한 비용이 들어가는 요소들은 이에 포함되지 않습니다.

기름. 기름은 대개 1파인트들이 점토 물병으로 판매됩니다. 당신은 행동을 사용하여 5ft 내의 목표에게 뿌리거나 20ft까지 던질 수 있으며, 병은 충격을 받으면 깨집니다. 어느 쪽이든, 당신은 기름을 임기응변 무기로 취급해 장거리 공격을 가합니다. 명중하면 목표는 기름에 뒤덮이게 됩니다. 만약 이후 목표가 기름이 마르기 전에 화염 피해를 받게 되면, 기름이 불타오르며 추가로 5점의 화염 피해를 입게 됩니다. (기름이 마르는 데는 1분이 걸립니다.) 또한, 당신은 기름을 5 × 5ft의 평평한 땅에 뿌릴 수 있습니다. 이렇게 땅에 뿌린 다음 불을 붙이면, 기름은 2라운드간 불타며 해당

무기

이름	가격	피해	무게	속성
단순 근접 무기				
그레이트클럽(Greatclub, 대곤봉)	2sp	1d8 타격 피해	10lbs	양손
대거(Dagger, 단검)	2gp	1d4 관통 피해	1lb	교묘함, 경량, 투척 (거리 20/60)
라이트 해머(Light Hammer, 경량 망치)	2gp	1d4 타격 피해	2lbs	경량, 투척 (거리 20/60)
메이스(Mace, 철퇴)	5gp	1d6 타격 피해	4lbs	—
스피어(Spear, 창)	1gp	1d6 관통 피해	3lbs	투척 (거리 20/60), 다용도 (1d8)
시클(Sickle, 낫)	1gp	1d4 참격 피해	2lbs	경량
자벨린(Javelin, 투창)	5sp	1d6 관통 피해	2lbs	투척 (거리 30/120)
쿼터스태프(Quarterstaff, 육척봉)	2sp	1d6 타격 피해	4lbs	다용도 (1d8)
클럽(Club, 곤봉)	1sp	1d4 타격 피해	2lbs	경량
핸드액스(Handaxe, 손도끼)	5gp	1d6 참격 피해	2lbs	경량, 투척 (거리 20/60)
단순 장거리 무기				
다트(Dart)	5cp	1d4 관통 피해	0.25lbs	교묘함, 투척 (거리 20/60)
라이트 크로스보우(Light Crossbow, 경석궁)	25gp	1d8 관통 피해	5lbs	탄환 (거리 80/320), 장전, 양손
숏보우(Shortbow, 단궁)	25gp	1d6 관통 피해	2lbs	탄환 (거리 80/320), 양손
슬링(Sling, 돌팔매 혹은 무릿매)	1sp	1d4 타격 피해	-	탄환 (거리 30/120)
군용 근접 무기				
그레이트소드(Greatsword, 대검)	50gp	2d6 참격 피해	6lbs	중량형, 양손
그레이트액스(Greataxe, 대도끼)	30gp	1d12 참격 피해	7lbs	중량형, 양손
글레이브(Glaive, 장도)	20gp	1d10 참격 피해	6lbs	중량형, 간격, 양손
랜스(Lance, 거창)	10gp	1d12 관통 피해	6lbs	간격, 특별
레이피어(Rapier)	25gp	1d8 관통 피해	2lbs	교묘함
롱소드(Longsword, 장검)	15gp	1d8 참격 피해	3lbs	다용도 (1d10)
마울(Maul, 거대망치)	10gp	2d6 타격 피해	10lbs	중량형, 양손
모닝스타(Morningstar)	15gp	1d8 관통 피해	4lbs	—
배틀액스(Battleaxe, 전투도끼)	10gp	1d8 참격 피해	4lbs	다용도 (1d10)
숏소드(Shortsword, 소검)	10gp	1d6 관통 피해	2lbs	교묘함, 경량
시미터(Scimitar, 언월도)	25gp	1d6 참격 피해	3lbs	교묘함, 경량
워 픽(War Pick, 전쟁 곡괭이)	5gp	1d8 관통 피해	2lbs	—
워해머(Warhammer, 전쟁망치)	15gp	1d8 타격 피해	2lbs	다용도 (1d10)
채찍(Whip)	2gp	1d4 참격 피해	3lbs	교묘함, 간격
트라이던트(Trident, 삼지창)	5gp	1d6 관통 피해	4lbs	투척 (거리 20/60), 다용도(1d8)
파이크(Pike, 장창)	5gp	1d10 관통 피해	18lbs	중량형, 간격, 양손
플레일(Flail, 도리깨)	10gp	1d8 타격 피해	2lbs	—
할버드(Halberd, 미늘창)	20gp	1d10 참격 피해	6lbs	중량형, 간격, 양손
군용 장거리 무기				
그물(Net)	1gp	—	3lbs	특별, 투척 (거리 5/15)
롱보우(Longbow, 장궁)	50gp	1d8 관통 피해	2lbs	탄환 (거리 150/600) 중량형, 양손
블로우건(Blowgun, 바람총)	10gp	1 관통 피해	1lb	탄환 (거리 25/100), 장전
핸드 크로스보우(Hand Crossbow, 손 석궁)	75gp	1d6 관통 피해	3lbs	탄환 (거리 30/120), 경량, 장전
헤비 크로스보우(Heavy Crossbow, 중석궁)	50gp	1d10 관통 피해	18lbs	탄환 (거리 100/400), 중형, 장전, 양손

모험 도구

물건	가격	무게
2인용 텐트	2gp	20lbs
가방	1cp	0.5lbs
가죽 수통	2sp	5lbs(찼을 때)
강철 거울	5gp	0.5lbs
건설용 망치	2gp	10lbs
고급 복장	15gp	6lbs
고정못	5cp	0.25lbs
광부의 곡괭이	2gp	10lbs
구성요소 주머니	25gp	2lbs
기름 (약병)	1sp	1lb
기본 독 (약병)	100gp	—
나무통	2gp	70lbs
낚시용 도구	1gp	4lbs
담요	5sp	3lbs
덮개 랜턴	5gp	2lbs
도르래와 걸쇠	1gp	5lbs
돋보기	100gp	—
드루이드 매개체		
겨우살이 가지	1gp	—
나무 지팡이	5gp	4lbs
주목 봉	10gp	1lb
토템	1gp	-
등반용 갈고리	2gp	4lbs
등반자용 키트	25gp	12lbs
램프	5sp	1lb
로브	1gp	4lbs
마 로프 (50ft 길이)	1gp	10lbs
마름쇠 (20개 들이 가방)	1gp	2lbs
망원경	1,000gp	1lb
망치	1gp	3lbs
모래시계	25gp	1lb
물약통	2cp	1lb
물잔이나 피쳐	2cp	4lbs
물통	5cp	2lbs
미끄럼 구슬 (1,000개 들이 가방)	1gp	2lbs
바구니	4sp	2lbs
배낭	2gp	5lbs
봉인 밀랍	5sp	—
부싯깃통	5sp	1lb
분장용 복장	5gp	4lbs
분필 (1조각)	1cp	—
비누	2cp	—
비단 로프 (50ft 길이)	10gp	5lbs
비전 매개체		
막대	10gp	2lbs
보주	20gp	3lbs
봉	10gp	1lb
수정	10gp	1lb
지팡이	5gp	4lbs
사냥용 덫	5gp	25lbs
사다리 (10ft 높이)	1sp	25lbs
사슬 (10ft)	5gp	10lbs

물건	가격	무게
산 (약병)	25gp	1lb
삽	2gp	5lbs
상인용 저울	5gp	3lbs
상자	5gp	25lbs
석궁 볼트 통	1gp	1lb
성수 (약병)	25gp	1lb
성표		
문양	5gp	—
부적	5gp	1lb
성물	5gp	2lbs
쇠 말뚝 (10개)	1gp	5lbs
쇠 주전자	2gp	10lbs
쇠지렛대	2gp	5lbs
숫돌	1cp	1lb
신호 호루라기	5cp	—
약병	1gp	—
양초	1cp	—
양피지 (한 장)	1sp	—
여행자의 복장	2gp	4lbs
연금술사의 불 (약병)	50gp	1lb
요리 도구	2sp	1lb
유리병	2gp	2lbs
인장 반지	5gp	—
잉크 (1온스 병)	10gp	—
잉크용 펜	2cp	—
자물쇠	10gp	1lb
장대 (10ft 길이)	5cp	7lbs
족쇄	2gp	6lbs
종	1gp	—
종이 (한 장)	2sp	—
주머니	5sp	1lb
주문책	50gp	3lbs
주판	2gp	2lbs
지도나 두루마리 통	1gp	1lb
책	25gp	5lbs
치유사의 키트	5gp	3lbs
치유의 물약	50gp	0.5lb
침낭	1gp	7lbs
탄환류		
블로우건 바늘 (50개)	1gp	1lb
석궁 볼트 (20개)	1gp	1.5lbs
슬링 탄환 (20개)	4cp	1.5lbs
화살 (20개)	1gp	1lb
평민 복장	5sp	3lbs
해독제 (약병)	50gp	—
향수 (약병)	5gp	—
화살통	1gp	1lb
황소눈 랜턴	10gp	2lbs
횃불	1cp	1lb
휴대식량 (1일치)	5sp	2lbs
휴대용 파성추	4gp	35lbs

지역에 들어오거나 그 지역에서 자기 턴을 끝마친 크리처에게 5점의 화염 피해를 가합니다. 이 화염 피해는 라운드당 1번만 가해집니다.

기본 독. 당신은 이 약병에 들어 있는 독을 참격이나 관통 무기 하나에 바르거나 탄환 3개에 바를 수 있습니다. 이 독을 바르려면 행동을 사용해야 합니다. 독을 바른 무기에 명중된 크리처는 DC 10의 건강 내성에 실패하면 1d4점의 독성 피해를 받게 됩니다. 한번 독을 바르면 증발해서 효과가 사라지기까지 1분 정도가 걸립니다.

낚시용 도구. 이 도구는 나무로 된 낚싯대, 비단 낚싯줄, 코르크로 만든 찌, 강철 낚싯바늘, 납으로 된, 추, 벨벳 미끼와 작은 그물로 이루어집니다.

덮개 랜턴. 덮개 랜턴은 주변 30ft 반경을 밝은 빛 환경으로, 추가로 30ft까지는 약한 빛 환경으로 밝힙니다. 일단 밝히면 기름 한 병으로 6시간 정도를 사용할 수 있습니다. 당신은 행동을 사용하여 덮개를 내릴 수 있으며, 그러면 주변 5ft 반경을 약한 빛 환경으로 밝히는 것 외에는 조명이 차단됩니다.

도르래와 걸쇠. 밧줄이 연결된 도르래와 걸쇠로, 물건에 걸고 끌어당길 수 있게 되어 있습니다. 이것을 사용하면 당신은 일반적으로 들어올릴 수 있는 무게의 4배까지를 들어올릴 수 있습니다.

돋보기. 이 렌즈는 작은 물체를 세밀하게 관찰하는 용도로 사용합니다. 이것은 또한 부싯돌을 대신하여 불을 붙이는 용도로도 사용할 수 있습니다. 돋보기로 불을 붙이려면 태양빛과 유사한 밝기의 조명과 불쏘시개가 필요하며, 5분 정도가 소요됩니다. 돋보기는 무언가 세밀하거나 작은 물건을 감정하거나 조사하는 능력 판정에 이점을 부여해 줍니다.

드루이드 매개체. 드루이드가 사용하는 매개체는 겨우살이나 호랑가시나무의 가지 또는 특별한 나무로 만든 봉이나 홀, 살아있는 나무로 만들어진 지팡이 등이며, 그 외에도 신성한 동물의 깃털과 가죽, 뼈나 이빨 등으로 만든 토템을 쓰기도 합니다. 드루이드는 이러한 물건을 주문시전 도구로 사용할 수 있으며, 이에 대한 자세한 내용은 제10장에 설명되어 있습니다.

등반용 키트. 등반용 키트는 특별한 고정못, 장화에 부착하는 박음쇠, 장갑, 고정끈으로 이루어져 있습니다. 당신은 행동을 사용해 등반용 키트를 써서 벽면에 스스로를 고정할 수 있습니다. 이렇게 할 경우, 당신은 고정된 위치에서 25ft 이상 낙하하지 않고 매달릴 수 있습니다. 또한, 당신은 고정한 위치에서 25ft 이상 위로 올라갈 수 없습니다.

램프. 램프는 불을 밝혔을 때 주변 15ft까지를 밝은 빛 환경으로, 추가로 30ft까지를 약한 빛 환경으로 밝힙니다. 일단 밝히면, 기름 한 병으로 6시간 정도를 사용할 수 있습니다.

로프. 마로 만든 것이든 비단으로 만든 것이든 로프는 2점의 hp를 지니며, DC 17 근력 판정에 성공하면 끊을 수 있습니다.

마름쇠. 당신은 행동을 사용하여 마름쇠가 들어 있는 가방을 5 × 5ft의 바닥에 뿌릴 수 있습니다. 해당 지역에 들어선 크리처는 DC 15의 민첩 내성에 실패할 경우 멈추게 되며 1점의 관통 피해를 받게 됩니다. 해당 크리처는 최소 1점의 hp를 회복하기 전까지 보행 이동속도가 10ft 감소합니다. 자기 이동속도의 절반 이하로 이동하는 크리처는 내성 굴림을 굴릴 필요 없이 해당 지역을 지나칠 수 있습니다.

망원경. 망원경은 멀리 있는 사물을 2배까지 크기로 확대하여 볼 수 있습니다.

미끄럼 구슬. 당신은 행동을 사용하여 주머니에 든 이 작은 금속 구슬들을 주변 10 × 10ft 너비의 바닥에 뿌릴 수 있습니다. 이 바닥에 들어선 크리처는 DC 10의 민첩 내성에 실패하면 넘어집니다. 자기 이동속도의 절반만 사용하는 크리처는 내성 굴림 없이 해당 지역을 지나칠 수 있습니다.

부싯깃통. 이 작은 용기는 불을 붙이기 위한 부싯돌과 쇠판, 그리고 불쏘시개들로 이루어져 있습니다. (불쏘시개들은 주로 기름에 적신 천조각들입니다.) 이것을 가지고 행동을 사용하면 횃불이나 다른 준비된 연료에 불을 붙일 수 있습니다. 반면 다른 가연성 물질에 불을 붙이는 데는 1분이 필요합니다.

비전 매개체. 비전 매개체는 보주, 수정, 막대, 특별 제작된 지팡이, 나무로 만들어진 짧은 봉 등등의 특별한 물건입니다. 이러한 도구는 비전 주문의 힘을 끌어낼 수 있도록 고안되었습니다. 소서러나 워락, 위저드 등은 이러한 물건을 주문시전 도구로 사용할 수 있으며, 이에 대한 내용은 제10장에 나와 있습니다.

사냥용 덫. 당신은 행동을 사용해 덫을 설치할 수 있으며, 이 덫은 어떤 크리처가 중앙의 압력판을 밟으면 이빨 모양의 쇠덫이 작동해 사냥감을 붙잡는 방식입니다. 이 덫은 무거운 사슬로 나무에 고정하거나 말뚝으로 지면에 고정할 수 있습니다. 덫에 올라간 크리처는 DC 13의 민첩 내성 굴림에 실패 시 1d4점의 관통 피해를 받고 움직일 수 없게 됩니다. 덫에 걸린 크리처는 풀려날 때까지 사슬의 거리(대개 3ft 정도) 안에서만 움직일 수 있습니다. 덫에 걸린 크리처는 행동을 사용해 DC 13의 근력 판정을 해서 성공할 시 풀려날 수 있으며, 근접한 크리처가 같은 판정으로 풀어줄 수도 있습니다. 판정에 실패할 때마다 덫에 걸린 크리처는 1점씩의 관통 피해를 받게 됩니다.

사슬. 사슬은 10점의 hp를 지닙니다. 또한 사슬은 DC 20의 근력 판정에 성공할 시 끊어버릴 수 있습니다.

산. 당신은 행동을 사용하여 이 약병의 내용물을 5ft 이내의 크리처에 뿌리거나 최대 20ft까지 던질 수 있습니다. 약병은 충격을 받으면 깨집니다. 어느 쪽이든 당신은 산이 든 약병을 임기응변 무기로 취급해 장거리 공격을 가해야 합니다. 명중하면 목표는 2d6점의 산성 피해를 입습니다.

상인용 저울. 이 저울은 작은 균형자와 접시들, 그리고 2lbs까지의 무게를 잴 수 있는 무게추들로 이루어져 있습니다. 이 저울을 사용하면 귀금속이나 상품, 보석 등등 작은 물건들의 정확한 무게를 재고 가치를 측정할 수 있습니다.

석궁 볼트 통. 이 나무 통에는 석궁용 볼트 20개가 들어 있습니다.

장비 꾸러미

당신이 클래스를 선택하며 얻게 되는 시작 장비들은 여러 가지 유용한 모험 도구들을 하나의 꾸러미로 모은 것입니다. 이 꾸러미의 내용물들은 아래 목록에 나와 있습니다. 만약 당신이 시작 장비를 직접 구매하고자 한다면, 당신은 아래 목록의 가격에 해당 꾸러미를 구매할 수도 있으며, 그렇게 하면 개개의 물건을 개별적으로 사는 것보다 저렴하게 해결할 수 있습니다.

던전 탐색자의 꾸러미(12gp). 배낭, 쇠지렛대, 망치, 고정못 10개, 횃불 10개, 부싯깃통, 휴대식량 10일치, 가죽 수통 하나, 이 꾸러미는 50ft 길이의 마 로프로 둘러싸여 있습니다.

도둑의 꾸러미(16gp). 배낭, 1,000개들이 미끄럼 구슬 주머니, 10ft 줄, 종, 양초 5개, 쇠지렛대, 망치, 고정못 10개, 덮개 랜턴, 기름 2병, 휴대식량 5일치, 부싯깃통, 가죽수통 하나. 이 꾸러미는 50ft 길이의 마 로프로 둘러싸여 있습니다.

사제의 꾸러미(19gp). 배낭, 담요, 양초 10개, 부싯깃통, 헌금통, 향 2개, 향로, 사제복, 휴대식량 2일치, 가죽 수통이 포함됩니다.

예능인의 꾸러미(40gp). 배낭, 침낭, 분장용 복장 2벌, 양초 5개, 휴대식량 5일치, 가죽수통 하나, 변장 키트 하나가 포함됩니다.

외교관의 꾸러미(39gp). 상자, 2개의 지도나 두루마리 통, 고급 의류 한 벌, 잉크 한 병, 펜 하나, 램프, 기름 2병, 종이 5장, 향수 한 병, 봉인용 밀랍, 비누가 포함되어 있습니다.

탐험가의 꾸러미(10gp). 배낭, 침낭, 요리도구, 부싯깃통, 횃불 10개, 휴대식량 10일치, 가죽 수통 하나. 이 꾸러미는 50ft 길이의 마 로프로 둘러 싸여 있습니다.

학자의 꾸러미(40gp). 배낭, 전승서적, 잉크 한 병, 펜 하나, 양피지 10장, 작은 모래주머니, 작은 나이프 하나가 포함됩니다.

성수. 당신은 행동을 사용하여 이 약병의 액체를 5ft 이내의 크리쳐에게 뿌리거나 20ft까지 던질 수 있으며, 충격을 받으면 병은 깨집니다. 어느 쪽이든 당신은 약병을 임기응변 무기로 취급해 목표에게 장거리 공격을 행합니다. 만약 목표가 악마 또는 언데드라면, 명중시 2d6점의 광휘 피해를 받습니다.

클레릭이나 팔라딘은 특별한 의식을 통해 성수를 만들 수 있습니다. 이 의식은 1시간이 걸리며, 25gp 상당의 은가루가 필요하고, 시전자는 1레벨 주문 슬롯을 사용해야 합니다.

성표. 성표는 신이나 만신전의 상징입니다. 성표는 특정한 신의 문양이 그려진 부적이나 방패에 그려진 문양일 수도 있으며, 신성한 성물의 조각이 담긴 상자일 수도 있습니다. 부록 B에는 멀티버스 속의 다양한 신들이 사용하는 상징들이 나와 있습니다. 클레릭이나 팔라딘은 성표를 주문집중 매개체로 사용할 수 있으며, 이에 대한 자세한 내용은 제10장에 나와 있습니다. 성표를 이렇게 사용하려면 시전자는 반드시 성표를 손에 들고 있거나, 보이는 곳에 착용하거나, 방패에 부착해 놓아야 합니다.

쇠지렛대. 쇠지렛대를 사용할 수 있는 환경에서 이를 사용하면 해당하는 근력 판정에 이점을 받을 수 있습니다.

양초. 양초는 1시간 동안 주변 5ft 반경을 밝은 빛 환경으로, 추가 5ft까지를 약한 빛 환경으로 만듭니다.

연금술사의 불. 이 끈적한 부식성 액체는 공기에 닿으면 불이 붙습니다. 당신은 행동을 사용하여 이 약병을 20ft까지 던질 수 있으며, 충격을 받으면 병이 깨집니다. 약병을 임기응변 무기로 취급해 목표에 장거리 공격을 가합니다. 명중하면 목표는 자기 턴이 시작할 때마다 1d4점의 화염 피해를 입습니다. 피해를 입고 있는 크리쳐는 자기 턴에 행동을 사용하여 DC 10의 민첩 판정에 성공할 경우 불을 끌 수 있습니다.

요리 도구. 이 양철 상자는 컵과 간단한 조리 도구들이 들어 있습니다. 상자는 같이 접어 넣을 수 있으며, 한쪽 면은 요리용 팬으로, 반대편은 식판이나 얕은 그릇으로 쓸 수 있습니다.

자물쇠. 자물쇠에 맞는 열쇠도 같이 제공됩니다. 열쇠가 없으면 도둑 도구에 숙련을 지닌 크리쳐가 DC 15의 민첩 판정에 성공해야만 자물쇠를 딸 수 있습니다. DM은 더 높은 가격에 더욱 정교한 자물쇠를 사는 것도 가능하다고 판정할 수 있습니다.

족쇄. 이 금속 구속구는 소형 또는 중형 크리쳐를 속박할 수 있습니다. 족쇄에서 벗어나려면 DC 20의 민첩 판정에 성공해야 합니다. 족쇄를 파괴하기 위해서는 DC 20의 근력 판정에 성공해야 합니다. 족쇄에는 그에 맞는 열쇠 하나가 포함됩니다. 열쇠 없이 족쇄를 열기 위해서는 도둑 도구에 숙련을 지닌 크리쳐가 DC 15의 민첩 판정에 성공해야 합니다. 족쇄는 15점의 hp를 지닙니다.

주머니. 가죽이나 천으로 만들어진 주머니는 20개의 슬링 탄환이나 50개의 블로우건 바늘, 혹은 다른 물건들을 보관할 수 있습니다. 주문 구성요소들을 보관하는 주머니는 따로 구성요소 주머니라고 부릅니다. (이 장에서 따로 설명하고 있습니다.)

주문책. 위저드들의 필수품인 주문책은 가죽 장정에 종이 100페이지로 이루어져 있으며, 주문을 기록하는 용도로 사용됩니다.

지도나 두루마리 통. 이 원통형 가죽 통은 10개까지의 말린 종이나 5개까지의 양피지를 넣어 보관할 수 있습니다.

책. 책은 대개 시나 역사적 내용, 정보, 전승 지식, 도표나 설계도 같은 내용이 들어 있으며, 그 외에도 여러 가지 글이나 그림이 있을 수 있습니다. 주문이 들어 있는 책은 따로 주문책이라 칭하며, 이는 나중에 따로 설명합니다.

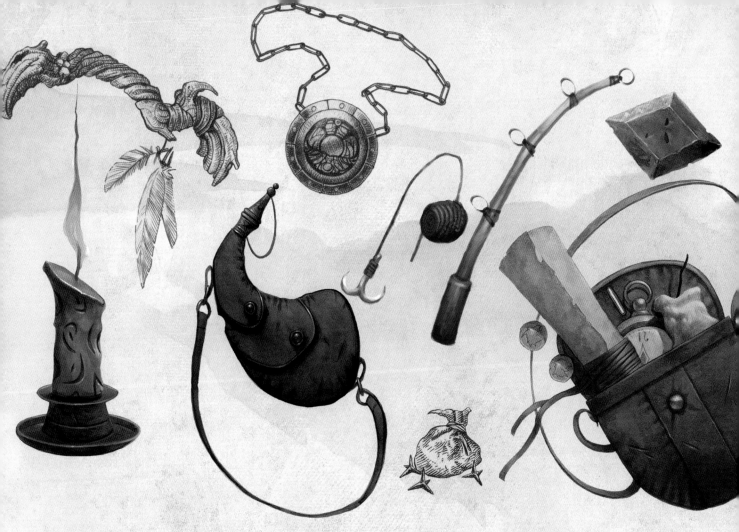

치유사의 키트. 이 키트는 붕대와 연고, 부목이 포함된 가죽 주머니로 이루어져 있습니다. 이 키트는 10회 사용할 수 있습니다. 당신은 행동을 사용하여 키트의 내용물 1회분을 써서 hp 0의 크리쳐 하나를 지혜(의학) 판정 없이 안정화시킬 수 있습니다.

치유의 물약. 이 붉은색 마법 액체를 마신 캐릭터는 2d4+2점의 hp를 회복합니다. 물약을 마시거나 누군가에게 먹이려면 행동을 사용해야 합니다.

텐트. 단순하게 만들어진 휴대용 쉼터로, 2명까지 잘 수 있습니다.

해독제. 이 약병의 내용물을 마신 크리쳐는 1시간 동안 독에 대한 내성굴림에 이점을 얻습니다. 해독제는 언데드나 구조물에는 아무런 효과도 없습니다.

화살통. 화살통에는 20개까지의 화살을 보관할 수 있습니다.

황소눈 랜턴. 황소눈 랜턴은 60ft 길이의 원뿔형 범위를 밝은 빛 환경으로, 추가로 60ft 길이까지는 약한 빛 환경으로 밝힙니다. 일단 불을 밝히면 기름 한 병으로 6시간 정도를 사용할 수 있습니다.

햇불. 햇불은 1시간 동안 불을 밝히며, 주변 20ft 반경을 밝은 빛 환경으로, 추가로 20ft 반경까지는 약한 빛 환경으로 밝힙니다. 만약 당신이 불타는 햇불로 근접 공격을 가하면, 명중시 1점의 화염 피해를 가합니다.

휴대식량. 휴대식량은 장거리 여행에 필요한 건조된 음식들이며, 육포, 말린 과일, 견과류, 비스킷 등을 포함하고 있습니다.

휴대용 파성추. 이 커다란 파성추는 문을 파괴하는데 사용할 수 있습니다. 이를 사용하면 문을 파괴하기 위한 근력 판정에 +4 보너스를 받을 수 있습니다. 다른 캐릭터 한 명이 파성추를 사용하는 데 도움을 준다면 판정에 이점을 받을 수 있습니다.

용기의 수용량

용기	수용량
가방	1입방피트 / 30lbs 가량의 장비
가죽물통	4파인트의 액체
나무통	40갤런의 액체, 4입방피트의 고체
물약통	1파인트의 액체
물잔이나 피쳐	1갤런의 액체
물통	3갤런의 액체, 0.5입방피트의 고체
바구니	2입방피트 / 40lbs 가량의 장비
배낭*	1입방피트 / 30lbs 가량의 장비
병	1.5파인트의 액체
상자	12입방피트 / 300lbs 가량의 장비
쇠 주전자	1갤런의 액체
약병	4온스의 액체
주머니	0.2입방피트 / 6lbs 가량의 장비

*이 수용량 외에도 침낭을 동여매고 로프를 옆에 차는 등으로 배낭을 이용할 수 있습니다.

도량형 환산

1파운드=0.45kg. 1갤런=3.7L, 1파인트=0.56L, 1온스=28g

도구

물건을 제작하고 수리하거나, 문서를 위조하거나, 자물쇠를 따는 일 등은 반드시 도구가 필요합니다. 당신의 종족, 클래스, 배경이나 재주에 따라 당신은 여러 가지 도구에 숙련을 가지게 됩니다. 도구에 대한 숙련이 있으면, 당신은 해당 도구를 사용하여 판정할 때 숙련 보너스를 더할 수 있습니다. 도구는 다양한 용법으로 사용할 수 있기 때문에, 하나의 능력치에만 관여하지 않습니다. 예를 들어, DM은 목공의 도구로 세밀한 조각을 하려 할 때 민첩 판정을 요구할 수도 있으며, 단단한 목재를 이용하려 할 때는 근력 판정을 요구할 수도 있습니다.

게임 세트. 이 세트는 주사위나 (용 세 마리 놀이 용 등등을 위한) 카드 등과 같은 다양한 게임 도구들이 포함되어 있습니다. 평범한 것들은 도구 표에도 나와 있지만, 다른 게임 세트들 역시 존재합니다. 게임 세트에 숙련을 지니고 있다면, 그 세트를 이용한 게임을 할 때 능력 판정에 숙련 보너스를 받을 수 있습니다. 게임 세트들은 각각 다른 숙련이 필요합니다.

도둑 도구. 이 도구에는 작은 쇠줄, 자물쇠 따개, 금속 손잡이가 달린 소형 거울, 가느다란 가위, 한 쌍의 집게 따위가 포함되어 있습니다. 이 도구에 숙련을 지니고 있으면 당신은 함정을 해체하거나 자물쇠를 열 때 능력 판정에 숙련 보너스를 받을 수 있습니다.

독 제작자의 도구. 독 제작자의 도구에는 여러 가지 약병과 화합물, 기타 독을 제조하는데 필요한 물품이 포함되어 있습니다. 이 도구에 숙련이 있으면 독을 만들거나 사용할 때의 능력 판정에 숙련 보너스를 더할 수 있습니다.

변장 키트. 이 주머니 속에는 다양한 화장품과 염색약, 기타 신체적 외모를 변장할 때 사용되는 소도구가 들어 있습니다. 이 도구에 숙련을 지니고 있으면 변장시의 능력 판정에 숙련 보너스를 더할 수 있습니다.

약초학 키트. 이 키트에는 가위와 막자, 공이, 다양한 약병이나 주머니 등등 물약이나 치료제를 만들기 위한 약초학 용구가 포함되어 있습니다. 이 도구에 숙련을 지니고 있으면 약초를 식별하거나 수집하기 위한 능력 판정에 숙련 보너스를 받을 수 있습니다. 또한, 당신이 해독제나 치유의 물약을 제작할 때도 이 도구에 대한 숙련이 필요합니다.

위조 키트. 이 작은 상자 안에는 다양한 종이와 양피지가 들어 있으며, 펜과 잉크, 인장과 밀랍, 금이나 은으로 만들어진 핀, 기타 문서를 위조할 때 필요한 도구들이 들어 있습니다. 이 도구에 숙련이 있으면 문서를 위조하고자 할 때 능력 판정에 숙련 보너스를 더할 수 있습니다.

악기. 도구 표에는 가장 널리 사용되는 악기들이 나와 있습니다. 해당 악기에 대해 숙련을 지니고 있다면, 당신은 악기를 연주할 때 능력 판정에 숙련 보너스를 더할 수 있습니다. 바드는 악기를 주문 시전 도구로 사용할 수 있으며, 이에 대한 규칙은 제10장에 나와 있습니다. 각각의 악기마다 따로 숙련이 필요합니다.

장인의 도구. 이 특별한 도구들은 무언가 만들거나 거래할 때 필요한 것들입니다. 아래 표에서는 가장 널리 쓰이는 도구들이 나와 있으며, 이들 각각은 물건 제작에 필요한 것들입니다. 장인의 도구에 대한 숙련을 지니고 있으면, 제작시 능력 판정에 숙련 보너스를 더할 수 있습니다. 장인의 도구들은 각각 다른 숙련이 필요합니다.

항해사의 도구. 이 도구들은 바다에서 방향을 가늠할 때 사용하는 것들입니다. 항해사의 도구에 숙련을 지니고 있으면 배의 진로를 잡고 운항할 수 있습니다. 또한 이 도구에 숙련이 있으면 바다에서 길을 잃지 않기 위해 능력 판정을 할 때 능력 판정에 숙련 보너스를 더할 수 있습니다.

도구

물건	가격	무게
게임 세트		
드래곤체스 세트	1gp	0.5lb
용 세 마리 놀이 세트	1gp	—
주사위 세트	1sp	—
카드 놀이 세트	5sp	—
도둑 도구	25gp	1lb
독 제작자의 도구	50gp	2lbs
변장 키트	25gp	3lbs
약초학 키트	5gp	3lbs
위조 키트	15gp	5lbs
악기		
덜시머	25gp	10lbs
드럼	6gp	3lbs
류트	35gp	2lbs
리르	30gp	2lbs
비올	30gp	1lb
백파이프	30gp	6lbs
뿔피리	3gp	2lbs
숌	2gp	1lb
팬 플루트	12gp	2lbs
플루트	2gp	1lb
장인의 도구		
구두장이의 도구	5gp	5lbs
대장장이의 도구	20gp	8lbs
도기 제작자의 도구	10gp	3lbs
땜장이의 도구	50gp	10lbs
목공의 도구	8gp	6lbs
목세공사의 도구	1gp	5lbs
무두장이의 도구	5gp	5lbs
보석세공사의 도구	25gp	2lbs
서기의 도구	10gp	5lbs
석공의 도구	10gp	8lbs
양조사의 도구	20gp	9lbs
연금술사의 도구	50gp	8lbs
요리사의 도구	1gp	8lbs
유리제작자의 도구	30gp	5lbs
지도제작자의 도구	15gp	6lbs
직조공의 도구	1gp	5lbs
화가의 도구	10gp	5lbs
승용물 (지상 혹은 수상용)	*	*
항해사의 도구	25gp	2lbs

*"탈것과 승용물" 부분 참조.

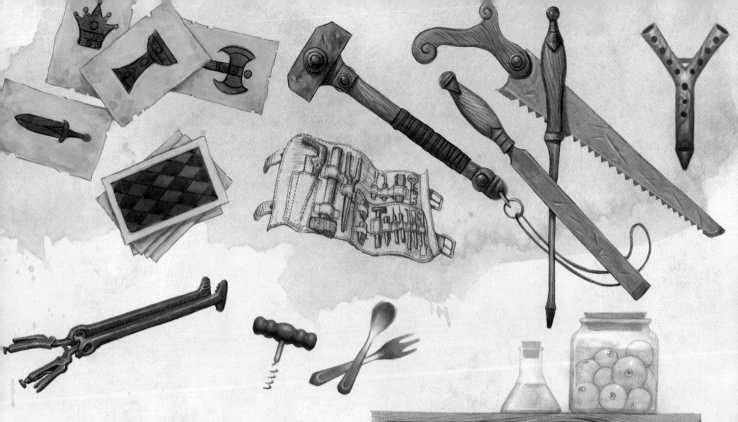

탈것과 승용물

좋은 탈것이 있으면 야생 환경에서 더 빨리 이동할 수 있지만, 사실 주된 목적은 이동을 저해할 수 있는 더 많은 장비를 싣고 다니기 위한 것입니다. 탈것과 기타 동물 표에는 동물들 각각의 이동속도와 기본 적재량이 나와 있습니다.

동물은 마차나 수레, 전차, 썰매 등을 끌 수 있으며, 이 경우 기본 적재량의 5배까지를 끌고 움직일 수 있습니다. (끌게 되는 승용물의 무게도 포함됩니다.) 만약 동물 여럿이 하나의 승용물을 끌게 되면, 각각의 적재량을 모두 더하여 해결합니다.

D&D 세계에서는 여기 나와 있지 않은 동물들 역시 탈것으로 사용할 수 있지만, 그런 것들은 일반적으로 구매할 수 없습니다. 이런 탈것에는 페가서스, 그리폰, 히포그리프 등의 비행 탈것도 있으며, 거대 해마 따위의 수중용 탈것도 있습니다. 이러한 탈것을 얻기 위해서는 알 상태일 때 구해서 스스로 키우거나, 강력한 존재와 거래하여 얻어내거나, 탈것과 직접 협상하는 과정이 필요합니다.

노젓는 배. 용골선이나 나룻배는 호수나 강에서 사용할 수 있습니다. 흐르는 방향을 따라간다면, 선박의 이동속도에 강의 속도를 더할 수 있습니다. (대개 시속 3마일 정도가 더해집니다.) 이 배들로는 물의 큰 흐름에 거스를 수 없지만, 해안에서 짐 끄는 동물들을 이용해 운반할 수 있습니다. 지상에서 운반할 경우 나룻배는 100lbs 정도 무게가 나갑니다.

마갑. 마갑은 동물의 머리, 목, 가슴, 몸통 등을 방어하기 위해 고안된 갑옷입니다. 기본적으로 갑옷 표에 실린 모든 갑옷을 마갑으로 만들 수 있지만, 그 비용은 인간형 갑옷의 4배 정도가 들어가며, 무게도 2배입니다.

승용물 숙련. 만약 당신이 지상용이든 수상용이든 특정한 승용물에 숙련이 있다면, 곤란한 상황에서 승용물을 운전하거나 통제하는 판정에 숙련 보너스를 더할 수 있습니다.

안장. 군용 안장은 올라탄 사람을 고정시키고, 탈것을 타고 전투에 임할 때 보다 활동적으로 움직일 수 있게 해 줍니다. 안장이 있으면 낙마 등의 판정에서 이점을 얻을 수 있습니다. 비행 탈것이나 수중 탈것을 위해서는 보다 특이한 안장이 필요합니다.

탈것과 기타 동물

탈것	가격	이동속도	적재량
낙타	50gp	50ft	480lbs
당나귀나 노새	8gp	40ft	420lbs
마스티프	25gp	40ft	195lbs
승용마	75gp	60ft	480lbs
전투마	400gp	60ft	540lbs
조랑말	30gp	40ft	225lbs
짐말	50gp	40ft	540lbs
코끼리	200gp	40ft	1,320lbs

마구, 마갑, 끄는 승용물 등

물건	가격	무게
마갑	인간형 × 4	인간형 × 2
마구간(하루당)	5sp	
마차	100gp	600lbs
수레	15gp	200lbs
썰매	20gp	300lbs
안장		
군용	20gp	30lbs
승마용	10gp	25lbs
짐용	5gp	15lbs
특이	60gp	40lbs
안장주머니	4gp	8lbs
여물 (하루당)	5cp	10lbs
재갈과 고삐	2gp	1lb
전차	250gp	100lbs
짐마차	35gp	400lbs

수상 승용물

물건	가격	속도
갤리	30,000gp	시속 4마일
나룻배	50gp	시속 1.5마일
롱쉽	10,000gp	시속 3마일
범선	10,000gp	시속 2마일
용골선	3,000gp	시속 1마일
전투선	25,000gp	시속 2.5마일

상품

모든 재화가 화폐로 이루어진 것은 아닙니다. 가축이나 곡식 토지, 세금 권리, 혹은 자원에 대한 권리(주로 광산이나 숲) 역시 재화의 일종입니다.

길드와 귀족들, 왕들 역시도 무역을 합니다. 공인된 회사들은 왕이 인증한 권리를 지니고 무역로에서 거래를 벌이며, 여러 항구에 상선을 보내고, 다양한 상품을 사고팝니다. 길드는 자신들이 통제하는 상품이나 용역의 가격을 결정하며, 이러한 상품이나 용역을 누가 받을 수 있고 누구는 받을 수 없는지 정합니다. 상인들은 대개 화폐를 사용하지 않고 상품들을 거래하곤 합니다. 아래 무역 상품 표에는 주로 거래되는 상품들의 가격이 나와 있습니다.

무역 상품

가격	상품
1cp	밀 1lb
2cp	밀가루 1lb 또는 닭 1마리
5cp	소금
1sp	쇠 1lb 또는 천 1평방 야드
5sp	구리 1lb 또는 양모 1 평방 야드
1gp	생강 1lb 또는 염소 1마리
2gp	계피나 후추 1lb 또는 양 1마리
3gp	정향 1lb 또는 돼지 1마리
5gp	은 1lb 또는 리넨 1 평방 야드
10gp	비단 1 평방 야드 또는 암소 1마리
15gp	사프론 1lb 또는 황소 1마리
50gp	금 1lb
500gp	백금 1lb

지출

지하 깊은 곳으로 들어가거나 잃어버린 보물을 찾아 폐허를 탐험하고 다가오는 어둠과 전쟁을 벌이지 않을 때면, 모험자들은 보다 평범한 일상을 마주하게 됩니다. 환상의 세계 속에서도 사람들은 의식주의 기본적 요건이 필요합니다. 이러한 것들은 돈이 들어가며, 특별한 생활수준을 유지하려면 더 많은 돈이 들어갑니다.

생활수준 지출

생활수준 지출은 당신이 판타지 세계에서 살아가는데 얼마나 큰 비용을 쓰고 있는가를 나타내는 간단한 방법입니다. 이 비용은 당신의 모든 숙박, 음식과 음료, 기타 기본 생활 요건들을 포함하는 것입니다. 또한, 이 지출 비용은 당신이 다음 모험에 나서기 전 장비를 유지하는데 필요한 것까지도 포함하고 있습니다.

매주 혹은 매달 시작하는 날 (기간을 얼마로 할지는 당신이 선택합니다.) 당신은 생활수준 지출 표에 따라 비용을 지불하고 그에 맞는 생활을 영위합니다. 이 비용은 하루당으로 책정되며, 따라서 30일 기준으로 지출하고자 한다면 그 값에 30을 곱하면 됩니다. 당신의 생활수준은 자신의 재산 규모나 지출 계획에 따라서 계속 변화할 수도 있으며, 캐릭터의 경력 내도록 같은 생활수준을 유지할 수도 있습니다.

생활수준을 선택하면, 그에 따른 결과 역시 정해집니다. 부유한 생활수준을 유지하면 마찬가지로 부유하고 권력 있는 이들과 인맥을 쌓을 때 도움을 받을 수 있지만, 도둑들의 관심을 끌 수 있다는 위험도 있습니다. 반면, 빈곤하게 살아가면 범죄자들의 관심을 피할 수는 있지만, 권력자들과의 연줄을 만들기는 어려워질 것입니다.

생활수준 지출

생활수준	일일 비용
극빈층	—
누추함	1sp
가난함	2sp
평범함	1gp
편안함	2gp
부유함	4gp
귀족적	최소 10gp

극빈층. 당신은 비인간적인 환경에서 살고 있습니다. 집이라 부를 만한 곳도 없고, 등을 붙일 수 있고 비를 피할 수 있다면 어디에서나 몸을 눕게 됩니다. 당신은 헛간에 숨어들고 오래된 상자들로 몸을 덮어가며 당신보다 부유한 이들의 적선에 의존해서 살게 됩니다. 극빈층 생활수준은 다양한 위험에 노출되어 있습니다. 당신이 가는 곳이면 어디든 폭력과 질병, 굶주림이 따라옵니다. 극빈층 생활을 하는 다른 사람들은 당신의 갑옷과 무기, 모험 장비를 탐내며, 이는 그것들이 자기들 기준에서는 충분히 큰 재물이기 때문입니다. 당신은 사람들 대부분이 알아차리지 못하는 곳에서 살아갑니다.

누추함. 당신은 허름한 마구간이나 진흙으로 바닥이 깔린 마을 밖 헛간, 아니면 마을 중에서도 가장 질 나쁜 동네의 벌레가 들끓는 판자촌 따위에서 살아갑니다. 기본적인 안식처는 되어주지만, 당신이 살아가는 곳은 절망적이며 때때로 폭력적인 환경에 노출됩니다. 주변에는 다양한 질병과 굶주림, 불운이 산재해 있습니다. 당신은 사람들 대부분이 알아차리지 못하는 곳에서 살아가며, 법적인 보호도 거의 받을 수 없습니다. 이 생활수준을 영위하는 사람들 대부분은 끔찍한 일들을 겪었습니다. 이들은 살던 곳에서 쫓겨나거나 불운을 피해 이주한 자들일 수도 있고, 질병을 겪었을 수도 있습니다.

가난함. 가난한 생활수준은 안정적인 공동체에서 편안하지만은 않은 삶을 영위하고 있다는 뜻입니다. 엉성한 옷차림에 예측할 수 없는 주변 환경은 유쾌하지는 않지만 그래도 어떻게든 자급자족을 하려는 노력의 결과물입니다. 당신은 싸구려 여인숙의 방이나 술집 위층의 방을 사용합니다. 여러 가지 법적 보호를 받을 수도 있지만, 그래도 여전히 폭력과 범죄, 질병에 노출되어 있습니다. 이 생활수준을 영위하는 사람들은 대개 비숙련 노동자이거나 하루 벌어 하루 먹고 사는 사람들, 행상인, 도둑, 용병 따위의 하층민입니다.

평범함. 평범한 생활수준은 빈민가에서 벗어나 안정적으로 당신의 장비를 유지할 수 있다는 것을 뜻합니다. 당신은 마을의 옛 구역에서 살거나 여관, 여인숙, 신전 등에서 방을 빌려 살고 있습니다. 당신은 굶주리거나 갈증에 빠지지 않으며, 생활 환경은 단순하지만 깨끗합니다. 평범한 생활수준을 영위하는 사람들은 군인 가족이나 노동자, 학생, 사제, 하급 마법사 등등입니다.

편안함. 편안한 생활수준을 택했다는 것은 보다 괜찮은 옷을 입고 쉽게 장비를 유지할 수 있다는 것을 뜻합니다. 당신은 작은 오두막이나 중산층 환경에서 지내거나, 훌륭한 여관의 개인실을 빌려 지낼 것입니다. 당신은 상인들이나 숙련된 장인들, 군대의 장교들과 어울리곤 합니다.

부유함. 부유한 생활수준을 택했다는 것은 사치스럽긴 하지만 귀족이나 왕가에 어울릴 정도의 사회적 지위를 획득하지 못했다는 것을 뜻합니다. 당신은 크게 성공한 상인이나 왕가가 총애하는 하인, 아니면 사업체 여럿을 소유하고 있는 자들과 비슷한 생활을 누립니다. 당신은 교외에 자택을 보유하거나 마을의 좋은 곳에 가정을 지니고 있을 수도 있고, 고급 여관의 편안한 스위트룸을 빌리고 있을 수도 있습니다. 당신은 하인 여럿을 거느리고 있을 것입니다.

귀족적. 당신은 부유하고 편안한 삶을 누립니다. 당신은 공동체에서도 가장 높은 권력과 부를 지닌 사람들의 일원입니다. 당신은 교외에 대저택을 지니고 있거나 마을의 중심부에 시내용 자택을 지닐 수도 있고, 가장 최고급 여관에서도 여러 개의 스위트룸을 빌려 지내고 있을 수도 있습니다. 당신은 가장 뛰어난 식당에서 식사하며, 가장 숙련된 재단사의 옷을 입고, 수많은 하인들이 당신의 일거수일투족을 보좌합니다. 당신은 부유하고 강대한 사람들이 여는 사교 모임의 초대장을 받을 수 있고, 정치인들이나 길드의 지도자들, 대사제와 귀족들이 모이는 곳에서 저녁을 보낼 수 있습니다. 당신은 또한 가장 높은 수준의 모략과 배신에 엮여들어갈 수도 있습니다. 당신이 부유하면 부유할수록, 정치적인 모략에 졸로 이용되거나 직접 참가할 기회도 많아집니다.

음식, 음료, 숙박

음식, 음료, 숙박 표에는 하룻밤 지내는데 필요한 숙박료나 기본적인 식료품의 가격이 나와 있습니다. 이 비용들은 총체적인 생활수준 지출에 이미 포함된 것입니다.

음식, 음료, 숙박

물건	가격
빵 한 덩이	2cp
식사 (하루당)	
누추함	3cp
가난함	6cp
평범함	3sp
편안함	5sp
부유함	8sp
귀족적	2gp
고기 한 덩이	3sp
에일	
갤런	2sp
잔	4cp
여관 (하루당)	
누추함	7cp
가난함	1sp
평범함	5sp
편안함	8sp
부유함	2gp
귀족적	4gp
연회 (1인당)	10gp
와인	
평범함 (피쳐)	2sp
뛰이남 (병)	10gp
치즈 한 덩이	1sp

서비스

모험자들은 다양한 환경에서 서비스를 받으며 NPC들에게 비용을 지출합니다. 이러한 고용인들 대부분은 대개 평범한 기술만을 지니고 있지만, 어떤 이들은 고도로 숙련된 기예의 대가이며, 일부는 모험 기술에도 능숙한 전문가들입니다.

가장 기본적인 고용인들의 종류는 아래 서비스 표에서 찾아볼 수 있습니다. 다른 평범한 고용인들은 대개 도시나 마을에서 흔히 찾아볼 수 있으며, 모험자들은 보수를 지불하고 이들에게 임무를 맡길 수 있습니다. 예를 들어, 위저드는 목공에게 비용을 지불하고 화려한 상자(와 그 축소모형)를 만들게 하여 *레오문드의 비밀 상자Leomund's Secret Chest* 주문의 구성요소를 준비할 수 있습니다. 파이터는 대장장이를 찾아 비용을 지불하고 특별한 검을 제련해달라고 할 수 있습니다. 바드는 재단사를 찾아가 특별히 화려한 옷을 만들어서 다가올 공작가에서의 무대를 준비할 수 있습니다.

다른 고용인들은 더 전문적이거나 위험한 일에 종사하는 사람들입니다. 용병들은 보수를 받고 모험자들을 따라 홉고블린 군대에 맞서 싸울 수도 있으며, 학자들은 고대의 신비한 전승을 연구하기 위해 고용될 수도 있습니다. 만약 고레벨 모험자가 요새를 세우거나 비슷한 본거지를 지니게 된다면, 그는 하인들 전체를 고용해 본거지를 운영해야 할 것입니다. 이 하인들은 집사에서 시작해 마구간지기까지 다양하게 구성되어 있습니다. 이 고용인들은 대개 장기 계약을 더 좋아하며, 계약의 일환으로 요새에서 살 수 있는 대신 약간 할인된 가격으로 봉사할 것입니다.

숙련된 고용인이란 (무기나 도구, 기술 등) 숙련이 필요한 모든 일을 행하는 사람들을 말합니다. 여기에는 용병, 장인, 서기 등이 모두 포함됩니다. 설명된 가격은 최소 가격이며, 매우 전문화된 고용인은 더 많은 보수를 요구할 수도 있습니다. 비숙련 고용인은 특별한 기술이 필요하지 않은 일에 종사하는 노동자, 짐꾼, 하인 등의 일꾼들을 말합니다.

서비스

서비스	가격
고용인	
숙련	일급당 2gp
비숙련	일급당 2sp
도로 혹은 문 통행료	1cp
마차 택시	
마을간 이동	마일당 3cp
도시내 이동	1cp
선박 운항	마일당 1sp
전령	마일당 2cp

주문시전 서비스

주문을 시전할 수 있는 사람들은 평범한 고용인의 범주에 들어가지 않습니다. 화폐나 다른 대가를 지불하고 주문을 시전해 줄 수 있는 사람을 찾는 게 불가능하지는 않겠지만, 보수의 기준이 없기 때문에 이러한 사람을 찾는 것은 상당히 어려운 일입니다. 규칙을 제시하자면, 원하는 주문의 레벨이 높을수록 시전자를 찾기는 어렵고 보수 역시 천정부지로 올라갈 것입니다.

*상처 치료Cure Wounds*나 *식별Identify* 등 비교적 평범한 1레벨 및 2레벨 주문의 시전자를 고용하는 것은 적당한 도시나 마을에서 그다지 어렵지 않은 일이며, 금화 10~50개로 해결할 수 있습니다. (물질 구성요소가 필요하다면 그 가격 역시 더해집니다.) 더 높은 레벨의 주문을 시전해 줄 사람을 찾는 일은 더 큰 도시로 가야 하며, 어쩌면 대학이나 거대한 신전에서 찾아야 할 수도 있습니다. 일단 시전자를 찾아낸 경우라 해도 그는 화폐 대신 다른 형태로 보상을 받길 원할 수도 있습니다. 오직 모험자들만이 할 수 있는 임무 말입니다. 위험한 곳에서 귀중한 물건을 회수해 오거나, 괴물들이 득실대는 야생을 돌파해 멀리 떨어진 곳에 사는 누군가에게 중요한 것을 전달하는 일 따위를 맡길 수도 있습니다.

잡동사니 TRINKETS

당신이 캐릭터를 만들 때, 당신은 잡동사니 표를 한번 굴려 가벼운 비밀이 있는 간단한 물건인 잡동사니 하나를 얻을 수 있습니다. DM 역시 이 표를 사용할 수 있습니다. 이러한 물건들은 던전 속 방에 떨어져 있거나 괴물의 주머니 안에 들어 있기도 합니다.

잡동사니

제6장: 캐릭터 제작 선택 규칙

능력치, 종족, 클래스, 배경을 조합하면 게임 내에서 캐릭터가 할 수 있는 다양한 일을 파악할 수 있습니다. 개성을 정하면 당신의 캐릭터를 유일무이하고 독특한 존재로 만들 수 있습니다. 클래스나 종족에 있는 추가 선택을 통해서도 당신이 원하는 대로 캐릭터를 조금씩 변화시킬 수 있습니다. 하지만 이 장에서는 (DM의 허락 하에) 한 단계 더 깊게 들어가고 싶은 플레이어들을 위한 정보를 소개하고 있습니다.

이 장에서는 당신의 캐릭터를 원하는 대로 변경하기 위해, 멀티클래스와 재주라는 두 가지 선택 규칙을 제공하고 있습니다. 멀티클래스는 여러 클래스를 조합할 수 있는 규칙이며, 재주는 레벨이 오를 때 능력치 점수 상승 대신 고를 수 있는 특별한 선택 요소입니다. 이러한 선택지를 사용할지 아닐지에 대한 최종적인 결정권은 당신의 DM에게 있습니다.

멀티클래스

멀티클래스 규칙을 사용하면, 여러 클래스의 레벨을 동시에 가질 수 있습니다. 이렇게 여러 클래스를 얻게 되면, 당신은 한 가지 클래스의 선택지만으로는 만족시킬 수 없는 캐릭터 컨셉을 실현하기 위해 여러 클래스가 지닌 요소를 동시에 사용할 수 있습니다.

당신은 이 규칙에 따라, 레벨이 올라갈 때마다 현재 클래스를 1레벨 올릴 것인지, 아니면 새로운 클래스 레벨을 얻을 것인지 선택할 수 있습니다. 당신의 레벨은 당신이 가진 모든 클래스 레벨의 합계입니다. 예를 들어, 당신이 위저드 3레벨과 파이터 2레벨을 지니고 있다면, 당신은 5레벨 캐릭터인 셈입니다.

당신은 레벨을 올릴 때 본래 클래스를 위주로 성장시키며 다른 클래스 레벨을 조금만 추가할 수도 있고, 성장 방향을 바꾸어 아예 본래 클래스를 올리지 않을 수도 있습니다. 또한 당신은 레벨이 올라갈 때마다 세 번째, 네 번째 클래스를 얻을 수도 있습니다. 당신은 하나의 클래스만 가지고 있는 같은 레벨의 캐릭터에 비해 다양성을 얻는 대신, 전문성을 희생하게 될 것입니다.

전제조건

새로운 클래스를 얻기 위해서는, 먼저 당신의 현재 클래스와 새로운 클래스에 필요한 능력치 점수가 있어야 합니다. 이 능력치 조건은 아래의 멀티 클래스 전제조건 표를 참조하십시오. 예를 들

어, 바바리안이 멀티클래스로 드루이드 클래스를 얻고자 한다면 근력과 지혜가 각각 13 이상이어야 합니다. 다른 클래스가 1레벨이 되기 전 받아왔던 본격적인 훈련을 건너뛰고 새로운 클래스를 얻는 것이기 때문에, 평균 이상의 소질을 지닌 캐릭터만이 빠르게 멀티클래스를 얻을 수 있는 것입니다.

멀티클래스 전제조건

클래스	최소 능력치 점수
드루이드	지혜 13
레인저	민첩 13과 지혜 13
로그	민첩 13
몽크	민첩 13과 지혜 13
바드	매력 13
바바리안	근력 13
소서러	매력 13
워락	매력 13
위저드	지능 13
클레릭	지혜 13
파이터	근력 13 또는 민첩 13
팔라딘	근력 13과 매력 13

경험치 점수

레벨을 올리기 위해 필요한 경험치는 언제나 특정한 클래스 레벨이 아니라 총 캐릭터 레벨에 따라 결정되며, 이는 제1장의 캐릭터 성장 표에 나와 있습니다. 그러므로 만약 당신이 클레릭 6/파이터 1 클래스를 지니고 있다면, 8레벨에 도달할 만큼의 경험치가 있어야 파이터를 2레벨로 올리거나 클레릭을 7레벨로 올릴 수 있습니다.

히트 포인트와 히트 다이스

당신이 새로운 클래스를 얻으면, 그 클래스 설명에 나와 있는 1레벨 이후의 히트 포인트 항목에 따라 최대hp가 증가합니다. 주사위의 최대값만큼 hp를 얻는 것은 오직 새로운 캐릭터로 1레벨 캐릭터를 만들 때뿐입니다.

당신은 자신이 지닌 모든 클래스의 히트 다이스를 합해 히트 다이스 총량을 가지게 됩니다. 당신이 가진 클래스의 히트 다이스 주사위 종류가 모두 동일하다면 그냥 그 숫자를 다 합하면 됩니다. 예를 들어 파이터와 팔라딘은 모두 d10 히트 다이스를 사용하기 때문에, 파이터 5/팔라딘 5 캐릭터는 10개의 d10 히트 다이스를 가지는 셈입니다. 만약 당신의 클래스들이 서로 다른 히트 다이스를 사용한다면, 이를 개별적으로 기록합니다. 예를 들어 당신의 캐릭터가 팔라딘 5/클레릭 5라면, 당신은 5개의 d10 히트 다이스와 5개의 d8 히트 다이스를 가지게 됩니다.

숙련 보너스

당신의 숙련 보너스는 특정 클래스 레벨이 아니라 언제나 당신의 총 캐릭터 레벨에 따라 결정되며, 이는 제1장의 캐릭터 성장 표에 나와 있습니다. 예를 들어, 당신이 파이터 3/로그 2 캐릭터를 가지고 있다면, 이 캐릭터는 5레벨 캐릭터이므로 +3의 숙련 보너스를 받게 됩니다.

멀티클래스의 예시

게리는 4레벨 파이터로 게임을 진행하고 있습니다. 그의 캐릭터가 5레벨로 올라가게 되었을 때, 게리는 파이터로 더 성장시키기보다 멀티클래스를 선택하기로 했습니다. 게리의 파이터는 데이브의 로그와 많은 시간을 함께 보냈고, 고향의 도적 길드에서 힘쓰는 역할로 고용되기도 했습니다. 게리는 본인 캐릭터의 멀티클래스로 로그를 선택했으며, 그의 캐릭터는 4레벨 파이터이자 1레벨 로그가 되었습니다. (4레벨 파이터/1레벨 로그로 표기합니다.)

게리의 캐릭터가 6레벨이 될 만한 경험치를 쌓았을 때, 그는 파이터 레벨을 올릴 수도 있고(파이터 5/로그 1이 됩니다.) 로그 레벨을 올릴 수도 있으며(파이터 4/로그 2가 됩니다.), 아예 세 번째 클래스를 선택할 수도 있습니다. 신비한 전승의 책을 연구해서 위저드 마법을 배우기로 했다면 위저드 클래스를 얻을 수도 있을 것입니다.(이러면 파이터 4/로그 1/위저드 1이 될 것입니다.)

숙련

당신이 처음으로 다른 클래스의 레벨을 얻게 되면, 당신은 그 클래스의 시작시 숙련 중 일부만 얻을 수 있습니다. 이렇게 얻을 수 있는 숙련은 아래의 멀티클래스 숙련 표를 참조하십시오.

멀티클래스 숙련

클래스	얻을 수 있는 숙련
드루이드	경장/평장 갑옷, 방패 (금속제는 사용할 수 없음)
레인저	경장/평장 갑옷, 방패, 단순/군용 무기, 클래스 기술 목록의 기술 1종
로그	경장 갑옷, 클래스 기술 목록의 기술 1종, 도둑 도구
몽크	단순 무기, 숏소드
바드	경장 갑옷, 클래스 기술 목록의 기술 1종, 악기 1종
바바리안	방패, 단순/군용 무기
소서러	–
워락	경장 갑옷, 단순 무기
위저드	–
클레릭	경장/평장 갑옷, 방패
파이터	경장/평장 갑옷, 방패, 단순/군용 무기
팔라딘	경장/평장 갑옷, 방패, 단순/군용 무기

클래스 요소

당신이 어떤 클래스의 레벨을 올리게 되면, 해당 클래스가 그 레벨에 받는 요소를 모두 받을 수 있습니다. 하지만 당신이 멀티클래스를 하고 있다면, 당신은 신성 변환, 추가 공격, 비무장 방어, 주문시전 요소에 대해서는 몇 가지 추가적인 규칙을 적용받게 됩니다. 또한 당신은 첫 클래스의 시작시 장비만 받을 수 있습니다.

신성 변환

이미 신성 변환 요소를 지닌 캐릭터가 다른 클래스의 레벨을 올려 신성 변환 요소를 또 얻게 된 경우, 당신은 신성 변환의 새로운 사용법을 얻게 되지만 사용 가능한 횟수 자체는 증가하지 않습니다. 신성 변환의 사용 횟수가 증가한다고 명시되어 있는 클래스 레벨에 도달했을 때만 그 사용 횟수가 늘어납니다. 예를 들어, 당신이 클레릭 6/팔라딘 4레벨 캐릭터인 경우, 당신은 클레릭 레벨의 요소에 따라 더 많은 횟수를 사용할 수 있게 되었기 때문에 휴식과 휴식 사이에 신성 변환을 2번 사용할 수 있으며, 신성 변환을 사용할 때마다 클레릭 클래스의 사용법을 쓸 것인지, 팔라딘 클래스의 사용법을 쓸 것인지 결정해야 합니다.

추가 공격

당신이 여러 클래스를 통해 추가 공격 클래스 요소를 얻은 경우, 이 요소의 효과들은 서로 중첩되어 적용되지 않습니다. (파이터의 추가 공격 요소을 높은 레벨로 지니고 있지 않은 한) 이 요소는 오직 두 번의 공격만 가능하게 해 줍니다.

이와 마찬가지로 워락의 섬뜩한 영창 중 하나인 목마른 칼날 등을 통해 추가 공격 요소를 얻었다 해도, 공격 횟수가 2회보다 늘어나지는 않습니다.

비무장 방어

만약 당신이 이미 비무장 방어 클래스 요소를 지니고 있다면, 다른 클래스를 통해 해당 요소를 다시 얻는 것은 불가능합니다.

주문시전

당신의 주문시전 능력은 당신이 지니고 있는 주문시전 능력을 지닌 클래스 레벨의 합계를 따르는 부분도 있고, 각각의 클래스 레벨에 따라 제한되는 부분도 있습니다. 당신이 주문시전 요소를 지닌 클래스를 여럿 지니고 있다면, 아래의 규칙을 따르십시오. 만약 당신이 멀티클래스를 했지만 그중 주문시전 요소를 지닌 클래스는 하나뿐이라면, 그냥 해당 클래스의 설명에 따르면 됩니다.

알고 있는 주문과 주문 준비하기. 당신은 개별 클래스에 따라 알고 있는 주문과 준비하는 주문을 따로 결정합니다. (각각의 클래스 레벨에 따른 제한을 받습니다.) 예를 들어, 당신이 레인저 4/위저드 3레벨 캐릭터를 지니고 있다면, 당신은 레인저 클래스 4레벨에 따라 1레벨 레인저 주문 3개를 알고 있으며, 또한 위저드 클래스 3레벨에 따라 위저드 소마법 3개를 알고 있고 주문책에는 10개의 위저드 주문이 기록되어 있을 것입니다. 그리고 당신의 주문책에 있는 주문 중 2개(3레벨 위저드가 되었을 때 얻은 2개)는 2레벨 주문일 것입니다. 당신의 지능이 16이라면, 당신은 자신의 주문책에서 6개의 위저드 주문을 준비할 수 있습니다.

당신이 알고 있는 주문이나 준비한 주문은 각각 그 주문을 제공하는 클래스 하나에 속해 있으며, 해당 주문을 시전할 때는 클래스에 따라 다른 주문시전 능력치를 사용합니다. 이와 마찬가지로, 성표 등 주문시전 매개체 역시 사용하려는 클래스 주문에 따라 해당하는 것을 사용해야 합니다.

만약 당신이 사용하는 소마법이 레벨 상승에 따라 더 강력한 효력을 발휘하게 되는 것이라면, 그 레벨의 기준은 특정 클래스가 아니라 당신의 캐릭터가 지닌 총 레벨을 따릅니다.

주문 슬롯. 당신이 사용할 수 있는 주문 슬롯은 당신이 지닌 바드, 클레릭, 드루이드, 소서러, 위저드 클래스 레벨의 합계에, 팔라딘, 레인저 클래스 레벨 합계 ÷ 2, 그리고 클래스 요소로 해당 아키타입을 선택한 경우 파이터 엘드리치 나이트 아키타입과 로그 아케인 트릭스터 아키타입 레벨 합계 ÷ 3을 더한 수치로 결정됩니다. 주문 슬롯을 결정하기 위한 이 합계를 아래의 멀티클래스 주문시전자 표에 비교하시기 바랍니다.

만약 당신이 주문시전 요소를 지닌 클래스를 둘 이상 지니고 있다면, 이 표를 통해 당신이 알고 있거나 준비할 수 없는 높은 레벨의 주문 슬롯 역시 얻을 수 있다는 사실을 알 수 있습니다. 이런 높은 레벨의 슬롯들은 낮은 레벨의 주문을 고레벨로 시전하는 용도로 사용할 수 있습니다. 예를 들어 당신이 고레벨 주문을 한 가지도 알지 못한다 해도, *타오르는 손길Burning Hands* 같이 낮은 레벨의 주문을 고레벨로 상승시켜 시전하는 것은 가능합니다.

예를 들어, 당신이 앞서 언급했던 레인저 4/위저드 3 캐릭터라면, 당신은 5레벨 캐릭터로 주문을 시전할 수 있습니다. (위저드 3 + 레인저 4의 절반인 2) 당신은 4개의 1레벨 슬롯과 3개의 2레벨 슬롯, 그리고 2개의 3레벨 슬롯을 지니고 있습니다. 하지만 당신은 3레벨 주문을 전혀 배우지 못했을 것이며, 2레벨 레인저 주문 역시 알지 못하는 상태입니다. 그럼에도 당신은 알고 있거나 준비한 낮은 레벨의 주문을 3레벨로 상승시켜 시전할 수 있습니다.

계약 마법. 만약 당신이 워락 클래스를 통해 주문시전 클래스 요소와 계약 마법 요소를 얻었다면, 당신은 계약 마법으로 얻은 주문 슬롯을 사용해 다른 주문시전 클래스 요소로 알고 있거나 준비한 주문을 시전할 수 있습니다. 그리고 다른 주문시전 클래스 요소로 얻은 주문 슬롯을 통해 워락 주문을 시전하는 것 역시 가능합니다.

멀티클래스 주문시전자: 주문 레벨에 따른 주문 슬롯

레벨.	1	2	3	4	5	6	7	8	9
1	2	—	—	—	—	—	—	—	—
2	3	—	—	—	—	—	—	—	—
3	4	2	—	—	—	—	—	—	—
4	4	3	—	—	—	—	—	—	—
5	4	3	2	—	—	—	—	—	—
6	4	3	3	—	—	—	—	—	—
7	4	3	3	1	—	—	—	—	—
8	4	3	3	2	—	—	—	—	—
9	4	3	3	3	1	—	—	—	—
10	4	3	3	3	2	—	—	—	—
11	4	3	3	3	2	1	—	—	—
12	4	3	3	3	2	1	—	—	—
13	4	3	3	3	2	1	1	—	—
14	4	3	3	3	2	1	1	—	—
15	4	3	3	3	2	1	1	1	—
16	4	3	3	3	2	1	1	1	—
17	4	3	3	3	2	1	1	1	1
18	4	3	3	3	3	1	1	1	1
19	4	3	3	3	3	2	1	1	1
20	4	3	3	3	3	2	2	1	1

재주

재주란 어떤 캐릭터가 지닌 특정 분야의 재능이나 전문적인 능력을 뜻합니다. 이것은 그 캐릭터가 클래스로는 얻을 수 없는 훈련을 받고 경험을 쌓았음을 나타냅니다.

당신이 특정 레벨에 도달하면, 클래스에 따라 능력치 점수 상승 요소를 받을 수 있습니다. 이 선택 규칙을 사용하면, 당신은 능력치 상승 대신 원하는 재주를 하나 선택해 가질 수 있습니다. 재주의 상세 설명에 예외라고 언급되어 있지 않은 한, 하나의 재주는 오직 한 번씩만 가질 수 있습니다.

전제조건이 있는 재주를 얻으려면 먼저 그 전제조건을 만족하고 있어야 합니다. 만약 당신이 재주의 전제조건을 만족하지 못하게 되면, 다시 전제조건을 채울 때까지 재주를 사용할 수 없습니다. 예를 들어, 잡기 전문가 재주는 근력 13 이상이 필요합니다. 만약 당신의 근력이 어떤 이유에서든 (아마도 쇠약해지는 저주에 의한 것이겠지만) 13 이하로 떨어졌다면, 다시 근력을 회복할 때까지는 잡기 전문가 재주의 이익을 얻을 수 없습니다.

경갑 사용자 Lightly Armored

당신은 경장 갑옷을 다루는 법을 배웠고, 아래 이익을 얻습니다.

- 근력이나 민첩 점수 중 하나가 1점 상승합니다. (최대 20까지 가능)
- 경장 갑옷에 대한 숙련을 얻습니다.

경계심 Alert

당신은 언제나 위험에 대비하며, 아래 이익을 얻습니다.

- 당신은 우선권에 +5 보너스를 받습니다.
- 당신은 의식이 깨어있는 한 절대 기습당하지 않습니다.
- 다른 크리쳐들이 보이지 않는 상황에서 당신을 공격해도 당신에 대한 명중 굴림에 이점을 받을 수 없습니다.

관찰자 Observant

당신은 주변 환경을 빠르게 파악하며, 아래 이익을 얻습니다.

- 지능이나 지혜 점수 중 하나가 1점 상승합니다. (최대 20까지 가능)
- 당신이 이해하는 언어를 말하고 있는 크리쳐의 입을 볼 수 있는 경우, 소리를 듣지 못하더라도 입술을 읽을 수 있습니다.
- 당신은 상시 지혜(감지) 판정과 상시 지능(수사) 판정에 +5 보너스를 받습니다.

기민함 Mobile

당신은 특별히 재빠르게 움직이며, 아래 이익을 얻습니다.

- 당신의 이동속도는 10ft 증가합니다.
- 당신이 질주 행동을 사용한다면, 그 턴에는 어려운 지형으로 인해 이동력이 추가로 소모되지 않습니다.
- 당신이 어떤 크리쳐에게 근접 공격을 가한다면, 그 공격이 명중했든 아니든 그 턴 동안에는 당신이 공격한 크리쳐에게서 기회공격을 받지 않을 수 있습니다.

기술자 Skilled

당신은 기술이나 도구 중 3가지를 선택해 그에 대한 숙련을 얻을 수 있습니다.

끈질김 Tough

당신의 최대 히트 포인트는 이 재주를 얻을 때의 총 레벨×2 만큼 증가합니다. 이후 당신의 레벨이 오를 때마다, 당신의 최대 히트 포인트는 2점씩 더 증가합니다.

대형 무기 달인 Great Weapon Master

당신은 무기의 무게를 유리하게 사용하는 방법을 배우게 되며, 일격을 가할 때 최대의 충격을 줄 수 있습니다.

- 당신이 자기 턴에 치명타를 가하거나 크리쳐의 hp를 0으로 떨어트렸다면, 당신은 추가 행동으로 한 번의 근접 무기 공격을 가할 수 있습니다.
- 당신이 숙련을 지닌 중량형 무기로 근접 공격을 가하기 전에, 당신은 명중 굴림에 -5 페널티를 받는 대신 명중했을 때 피해에 +10 보너스를 받는 것을 선택할 수 있습니다.

던전 탐색꾼 Dungeon Delver

당신은 많은 던전에서 숨겨진 함정이나 비밀 문을 찾는 재능이 있으며, 아래 이익을 얻습니다.

- 당신은 비밀문을 발견하기 위한 지혜(감지) 판정이나 지능(수사) 판정에 이점을 받습니다.
- 당신은 함정을 저항하거나 피하기 위한 내성 굴림에 이점을 받습니다.
- 당신은 함정이 가하는 피해에 저항을 얻습니다.
- 당신은 느린 속도 대신 보통 속도로 이동하면서도 함정을 찾기 위한 상시 감지 점수에 -5 페널티를 받지 않습니다.

돌격자 Charger

당신이 질주 행동을 할 때, 당신은 추가 행동으로 근접 무기 공격을 한 번 가하거나 크리쳐 하나를 밀어붙일 수 있습니다.

당신이 이렇게 추가 행동을 사용하기 전 최소 10ft 이상을 직선으로 이동하였다면, (추가 행동으로 근접 무기 공격을 가한 경우) 당신은 해당 공격의 피해 굴림에 +5 보너스를 받을 수 있습니다. 아니면 당신이 크리쳐를 밀어붙이기로 한 경우, 목표를 당신으로부터 10ft 멀리 밀어낼 수 있습니다.

마법 입문자 Magic Initiate

바드, 클레릭, 드루이드, 소서러, 워락, 위저드 중 한 클래스를 선택하십시오. 당신은 해당 클래스의 주문 목록에서 2개의 소마법을 선택하여 배울 수 있습니다.

또한, 같은 클래스의 목록에서 1레벨 주문 하나를 선택하십시오. 당신은 그 주문을 배워서 가장 낮은 레벨로 시전할 수 있습니

다. 일단 한 번 그 주문을 시전했다면, 긴 휴식을 마쳐야 다시 시전할 수 있습니다.

이렇게 사용하는 주문의 주문시전 능력치는 당신이 선택한 클래스에 따라 달라집니다. 바드, 소서러, 워락은 매력을 사용하며, 클레릭이나 드루이드는 지혜를, 위저드는 지능을 사용합니다.

마법사 살해자 Mage Slayer

당신은 주문시전자를 대상으로 근접 전투에서 유용한 전술을 연습하였으며, 아래 이익을 얻습니다.

- 당신 주변 5ft 이내의 크리쳐가 주문을 시전할 때, 당신은 반응 행동으로 그 크리쳐에게 근접 무기 공격을 가할 수 있습니다.
- 당신이 주문에 집중하고 있는 크리쳐에게 피해를 가한 경우, 해당 크리쳐는 집중을 유지하기 위한 내성 굴림에 불리점을 받게 됩니다.
- 당신은 주변 5ft 이내의 크리쳐가 시전한 주문에 대한 내성 굴림에 이점을 받습니다.

무기 달인 WEAPON MASTER

당신은 다양한 무기들을 다루는 방법을 연습했으며, 아래 이익을 얻습니다.

- 근력이나 민첩 점수 중 하나가 1점 증가합니다.(최대 20까지 가능)
- 당신은 단순과 군용 무기 각각 최소 1종씩을 포함해 도합 4종의 무기를 선택해 그 숙련을 얻습니다.

무예 숙련자 MARTIAL ADEPT

당신은 특별한 전투 기교를 부릴 수 있는 무예 훈련을 받았으며, 아래 이익을 얻습니다.

- 당신은 파이터 클래스의 배틀 마스터 아키타입이 사용하는 기교 중 두 가지를 배웁니다. 만약 당신이 사용하는 기교에 내성 굴림으로 저항할 수 있다면, 이 내성 굴림의 DC는 8 + 당신의 숙련 보너스 + 당신의 근력 혹은 민첩 수정치로 정해집니다. (능력치는 당신이 선택합니다.)
- 만약 당신이 우월성 주사위를 가지고 있다면, 당신은 해당 우월성 주사위를 하나 더 얻습니다. 우월성 주사위가 없는 상태라면, d6의 우월성 주사위를 하나 얻게 됩니다. 이 주사위는 기교를 사용하는 용도로 소비할 수 있습니다. 당신은 짧은 휴식이나 긴 휴식을 마칠 때 소비한 우월성 주사위를 회복할 수 있습니다.

방어적 결투자 DEFENSIVE DUELIST

전제조건: 민첩 13 이상

당신이 숙련을 지닌 교묘함 속성의 무기를 장비하고 있을 때 다른 크리쳐가 당신을 근접 공격으로 명중시켰다면, 당신은 반응행동을 사용해 해당 공격에 대한 AC에 당신의 숙련 보너스를 더할 수 있습니다. 이렇게 숙련 보너스를 더해서 AC가 높아지면 해당 공격이 빗나갈 수도 있습니다.

방패 달인 SHIELD MASTER

당신은 방어뿐 아니라 공격을 위해서도 방패를 사용할 수 있습니다. 당신은 방패를 장비하고 있을 때 아래 이익을 얻습니다.

- 당신이 자기 턴에 공격 행동을 했다면, 추가 행동을 사용해 5ft 이내의 크리쳐 하나에게 밀어붙이기 시도를 할 수 있습니다.
- 당신이 행동불능 상태가 아니라면, 당신은 당신만을 목표로 하는 주문이나 기타 해로운 효과에 대해 민첩 내성 굴림에 방패의 AC 보너스를 더할 수 있습니다.
- 당신이 민첩 내성 굴림에 성공하면 절반의 피해만 받는 효과의 목표가 되었다면, 당신은 반응행동을 사용해 방패로 그 효과를 가로막음으로써 민첩 내성 굴림에 성공한 경우 절반 대신 전혀 피해를 받지 않을 수 있습니다.

석궁 전문가 CROSSBOW EXPERT

당신은 크로스보우를 다루는 집중적 훈련을 받았으며, 아래 이익을 얻습니다.

- 당신은 숙련을 가진 크로스보우를 다룰 때, 장전 속성을 무시할 수 있습니다.
- 당신은 적대적 크리쳐로부터 5ft 이내에서 장거리 공격을 가할 때도 장거리 명중 굴림에 불리점을 받지 않습니다.
- 당신이 자기 턴에 공격 행동을 사용하여 한 손 무기로 공격을 가했다면, 추가 행동을 사용하여 당신이 들고 있는 핸드 크로스보우로 1회 공격을 가할 수 있습니다.

술집 싸움꾼 TAVERN BRAWLER

손에 잡히는 것은 무엇이든 휘두르며 거칠고 구르고 싸우는 것에 익숙해진 덕분에, 당신은 아래 이익을 얻습니다.

- 근력이나 건강 점수가 1점 상승합니다. (최대 20까지 가능)
- 당신은 임기응변 무기에 대한 숙련을 얻습니다.
- 당신의 비무장 공격은 d4 피해를 가합니다.
- 당신이 자기 턴에 다른 크리쳐에게 비무장 공격이나 임기응변 공격을 가했다면, 추가 행동을 사용하여 해당 크리쳐를 붙잡으려 시도할 수 있습니다.

승마 전투자 MOUNTED COMBATANT

당신은 탈것에 올라 싸울 때 무시무시한 적수가 됩니다. 탈것에 올라 있고 행동불능 상태가 아닐 때, 당신은 아래 이익을 얻습니다.

- 당신은 자신의 탈것보다 작은 크기의, 탈것을 타지 않은 크리쳐를 근접 공격할 때 명중 굴림에 이점을 받습니다.
- 당신은 자신의 탈것이 공격의 대상이 되었을 때 대신 자신이 그 공격의 대상이 될 수 있습니다.
- 당신의 탈것이 민첩 내성 굴림에 성공하면 절반의 피해만 받는 효과의 목표가 되었을 때, 내성 굴림에 성공하면 절반 대신 전혀 피해를 받지 않을 수 있습니다. 또한 내성 굴림에 실패해도 절반의 피해만을 받게 됩니다.

쌍수 전문가 DUAL WIELDER

당신은 두 개의 무기를 동시에 다루는 훈련을 받았으며, 아래 이익을 얻습니다.

- 당신은 양손에 각각 근접 무기를 쥐고 있을 때 AC에 +1 보너스를 받습니다.
- 당신은 경량형 속성이 아닌 근접 무기를 사용해서도 쌍수 전투를 할 수 있습니다.
- 당신은 무기를 넣고 뺄 때, 두 개의 한 손 무기를 동시에 넣고 뺄 수 있습니다.

암습자 SKULKER

전제조건: 민첩 13 이상

당신은 그림자 속에서 공격하는 전문적 훈련을 받았고, 아래 이익을 얻습니다.

- 당신은 은신하고자 하는 대상에게서 가볍게 가려진 상태일 때도 은신 시도를 할 수 있습니다.
- 당신이 은신 상태에서 장거리 무기 공격을 가해 빗나갔다면, 그로 인해서는 당신의 위치가 들키지 않습니다.
- 약한 빛 상태는 시각에 관련된 당신의 지혜(감지) 판정에 불리점을 가하지 않습니다.

야만적인 공격자 SAVAGE ATTACKER

당신은 턴 당 한번, 근접 무기 공격시 무기의 피해 주사위를 한 번 다시 굴려 둘 중 원하는 결과를 사용할 수 있습니다.

언어학자 LINGUIST

당신은 여러 가지 언어와 암호를 배웠으며, 아래 이익을 얻습니다.

- 지능이 1점 증가합니다. (최대 20까지 가능)
- 당신은 선택한 언어 3종을 배웁니다.
- 당신은 필기 암호를 만들 수 있습니다. 다른 이들은 당신이 알려주지 않는 한 그 암호를 해독하려면 마법을 사용하거나 지능 판정에 성공해야 합니다. (이 판정의 DC는 당신의 지능 점수 + 당신의 숙련 보너스입니다.)

연기자 ACTOR

당신은 흉내와 연기에 대한 기술을 배웠고, 아래 이익을 얻습니다.

- 매력이 1점 증가합니다. (최대 20까지 가능)
- 당신은 스스로 다른 사람처럼 보이게 하려는 매력(기만) 판정과 매력(공연) 판정에 이점을 받습니다.
- 당신은 다른 사람의 목소리나 다른 크리쳐의 소리를 흉내 낼 수 있습니다. 당신은 최소 1분 이상 들어본 목소리나 소리만 흉내 낼 수 있습니다. 상대는 지혜(통찰) 판정으로 당신의 매력(기만) 판정과 대결하여 승리한 경우 소리가 가짜라는 것을 알아차릴 수 있습니다.

예리한 정신 KEEN MIND

당신은 시간과 방향을 파악하고 주변 세부 사항을 놀랍도록 정확하게 기억하는 훈련을 받았으며, 아래 이익을 얻습니다.

- 지능이 1점 증가합니다. (최대 20까지 가능)
- 당신은 어디가 북쪽인지 언제나 알아낼 수 있습니다.
- 당신은 다음번 일출이나 일몰까지 몇 시간 정도 남아 있는지 언제나 정확히 알 수 있습니다.
- 당신은 과거 한 달 이내에 보았거나 들었던 것들을 정확하게 기억해 낼 수 있습니다.

운동선수 ATHLETE

당신은 집중적 신체 훈련을 받았고, 아래 이익을 얻습니다.

- 근력이나 민첩 점수가 1점 증가합니다. (최대 20까지 가능)
- 당신이 넘어진 상태일 때, 당신은 이동력 5ft만 소모해서 일어날 수 있습니다.
- 등반시에 추가적으로 이동력을 소모하지 않습니다.
- 당신은 10ft 대신 5ft만 도움닫기를 해서 멀리뛰기나 높이뛰기를 할 수 있습니다.

원소 숙련자 ELEMENTAL ADEPT

전제조건: 최소한 한 가지 주문을 시전할 수 있는 능력

당신이 이 재주를 얻을 때, 산성, 냉기, 화염, 번개, 천둥 중 한 가지 피해 속성을 선택합니다.

당신은 해당 속성의 피해를 가하는 주문을 시전할 때, 그 피해에 대한 저항을 무시할 수 있습니다. 또한, 당신이 해당 속성의 피해를 가하는 주문의 피해를 굴릴 때, 주사위에서 1이 나온 결과는 2로 취급할 수 있습니다.

당신은 이 재주를 여러 번 얻을 수 있습니다. 당신은 이 재주를 얻을 때마다, 다른 피해 속성을 선택해야 합니다.

의식 시전자 RITUAL CASTER

전제조건: 지능이나 지혜 13 이상

당신은 몇몇 주문들을 의식으로 시전하는 훈련을 받았습니다. 이 주문들은 의식 책에 쓰여져 있으며, 당신이 시전할 때는 이 책을 가지고 있어야 합니다.

당신이 이 재주를 선택할 때, 바드, 클레릭, 드루이드, 소서러, 워락, 위저드 중 하나의 클래스를 선택하여 그 클래스 목록의 1레벨 주문 중 의식 태그가 붙은 주문 2개가 쓰여 있는 의식 책을 얻게 됩니다. 이 주문에 관련된 주문시전 능력치는 당신이 선택한 클래스에 따라 달라집니다. 바드, 소서러, 워락은 매력을 사용하며, 클레릭이나 드루이드는 지혜를, 위저드는 지능을 사용합니다.

만약 당신이 마법적인 주문 두루마리나 다른 위저드의 주문책을 발견하게 되었다면, 주문을 의식 책에 옮겨 적을 수 있습니다. 단, 당신이 선택한 클래스의 주문 목록에 속하는 의식 태그의 주문만을 옮겨 적을 수 있으며, 주문 레벨은 당신의 총합 레벨 ÷ 2 이하여야만 합니다. (나머지 반올림) 주문을 당신의 의식 책에 옮겨 쓰는 과정은 주문 레벨당 2시간씩 걸리며, 주문 레벨당 50gp씩의 비용이 필요합니다. 이 비용은 당신이 실험을 거치며 사용하게 되는 물질과 희귀한 잉크 등의 값입니다.

잡기 전문가 GRAPPLER

전제조건: 근력 13 이상

당신은 적과 인접해서 붙잡아가며 싸우는 기술을 익혔고, 아래 이익을 얻습니다.

- 당신은 자신이 붙잡고 있는 크리쳐에 대한 명중 굴림에 이점을 얻습니다.
- 당신은 행동을 사용하여 붙잡힌 상대를 내리누를 수 있습니다. 내리누르려면 붙잡기 판정을 한 번 더 해야 합니다. 당신이 이 판정에 성공했다면, 당신과 붙잡힌 크리쳐 모두는 붙잡기 상태가 끝날 때까지 포박 상태가 됩니다.

장대무기 달인 POLEARM MASTER

당신은 간격이 있는 무기로 적을 멀리 떨어트려 놓는 방법을 익혔고, 아래 이익을 얻습니다.

- 당신이 글레이브나 할버드, 쿼터스태프, 또는 스피어를 사용하여 공격 행동을 하였을 때, 추가 행동을 사용하여 무기의 반대편 끝으로도 공격할 수 있습니다. 반대편 부분의 피해는 d4이며, 타격 피해를 가합니다. 이 추가 공격의 명중 굴림은 본래 공격과 같은 능력 수정치를 받습니다.
- 당신이 글레이브나 할버드, 파이크, 쿼터스태프, 스피어를 장비하고 있을 때, 다른 크리쳐가 당신의 간격으로 들어오면 기회공격을 유발하게 됩니다.

전쟁 시전자 WAR CASTER

전제조건: 최소한 한 가지 주문을 시전할 수 있는 능력

당신은 전투 한가운데에서도 주문을 시전하는 방법을 훈련하였으며, 아래 이익을 얻습니다.

- 당신은 주문에 집중하는 도중 피해를 받아 건강 내성 굴림을 굴려야 할 때, 그에 대한 이점을 얻습니다.
- 당신은 양손 모두 무기나 방패를 장비하고 있는 상태에서도 동작 구성요소를 요구하는 주문을 시전할 수 있습니다.

- 만약 적대적인 크리쳐의 이동으로 인해 당신이 기회공격을 가할 수 있게 되었다면, 당신은 기회공격 대신 반응행동을 사용하여 그 크리쳐에게 주문을 시전할 수 있습니다. 이 주문은 시전 시간이 1 행동이어야 하며, 오직 그 크리쳐만 목표로 해야 합니다.

주문 저격수 Spell Sniper

전제조건: 최소한 하나의 주문을 시전할 수 있는 능력

당신은 특정한 주문들로 더 정확한 공격을 가하는 훈련을 받았으며, 아래 이익을 얻습니다.

- 당신이 명중 굴림을 요구하는 주문을 시전한다면, 해당 주문의 사거리는 2배가 됩니다.
- 당신의 장거리 주문 공격은 절반 엄폐와 3/4 엄폐를 무시합니다.

- 당신은 바드, 클레릭, 드루이드, 소서러, 워락, 위저드의 주문 목록에서 명중 굴림을 요구하는 소마법 하나를 배웁니다. 이 주문에 관련된 주문시전 능력치는 선택한 클래스에 따라 달라집니다. 바드, 소서러, 워락은 매력을 사용하며, 클레릭이나 드루이드는 지혜를, 위저드는 지능을 사용합니다.

중갑 달인 Heavy Armor Master

전제조건: 중장 갑옷에 대한 숙련

당신은 갑옷을 이용해 당신의 목숨을 빼앗을 수 있는 일격을 흘리는 방법을 훈련했고, 아래 이익을 얻습니다.

- 근력 점수가 1점 상승합니다. (최대 20까지 가능)
- 당신이 중장 갑옷을 입고 있을 때, 당신은 비마법적 무기로 가해지는 타격, 관통, 참격 피해를 3점씩 덜 받을 수 있습니다.

중갑 사용자 HEAVILY ARMORED

전제조건: 평장 갑옷에 대한 숙련

당신은 중장 갑옷을 다루는 법을 익혔고, 아래 이익을 얻습니다.

- 근력 점수가 1점 상승합니다. (최대 20까지 가능)
- 당신은 중장 갑옷에 대한 숙련을 얻습니다.

지정사수 SHARPSHOOTER

당신은 장거리 무기에 통달했고, 다른 사람들은 불가능해 보이는 사격을 가할 수 있습니다. 당신은 아래 이익을 얻습니다.

- 당신은 장거리 무기로 먼 사거리의 적을 공격할 때도 명중 굴림에 불리점을 받지 않습니다.
- 당신이 가하는 장거리 무기 공격은 절반 엄폐와 3/4 엄폐를 무시합니다.
- 당신이 숙련을 지닌 장거리 무기로 공격을 가하기 전에, 당신은 명중 굴림에 -5 페널티를 받는 대신 명중했을 때 피해에 +10 보너스를 받는 것을 선택할 수 있습니다.

치유사 HEALER

당신은 치료 기술을 훈련받았고, 전투가 끝난 다음 동료들의 상처가 빨리 아물도록 할 수 있습니다. 당신은 아래 이익을 얻습니다.

- 당신이 치유사의 키트를 사용해 죽어가는 크리쳐를 안정시키려 할 때, 그 크리쳐는 hp 1점을 회복합니다.
- 당신은 행동을 사용하여 치유사의 키트 1회분을 소비하고 크리쳐 하나의 hp를 1d6+4 +크리쳐의 히트 다이스당 1점씩 회복시킬 수 있습니다. 해당 크리쳐는 이렇게 한번 회복되었을 경우 짧은 휴식이나 긴 휴식을 마치기 전까지는 같은 방법으로 다시 회복될 수 없습니다.

탁월한 지도자 INSPIRING LEADER

전제조건: 매력 13 이상

당신은 10분을 들여 동료들의 사기를 진작시켜 싸움에 대한 의지를 다질 수 있습니다. 이렇게 하려면 당신 주변 30ft 내에서 당신을 보고 들을 수 있으며 당신의 말을 이해하는 크리쳐를 최대 6체까지 선택합니다. (당신 자신도 포함됩니다.) 당신이 선택한 각각의 크리쳐는 당신의 레벨 + 당신의 매력 수정치만큼 임시hp를 얻습니다. 이 재주로 한 번 임시 hp를 얻은 크리쳐는 짧은 휴식이나 긴 휴식을 마칠 때까지 같은 방법으로 다시 임시hp를 얻을 수 없습니다.

탄력성 RESILIENT

당신은 능력치 하나를 선택해 아래 이익을 얻습니다.

- 선택한 능력치가 1점 상승합니다. (최대 20까지 가능)
- 당신은 해당 능력치의 내성 굴림에 대한 숙련을 얻습니다.

튼튼함 DURABLE

당신은 강인하고 튼튼해지며, 아래 이익을 얻습니다.

- 건강 점수가 1점 상승합니다. (최대 20까지 가능)
- hp 회복을 위해 히트 다이스를 굴릴 때, 주사위 중 당신의 건강 수정치 × 2 (최소 2)보다 낮게 나온 주사위는 다시 굴립니다.

파수꾼 SENTINEL

당신은 헛점을 보이는 적의 방어를 공략할 수 있는 기술을 훈련받았고, 아래 이점을 얻습니다.

- 당신이 기회공격으로 크리쳐를 명중시키면, 그 턴 동안 명중당한 크리쳐의 이동속도는 0이 됩니다.
- 당신의 근접 공격 범위 내에 있는 크리쳐는 퇴각 행동으로 당신의 간격에서 벗어날 때도 당신에게 기회공격을 유발합니다.
- 당신 주변 5ft 이내에 있는 크리쳐가 당신이 아닌 다른 크리쳐를 목표로 공격을 가하면, 당신은 반응행동을 사용하여 공격자에게 근접 무기 공격을 가할 수 있습니다. 단, 이때 본래의 목표도 이 재주를 가지고 있는 경우는 예외입니다.

평갑 달인 MEDIUM ARMOR MASTER

전제조건: 평장 갑옷에 대한 숙련

당신은 평장 갑옷을 입고 움직이는 훈련을 받았으며, 아래 이익을 얻습니다.

- 당신은 평장 갑옷을 입은 상태에서도 민첩(은신) 판정에 불리점을 받지 않습니다.
- 당신이 평장 갑옷을 입고 있을 때, 당신은 AC에 민첩 수정치를 (2가 아니라) 최대 3까지 더할 수 있습니다.

평갑 사용자 MODERATELY ARMORED

전제조건: 경장 갑옷에 대한 숙련

당신은 평장 갑옷과 방패를 다루는 법을 훈련받았으며, 아래 이익을 얻습니다.

- 근력 또는 민첩 점수가 1점 상승합니다. (최대 20까지 가능)
- 당신은 평장 갑옷과 방패에 대한 숙련을 얻습니다.

행운아 LUCKY

당신은 정말 필요한 순간에 놀랍도록 운이 따라주는 행운아입니다.

당신은 3점의 행운 점수를 지닙니다. 당신이 명중 굴림이나 능력 판정, 혹은 내성 굴림을 굴릴 때, 행운 점수 1점을 소비해서 d20을 하나 더 굴릴 수 있습니다. 당신은 주사위를 굴린 다음에도 행운 점수를 소비하겠다고 선언할 수 있지만, 결과가 확정되기 전에 선언해야만 합니다. 당신은 여러 개의 d20 중 원하는 결과를 선택하여 사용할 수 있습니다.

또한 당신은 명중 굴림의 목표가 되었을 때도 행운 점수를 1점 소비할 수 있습니다. 이 경우 d20을 굴리고, 공격자의 명중 굴림 대신 당신이 굴린 d20을 사용하게 할 수 있습니다.

만약 행운 점수를 양측에서 사용하여 서로 충돌한 경우, 양쪽의 행운 점수는 서로 상쇄되어 사라지며, 추가 주사위는 굴리지 않습니다.

당신은 긴 휴식을 마치면 다시 소비한 행운 점수를 모두 회복할 수 있습니다.

제7장: 능력 점수 사용하기

여섯 종류의 능력치는 모든 크리쳐들의 정신적 신체적인 특징과 개성을 빠르게 설명해 줍니다.

- **근력**: 물리적 힘을 설명
- **민첩**: 재빠름을 설명
- **건강**: 인내력을 설명
- **지능**: 이성과 기억력을 설명
- **지혜**: 감각능력과 통찰을 설명
- **매력**: 개성의 강도를 설명

당신의 캐릭터는 근육질 몸에 통찰력이 깊습니까? 지적이고 매력적입니까? 기민하고 튼튼합니까? 능력치 점수들은 이러한 특징을 설명해 줍니다. 크리쳐가 지닌 강점과 약점들을 알려주는 것입니다.

게임에서 사용되는 세 가지 주요한 판정, 즉 능력 판정과 내성 굴림, 명중 굴림은 여섯 종류의 능력치 점수에 기반하고 있습니다. 이 책의 소개문에서 이 판정들에 대한 기본 규칙은 이미 설명한 바 있습니다. d20을 하나 굴리고, 여섯 종류 중 하나의 능력에 따른 수정치를 더한 다음. 그 결과를 목표치와 비교한다는 것입니다.

이 장에서는 게임 내에서 여러 크리쳐들이 벌이는 기본적인 행동들을 다룰 때, 능력 판정과 내성 굴림을 어떻게 사용하는지에 대해 깊이 있게 생각해 보도록 할 것입니다. 명중 굴림에 대한 규칙은 제9장에서 다룰 것입니다.

능력치 점수와 수정치

각 크리쳐들의 능력치는 점수로 나타나며, 이 점수가 해당 능력의 뛰어남을 말해줍니다. 능력치 점수는 선천적인 능력뿐 아니라, 이후 받은 훈련과 적성으로 인해 발달된 부분까지를 나타냅니다.

일반적인 인간의 평균 능력치는 10에서 11이지만, 모험자들과 다양한 괴물은 대부분 평균을 웃도는 능력치를 지니고 있습니다. 인간이 도달할 수 있는 최고는 능력치 18이라고 생각하곤 하지만, 모험자들은 20까지 높아질 수도 있으며, 괴물이나 신적 존재들은 30에 도달하기도 합니다.

또한 각 능력치에는 수정치가 붙습니다. 능력 수정치는 -5 (능력치 1의 경우)에서 +10 (능력치 30의 경우)까지로 나타납니다. 능력치 점수와 수정치 표에는 1부터 30까지의 능력치에 따른 수정치가 나와 있습니다.

표를 사용하지 않고 능력 수정치를 구하려면, 능력치 점수에서 10을 뺀 후 2로 나누면 됩니다. (나머지 버림)

능력치 점수와 수정치

점수	수정치	점수	수정치
1	-5	16–17	+3
2–3	-4	18–19	+4
4–5	-3	20–21	+5
6–7	-2	22–23	+6
8–9	-1	24–25	+7
10–11	+0	26–27	+8
12–13	+1	28–29	+9
14–15	+2	30	+10

능력 수정치는 거의 모든 명중 굴림, 능력 판정, 내성 굴림 등에 영향을 끼치기 때문에, 실제 점수보다 수정치가 게임에서 더 많이 사용되곤 합니다.

이점과 불리점

때때로 어떤 특수 능력이나 주문으로 인해 당신은 능력 판정이나 내성 굴림, 명중 굴림에 이점이나 불리점을 받을 때가 있습니다. 그런 일이 일어나면, 당신은 판정 시에 d20을 2개 굴립니다. 이점인 경우 둘 중 높은 값을 사용하며, 불리점인 경우 둘 중 낮은 값을 사용하게 됩니다. 예를 들어 만약이 불리점을 받은 상태에서 d20을 2개 굴려 17과 5가 나왔다면, 당신은 5를 쓰게 됩니다. 마찬가지 상태인데 이점을 받고 있었다면 17을 썼을 것입니다.

만약 여러 가지 상황이 발생해 하나의 판정에 각자 이점과 불리점을 동시에 받게 되었다면, 당신은 d20을 더 굴리지 않습니다. 또한 이점을 받는 상황이 2개 이상 있다고 해도, 여전히 d20은 2개만 굴리게 됩니다.

만약 어떤 상황에서 이점과 불리점을 동시에 받는 경우, 하나의 d20만 굴려서 판정을 행합니다. 이는 꼭 받는 이점과 불리점의 갯수가 같아야 할 필요가 없습니다. 예를 들어 여러 가지 이유로 여러 불리점을 받고 이점은 단 하나뿐이라 해도, 서로 상쇄되는 것은 마찬가지입니다.

만약 당신이 이점이나 불리점을 받는 상태에서 하플링의 행운아 종족 특성처럼 d20을 다시 굴리게 해주는 능력을 사용하는 경우, 두 개의 d20 중 하나만을 골라 다시 굴리거나 대체할 수 있습니다. 예를 들어, 만약 하플링이 이점을 받는 상태에서 능력 판정을 해서 1과 13이 나왔다면, 하플링은 행운아 종족 특성을 사용해서 1이 나온 주사위를 다시 굴릴 수 있습니다.

당신은 대개 특수 능력이나 행동, 주문 등을 통해 이점이나 불리점을 얻게 됩니다. 고양감(제4장 참조) 역시 캐릭터의 인격 특성이나 이상, 유대와 연관되어서 이점을 줄 수 있습니다. 또한 DM은 상황의 영향에 따라 판정에 이점이나 불리점을 줄 수 있습니다.

숙련 보너스

캐릭터들은 제1장에서 설명한 대로 레벨에 따라 숙련 보너스를 받습니다. 괴물들 역시 숙련 보너스를 받으며, 이것은 그들의 게임 자료에 나와 있습니다. 이 보너스는 전반적인 능력 판정이나 내성 굴림, 명중 굴림 등에 사용되는 것입니다.

당신의 숙련 보너스는 판정 한 번당 오직 한 번만 적용될 수 있습니다. 예를 들어 당신이 지혜 내성 굴림에 숙련 보너스를 받게 해주는 요소 두 가지를 가지고 있다 해도, 당신은 오직 한 번만 그 보너스를 더할 수 있습니다.

때때로 적용되기 전에 숙련 보너스의 값이 몇 배로 곱해지거나 나누어질 때도 있습니다.(2배가 되거나 절반이 되는 등) 예를 들어, 로그의 숙달 요소는 특정 능력 판정에 적용되는 숙련 보너스를 2배로 만들어 줍니다. 만약 여러 가지 환경과 상황으로 인해 하나의 판정에 숙련 보너스를 받는 조건이 여러 개 갖추어졌다 해도, 당신은 오로지 한 번만 숙련 보너스를 더할 수 있으며, 곱하거나 나누는 것 역시 그 한 번의 숙련 보너스에 행해야 합니다.

마찬가지의 관점에서, 만약 어떤 요소나 효과로 인해 숙련 보너스를 두 배로 해주는 효과를 받는다고 해도 그 판정에서 당신이 숙련 보너스를 원래 받지 못한다면, 여전히 숙련 보너스는 더할 수 없습니다. 그 판정에서 더해지는 숙련 보너스는 0이므로, 0에 2를 곱해봐야 여전히 0이기 때문입니다. 예를 들어, 만약 당신이 역사학 기술에 숙련이 없다면, 당신이 지능(역사학) 판정에 숙련 보너스를 두 배로 받게 해주는 효과를 받고 있다 해도 여전히 숙련 보너스를 더할 수 없습니다.

일반적으로, 명중 굴림이나 내성 굴림에 사용되는 숙련 보너스는 곱하여 적용하는 경우가 없습니다. 만약 어떤 요소나 효과가 그렇게 적용하도록 한다면, 동일한 규칙을 따르십시오.

능력 판정

능력 판정은 캐릭터나 크리처가 지닌 선천적 재능과 훈련으로 도전을 극복할 수 있는지 알아보는 판정입니다. DM은 캐릭터나 괴물이 (공격을 제외하고) 실패의 가능성이 있는 어떤 행동을 하려 할 때 판정이 필요하다고 선언할 수 있습니다. 결과가 불확실하면, 주사위에 따라서 결과가 결정됩니다.

능력 판정을 할 때마다, DM은 그 일에 여섯 개 능력치 중 어떤 것이 필요한지 정하고, 그 일의 난이도 역시 말해줄 것입니다. 이 난이도는 DC로 표기합니다. 어려운 일일수록, DC가 높아집니다. 일반적 난이도 표에 가장 많이 쓰이는 DC들이 나와 있습니다.

일반적 난이도

일의 어려움	DC
매우 쉬움	5
쉬움	10
보통	15
어려움	20
매우 어려움	25
거의 불가능	30

능력 판정을 하려면, d20을 굴린 다음 관련된 능력 수정치를 더합니다. 다른 d20 판정과 마찬가지로, 보너스와 페널티를 적용한 다음 그 결과값을 목표치인 DC에 비교합니다. 결과값이 DC보다 높거나 같다면 판정은 성공한 것입니다. 즉 하려던 일을 해낸 것이라고 볼 수 있습니다. 그게 아니라면 판정은 실패한 것이고, 캐릭터나 괴물은 목적을 이루지 못하였거나, DM에 따라 어느 정도 성공하긴 했지만 상당한 대가를 치른 것이라고 볼 수 있습니다.

대결 판정

때때로 캐릭터나 괴물은 상대방의 노력이나 시도에 맞서 자신의 목적을 이루고자 할 때가 있습니다. 이럴 때 둘은 상대에 맞서 판정을 하게 되며, 둘 중 한쪽만 성공하게 됩니다. 예를 들어, 바닥에 떨어진 마법 반지를 동시에 줍고자 하는 경우가 이에 해당합니다. 또한 상대가 성공하는 것을 저지하고자 할 때도 이런 상황에 해당합니다. 예를 들어, 모험자들이 온 힘을 다해 막고 있는 문을 괴물이 강제로 열려고 하는 경우를 생각해 봅시다. 이와 유사한 상황은 대결 판정이라는 특별한 형태의 능력 판정이 필요합니다.

대결 판정에 나서는 참가자들은 자신들의 시도에 따라 능력 판정을 행합니다. 이들은 판정에 연관된 모든 보너스와 페널티를 적용받지만, 그 결과를 DC와 비교하지 않습니다. 그 대신, 상대방의 결과가 목표치가 됩니다. 둘 중 판정 결과가 더 높은 쪽이 대결에서 승리하는 것입니다. 대결에서 승리한 캐릭터나 괴물은 상대방이 성공하는 것을 막은 셈입니다.

만약 대결 판정으로 비겼다면, 그 상황은 대결 이전과 별달리 달라진 것이 없거나, 어느 한쪽이 자연스레 승리하는 결과로 흘러가기도 합니다. 예를 들어 바닥에 떨어진 마법 반지를 두 사람이 동시에 줍고자 한 경우라면, 비겼을 때는 둘 다 줍지 못한 것이 됩니다. 그러나 괴물이 문을 강제로 열려고 하는 경우라면 비겼을 때 그 문은 닫혀 있는 채로 유지됩니다.

기술

각각의 능력치는 광범위한 능력을 포괄하고 있으며, 여기에는 캐릭터나 괴물들이 숙련을 지닌 다양한 기술 분야가 포함되어 있습니다. 기술은 해당 능력치의 여러 면 중에서 특정한 한 면을 나타내며, 어떤 기술에 숙련을 가졌다는 것은 그 캐릭터가 그 측면에 집중해 훈련을 받았다는 뜻입니다. (캐릭터의 시작시 기술 숙련은 캐릭터를 만들 때 정해지며, 괴물의 기술 숙련은 괴물의 게임 자료에 수록되어 있습니다.)

예를 들어, 민첩 판정은 캐릭터가 곡예에 가까운 묘기를 부리려 하거나, 물건을 손 사이로 숨기거나, 은신하려 할 때 모두 사용할 수 있지만, 이 판정들은 민첩 능력치의 서로 다른 면을 다룹니다. 곡예, 손속임, 은신 등의 기술은 이러한 면을 집중적으로 부각하고 있습니다. 따라서 은신 기술에 숙련을 가진 캐릭터는 잠복하거나 은신하려는 민첩 판정을 할 때 특히 더 뛰어난 능력을 발휘하는 것입니다.

각 능력치마다 연관된 기술들은 아래 목록을 참조하십시오.(건강에 연관된 기술은 없습니다.) 이 장의 뒤에 수록된 각 능력치의 설명에는 능력치에 연관된 기술에 대한 설명과 그 사용법들이 나와 있습니다.

근력	지혜
운동	동물 조련
	통찰
민첩	의학
곡예	감지
손속임	생존
은신	
	매력
지능	기만
비전학	위협
수사	공연
역사학	설득
자연학	
종교학	

DM은 때로 특정 기술에 연관된 능력 판정을 요구하기도 합니다. 예를 들어 "지혜(감지) 판정을 하세요."하는 식의 선언이 그러한 요구입니다. 또한, 가끔 플레이어가 DM에게 이 판정에 자신이 지닌 기술 숙련이 적용되는가 물어볼 때도 있습니다. 어느 쪽이든, 숙련을 지닌 기술이 적용된다는 것은 해당 능력 판정이 그 기술과 연관되어 있으므로 숙련 보너스를 더할 수 있다는 뜻입니다. 기술에 숙련이 없다면, 그냥 일반 능력 판정을 행하게 됩니다.

예를 들어, 캐릭터가 위험한 절벽을 기어오르려 한다고 해 봅시다. DM은 근력(운동) 판정을 요구할 것입니다. 만약 그 캐릭터가 운동 기술에 숙련이 있다면, 캐릭터는 근력 판정에 자신의 숙련 보너스를 더할 수 있습니다. 운동 기술에 숙련이 없다면, 그냥 근력 판정만 행하게 됩니다.

변형 규칙: 다른 능력치와 기술

일반적으로, 당신이 지닌 기술 숙련은 오직 한 종류의 능력치에만 연관됩니다. 예를 들어 운동 기술 숙련은 대개 근력 판정에만 연관됩니다. 하지만 어떤 상황에는 합당한 이유가 있다면 다른 종류의 능력 판정에도 기술이 적용될 수 있습니다. 그런 경우, DM은 일반적이지 않은 능력치와 기술 조합의 판정을 요구할 수도 있으며, 플레이어가 해당 판정에 자신의 기술이 적용되는지 물어볼 수도 있습니다. 예를 들어, 만약 당신이 육지에서 해안가 섬까지 수영으로 건너가야 한다고 해 봅시다. DM은 멀리 수영하기 위해서는 체력이 필요하므로 건강 판정을 요구할 수도 있습니다. 그러므로 이때 당신이 운동 기술에 숙련이 있다면, 당신은 이 건강 판정에 근력(운동) 판정 때처럼 숙련 보너스를 더할 수 있습니다. 이와 유사하게, 당신의 하프 오크 바바리안이 순수한 힘을 보여 상대를 위협하고자 할 때, 당신의 DM은 일반적으로 사용되는 매력 대신 근력(위협) 판정을 요구할 수 있습니다.

상시 판정

상시 판정은 주사위를 굴리지 않는 특별한 종류의 능력 판정입니다. 이 판정은 반복적으로 행하게 되는 작업인 경우 그 중간 결과를 취하는 것으로 이루어집니다. 예를 들어, 비밀문을 계속해서 찾는 경우 등이 이에 해당합니다. 또한 DM은 숨어 있는 괴물을 누가 발견했는가 등의 이유로 주사위를 굴리지 않고 비밀리에 판정해야 하는 때도 이 상시 판정을 사용할 수 있습니다.

상시 판정의 결과값은 아래와 같은 공식으로 계산합니다.

10 + 일반적으로 판정에 적용되는 수정치

만약 캐릭터가 해당 판정에 이점이 있다면, 여기에 +5를 가합니다. 반면 불리점을 받고 있다면, 여기에 -5를 가합니다. 게임에서 이 상시 판정 결과값은 상시 판정 **점수**라고 부릅니다.

예를 들어, 지혜 15의 1레벨 캐릭터가 감지 기술에 숙련을 가지고 있는 경우, 그의 상시 지혜(감지) 점수는 14입니다. (10 +2 지혜 수정치 +2 숙련 보너스)

"민첩" 부분에서 은신에 관계된 규칙은 상시 판정을 이용하며, 제8장의 탐험 부분에서도 상시 판정이 이용됩니다.

함께 작업하기

때때로 두 명 이상의 캐릭터가 같이 하나의 일을 수행할 때가 있습니다. 이때는 그 임무를 주도하는 캐릭터, 혹은 가장 높은 능력 수정치를 지닌 캐릭터가 이점을 받고 능력 판정을 행합니다. 이 이점은 다른 캐릭터들의 도움을 받고 있음을 뜻합니다. 전투 상황이라면, 제9장의 원호 행동 부분을 참조하십시오.

같이 작업하려면, 같이 참가하는 일원 모두가 그 판정을 혼자서도 할 수 있어야 합니다. 예를 들어, 자물쇠 따기를 하려면 도둑 도구에 숙련이 있어야 합니다. 따라서 도둑 도구에 숙련이 없는 캐릭터는 그 판정 시도를 도와줄 수 없습니다. 또한, 여럿이서 함께 할 수 있는 행동에 대해서만 도와줄 수 있습니다. 예를 들어 바늘로 실을 꿰는 행동 같은 경우, 누군가 도와준다고 그 시도가 더 쉬워지거나 하지는 않을 것입니다.

집단 판정

여러 명이 집단으로 어떤 일을 해야 할 경우, DM은 집단 능력 판정이 필요하다고 선언할 수 있습니다. 그런 상황이 오면, 캐릭터 중 일부는 해당 판정에 관련된 기술 숙련이 있을 것이고, 일부는 없는 사람도 있을 것입니다.

집단 능력 판정을 행하려면, 집단에 속하는 모두가 능력 판정을 해야 합니다. 만약 집단에 속하는 일원 중 절반 이상이 성공하면 집단 전체가 성공한 것입니다. 절반 이상이 실패했다면, 집단 전체가 실패한 것입니다.

집단 판정은 흔하지 않은 상황에서 캐릭터 모두가 참여해 집단의 성공과 실패를 가를 때 가장 유용합니다. 예를 들어, 모험자들이 늪지를 지나쳐 가야 한다고 해 봅시다. DM은 집단 지혜(생존) 판정으로 캐릭터들이 유사나 공동에 빠지지 않고, 다른 자연적 재해를 피할 수 있는지 확인하기로 했습니다. 만약 집단의 절반 이상이 성공한다면, 캐릭터들은 동료들과 함께 위험에서 벗어날 수 있었던 것입니다. 절반 이상이 실패한다면, 집단은 이러한 위험 중 하나에 얽히고 만 것입니다.

각 능력치의 사용법

게임 속에서 캐릭터나 괴물이 행하는 일은 각각 여섯 개의 능력치 중 하나에 연관됩니다. 이 부분에서는 이 능력치들에 대한 더 자세한 설명과 게임에서 사용되는 방법을 소개하고 있습니다.

근력

근력은 신체적인 힘과 운동 훈련, 그리고 순수한 물리적 힘을 통해 할 수 있는 일들을 다룹니다.

근력 판정

근력 판정은 무언가를 들어 올리거나, 밀거나, 당기거나 부수는 일에 사용되곤 합니다. 또한 당신의 몸을 어떤 공간으로 밀어 넣거나, 그 외에도 야만적인 힘이 사용될 수 있는 상황에는 근력을 사용할 수 있습니다. 운동 기술은 근력 판정 중에서도 특정한 몇 가지 상황과 연관되어 있습니다.

운동. 당신은 등반이나 도약, 수영 등의 상황에 처했을 때 근력(운동) 판정을 행할 수 있습니다. 아래 예시 활동이 있습니다.

- 높은 절벽이나 미끄러운 표면을 기어오르려 할 때, 벽을 기어오르며 위험을 피하려 할 때, 무언가 당신을 밀어내리려고 하는 상황에서 위치를 사수하려고 할 때
- 놀랍도록 먼 거리를 뛰어넘으려 하거나 도약 중에 몸놀림을 하려 할 때
- 사나운 파도에 맞서 헤엄치려 하거나 물에 떠 있으려 할 때, 아니면 해초가 무성한 지역을 헤엄쳐 지나가려 할 때. 혹은 다른 크리쳐가 당신을 수중에서 밀거나 끌어당기려 하면서 수영을 방해할 때

기타 근력 판정. 또한 DM은 아래 상황들에서도 근력 판정을 요구할 수 있습니다.

- 막혀 있거나, 잠겨있거나, 빗장 걸린 문을 강제로 열 때
- 구속된 사슬 등을 부수려 할 때
- 너무 작은 터널을 통과하려 할 때
- 마차 뒤를 붙잡고 끌려갈 때
- 석상을 넘어트릴 때
- 굴러오는 바위를 붙잡으려 할 때

명중 굴림과 피해

당신은 메이스나 배틀액스, 자벨린 등의 근접 무기로 공격할 때 명중 굴림과 피해 굴림에 근력 수정치를 더할 수 있습니다. 근접 무기는 붙어서 싸울 때 근접 공격을 하거나, 투척 속성이 있는 경우 던져서 장거리 공격을 하는 용도로 사용할 수 있습니다.

들어 올리기와 운반하기

당신의 근력 점수에 따라 당신이 들고 견딜 수 있는 무게가 결정됩니다. 당신이 들어 올리거나 운반할 수 있는 중량은 아래와 같은 방법으로 결정됩니다.

적재량. 당신의 적재량은 근력 점수에 15를 곱한 것입니다. (단위는 파운드(lbs)입니다.) 이것은 당신이 들고 운반할 수 있는 무게이며, 대부분의 경우 캐릭터들이 이만큼 무거운 것을 운반할 일은 많지 않으니 너무 걱정하지 않으셔도 됩니다.

밀기, 끌기, 들어 올리기. 당신은 적재량의 두 배(=근력 점수 × 30lbs)까지의 무게를 밀거나, 끌거나, 들어 올릴 수 있습니다. 당신의 적재량 이상의 무게를 지닌 물체를 밀거나 끌고 있을 때는 이동속도가 5ft 로 감소합니다.

크기와 근력. 더 큰 크리쳐는 더 많은 무게를 견딜 수 있으며, 작은 크리쳐는 더 작은 무게만 질 수 있습니다. 중간 크기를 기준으로 크기 단위가 한 단계 커질 때마다, 적재량과 밀기, 끌기, 들어 올리기가 가능한 무게는 두 배씩 늘어납니다. 반면, 초소형 크리쳐의 경우, 무게 한계가 절반으로 줄어듭니다.

변형 규칙: 과적

들어 올리기나 적재량 규칙은 일부러 단순하게 만들어졌습니다. 만약 당신이 장비의 무게에 따라 캐릭터의 움직임이 제한받는 것을 더 자세히 표현한 규칙을 사용하고 싶다면, 이 변형 규칙을 사용하면 됩니다. 이 변형 규칙을 사용할 경우, 제5장의 갑옷 표에 있는 근력 항목을 무시하십시오.

만약 당신이 자기 근력 점수 × 5lbs 이상의 무게를 소지하고 있을 경우, 당신은 **과적 상태**가 됩니다. 이때 당신의 이동속도는 10ft 감소합니다.

만약 당신이 최대 적재량보다는 작지만 자기 근력 점수 × 10 이상의 무게를 소지하고 있을 경우, 당신은 **심한 과적 상태**가 됩니다. 이 상태에서 당신의 이동속도는 20ft 감소하며, 근력, 민첩, 건강에 관련된 모든 능력 판정이나 명중 굴림, 내성 굴림에 불리점을 받게 됩니다.

민첩

민첩은 재빠름, 반사신경, 균형 감각에 관계가 있습니다.

민첩 판정

민첩 판정은 캐릭터가 재빠르고 조용히 움직여야 하거나, 발 디딜 곳이 없는 곳에서 떨어지지 않고 버텨야 하는 경우 등에 사용합니다. 곡예, 손속임, 은신 기술 등은 민첩 판정 중에서도 특별한 몇몇 상황과 관계되어 있습니다.

곡예. 당신의 민첩(곡예) 판정은 발 디딜 곳이 없는 곳에서 버텨야 하거나, 미끄러운 얼음판 위를 뛰어가야 하거나, 줄 위에서 균형잡기를 하거나, 흔들리는 배의 갑판 위에서 바로 서 있어야 하는 상황 등에 사용됩니다. DM은 또한 뛰어들거나, 구르거나, 재주를 넘어야 하는 등 곡예에 가까운 묘기가 필요한 경우 민첩(곡예) 판정을 요구할 수 있습니다.

손속임. 당신은 손으로 벌이는 속임수를 벌이거나, 재빠른 손놀림으로 도둑질을 하려 하거나 몰래 어떤 물건을 숨기려는 등의 행동을 할 때, 민첩(손속임) 판정을 해야 합니다. DM은 또한 누군가의 동전지갑을 훔치려 하거나 다른 사람의 주머니에 물건을 몰래 집어넣거나 빼려 할 때 민첩(손속임) 판정을 요구할 수 있습니다.

은신. 당신은 적들에게서 스스로 몸을 숨기려 할 때나 몰래 경비병을 지나치려 할 때, 들키지 않고 빠져나가려 할 때, 혹은 보이거나 소리를 내지 않고 숨으려 할 때 등 DM이 은신을 요구할 때 민첩(은신) 판정을 해야 합니다.

기타 민첩 판정. 또한 DM은 아래 상황들에서도 민첩 판정을 요구할 수 있습니다.

- 가파른 내리막길에서 과적한 마차를 조종하려 할 때
- 급격한 커브에서 전차를 조종하려 할 때
- 자물쇠를 딸 때
- 함정을 해체할 때
- 포로를 단단히 묶을 때
- 단단히 묶인 포박을 풀려 할 때
- 현악기를 연주할 때
- 작거나 세밀한 물건을 만들 때

명중 굴림과 피해

당신은 슬링이나 롱보우 등의 장거리 무기로 공격할 때, 명중 굴림과 피해 굴림에 민첩 수정치를 더할 수 있습니다. 또한 당신은 대거나 레이피어 등, 교묘함 속성이 있는 근접 무기를 사용할 때도 명중 굴림과 피해 굴림에 민첩 수정치를 더할 수 있습니다.

방어도

당신이 입은 갑옷의 종류에 따라 다르지만, 당신은 방어도에 당신의 민첩 수정치를 일부 혹은 전부 더할 수 있습니다. 이에 대한 세부 사항은 제5장에 설명되어 있습니다.

은신

당신이 숨으려 할 때, 민첩(은신) 판정을 하게 됩니다. 당신이 누군가에게 발견되거나 더는 숨지 않으려 할 때까지, 해당 판정의 결과가 당신을 찾으려는 다른 누군가의 지혜(감지) 판정의 난이도가 됩니다.

당신은 당신을 분명히 볼 수 있는 크리쳐에게서는 숨을 수 없으며, 만약 당신이 꽃병을 깨거나 경고의 외침을 지르는 등 소음을 낸다면 당신의 위치를 들키게 됩니다. 투명 상태의 크리쳐는 볼 수 없으므로, 이들은 언제나 은신을 시도할 수 있습니다. 하지만 이동의 흔적은 여전히 발견될 수 있으며, 마찬가지로 조용히 있어야 합니다.

전투 상황에서, 대부분의 크리쳐들은 주변의 위험을 민감하게 주시하고 있으므로, 당신이 은신에서 벗어나 다른 크리쳐에게 다가갈 경우 대개는 당신을 발견할 것입니다. 하지만, 특정한 상황에서라면 던전 마스터는 그 크리쳐의 주의가 분산되어 있으므로 접근할 때까지 은신을 유지할 수 있다고 할 수 있으며, 이렇게 은신한 상태에서는 당신이 보이기 전까지 명중 굴림에 이점을 받을 수 있습니다.

상시 감지. 당신이 은신해 있을 때, 다른 크리쳐들은 적극적으로 수색하고 있지 않더라도 당신을 발견할 확률이 있습니다. 이 크리쳐들이 당신을 발견할지 아닐지 판정하려면, DM은 당신의 민첩(은신) 판정의 결과를 DC로 이용하여 해당 크리쳐의 상시 지혜(감지) 점수를 비교합니다. 상시 지혜(감지) 점수는 10 + 크리쳐의 지혜 수정치 및 다른 보너스와 페널티로 결정됩니다. 만약 해당 크리쳐가 이점을 받고 있다면 여기에 5를 더하며, 불리점을 받고 있다면 5를 뺍니다.

예를 들어, 지혜 15 (+2 수정치)의 1레벨 캐릭터(+2 숙련 보너스)가 감지 기술에 숙련을 갖고 있다면, 그의 상시 지혜(감지) 점수는 14입니다.

당신이 볼 수 있는 것은 무엇입니까? 당신이 은신해 있는 크리쳐나 숨겨진 물체를 발견할 수 있는가를 판정하는 데 있어 중요한 요소 중 한 가지는 그 지역을 얼마나 잘 볼 수 있는가도 포함됩니다. 여기에는 **가볍게 가려진** 또는 **심하게 가려진** 상태인지가 중요하며, 이에 대한 자세한 설명은 제8장에 수록되어 있습니다.

우선권

전투가 시작될 때마다, 당신은 민첩 판정으로 우선권 판정을 합니다. 우선권은 전투에서 크리쳐들의 턴 순서를 결정하며, 이에 대한 자세한 규칙은 제9장에 설명되어 있습니다.

건강

건강은 신체적 건강함, 체력, 생명력을 나타냅니다.

건강 판정

건강 판정을 행하는 경우는 그리 흔치 않으며, 건강 판정에는 대개 어떤 기술도 적용되지 않습니다. 왜냐하면 인내력은 대개 항상 가지고 있는 것이며, 캐릭터나 괴물이 적극적으로 어떤 노력을 할 필요가 없기 때문입니다. 하지만 당신이 일반적인 한계를 넘어서 인내의 한계에 몰릴 때는 건강 판정을 할 수도 있습니다.

또한 DM은 아래 상황들에서도 건강 판정을 요구할 수 있습니다.

- 숨을 참는 경우
- 몇 시간 동안 휴식하지 않고 행군하거나 일해야 할 경우
- 잠들지 않고 계속 진행하는 경우
- 음식이나 물 없이 생존하는 경우
- 맥주 한 통을 단번에 비우려 할 경우

히트 포인트

당신의 건강 수정치는 히트 포인트에도 영향을 줍니다. 일반적으로, 당신은 최대 히트 포인트를 구하기 위해 굴리는 히트 다이스 하나마다 건강 수정치를 더하게 됩니다.

만약 당신의 건강 수정치가 변화한다면, 당신의 최대hp 역시 마찬가지로 변하게 됩니다. 마치 1레벨부터 그 건강 수정치를 지니고 있었던 것처럼, 기존의 HD에도 수정치가 붙습니다. 예를 들어, 당신이 4레벨에 도달하여 건강 수정치가 +1에서 +2로 늘어났다면, 당신의 최대hp는 마치 처음부터 건강 수정치가 +2였던 것처럼 늘어납니다. 혹은 당신이 7레벨인 상태에서 어떤 이유로 인해 건강 수정치가 1 줄어들었다면, 당신의 최대hp 역시 7점 줄어들 것입니다.

지능

지능은 정신적 날카로움, 기억의 정확성, 이성적인 판단력 등을 다룹니다.

지능 판정

지능 판정은 논리적으로 무엇을 추론할 때, 교육할 때, 기억을 되살릴 때, 그리고 이성적으로 판단할 때 사용되곤 합니다. 비전학, 역사학, 수사, 자연학, 종교학 등의 기술은 지능 판정 중에서도 특별한 몇몇 분야와 연관되어 있습니다.

비전학. 당신은 주문에 관계된 전승 지식을 떠올릴 때, 마법 물건이나 섬뜩한 문양을 분석할 때, 마법적인 전통이나 존재의 다른 이계들에 대한 지식을 기억할 때, 그리고 이계의 거주자들에 대한 정보를 찾을 때 지능(비전학) 판정을 하게 됩니다.

역사학. 당신은 역사적인 사건에 대한 전승 지식을 떠올릴 때, 전설적인 인물들이나 고대의 왕국, 혹은 과거의 논쟁 등을 기억해내려 하거나 잃어버린 문명이나 최근 전쟁의 사건들을 분석할 때 지능(역사학) 판정을 하게 됩니다.

수사. 당신이 주변에서 단서를 찾아보고 그 단서에 따른 추론을 할 때, 당신은 지능(수사) 판정을 하게 됩니다. 당신은 물건이 숨겨진 장소를 추측하거나 상처의 외양을 보고 어떤 무기로 공격받았는지 파악할 수 있고, 터널의 가장 약한 부분이 어디이며 어떻게 해야 붕괴할 것인지를 생각해 볼 수 있습니다. 고대의 두루마리를 읽고 그 안에 숨겨진 지식을 파악하는 것 역시 지능(수사) 판정으로 할 수 있는 일입니다.

자연학. 당신은 지형에 대한 지식을 떠올리려 하거나 식물 혹은 동물, 기후, 자연적 주기에 대한 정보를 파악하려 할 때 지능(자연학) 판정을 하게 됩니다.

종교학. 당신은 신들에 관계된 전승 지식을 떠올리려 하거나 다양한 의식과 기도, 종교적인 조직 체계, 성표, 그리고 비밀 교단의 교리 등을 기억하려 할 때 지능(종교학) 판정을 하게 됩니다.

기타 지능 판정. 또한 DM은 아래 상황들에서도 지능 판정을 요구할 수 있습니다.

- 말을 하지 않고 다른 크리처와 의사소통을 하려 할 때
- 귀중한 물건의 가치를 짐작할 때
- 도시의 경비병을 지나치려는 위장에 도움을 줄 때
- 문서를 위조할 때
- 물건이나 교역에 관한 지식을 떠올릴 때
- 지식과 기술이 필요한 게임에서 이기려 할 때

주문시전 능력치

위저드는 지능을 주문시전 능력치로 사용하며, 그들이 사용하는 주문의 내성 굴림 DC 역시 지능의 영향을 받습니다.

지혜

지혜는 주변 세상을 파악하는 능력이나 주변 분위기를 알아차리는 능력, 그리고 지각력과 직감 등을 포함합니다.

지혜 판정

지혜 판정은 상대방의 몸짓 언어를 이해하려 하거나 다른 사람의 기분을 이해하려 할 때, 환경에서 무언가를 알아차릴 때, 다친 사람을 돌볼 때 등에 사용되곤 합니다. 동물 조련, 통찰, 의학, 감지, 그리고 생존 기술은 지혜 판정 중에서도 특별한 몇몇 경우와 연관되어 있습니다.

동물 조련. 가축을 진정시키려 하거나 탈것이 놀라지 않도록 할 때, 혹은 동물의 주의를 끌고자 할 때 DM은 지혜(동물 조련) 판정이 필요하다고 선언할 수 있습니다. 또한 당신은 탈것에게 위험한 움직임을 시키려 할 때도 지혜(동물 조련) 판정을 할 수 있습니다.

통찰. 당신은 다른 크리처의 진짜 의도를 파악하려 할 때나 거짓말을 알아차리려 할 때, 혹은 다른 누군가의 다음 행보를 예측하려 할 때 지혜(통찰) 판정이 필요할 수 있습니다. 몸짓에서 단서를 읽어내려 하거나 말버릇을 파악하고 습관의 변화에서 뜻을 짐작할 때도 지혜(통찰) 판정을 이용합니다.

의학. 당신은 죽어가는 동료를 안정시키려 할 때나 병을 진단하려 할 때 지혜(의학) 판정을 해야 합니다.

감지. 당신은 숨어 있는 무언가를 보고 들으려 하거나, 주변 환경에서 무언가 감지하려 할 때 지혜(감지) 판정을 해야 합니다. 이 판정은 당신이 주변 환경에 얼마나 민감하며 감각이 얼마나 예민한가를 나타내 주는 지표이기도 합니다.

> ### 숨겨진 물건 찾기
> 당신의 캐릭터가 비밀문이나 함정처럼 숨겨진 물건을 찾으려 할 때, DM은 대개 당신의 지혜(감지) 판정을 하게 합니다. 이 판정은 또한 어떤 물건이나 장소에서 숨겨진 세부사항 및 다른 정보를 찾거나 당신이 그냥 흘리기 쉬운 단서를 찾는데도 쓰일 수 있습니다.
> 대부분의 경우, 당신은 어디를 찾고 있는지 DM에게 선언해야 하며 DM은 당신의 성공률을 결정합니다. 예를 들어, 책상 서랍의 첫 번째 칸의 접혀 있는 옷 속에 열쇠가 숨겨져 있다고 해 봅시다. 만약 당신이 DM에게 느린 속도로 움직이며 방을 둘러보며 기둥과 벽을 조사한다고 선언하면, 당신의 지혜(감지) 판정이 얼마나 높던 간에 당신이 열쇠를 발견한 확률은 없습니다. 당신은 서랍을 열어서 조사해 보겠다고 분명하게 선언하거나, 최소한 책상을 수색하겠다고 선언해야 성공할 가능성을 얻게 됩니다.

예를 들어, 당신이 닫혀진 문 뒤나 열린 창문 너머로 들리는 대화를 훔쳐 들으려 하거나, 숲속에서 조용히 은신해 움직이는 괴물들의 소리를 들으려 할 때 당신은 이 판정을 행하게 됩니다. 아니면 당신은 흐릿하고 불분명한 것을 파악하려 할 때, 혹은 길가에 엎어진 오크들이 사실은 매복한 것인지, 골목길의 그림자 속에 깡패들이 숨어있지는 않은지, 촛대 아래에 숨겨진 비밀문이 있는지 알아보려 할 때도 이 판정을 이용합니다.

생존. 당신은 흔적을 추적할 때나 야생 동물을 사냥할 때, 얼어붙은 황야에서 집단을 이끌고 움직일 때, 주변에 아울베어가 사는 흔적이 있는지를 확인할 때, 날씨를 예측할 때나 유사 등의 위험한 자연재해를 피하려 할 때 지혜(생존) 판정을 행해야 합니다.

기타 지혜 판정. 또한 DM은 아래 상황에서도 지혜 판정을 요구할 수 있습니다.

- 당신의 하려는 행동에서 예감을 느낄 때
- 어떤 크리처가 죽은 것처럼 보이는가 확인하려 하거나 살아있는 것처럼 보이는 크리처가 언데드인지 확인하려 할 때

주문시전 능력치

클레릭, 드루이드, 레인저는 지혜를 주문시전 능력치로 사용하며, 그들이 사용하는 주문의 내성 굴림 DC 역시 지혜의 영향을 받습니다.

매력

매력은 상대방과 효율적으로 교류하는 능력을 나타냅니다. 이 능력에는 자신감과 언어구사력, 그리고 매력적이고 위압적인 존재감들 역시 포함됩니다.

매력 판정

매력 판정은 다른 사람에게 영향을 주거나 흥미를 끌려고 할 때, 깊은 인상을 남기거나 거짓말을 하려고 할 때, 그리고 복잡한 사회적 교류 상황을 잘 헤쳐나가려 할 때 사용됩니다. 기만, 위협, 공연, 설득 등의 기술은 매력 판정 중에서도 특별한 몇몇 경우와 연관되어 있습니다.

기만. 당신은 말이나 행동으로 진실을 숨기려 할 때 매력(기만) 판정을 하게 됩니다. 이 기만은 다른 사람을 고의로 잘못된 길로 끌고 가는 것에서부터 모호하게 거짓을 섞어 말하는 것까지 모든 것을 포함합니다. 일반적으로는 얼렁뚱땅 경비병을 속여 넘기려 하거나, 상인에게 사기를 치려 하거나, 도박으로 돈을 따려 하거나, 변장하거나, 거짓 보장으로 다른 이의 의심을 누그러트리려 하거나, 뻔뻔한 거짓말을 하면서 표정을 진실하게 유지하는 상황 등에 이 판정을 사용하게 됩니다.

위협. 당신이 위협이나 적대적 행동, 신체적인 폭력 등으로 다른 사람에게 영향을 끼치려 할 때, DM은 매력(위협) 판정을 요구할 수 있습니다. 주로 포로에게서 정보를 얻어내려 하거나 대치 중인 거리의 건달들을 뒤로 물러려 할 때, 아니면 깨진 병을 날붙이로 삼아 거만한 관료의 판단을 바꾸고자 할 때 이런 판정을 쓰게 됩니다.

공연. 당신이 청중 앞에서 음악을 들려주거나, 춤추거나, 연기하거나, 이야기하는 등의 예능 활동을 할 때, 매력(공연) 판정의 결과는 당신이 얼마나 그 공연을 뛰어나게 했는지 말해줍니다.

설득. 당신이 대화나 사회적인 우아함, 좋은 태도를 통해 다른 누군가나 어떤 집단에 영향을 끼치려고 하면, DM은 매력(설득) 판정을 요구할 수 있습니다. 일반적으로, 누군가와 선심을 가지고 대할 때, 우정을 쌓을 때, 간곡한 부탁을 할 때, 적절한 예의를 취해야 할 때 이런 판정이 사용됩니다. 설득이 사용되는 상황은 일행이 왕을 대면할 수 있게 해달라고 대신의 마음을 움직이려 할 때나 적대적인 부족 사이에서 평화를 협상할 때, 혹은 한 무리의 마을 사람들의 용기를 끌어 올리려 할 때 등입니다.

기타 매력 판정. 또한 DM은 아래 상황에서도 매력 판정을 요구할 수 있습니다.

- 새 소식이나 소문 등을 전해줄 만한 사람을 찾으려 할 때
- 군중에 녹아들어 대화의 핵심 주제를 알아내려 할 때

주문시전 능력치

바드, 팔라딘, 소서러, 워락 등은 매력을 주문시전 능력치로 사용하며, 그들이 사용하는 주문의 내성 굴림 DC 역시 매력의 영향을 받습니다.

내성 굴림

짧게 "내성"이라고도 부르는 내성 굴림은 어떤 주문이나 함정, 독이나 질병 또는 그와 유사한 위협에 저항하는 시도를 말합니다. 당신은 대개 언제 내성 굴림을 굴릴 수 있는지 스스로 결정할 수 없으며 다른 누군가나 어떤 괴물의 행동이 당신의 캐릭터에게 해를 끼치려 할 때 굴려야 하는 상황에 처합니다.

내성 굴림을 굴리려면, d20을 굴리고 그에 따른 능력 수정치를 적용합니다. 예를 들어, 당신은 민첩 내성 굴림을 굴릴 때 민첩 수정치를 사용하게 될 것입니다.

내성 굴림 역시 상황에 따른 보너스나 페널티가 있으며, 이점이나 불리점을 받을 수 있습니다. 이런 상황 요소들은 DM의 판정에 따릅니다.

각 클래스는 최소 2개의 능력치에 연관된 내성 굴림 숙련을 지니고 있습니다. 예를 들어 위저드는 지능 내성에 숙련되어 있습니다. 기술 숙련과 마찬가지로, 숙련이 있는 능력치에 연관된 내성 굴림을 굴릴 때는 여기에 숙련 보너스를 더할 수 있습니다. 몇몇 괴물들 역시 내성 굴림 숙련을 가지고 있습니다.

내성 굴림의 난이도는 내성 굴림을 유발한 효과가 무엇이냐에 따라 달라집니다. 내성 굴림을 허락하는 주문의 경우, DC는 주문시전자의 주문시전 능력치와 숙련 보너스에 따라 달라집니다.

내성 굴림에 성공했느냐 실패했느냐에 따라 어떤 일이 벌어지는가는 내성 굴림을 유발한 효과의 설명에 나와 있습니다. 대개, 내성 굴림에 성공한 크리쳐는 그 효과의 피해를 완전히 피하거나, 피해를 줄여서 받을 수 있습니다.

제8장: 모험

고대의 유적인 공포의 무덤을 탐험하고, 워터딥의 뒷골목을 누비며, 공포의 섬의 울창한 정글을 헤쳐나가면서 길을 만들어갑니다. 바로 이런 것들이 던전즈 & 드래곤즈 DUNGEONS & DRAGONS의 모험입니다. 당신의 캐릭터는 게임 속에서 잊혀진 유적을 탐사하거나 아무도 발을 디딘 적 없는 땅을 탐험하고, 어두운 비밀이나 사악한 음모를 밝혀내며, 사악한 괴물들을 쓰러트립니다. 그리고 이 모든 것을 잘 이루어내면, 당신의 캐릭터는 살아남았을 것이며 새로운 모험에 들어가기 전 커다란 보상을 얻을 수 있을 것입니다.

이 장에서는 모험자의 삶을 이루고 있는 기초적 요소들을 다룰 것입니다. 이는 이동 규칙의 설명에서부터 사회적 교류의 복잡한 상황을 해결하는 법 등을 포함하고 있습니다. 또한, 이 장에는 휴식에 관련된 규칙도 있으며, 당신의 캐릭터가 모험과 모험 사이에 할 수 있는 활동에 대한 소개도 있습니다.

모험자들이 먼지투성이 던전을 탐험하든, 왕의 궁정에서 복잡한 관계를 맺어 나가든, 게임은 앞서 소개 부분에서 제시된 자연스러운 리듬에 따라 흘러갑니다.

1. DM이 상황을 설명한다.
2. 플레이어들이 하고 싶은 일을 선언한다.
3. DM이 행동의 결과를 판정하여 묘사한다.

대개 DM들은 지도를 이용해 모험의 윤곽을 그리며, 플레이어들이 던전을 탐험하는 과정을 기록하고, 야생 지역을 어떻게 지나가고 있는지 보여줍니다. DM의 메모에는 모험자들이 새로운 곳에 들어섰을 때 무엇을 발견하게 되는지가 쓰여 있습니다. 때로는 시간이 흘러감에 따라 모험자들의 행동이 어떤 결과를 불러오게 되는지도 중요해지며, DM은 시간표나 순서도를 만들어 지도 대신 사용하여 진척 상황을 나타내기도 합니다.

시간

상황에 따라 시간의 흐름을 기록하는 것이 중요할 수도 있습니다. 그럴 때 DM은 캐릭터들의 행동에 따라 시간이 얼마나 필요한지를 결정할 것입니다. DM은 상황의 맥락에 따라서 시간의 규모를 다르게 사용할 수도 있습니다. 모험자들이 던전에 있을 때라면 **분** 단위로 시간을 생각하는 게 편합니다. 기다란 복도를 조심스레 걸어가는 데에도 분 단위 시간이면 충분하고, 복도 끝 문에 함정이 있는지 살피는 것 역시 몇 분 만에 끝납니다. 또한 방 안에 무언가 값나가는 것이나 흥미로운 것이 있는지 살펴보는 것 역시 10여분 정도면 가능합니다.

도시나 야생 환경에서라면, **시간** 단위가 더 편할 수 있습니다. 모험자들이 숲의 중심부에 있는 홀로 떨어진 탑에 도착하려면 15마일 정도를 이동해야 하는데, 이것은 서둘러 갔을 때 네 시간 정도 걸리는 일입니다.

더 긴 여정이라면, **날짜** 단위가 가장 좋습니다. 발더스 게이트에서 워터딥까지 가는 길을 따라가다 보면, 모험자들은 별일 없이 4일 정도를 여행하다가 고블린의 매복을 마주치게 될 수도 있습니다.

전투나 기타 급박하게 돌아가는 상황에서라면 게임은 **라운드** 단위로 돌아갑니다. 1 라운드는 6초 정도의 시간이며, 여기에 대해서는 제9장에서 좀 더 자세히 설명합니다.

이동

격하게 흐르는 강을 헤엄치거나, 던전의 복도를 숨죽이며 걸어 내려가거나, 급격한 산비탈을 타고 올라가는 것 모두가 D&D 모험에서 이동이 중요한 역할을 한다는 예시입니다.

DM은 모험자들의 이동을 꼭 정확한 거리나 이동 시간으로 계산할 필요가 없습니다. "여러분은 숲을 통과해 걷다가 3일째 되는 날 저녁 무렵 던전의 입구를 발견했습니다." 같이 묘사해서 처리할 수 있습니다. 심지어 던전 속에서도, 특히 큰 던전이나 복잡한 동굴 연결망에서라면 DM은 조우와 조우 사이의 이동을 간략화할 수 있습니다. "고대 드워프 요새 입구의 수호자들을 쓰러트린 다음, 여러분은 지도를 살펴보았습니다. 소리가 울리는 복도를 따라 수 마일을 걸어 내려가니 깊이를 알 수 없는 협곡에 걸린 좁은 바위 다리가 나타났습니다." 같은 식으로 처리할 수 있는 것입니다.

하지만 때로는 한 장소에서 다른 장소로 가는데 얼마나 많은 시간이 걸렸는지가 중요해지는 순간이 찾아오며, 며칠, 몇시간 혹은 몇분이 걸렸는지 정확하게 알아야만 할 때도 있습니다. 이동 시간을 계산하는 규칙은 이동속도와 여행 속도, 그리고 그들이 이동하는 지형 등의 요소에 따라 결정됩니다.

이동속도

모든 캐릭터나 괴물들은 이동속도를 지니고 있으며, 이 이동속도란 1라운드 동안 그 캐릭터나 괴물이 얼마나 먼거리를 걸을 수 있느냐를 말합니다. 이동속도는 목숨이 경각을 다투는 위급한 상황에서 빠르게 움직일 수 있는 거리를 숫자로 나타낸 것입니다.

아래 규칙은 캐릭터나 괴물이 분 단위, 시간 단위, 혹은 날짜 단위에서 얼마나 멀리 움직일 수 있느냐를 계산하는 방법입니다.

여행 속도

여행 중일 때, 모험자 집단은 보통 속도나 빠른 속도, 혹은 느린 속도로 이동할 수 있습니다. 각각의 여행 속도는 아래 여행 속도 표에 나와 있습니다. 이 표에서는 모험자 일행이 단위 시간당 얼마나 멀리까지 움직일 수 있으며, 여행 속도에 따라 어떤 효과를 얻을 수 있는지를 설명하고 있습니다. 빠른 속도로 이동하면 캐릭터들은 주변을 덜 살피게 되며, 느린 속도로 이동하면 조용히 이동하는 것이 가능할 뿐 아니라 주변을 보다 주의 깊게 살피면서 움직이게 됩니다. (이 장 뒷 분의 "여행 중의 활동" 부분을 참조하십시오.)

강행군. 이동속도 표는 캐릭터들이 하루 8시간 이동하는 것을 가정하고 있습니다. 하지만 이들은 한계를 넘어서 탈진의 위험을 감수하고 움직일 수도 있습니다.

하루 8시간을 넘어서 한 시간씩 여행할 때마다, 캐릭터들은 추가로 시간 항목의 거리만큼을 이동할 수 있습니다. 그리고 한 시간마다 각 캐릭터는 건강 내성 판정을 해야 합니다. 이 내성 판정의 DC는 10 + 8시간 이후 여행한 시간 단위입니다. 내성 판정에 실패하면 그 캐릭터는 1단계씩의 탈진을 얻게 됩니다. (탈진 상태에 대해서는 부록 A를 참조하십시오.)

탈것과 승용물 등. 대부분의 경우, 동물들은 몇 시간 분량의 짧은 단위에서는 인간형보다 훨씬 빠르게 이동할 수 있습니다. 탈것에 탄 캐릭터는 한 시간 동안, 대개 빠른 속도로 걸어서 여행한 거리의 두 배까지를 이동할 수 있습니다. 8~10마일마다 지치지 않은 탈것들을 계속 공급받을 수 있다면, 캐릭터들은 이 속도로 먼 거리까지를 이동할 수도 있습니다. 그러나 이렇게 역참이 마련된 경우는 인구 밀집 지역을 제외하면 극히 희귀합니다.

마차나 달구지. 기타 육상 차량에 탄 캐릭터들은 일반 속도로 이동하기를 선택할 수 있습니다. 선박 등의 수상 탈것에 탄 캐릭터들은 탈것의 속도에 맞추어 가야 합니다. (제5장을 참조하십시오.) 그러므로 그들은 빠른 속도로 갈 때의 페널티나 느린 속도로 갈 때의 이익을 얻을 수 없습니다. 탈것의 종류나 선원의 숫자에 따라 달라지지만, 선박은 대개 하루 24시간 여행할 수 있습니다.

페가서스나 그리폰 같은 특별한 탈것이나 비행 융단 따위의 특별한 승용물이 있다면 일행은 더 빠르게 여행할 수 있습니다. *던전 마스터즈 가이드(Dungeon Master's Guide)*에는 이러한 특별 여행 수단에 대해 더 자세한 정보가 수록되어 있습니다.

여행 속도

속도	단위당 여행 거리			
	분	시간	일	효과
빠름	400ft	4마일	30마일	지혜(감지) 판정에 -5 페널티
보통	300ft	3마일	24마일	—
느림	200ft	2마일	18마일	은신 가능

어려운 지형

여행 속도 표의 여행 거리는 대개 도로나 넓은 평야, 혹은 깨끗한 던전 복도 등의 단순한 지형을 가정한 것입니다. 하지만 모험자들은 때때로 울창한 숲이나 깊은 늪지, 잔해나 파편이 가득한 폐허, 깎아지른 산비탈, 얼음으로 덮인 땅 등으로 여행해야 할 때가 있습니다. 이런 지형들을 어려운 지형이라 부릅니다.

어려운 지형에서는 이동속도가 절반이 됩니다. 어려운 지형에서 1ft 이동할 때마다 추가로 1ft의 이동력이 소모됩니다. 따라서 어려운 지형을 이동할 때는 분, 시간, 날짜 단위의 이동거리를 보통 때의 절반으로 계산해야 합니다.

특별한 이동 형태

위험한 던전이나 야생 지역에서는 단순히 걷는 것 외의 다른 이동 방법이 필요할 때가 있습니다. 그럴 때면 모험자들은 등반이나 포복, 수영 혹은 도약을 통해 이동해야 합니다.

등반, 수영, 포복

어딘가로 기어오르거나 수영을 해야 한다면, 1ft 이동할 때마다 추가로 1ft의 이동력을 소모합니다. (어려운 지형에서 특별한 이동을 하려면 추가로 2ft의 이동력을 소모합니다.) 단, 이것은 해당 크리쳐가 등반이나 수영 등 특별한 이동속도를 지니고 있지 않은 경우에만 해당합니다. DM은 선택 규칙으로, 미끄러운 수직 표면을 기어오르거나 손을 잡을 곳이 거의 없는 곳을 등반하려 할 때는 근력(운동) 판정이 필요하다고 선언할 수 있습니다. 이와 마찬가지로 거친 물살을 가르고 수영해야 할 경우 역시 근력(운동) 판정이 필요할 수 있습니다.

도약

당신의 근력 점수로 얼마나 잘 뛰어넘을 수 있는지를 판정합니다.

멀리뛰기. 먼 거리를 뛰어넘으려 할 때, 당신은 최소 10ft의 도움닫기를 했다는 가정하에 근력 점수 1점당 1ft를 뛰어넘을 수 있습니다. 제자리에 서서 멀리 뛰려 하는 경우, 오직 근력 점수의 절반만큼 뛰어넘을 수 있습니다. 어느 쪽이든, 당신이 뛰는 거리 역시 그대로 이동력을 소모합니다.

이 규칙은 개울이나 협곡을 뛰어넘어야 하는 등, 멀리뛰기 시의 최대 높이가 중요하지 않은 경우만을 가정한 것입니다. DM은 선택 규칙으로 DC 10의 근력(운동) 판정에 성공해야 낮은 벽이나 울타리 등의 장애물을 뛰어넘을 수 있다고 선언할 수 있습니다. 이 판정에 실패한 경우 장애물에 충돌해 떨어진 것이 됩니다.

당신이 어려운 지형에 착지한다면, 먼저 DC 10의 민첩(곡예) 판정에 성공해야 제대로 착지할 수 있습니다. 이 판정에 실패한 경우 당신은 도착 지점에 넘어지게 됩니다.

높이뛰기. 당신이 높이뛰기를 해야 할 경우, 당신은 최소 10ft의 도움닫기를 했다는 가정하에 3 + 당신의 근력 수정치 ft 만큼의 높이까지 뛰어오를 수 있습니다. 만약 당신이 제자리에서 높이뛰기를 한 경우, 이 높이의 절반까지만을 뛰어오를 수 있습니다. 어느 쪽이든, 당신이 뛰어오른 거리는 그대로 이동력을 소비합니다. 몇몇 특정한 상황에서는 DM이 근력(운동) 판정에 성공한 경우 평소보다 높이 뛰어오를 수 있다고 판단할 수도 있습니다.

당신은 높이 뛰기를 할 때, 팔을 위로 뻗어 키의 절반 높이까지를 더 손댈 수 있습니다. 따라서 당신이 위로 닿을 수 있는 최대 높이는 당신이 높이뛰기를 한 높이 + 당신 키 × 1.5까지가 됩니다.

여행 도중의 활동

모험자들은 던전이나 야외를 여행할 때, 위험을 경계할 필요가 있습니다. 또한 몇몇 캐릭터들은 이동하는 도중에도 다른 임무들을 수행해서 집단의 여정을 도와야 하기도 합니다.

대열

모험자들은 대열을 맞추어 이동합니다. 대열이 정해지면 누가 함정에 영향을 받는지, 누가 숨어있는 적들을 알아챘는지, 전투가 벌어지면 누가 적들에게 가장 가까이 있는지를 파악하기가 쉬워집니다.

캐릭터들은 전열, 중열, 후열 중 한 곳에 위치하게 됩니다. 중열은 하나만 있을 수도 있고 여러 개가 있을 수도 있습니다. 전열과 후열에 위치한 캐릭터들은 그 열의 다른 캐릭터들과 충분한 간격을 두고 움직입니다. 간격이 너무 좁아지면 대열이 바뀌고, 전후열의 캐릭터 중 일부는 중열로 이동할 것입니다.

3열 미만일 때. 만약 모험자 일행이 2열로만 이동하는 경우, 전열과 후열만이 존재하는 것으로 합니다. 만약 일렬횡대로 이동하는 경우, 전체를 전열로 취급합니다.

은신

느린 속도로 이동하고 있다면, 캐릭터들은 은신 이동을 할 수 있습니다. 그들이 은신에서 들키지 않는 한, 캐릭터들은 기습을 가하거나 조우에서 매복을 가할 수 있습니다. 은신에 대한 규칙들은 제7장을 참조하십시오.

위험 파악

상시 지혜(감지) 점수를 이용하면 집단 내의 누군가가 숨어 있는 위협을 파악하는지 확인할 수 있습니다. DM은 특정 열의 캐릭터들만이 위협을 파악할 수 있다고 결정할 수 있습니다. 예를 들어, 복잡한 미로처럼 이루어진 터널을 여행하고 있다고 할 경우, DM은 누군가 몰래 일행을 미행하고 있을 때 오직 후열의 캐릭터들만이 미행자의 소리를 듣거나 모습을 볼 수 있다고 판단할 수 있으며, 전열이나 중열의 캐릭터들은 충분히 파악할 수 있는 상시 감지 점수가 있어도 파악할 수 없을 것입니다.

빠른 속도로 이동하는 경우, 캐릭터들은 상시 지혜(감지) 판정에 -5 페널티를 받는 상태로 숨은 위협을 파악해야 합니다.

크리쳐들과의 조우. 만약 모험자들이 이동 중 다른 크리쳐들과 조우했다고 DM이 결정하면, 그다음 어떤 일이 벌어질지는 두 집단의 결정에 달렸습니다. 양쪽 집단은 공격하려 하거나, 대화를 시작하거나, 도주할 수 있으며, 가만히 기다리면서 상대 집단이 어떻게 움직이는가 지켜볼 수도 있습니다.

적들 기습하기. 만약 모험자들이 적대적인 크리쳐나 집단과 조우하였다면, DM은 모험자들 혹은 그 적들이 전투 상황에 들어가기 전 기습할 수 있다고 선언할 수 있습니다. 기습에 대한 더 자세한 규칙은 제9장을 참조하십시오.

기타 활동

캐릭터들은 이동하는 도중에도 위험을 감지하는 것 외의 다른 임무에 신경을 쓸 수 있습니다. 상시 지혜(감지) 점수로 숨어 있는 위협을 감지하고 있지 않은 캐릭터들은 다른 일을 할 수 있습니다. 하지만, 각 캐릭터는 위험을 감지하고 있지 않더라도 아래 활동 중 한 가지만 수행할 수 있으며, 다른 활동을 하려 하는 경우 DM의 허가가 있어야만 합니다.

경로 파악. 캐릭터는 일행이 길을 잃지 않도록 계속 경로를 파악할 수 있습니다. 이 경우, DM이 요구할 때 지혜(생존) 판정을 하게 됩니다. (던전 마스터즈 가이드(Dungeon Master's Guide)를 보면 일행이 길을 잃었을 때의 관련 규칙을 찾을 수 있습니다.)

조달. 캐릭터는 모험 중에도 식량과 식수 확보를 항상 신경 쓰고 있습니다. 이 경우, DM이 요구할 때 지혜(생존) 판정을 하게 됩니다. (던전 마스터즈 가이드를 보면 식량 조달에 대한 규칙을 찾을 수 있습니다.)

지도 그리기. 캐릭터는 일행의 진행 방향에 따라 지도를 그리고 그들이 길을 잃은 경우 돌아가는 길을 확인할 수 있습니다. 여기에는 어떠한 능력이나 판정이 필요하지 않습니다.

추적. 캐릭터는 다른 크리쳐의 흔적을 추적할 수 있습니다. 이 경우, DM이 요구할 때 지혜(생존) 판정을 하게 됩니다. (던전 마스터즈 가이드를 보면 추적에 대한 규칙을 찾을 수 있습니다.)

환경

모험은 그 특성상 어둡고 위험하며 신비에 가득 찬 곳을 탐험해야 하는 일입니다. 이 부분에서는 모험자들이 그런 장소의 환경에 주로 어떻게 대처하는지에 대한 규칙들을 다루고 있습니다. *던전 마스터즈 가이드*에서는 이보다 더 특이한 상황들에 대한 규칙을 역시 찾을 수 있습니다.

추락

높은 높이에서 떨어지는 것은 모험자가 겪게 되는 가장 흔한 환경 위험 요소 중 하나입니다. 추락 지점에서, 캐릭터는 떨어진 높이 10ft당 1d6점의 타격 피해를 받습니다. 이 피해는 최대 20d6까지 커질 수 있습니다. 캐릭터는 낙하 충격을 피할 다른 방법이 있지 않은 한 낙하지점에서 넘어진 상태가 됩니다.

질식

캐릭터들은 1분 + 자신의 건강 수정치 1점당 추가로 1분씩 숨을 참을 수 있습니다. (건강 수정치가 마이너스라도 최소 30초는 가능합니다.)

캐릭터가 호흡할 수 없는 상황이 되면, 해당 캐릭터는 건강 수정치 1점당 1라운드를 살아남을 수 있습니다. (최소 1라운드) 그 시간이 지나고 나면 캐릭터의 hp는 0이 되고 빈사 상태가 되어 죽음 판정을 해야 할 것입니다. 질식 중이거나 숨이 막히고 있을 때는 hp를 회복하거나 안정화할 수 없습니다.

예를 들어, 건강이 14인 캐릭터는 3분간 숨을 참을 수 있으며, 질식이 시작되면 2라운드는 버틸 수 있지만, 그 이후에는 hp가 0으로 떨어질 것입니다.

일행 나누어 가기

때때로 일행을 쪼개어 진행해야 할 때도 있을 수 있습니다. 특히 일행 중 몇 명을 척후로 앞에 보내야 하는 경우가 이에 해당합니다. 당신은 일행을 여러 집단으로 나눌 수도 있으며, 각각 다른 이동속도로 진행하게 할 수도 있습니다. 각 집단은 자기들만의 전열과 중열, 후열을 지닙니다.

이 방법의 단점은 나누어진 집단이 전투 시에 취약해진다는 것입니다. 반면 장점은 은신에 능한 캐릭터들로 이루어진 작은 집단은 더 둔한 캐릭터들의 영향을 받지 않고 적들에게서 숨어 이동할 수 있다는 것입니다. 로그나 몽크들만 느린 속도로 앞서 이동하면 뒤에서 드워프 팔라딘이 따라올 때보다 훨씬 발견되기 어려워질 것입니다.

시야와 빛

위험을 감지하고 숨겨진 물건을 찾으며, 전투에서 적을 명중시키고 주문의 목표를 정하는 등, 모험의 기본적인 요소는 캐릭터들의 시각 능력에 크게 의존하고 있습니다. 어둠이나 그와 유사하게 시야를 가리는 효과는 이러한 캐릭터들의 시각에 심각한 장애를 일으킬 수 있습니다.

특정한 지역은 가볍게 혹은 심하게 가려진 지역이 될 수 있습니다. 약한 빛이나 옅은 안개, 혹은 나뭇잎새 등으로 **가볍게 가려진 지역**의 경우, 캐릭터들은 시각에 의존한 지혜(감지) 판정을 할 때 불리점을 받게 됩니다.

반면 완전한 어둠이나 짙은 안개, 빽빽한 숲 등 **심하게 가려진 지역**의 경우, 시야 전체를 완전히 막아버립니다. 심하게 가려진 지역에 있는 캐릭터는 실질적으로 장님 상태와 마찬가지의 영향을 받게 됩니다. (부록 A를 참조하십시오.) 마찬가지로 밖에서 심하게 가려진 지역 안에 있는 대상을 보려 할 때도 실질적으로 장님 상태인 것처럼 취급합니다.

또한 해당 환경에서 빛이 있느냐 없느냐는 밝은 빛, 약한 빛, 어둠의 3단계로 나누어집니다.

밝은 빛(Bright Light)은 대부분의 크리쳐들이 정상적으로 볼 수 있는 환경입니다. 흐린 날이라도 해가 떠 있으면 밝은 빛 아래에 있는 것으로 취급합니다. 횃불이나 랜턴, 불, 기타 다른 조명은 특정한 범위까지에 밝은 빛을 비춥니다.

약한 빛(Dim Light) 환경은 그림자, 혹은 흐릿한 빛이라고도 부르며, 가볍게 가려진 지역을 만듭니다. 약한 빛이 있는 지역은 대개 밝은 빛 지역의 가장자리인 경우가 많습니다. 횃불 등의 밝은 빛이 비추는 중심지에서 멀어지면 약한 빛 지역이 됩니다. 황혼이나 새벽의 희미한 빛 역시 약한 빛으로 취급합니다. 특별히 밝은 보름달 아래 역시 지면에 약한 빛을 비출 수 있습니다.

어둠(Darkness)은 심하게 가려진 지역을 만듭니다. 한밤중에 야외에 있는 캐릭터들은 어둠 속에 있는 것으로 취급합니다. (대개 달이 떠 있다 해도 그렇습니다.) 또한 빛이 전혀 들어오지 않는 던전이나 지하 금고 같은 지역도 마찬가지이며, 마법적으로 어둠이 생성된 지역 역시 이런 환경에 해당합니다.

맹안시야 BLINDSIGHT

맹안시야를 가진 크리쳐는 일정 범위까지의 주변 환경을 시각에 의존하지 않고 파악할 수 있습니다. 점액류 등의 눈이 없는 크리쳐나 소리의 반향으로 위치를 파악하는 크리쳐, 혹은 드래곤처럼 지극히 예민한 감각을 가진 크리쳐는 이 특수 감각을 지니고 있습니다.

암시야 DARKVISION

D&D 세계에서는 많은 크리쳐들, 특히 지하에 사는 크리쳐들이 암시야를 지니고 있습니다. 암시야를 지닌 크리쳐는 어둠 속에서도 일정 범위까지를 약한 빛 환경처럼 볼 수 있으며, 따라서 해당 지역은 가볍게 가려진 상태로 취급합니다. 하지만, 암시야로는 어둠 속에서 색을 구별할 수 없으며, 오로지 회색의 음영으로만 보입니다.

진시야 TRUESIGHT

진시야를 지닌 크리쳐는 특정 범위까지의 모든 일반적이거나 마법적인 어둠을 무시하고 볼 수 있으며, 투명한 크리쳐나 물체를 볼 수 있고, 내성 굴림에 성공한 것처럼 자동적으로 시각적 환영을 간파하며, 변신체의 원래 모습을 감지하고 마법으로 변형된 존재 역시 파악할 수 있습니다. 이에 더해, 진시야를 지니고 있으면 주변 에테르계의 모습 역시 볼 수 있습니다.

식량과 식수

먹고 마시지 못한 캐릭터들은 탈진의 효과를 받게 됩니다. (부록 A를 참조하십시오.) 식량과 식수 부족으로 인한 탈진은 필요한 만큼 충분히 먹고 마시지 않는 한 회복될 수 없습니다.

식량

캐릭터는 하루 최소 1lb의 식량이 필요합니다. 식량을 오래 유지하기 위해서는 매일 절반만 먹고 버틸 수 있지만, 절반만 먹고 버틴 날은 음식 없이 반나절을 보낸 것으로 취급합니다. (즉, 계속 절반씩 먹는 경우 아래의 한계까지 도달하는 날짜가 2배로 늘어난다는 것입니다.)

캐릭터는 최대 3일 + 건강 수정치 당 1일까지를 먹지 않고 이동할 수 있습니다 (최소 1일) 이 한계를 넘어서면 매일 하루가 끝날 때마다 캐릭터는 자동으로 1단계씩의 탈진을 얻게 됩니다.

제대로 하루 동안 음식을 먹는다면 먹지 않고 지낸 날의 수를 다시 0으로 되돌릴 수 있습니다.

식수

캐릭터는 하루 최소 1갤런의 물이 필요합니다. 무더운 기후에서라면 최소 2갤런이 필요할 수도 있습니다. 필요한 양의 절반만 마신 캐릭터는 매일 하루가 끝날 때마다 DC 15의 건강 내성 굴림을 굴려야 하며, 내성에 실패할 시 1단계씩의 탈진을 얻게 됩니다. 절반 미만의 물만 마신 캐릭터는 내성 없이 자동으로 매일 하루가 끝날 때마다 1단계씩의 탈진을 얻습니다.

만약 캐릭터가 이미 1단계 이상의 탈진이 있는 상태에서 물 부족 상태를 겪는 경우, 1단계가 아닌 2단계 씩의 탈진을 얻게 됩니다.

물체 조작

캐릭터가 주변 환경에 있는 물체를 조작하려 하는 경우, 행동은 대개 간단히 결과를 얻을 수 있습니다. 플레이어가 DM에게 자기 캐릭터가 무엇을 할 것인지 선언하면, DM은 그 행동 결과 어떤 일이 벌어지는지 이야기해주는 식입니다.

던전 벽의 손잡이를 당기는 등의 행동이 이런 물체 조작의 대표적 예시입니다. 이 손잡이는 창살문을 올라가게 하는 것일 수도 있고, 방에 물이 차오르게 하는 것일 수도 있으며, 근처 벽의 비밀문을 여는 것일 수도 있습니다. 하지만 만약 손잡이가 녹이 슬어 잘 움직이지 않는다면, 캐릭터는 강제로 그것을 움직여야 할 수도 있습니다. 그런 경우, DM은 근력 판정을 하라고 요구하여 성공해야만 캐릭터가 원하는 대로 손잡이를 조작할 수 있다고 선언할 수 있습니다. DM은 일의 어려움을 생각하여 판정의 DC를 설정할 것입니다.

또한 캐릭터는 무기나 주문으로 물체에 피해를 가할 수도 있습니다. 물체는 독성이나 정신 피해에 대해서는 면역이지만, 다른 물리적, 마법적 피해들은 크리쳐와 마찬가지로 받을 수 있습니다. DM은 물체의 AC와 hp를 정할 것이며, 물체의 종류나 속성, 재질에 따라 특정한 피해에 대해서는 면역이나 저항이 있는지도 판별

할 것입니다. (예를 들어, 밧줄을 곤봉으로 자르기는 더 어려울 것입니다.) 물체는 근력이나 민첩 내성 굴림에 자동으로 실패하며, 다른 내성을 요구하는 효과들에 대해서는 면역을 지닙니다. 물체의 hp가 0이 되면, 그 물체는 파괴됩니다.

캐릭터는 또한 근력 판정으로 물체를 파괴하려 시도할 수 있습니다. 이 시도의 DC 역시 DM이 정하게 됩니다.

사회적 교류

던전을 탐험하고 장애물을 극복하며 괴물들을 쓰러트리는 것은 D&D 모험의 핵심 요소입니다. 하지만, 모험자들과 세상을 살아가는 다른 이들과의 사회적 교류 역시 그에 못지않게 중요합니다.

교류는 여러 가지 형태가 있을 수 있습니다. 당신은 사악한 도적을 설득하여 죄를 자백하라고 할 수도 있고, 드래곤에게 아부를 해서 목숨을 구걸해야 할 수도 있습니다. DM은 플레이어의 캐릭터들을 제외한 다른 크리쳐나 캐릭터들의 역할을 모두 맡아 연기를 하게 되며, 이들을 **논플레이어 캐릭터**(NPC)라고 부릅니다.

일반적으로, 당신에 대한 NPC의 태도는 우호적, 중립적, 적대적의 3단계로 나누어집니다. 우호적인 NPC들은 당신을 도우려하며, 적대적인 NPC들은 당신의 목적을 방해하려 할 것입니다. 또한 당연히 우호적인 NPC에게서 협조를 얻어내는 게 훨씬 더 간단할 것입니다.

사회적 교류는 크게 보아 역할연기와 능력 판정이라는 두 가지 측면을 지니고 있습니다.

역할연기

역할연기란 말 그대로 캐릭터의 역할을 연기하는 것입니다. 이 경우, 당신의 캐릭터가 되어 생각하고 말하고 행동을 결정하는 것은 바로 그 플레이어인 당신의 역할이 됩니다.

역할연기는 게임의 모든 측면에 관여하며, 사회적 교류에서는 그중에서도 주된 부분을 차지하게 됩니다. 당신의 캐릭터가 가진 버릇, 습관, 개성들이 이 교류가 어떻게 풀려나가는지에 영향을 끼칠 것입니다.

당신의 캐릭터를 역할연기 하는 데는 크게 두 가지 기법이 있습니다. 서술적 접근 방식과 연기적 접근 방식이 그 기법입니다. 대부분의 플레이어들은 두 기법을 함께 이용하곤 합니다. 양쪽 중 어느 것이 더 편하든 적절하게 원하는 대로 두 방식을 같이 사용하십시오.

역할연기에 대한 서술적 접근방식

이 접근 방식을 이용하면, 당신은 DM과 다른 플레이어들에게 당신의 캐릭터가 어떻게 말하고 행동하는지를 묘사하게 됩니다. 머릿속으로 캐릭터의 심상을 그리고, 다른 모두에게 당신의 캐릭터가 하는 일과 그 방식을 설명합니다.

예를 들어, 드워프 토르덱을 연기하는 크리스라는 플레이어가 있다고 해 봅시다. 토르덱은 성질이 급하고 가문의 불운을 클록우드 숲의 엘프들 탓으로 돌리곤 합니다. 그런데 술집에서 어떤 건방진 엘프 음유시인이 토르덱의 술자리로 와서는 드워프에게 시비를 걸기 시작했습니다.

크리스는 이렇게 말했습니다. "토르덱은 바닥에 침을 뱉고는, 바드에게 욕설을 지껄이며 발을 쿵쾅대며 카운터쪽 자리로 가요. 그리고 술 한잔을 더 시키기 전에 의자에 앉아서 음유시인을 오랫동안 노려볼 거에요."

이 예시 상황에서, 크리스는 토르덱의 기분을 묘사했고 DM에게 자기 캐릭터의 태도와 행동을 명확하게 설명해 주었습니다.

서술적 역할연기를 할 때는, 아래 사항을 기억하도록 합니다.

- 당신 캐릭터의 감정과 태도를 묘사합니다.
- 캐릭터의 행동 의도와 다른 사람들이 그 행동을 어떻게 받아들일지를 집중해서 생각해 봅니다.
- 당신이 필요하다고 생각하는 만큼 수식어를 붙입니다.

이런 것들을 너무 집착해서 지킬 필요는 없습니다. 그저 당신의 캐릭터가 무엇을 할 것인지, 그리고 그것을 어떻게 설명할 것인지만 잘 생각해서 이야기하면 됩니다.

역할연기에 대한 연기적 접근방식

서술적 역할연기가 DM과 동료 플레이어들에게 당신 캐릭터의 생각과 행동을 설명하는 것이라면, 연기적 접근 방식은 그것을 보여주는 쪽에 가깝습니다.

당신이 연기적 접근 방식을 사용하면, 당신은 캐릭터의 목소리로 말하고, 마치 배우처럼 역할을 연기합니다. 당신은 심지어 캐릭터의 움직임이나 몸짓을 흉내 낼 수도 있습니다. 이러한 접근 방식은 서술적 역할연기보다 더 직접적이고 강한 인상을 줄 수 있지만, 여전히 직접 보여주기 어려운 부분은 설명을 해야 합니다.

크리스가 토르덱의 역할연기를 했던 부분으로 돌아가서, 같은 장면을 연기적 접근 방식으로 어떻게 처리하는지 보겠습니다.

크리스는 토르덱처럼 거칠고 낮은 목소리로 말했습니다. "어디서 구질구질한 썩은 내가 난다 했더니. 네놈한테 듣고 싶은 게 있다면 그 팔을 꺾어버린 다음 네놈이 내지르는 비명 정도일 거다." 그런 다음 평범한 목소리로 그는 이렇게 덧붙입니다. "나는 일어서서, 엘프를 쏘아보고는 카운터 자리로 향할래요."

역할연기의 결과

DM은 캐릭터의 행동과 태도를 통해서 NPC들이 어떻게 반응할지를 결정할 것입니다. 겁이 많은 NPC는 폭력의 위협 앞에서 움츠러들 것입니다. 완고한 드워프는 집적거리는 소리에 콧방귀를 뀔 것입니다. 오만한 드래곤은 아부를 받으면 콧대가 높아질 것입니다.

당신이 NPC와 교류할 때, DM이 묘사하는 NPC의 기분과 대화, 그리고 개성에 주의를 기울이는 것이 좋습니다. 당신은 NPC가 지닌 인격 특성이나 이상, 단점, 유대를 파악할 수도 있으며, 이를 잘 이용하면 NPC의 태도에 영향을 끼칠 수 있습니다.

D&D에서의 교류는 실제 생활에서와 유사하게 진행됩니다. 만약 당신이 NPC들이 원하는 무언가를 제공하거나, 그들이 무서워하는 무언가로 위협하거나, 그들의 동정심과 목적을 이용한다면, 말 몇 마디 만으로도 당신이 원하는 것을 얻어낼 수 있을 것입니다. 한편, 만약 당신이 자존심 높은 전사를 모욕하거나, 귀족의 동료 앞에서 악담을 하는 경우, 당신의 모든 설득이나 기만은 실패로 돌아갈 것입니다.

능력 판정

역할연기 외에도, 교류 상황의 결과를 파악하는 데에는 능력 판정 역시 중요한 요소로 이용되곤 합니다.

당신이 역할연기에 들인 노력은 NPC의 태도를 바꿀 수 있지만, 여전히 그 상황에는 실패의 가능성이 남아 있을 수 있습니다. 예를 들어, DM은 교류하는 도중 어느 시점에 NPC의 반응을 결정하기 위해 플레이어에게 매력 판정을 하라고 요구할 수 있습니다. 또한 DM의 결정에 따라 특정한 상황에서는 다른 판정을 요구하는 경우 또한 있을 수 있습니다.

당신이 NPC와 교류하며 원하는 것을 얻으려 할 때는 당신이 숙련을 지닌 기술도 생각해 두어야 합니다. NPC에게 충분히 호의를 얻고 난 다음 가장 높은 보너스를 받는 특기 기술을 사용해 접근하는 것이 좋습니다. 만약 일행이 경비병을 속여 성 안으로 들여보내도록 하고자 한다면, 기만 기술에 숙련이 있는 로그가 대화를 주도해 나가는 편이 좋습니다. 인질의 석방을 위해 협상을 하게 되는 경우라면, 설득 기술에 숙련을 지닌 클레릭이 대화의 주도권을 쥐는 편이 더 나을 것입니다.

휴식

모험자들은 영웅적인 존재이지만, 아무리 영웅일지라도 종일 탐험과 전투, 교섭을 벌일 수는 없습니다. 모험자들에게도 먹고 마시며 잠잘 시간이, 휴식이 필요합니다. 휴식 시간 동안 그들은 상처를 돌보고, 주문시전을 위해 정신과 영혼을 가다듬으며, 이후의 모험을 위해 스스로를 다잡습니다.

모험자들은 모험을 계속하는 도중에도 잠깐 짧은 휴식을 취할 수 있으며, 하루를 끝낼 때는 긴 휴식을 취하게 됩니다. 모험자들뿐 아니라 다른 크리쳐들 역시 짧은 휴식이나 긴 휴식을 통해 힘을 회복할 수 있습니다.

짧은 휴식

짧은 휴식은 최소 한 시간 정도 길이의 휴식 시간입니다. 이 시간 동안 캐릭터들은 먹고 마시거나 책을 읽고 상처를 돌보는 행동 정도만 할 수 있으며, 그보다 과격하거나 힘든 일은 할 수 없습니다. 짧은 휴식을 취하고 나면, 캐릭터는 자신의 HD를 하나 혹은 그 이상 소비하여 회복을 시도할 수 있습니다. 이때 자신의 레벨 합계 최대치만큼 HD를 사용할 수 있습니다. HD 주사위 하나를 굴릴 때마다 여기에 자신의 건강 수정치를 더하며, 그렇게 나온 값만큼 hp를 회복할 수 있습니다. (최소 0점) 플레이어는 주사위를 하나씩 굴려가며 더 많은 HD를 소비할지 아닐지를 결정할 수 있습니다. 긴 휴식을 마친 캐릭터는 아래 설명된 대로 소비한 HD 중 일부를 회복할 수 있습니다.

긴 휴식

긴 휴식은 최소 8시간 이상의 상당히 긴 휴식시간입니다. 이 시간 동안 캐릭터는 6시간 정도 잠을 자고 2시간 정도의 가벼운 활동을 할 수 있습니다. 읽거나, 이야기하거나, 먹고 마시거나, 2시간 정도씩 불침번을 서는 것이 가벼운 활동에 포함됩니다. 만약 긴 휴식이 어떤 격렬한 활동으로 방해받은 경우, 긴 휴식의 이익을 얻으려면 다시 처음부터 휴식을 취해야 합니다. 여기서 격렬한 활동이란 1시간 정도 걷거나, 전투를 벌이거나, 주문을 시전하는 등의 모험 활동 등을 말합니다.

긴 휴식을 끝마칠 때, 캐릭터는 자신의 hp를 모두 회복할 수 있습니다. 또한 캐릭터는 자신이 소비한 HD 역시 일부 회복할 수 있습니다. 회복되는 HD의 개수는 캐릭터 레벨의 절반까지입니다. 예를 들어 8HD를 지닌 캐릭터라면, 긴 휴식을 마쳤을 때 4개의 HD를 회복할 수 있습니다.

캐릭터는 24시간당 한 번씩만 긴 휴식의 이익을 취할 수 있습니다. 그리고 휴식을 취하기 전 최소 hp 1점 이상이 있는 상태여야만 긴 휴식의 이익을 취할 수 있습니다.

모험과 모험 사이

던전으로의 여정과 고대의 악과 벌이는 장렬한 사투 사이, 모험자들에게도 쉬고 재보충하며 다음 모험을 준비할 시간이 필요합니다. 또한 많은 모험자들은 이런 시간을 이용해 갑옷이나 무기를 제작하거나, 연구를 벌이고 그들이 어렵게 얻은 보물을 쓰기도 합니다.

때로는 모험과 모험 사이의 이런 시간을 별다른 묘사나 특별한 사건 없이 빨리 흘려보내기도 합니다. 새로운 모험을 시작하게 되면, DM은 그저 지난번 모험이 끝나고 나서 얼마나 시간이 흘렀는지 이야기해주며 그 시간 동안 당신이 무엇을 하고 있었는지 간단하게 설명해 달라고 할 수 있습니다. 한편, DM은 PC들이 알지 못하는 곳에서 어떤 사건이 벌어지고 있을 경우 지난번 모험 이후 얼마나 시간이 흘렀으며 어떤 일들이 벌어졌는지 정확하게 기록해야 할 수도 있습니다.

생활수준 지출

모험과 모험 사이에 시간을 보낼 때, 당신은 제5장에서 설명한 대로 생활수준을 유지하기 위한 비용을 지출해야 합니다.

특정한 생활수준을 유지한다는 것이 그 자체만으로는 캐릭터에 중대한 효과를 주지는 않지만, 당신의 생활수준은 다른 사람들이나 집단이 당신의 캐릭터를 대하는 태도에 큰 영향을 미칩니다. 예를 들어, 당신이 귀족적인 생활수준을 유지하고 있다면, 가난한 생활수준을 유지할 때보다 도시 내의 귀족들에게 접근하고 영향을 미치기가 더 편할 것입니다.

막간 활동

모험과 모험 사이, DM은 당신의 캐릭터가 막간에 무엇을 하고 있었는지 물어볼 수도 있습니다. 이러한 사이 시간은 다양한 길이로 주어질 수 있지만, 막간 활동을 끝내서 그로 인해 이익을 얻으려면 특정한 기간의 날짜가 필요합니다. 그리고 막간 활동에 참여하려면 매일 최소 8시간 이상을 그 활동에 들여야만 합니다. 막간 활동에 들이는 날짜가 꼭 연속해서 이어져 있어야 할 필요는 없습니다. 만약 당신에게 활동에 필요한 날짜보다 많은 시간이 있다면, 당신은 그 활동을 더 오래 할 수도 있고, 활동하는 도중에 새로운 막간 활동을 시작하여 바꿀 수도 있습니다.

막간 활동은 아래 목록 이외에도 다양한 것이 가능합니다. 만약 당신의 캐릭터가 막간에 다른 일을 하며 시간을 보내고 싶은데 이 아래에는 그에 해당하는 항목이 없다면, DM과 의논하여 원하는 활동을 하시기 바랍니다.

제작

당신은 모험 장비나 예술품 등, 비마법적 물건을 제작할 수 있습니다. 제작에 들어가려면 당신은 우선 만들고자 하는 물건에 관련된 도구의 숙련이 있어야 합니다. (대개는 장인의 도구입니다.) 또한 당신은 제작에 필요한 재료와 장소 역시 구해야만 합니다. 예를 들어, 갑옷이나 검을 만들고자 한다면 대장장이의 도구에 대한 숙련을 지니고 용광로를 사용할 수 있어야 합니다. 제작에 필요한 재료의 값은 시장 가격의 절반입니다.

제작으로 막간 활동을 보내는 하루하루마다, 당신은 시장 가격으로 5gp 상당의 물건을 제작할 수 있습니다. 만약 당신이 5gp보다 비싼 물건을 제작하려 한다면, 제작으로 보내는 날짜 하루마다 5gp 분량씩 진척이 이루어집니다. 예를 들어, 플레이트 아머한 벌(시장 가격 1,500gp)을 만들고자 한다면 재료로 750gp가 들고, 혼자서 만들 경우 300일이 걸릴 것입니다.

여러 명의 캐릭터가 하나의 물건을 만드는 데 힘을 모을 수도 있습니다. 이때 협력하는 캐릭터들은 모두 제작에 필요한 도구의 숙련이 있어야 하며 한 장소에 모일 수 있어야 합니다. 제작에 참여하는 캐릭터 한 명당, 매일 5gp 분량의 진척을 이룰 수 있습니다. 예를 들어, 도구에 대한 숙련을 지닌 캐릭터 3명이 같은 장소에서 플레이트 아머를 함께 만든다면, 100일이 걸릴 것입니다. (재료값은 여전히 750gp가 필요합니다.)

제작 도중, 당신은 매일 1gp씩의 비용을 지불하지 않고도 평범한 생활수준을 유지할 수 있으며, 절반의 비용만 들이고 편안한

생활수준을 유지하는 것도 가능합니다. (생활수준 지출에 대해서는 제5장에 더 자세한 정보가 수록되어 있습니다.)

직업활동

당신이 모험과 모험 사이 노동을 한다면, 하루 1gp씩의 비용을 지불하지 않고도 평범한 생활수준을 유지할 수 있습니다. (생활수준 지출에 대해서는 제5장에 더 자세한 정보가 수록되어 있습니다.) 이 이익은 당신이 자기 직업에 종사하는 한 계속 유지됩니다.

만약 당신이 신전이나 도적 길드 등 고용을 제공해 주는 조직에 소속되어 있다면, 당신은 평범한 생활수준 대신 편안한 생활수준을 유지할 수도 있습니다.

만약 당신이 공연 기술에 숙련이 있고 막간에 당신의 공연 기술을 사용하고자 한다면, 부유한 생활수준을 유지하는데 필요한 돈을 벌 수도 있습니다.

휴양

당신은 모험 사이의 막간을 이용해서 오래 영향을 미치는 부상이나 질병, 독을 치료하려 할 수 있습니다.

최소 3일 이상의 막간을 휴양에 쓰고 나면, 당신은 DC 15의 건강 내성 굴림을 굴릴 수 있습니다. 이 내성에 성공할 경우, 당신은 아래 결과 중 하나를 택할 수 있습니다.

- 당신의 hp를 회복하지 못하게 하는 효과 중 하나를 끝냅니다.
- 이후 24시간 동안, 현재 당신에게 영향을 끼치고 있는 독이나 질병 중 한 가지에 대한 내성 굴림에 이점을 받습니다.

연구

모험과 모험 사이의 시간은 연구를 통해 캠페인 기간에 알게 된 수수께끼를 생각하는 좋은 기회가 됩니다. 연구는 도서관에서 먼지 덮인 고서들을 뒤적거리며 낡아빠진 두루마리들을 읽는 시간과 그 지방 사람들에게 술을 사며 소문과 풍문을 모으는 시간 모두를 포함하고 있습니다.

당신이 연구를 시작하려 하면, DM은 어떤 정보를 얻을 수 있는지, 이를 위해 막간이 며칠이나 필요한지, 연구에 다른 제한 사항은 없는지 결정합니다. (특별한 사람을 찾아야 하거나, 특정한 책혹은 장소에 갈 수 있는지 등) DM은 또한 원하는 정보를 얻을 수 있는지 파악하기 위해 지능(수사) 판정 등 몇 가지 능력 판정을 요구할 수도 있습니다. 다른 사람들의 도움을 요청해야 하는 경우라면 매력(설득) 판정을 요구하는 경우도 있습니다. 일단 조건을 충족시키고 나면, 당신은 얻을 수 있는 정보를 얻게 됩니다.

매일 연구에 보내는 날짜 하루마다, 당신은 비용으로 1gp씩을 소비하게 됩니다. 이 비용은 당신의 일반적 생활수준 비용에 추가로 더해집니다. (제5장에서 상세히 설명하고 있습니다.)

훈련

당신은 모험과 모험 사이의 시간 동안 새로운 언어를 배우거나 도구를 다루는 법을 훈련할 수 있습니다. DM이 그 외의 다른 훈련을 허가해 주는 경우도 있습니다.

먼저, 당신은 당신의 캐릭터를 훈련시켜 줄 강사를 찾아야 합니다. DM은 강사를 찾는데 시간이 얼마나 걸리는지 결정하며, 필요하다면 능력 판정을 요구할 수도 있습니다.

교육은 250일 정도가 걸리며 매일 1gp씩이 필요합니다. 당신이 훈련에 필요한 시간을 모두 소화하고 금액을 지불했다면, 당신은 새로운 언어를 배우거나 새 도구에 대한 숙련을 얻을 수 있습니다.

제9장: 전투

검과 방패가 충돌하며 울리는 쇳소리. 괴물의 발톱이 갑옷을 찢어발기는 섬뜩한 소리. 위저드의 주문으로 만들어진 불덩어리가 폭발하며 퍼지는 눈부신 섬광. 역겨운 괴물의 악취 못지않게 코를 찌르는, 진한 피비린내. 노호성과 승리의 외침. 고통의 울부짖음. D&D에서 벌어지는 전투는 혼란스럽고 치명적이며 스릴이 넘칩니다.

이 장에서는 가벼운 전초전에서 시작하여 던전 내에서 벌어지는 기나긴 혈투나 전장에서의 전투까지 당신의 캐릭터와 괴물들이 전투에서 맞서 싸워야 할 때 필요한 모든 규칙을 설명하고 있습니다. 이 장을 통틀어, "당신"을 지칭할 때는 플레이어와 던전 마스터 모두를 가리킵니다. 던전 마스터는 전투 상황에서 NPC와 괴물들 모두를 조종하며, 각각의 플레이어들은 자신의 모험자를 움직입니다. "당신"이란 표현은 또한 당신이 움직이는 캐릭터나 괴물을 지칭하는 용도로 사용되기도 합니다.

전투의 순서

일반적인 전투 조우는 두 세력 사이의 충돌로, 무기를 현란하게 휘두르며 속임수 동작과 받아치기가 오고, 이리저리 자리를 잡기 위해 움직이며 시전된 주문이 날아다니는 것입니다. 이 게임에서는 전투의 혼란을 라운드와 턴 단위의 순환으로 체계화하였습니다. **라운드**란 게임 세계 내에서 6초 정도에 해당하는 시간입니다. 1라운드 동안, 전투에 참여하는 참여자들은 각각 자신의 **턴**을 가집니다. 턴의 순서는 전투 조우가 시작할 때 정해지며, 이때 모두는 우선권을 굴립니다. 일단 모든 참가자가 자기 턴을 행했고 아직 어느 한 편이 전투에서 승리한 것이 아니라면, 전투는 다음 라운드로 이어져 마찬가지로 턴 순서를 돌게 됩니다.

기습

모험자 일행이 산적 야영지에 몰래 접근하여, 나무 뒤에서 튀어나오며 공격을 가합니다. 젤라틴 큐브가 던전의 복도를 소리도 없이 미끄러지며, 미처 알아차리지 못한 모험자들을 그대로 집어삼키려 합니다. 이런 상황, 즉 어느 한 편이 전투에서 상대를 알아차리지 못한 상황을 기습이라고 합니다.

DM은 누가 기습당했는지 결정합니다. 만약 어느 한 편도 은신해 있지 않은 상태라면, 양측은 자동적으로 상대편을 알아차립니다. 어느 한쪽이 숨어 있는 상태라면, DM은 민첩(은신) 판정의 결과와 상대편의 상시 지혜(감지) 점수를 비교해서 들킨 것인지 아닌지를 결정할 것입니다. 위협을 알아차리지 못해 기습당하는 캐릭터나 괴물이 없다면 그냥 평범하게 전투 조우가 시작됩니다.

전투 단계

1. **기습 결정.** DM은 전투 조우가 시작되었을 때 어떤 이들이 기습당했는지 판정합니다.
2. **위치 선정.** DM은 캐릭터와 괴물들이 어디 위치하는지 결정합니다. 모험자들은 주어진 대열에 따라서 혹은 방이나 다른 위치에 사전에 선언했던 것처럼 위치를 잡습니다. DM은 적대 세력이 어디에 있는지, 얼마나 멀리 떨어져 있고 어느 방향에 있는지 결정합니다.
3. **우선권 굴림.** 전투 조우에 참가하는 이들 모두가 우선권을 굴려서 턴 순서를 정합니다.
4. **턴 실행.** 전투에 참가하는 각 참가자는 우선권 순서에 따라 자신의 턴을 실행합니다.
5. **다음 라운드의 시작.** 전투 참가자 모두가 자기 턴을 가졌으면 라운드가 끝납니다. 4단계로 돌아가 다시 반복합니다.

만약 당신이 기습당했다면, 당신은 전투의 첫 번째 턴에 이동하거나 행동을 취할 수 없습니다. 또한 당신은 그 턴이 끝날 때까지 반응행동을 사용할 수 없습니다. 집단의 구성원 중 전부가 기습당하지 않았더라도 그중 일부가 기습당하는 상황 역시 가능합니다.

우선권

우선권은 전투 도중 이루어지는 턴의 순서를 결정합니다. 전투가 시작되었을 때, 모든 참가자는 민첩 판정을 해서 우선권 순서를 정합니다. DM은 동일한 크리쳐가 여럿 있을 경우 굴림 한 번으로 집단 전체의 우선권을 정할 수도 있으며, 이때는 집단의 구성원 전체가 동시에 행동합니다.

DM은 민첩 판정의 결과가 높은 순서대로 전투참가자들의 차례를 만듭니다. 이 순서(우선권 순서라고 부릅니다.)는 라운드마다 각각의 참가자가 행동하는 순서입니다. 우선권 순서는 라운드에 상관없이 전투 내도록 동일합니다.

만약 우선권 순서가 같다면, DM은 자신이 조종하는 순서가 같은 크리쳐들 중 어느 쪽이 먼저 행동할지 정할 수 있고, 플레이어들 역시 한 편 내에서 우선권 순서가 같다면 누가 먼저 움직일지 정할 수 있습니다. 괴물과 플레이어 캐릭터의 우선권이 같다면 누가 먼저 움직이는가는 DM이 판정합니다. 선택 규칙으로, DM은 우선권 순서가 같은 캐릭터와 괴물이 있을 경우 d20을 다시 굴리게 해 높은 쪽부터 먼저 행동하도록 할 수 있습니다.

당신의 턴

당신의 턴이 되면, 당신은 자신의 이동속도만큼의 거리를 **이동**하고 **행동 하나**를 할 수 있습니다. 당신은 이동을 먼저 할지 행동을 먼저 할지 결정할 수 있습니다. 당신의 이동속도, 혹은 보행 이동속도는 자신의 캐릭터 시트에 기록되어 있을 것입니다.

전투 시에 할 수 있는 가장 일반적인 행동들은 이 장 뒷부분의 "전투에서의 행동들" 부분에서 설명하고 있습니다. 많은 클래스 요소나 다른 능력들은 행동에 추가적인 선택지를 제공합니다.

"이동과 자리잡기" 부분에서는 이동에 대한 규칙을 설명합니다.

당신은 이동이나 행동을 포기할 수 있으며, 자기 턴에 아무 행동도 하지 않을 수 있습니다. 만약 당신이 자기 턴에 무엇을 할지 결정하지 못하였다면, 회피 행동이나 준비 행동을 고려해 보십시오. 이러한 행동들은 "전투에서의 행동들" 부분에 설명되어 있습니다.

추가 행동 BONUS ACTIONS

다양한 클래스 요소나 주문, 다른 능력들은 당신이 자기 턴에 추가로 할 수 있는 행동, 즉 추가 행동을 가능하게 해주곤 합니다. 예를 들어 로그의 교활한 행동 요소는 로그가 추가 행동을 할 수 있게 해 줍니다. 당신은 특수 능력이나 주문, 기타 게임상의 효과나 요소로 인해 추가 행동이 가능할 때만 추가 행동을 쓸 수 있습니다. 그 외의 일반적인 경우에는 추가 행동을 할 수 없습니다.

당신은 턴 당 오직 한 번의 추가 행동만을 할 수 있으며, 따라서 여러 가지 추가 행동이 가능한 경우에는 그중 어떤 것을 할지 결정해야 합니다.

추가 행동의 사용 가능 시기가 따로 예외로서 언급되어 있지 않은 한, 당신은 자기 턴에만 추가 행동을 할 수 있습니다. 그리고 당신의 능력을 저해하여 행동을 하지 못하게 만드는 모든 요소는, 추가 행동 역시 불가능하게 만듭니다.

당신의 턴에 가능한 다른 활동

당신은 자기 턴에 행동이나 이동을 요구하지 않는 다양한 일을 할 수 있습니다.

당신은 짧은 대화나 몸짓으로 의사소통을 할 수 있습니다.

당신은 이동 중이거나 행동을 취하면서도 주변 환경의 사물 중 한 가지를 간단하게 조작할 수 있습니다. 예를 들어, 당신은 이동하며 적에게 다가가는 도중 문을 열 수 있으며, 적에게 공격을 가하는 행동의 일환으로 무기를 뽑을 수 있습니다.

만약 당신이 자기 턴에 두 번째 물체를 조작하려 할 경우, 행동을 사용해야 합니다. 몇몇 마법 물건이나 특별한 사물 역시 사용하려면 행동을 사용해야 하며, 그런 경우는 행동이 필요하다는 사실이 명시되어 있습니다.

DM은 당신이 특별히 주의가 필요하거나 장애가 예상되는 활동을 하려는 경우, 행동을 사용해야 한다고 요구할 수 있습니다. 예를 들어, DM은 당신이 막혀 있는 문을 열려고 하거나 도르래를 돌려 도개교를 내리려 한다면 행동을 사용해야 한다고 선언할 수 있습니다.

반응행동 REACTIONS

몇몇 특수 능력이나 주문, 기타 상황으로 인해 할 수 있는 특별한 행동을 반응행동이라 부릅니다. 반응행동은 특정한 발동조건이 발생했을 때 반사적으로 일어나는 일이며, 당신 자신의 턴이나 다른 사람의 턴일 때 언제든 할 수 있습니다. 이 장의 뒷부분에서 설명하고 있는 기회공격은 대표적인 반응행동의 일종입니다.

당신이 한 번 반응행동을 사용했다면, 당신의 다음 턴이 시작될 때까지는 다시 반응행동을 할 수 없습니다. 만약 반응행동으로 인해 다른 크리쳐의 턴이 방해를 받았다면, 그 크리쳐는 반응행동이 끝나고 나서 자신의 턴을 이어갈 수 있습니다.

이동과 위치

전투 상황에서 캐릭터와 괴물들은 끊임없이 움직이며 우위를 점할 수 있는 위치를 차지하고자 합니다.

주변 사물 다루기

이동이나 행동과 동시에 할 수 있는 간단한 행동들의 예시를 아래에 소개합니다.

- 검을 뽑거나 집어넣기
- 문을 열거나 닫기
- 가방에서 물약을 꺼내기
- 떨어트린 도끼를 주워들기
- 탁자에서 물건을 집어 들기
- 손가락에서 반지를 빼기
- 음식을 입안에 넣기
- 깃발을 땅에 꽂기
- 허리 주머니에 동전을 몇 개 넣기
- 잔에서 맥주 마시기
- 손잡이를 내리거나 스위치를 조작하기
- 횃대에서 횃불 꺼내 들기
- 손이 닿는 책장에서 책 꺼내기
- 작은 불 끄기
- 가면 쓰기
- 망토에 달린 후드로 머리를 덮거나 벗기
- 문에 귀 가져다 대기
- 작은 돌멩이 차기
- 열쇠로 자물쇠 열기
- 10ft 장대로 바닥 두드리기
- 다른 캐릭터에게 물건 넘겨주기

당신은 자기 턴에 자신의 이동속도만큼의 거리(이동력이라고도 부릅니다.)를 이동할 수 있습니다. 당신은 자기 턴에 이동력 전체를 사용할 수도 있고 그중 일부만 쓸 수도 있으며, 이 부분에서는 이동에 관련된 규칙들을 소개하고 있습니다.

당신의 이동은 도약이나 등반, 수영 등을 포함하고 있습니다. 이러한 다른 형태의 이동 역시 걷는 이동과 조합할 수 있으며, 특이한 이동만으로 이동 전체를 사용할 수도 있습니다. 하지만 어쨌든 당신이 움직였다면, 움직인 거리를 당신의 이동력에서 빼야 합니다. 당신이 자신의 이동력을 모두 사용했거나 더는 이동하지 않으려 하면 이동은 종료됩니다.

도약, 등반, 수영 등 "특별한 형태의 이동"에 대해서는 제8장에서 더 자세하게 설명하고 있습니다.

이동 쪼개기

당신은 자기 턴에 이동을 여러 번으로 쪼개어, 일부는 행동 전에, 일부는 행동 후에 사용하는 방식을 취할 수 있습니다. 예를 들어, 당신이 30ft의 이동속도를 지니고 있다면, 당신은 10ft 이동한 다음 행동을 사용하고, 다시 20ft를 이동할 수 있습니다.

공격 사이의 이동

만약 당신이 무기 공격을 여러 번 가할 수 있는 행동을 했다면, 당신은 매번 공격과 공격 사이에도 이동할 수 있습니다. 예를 들어 추가 공격 요소를 지니고 있어서 두 번 공격할 수 있는 파이터가 25ft의 이동력을 지니고 있다면, 그는 먼저 10ft를 이동해서 공격하고, 다시 15ft를 마저 이동해서 또 공격할 수 있습니다.

서로 다른 이동속도 이용하기

만약 당신이 보행 이동속도와 비행 이동속도 등 여러 종류의 이동속도를 지니고 있다면, 이동하는 도중 이러한 이동속도들을 바꾸어서 사용할 수 있습니다. 당신이 다른 형태의 이동속도로 바꿀 때마다, 이미 사용한 이동거리를 새로운 속도에서 빼도록 합니다. 그 나머지 거리가 당신에게 남아 있는 이동력입니다. 만약 뺀 결과가 0 이하라면, 당신은 이번 턴에 더는 이동할 수 없는 것입니다.

예를 들어, 만약 당신이 30ft의 보행 이동속도를 지니고 있는데 위저드의 비행 주문을 받아 60ft의 비행 이동속도를 얻었다고 해봅시다. 당신은 20ft 비행한 다음 10ft를 걸을 수도 있고, 그다음 다시 날아올라 30ft를 더 이동할 수도 있습니다.

어려운 지형

전투가 완전히 텅 빈 방이나 아무 특징 없는 평지에서 이루어지는 경우는 거의 없습니다. 바위가 솟아 있는 동굴이나 나뭇등걸이, 울퉁불퉁한 숲, 급격한 계단 등 일반적으로 전투가 벌어지는 장소에는 어려운 지형이 포함되어 있습니다.

당신이 어려운 지형을 이동할 때는 1ft 이동할 때마다 추가로 1ft씩의 이동력을 더 소모합니다. 이 규칙은 어려운 지형이 될 수 있는 요소가 여러 가지 동시에 존재한다고 해도 마찬가지입니다.

낮은 가구나 파편, 수풀, 급격한 계단, 눈, 그리고 낮은 늪지 등이 대표적인 어려운 지형입니다. 적대적이든 아니든 다른 크리쳐가 점유하고 있는 공간 역시 어려운 지형으로 취급합니다.

넘어진 상태

전투 참가자는 때때로 바닥에 엎드리게 될 때가 있습니다. 이것은 맞아서 쓰러진 경우일 수도 있고, 스스로 몸을 던져 엎드린 경우일 수도 있습니다. 게임 상황에서 이렇게 바닥에 몸을 눕힌 경우는 넘어짐 상태로 취급하며, 부록A에서 이 상태에 대한 더 상세한 정보를 찾아볼 수 있습니다.

당신은 행동력을 전혀 소비하지 않고도 **엎드리기**를 할 수 있습니다. 하지만 **일어서기**는 더 큰 노력이 필요하며, 일어서려면 당신의 이동속도 절반을 소비해야 합니다. 예를 들어, 당신의 이동속도가 30ft라면, 15ft의 이동력을 소모해야 일어날 수 있는 것입니다. 만약 당신에게 충분한 이동력이 남아있지 않거나 이동속도가 0이라면, 당신은 일어설 수 없습니다.

넘어진 상태에서 이동하려면, 당신은 **포복**하거나 순간이동 같은 마법적 수단을 이용해야 합니다. 포복으로 이동할 경우 1ft 이동할 때마다 추가로 1ft의 이동력을 더 소모해야 합니다. 따라서 어려운 지형에서 포복으로 이동할 경우 1ft 이동할 때마다 3ft의 이동력을 소모해야 하는 셈입니다.

다른 크리쳐 지나치기

당신은 적대적이지 않은 크리쳐가 점유한 공간을 어려운 지형으로 취급하여 통과해 지나칠 수 있습니다. 반면, 적대적인 크리쳐가 점유한 공간을 지나치려 하는 경우, 그 크리쳐가 당신보다 두 단계 이상 크거나 작은 경우에만 해당 공간을 통과할 수 있습니다. 어느 쪽이든 다른 크리쳐가 점유한 공간은 어려운 지형으로 취급한다는 점을 잊지 마십시오.

그 크리쳐가 적이든 친구이든, 당신은 다른 크리쳐가 점유한 공간에서 행동을 종료할 수 없습니다.

만약 당신이 이동 도중 다른 크리쳐의 공격 간격에서 벗어나게 되었다면, 당신은 이 장의 뒤에서 설명하는 것처럼 기회공격을 유발한 것이 됩니다.

비행 이동

비행하는 크리쳐들은 기동력의 장점을 많이 누리지만, 한편으로는 추락의 위험성도 생각해야 합니다. 만약 비행하는 크리쳐가 넘어짐 상태가 되었거나, 이동속도가 0으로 감소했거나, 다른 이유로 인해 이동할 수 없는 상태가 되면 그 크리쳐는 추락합니다. 단, 비행 주문 같은 마법적인 수단 등으로 허공에 부유할 수 있다면 추락하지 않을 수도 있습니다.

크리쳐의 크기

각각의 크리쳐는 서로 다른 크기의 공간을 점유합니다. 크기 분류표는 특정 크기의 크리쳐가 전투 중 얼마만큼 큰 공간을 점유하는지를 알려줍니다. 물체 역시 같은 크기 분류를 사용합니다.

크기 분류

크기	공간
초소형	2.5 × 2.5ft
소형	5 × 5ft
중형	5 × 5ft
대형	10 × 10ft
거대형	15 × 15ft
초대형	20 × 20ft 혹은 그 이상

공간

크리쳐가 점유하고 있는 공간은 물리적인 부피를 말하는 것이 아니라, 전투 중 실질적으로 그 크리쳐가 통제하고 있는 구역을 의미합니다. 예를 들어 일반적인 중형 크기의 크리쳐는 5ft 너비의 크기를 지니고 있지 않지만, 그만한 너비의 공간을 통제할 수 있습니다. 만약 중형 크기의 홉고블린 하나가 5ft 너비의 복도를 가로막고 서 있다면, 다른 크리쳐들은 홉고블린이 통과시켜주지 않는 한 쉽사리 그가 막고 있는 공간을 통과해 가기 어려울 것입니다.

격자판 이용하기

만약 당신이 사각형 격자 지도와 미니어쳐 혹은 다른 토큰을 사용해서 전투를 한다면, 아래 규칙을 이용하십시오.

사각형. 각 사각형의 한 변은 5ft 길이를 나타냅니다.

속도. ft 단위로 이동하는 대신, 사각형의 칸 단위로 이동을 계산하는 편을 추천합니다. 이것은 대개 이동속도가 5ft 단위로 끊어지기 때문입니다. 이 방법은 특히 당신이 이동속도를 5로 나누어 계산할 수 있어 더 편합니다. 예를 들어, 당신이 30ft 이동속도를 지니고 있다면, 6칸을 이동할 수 있는 것입니다.

칸 들어가기. 옆 칸에 들어가려면, 당신은 최소 1칸의 이동력이 남아 있어야 합니다. 이는 대각선으로 인접해 있는 칸이라 해도 마찬가지입니다. (대각선 이동 규칙은 부드러운 게임 진행을 위해 현실성을 약간 희생시키는 것입니다. 현실적인 대각선 이동 규칙에 대해서는 *던전 마스터즈 가이드(Dungeon Master's Guide)*를 참조하십시오.)

만약 어려운 지형 등의 이유로 해당 칸에 이동할 때 추가적인 이동력을 소모해야 한다면, 당신은 들어가는데 필요한 만큼의 이동력을 소비하지 않는 한 그 칸에 들어갈 수 없습니다. 예를 들어, 당신이 지금 있는 칸에서 옆에 있는 어려운 지형 칸으로 이동하려면 2칸의 이동력을 소비해야 합니다.

모서리. 대각선 이동으로는 벽의 모서리를 지나갈 수 없으며, 마찬가지로 큰 나무나 다른 지형들로 모서리가 있는 경우 역시 대각선 이동이 불가능합니다.

사거리. 사각 격자 지도에서 사거리를 측정하려면, 인접해 있는 칸에서 목표가 위치한 칸까지를 세어보면 됩니다. 사거리는 가능한 최단거리로 계산합니다.

크리쳐의 공간은 또한 그 크리쳐가 효율적으로 싸울 수 있는 범위를 의미하기도 합니다. 따라서, 하나의 크리쳐를 실질적으로 포위할 수 있는 크리쳐의 숫자에는 한계가 있습니다. 중형 크기의 전투 참가자들만을 가정한다면, 한 명의 참가자는 5ft 반경에서 최대 8명까지의 적들에게 포위될 수 있습니다.

더 큰 크리쳐들은 상대적으로 더 많은 공간을 점유하기 때문에, 포위에 참가할 수 있는 숫자는 더 적어집니다. 만약 대형 크기의 크리쳐 넷이 중형 이하 크리쳐 하나를 포위하려 한다면, 더는 끼어들 구석이 없을 것입니다. 이와는 반대로, 초대형 크기의 크리쳐 하나는 최대 20명까지의 중형 크리쳐들이 포위할 수 있을 것입니다.

좁은 장소에 끼어 들어가기

크리쳐는 자기 크기보다 한 단계 작은 크기의 공간에도 억지로 끼어 들어갈 수 있습니다. 그러므로 대형 크기의 크리쳐는 5ft 폭의 통로에도 억지로 들어가려 할 수 있을 것입니다. 이렇게 공간에 끼어 있는 동안, 해당 크리쳐는 1ft 이동할 때마다 추가로 1ft씩의 이동력을 더 소모해야 하며, 모든 명중 굴림과 민첩 내성 굴림에 불리점을 받게 됩니다. 좁은 공간에 끼어있는 크리쳐를 목표로 하는 명중 굴림은 이점을 받습니다.

전투 중의 행동

당신은 전투 도중 아래 주어진 행동들을 포함해 당신의 클래스나 특별 기능으로 인해 얻은 행동, 혹은 임기응변으로 하고자 하는 행동 등을 할 수 있습니다. 많은 괴물들 역시 자신들의 게임 자료에 취할 수 있는 행동의 선택지들이 있습니다.

당신이 아래 설명된 규칙들에 해당하지 않는 행동을 하려 하는 경우, DM은 그 행동이 가능한지 아닌지와 그 행동을 위해서 판정이 필요하다면 어떤 판정을 해야 하는지 말해 줄 것입니다.

공격 ATTACK

전투에서 가장 일반적인 행동은 공격 행동입니다. 당신이 검을 휘두르든, 활로 화살을 쏘든, 주먹을 날리든 마찬가지의 공격 행동으로 취급합니다.

이 행동을 사용하면, 당신은 근접이나 장거리 공격을 한 번 가할 수 있습니다. 공격에 대해서는 "공격 가하기" 부분을 참조하십시오.

파이터의 행동 연쇄 요소 같은 몇몇 기능들을 이용하면, 당신은 공격 행동으로 여러 차례의 공격을 가할 수도 있습니다.

주문 시전 CAST A SPELL

위저드나 클레릭 같은 주문시전자들을 포함해 주문을 시전할 수 있는 능력을 갖춘 다양한 괴물들 역시 전투에서 주문을 이용해 강력한 효과를 얻을 수 있습니다. 주문들은 저마다 시전 시간이 있으며, 이에 따라 시전자는 행동, 반응행동, 추가 행동을 포함해 길게는 몇분에서 몇시간에 이르는 시간 동안 시전을 해야 주문을 사용할 수 있습니다. 그러므로 주문 시전이 꼭 행동이라는 보장은 없습니다만, 대부분의 주문들은 1 행동의 시전 시간을 지니고 있습니다. 따라서 주문시전자는 전투 중 자신의 행동을 사용하여 주문을 시전할 수 있습니다. 주문시전에 대한 규칙은 제10장을 참조하십시오.

질주 DASH

질주 행동을 사용하면, 당신은 그 턴에 추가로 이동력을 얻게 됩니다. 이 이동력은 당신의 이동속도만큼 늘어나며, 만약 이동속도에 수정치를 받고 있다면 그 수정치도 영향을 줍니다. 예를 들어 당신이 30ft의 이동속도를 가지고 있다면, 질주 행동을 사용한 경우 당신은 자기 턴에 최대 60ft 거리까지를 움직일 수 있습니다.

이동속도에 영향을 주는 모든 요소는 이렇게 늘어난 이동속도에도 영향을 미칩니다. 예를 들어 당신은 본래 30ft 이동속도를 지니고 있었는데 어떤 이유로 15ft까지 줄어든 상태였다면, 질주 행동을 취할 경우 한 턴에 최대 30ft까지 움직일 수 있는 셈입니다.

퇴각 DISENGAGE

당신이 퇴각 행동을 사용하면, 당신의 이동은 그 턴이 끝날 때까지 기회공격을 유발하지 않습니다.

회피 DODGE

회피 행동을 사용하면, 당신은 전력으로 공격을 피하는 데 전념하게 됩니다. 당신의 다음 턴이 시작될 때까지, 당신이 볼 수 있는 공격자가 가하는 모든 명중 굴림에는 불리점이 가해지며, 당신은 민첩 내성 굴림에 이점을 받을 수 있습니다. 당신은 행동불능 상태(부록 A를 참조하십시오.)가 되거나 이동속도가 0으로 떨어진 상태에서는 이 행동의 효과를 얻을 수 없습니다.

원호 HELP

당신은 어떤 일을 수행하는 다른 크리쳐에게 도움을 빌려줄 수 있습니다. 당신이 원호 행동을 취하면, 당신이 도와주는 크리쳐는 도움을 받은 다음번 능력 판정에 이점을 받을 수 있습니다. 그러나 이 이점은 당신의 다음 턴이 시작되기 전까지만 지속됩니다.

그게 아니면, 당신은 주변 5ft 내에서 다른 크리쳐를 공격하려는 우호적인 크리쳐에게 도움을 줄 수 있습니다. 당신은 적에게 거짓 공격 동작을 가하거나 주의를 분산시키는 등 동료가 더 효과적으로 공격을 가할 수 있게 도와주는 것입니다. 만약 당신의 동료가 당신의 다음 턴이 시작되기 전까지 목표를 공격했다면, 첫 번째 명중 굴림에 이점을 받게 됩니다.

당신의 캐릭터는 전투 중에 이 장에서 다루고 있지 않은 행동을 시도할 수도 있습니다. 문을 깨부수려 한다거나, 적을 위협하려 하거나, 마법적인 방어의 약점을 찾아보려 하거나, 적과 협상을 벌이려 하는 등이 이러한 행동에 해당합니다. 캐릭터들이 할 수 있는 행동의 한계는 오로지 플레이어의 상상력과 자신들의 능력치로만 제한받습니다. 임기응변으로 취할 수 있는 다양한 행동들에 대한 영감을 얻으려면 제7장의 능력 점수들을 참조하십시오.

당신이 다른 규칙들로는 설명되지 않는 행동을 하려 할 경우, DM은 그 행동이 가능한지 아닌지, 그리고 성공이냐 실패냐를 알기 위해 판정이 필요한 경우 어떤 판정을 해야 하는지 당신에게 이야기해 줄 것입니다.

은신 HIDE

당신이 은신 행동을 취하면, 민첩(은신) 판정으로 숨으려고 시도하게 됩니다. 은신에 대한 규칙은 제7장을 참조하십시오. 당신이 성공한다면, 당신은 은신에 따른 이익을 얻게 됩니다. 이 이익은 이 장의 뒷부분에 나와 있는 "보이지 않는 공격자와 목표" 부분을 참조하십시오.

대기 READY

때로는 적에게 뛰어오르려 하거나 특정한 상황이 올 때까지 기다려야 할 때도 있습니다. 이렇게 기다리려면, 당신은 자기 턴에 대기 행동을 취했다가 그 라운드의 나중에 반응행동을 사용해 준비했던 행동을 할 수 있습니다.

먼저, 당신은 반응행동의 발동조건을 지정합니다. 그런 다음, 당신은 발동조건이 걸렸을 때 어떤 행동을 취할지를 선택합니다. 혹은 발동 조건이 걸렸을 때 그에 반응해 어떻게 이동하겠다는 식으로 정해도 됩니다. 예를 들어 "만약 사교도가 함정 바닥 위에 올라선다면, 나는 손잡이를 당겨서 바닥을 열겠어"라거나 "만약 고블린이 내 옆에 다가온다면, 나는 멀리 떨어질 거야." 같은 식으로 준비 행동을 선언할 수 있습니다.

발동 조건이 일어나면, 당신은 반응행동을 사용해 발동 조건이 되는 사건이 끝난 직후 정해진 대로 움직이거나, 발동 조건을 무시하는 것을 택할 수 있습니다. 당신은 라운드 당 오직 한 번의 반응행동만 할 수 있다는 점도 기억하십시오. 대기한 행동은 당신의 다음 턴이 시작될 때까지 발동될 수 있습니다.

당신이 주문을 준비한다면, 당신은 정상적으로 주문을 시전한 것이지만 그 힘이 나타나는 것을 보류하고 있다가, 발동 조건이 일어나면 주문의 힘을 해방한 것입니다. 시전 시간이 1 행동인 주문만을 대기할 수 있으며, 주문의 힘을 보류하고 있으려면 그동안 당신은 집중을 유지해야 합니다. (집중에 대해서는 제10장을 참조하십시오.) 만약 집중이 깨지게 된다면, 주문은 아무런 효과도 내지 못하고 끝나게 될 것입니다. 예를 들어, 당신이 거미줄Web 주문에 집중하는 동안 마법 화살Magic Missile 주문을 대기 행동으로 사용하려 했다면, 동시에 두 주문에 집중할 수 없으므로 일단 거미줄 주문은 끝나게 되고, 반응행동을 사용하기 전에 당신이 피해를 받았다면 마법 화살에 대한 집중을 유지할 수 있는지 판정해야 하고, 이 판정에 실패할 경우 마법 화살 주문 역시 깨지게 됩니다.

수색 SEARCH

수색 행동을 취하게 되면, 당신은 무언가를 찾는데 전력을 기울이게 됩니다. 당신이 찾으려는 것이 무엇인가에 따라 DM은 지혜(감지) 판정이나 지능(수사) 판정을 요구할 수 있습니다.

물건 사용 USE AN OBJECT

일반적인 경우, 칼을 뽑는 것은 공격 행동의 일환으로 취급하는 등 행동을 사용하지 않아도 물체를 다루는 것은 가능합니다. 그러나 사용하기 위해 행동이 필요한 물건도 있으며, 그 경우 그 물건을 사용하기 위해서는 물건 사용 행동을 취해야 합니다. 이 행동은 또한 여러 턴을 들여야 사용할 수 있는 물건을 다루는 용도로도 유용하게 사용할 수 있습니다.

공격 가하기

근접 공격을 가하든, 장거리 공격을 가하든, 아니면 주문을 시전하면서 명중 굴림을 하든, 이 모든 공격은 아래와 같은 단순한 구조로 처리할 수 있습니다.

1. **목표 정하기.** 당신의 공격 사거리 내에서 목표를 정합니다. 목표는 크리쳐이거나 물체, 혹은 특정 지역일 수 있습니다.
2. **수정치 결정.** DM은 목표가 엄폐를 받고 있는지 결정하고 목표를 공격할 때 이점이나 불리점을 받는지 정합니다. 또한, 주문이나 특별 능력 기타 효과로 인해 명중 굴림에 보너스나 페널티가 가해질 수 있습니다.
3. **공격 확인.** 당신은 명중 굴림을 굴립니다. 명중하면 규칙에 예외라고 명시되어 있지 않은 한 그에 해당하는 피해 굴림을 굴립니다. 몇몇 공격은 피해를 주는 대신 특별한 상태 이상을 가하는 경우도 있습니다.

만약 어떤 행동을 공격으로 쳐야 하는가 아닌가에 대해 의구심이 든다면, 간단한 판단 방법이 있습니다. 만약 당신이 명중 굴림을 굴려야 한다면, 그 행동은 공격으로 취급받는 것입니다.

명중 굴림

공격 행동을 하면, 명중 굴림의 결과에 따라 공격이 명중하거나 빗나갑니다. 명중 굴림을 굴릴 때는 d20을 굴린 다음 해당하는 수정치를 적용합니다. 만약 굴림의 결과가 목표의 방어도(AC) 이상이라면 공격은 명중한 것입니다. 캐릭터의 AC는 캐릭터 제작시 결정되며, 괴물의 AC는 게임 자료 상자에 나와 있습니다.

명중 굴림 수정치

명중 굴림을 굴릴 때, 가장 널리 사용되는 수정치들은 능력 수정치와 캐릭터의 숙련 보너스입니다. 괴물의 경우 명중 굴림을 할 때, 게임 자료에 수록된 수정치를 사용합니다.

능력 수정치. 근접 공격의 경우 주로 근력 수정치를 사용하며, 장거리 공격의 경우 주로 민첩 수정치를 사용합니다. 교묘함이나 투척 속성이 있는 무기의 경우 예외가 되기도 합니다.

몇몇 주문들 역시 명중 굴림을 요구하기도 합니다. 이런 경우, 주문 공격에 사용되는 능력 수정치는 그 시전자의 주문시전 능력치이며, 이에 대해서는 제10장에서 상세히 설명하고 있습니다.

숙련 보너스. 당신은 숙련을 지닌 무기를 사용해서 공격할 때 명중 굴림에 숙련 보너스를 더할 수 있으며 주문 공격을 가할 때도 숙련 보너스를 더할 수 있습니다.

1이나 20이 나왔을 때

때로는 숙명이 전투의 참가자를 축복하거나 저주를 내리기도 하며, 이런 이유로 초심자가 적을 명중시키거나 숙련자가 빗나가는 경우도 발생합니다.

만약 명중 굴림의 d20에서 20이 나왔다면, 이 공격은 다른 수정치나 목표의 AC와 무관하게 무조건 명중한 것으로 칩니다. 이에 더해 그 공격은 치명타로 취급하며, 치명타에 대해서는 이 장의 뒤에서 더 자세히 설명할 것입니다.

만약 명중 굴림의 d20에서 1이 나왔다면, 이 공격은 다른 수정치나 목표의 AC와 무관하게 무조건 빗나간 것으로 칩니다.

보이지 않는 공격자와 목표

전투 참가자들은 은신하려 하거나, *투명화Invisibility* 주문을 시전하거나 어둠 속에 들어가 적의 주의를 피하려 할 수 있습니다.

당신이 볼 수 없는 목표를 공격하려 하는 경우, 당신은 명중 굴림에 불리점을 받게 됩니다. 이는 당신이 목표의 위치를 짐작하여 공격하려 하거나, 소리만 듣고 보이지는 않는 상태에서 목표로 삼은 경우 역시 해당합니다. 만약 당신이 짐작한 자리에 목표가 없다면, 공격은 자동으로 실패합니다. 하지만 DM은 대개 공격이 실패했다고만 말해줄 뿐, 그 자리에 적이 있다거나 없다는 식으로 이야기를 해 주지 않습니다.

또한, 당신의 모습을 볼 수 없는 크리쳐를 공격할 때는 명중 굴림에 이점을 받을 수 있습니다. 만약 당신이 은신한 상태여서 적이 당신의 위치를 알지 못하는 상태라면, 당신이 공격을 가할 때 그 공격이 명중하든 아니든 당신의 위치는 드러나게 됩니다.

장거리 공격

당신은 활이나 석궁을 쏘거나, 핸드액스를 던지려 하거나, 기타 방식으로 투사체를 멀리 있는 적에게 쏘아 보내는 등으로 장거리 공격을 가할 수 있습니다. 괴물들 역시 꼬리에서 가시를 쏘는 등의 장거리 공격을 할 수 있으며, 여러 가지 주문들 역시 장거리 공격을 가하곤 합니다.

사거리

당신은 오로지 특정한 사거리 내에 있는 목표에만 장거리 공격을 가할 수 있습니다.

만약 주문 등을 사용한 공격처럼 장거리 공격의 사거리가 하나의 단위로만 나와 있다면, 그보다 먼 거리에 있는 목표에게는 그 공격을 가할 수 없는 것입니다.

하지만 롱보우나 숏보우 등을 사용하는 몇몇 장거리 공격은 두 개의 사거리가 존재합니다. 짧은 쪽은 일반 사거리라고 부르며, 큰 쪽은 먼 사거리 라고 부릅니다. 당신은 일반 사거리보다 멀리 있는 목표를 공격하려 할 경우 명중 굴림에 불리점을 받으며, 먼 사거리보다 더 멀리 있는 적은 공격할 수 없습니다.

근접 전투에서의 장거리 공격

적이 바로 옆에 있으면 장거리 공격을 조준하는 것은 더 어려워집니다. 당신 주변 5ft 내에 당신을 인지하고 있으며 행동불능 상태가 아닌 적대적인 크리쳐가 있을 경우, 주문을 사용하든 무기를 사용하든 장거리 공격을 가하려 할 때 명중 굴림에 불리점을 받습니다.

근접 공격

주로 인접한 상태에서 벌어지는 근접 공격은 당신의 간격 내에 있는 적을 공격하는 것입니다. 근접 공격은 주로 검이나 도끼, 워해머 등의 무기를 이용해 이루어집니다. 일반적인 괴물들 역시 할퀴기나 뿔, 이빨, 촉수나 다른 신체 부위를 이용해 근접 공격을 가하곤 합니다. 몇몇 주문들 역시 근접 공격을 가할 수 있습니다.

대부분의 크리쳐는 5ft의 **간격**을 지니고 있으며, 따라서 5ft 내에 위치한 목표에 대해서만 근접 공격을 가할 수 있습니다. 몇몇 크리쳐들(대개 중형보다 큰 크기를 지닌 크리쳐들)의 경우, 5ft보다 먼 거리에서도 근접 공격을 가하며, 이 경우는 그들의 상세 설명에 근접 공격의 거리가 나와 있습니다.

당신은 무기를 대신해 주먹이나 발차기, 박치기 등으로 **비무장 공격**을 가할 수 있습니다. (비무장 공격은 무기로 취급하지 않습

전투에서의 대결 판정

전투 중에는 적과 힘겨루기를 해야 하는 경우가 가끔 벌어지기도 합니다. 그런 도전은 대결 판정으로 해결할 수 있습니다. 이 부분에서 다루는 대표적인 대결 판정은 붙잡기와 밀어붙이기입니다. DM은 이러한 판정을 참고삼아 임기응변으로 다른 대결 판정 역시 만들어 낼 수 있습니다.

니다.) 비무장 공격이 명중하면 1 + 당신의 근력 수정치만큼 타격 피해를 가할 수 있습니다. 당신은 비무장 공격에 숙련된 것으로 취급합니다.

기회공격

전투 상황에서는 모두가 적이 방어에 헛점을 보이길 감시하고 있습니다. 스스로를 위험에 노출시키면서까지 무작정 적에게서 떨어지는 경우, 기회공격을 유발하게 됩니다.

당신은 자신이 볼 수 있는 적대적 크리쳐가 당신의 공격 범위를 벗어나려는 순간 기회공격을 가할 수 있습니다. 기회공격을 가하려면 반응행동을 사용해야 합니다. 당신은 기회공격을 유발한 크리쳐에게 한 번의 근접 공격을 가할 수 있습니다. 기회공격은 해당 크리쳐가 당신의 간격을 벗어나기 직전에 가해집니다.

퇴각 행동을 사용할 경우 기회공격을 유발하는 것을 피할 수 있습니다. 또한 순간이동을 하거나 다른 누군가, 혹은 무엇인가에 의해 강제로 이동된 경우 역시 기회공격을 유발하지 않습니다. 예를 들어, 당신이 폭발에 의해 적의 간격 밖으로 튕겨 나갔거나 공중에서 싸우다 중력 때문에 적에게서 멀어져 떨어지는 경우는 기회공격을 유발하지 않습니다.

쌍수 전투

당신이 한 손에 드는 경량형 근접 무기를 사용하여 공격 행동을 취한 경우, 추가 행동을 사용하여 반대편 손에 쥐고 있는 다른 경량형 근접 무기로도 공격을 가할 수 있습니다. 두 번째 공격의 경우, 피해 굴림에는 당신의 능력 수정치를 더할 수 없습니다. 만약 수정치가 페널티를 가할 경우, 그 페널티는 적용됩니다.

만약 양손에 든 무기 중 어느 한쪽이 투척 속성을 지닌 경우, 근접 공격을 가하는 대신 그것을 던질 수도 있습니다.

붙잡기

당신이 어떤 크리쳐와 몸싸움을 하며 붙잡으려 한다면, 공격 행동을 사용할 때 특별한 형태의 근접 공격인 붙잡기를 시도할 수 있습니다. 공격 행동 한 번으로 여러 번 명중 굴림을 할 수 있다면, 그 횟수 중 1회를 대신해 붙잡기를 시도할 수도 있습니다.

당신은 자기보다 한 단계 큰 목표까지 붙잡을 수 있으며, 간격 내에 있는 목표만 붙잡으려 시도할 수 있습니다. 붙잡으려면 최소한 한 손이 자유로워야 하며, 이 손을 이용해 판정합니다. 이 판정은 당신의 근력(운동) 판정과 목표의 근력(운동) 또는 민첩(곡예) 판정 사이의 대결로 이루어집니다. (목표는 자신이 사용하는 판정을 정할 수 있습니다.) 상대가 행동불능 상태라면 자동으로 붙잡히게 됩니다. 대결에서 당신이 이겼다면 목표는 붙잡힌 상태(부록 A 참조)가 됩니다. 이 상태는 종료되는 상황에 처하거나, 당신이 적을 풀어주며 끝낼 수 있습니다. (행동 소모 없음.)

붙잡힌 상태에서 빠져나가기. 붙잡힌 크리쳐는 행동을 사용해 탈출 시도를 할 수 있습니다. 탈출 시도를 하려면 근력(운동) 또는 민첩(곡예) 판정으로 당신의 근력(운동) 판정과 대결을 벌여 이겨야만 합니다.

붙잡힌 크리쳐 움직이기. 당신이 움직이게 되면, 당신은 붙잡고 있는 크리쳐를 같이 움직일 수 있습니다. 하지만 이 경우 당신의 이동력은 절반이 됩니다. 붙잡은 크리쳐가 당신보다 두 단계 이상 작은 경우에는 이동력이 줄어들지 않습니다.

크리쳐 밀어붙이기

당신은 공격 행동을 사용해서 특별한 공격 행동인 밀어붙이기를 통해 상대를 쓰러트리거나 멀리 밀어낼 수 있습니다. 당신이 공격 행동으로 여러 번의 공격을 가할 수 있다면, 밀어붙이기는 그 공격 횟수 중 1회를 대신해 사용할 수 있습니다.

당신은 자기보다 한 단계 큰 목표까지 밀 수 있으며, 간격 내에 있는 목표만 밀어내려 시도할 수 있습니다. 이 시도는 당신의 근력(운동) 판정과 목표의 근력(운동) 또는 민첩(곡예) 판정 사이의 대결로 이루어집니다. (목표는 자신이 사용하는 판정을 정할 수 있습니다.) 상대가 행동불능 상태라면 자동으로 패합니다. 당신이 승리하면, 당신은 상대를 넘어트리거나 5ft 멀리 밀어낼 수있습니다.

엄폐

벽이나 나무, 기타 장애물들은 전투 도중에 엄폐를 제공할 수 있으며, 당신에게 해를 끼치는 것을 더 어렵게 만들 수 있습니다. 목표는 당신으로부터 엄폐물을 사이에 두고 반대편에 있을 때만 엄폐의 이익을 받을 수 있습니다.

엄폐에는 3단계가 있습니다. 만약 목표가 여러 가지 엄폐물에서 엄폐를 받고 있다면, 그중 가장 높은 단계의 방어를 제공하는 엄폐만을 적용합니다. 여러 단계는 서로 더해지지 않습니다. 예를 들어, 만약 목표가 절반 엄폐를 주는 다른 크리쳐 뒤에 숨어 있는 동시에 다른 한편으로는 나무 등걸로 인해 3/4 엄폐를 받고 있다면, 목표는 오직 3/4 엄폐만 적용받게 될 것입니다.

절반 엄폐를 받는 대상은 AC와 민첩 내성 굴림에 +2 보너스를 받습니다. 절반 엄폐가 있는 목표는 자기 몸의 반 정도를 가리는 엄폐물로 보호받고 있는 것입니다. 이 장애물은 낮은 벽이거나 커다란 가구의 일부, 혹은 좁은 나무 등걸이나 다른 크리쳐 등일 수 있습니다. 적대적이든 우호적이든, 다른 크리쳐는 엄폐를 제공합니다.

3/4 엄폐를 받는 대상은 AC와 민첩 내성 굴림에 +5 보너스를 받습니다. 3/4 엄폐가 있는 목표는 자기 몸의 3/4 정도를 가리는 엄폐물로 보호받고 있는 것입니다. 이러한 장애물로는 창살문이나 화살 총안, 혹은 두꺼운 나무 등걸 등이 있습니다.

완전 엄폐를 받는 대상은 직접적인 공격이나 주문의 목표가 될 수 없지만, 몇몇 주문들은 효과 범위를 통해 엄폐물 뒤의 목표에게도 영향을 줄 수 있습니다. 완전 엄폐를 가진 목표는 장애물로 완전히 가려져 있는 것입니다.

피해와 치료

부상과 죽음의 위험은 D&D의 세계를 탐사하는 이들에게 항상 가까이에 있는 것입니다. 검에 찔리거나 화살에 명중 당하고, 화염구*Fireball* 주문의 폭염에 맞는 것 모두 피해를 가하며, 이런 피해가 쌓이면 가장 강인한 크리쳐라도 죽음에 이를 수 있습니다.

히트 포인트

히트 포인트란 정신적이고 육체적인 내구성, 살고자 하는 의지, 행운 등을 모두 총합하여 나타내는 지표입니다. 더 많은 히트 포인트를 지닌 크리쳐는 더 죽이기 어렵습니다. 한편 더 적은 히트 포인트를 가진 크리쳐는 더 연약합니다.

크리쳐의 현재 히트 포인트(대개 그냥 히트 포인트 혹은 hp라 하면 이것을 말합니다.)는 최대치에서 0까지 다양하게 나타날 수 있습니다. 이 수치는 크리쳐가 피해를 받거나 회복을 받는 과정에 따라 계속 변화합니다.

크리쳐가 피해를 받을 때마다, 그만큼 hp가 떨어집니다. 히트 포인트가 떨어진다 해도, 완전히 0이 되지 않는 한은 크리쳐의 행동능력에 아무런 지장을 주지 않습니다.

피해 굴림

무기나 주문, 괴물의 해로운 능력 들은 얼마나 많은 피해를 가하는지가 명시되어 있습니다. 당신은 피해 주사위(들)를 굴리고 여기에 수정치를 적용해 목표에 피해를 가하게 됩니다. 마법 무기나 특별한 능력 기타 다른 요소들은 피해에 보너스를 줄 수 있습니다.

무기로 공격을 가한 경우, 당신은 명중 굴림에 사용한 것과 같은 능력 수정치를 피해에도 더할 수 있습니다. **주문**으로 피해를 가한 경우 얼마나 많은 피해 주사위를 굴리며 어떤 수정치를 더하는지가 주문의 설명에 명시되어 있습니다.

만약 주문이나 기타 효과로 인해 하나 이상의 목표에게 동시에 피해를 주는 경우, 전체 목표에게 같은 피해 굴림을 사용합니다. 예를 들어, 위저드가 화염구*Fireball* 주문을 시전하거나 클레릭이 화염 직격*Flame Strike* 주문을 시전하는 경우, 그 주문의 유효 범위 내에 있는 모든 크리쳐는 한 번의 피해 굴림으로 나오는 피해를 똑같이 받습니다.

치명타

당신이 치명타를 가하게 되면, 당신은 해당 공격으로 목표에게 피해를 줄 때 추가 주사위를 굴릴 수 있습니다. 공격의 피해 주사위를 두 번 굴린 다음, 주사위 값을 더합니다. 그런 다음 일반적인 경우와 같은 수정치를 더합니다. 게임을 빠르게 진행하려면, 그냥 피해 주사위만 한번 더 굴린다고 생각하면 됩니다.

예를 들어, 당신이 대거로 치명타를 가한 경우, 1d4가 아니라 2d4 피해를 굴린 다음 수정치를 더하게 될 것입니다. 만약 로그의 암습 공격처럼 해당 공격에 피해 주사위를 더 굴릴 수 있다면, 그 주사위들 역시 한번씩 더 굴립니다.

피해 종류

다양한 공격과 피해를 가하는 주문, 기타 해로운 효과들은 서로 다른 종류의 피해를 가합니다. 피해 종류들은 저마다 다른 규칙을 따르지는 않지만, 피해 저항 등의 일부 규칙에서는 피해의 종류가 중요합니다.

아래 나와 있는 피해 종류들은 대표적인 예시들이며, 이를 이용해서 DM은 새로운 효과의 피해 종류를 결정할 수 있을 것입니다.

관통. 날카로운 창이나 괴물의 이빨 등 찍고 꿰뚫는 공격들은 관통 피해를 가합니다.

광휘. 클레릭의 화염 직격 주문이나 천사의 강타하는 무기, 살을 태우는 듯한 불길과 영혼의 힘으로 가득찬 공격은 광휘 피해를 가합니다.

냉기. 얼음 데빌의 창에서 피어오르는 지옥의 한기나 화이트 드래곤의 얼어붙을 듯한 브레스 등은 냉기 피해를 가합니다.

독성. 맹독 가시나 그린 드래곤의 브레스 같은 독가스는 독성 피해를 가합니다.

번개. 번개*Lightning Bolt* 주문이나 블루 드래곤의 번개 브레스는 번개 피해를 가합니다.

사령. 몇몇 언데드나 *냉랭한 접촉Chill Touch* 같은 일부 주문들은 물질이나 심지어 영혼조차 시들게 하는 사령 피해를 가합니다.

산성. 블랙 드래곤의 브레스나 블랙 푸딩의 녹아내리는 효소 등 부식성 공격은 산성 피해를 가합니다.

역장. 역장은 피해를 가하는 가장 순수한 형태의 마법적인 힘입니다. 역장을 가하는 효과는 대개 *마법 화살Magic Missile*이나 *영체 무기Spiritual Weapon* 등의 마법 주문에 의한 것입니다.

정신. 마인드 플레이어의 정신파 등 정신적인 능력들은 정신 피해를 가합니다.

참격. 검이나 도끼, 괴물들의 발톱으로 할퀴는 공격 등은 참격 피해를 가합니다.

천둥. 굉음이 울리는 소리나 천둥파도*Thunderwave* 같은 주문 등은 천둥 피해를 가합니다.

타격. 단단한 물리적 힘-망치나 추락, 조이기 등-은 타격 피해를 가합니다.

화염. 레드 드래곤이 토해내는 불꽃이나 불을 만들어내는 다양한 주문들은 화염 피해를 가합니다.

피해 저항과 취약성

몇몇 크리쳐나 물체들은 특정한 종류의 피해를 놀랍도록 잘 견디거나, 특별히 더 괴로워 하기도 합니다.

만약 어떤 크리쳐나 물체가 특정 피해 종류에 저항이 있을 경우, 해당하는 종류의 피해는 절반만 받게 됩니다. 반면 어떤 크리쳐나 물체가 특정 피해 종류에 **취약성**이 있을 경우, 해당하는 종류의 피해는 두 배로 받게 됩니다.

저항이나 면역성은 다른 모든 수정치가 계산된 다음 마지막으로 적용됩니다. 예를 들어, 타격 피해에 저항이 있는 어떤 크리쳐가 25점의 타격 피해를 받았다고 해 봅시다. 해당 크리쳐는 또한 모든 피해를 5점 줄여주는 마법적인 오오라의 영향을 받고 있었습니다. 그렇다면 먼저 25점의 피해에서 5점을 뺀 20점에 대해서 저항을 적용하며, 최종적으로 받는 피해는 10점이 됩니다.

한 번 받는 공격에 여러 저항이나 취약성이 관여한다 해도, 저항이나 취약성으로 인한 변화는 단 한번만 적용됩니다. 예를 들어, 화염 피해에 대한 저항과 모든 비마법적 피해에 대한 저항을 동시에 가지고 있는 크리쳐가 비마법적 화염 피해를 받았다면, 저항은 한 번만 적용되므로 피해는 (1/4이 아니라) 절반으로만 줄어듭니다.

치료

묵숨을 잃은 것이 아닌 한, 피해는 영원히 남지 않습니다. 심지어 죽음을 당했다 하더라도 강력한 마법의 힘을 통하면 다시 살아날 수 있습니다. 제8장에서 설명한 바와 같이 휴식을 취하면 크리쳐의 hp를 회복할 수 있으며, *상처 치료Cure Wounds* 주문이나 치유의 물약(Potion of Healing) 등과 같은 마법적 수단을 이용하면 그 즉시 피해를 회복할 수도 있습니다.

크리쳐가 어떤 종류이든 치료를 받게 되면, 회복된 hp가 현재의 hp 총량에 더해집니다. 크리쳐의 hp는 최대hp를 넘을 수 없으며, 초과하여 회복된 분량은 그냥 사라집니다. 예를 들어, 드루이드가 레인저에게 8점의 hp를 회복시켰다고 합시다. 만약 레인저의 현재 hp가 14점이고 최대 hp가 20점이라면, 8점을 회복받았다 해도 레인저는 오직 6점만 얻어서 최대치인 20점까지만 회복할 수 있습니다.

죽은 크리쳐는 *재활성화Revivify* 주문 등의 마법을 통해 다시 살아나기 전까지는 hp를 회복할 수 없습니다.

히트 포인트 0이 되었을 때

당신의 hp가 0으로 떨어지면 당신은 아래 주어지는 상황에 따라 즉사하거나 무의식 상태로 쓰러질 수도 있습니다.

즉사

거대한 피해를 받으면 당신은 즉사하게 됩니다. 피해를 받아 당신의 hp가 0이 되고도 남는 피해가 있을 때, 이 남은 피해가 당신의 최대hp와 같거나 그보다 크다면 당신은 즉사한 것입니다.

예를 들어 최대 hp 12인 클레릭이 6 hp만 남은 상황이라고 해 봅시다. 그가 어떤 공격으로 18점의 피해를 받은 경우 hp가 0이 되고도 12점의 피해가 더 남은 셈입니다. 이렇게 남은 피해가 클레릭의 최대 hp 이상이므로, 클레릭은 그 피해로 인해 즉사했습니다.

> ### 피해 효과의 묘사
>
> 던전 마스터는 hp가 떨어지고 있는 모습을 다양한 방식으로 묘사합니다. 당신의 현재 hp가 최대치의 절반 이상이라면, 일반적으로 당신은 별다른 부상의 징후를 보이지 않을 것입니다. 최대hp의 절반 미만으로 떨어졌다면, 피로의 징후가 보이고 여기저기 긁히거나 멍든 상처가 생긴 것입니다. 공격을 받아 hp가 0으로 떨어지게 되었다면, 출혈이 생기는 상처나 큰 부상을 입은 것일 수도 있고 그저 의식을 잃어 무의식 상태로 쓰러진 것일 수도 있습니다.

무의식 상태로 쓰러지기

만약 피해로 인해 hp가 0으로 떨어지긴 했지만 즉사한 것은 아니라면, 당신은 무의식 상태(부록 A를 참조하십시오.)가 되어 바닥에 쓰러집니다. 이 무의식 상태는 당신이 hp를 회복하면 끝납니다.

죽음 내성 굴림

당신의 hp가 0인 상태에서 자기 턴을 시작하게 되면, 당신은 특별한 종류의 내성 굴림인 죽음 내성 굴림을 굴려야 합니다. 이 내성 굴림은 당신이 죽음으로 한발짝 다가서는지, 삶으로 돌아오는지를 나타내는 것입니다. 다른 내성 굴림들과 달리, 죽음 내성 굴림에는 능력치가 사용되지 않습니다. 당신은 오로지 운명의 손에 있는 것이며, 주문이나 다른 특수한 효과들로만 죽음 내성 굴림에 영향을 가해 살아 돌아올 확률을 높여줄 수 있습니다.

d20을 굴리십시오. 결과가 10 이상이라면, 당신은 성공한 것입니다. 9 이하라면, 당신은 실패한 것입니다. 성공이나 실패 한 번으로는 아무 효과가 없습니다. 하지만 도합 3번 성공했다면, 당신은 안정화된 것입니다. (아래를 참조하십시오.) 반면 도합 3번 실패했다면, 당신은 사망한 것입니다. 성공이나 실패는 꼭 연속해서 일어나야 할 필요가 없으며, 어느 쪽이든 먼저 누적되는 쪽의 결과가 일어납니다. 당신이 hp를 회복하거나 안정화되면 죽음 내성 굴림의 성공과 실패 횟수는 다시 0으로 돌아갑니다.

1이나 20이 나왔을 때. 당신이 죽음 내성을 굴렸을 때 1이 나왔다면, 2번 실패한 것으로 칩니다. 반면 d20에서 20이 나왔다면, 당신은 hp 1점을 회복합니다.

0hp에서 피해를 받을 때. 만약 당신이 0hp인 상태에서 피해를 받게 되면, 한 번 피해를 입을 때마다 죽음 내성 굴림에 한번씩 실패한 것으로 칩니다. 만약 당신이 받은 피해가 치명타라면, 죽음 내성에 두 번 실패한 것으로 칩니다. 만약 받은 피해가 당신의 최대hp 이상이라면, 당신은 즉사한 것입니다.

크리쳐 안정화

0hp가 된 크리쳐를 살리는 가장 좋은 방법은 치료를 하는 것입니다. 하지만 회복이 불가능한 상황이라면, 크리쳐는 죽음 내성 굴림에 실패하지 않는 한 안정화시킬 수 있습니다.

당신은 행동을 사용해 구급 도구를 통해 무의식 상태의 크리쳐를 안정화하려고 시도할 수 있습니다. 이 안정화 시도는 DC 10의 지혜(의학) 판정으로 이루어집니다.

안정화된 크리쳐는 hp가 0이긴 하지만 죽음 내성 굴림을 굴릴 필요가 없으며, 여전히 무의식 상태로 남아 있습니다. 이 상태에서 다시 피해를 받게 되면 안정화는 중단되며, 다시 죽음 내성 굴림을 굴리기 시작해야 합니다. 안정화된 크리쳐가 치유를 받지 않을 경우, 1d4 시간이 지나서 스스로 1hp를 회복하게 됩니다.

괴물과 죽음

대부분의 DM은 괴물의 hp가 0이 되었을 때 무의식 상태로 만들어 죽음 내성 굴림을 굴리기보다는 즉시 죽었다고 판정합니다.

강력한 악역이나 특별한 NPC들의 경우 이런 규칙에서 예외가 될 수도 있습니다. DM은 이런 캐릭터의 경우 hp가 0으로 떨어져도 플레이어 캐릭터들과 마찬가지로 무의식 상태로 쓰러져 죽음 내성 굴림을 굴린다고 할 수 있습니다.

크리쳐 기절시키기

때로는 공격자가 적을 아예 죽이기보다는 행동불능으로 기절시키고자 할 때도 있습니다. 공격자가 근접 공격으로 적의 hp를 0으로 만들었을 때, 공격자는 적을 기절시키길 선택할 수 있습니다. 이 경우 공격자는 피해를 가한 즉시 선언해야 합니다. 목숨을 노린 공격 대신 기절 당한 상대방은 즉시 무의식 상태로 안정화됩니다.

임시 히트 포인트

몇몇 주문들이나 특별한 능력을 사용하면 크리쳐에게 임시 히트 포인트(임시 hp)를 줄 수 있습니다. 임시 히트 포인트는 실제 히트 포인트가 아닙니다. 더 큰 피해를 견딜 수 있는 방어막 같은 것으로, 당신을 부상으로부터 지켜주는 외부의 히트 포인트라 보면 됩니다.

당신이 임시 hp를 가진 상태에서 피해를 받은 경우, 먼저 임시 hp부터 사라집니다. 그런 다음에도 남은 피해가 있다면 실제 hp를 깎게 됩니다. 예를 들어, 당신에게 5점의 임시 hp가 있는 상태에서 7점의 피해를 받았다면, 먼저 임시 hp가 다 사라진 다음 남은 2점의 피해를 받게 될 것입니다.

임시 hp는 당신의 실제 hp와 별개이기 때문에, 임시 hp가 있다면 최대 hp를 넘길 수도 있습니다. 따라서 최대 hp인 상태에서 임시hp를 받으면 그만큼 hp가 더 늘어나는 효과를 얻는 것입니다.

치료는 임시hp를 회복시킬 수 없으며, 임시hp끼리는 서로 더해지지도 않습니다. 만약 당신이 임시hp를 가진 상태에서 다시 임시hp를 얻게 되면, 기존에 받았던 것은 사라지고 새로 얻은 임시hp만을 가지게 됩니다. 예를 들어, 당신이 10점의 임시 hp를 가지고 있을 때 주문으로 인해 12점의 임시hp를 가지게 되었다면, 당신은 도합한 22점이 아니라 나중에 얻은 12점의 임시 hp만을 갖게 됩니다.

만약 당신의 hp가 0이라면, 임시 hp를 얻는다고 해도 당신이 의식을 되찾거나 안정화하는데 도움을 줄 수 없습니다. 오로지 진짜 치유만이 당신을 구할 수 있습니다.

임시 hp에 따로 지속시간이 명시되어 있지 않은 한, 모든 임시 hp는 소모되거나 긴 휴식을 취할 때 사라지게 됩니다.

기승 전투

전투마에 올라탄 기사는 전장을 향해 돌격하며, 그리폰의 등 위에 앉은 위저드는 주문을 시전하고, 페가서스의 고삐를 잡고 하늘 높이 날아오르는 클레릭 역시 탈것이 주는 속도와 기동성의 혜택을 모두 누릴 수 있습니다.

당신보다 한 단계 이상 크면서 기꺼이 당신을 태우려는 크리쳐는 적합한 구조를 지니고 있는 한 탈것이 될 수 있으며, 이렇게 탈것에 탄 상태에서는 아래 규칙을 따릅니다.

올라타기와 내리기

당신은 이동 도중, 주변 5ft 이내에 있는 크리쳐에게 올라타거나 탄 상태에서 내리려 할 수 있습니다. 올라타기나 내리기는 당신의 이동력 절반을 소비하는 행동입니다. 예를 들어 당신이 30ft의 이동속도를 지니고 있다면, 당신이 말에 올라타려 하는 경우 15ft의 이동력을 소비하게 됩니다. 그러므로, 당신이 15ft 미만의 이동력만을 남겨놓고 있거나 이동속도가 아예 0일 경우에는 탈것에 올라탈 수 없습니다.

만약 어떠한 효과로 인해 당신이 타고 있는 탈것이 당신이나 그 자신의 의지와 무관하게 강제로 이동 당한 경우, 당신은 DC 10의 민첩 내성 굴림을 굴려야 하며 여기서 실패할 시 탈것 주변 5ft 이내의 공간에 넘어진 상태로 떨어지게 됩니다. 만약 당신이 탈것에 탄 상태에서 넘어트리는 공격을 받았다 해도 마찬가지로 내성 굴림을 굴려야만 합니다.

만약 당신의 탈것이 넘어트려졌다면, 당신은 반응행동을 사용해 즉시 탈것에서 내려 두 발로 지상에 설 수 있습니다. 반응행동을 사용하지 않는다면, 당신은 탈것 주변 5ft 이내의 공간에 넘어진 상태로 떨어지게 됩니다.

탈것 조종하기

탈것에 타고 있을 때, 당신에게는 두 선택지가 있습니다. 탈것을 조종하거나, 자유로이 행동하도록 놔두는 것입니다. 드래곤처럼 지능적인 크리쳐는 자유로이 독립적으로 행동할 수 있습니다.

당신은 기수로서 적합한 훈련을 받은 탈것만을 조종할 수 있습니다. 가축으로 키워진 말이나 당나귀 혹은 그와 유사한 동물들은 그러한 훈련을 받았습니다. 조종을 받고 있는 탈것의 우선권은 당신과 같은 순서로 맞춰집니다. 탈것은 당신의 명령대로 움직이며, 질주, 퇴각, 회피라는 3가지 행동 선택만 가능합니다. 조종받고 있는 탈것은 당신이 올라탄 턴에서도 이동하고 행동할 수 있습니다.

독립적인 탈것은 그 자신의 우선권 순서를 따릅니다. 기수를 태우고 있는 것은 탈것의 행동에 어떠한 제한도 주지 않으며, 자신이 원하는 대로 움직이고 행동할 것입니다. 탈것은 전투에서 도망칠 수도 있으며, 공격을 위해 덤벼들고 심하게 부상당한 적을 먹어치우려 하거나 다른 식으로 당신의 바람과 반대되는 행동을 하려 들 수도 있습니다.

어느 쪽이든, 당신이 올라타 있는 동안에 그 탈것이 기회공격을 유발한다면, 공격자는 탈것이나 당신 중 원하는 목표에게 기회공격을 가할 수 있습니다.

수중 전투

모험자들이 해저에 있는 고향으로 퇴각하는 사후아긴을 뒤쫓으려 하거나, 고대의 난파선을 찾아 주변 상어와 혈투를 벌여야 할 때, 혹은 던전의 방에서 물이 가득찬 곳에 잠겨 버렸을 때 등, 때때로 모험자들은 도전적인 환경에서 싸워야 할 때가 있습니다. 수중에서의 전투는 아래와 같은 규칙을 따릅니다.

수중에서 근접 무기 공격을 가하려 할 때, 수영 이동속도를 지니지 않은 크리쳐는 명중 굴림에 불리점을 받습니다. 이때 수영 이동속도는 선천적인 것이어도 되고 마법으로 부여받은 것이어도 됩니다. 또한 대거, 자벨린, 숏소드, 스피어, 트라이던트를 무기로 사용할 경우 명중 굴림에 불리점을 받지 않습니다.

수중에서 장거리 무기 공격을 가하면, 일반 사거리보다 멀리 있는 목표에 대한 공격은 자동으로 빗나갑니다. 심지어 일반 사거리 내에 있다 하더라도 무기가 크로스보우나 그물, 혹은 자벨린처럼 투척 속성이 있는 것이 아닌 한 명중 굴림에 불리점을 받게 됩니다. (스피어, 트라이던트, 다트는 투척 속성을 지녀서 불리점을 받지 않습니다.)

완전히 물속에 잠겨 있는 크리쳐나 물체는 물속에 있는 한 화염 피해에 저항을 가지게 됩니다.

제3부

마법 규칙

제10장: 주문시전

대체로 D&D 세계의 마법은 주문의 형태로 사용되곤 합니다. 이 장에서는 주문을 시전하는데 관련된 규칙을 다루고 있습니다. 다양한 캐릭터 클래스들은 저마다의 독특한 방법으로 주문을 배우고 준비하며, 괴물들 역시 독특한 방법으로 주문을 사용합니다. 주문의 형태는 다양하지만, 그 규칙들은 여기서 모두 설명합니다.

주문이란 무엇인가요?

주문은 멀티버스에 흐르는 마법적 에너지를 끌어내 제한된 형태로 특정한 효과를 불러일으키도록 하는 것을 말합니다. 주문을 시전할 때, 캐릭터는 세상을 타고 흐르는 투명하고 순수한 마법의 실타래에 조심스럽게 손을 뻗어, 그것을 자신이 원하는 패턴으로 짜낸 다음 세상에 효과를 가하도록 풀어냅니다. 이 과정은 짧으면 몇 초도 안 되는 시간 만에 이루어지기도 합니다.

주문은 다용도 도구이자 무기이며, 보호의 방벽도 될 수 있습니다. 주문은 피해를 가하거나 무효화하고, 상태이상을 부여하거나 해제하며, 생명력을 빨아들이거나 죽은 자를 되살리기도 합니다.

멀티버스의 역사가 흐르며 수천 종이 넘는 주문이 만들어졌지만, 대부분은 기나긴 시간의 흐름 속에 잊혀지고 말았습니다. 어떤 것들은 고대의 폐허에 파 묻힌 먼지투성이 주문책 속에 잠들어 있을 수도 있고, 어떤 것들은 죽은 신의 정신에 깃들어 있을 수도 있습니다. 어쩌면 언젠가 캐릭터가 충분한 지혜와 힘이 생겼을 때, 고대의 주문을 다시 발명할 수도 있을 것입니다.

주문 레벨

모든 주문은 0부터 9까지의 레벨이 있습니다. 스펠의 레벨은 주문이 얼마나 강력한 것인가를 나타내는 대략적인 지표이며, (보통 사람에게는 인상적이지만) 미약한 1레벨 주문 *마법 화살Magic Missile*에서 시작하여 대지를 뒤흔드는 9레벨 주문인 *소원Wish*까지 이를 수 있습니다. 간단하긴 하지만 캐릭터가 습관적으로 사용하며 점차 강력해지는 소마법(Cantrip)은 0레벨로 취급합니다. 높은 레벨의 주문을 배우려면 시전자 역시 높은 레벨에 도달해야 합니다.

주문 레벨과 캐릭터 레벨은 서로 대응하지 않습니다. 대개 캐릭터는 최소 17레벨이 되어야 9레벨 주문을 시전할 수 있습니다.

알고 있는 주문과 준비된 주문

주문시전자가 주문을 시전하려면 먼저 그 주문을 반드시 마음속에 단단히 새기고 있거나, 마법 물건에 저장된 것을 꺼내는 형태로 사용해야 합니다. 바드나 소서러 같은 몇몇 클래스들은 제한되어 있지만 언제나 사용할 수 있도록 고정된 주문 목록을 지니고 있습니다. 마법을 사용하는 괴물들 역시 비슷한 형태로 주문을 시전합니다. 클레릭이나 위저드 같은 다른 주문시전자는 주문을 준비하는 과정을 거쳐야 주문을 시전할 수 있습니다. 이 과정은 클래스에 따라 다르게 이루어지며, 그 내용은 클래스 설명에 나와 있습니다.

> ### 갑옷 입고 주문 시전하기
> 주문을 시전하려면 정신적인 집중과 정확한 동작이 필요하기 때문에, 숙련을 지닌 갑옷이 아니면 입고 주문을 시전할 수 없습니다. 숙련되지 않은 갑옷을 입은 상태라면 주문시전에 집중을 할 수 없고 동작 역시 너무 많은 방해를 받게 됩니다.

어떤 경우든 간에, 시전자가 정신 속에 새겨둘 수 있는 주문의 숫자는 캐릭터의 레벨에 따라 정해집니다.

주문 슬롯

자신이 얼마나 많은 주문을 알고 있든, 아니면 얼마나 많은 주문을 준비했든, 시전자는 휴식을 취하기 전에 제한된 숫자의 주문들만을 시전할 수 있습니다. 마법의 구조를 조작하고 그 에너지를 변환하는 일은 가장 간단한 주문을 시전하는 것이라 하더라도 신체적 정신적으로 상당한 부담을 주게 되며, 높은 레벨의 주문이라면 더 심각합니다. 따라서, (워락을 제외한) 각각의 주문시전 클래스의 상세 설명에는 캐릭터 레벨에 따라 얼마나 많은 주문을 시전할 수 있는가를 알려주는 주문 슬롯이 나와 있습니다. 예를 들어, 3레벨 위저드인 우마라는 1레벨 슬롯 4개와 2레벨 슬롯 2개를 지니고 있습니다.

캐릭터가 주문을 시전할 때, 시전자는 해당 주문의 본래 슬롯과 같거나 더 높은 레벨의 슬롯을 사용해야 합니다. 주문 슬롯에 일종의 크기가 있다고 생각해 두면 편할 수도 있습니다. 1레벨 주문은 작은 크기이기 때문에 더 큰 슬롯에도 얼마든지 채워 넣을 수 있지만, 9레벨 주문은 너무나 크기 때문에 9레벨 슬롯에만 넣을 수 있다고 생각하면 됩니다. 우마라가 1레벨 주문인 *마법 화살Magic Missile* 주문을 1레벨 슬롯을 사용했다면, 그녀에게는 1레벨 슬롯 3개가 남아 있을 것입니다.

긴 휴식을 끝내면 사용한 주문 슬롯을 모두 회복할 수 있습니다. (휴식에 대한 규칙은 제8장을 참조하십시오.)

몇몇 캐릭터나 괴물들은 주문 슬롯을 사용하지 않고도 주문을 시전할 수 있는 특별한 능력을 지니기도 합니다. 예를 들어, 사대 원소의 길을 따르는 몽크나 섬뜩한 영창을 선택한 워락 같은 경우가 그러하며, 구층지옥의 핏 핀드 역시 마찬가지 방법으로 슬롯 사용 없이 주문을 시전합니다.

높은 레벨로 주문 시전하기

시전자는 주문을 시전할 때 본래 레벨보다 높은 레벨의 슬롯을 사용하여 주문을 강화할 수 있습니다. 예를 들어, 우마라가 *마법 화살Magic Missile* 주문을 시전할 때 2레벨 슬롯을 사용했다면, 그 마법 화살 주문은 2레벨로 시전된 것입니다.

*마법 화살Magic Missile*이나 *상처 치료Cure wounds*처럼 높은 슬롯을 사용해 강화할 수 있는 주문들은 주문의 상세 설명에 높은 슬롯을 사용할 때 어떻게 강화되는지 자세히 나와 있습니다.

소마법

소마법은 언제나 뜻대로 사용할 수 있는 주문이며, 주문 슬롯을 소비하지도 않고 준비할 필요도 없습니다. 이 주문들은 반복적인 수련 끝에 완전히 시전자의 마음속에 새겨져 언제나 반복적으로 시전할 수 있습니다. 소마법은 주문 레벨 0으로 취급합니다.

의식

몇몇 주문들은 "의식"이라는 태그가 붙어 있습니다. 이러한 주문들은 일반적인 주문시전 규칙을 따라 시전할 수도 있고, 의식의 형태로 시전할 수도 있습니다. 의식의 형태로 시전할 경우, 해당 주문을 시전하기 위해서는 10분의 시간이 더 필요합니다. 의식 형태로 시전할 때는 주문 슬롯을 소비하지 않지만, 따라서 더 높은 레벨로 시전할 수도 없습니다.

주문을 의식으로 시전하려면, 주문시전자에게 그에 합당한 능력이 있어야 합니다. 예를 들어 클레릭이나 드루이드는 그러한 클래스 요소를 지니고 있습니다. 시전자는 의식으로 시전하고자 하는 주문을 준비해 두거나 알고 있는 주문 리스트에 등록해 두어야 합니다. 따로 언급이 없는 한, 의식 시전의 규칙은 위저드의 것을 기준으로 사용합니다.

주문 시전하기

캐릭터가 주문을 시전할 때는 클래스나 주문 효과와 무관하게 공통된 기본 규칙이 있습니다.

제11장에 소개된 각각의 주문들은 주문의 이름, 레벨, 학파, 시전 시간, 사거리, 구성요소, 지속시간이 포함된 정보 박스가 있습니다. 그리고 그 아래 나오는 부분이 주문의 상세한 내용입니다.

시전 시간

대부분의 주문은 시전시 행동 하나만 사용해도 되지만, 어떤 주문들은 추가 행동이나 반응행동으로 시전할 수도 있으며, 어떤 것들은 더 긴 시간을 요구하기도 합니다.

추가 행동

추가 행동으로 시전할 수 있는 주문들은 특별히 더 빠르게 시전할 수 있는 것들입니다. 당신은 자기 턴에 추가 행동을 사용해야만 주문을 시전할 수 있으며, 그 턴에 이미 추가 행동을 사용했다면 주문을 시전할 수 없습니다. 추가 행동으로 주문을 시전할 경우, 시전 시간이 1 행동인 소마법들을 제외하면 해당 턴에 또 다른 주문을 시전할 수 없습니다.

반응행동

몇몇 주문들은 반응행동으로 시전합니다. 이 주문들은 특정한 사건에 반응해 순간적으로 발동할 수 있는 것들입니다. 만약 어떤 주문이 반응행동으로 시전하는 것이라면, 그 주문의 상세 설명에 발동조건이 명확하게 나와 있을 것입니다.

더 긴 시전 시간

의식 시전을 포함해 몇몇 주문들은 몇 분에서 몇 시간에 이르는 더 긴 시간을 요구하기도 합니다. 1 행동이나 반응행동 이상의 긴 시전 시간을 요구하는 주문을 사용할 때는 해당 시전기간 내내 매 턴마다 행동을 사용해 주문을 시전해야 하며, 그 기간 내내 집중을 유지하고 있어야 합니다. (아래 "집중" 부분을 참조하십시오.) 만약 집중이 깨졌다면 주문은 바로 실패하지만, 주문 슬롯이 낭비되지는 않습니다. 만약 다시 주문을 시전하고 싶다면 다시 처음부터 주문에 집중해야 합니다.

사거리

주문의 목표는 사거리 내에 있는 대상이어야 합니다. 마법 화살 *Magic missile*같은 주문의 경우, 이 목표는 크리쳐로 제한됩니다. 화염구*Fireball* 같은 주문의 경우, 목표는 사거리 내의 특정 지점이며, 이 지점에서 화염이 폭발할 것입니다.

대부분의 주문은 ft 단위로 사거리가 지정되어 있습니다. 몇몇 주문은 오로지 접촉한 크리쳐만을 대상으로 하기도 합니다. (이때는 자기 자신 역시 목표로 삼을 수 있습니다.) 방패*Shield* 주문 같은 것들은 오직 자기 자신만을 목표로 삼을 수 있으며, 이런 주문들은 사거리에 "자신"이라고 쓰여 있습니다.

원뿔형이나 직선 효과 범위를 지닌 주문 역시 사거리에 "자신"이라고 쓰여 있으나, 이것은 효과의 시작 지점이 시전자 자신이

어야 한다는 뜻이며, 효과 범위는 상세 설명에 나와 있습니다. (이 장의 뒷부분에 있는 "효과 범위" 부분을 참조하십시오.)

따로 상세 설명에서 예외로 설명하고 있는 게 아니라면, 일단 주문을 시전하고 나면 그 효과는 사거리 밖으로 벗어나도 지속됩니다.

구성요소

주문의 구성요소는 시전자가 주문을 시전하기 위해 갖추어야 하는 필요조건입니다. 주문들은 각각 음성(V), 동작(S), 물질(M) 구성요소 중 일부 혹은 전부가 필요합니다. 만약 당신이 구성요소 중 하나라도 사용하지 못하는 상황이라면, 주문을 시전할 수 없습니다.

음성 (V)

대부분의 주문은 신비한 단어를 읊어야 합니다. 이 단어들이 마력의 원천인 것은 아니지만, 특정한 음절과 울림을 가지고 마법의 실타래를 엮는 도구이긴 합니다. 그러므로 캐릭터가 재갈이 물린 상태이거나 침묵Silence 주문으로 만들어진 침묵 지역 속에서는 음성 구성요소가 필요한 주문을 사용할 수 없습니다.

동작 (S)

주문을 시전하는 동작은 단호하고 강한 움직임이나 복잡한 손동작 등을 포함하고 있습니다. 만약 어떤 주문에 동작 구성요소가 필요하다면, 최소한 한쪽 손은 자유로운 상태여서 요구하는 동작을 할 수 있어야 주문을 시전할 수 있습니다.

물질 (M)

몇몇 주문들은 시전시 특별한 물체가 필요합니다. 이때 필요한 물체는 구성요소 항목에 상세히 나와 있습니다. **구성요소 주머니나 주문시전 매개체**(제5장에서 설명합니다.)를 사용하면, 주문에 필요한 대부분의 구성요소를 대신할 수 있습니다. 하지만 구성요소에 따로 비용이 명시되어 있는 경우, 캐릭터는 주문을 시전하기 전에 그 구성요소를 구매해서 갖추고 있어야 합니다.

만약 구성요소 설명에 주문 시전시 구성요소가 소모된다고 쓰여 있다면, 그 주문을 여러 번 시전하기 위해서는 구성요소 역시 여러 번 분량이 필요합니다.

물질 구성요소가 필요한 주문을 사용하려면 최소한 한 손이 자유로운 상태에서 그 필요로 하는 구성요소나 주문시전 매개체를 들고 있어야 하지만, 한쪽 팔만으로도 동작 구성요소와 물질 구성요소를 동시에 충족할 수 있습니다.

지속시간

주문의 지속시간은 주문이 유지되는 기간을 말합니다. 주문시간은 라운드나 분, 시간, 심지어는 몇 년 단위로 유지되기도 합니다. 어떤 주문들은 무효화될 때나 파괴될 때까지 지속된다고 명시하기도 합니다.

즉시

대부분의 주문들이 지속시간에 "즉시"라고 표기되어 있습니다. 해를 입히거나, 치료하거나, 창조하거나, 무효화할 수 없는 방식으로 크리쳐나 물체를 변화시키는 주문들은 순간적으로 효과를 발휘하고 끝나기 때문에 그 순간만 지속됩니다.

집중

몇몇 주문들은 마법을 유지하기 위해 집중을 해야 합니다. 집중을 잃게 되면 주문은 종료됩니다.

만약 주문이 집중해야만 유지할 수 있는 것이라면, 지속시간 부분에 그 사실이 명시되어 있으며, 최대 언제까지 지속될 수 있

주문의 학파

마법 학계는 흔히 학파라고 알려진 8개의 집단으로 주문을 분류하고 있습니다. 위저드들이 주축이 된 학자들은 모든 주문을 이 분류에 따라 나누며, 학적적이든 신에게서 힘을 얻은 것이든 모든 주문이 근본적으로 같은 원리로 작동한다고 주장합니다.

주문의 학파는 주문을 묘사하는 데 유용하지만, 학파에 따른 별개의 규칙은 없습니다. 하지만 몇몇 규칙들은 학파에 따른 영향을 받기도 합니다.

방출계(Evocation) 주문은 마법적인 힘을 만들어 내고 조작해 직접 원하는 효과를 일으키는 것입니다. 불꽃을 터트리거나 번개를 불러내는 것들도 있으며, 긍정적 힘을 통해 상처를 치유하는 주문 역시 여기에 속합니다.

방호계(Abjuration)는 보호적인 속성의 주문이지만, 어떤 것은 공격적으로 사용되기도 합니다. 이 주문들은 마법적 방벽을 만들거나, 해로운 효과를 취소하거나, 침입자에게 피해를 주건, 이계의 존재들을 추방하는 것들입니다.

변환계(Transmutation) 주문은 크리쳐나 물체, 환경의 속성을 변화시키는 것입니다. 돌진하는 적을 무해한 생명체로 바꾸거나 동료의 힘을 강화시킬 수 있으며, 명령에 따라 물체를 움직이고, 다른 크리쳐의 자체적 회복능력을 강화해 부상에서 빠르게 회복시키는 등의 능력도 여기에 속합니다.

사령계(Necromancy) 주문은 삶과 죽음의 힘을 조작합니다. 이 주문들은 생명력을 더 주입하거나 다른 이들에게서 생명력을 빨아들이고 언데드를 창조하거나 죽은 이를 부활시키는 것들입니다.

사체 조종Animate Dead 등 언데드를 만들어 내는 사령계 주문은 선하지 못한 행동으로 취급되며, 악한 시전자들만 자주 사용합니다.

예지계(Divination) 주문은 정보를 알아내거나, 비밀을 밝히거나, 미래를 엿보거나, 숨겨진 것의 위치를 파악하거나, 환영을 뚫어보고 멀리 있는 사람이나 장소를 파악하는 주문들을 포함합니다.

조형계(Conjuration)은 물체나 크리쳐를 한 위치에서 다른 곳으로 옮기는 주문들을 포함하고 있습니다. 이 주문들은 물체나 크리쳐를 소환하거나, 시전자 등등을 순간이동하게 만들어 줍니다. 몇몇 조형계 주문은 아예 물질이나 효과를 창조하기도 합니다.

환영계(Illusion) 주문은 남들의 감각이나 정신을 속이는 것들입니다. 이 주문들은 실재하지 않는 환상을 보게 하고 보이는 것을 투명하게 하거나 환청을 들리게 할 수 있습니다. 심지어 기억을 조작하는 것도 가능합니다. 어떤 환영들은 다른 이들이 볼 수 있는 가짜 영상을 만들어내지만, 가장 강력한 환영은 직접 목표의 마음속에 심상을 심어 넣습니다.

환혹계(Enchantment) 주문은 다른 이들의 마음에 영향을 주고, 그들의 행동을 통제하는 것입니다. 이런 주문들은 적들이 시전자를 친구로 여기게 하거나, 다른 크리쳐들에게 원하는 행동을 강제하고 심지어는 꼭두각시처럼 다룰 수 있게 해줍니다.

는지도 나와 있을 것입니다. 당신은 언제든 스스로 집중을 중단할 수 있습니다. (중단에는 행동이 필요하지 않습니다.)

이동이나 공격 같은 일반적 활동은 집중을 방해하지 않지만, 아래와 같은 상황은 집중을 깨트릴 수 있습니다.

- **집중을 요구하는 다른 주문 시전.** 당신이 집중을 요구하는 다른 주문을 시전하게 되면 이전에 시전한 주문의 집중은 깨지게 됩니다. 오직 동시에 하나의 주문에만 집중할 수 있습니다.
- **피해를 받는 경우.** 당신이 주문에 집중하고 있을 때 피해를 입게 되면, 주문을 유지하기 위해 건강 내성 굴림을 굴려야 합니다. DC는 당신이 받은 피해의 절반이며, 그 결과가 10 미만이라면 최소 DC는 10입니다. 만약 당신이 한 라운드에 여러 번 피해를 받았다면, 매번 내성 굴림을 따로 굴려야 합니다.
- **행동불능 또는 사망했을 때.** 당신이 행동불능 상태가 되거나 사망하게 되면 집중이 깨집니다.

또한 DM은 폭풍 속의 배 위에서 주문을 시전하는 경우 등 환경 상황에 따라 집중을 유지하기 위해서 DC 10의 건강 내성 굴림이 필요하다고 선언할 수도 있습니다.

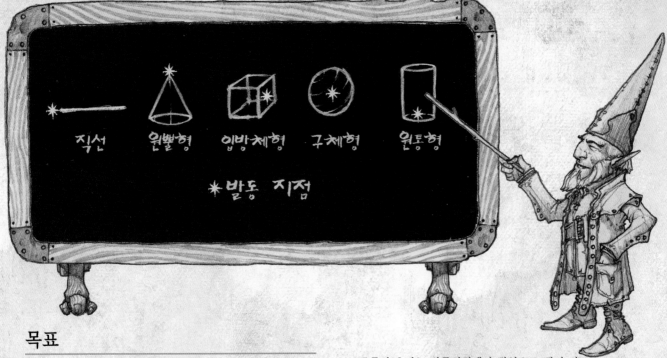

직선 원뿔형 입방체형 구체형 원통형

✳ 발동 지점

목표

대개 주문들은 시전자가 마법에 영향을 받을 목표를 골라야 합니다. 주문의 상세 설명을 읽어보면 그 주문이 크리쳐나 물체를 목표로 하는지, 아니면 사거리 내의 특정 지점을 정하거나 효과 범위를 지니는 것인지 알려줄 것입니다. (아래를 참조하십시오.)

주문이 따로 눈에 띄는 효과를 보여주는 것이 아니라면, 목표가 된 크리쳐는 주문의 대상이 되었는지 알 수 없는 경우도 있습니다. 번쩍이는 번개가 내리치는 것은 뻔한 마법적 효과이지만, 대상의 생각을 읽으려 하는 식으로 미묘한 효과를 발휘하는 주문의 경우 상세 설명에서 별도의 언급이 없는 한 상대는 알아차리지 못할 수도 있습니다.

목표에의 사선

어떤 대상을 목표로 삼으려면 먼저 그 대상에 대한 사선이 확보되어야 하며, 완전 엄폐 뒤에 숨으면 목표로 지정할 수 없습니다.

만약 당신이 벽 같은 장애물 뒤의 당신이 볼 수 없는 지점을 목표로 주문을 시전하고자 한다면, 장애물 바로 앞에서 주문이 발동될 것입니다.

스스로를 목표로 삼기

만약 주문이 당신이 지정하는 크리쳐를 목표로 삼는 것이라면, 상세 설명에 적대적이어야 한다는 점이 명시되어 있지 않은 한 자기 자신 역시 목표로 삼을 수 있습니다. 또한 효과 범위를 만드는 주문을 시전할 때 그 효과 범위에 자신 역시 포함될 경우, 자기 역시 주문에 영향을 받게 됩니다.

효과 범위

타오르는 손길*Burning Hands*나 냉기 분사*Cone of Cold* 같은 주문은 특정한 범위 전체에 효과를 발휘하며, 그 범위 내에 포함된 다수의 크리쳐에게 동시에 영향을 가할 수 있습니다.

주문의 상세 설명에서는 주문의 효과 범위 형태를 설명하며, 이는 대개 원뿔형, 입방체형, 원통형, 직선형, 구체형의 5가지 중 하나로 나타납니다. 모든 효과 범위는 **발동지점**이 있으며, 이 지점에서 주문의 힘이 범위 전체로 뻗어 나옵니다. 각각의 효과 범위 형태에 대한 상세 설명에 그 발동지점을 어떻게 지정해야 하는지 나와 있습니다. 일반적으로 발동지점은 사거리 내의 한 지점을 정하는 것이지만, 어떤 주문들은 크리쳐나 물체를 발동지점으로 삼기도 합니다.

주문의 효과는 발동지점에서 직선으로 뻗어 나옵니다. 만약 장애물로 인해 발동지점에서 나오는 선이 가로막힌다면 그 장애물 뒷부분은 효과가 닿지 않습니다. 상상 속의 사선을 막는 장애물에 관한 규칙은 제9장에 상세히 설명되어 있습니다.

원뿔형

원뿔형 범위는 발동 지점에서 당신이 지정하는 방향으로 펼쳐집니다. 원뿔은 밑지름은 길이와 동일합니다. 주문이 원뿔형 범위를 지닐 경우, 원뿔의 길이가 상세 설명에 명시되어 있을 것입니다.

주문에 따로 예외라고 나와 있지 않은 한, 발동지점이 되는 원뿔의 꼭짓점은 효과 범위에 해당하지 않습니다.

입방체형

입방체의 발동 지점은 표면 중 어느 지점이라도 될 수 있습니다. 주문이 입방체 범위를 지닐 경우, 가로 × 세로 × 높이의 길이가 상세 설명에 명시되어 있을 것입니다.

주문에 따로 예외라고 나와 있지 않은 한, 입방체의 발동지점은 주문의 효과 범위에 해당하지 않습니다.

원통형

원통형 주문의 발동 지점은 바닥이나 꼭대기 원의 중심지점이며, 이 지점에서 힘이 원을 만든 후, 위로 솟아오르거나 아래로 뻗어 내리며 원통을 형성합니다. 주문이 원통 범위를 지닌 경우, 원의 지름과 원통의 높이가 상세 설명에 명시되어 있을 것입니다.

원통형 주문의 발동지점은 효과 범위에 포함됩니다.

직선

직선 주문은 발동지점에서 직선으로 뻗어 나오며, 상세 설명에 나온 너비의 직선 구역에 효과를 발휘합니다.

주문에 따로 예외라고 나와 있지 않은 한, 직선형 주문의 발동지점은 주문의 효과 범위에 해당하지 않습니다.

구체형

구체의 발동지점을 지정하면, 그 지점에서 전방위로 힘이 뻗어나와 구체를 형성합니다. 구체형 주문의 경우 상세 설명에서 반경 길이가 명시되어 있을 것입니다.

구체형 주문의 발동 지점은 효과 범위에 포함됩니다.

내성 굴림

많은 주문들의 경우, 목표는 주문의 효과를 피하기 위해 내성 굴림을 굴릴 수 있습니다. 이런 주문들은 상세 설명에 내성 굴림에 사용하는 능력치가 명시되어 있으며, 성공 혹은 실패할 시 어떤 일이 발생하는지도 나와 있습니다.

당신이 사용하는 주문에 저항하기 위한 내성 굴림의 DC는 8 + 당신의 주문시전 능력 수정치 + 당신의 숙련 보너스 + 특별 수정치로 정해집니다.

명중 굴림

몇몇 주문들은 의도한 목표에 명중하는지 확인하기 위해 명중 굴림을 요구하기도 합니다. 주문 공격에 대한 명중 보너스는 당신의 주문시전 능력 수정치 + 당신의 숙련 보너스를 정해집니다.

명중 굴림을 요구하는 주문들 상당수는 장거리 공격입니다. 행동할 수 있고 당신을 볼 수 있는 적대적인 크리쳐로부터 5ft 내에서 장거리 공격을 가할 때 명중 굴림에 불리점이 가해진다는 점을 명심하시기 바랍니다. (제9장을 참조하십시오.)

마법 효과 겹치기

서로 다른 주문들의 효과는 지속시간이 겹치는 동안 더해서 적용되지만, 같은 주문을 여러 번 사용할 경우 그 효과는 중복되어 적용되지 않습니다. 그 대신, 같은 주문들 중 더 강한 효과를 발휘하는 것만이 적용됩니다. 강한 효과를 내는 주문의 지속시간이 먼저 종료될 경우 남아있는 약한 주문 효과가 나타날 것입니다.

예를 들어, 두 명의 클레릭이 같은 목표에게 축복*Bless* 주문을 시전할 경우, 목표는 주문의 이득을 하나만 받을 수 있습니다. 보너스 주사위를 두 개 받을 수는 없습니다.

마법의 짜임새

D&D 멀티버스 속 세계들에는 마법의 힘이 존재합니다. 모든 존재에는 마법적인 힘이 내재해 있으며, 모든 바위와 개울, 살아 있는 모든 존재와 공기 속에 가능성의 힘이 존재합니다. 순수한 마력은 창조의 원천이며, 존재 그 자체의 의지이고, 멀티버스 속 모든 물체와 에너지 속에 내재한 힘입니다.

필멸자들은 순수한 마력을 직접 다룰 수 없지만, 대신 마법의 구조를 조작하여 순수한 마력의 힘을 끌어 쓰곤 합니다. 포가튼 렐름즈의 주문시전자들은 이 마법의 구조를 짜임새(Weave)라고 부르며, 마법의 여신 미스트라(Mystra)의 정수가 담겨 있다고 생각합니다. 아무리 강력한 대마법사라 하더라도 이 짜임새가 없다면 순수한 마력을 끌어 쓸 수 없기에 자그마한 촛불 하나도 켤 수 없는 처지가 되고 말 것입니다. 하지만 짜임새가 세상을 감싸고 있는 곳에서 주문시전자들은 번개를 불러 적들을 내리칠 수 있으며, 눈 깜박할 사이에 수백마일을 넘나들고, 죽음 그 자체를 뒤집는 힘을 부리기도 합니다.

모든 마법은 짜임새에 의존하고 있지만, 그 종류에 따라서 작동하는 방식에는 조금씩 차이가 있습니다. 위저드, 워락, 소서러, 바드의 주문들은 **비전 마법**이라고 부릅니다. 이 주문들은 학습에 의한 것이든 감각에 의한 것이든 짜임새가 작동하는 방법에 대한 일종의 깨달음에 기반을 두고 있습니다. 이 시전자들은 짜임새의 구조에 직접 손을 대서 원하는 효과를 얻습니다. 엘드리치 나이트와 아케인 트릭스터 역시 비전 마법의 사용자입니다. 반면 클레릭, 드루이드, 팔라딘, 레인저의 주문은 **신성 마법**이라고 부릅니다. 이 시전자들은 신이나 자연의 신성한 법칙, 혹은 팔라딘의 성스러운 맹세를 통해 짜임새에 접하게 됩니다.

마법이 그 효과를 발휘할 때면, 짜임새의 구조가 꼬이거나 풀려나가며 원하는 것이 이루어집니다. 캐릭터가 *마법 탐지Detect magic*나 *식별Identify* 같은 예지계 주문을 사용할 때면, 시전자는 짜임새를 살짝 엿본 것입니다. *마법 무효화Dispel magic* 같은 주문은 짜임새의 흐름을 보다 자연스럽게 만드는 것입니다. *반마법장Antimagic field* 주문은 주변 짜임새를 평평하게 재배열하며 다른 주문들이 영향을 가하지 못하게 합니다. 만약 짜임새가 찢겨 나가거나 해를 입은 곳이 있다면, 그런 곳에서는 주문이 예측할 수 없는 방향으로 뒤틀리거나 아예 전혀 효과를 발휘하지 못할 수도 있습니다.

제11장: 주문

이 장에서는 던전즈 & 드래곤즈Dungeons & Dragons 세계에서 가장 널리 사용되는 주문들에 대한 세세한 내용을 알려드립니다. 이 장은 주문시전 능력을 지닌 클래스들의 주문 목록에서 시작하며, 나머지는 주문의 세부사항을 가나다 순으로 거재할 것입니다.

드루이드 주문

소마법 (0레벨)
가시 채찍
독 분사
드루이드술
마력곤봉
수리
안내
저항
화염 생성

1레벨
굿베리
도약
독과 질병 탐지
동물 친밀화
동물과의 대화
마법 탐지
물 창조 또는 파괴
상처 치료
안개 구름
얽혀듬
요정 불꽃
음식과 물 정화
인간형 매혹
천둥파도
치료의 단어
활보

2레벨
가시 성장
금속 가열
나무껍질 피부
능력 강화
달빛 광선
독으로부터의 보호
돌풍
동물 또는 식물 위치 파악
동물 전달자
물체 위치파악
불꽃 칼날
암시야
야수 감각
인간형 포박
하급 회복
함정 탐지
화염 구체
흔적없는 이동

3레벨
낙뢰 소환
돌에 녹아들기
동물 소환
마법 무효화
바람의 벽
수면 보행
수중 호흡
식물 성장
식물과의 대화
에너지로부터의 보호
위장된 죽음
진눈깨비 폭풍
태양광

4레벨
곤충 거대화
물 조종
바위 형상
바위피부
변신
불꽃의 벽
붙잡는 덩굴
숲의 존재 소환
야수 지배
얼음 폭풍
이동의 자유
크리쳐 위치파악
하급 원소 소환
혼란
환영 지형
황폐화

5레벨
곤충 무리
깨어남
나무 질주
다중 상처 치료
바위의 벽
반생명 보호막
사명 부여
상급 회복
염탐
원소 소환
이계체 속박
자연과의 회화
전염
환생

6레벨
가시의 벽
경로 파악
대지 이동
바람 걷기
식물을 통한 이동
영웅들의 축연
요정 소환
치유
태양광선

7레벨
비전 신기루
이계 전송
재생
중력 역전
화염 폭풍

8레벨
기후 조종
대해일
동물 형상
반공감/공감
저능화
지진
태양폭발

9레벨
복수의 폭풍
예견안
진정한 부활
형상변화

레인저 주문

1레벨
가시 무리
경보
굿베리
도약
독과 질병 탐지
동물 친밀화
동물과의 대화
마법 탐지
사냥꾼의 징표
상처 치료
안개 구름
포획의 일격
활보

2레벨
가시 성장
나무껍질 피부
독으로부터의 보호
동물 또는 식물 위치 파악
동물 전달자
암시야
야수 감각
침묵
하급 회복
함정 탐지
화살 결계
흔적없는 이동

3레벨
동물 소환
바람의 벽
번개 화살
수면 보행
수중 호흡
식물 성장
식물과의 대화
에너지로부터의 보호
탄막 소환
탐지방어
태양광

4레벨
바위피부
붙잡는 덩굴
숲의 존재 소환
이동의 자유
크리쳐 위치파악

5레벨
나무 질주
자연과의 회화
쾌속 화살통
포격 소환

바드 주문

소마법 (0레벨)
도검 방비
마법사의 손
빛
수리
요술
잔혹한 모욕
전달
참된 일격
춤추는 빛
친밀화
하급 환영

1레벨

깃털 낙하
동물 친밀화
동물과의 대화
마법 탐지
보이지 않는 하인
불화의 속삭임
상처 치료
수면
식별
억압
언어 변환
영웅심
요정 불꽃
인간형 매혹
자기 위장
조용한 영상
천둥파도
치료의 단어
타샤의 끔찍한 웃음
환영 문서
활보

2레벨

감정 진정화
광기의 왕관
금속 가열
능력 강화
단검의 구름
동물 또는 식물 위치 파악
동물 전달자
마법의 입
문열기
물체 위치파악
분쇄
생각 탐지
암시
인간형 포박
장님화/귀머거리화
주의 사로잡기
진실의 공간
침묵
투명체 감지
투명화
하급 회복
환영력

3레벨

공포
레오문드의 작은 오두막
마법 무효화
보호의 문양
상급 영상
식물 성장
식물과의 대화
악취 구름
언어구사

위장된 죽음
저주 부여
전음
죽은 자와의 대화
최면 패턴
탐지방어
투시

4레벨

변신
상급 투명화
이동의 자유
차원문
충동
크리쳐 위치파악
혼란
환영 지형

5레벨

괴물 포박
기억 조작
깨어남
다중 상처 치료
몽환
물체 조종
사명 부여
사자 소생
상급 회복
순간이동의 원
염탐
오도
유사화
이계체 속박
인간형 지배
전설 전승

6레벨

경로 파악
계획된 환영
깨무는 눈길
다중 암시
보호와 방비
오토의 참을 수 없는 춤
진시야

7레벨

모덴카이넨의 검
모덴카이넨의 장엄한 저택
문양
부활
비전 신기루
순간이동
에테르화
역장 우리
영상 투사
재생

8레벨

괴물 지배
권능어: 충격
무심화
저능화
청산유수

9레벨

권능어: 죽음
권능어: 치유
예견안
진정한 변신

소서러 주문

소마법 (0레벨)

냉랭한 접촉
도검 방비
독 분사
마법사의 손
빛
산성 거품
서리 광선
수리
요술
전격의 손아귀
전달
참된 일격
춤추는 빛
친밀화
하급 환영
화염 화살

1레벨

거짓 삶
깃털 낙하
도약
마법 갑주
마법 탐지
마법 화살
방패
색 분사
수면
신속한 후퇴
안개 구름
언어 변환
오색의 보주
인간형 매혹
자기 위장
조용한 영상
주술 화살
천둥파도
타오르는 손길
통증 광선

2레벨

거대화/축소화
거미 등반
거미줄
거울 분신
광기의 왕관
능력 강화
단검의 구름
돌풍
문열기
부양
분쇄
생각 탐지
안개 걸음
암시
암시야
암흑
인간형 포박
자기 변형
장님화/귀머거리화
타오르는 광선
투명체 감지
투명화
환영력
흐려짐

3레벨

가속
가스 형상
공포
마법 무효화
번개
비행
상급 영상
수면 보행
수중 호흡
악취 구름
언어구사
에너지로부터의 보호
저속화
점멸
주문반사
진눈깨비 폭풍
최면 패턴
태양광
투시
화염구

4레벨

바위피부
변신
불꽃의 벽
상급 투명화
야수 지배
얼음 폭풍
차원문
추방
혼란
황폐화

5레벨
곤충 무리
괴물 포박
냉기 분사
물체 조종
바위의 벽
순간이동의 원
염동력
유사화
인간형 지배
죽음구름
창조

6레벨
깨무는 눈길
다중 암시
대지 이동
무적의 구체
분해
비전 관문
연쇄 번개
죽음의 원
진시야
태양광선

7레벨
무지개 분사
순간이동
에테르화
이계 전송
죽음의 손가락
중력 역전
지연 폭발 화염구
화염 폭풍

8레벨
괴물 지배
권능어: 충격
지진
태양폭발
폭발성 구름

9레벨
관문
권능어: 죽음
소원
시간 정지
운석 소환

워락 주문

소마법 (0레벨)
냉랭한 접촉
도검 방비
독 분사
마법사의 손
섬뜩한 방출

요술
참된 일격
친밀화
하급 환영

1레벨
보이지 않는 하인
신속한 후퇴
아가티스의 갑주
악과 선으로부터의 보호
언어 변환
인간형 매혹
주박
주술 화살
지옥의 책망
하다르의 팔
환영 문서

2레벨
거미 등반
거울 분신
광기의 왕관
단검의 구름
무력화 광선
분쇄
안개 걸음
암시
암흑
인간형 포박
주의 사로잡기
투명화

3레벨
가스 형상
공포
마법 무효화
마법의 원
비행
상급 영상
언어구사
저주 해제
주문반사
최면 패턴
하다르의 굶주림
흡혈의 접촉

4레벨
차원문
추방
환영 지형
황폐화

5레벨
괴물 포박
몽환
염탐
이계 접촉

6레벨
깨무는 눈길
다중 암시
비전 관문
언데드 창조
요정 소환
육신 석화
죽음의 원
진시야

7레벨
에테르화
역장 우리
이계 전송
죽음의 손가락

8레벨
괴물 지배
권능어: 충격
데미플레인
저능화
청산유수

9레벨
감금
권능어: 죽음
아스트랄체 투영
예견안
진정한 변신

위저드 주문

소마법 (0레벨)
냉랭한 접촉
도검 방비
독 분사
마법사의 손
빛
산성 거품
서리 광선
수리
요술
전격의 손아귀
전달
참된 일격
춤추는 빛
친밀화
하급 환영
화염 화살

1레벨
거짓 삶
경보
기름칠
깃털 낙하
도약
마법 갑주
마법 탐지

마법 화살
방패
보이지 않는 하인
색 분사
수면
식별
신속한 후퇴
악과 선으로부터의 보호
안개 구름
언어 변환
오색의 보주
인간형 매혹
자기 위장
조용한 영상
주술 화살
천둥파도
타샤의 끔찍한 웃음
타오르는 손길
텐서의 부유 원반
통증 광선
패밀리어 찾기
환영 문서
활보

2레벨
거대화/축소화
거미 등반
거미줄
거울 분신
광기의 왕관
니스툴의 마법 오오라
단검의 구름
돌풍
로프 속임수
마법의 입
멜프의 산성 화살
무기 마법화
무력화 광선
문열기
물체 위치파악
부양
분쇄
비전 자물쇠
생각 탐지
안개 걸음
안온한 처리
암시
암시야
암흑
영속의 불꽃
인간형 포박
자기 변형
장님화/귀머거리화
타오르는 광선
투명체 감지
투명화
화염 구체
환영력
흐려짐

3레벨

가속
가스 형상
공포
레오문드의 작은 오두막
마법 무효화
마법의 원
번개
보호의 문양
비행
사체 조종
상급 영상
수중 호흡
악취 구름
언어구사
에너지로부터의 보호
위장된 죽음
저속화
저주 부여
저주 해제
전음
점멸
주문반사
진눈깨비 폭풍
최면 패턴
탐지방어
투시
화염구
환영마
흡혈의 접촉

4레벨

구조화
레오문드의 비밀 상자
모덴카이넨의 개인 성소
모덴카이넨의 충실한 사냥개
물 조종
바위 형상
바위피부
변신
불꽃의 벽
비전의 눈
상급 투명화
얼음 폭풍
에바드의 검은 촉수
오틸루크의 탄성 구체
차원문
추방
크리쳐 위치파악
하급 원소 소환
혼란
화염 방패
환영 살해자
환영 지형
황폐화

5레벨

괴물 포박
기억 조작
냉기 분사
래리의 정신 유대
몽환
물체 조종
바위의 벽
벽통과
빅바이의 손
사명 부여
순간이동의 원
역장의 벽
염동력
염탐
오도
원소 소환
유사화
이계 접촉
이계체 속박
인간형 지배
전설 전승
죽음구름
창조

6레벨

계획된 환영
깨무는 눈길
다중 암시
대지 이동
드로미즈의 즉석 소환
마법 항아리
무적의 구체
보호와 방비
분해
비전 관문
언데드 창조
얼음의 벽
연쇄 번개
오토의 참을 수 없는 춤
오틸루크의 빙결 구체
육신 석화
조건화
죽음의 원
진시야
태양광선

7레벨

격리
모덴카이넨의 검
모덴카이넨의 장엄한 저택
무지개 분사
문양
비전 신기루
순간이동
시뮬라크럼
에테르화

역장 우리
영상 투사
이계 전송
죽음의 손가락
중력 역전
지연 폭발 화염구

8레벨

괴물 지배
권능어: 충격
기후 조종
데미플레인
무심화
미로
반공감/공감
반마법장
복제
저능화
정신감응
태양폭발
폭발성 구름

9레벨

감금
관문
권능어: 죽음
기괴
무지개 벽
소원
시간 정지
아스트랄체 투영
예견안
운석 소환
진정한 변신
형상변화

클레릭 주문

소마법(0레벨)

단순마술
빈사 안정
빛
수리
신성한 불길
안내
저항

1레벨

독과 질병 탐지
마법 탐지
명령
물 창조 또는 파괴
상처 가해
상처 치료
성역화
신앙의 방패
악과 선 탐지

악과 선으로부터의 보호
억압
유도 화살
음식과 물 정화
축복
치료의 단어

2레벨

감정 진정화
능력 강화
독으로부터의 보호
물체 위치파악
방비의 유대
안온한 처리
영속의 불꽃
영체 무기
원호
인간형 포박
장님화/귀머거리화
점술
진실의 공간
치료의 기도
침묵
하급 회복
함정 탐지

3레벨

다중 치료의 단어
돌에 녹아들기
마법 무효화
마법의 원
보호의 문양
사체 조종
수면 보행
언어구사
에너지로부터의 보호
영혼 수호자
위장된 죽음
음식과 물 창조
재활성화
저주 부여
저주 해제
전음
죽은 자와의 대화
태양광
투시
희망의 봉화

4레벨

물 조종
바위 형상
신앙의 수호자
예지
이동의 자유
죽음 방비
추방
크리쳐 위치파악

5레벨

곤충 무리
다중 상처 치료
사명 부여
사자 소생
상급 회복
신성화
악과 선 퇴치
염탐
이계체 속박
전설 전승
전염
화염 직격
회화

6레벨

가해
경로 파악
귀환의 단어
금제
언데드 창조
영웅들의 축연
이계체 동맹
진시야
치유
칼날 방벽

7레벨

문양
부활
신성 단어
에테르화
이계 전송
재생
천상체 소환
화염 폭풍

8레벨

기후 조종
반마법장
성스러운 오오라
지진

9레벨

관문
다중 치유
아스트랄체 투영
진정한 부활

팔라딘 주문

1레벨

결투 강제
독과 질병 탐지
마법 탐지
명령
분노의 강타
상처 치료
신성한 청원
신앙의 방패
악과 선 탐지
악과 선으로부터의 보호
영웅심
음식과 물 정화
천둥 강타
축복
타오르는 강타

2레벨

낙인의 강타
독으로부터의 보호
무기 마법화
물체 위치파악
원호
진실의 공간
탈것 찾기
하급 회복

3레벨

마법 무효화
마법의 원
맹목의 강타
무기 원소화
성전사의 망토
음식과 물 창조
재활성화
저주 해제
태양광
활력의 오오라

4레벨

비틀대는 강타
생명의 오오라
정화의 오오라
죽음 방비
추방
크리쳐 위치파악

5레벨

사명 부여
사자 소생
악과 선 퇴치
추방의 강타
파괴의 파도
힘의 원

주문 상세

주문은 가나다순으로 정렬되어 있습니다.

가속 HASTE
3레벨 변환계

시전 시간: 1 행동
사거리: 30ft
구성요소: 음성, 동작, 물질 (생강 뿌리 한 움큼)
지속시간: 집중, 최대 1분까지

사거리 내에서 당신이 볼 수 있는 주문을 받으려는 대상 하나를 고릅니다. 이 주문의 효과가 끝날 때까지, 목표의 이동속도는 2배가 되며, AC에 +2 보너스를 받고, 민첩 내성 굴림에 이점을 받으며, 목표는 매 턴 추가로 행동 하나를 더 얻습니다. 이 행동은 오직 공격(1회의 무기 공격만 해당), 질주, 후퇴, 은신, 물건 사용 행동으로만 사용할 수 있습니다.

　주문이 끝날 때, 목표는 격렬한 피로감으로 인해 자신의 다음 턴이 끝날 때까지 움직이거나 행동을 취할 수 없습니다.

가스 형상 GASEOUS FORM
3레벨 변환계

시전 시간: 1 행동
사거리: 접촉
구성요소: 음성, 동작, 물질 (거즈 약간과 그을음 약간)
지속시간: 집중, 최대 1시간까지

당신은 접촉한 주문을 받으려는 대상 하나를 변형시켜, 주문의 지속시간 동안 안개 구름 같은 형태로 바꿀 수 있습니다. 이때 대상은 자신이 장비하거나 들고 있는 것들과 함께 변형됩니다. 이 주문은 대상의 hp가 0으로 떨어지면 자동 종료됩니다. 또한 실체가 없는 대상은 주문에 영향을 받지 않습니다.

　가스 형태일 때, 목표는 오직 10ft의 비행으로만 이동할 수 있습니다. 목표는 다른 크리쳐가 점유하고 있는 공간에 들어가거나 그 공간을 같이 점유할 수 있습니다. 목표는 모든 비마법적 피해에 저항을 얻으며, 근력, 민첩, 건강 내성 굴림에 이점을 얻습니다. 목표는 아주 작은 구멍이나 총안, 틈새를 통해서도 이동할 수 있으며, 액체 역시 일반 표면처럼 그 위를 이동할 수 있습니다. 목표는 낙하하지 않으며, 충격 상태가 되거나 행동불능 상태가 되더라도 허공에 떠 있습니다.

　이 안개 구름 형태일 때, 목표는 말하거나 다른 물건을 조작할 수 없으며, 그 자신이 장비하거나 들고 있는 물건을 떨어뜨리거나 사용할 수 없습니다. 또한 목표는 가스 형태일 때 공격하거나 주문을 사용할 수 없습니다.

가시 무리 HAIL OF THORNS
1레벨 조형계

시전 시간: 1 추가 행동
사거리: 자신
구성요소: 음성
지속시간: 집중, 최대 1분까지

이 주문이 끝나기 전에 당신이 가하는 다음번 장거리 무기 공격이 목표를 명중시켰다면, 당신은 자신이 사용한 장거리 무기의 투사체가 수많은 가시로 변해 적에게 빗발치듯 쏟아지게 할 수 있습니다. 공격은 일반적 피해를 가하며, 이에 더해 공격의 본래 목표와 그 주변 5ft 내에 있는 모든 크리쳐는 민첩 내성 굴림을 굴려야 합니다. 이 내성에 실패하면 1d10의 관통 피해를 입게 되며, 성공시 피해는 절반으로 줄어듭니다.

고레벨에서. 당신이 이 주문을 2레벨 이상의 슬롯으로 사용했다면, 상승한 슬롯 1레벨당 피해가 추가로 1d10씩 늘어납니다. (최대 6d10까지 증가)

가시 성장 SPIKE GROWTH
2레벨 변환계

시전 시간: 1 행동
사거리: 150ft
구성요소: 음성, 동작, 물질(날카로운 가시 7개 또는 작은 가지 7개. 가지는 끝이 뾰족해야 함)
지속시간: 집중, 최대 10분까지

사거리 내에서 당신이 지정한 지점을 중심으로, 20ft 반경의 지면에서 갑자기 단단한 가시와 가지들이 솟아나기 시작합니다. 해당 지면은 주문의 지속시간 동안 어려운 지형이 됩니다. 누구든지 해당 지면에 들어가거나 그 안에서 움직이려고 한다면, 5ft 이동시마다 2d4점의 관통 피해를 입게 됩니다.

지면의 변형은 자연스러운 것으로 위장될 수 있습니다. 주문이 시전되는 시점에 그 변화를 보지 못한 크리쳐는 당신의 주문 내성 DC를 목표로 지혜(감지) 판정을 하여 실패할 시, 해당 지형에 들어가기 전까지는 위험하다는 사실을 알지 못할 것입니다.

가시 채찍 THORN WHIP
변환계 소마법

시전 시간: 1 행동
사거리: 30ft
구성요소: 음성, 동작, 물질 (가시달린 식물 줄기)
지속시간: 즉시

당신은 가시달린 덩굴 비슷한 길다란 채찍을 만들어 명령에 따라 사거리 내의 대상을 후려칠 수 있습니다. 목표에 대해서 근접 주문 명중 굴림을 행사합니다. 공격이 명중했다면, 대상은 1d6점의 관통 피해를 입게 됩니다. 또한 대상이 대형 이하 크기를 지녔다면, 당신은 대상을 10ft 가까이 끌어당길 수 있습니다.

이 주문의 피해는 시전자의 총 레벨이 오르면서 점점 증가하여 5레벨에 2d6, 11레벨에 3d6, 17레벨에 4d6의 피해를 가합니다.

가시의 벽 WALL OF THORNS
6레벨 조형계

시전 시간: 1 행동
사거리: 120ft
구성요소: 음성, 동작, 물질 (가시 한 줌)
지속시간: 집중, 최대 10분까지

당신은 두텁고 낭창낭창한 줄기들로 이루어진 벽을 만들어 낼 수 있습니다. 이 줄기들에는 바늘처럼 날카로운 가시들이 돋아나 있습니다. 이 벽은 사거리 내의 단단한 표면 위에 만들어질 수 있으며, 주문의 지속시간이 끝날 때까지 존재합니다. 당신은 벽을 최대 60ft 길이, 10ft 높이, 5ft 두께로 만들어 내거나, 20ft 지름을 지닌 20ft 높이 5ft 두께의 원으로 만들 수 있습니다. 이 벽은 시선을 막습니다.

이 벽이 나타날 때, 벽이 생겨나는 지점에 있는 모든 크리쳐는 민첩 내성 굴림을 굴려야 하며 실패할 시 7d8의 관통 피해를 입게 됩니다. 내성에 성공하면 피해는 절반으로 줄어듭니다.

누구든지 이 벽을 통과하여 이동하려 할 수 있습니다만, 그럴 경우 이동은 느려지며 고통스러워집니다. 벽 안으로 1ft 들어올

때마다 벽을 통과하려는 자는 추가로 4ft의 이동력을 소모해야 합니다. 또한, 턴에 처음으로 벽 안에 들어온 자나 자기 턴을 벽 속에서 끝마치는 자는 민첩 내성 굴림을 굴려야 하며, 실패시 7d8의 참격 피해를 입게 됩니다. 내성에 성공하면 피해는 절반으로 줄어듭니다.

고레벨에서. 당신이 이 주문을 7레벨 이상의 슬롯으로 사용한다면, 상승한 슬롯 1레벨당 피해가 1d8 증가합니다.

가해 HARM
6레벨 사령계

시전 시간: 1 행동
사거리: 60ft
구성요소: 음성, 동작
지속시간: 즉시

당신은 사거리 내의 볼 수 있는 대상 하나에게 맹독성 질병을 가합니다. 이 목표는 건강 내성 굴림을 굴려야 합니다. 내성에 실패할 경우 목표는 14d6의 사령 피해를 입게 되며, 성공할 시 피해는 절반으로 줄어듭니다. 이 피해는 목표의 hp를 1 이하로 깎을 수 없습니다. 만약 목표가 내성에 실패했다면, 이후 1시간 동안 목표의 최대hp 역시 가해진 사령 피해만큼 줄어듭니다. 질병을 제거하는 효과를 받으면 시간이 지나기 전에도 목표의 최대 hp를 원래대로 회복할 수 있습니다.

감금 IMPRISONMENT
9레벨 방호계

시전 시간: 1분
사거리: 30ft
구성요소: 음성, 동작, 물질(목표와 유사하게 조각된 작은 조각상이나 모방한 물건. 또한 주문의 다양한 형태에 맞게 준비된 특별한 구성요소가 필요함. 목표의 히트 다이스 당 최소 500gp 이상의 가치를 지녀야만 함.)
지속시간: 무효화될 때까지

당신은 사거리 내에서 당신이 볼 수 있는 대상 하나를 마법적으로 속박하여 감금합니다. 목표는 지혜 내성에 실패할 경우 주문에 묶여버리게 됩니다. 만약 목표가 지혜 내성에 성공했다면, 목표는 당신이 시전하는 이 주문에 대해 면역을 얻게 됩니다. 이 주문의 효력 하에 있는 동안, 목표는 숨쉬거나 먹고 마실 필요가 없으며 나이를 먹지도 않습니다. 예지계 주문으로는 목표의 위치를 탐지하거나 목표가 있는 곳을 확인할 수 없습니다.

주문을 시전할 때, 당신은 어떤 형태의 감금을 가할 것인지 선택할 수 있습니다.

매장. 목표는 지면 아래 아주 깊숙한 곳에, 자기 크기에 딱 맞는 마법적 구체에 감싸여 매장됩니다. 아무것도 구체를 뚫을 수 없으며, 구체 안으로는 그 어떤 순간이동도, 심지어 이계로부터의 이동도 불가능합니다.

이 방식으로 감금하려면 물질 구성요소로 작은 미스랄 보주가 필요합니다.

사슬 속박. 지면에서 솟아난 두꺼운 사슬이 목표를 그 장소에 고정합니다. 목표는 주문이 끝날 때까지 속박된 상태가 되며 그 어떤 방법을 동원해도 이동하거나 움직여질 수 없습니다.

이 방식으로 감금하려면 물질 구성요소로 귀금속제의 잘 세공된 사슬이 필요합니다.

에워싼 감옥. 이 주문은 목표를 작은 데미플레인으로 날려 보내며, 이 데미플레인은 모든 순간이동과 이계간 이동이 닿을 수 없습니다. 이 데미플레인은 미로의 형태이거나 우리, 탑, 혹은 그와 유사한 구조물의 형태를 지니고 있을 수 있습니다.

이 방식으로 감금하려면 물질 구성요소로 옥으로 만든 감옥의 미니어처가 필요합니다.

축소 수용. 목표는 크기 1인치로 줄어들며, 보석이나 그와 비슷한 크기의 작은 물체 안에 감금됩니다. 빛은 일반적인 보석과 마찬가지로 이 감금된 보석의 표면을 오갈 수 있습니다. (즉 목표는 밖을 볼 수 있으며, 밖에서도 목표가 감금되어 있는 것을 볼 수 있습니다.) 그러나 순간이동과 이계간 이동을 포함하여 다른 그 어떤 수단으로도 보석 안을 드나들 수 없습니다. 이 보석은 주문이 효력을 발휘하는 한 절대로 깨지거나 부서지지 않습니다.

이 방식으로 감금하려면 물질 구성요소로 감옥으로 쓸 커다란 투명 보석이 필요합니다. 이 보석은 주로 다이아몬드나 루비, 사파이어 등이 사용되곤 합니다.

잠. 목표는 그저 깊이 잠들게 되며, 절대 깨울 수 없습니다. 이 방식으로 감금하려면 수면 효과를 지닌 귀중한 약초들이 필요합니다.

주문 끝내기. 어떤 방식으로 감금하든 일단 당신이 이 주문을 시전할 때, 당신은 주문을 끝내고 목표를 해방하게 될 특별한 조건을 설정할 수 있습니다. 이 조건은 당신이 원하는 대로 아주 구체적일 수도 있고 대강 정할 수도 있지만, DM이 듣기에 해당 조건이 합리적이며 또한 가능하다고 인정하는 것이어야 합니다. 이 조건은 목표의 이름, 자아, 혹은 목표가 믿는 신앙 등에 기반할 수 있으며, 그게 아니더라도 목표를 풀어주려는 자의 특정한 행동이나 조건 등을 따질 수도 있지만, 레벨, 클래스, hp 등의 감지하거나 인식할 수 없는 게임적 요소에 기반해서는 안 됩니다.

마법 무효화*Dispel Magic* 주문으로도 이 주문을 끝낼 수 있지만, 오로지 9레벨 슬롯으로 사용했을 때만 가능합니다. 또한 이 마법 무효화*Dispel Magic* 주문은 감금된 감옥 그 자체나 감옥을 창조하는데 사용한 특별한 구성요소에 사용할 수 있습니다.

당신이 감금에 사용한 특별한 구성요소는 오직 주문 하나에 대해서만 사용할 수 있습니다. 같은 주문을 여러 번 사용하며 같은 방식으로 감금하려 해도, 매번 추가로 다른 구성요소를 준비해야 합니다. 만약 당신이 한 번 사용한 구성요소를 사용해 다른 대상을 감금하려 한 경우, 이전에 감금되어 있던 대상은 즉시 풀려날 것입니다.

감정 진정화 CALM EMOTIONS
2레벨 환혹계

시전 시간: 1 행동
사거리: 60ft
구성요소: 음성, 동작
지속시간: 집중, 최대 1분

당신은 한 무리의 사람들이 느끼는 강력한 감정을 억제합니다. 사거리 내에 당신이 지정한 지점으로부터 20ft 내의 모든 인간형 대상들은 매력 내성 굴림을 굴려야 합니다. 자발적으로 주문의 효력을 받고자 하는 이들은 내성 굴림을 포기할 수 있습니다. 당신은 내성 굴림을 포기했거나 실패한 대상들에 대해 아래 두 효과 중 하나를 선택해 가할 수 있습니다.

당신은 목표를 매혹하거나 공포 상태에 빠트릴 수 있는 모든 종류의 효과를 억제할 수 있습니다. 주문의 효과가 종료될 때까지 해당 효과들의 지속시간이 여전히 남아 있다면, 이 억제된 효과들은 다시 효력을 발휘할 것입니다.

또한, 당신은 목표가 지닌 적개심을 억누르고 무관심한 태도를 보이게끔 할 수 있습니다. 목표는 당신이 선택한 다른 크리쳐 하나에 대해 중립적이고 무관심한 태도를 취하게 되며, 자신이나 동료가 해를 입기 전까지는 해당 크리쳐에 대해 공격하거나 주문을 시전해 해를 가하지 않을 것입니다. 주문의 효력이 끝나면 대개

목표는 다시 적대심을 느끼게 되지만, DM의 결정에 따라 태도가 달라질 수도 있습니다.

거대화/축소화 ENLARGE/REDUCE
2레벨 변환계

시전 시간: 1 행동
사거리: 30ft
구성요소: 음성, 동작, 물질 (쇳가루 한 꼬집)
지속시간: 집중, 최대 1분

당신은 사거리 내의 크리쳐나 물체 하나를 지정하여, 지속시간 동안 그 크기를 줄이거나 키울 수 있습니다. 당신이 지정하려는 물체는 누군가가 들고 있거나 장비한 것이 아니어야 합니다. 만약 목표가 주문을 받으려 하지 않는다면, 건강 내성 굴림을 굴릴 수 있습니다. 목표가 내성에 성공하면 주문은 효과를 발휘하지 못할 것입니다.

만약 목표가 크리쳐라면, 그가 장비하거나 들고 있는 모든 것 역시 같이 크기가 변합니다. 다만 목표가 떨어트린 물체는 즉시 보통 크기로 돌아올 것입니다.

거대화. 목표는 모든 면에서 크기가 2배로 커지며, 무게는 8배로 늘어납니다. 목표의 크기 분류 역시 한 단계 큰 것으로 취급하게 됩니다. 예를 들어 목표가 중형이라면 대형으로 취급하게 될 것입니다. 만약 목표의 크기가 두 배로 커질 만큼 충분한 공간이 없다면, 공간이 허락하는 한 가장 큰 크기로 커질 것입니다. 주문의 효력이 지속하는 동안, 목표는 근력 판정과 근력 내성 굴림에 이점을 받게 됩니다. 목표의 무기 역시 한 단계 큰 크기가 됩니다. 거대해져 있는 동안, 목표의 무기 공격은 추가로 1d4점의 피해를 더 입히게 됩니다.

축소화. 목표의 크기는 모든 면에서 절반이 되며, 무게 역시 1/8로 줄어듭니다. 목표의 크기 분류 역시 한 단계 작은 것으로 취급하게 됩니다. 예를 들어 목표가 중형이라면 소형으로 취급하게 될 것입니다. 주문의 효력이 지속되는 동안, 목표는 모든 근력 판정과 근력 내성 굴림에 불리점을 받게 됩니다. 목표의 무기 역시 한 단계 작은 크기가 됩니다. 작아져 있는 동안, 목표의 무기 공격의 피해는 1d4점 작아집니다. (이로 인해 피해가 1점 이하로 떨어지지는 않습니다.)

거미 등반 SPIDER CLIMB
2레벨 변환계

시전 시간: 1 행동
사거리: 접촉
구성요소: 음성, 동작, 물질 (역청 한 방울과 거미 한 마리)
지속시간: 집중, 최대 1시간

주문의 지속시간 동안, 당신이 접촉한 주문을 받으려는 대상 하나는 수직 표면이나 천장에서도 자유로이 걸어 다닐 수 있는 능력을 얻게 됩니다. 이때 목표는 손을 자유로이 쓸 수 있습니다. 목표는 또한 자신의 걷는 이동속도와 동일한 등반 이동속도를 얻게 됩니다.

거미줄 WEB
2레벨 조형계

시전 시간: 1 행동
사거리: 60ft
구성요소: 음성, 동작, 물질 (거미줄 약간)
지속시간: 집중, 최대 1시간

당신은 사거리 내에 당신이 지정한 지점을 중심으로 끈끈하고 거대한 거미줄을 만들어 낼 수 있습니다. 이 거미줄은 20 × 20 × 20ft까

지 차지할 수 있습니다. 거미줄이 깔린 지형은 어려운 지형이 되며, 시야를 가볍게 가립니다.

만약 이 거미줄이 단단한 표면(바닥과 천장, 양쪽 벽, 나무 2개 등등) 둘 사이에 걸쳐 만들어진 것이 아니라면, 높은 곳의 거미줄은 곧 내려앉을 것이며 높이 5ft까지 쌓이게 될 것입니다.

거미줄 속에서 자기 턴을 시작하거나 거미줄이 쳐 있는 지형에 들어온 대상은 민첩 내성 굴림을 굴려야 합니다. 내성에 실패할 경우, 대상은 풀려나오기 전까지 거미줄에 속박된 상태가 됩니다.

거미줄에 포박된 대상은 자기 행동을 사용해 근력 판정을 해서 성공할 시 풀려나올 수 있으며, 이때 DC는 당신의 주문 내성 DC를 사용합니다.

거미줄은 불에 잘 탑니다. 5 × 5 × 5ft의 거미줄은 1라운드면 완전히 불에 다 타게 되며, 그 안에 있는 크리쳐는 자기 턴이 시작할 때 2d4점의 화염 피해를 입게 됩니다.

거울 분신 MIRROR IMAGE
2레벨 환영계

시전 시간: 1 행동
사거리: 자신
구성요소: 음성, 동작
지속시간: 1분

당신과 똑같은 모습을 한 3개의 환영 복제가 당신이 있는 자리에 나타납니다. 주문의 지속시간 동안, 이 복제들은 당신과 같이 움직이며 당신의 행동을 그대로 따라 하고, 계속 자리를 바꾸어 가기 때문에 어느 것이 진짜인지 알 수 없게 만듭니다. 당신은 행동을 사용하여 이 환영 복제들을 모두 사라지게 할 수 있습니다.

주문이 지속되고 있을 때 무언가 당신을 공격하려 한다면, 당신은 d20을 굴려 공격을 받은 것이 당신인지, 아니면 환영 중 하나인지를 판정하게 됩니다.

복제가 3개 있을 때면, d20에서 6 이상 나올 경우 당신 대신 환영이 공격을 받은 것입니다. 복제가 2개 있을 때면, d20에서 8 이상 나온 경우 환영이 공격을 받은 것입니다. 복제가 1개 있을 때면, d20에서 11 이상 나온 경우 환영이 공격받은 것입니다.

복제된 환영의 AC는 10 + 당신의 민첩 수정치입니다. 만약 복제된 환영에 공격이 명중했다면, 그 환영은 파괴되어 사라집니다. 환영은 오직 공격에 명중 당했을 때만 사라집니다. 환영은 그 외의 모든 피해와 효과를 무시합니다. 3개의 환영이 모두 파괴되면 주문의 효과는 끝납니다.

맹안시야를 가진 경우처럼, 시각이 아닌 다른 감각에 의존하는 크리쳐의 경우 이 주문의 효과를 받지 않습니다. 또한 진시야를 가진 경우처럼 환영을 간파할 수 있어도 이 주문의 효과를 받지 않습니다.

거짓 삶 FALSE LIFE
1레벨 사령계

시전 시간: 1 행동
사거리: 자신
구성요소: 음성, 동작, 물질 (알코올이나 증류주 약간)
지속시간: 1시간

당신은 사령술의 힘을 빌어 거짓된 생명의 힘으로 자신을 강화합니다. 이 주문의 지속시간 동안, 당신은 1d4 +4점의 임시 hp를 얻습니다.

고레벨에서. 당신이 2레벨 이상의 주문 슬롯을 사용하여 이 주문을 시전한다면, 상승한 슬롯 1레벨당 추가로 5점의 임시 hp를 더 얻을 수 있습니다.

격리 SEQUESTER
7레벨 변환계

시전 시간: 1 행동
사거리: 접촉
구성요소: 음성, 동작, 물질 (최소 5,000gp 상당의 가치를 지닌 다이아몬드, 사파이어, 에메랄드, 루비 가루 혼합물. 주문 시전 시 소모됨)
지속시간: 무효화될 때까지

이 주문을 시전하게 되면, 주문을 받고자 하는 크리쳐나 목표 하나를 숨기고, 주문이 지속되는 동안 탐지되지 않게 만들 수 있습니다. 당신이 주문을 시전하며 목표에 접촉할 때, 해당 목표는 투명 상태가 되며 예지계 주문이나 유사한 마법을 사용한 염탐 등의 감지 기관에 걸리지 않게 됩니다.

만약 목표가 크리쳐라면, 목표는 정지 상태가 됩니다. 시간의 흐름이 더는 목표에게 영향을 주지 않고, 더는 나이를 먹지도 않을 것입니다.

당신은 주문이 종료되는 조건을 미리 설정할 수 있습니다. 이 조건은 당신이 선택하는 것이면 무엇이든 가능하지만, 숨겨진 목표로부터 1마일 이내에서 벌어지는 것이어야 합니다. 예를 들어 "1,000년 후"라거나 "타라스크가 깨어날 때" 같은 조건을 설정하는 것도 가능합니다. 또한 숨겨진 목표가 약간이라도 피해를 입게 되면 주문은 즉시 종료됩니다.

결투 강제 COMPELLED DUEL
1레벨 환혹계

시전 시간: 1 추가 행동
사거리: 30ft
구성요소: 음성
지속시간: 집중, 최대 1분

당신은 크리쳐 하나에게 결투를 강제할 수 있습니다. 사거리 내에서 당신이 볼 수 있는 대상 하나를 지정하면, 목표는 지혜 내성 굴림을 굴려야 합니다. 내성에 실패한 경우, 목표는 당신의 신성한 요구에 따라 당신에게 이끌려 올 것입니다. 주문의 지속시간 동안, 목표는 당신 외의 다른 대상을 공격하려 할 때 명중 굴림에 불리점을 받게 되며, 당신으로부터 30ft 이상 떨어지려 할 때마다 지혜 내성 굴림을 굴려야 합니다. 이때 내성에 성공하면 대상은 당신에게서 30ft 이상 떨어질 수 있지만, 실패할 경우 그럴 수 없습니다.

이 주문은 당신이 목표 외의 다른 크리쳐를 공격할 경우 자동으로 종료됩니다. 또한 당신이 목표 외의 다른 적대적 크리쳐에게 주문을 시전하거나, 당신 외에 당신에게 우호적인 크리쳐가 목표에게 피해를 주거나 주문을 시전한 경우, 혹은 당신이 목표에게서 30ft 이상 떨어진 지점에서 자기 턴을 마친 경우에도 주문의 효과는 자동으로 종료됩니다.

경로 파악 FIND THE PATH
6레벨 예지계

시전 시간: 1분
사거리: 자신
구성요소: 음성, 동작, 물질 (뼈, 상아막대, 카드, 이빨, 조각한 룬 등의 점술 도구. 이러한 도구는 최소 100gp 이상의 가치를 지녀야 함. 또한 당신이 찾으려는 장소에서 가져온 물건 하나도 필요.)
지속시간: 집중. 최대 1일까지

이 주문은 당신이 익숙한 특정 지점을 선택하여, 해당 지점으로 가는 가장 가깝고 직선적인 길을 찾아내는 것입니다. 이때 당신이 택한 지점은 이계가 아니라 같은 세계 내에 있어야 합니다. 당신이 이계에 속한 지점을 지정할 경우, 혹은 이동하는 지점(이동 요새 등등)을 지정한 경우, 아니면 구체적인 위치가 아닌 대략적인 위치("그린 드래곤의 둥지" 등등)를 지정한 경우, 주문은 자동으로 실패합니다.

주문의 지속시간 동안, 당신은 해당 지점으로부터 얼마나 멀리 떨어져 있는지, 그리고 어느 방향에 있는지를 자동으로 파악하게 됩니다. 당신이 해당 지점으로 이동하는 동안, 갈림길이 나타날 때마다 당신은 어느 길이 더 가깝고 빠른 길인지 자동으로 알아챌 수 있습니다.(그러나 당신이 고른 길이 더 안전하다는 보장은 없습니다.)

경보 ALARM
1레벨 방호계 (의식)

시전 시간: 1분
사거리: 30ft
구성요소: 음성, 동작, 물질 (작은 종과 가느다란 실)
지속시간: 8시간

당신은 원치 않는 침입에 대비하여 경보를 설정할 수 있습니다. 당신은 주문의 사거리 내에서 특정한 문이나 창문, 혹은 20 × 20 × 20ft 이내의 지역을 정해 목표로 삼을 수 있습니다. 주문의 지속시간이 끝날 때까지, 초소형 크기 이상의 크리쳐가 설정된 지역에 닿거나 들어올 경우 경보가 울리게 됩니다. 당신은 주문을 시전할 때 경보에 예외 대상이 되는 크리쳐들을 지정할 수 있습니다. 또한 당신은 이 경보를 정신적으로 할지, 실제 들리게 할지 결정할 수 있습니다.

정신적 경보는 당신이 설정된 지역에서 1마일 내에 있을 경우, 당신의 정신 속에 직접 울립니다. 이 울림은 당신이 자고 있더라도 당신을 깨워줄 수 있습니다.

실제 들리는 경보는 60ft까지 들리는 종소리를 10초간 계속하여 울리는 방식으로 작동합니다.

계획된 환영 PROGRAMMED ILLUSION
6레벨 환영계

시전 시간: 1 행동
사거리: 120ft
구성요소: 음성, 동작, 물질(양털 약간과 25gp 가치의 옥가루)
지속시간: 무효화될 때까지

당신은 어떤 크리쳐나 물체 혹은 다른 시각적 현상에 대한 환영을 만들어 낼 수 있습니다. 이 환영은 당신이 지정한 조건이 충족될 때 발동하여 나타날 것입니다. 지정된 조건이 충족되기 전에는 환영은 나타나지 않습니다. 당신이 만들어내는 환영은 30 × 30 × 30ft 이하여야 하며, 당신은 주문이 시전될 때 환영이 어떤 형태를 가질지, 어떤 소리를 낼지 결정할 수 있습니다. 당신은 최대 5분 길이까지 시각적/청각적인 환영의 움직임을 계획할 수 있습니다.

당신이 지정한 조건이 충족되면, 환영은 갑자기 나타나며 당신이 사전에 계획한 대로 움직입니다. 일단 환영이 정해진 대로 모두 움직이고 나면 다시 사라지며, 이후 10분간에는 다시 동작하지 않습니다. 10분이 지나고 나서 다시 발동 조건이 충족되면 환영은 또 나타나서 정해진 대로 움직인 다음 사라질 것입니다.

발동 조건은 당신이 원하는 대로 얼마든지 세세할 수도 있고 일반적일 수도 있습니다. 그러나 이 발동조건은 환영을 설정한 장소에서 30ft 이내에 일어나는 시각적 혹은 청각적 조건이어야 합니다. 예를 들어, 당신은 함정문을 열려는 사람이 나타나면 당신 자신의 환영이 나타나 떨어지라는 경고를 하는 환영을 설정할 수도 있으며, 특정한 발동어나 문장을 말하면 나타나는 환영을 설정할 수도 있습니다.

환영에 물리적으로 접촉할 경우, 뚫고 지나가기 때문에 이것이 환영임을 즉각 알아챌 수 있습니다. 접촉하지 않더라도, 누구나 행동을 사용해 당신의 주문 내성 DC를 목표로 한 지능(수사) 판정에 성공할 경우 그것이 환영임을 알아차릴 수 있습니다. 환영임을 알아차린 자는 누구나 환영을 투과하여 볼 수 있게 되며, 환영이 내는 소리는 멀어지고 공허하게 들리게 됩니다.

곤충 거대화 GIANT INSECT
4레벨 변환계

시전 시간: 1 행동
사거리: 30ft
구성요소: 음성, 동작
지속시간: 집중, 최대 10분까지

당신은 주문의 지속시간 동안 사거리 내에서 최대 10마리까지의 지네나 3마리의 거미, 5마리의 말벌, 혹은 1마리의 전갈을 거대화시킬 수 있습니다. 지네는 거대 지네가 되며, 거미는 거대 거미가 되고, 말벌은 거대 말벌이 되며, 전갈은 거대 전갈이 될 것입니다.

거대화한 곤충들은 당신이 목소리로 내리는 명령에 따르며, 전투 상황에서는 매번 당신 턴에 행동합니다. DM은 이러한 거대 곤충들의 게임 수치를 가지고 이들의 행동과 움직임을 결정할 것입니다.

곤충들은 주문의 지속시간 동안 거대화한 상태이며, 그전에 hp가 0으로 떨어지거나 당신이 행동을 사용하여 효과를 취소하면 원래 크기로 돌아옵니다.

당신은 DM의 결정에 따라, 다른 곤충 역시 거대화할 수 있습니다. 예를 들어 꿀벌을 거대화할 경우, DM은 거대 말벌의 게임 수치를 사용하여 적용해주겠다고 선언할 수 있습니다.

곤충 무리 INSECT PLAGUE
5레벨 조형계

시전 시간: 1 행동
사거리: 300ft
구성요소: 음성, 동작, 물질(설탕 약간, 곡식 몇 알, 지방 약간)
지속시간: 집중, 최대 10분까지

사거리 내에서 당신이 지정한 지점을 중심으로 20ft 반경에, 물어뜯으며 날뛰는 메뚜기 무리가 나타납니다. 이 주문의 범위는 모서리를 돌아 퍼져나가며, 주문의 지속시간 동안 영역 안은 어려운 지형으로 취급받으며 시야를 가볍게 가립니다.

영역이 처음 나타날 때, 영역 내의 모든 크리쳐는 건강 내성을 굴려야 합니다. 내성에 실패한 경우 4d10의 관통 피해를 입게 되며, 성공하면 피해를 절반으로 줄일 수 있습니다. 또한 자기 턴이 끝날 때 영역 내에 있거나 매턴 처음으로 영역 내에 들어간 크리쳐 역시 건강 내성을 굴려 피해를 받게 됩니다.

고레벨에서. 당신이 이 주문을 6레벨 이상의 슬롯으로 사용했다면 상승한 슬롯 1레벨당 추가로 피해가 1d10점씩 증가합니다.

공포 FEAR
3레벨 환영계

시전 시간: 1 행동
사거리: 자신 (30ft 원뿔형)
구성요소: 음성, 동작, 물질(암탉의 심장 또는 하얀 깃털 하나)
지속시간: 집중, 최대 1분까지

당신은 각 대상이 가장 두려워하는 존재의 환영을 투사합니다. 30ft 길이의 원뿔 범위 내에 있는 모든 크리쳐는 지혜 내성 굴림을 굴려야 하며, 실패할 시 자신이 손에 들고 있는 것을 즉각 떨어트리고 지속시간 동안 공포 상태가 됩니다.

이 주문에 의해 공포 상태가 된 대상은 더는 이동할 곳이 없는 경우를 제외하면 매턴 질주 행동을 사용하여 가장 안전한 방향을 따라 당신에게서 멀어지려 합니다. 이 대상이 자기 턴을 마칠 때 당신에게서 시선이 닿지 않는 곳까지 도망갔다면, 대상은 다시 지혜 내성 굴림을 굴릴 수 있습니다. 이 내성에 성공하면 해당 대상은 더는 주문의 효과를 받지 않습니다.

관문 GATE
9레벨 조형계

시전 시간: 1 행동
사거리: 60ft
구성요소: 음성, 동작, 물질(최소 5,000gp 상당의 다이아몬드)
지속시간: 집중. 최대 1분까지

당신은 사거리 내의 당신이 볼 수 있는 점유되지 않은 지점에 다른 이계의 특정한 장소로 이어지는 포탈을 생성합니다. 이 포탈은 원형이며, 그 지름은 당신이 원하는 대로 5-20ft까지 정할 수 있습니다. 당신은 포탈의 방향을 원하는 대로 설정할 수 있습니다. 이 포탈은 주문의 지속시간 동안 존재합니다.

이 포탈은 전면과 후면이 존재합니다. 포탈을 통해 이동하는 것은 오직 전면을 통해서만 가능합니다. 포탈의 전면을 통과하는 것은 무엇이든 즉시 이계의 특정 지점으로 이동하며, 해당 이계에 열린 포탈에 가장 가까운 점유되지 않은 공간에 나타납니다.

신이나 다른 이계의 지배자들은 그 자신의 영역 내에서라면 자신의 권능을 행사하여 이 주문으로 포탈이 생성되는 것을 막을 수 있습니다.

이 주문을 시전할 때, 당신은 특정한 크리쳐의 이름(통칭, 작위, 별명 따위는 통하지 않습니다.)을 말할 수 있습니다. 만약 해당 크리쳐가 당신이 존재하는 세계가 아닌 다른 이계에 있다면, 이 주문은 즉각 호명 당한 크리쳐가 존재하는 이계로의 포탈을 열 것이고 호명당한 크리쳐는 빨려 들어와 당신이 존재하는 세계에 열린 포탈에서 가장 가까운 점유되지 않은 공간에 나타날 것입니다. 그러나 이렇게 불러낸 크리쳐에 대해 당신이 특별한 권한을 행사할 수 있는 것은 아니며, 호명된 크리쳐의 행동이나 생각은 DM이 결정할 것입니다. 이 크리쳐는 떠날 수도 있고, 당신을 도울 수도 있으며, 당신을 공격하겠다는 결정을 내릴 수도 있습니다.

광기의 왕관 CROWN OF MADNESS
2레벨 환혹계

시전 시간: 1 행동
사거리: 120ft
구성요소: 음성, 동작
지속시간: 집중. 최대 1분까지

사거리 내에서 당신이 볼 수 있는 대상 중 당신이 선택한 인간형 대상 하나는 즉시 지혜 내성 굴림을 굴려야 하며, 내성에 실패할 시 주문의 지속시간 동안 매혹 상태가 됩니다. 목표가 이렇게 주문으로 매혹되면, 뾰족한 쇠로 만든 것처럼 보이는 비틀린 왕관이 머리 위에 나타나며, 눈이 광기로 번득이게 됩니다.

이렇게 매혹된 목표는 매턴 이동하기 전에, 당신이 정신적으로 선택한 크리쳐 하나를 근접 공격하는 것으로 행동을 소비해야 합니다. 당신은 목표로 하여금 자신을 공격하라는 명령을 내릴 수 없습니다. 만약 목표가 닿는 범위 내에 다른 크리쳐가 없거나 당신이 어떤 크리쳐도 선택하지 않았다면, 목표는 정상적으로 자기 턴에 행동할 수 있습니다.

주문에 집중하는 동안, 당신은 매 턴 자신의 행동을 사용하여야 목표의 행동을 통제할 수 있습니다. 당신이 행동을 사용하지 않게 되면 주문의 효과는 끝납니다. 또한, 목표는 자기 턴이 끝날

때마다 지혜 내성 굴림을 굴릴 수 있으며, 이 지혜 내성에 성공한 경우에도 주문의 효력은 끝납니다.

괴물 지배 Dominate Monster
8레벨 환혹계

시전 시간: 1 행동
사거리: 60ft
구성요소: 음성, 동작
지속시간: 집중, 최대 1시간까지

당신은 사거리 내에서 당신이 지정한 크리처 하나를 지배하려고 시도할 수 있습니다. 목표는 지혜 내성 굴림을 굴려야 하며, 실패할 시 주문의 지속시간 동안 매혹된 상태가 됩니다. 당신이나 당신에게 우호적인 크리처가 해당 목표와 전투중인 상태였다면, 목표는 이 지혜 내성 굴림에 이점을 받을 수 있습니다.

목표가 매혹당해 있는 동안, 당신은 목표와 정신적인 연결을 갖게 됩니다. 이 연결은 둘이 같은 세계에 있을 동안만 유지됩니다. 당신이 의식을 지니고 있는 동안, 당신은 이 정신적 연결을 통해서 목표에게 명령을 내릴 수 있습니다. (여기엔 행동이 필요하지 않습니다.) 목표는 최선을 다해 당신의 명령을 따를 것입니다. 당신은 간단한 명령을 내릴 수도 있고, 구체적인 명령을 줄 수도 있습니다. 예를 들어 "저 목표를 공격해라"나 "저쪽으로 도망가라", "저 물건을 가져와라." 같은 명령은 단순한 것에 속합니다. 만약 목표가 당신의 명령을 완수했고 당신에게서 다른 명령을 받지 않은 상태라면, 최선을 다해 스스로를 방어하고 지키려 할 것입니다.

당신은 명령을 사용하여 목표에게서 완전한 통제권을 빼앗을 수 있습니다. 행동을 사용하면 당신의 다음 턴이 끝날 때까지, 목표는 당신이 선택한 행동만을 취할 수 있으며, 당신이 허락하지 않은 일은 아무것도 할 수 없습니다. 이동안 당신은 목표의 반응행동도 결정할 수 있지만, 목표의 반응행동을 사용하려면 당신의 반응행동 역시 소비해야만 합니다.

목표는 피해를 받을 때마다 다시 지혜 내성 굴림을 굴릴 수 있으며, 여기서 성공할 경우 주문의 효력은 끝납니다.

고레벨에서. 당신이 9레벨 슬롯을 사용해 이 주문을 시전한 경우, 지속시간은 집중시 최대 8시간까지 늘어날 수 있습니다.

괴물 포박 Hold Monster
5레벨 환혹계

시전 시간: 1 행동
사거리: 90ft
구성요소: 음성, 동작, 물질 (작은 크기의 곧은 쇳조각)
지속시간: 집중. 최대 1분까지

사거리 내에서 당신이 볼 수 있는 대상 하나를 고릅니다. 목표는 지혜 내성 굴림을 굴려야 하며, 실패할 시 주문의 지속시간 동안 마비 상태가 됩니다. 이 주문은 언데드에겐 아무 효력도 발휘하지 못합니다. 목표는 자기 턴이 끝날 때마다 다시 지혜 내성 굴림을 굴릴 수 있으며, 성공할 때는 주문의 효력을 끝낼 수 있습니다.

고레벨에서. 당신이 이 주문을 6레벨 이상의 슬롯으로 시전한다면, 상승한 슬롯 하나당 추가로 대상 하나씩을 더 지정할 수 있습니다. 지정하고자 하는 모든 대상은 서로 30ft 내에 모여 있어야 합니다.

구조화 Fabricate
4레벨 변환계

시전 시간: 10분
사거리: 120ft
구성요소: 음성, 동작
지속시간: 즉시

당신은 원자재를 변형시켜 그 재료를 사용해 만든 생산물처럼 바꿀 수 있습니다. 예를 들어, 당신은 나무들을 사용해 목제 다리를 만들 수 있으며, 마를 이용해 밧줄을 만들 수도 있고, 양털이나 아마를 가공해 옷으로 만들 수도 있습니다.

사거리 내에서 당신이 볼 수 있는 원자재를 선택하십시오. 당신은 대형 이하 크기의 원자재를 가공할 수 있습니다. (10 × 10 × 10ft의 입방체, 혹은 5 × 5 × 5ft 입방체 8개 규모) 만약 당신이 금속이나 석재, 혹은 다른 광물 재료를 구조화하고자 한다면, 다룰 수 있는 규모는 최대 중형까지로 더 작아집니다. (5 × 5 × 5ft 내의 입방체 하나 규모) 이 주문으로 생산되는 물건의 품질은 원래 사용된 원자재의 품질에 따라 달라집니다.

이 주문으로는 크리처나 마법 물건을 생성할 수 없습니다. 또한 이 주문으로는 장신구나 무기, 유리제품이나 갑주 등등 대체로 높은 수준의 장인 기술이 필요한 물건 역시 만들 수 없습니다. 단, 당신이 그러한 물건의 제작에 필요한 장인의 도구를 사용할 수 있는 숙련을 익히고 있다면, 해당하는 종류의 물건은 제조할 수 있습니다.

굿베리 Goodberry
1레벨 변환계

시전 시간: 1 행동
사거리: 접촉
구성요소: 음성, 동작, 물질(겨우살이 가지 하나)
지속시간: 즉시

당신의 손에는 최대 10개까지의 마법적인 힘이 담긴 열매가 생겨납니다. 이 열매를 사용하는 자는 행동을 하나 사용해 열매 하나를 먹을 수 있습니다. 각각의 열매는 1점의 hp를 회복시켜주며, 하루 종일 움직일 수 있는 영양분을 제공합니다.

이 열매들은 주문을 시전하고 24시간이 지나면 그 마법적인 효력을 다 잃어버리고 보통 열매로 변해버립니다.

권능어: 죽음 Power Word Kill
9레벨 환혹계

시전 시간: 1 행동
사거리: 60ft
구성요소: 음성
지속시간: 즉시

당신은 강력한 권능이 담긴 단어를 말해, 사거리 내에서 당신이 볼 수 있는 대상 하나를 즉시 죽음에 이르게 할 수 있습니다. 만약 목표한 대상의 hp가 100 이하로 남아 있다면, 대상은 즉시 죽습니다. 그게 아니라면, 이 주문은 효력이 없습니다.

권능어: 충격 Power Word Stun
8레벨 환혹계

시전 시간: 1 행동
사거리: 60ft
구성요소: 음성
지속시간: 즉시

당신은 강력한 권능이 담긴 단어를 말해 사거리 내에서 당신이 볼 수 있는 대상 하나를 압도하여 무력하게 만들 수 있습니다. 만약 당신이 목표한 대상의 hp가 150 이하로 남아 있다면, 대상은 충격 상태가 됩니다. 그게 아니라면, 이 주문은 효력이 없습니다.

충격 상태인 목표는 자기 턴이 끝날 때마다 건강 내성 굴림을 굴릴 수 있으며, 성공할 시 충격 상태는 끝나게 됩니다.

권능어: 치유 Power Word Heal
9레벨 방출계

시전 시간: 1 행동
사거리: 접촉
구성요소: 음성, 동작
지속시간: 즉시

당신은 접촉한 대상에게 강력한 치료의 에너지를 내보낼 수 있습니다. 목표는 자신의 모든 hp를 회복합니다. 만약 목표가 매혹, 공포, 마비, 충격 상태에 걸려 있었다면 해당 상태이상 역시 즉시 종료됩니다. 만약 목표가 넘어진 상태라면, 자신의 반응행동을 사용해 일어날 수 있습니다. 이 주문은 언데드나 구조물에게는 아무런 효력도 발휘하지 못합니다.

귀환의 단어 Word of Recall
6레벨 조형계

시전 시간: 1 행동
사거리: 5ft
구성요소: 음성
지속시간: 즉시

당신과 5체까지의 주문을 받고자 하는 크리쳐들은 즉시 이전에 지정해 놓은 안전한 성역으로 순간이동합니다. 이때 주문의 목표가 되는 자들은 당신으로부터 5ft 내에 모여 있어야 합니다. 당신과 순간이동된 크리쳐들은 당신이 이전에 지정한 지점에서 가장 가까이 있는 점유되지 않은 위치로 이동합니다. 만약 당신이 이전에 성역을 지정해 둔 적이 없다면 이 주문은 아무런 효력이 없습니다.

당신은 먼저 성역을 지정해야 합니다. 당신이 믿는 신에 연관된 신전이나 사원 내에서 이 주문을 시전하면 해당 지점을 성역으로 지정할 수 있습니다. 만약 당신이 믿는 신과 아무런 연관이 없는 장소에서 이 주문을 시전할 경우, 이 주문은 아무 효력이 없습니다.

금속 가열 Heat Metal
2레벨 변환계

시전 시간: 1 행동
사거리: 60ft
구성요소: 음성, 동작, 물질 (쇳조각 하나와 불꽃)
지속시간: 집중, 최대 1분까지

당신은 사거리 내에서 금속 무기나 평장 혹은 중장 갑옷 등, 금속으로 제작된 물체 하나를 선택하여 그것을 가열할 수 있습니다. 가열된 물체는 붉게 달아오를 것입니다. 이 물체에 닿아 있는 크리쳐는 당신이 주문을 시전할 때 2d8점의 화염 피해를 받게 됩니다. 또한 주문의 지속시간이 끝날 때까지, 당신은 매 턴 자신의 추가 행동을 사용하여 다시 이 피해를 가할 수 있습니다.

자신이 들고 있는 물체가 가열되어 크리쳐가 피해를 받을 때는 건강 내성 굴림을 굴려야 하며, 여기서 실패할 시 물체를 떨어뜨립니다. 만약 물체를 떨어뜨리지 않는다면, 해당 크리쳐는 당신의 다음 턴이 시작될 때까지 모든 명중굴림과 능력 판정에 불리점을 받게 됩니다.

고레벨에서. 당신이 이 주문을 3레벨 이상의 슬롯으로 시전한다면, 상승한 슬롯 1레벨당 피해가 추가로 1d8점씩 증가합니다.

금제 Forbiddance
6레벨 방호계 (의식)

시전 시간: 10분
사거리: 접촉
구성요소: 음성, 동작, 물질(성수, 희귀한 향, 최소 1,000gp 상당의 루비 분말)
지속시간: 1일

당신은 최대 40,000평방ft 넓이에 30ft 높이까지 달하는 지역을 지정하여, 마법적인 여행을 막는 금제를 세울 수 있습니다. 주문의 지속시간 동안, 해당 지역으로는 순간이동이나 포탈을 통한 이동이 불가능하며, 이는 *관문Gate* 주문에 의한 것까지 모두 해당합니다. 이 주문은 지역 전체에 대한 이계간 이동을 막아버리며, 따라서 이 지역 내에서는 아스트랄계, 에테르계, 페이와일드, 섀도펠 등에서 들어올 수 없고 *이계 전송Plane Shift* 주문 역시 시전이 불가능합니다.

추가로, 이 주문은 시전시 당신이 선택한 종류의 크리쳐에게 피해를 줄 수 있습니다. 천상체, 원소, 요정, 악마, 언데드 중 한 종류를 선택하십시오. 당신이 선택한 종류의 크리쳐가 턴마다 처음으로 금제된 지역에 들어서거나, 그 안에서 자기 턴을 시작할 때마다 5d10점의 광휘 혹은 사령 피해를 입게 됩니다. (어떤 피해를 가할지는 당신이 주문을 시전할 때 지정할 수 있습니다.)

당신이 주문을 시전할 때, 당신은 특정한 암호를 설정할 수 있습니다. 해당 암호를 말한 크리쳐는 금제된 지역을 드나들 때도 아무런 피해를 입지 않을 수 있습니다.

주문으로 금제된 지역에 다른 금제 주문을 시전해 효과를 덧씌울 수는 없습니다. 당신이 30일동안 매일 같은 지역에 금제 주문을 시전했다면, 해당 주문은 이제 해제되기 전까지 계속 지속될 것입니다. 또한 물질 구성요소는 마지막 시전시에 완전히 사라집니다.

기괴 Weird
9레벨 환영계

시전 시간: 1 행동
사거리: 120ft
구성요소: 음성, 동작
지속시간: 집중, 최대 1분까지

당신은 한 무리의 크리쳐들에게 그 내면 가장 깊은 곳에 있는 공포를 이끌어낼 수 있습니다. 당신은 그들의 마음속에, 오직 그들만이 볼 수 있는 환영들을 만들어낼 것입니다. 사거리 내에서 당신이 지정한 지점으로부터 30ft 내에 있는 모든 대상은 지혜 내성 굴림을 굴려야 합니다. 이 내성에 실패한 대상들은 모두 공포 상태가 됩니다. 이 환영들은 대상의 가장 내면에 잠든 공포를 이끌어내며, 대처할 수 없는 최악의 악몽으로 이어집니다. 이 주문으로 공포 상태가 된 크리쳐들은 자신의 턴이 끝날 때마다 지혜 내성을 다시 굴려야 하며, 실패할 때마다 4d10점의 정신 피해를 받습니다. 내성에 성공한 크리쳐는 주문의 효력을 끝낼 수 있습니다.

기름칠 Grease
1레벨 조형계

시전 시간: 1 행동
사거리: 60ft
구성요소: 음성, 동작, 물질 (작은 돼지비계 또는 버터)
지속시간: 1분

사거리 내에서 당신이 지정한 지점을 중심으로 10ft 너비의 사각형 지면은 두꺼운 기름칠로 뒤덮이게 됩니다. 기름칠 된 공간은 주문의 지속시간이 끝날 때까지 어려운 지형이 됩니다.

기름칠이 시전되었을 때, 해당 지역에 서 있던 크리쳐들은 모두 민첩 내성 굴림을 굴려야 하며 여기서 실패할 시 넘어지게 됩니다. 해당 지역에 들어가거나 자기 턴을 해당 지역 내에서 끝마친 대상 역시 민첩 내성을 굴려야 하며 실패할 시 넘어질 것입니다.

기억 조작 MODIFY MEMORY
5레벨 환혹계

시전 시간: 1 행동
사거리: 30ft
구성요소: 음성, 동작
지속시간: 집중, 최대 1분까지

당신은 다른 크리쳐의 기억을 재구성할 수 있습니다. 사거리 내에서 당신이 볼 수 있는 크리쳐 하나를 지정하면, 목표는 지혜 내성 굴림을 굴려야 하며, 당신과 전투 중이었다면 이 내성 굴림에 이점을 받을 수 있습니다. 내성에 실패하면, 목표는 주문의 지속시간이 끝날 때까지 매혹된 상태가 됩니다. 매혹된 목표는 행동불능 상태가 되며, 주변 환경을 인지하지 못하게 되지만, 여전히 당신의 소리는 들을 수 있습니다. 만약 매혹된 목표가 피해를 받거나 다른 주문의 목표가 되면 이 주문은 즉시 효력이 종료되며, 목표의 기억은 전혀 조작되지 않은 상태로 남게 됩니다.

매혹이 지속되고 있는 동안, 당신은 목표의 기억을 조작해 과거 24시간 이내에 있었던 특정한 사건에 대한 기억을 10분 이내에서 변경할 수 있습니다. 당신은 영구적으로 해당 사건의 기억을 완전히 지워버릴 수도 있으며, 목표가 해당 사건의 기억을 세부까지 세세하게 기억하게 만들 수도 있습니다. 또한 일어난 사건의 세부를 다르게 기억하게 만들 수 있으며, 아예 다른 사건이 일어났다는 식으로 기억을 바꿀 수도 있습니다.

당신은 대상의 기억에 어떤 방식으로 영향을 가하려는지 자신의 입으로 이야기해야만 하며, 대상이 당신의 언어를 알아듣지 못할 경우 기억에 영향을 줄 수 없습니다. 당신이 지정한 사항을 제외한 세세한 기억의 오류는 알아서 수정됩니다. 당신이 기억 변조를 완료하기 전에 주문의 지속시간이 끝날 경우, 대상의 기억은 전혀 바뀌지 않은 상태로 남게 됩니다. 지속시간 내에 변조를 완료했다면, 대상의 기억은 변조된 상태로 계속 남게 될 것입니다.

변경된 기억이 대상의 행동에 어떤 식으로 영향을 끼치게 될지는 알 수 없습니다. 특히 변경된 기억이 대상의 선천적 기질이나 성향, 믿음과 반하는 것일 경우 더욱 그러합니다. 변경된 기억이 논리적이지 못한 것이라면, 대상은 곧 이 기억을 나쁜 꿈 정도로 치부하고 잊어버리게 될 것입니다. DM은 변경된 기억이 대상의 행동을 변경시키기에 너무 비정상적인지 어떤지를 결정할 것입니다.

*저주 해제Remove Curse*나 *상급 회복Greater Restoration* 주문을 시전하면 이 주문의 영향을 제거하고 대상의 진짜 기억을 되찾아줄 수 있습니다.

고레벨에서. 당신이 이 주문을 6레벨 이상의 슬롯을 사용하여 시전한다면, 대상의 기억을 더 이전 시점에 일어난 사건까지 조작할 수 있습니다. 6레벨 슬롯을 사용한 경우 7일 전까지, 7레벨 슬롯을 사용한 경우 30일 전까지, 8레벨 슬롯을 사용한 경우 1년 전까지, 9레벨 슬롯을 사용한 경우 대상의 과거 삶 중 어느 시점에 일어난 사건이든 최대 10분 길이까지 조작할 수 있습니다.

기후 조종 CONTROL WEATHER
8레벨 변환계

시전 시간: 10분
사거리: 자신 (5마일 반경)
구성요소: 음성, 동작, 물질 (태우는 향, 흙과 나무 약간을 물에 섞은 것)
지속시간: 집중, 최대 8시간까지

당신은 자신을 중심으로 5마일까지의 기후를 조종할 수 있습니다. 이 주문을 시전하려면 야외에 나와 있어야 합니다. 하늘까지 닿는 직선 경로가 없는 곳에서 이 주문을 시전할 경우, 주문은 그냥 종료될 것입니다.

주문을 시전할 때, 당신은 현재의 기후 상황을 변경할 수 있습니다. 현재의 기후 상황은 계절과 날씨에 따라 달라지며, DM이 이를 결정할 것입니다. 당신은 강우량이나 온도, 바람의 방향이나 세기를 변화시킬 수 있습니다. 당신이 정한 기후로 바뀌어 갈 때까지는 1d4 × 10분의 시간이 필요합니다. 일단 기후 조건을 변화시켰다면, 지속시간 동안 기후 조건을 다시 변화시킬 수 있습니다. 주문이 끝나고 나면, 주변 기후는 결과적으로 다시 보통 상황으로 돌아갈 것입니다.

기후 조건을 변화시킬 때, 당신은 아래 표에서 현재 상황을 찾아 이를 한단계 위나 아래로 변화시킬 수 있습니다. 바람의 방향을 바꿀 때는 자유로이 그 방향을 바꿀 수 있습니다.

기후와 강우량

단계	상황
1	맑음
2	가벼운 구름
3	짙은 구름 또는 안개
4	비, 우박 또는 눈
5	폭풍우, 거친 우박, 눈보라 등

기온

단계	상황
1	견딜수 없는 더위
2	더움
3	따뜻함
4	서늘함
5	추움
6	극지방의 추위

바람

단계	상황
1	평온
2	보통 바람
3	강한 바람
4	돌개바람
5	폭풍

깃털 낙하 FEATHER FALL
1레벨 변환계

시전 시간: 1 반응행동. 당신이나 60ft 내의 대상이 낙하할 때 시전 가능
사거리: 60ft
구성요소: 음성, 물질 (작은 깃털이나 오리털)
지속시간: 1분

당신은 사거리 내에서 최대 5체까지의 낙하중인 크리쳐를 목표로 지정할 수 있습니다. 주문의 지속시간 동안, 이 크리쳐들은 라운드 당 60ft의 속도로 천천히 낙하하게 됩니다. 만약 지속시간이 남아 있는 동안 착지하게 된다면, 해당 크리쳐는 낙하 피해를 전혀 입지 않고 선 상태로 착지할 수 있습니다. 착지와 동시에 착지한 크리쳐의 주문 효과는 종료됩니다.

깨무는 눈길 EYEBITE
6레벨 사령계

시전 시간: 1 행동
사거리: 자신
구성요소: 음성, 동작
지속시간: 집중, 최대 1분까지

주문의 지속시간 동안, 당신의 눈은 흰자위까지 모두 무시무시한 마력의 힘에 의해 새까만 색으로 물들어 버립니다. 60ft 내에서 당신이 선택한 대상 하나를 바라보면, 해당 대상은 지혜 내성 굴림을 굴려야 하며 내성에 실패할 시 주문의 지속시간 동안 당신이 선택한 효과를 받게 됩니다. 주문의 지속시간 동안, 당신은 자신의 턴마다 행동을 사용하여 다른 크리쳐를 목표로 삼을 수 있습니다. 이때 이미 당신이 한번 목표로 삼아 깨무는 눈길 주문에 대한 내성 굴림에 성공했던 크리쳐는 목표로 삼을 수 없습니다.

잠들기. 목표는 무의식 상태에 빠집니다. 목표가 피해를 입거나, 다른 크리쳐가 행동을 사용하여 잠든 이를 깨우면 목표는 일어날 수 있습니다.

경악. 목표는 당신에 대해 공포 상태에 빠집니다. 더는 도망칠 곳이 없지 않은 한, 목표는 자기 턴마다 질주 행동을 사용하여 가장 안전하고 짧은 길을 사용해 당신에게서 멀어지려 할 것입니다. 목표가 당신에게서 최소 60ft 이상 떨어진 곳까지 도주해 당신이 아예 보이지 않는 곳에 도달했다면 주문의 효력은 끝납니다.

통증. 목표는 모든 명중 굴림과 능력 판정에 불리점을 받게 됩니다. 목표는 자신의 턴이 끝날 때마다 지혜 내성 굴림을 굴릴 수 있으며, 이 내성에 성공할 경우 효과를 끝낼 수 있습니다.

깨어남 Awaken
5레벨 변환계

시전 시간: 8시간
사거리: 접촉
구성요소: 음성, 동작, 물질 (최소 1,000gp 상당의 가치를 지닌 마노. 주문이 시전될 때 소비됨)
지속시간: 즉시

당신이 준비된 보석에서 마법의 경로를 찾기 위해 시전 시간을 모두 사용하여 시전을 끝내고 나면, 당신은 목표로 하려는 거대 크기 이하의 식물이나 야수 하나에 접촉할 수 있습니다. 목표는 지능 점수가 없거나 3점 이하여야 합니다. 목표는 즉시 지능 점수 10점이 됩니다. 또한 목표는 당신이 알고 있는 종류의 언어 한 가지를 말할 능력을 얻게 됩니다. 당신이 식물을 목표로 선택했다면, 그 식물은 자신의 뿌리나 덩굴, 기타 부위를 사지로 삼아 움직일 수 있는 능력을 얻게 되며, 인간과 유사한 감각기관을 지니게 됩니다. 당신의 DM이 각성한 식물에 적당한 게임적 수치를 부여할 것이며, 각성한 덤불이나 각성한 나무 등등을 사용할 것입니다.

각성한 야수나 식물은 30일간 당신에게 매혹된 상태이며, 당신이나 동료들이 해를 끼치게 되면 매혹에서 벗어날 것입니다. 매혹 상태가 끝날 때, 그 기간동안 당신이 대한 방식에 따라서 각성된 크리쳐는 당신에게 계속 우호적으로 남을 것인가 아닌가를 결정하게 될 것입니다.

나무 질주 Tree Stride
5레벨 조형계

시전 시간: 1 행동
사거리: 자신
구성요소: 음성, 동작
지속시간: 집중, 최대 1분까지

당신은 나무로 들어가서, 그 나무에서 500ft 내에 있는 같은 종류의 나무에서 나올 수 있는 능력을 얻습니다. 들어가고 나오는 나무들은 모두 살아있는 것이어야 하며, 최소한 당신과 같은 크기 이상이어야 합니다. 당신은 나무에 들어갈 때 이동력 5ft를 소비합니다. 들어가는 순간 당신은 500ft 내에 있는 같은 종류의 나무들 위치를 바로 파악할 수 있으며, 들어가는데 사용한 이동의 일부로 주변 나무 중 하나에서 나올 수 있습니다. 당신은 목적지로 지정한 나무의 5ft 내 공간으로 나오게 되며, 나올 때 역시 5ft의 이동력을 소비합니다. 들어갈 때 더는 이동력이 남아 있지 않은 상태라면, 당신은 들어간 나무에서 5ft 이내의 공간에 나타날 것입니다.

당신은 주문이 지속되는 동안 라운드 당 한 번씩 나무를 통해 이동할 수 있습니다. 턴을 끝마칠 때는 반드시 나무 밖에 있어야 합니다.

나무껍질 피부 BARKSKIN
2레벨 변환계

시전 시간: 1 행동
사거리: 접촉
구성요소: 음성, 동작, 물질 (떡갈나무 껍질 약간)
지속시간: 집중, 최대 1시간까지.

당신은 주문을 받으려는 대상에 접촉하여 시전할 수 있습니다. 주문의 지속시간이 끝날 때까지, 당신이 접촉한 목표의 피부는 단단한 나무껍질처럼 변하게 되며, 어떠한 갑옷을 입었든 간에 목표의 AC는 16 이하로 떨어지지 않습니다.

낙뢰 소환 CALL LIGHTNING
3레벨 조형계

시전 시간: 1 행동
사거리: 120ft
구성요소: 음성, 동작
지속시간: 집중, 최대 10분까지

사거리 내에서 당신이 지정한 지점 위 100ft 높이에, 10ft 두께와 60ft 반경에 이르는 원통형 먹구름이 모여듭니다. 구름이 모여들 수 있는 하늘과 닿아있지 않은 지점에서 이 주문을 시전하려 든다면 주문은 자동으로 실패할 것입니다. (예를 들어, 방안에서 시전할 경우 구름을 끌어모을 수 없으므로 주문은 실패할 것입니다.)

당신이 주문을 시전할 때, 구름 아래에 당신이 볼 수 있는 사거리 내 지점 하나를 정합니다. 한 줄기 벼락이 구름으로부터 해당 지점에 떨어질 것입니다. 지정한 지점으로부터 5ft 내에 있는 모든 대상은 민첩 내성 굴림을 굴려야 하며, 실패할 시 3d10의 번개 피해를 입게 됩니다. 내성에 성공할 경우 피해는 절반이 됩니다. 주문의 지속시간이 끝날 때까지, 당신은 자신의 턴마다 행동을 사용하여 다시 지점을 정해 낙뢰를 부를 수 있습니다. 목표한 지점은 같을 수도 있고 매번 달라질 수도 있습니다.

만약 당신이 야외에 있고, 이미 폭풍우가 몰아치는 상황이라면, 이 주문은 새로운 먹구름을 만들어내는 대신 이미 존재하는 구름에 대한 통제권을 부여합니다. 또한 그런 상태라면 주문의 피해는 1d10점 증가할 것입니다.

고레벨에서. 당신이 4레벨 이상의 슬롯을 사용하여 이 주문을 시전한다면, 상승한 슬롯 하나당 피해가 추가로 1d10씩 증가합니다.

낙인의 강타 BRANDING SMITE
2레벨 방출계

시전 시간: 1 추가 행동
사거리: 자신
구성요소: 음성
지속시간: 집중, 최대 1분까지

주문의 지속시간 동안, 당신이 가하는 다음번 무기 공격이 명중했을 때, 무기는 갑자기 별빛과 같은 광채를 터트릴 것입니다. 이 공격은 기존 피해에 더해 추가로 2d6점의 광휘 피해를 가하며, 목표가 투명 상태라면 즉시 그 투명 상태를 해제합니다. 또한 공격에 명중당한 목표는 주문의 지속시간이 끝날 때까지 자기 주변 5ft 반경에 약한 빛을 발하며, 투명화할 수 없습니다.

고레벨에서. 당신이 3레벨 이상의 주문 슬롯을 사용해 주문을 시전할 경우, 상승한 슬롯 하나당 피해가 추가로 1d6씩 증가합니다.

냉기 분사 CONE OF COLD
5레벨 방출계

시전 시간: 1 행동
사거리: 자신 (60ft 길이의 원뿔)
구성요소: 음성, 동작, 물질 (수정이나 유리로 된 작은 원뿔)
지속시간: 즉시

당신의 손에서 냉기의 돌풍이 몰아칩니다. 60ft 길이의 원뿔 범위 내에 있는 모든 크리처는 건강 내성 굴림을 굴려야 하며, 실패할 시 8d8점의 냉기 피해를 입게 됩니다. 내성에 성공하면 피해는 절반으로 줄어들 것입니다.

이 주문에 의해 사망한 크리처는 녹을 때까지 얼음상이 됩니다.

고레벨에서. 당신이 6레벨 이상의 주문 슬롯을 사용해 주문을 시전할 경우, 상승한 슬롯 하나당 피해가 추가로 1d8씩 증가합니다.

냉랭한 접촉 CHILL TOUCH
사령계 소마법

시전 시간: 1 행동
사거리: 120ft
구성요소: 음성, 동작
지속시간: 1 라운드

당신은 사거리 내의 목표 하나를 지정해, 대상이 있는 공간에 유령처럼 흐릿한 해골 손을 만들어 낼 수 있습니다. 장거리 주문 명중 굴림을 굴려 해당 목표에 무덤의 한기를 가할 수 있습니다. 명중할 경우, 목표는 1d8점의 사령 피해를 입게 되며, 당신의 다음 턴이 시작될 때까지 hp 회복이 불가능해집니다. 당신의 다음 턴이 시작될 때까지, 유령해골 손이 대상에 달라붙어 있을 것입니다.

만약 당신이 이 주문으로 언데드 목표를 명중시켰다면, 목표는 또한 당신의 다음 턴이 끝날 때까지 명중 굴림에 불리점도 받게 됩니다.

이 주문의 피해는 시전자의 총 레벨이 오르면서 점점 증가하여 5레벨에 2d8, 11레벨에 3d8, 17레벨에 4d8의 피해를 가합니다.

능력 강화 ENHANCE ABILITY
2레벨 변환계

시전 시간: 1 행동
사거리: 접촉
구성요소: 음성, 동작, 물질(짐승에게서 얻은 가죽이나 깃털)
지속시간: 집중, 최대 1시간까지

당신은 대상에 접촉하며 마법적인 강화의 힘을 불어넣을 수 있습니다. 아래 효과 중 하나를 골라, 주문의 지속시간이 끝날 때까지 목표에게 그 효과를 부여할 수 있습니다.

곰의 인내력. 목표는 건강 판정에 이점을 받게 됩니다. 또한 목표는 2d6의 임시 hp를 얻으며, 이 임시 hp는 주문의 효력이 끝날 때 사라질 것입니다.

황소의 힘. 목표는 근력 판정에 이점을 받게 되며, 지니고 다닐 수 있는 적재량이 2배로 늘어납니다.

고양이의 우아함. 목표는 민첩 판정에 이점을 받게 됩니다. 또한 목표는 행동불능 상태가 아닌 한, 20ft 이하의 높이에서 떨어질 때 낙하 피해를 받지 않습니다.

독수리의 위광. 목표는 매력 판정에 이점을 받습니다.

여우의 교활함. 목표는 지능 판정에 이점을 받습니다.

올빼미의 지혜. 목표는 지혜 판정에 이점을 받습니다.

고레벨에서. 당신이 3레벨 이상의 주문 슬롯을 사용하여 주문을 시전할 경우, 상승한 슬롯 하나당 추가로 대상 하나씩을 더 지정할 수 있습니다.

니스툴의 마법 오오라 Nystul's Magic Aura
2레벨 환영계

시전 시간: 1 행동
사거리: 접촉
구성요소: 음성, 동작, 물질 (작은 비단 조각)
지속시간: 24시간

당신은 접촉한 크리쳐나 물체에 환영을 걸어, 예지계 주문으로 목표를 살펴볼 때 잘못된 정보를 얻도록 만들 수 있습니다. 스스로 주문을 받으려는 크리쳐 또는 누군가가 장비하거나 들고 있지 않은 물체만을 목표로 지정할 수 있습니다.

당신이 주문을 시전할 때, 아래 효과 중 한 가지를 선택하십시오. 당신이 선택한 효과가 지속시간 동안 발휘됩니다. 당신이 30일간 매일 같은 크리쳐나 물체를 목표로 같은 효과를 걸어주었다면, 그 효과는 무효화될 때까지 지속될 것입니다.

거짓 오오라. 당신은 목표가 *마법 탐지Detect Magic* 등의 주문이나 마법 효과에 노출되었을 때 나타나는 오오라를 바꿀 수 있습니다. 당신은 비마법적 물체가 마법적으로 보이도록 하거나 거꾸로 마법 물체를 비마법적인 것으로 보이게 할 수 있으며, 물체가 발하는 마법 오오라를 바꾸어 마치 다른 학계의 마법이 사용된 것처럼 보이게 할 수 있습니다. 당신이 물체에 이 효과를 사용한다면, 이후 다른 누군가가 그 물체를 사용할 때 거짓된 마법 정보를 얻게 할 수 있습니다.

위장. 당신은 마법을 걸어 목표가 팔라딘의 신성 감각이나 *문양Symbol* 주문의 발동 조건 등등 크리쳐의 종류나 성향을 판별하는 주문이나 마법적 효과에 노출되었을 때, 다른 종류의 크리쳐로 감지되도록 할 수 있습니다. 당신은 이 주문을 시전할 때 어떤 종류나 성향으로 감지되도록 만들지 결정합니다.

다중 상처 치료 Mass Cure Wounds
5레벨 방출계

시전 시간: 1 행동
사거리: 60ft
구성요소: 음성, 동작
지속시간: 즉시

사거리 내에서 당신이 지정한 지점을 중심으로 치유의 힘이 파도치며 퍼져 나갑니다. 그 지점에서 30ft 내에 있는 크리쳐 중 최대 여섯까지 선택합니다. 선택된 목표들은 각각 3d8+당신의 주문시전 능력 수정치 만큼의 hp를 회복합니다. 이 주문은 언데드나 구조물에는 효력을 발휘하지 못합니다.

고레벨에서. 당신이 6레벨 이상의 주문 슬롯을 소비하여 주문을 시전할 경우, 상승한 슬롯 하나당 목표들은 추가로 1d8점씩의 hp를 더 회복할 수 있습니다.

다중 암시 Mass Suggestion
6레벨 환혹계

시전 시간: 1 행동
사거리: 60ft
구성요소: 음성, 물질 (뱀의 혓바닥과 벌집 혹은 달콤한 기름 약간)
지속시간: 24시간

당신은 사거리 내에서 최대 12체까지의 크리쳐를 지정하여, 지정된 목표들이 일련의 행동을 하도록 마법적인 영향을 가할 수 있습니다. 이때 당신이 지정하려는 목표들은 당신의 목소리를 듣고, 언어를 이해할 수 있어야 합니다. 매혹 상태에 면역인 크리쳐들은 이 효과 역시 면역입니다. 암시는 직접 말로 행해져야 하며, 듣는 이들에게 말이 되는 것처럼 들리는 내용이어야 합니다. 스스로를

찌르라거나, 창에 몸을 던지라거나, 스스로를 불태우라는 등 명백하게 자신에게 해를 가하는 행동은 암시할 수 없으며 자동으로 주문의 효력을 종료하게 될 것입니다.

각각의 목표는 지혜 내성 굴림을 굴릴 수 있으며, 실패할 시 최선을 다해 당신이 지정한 암시를 따를 것입니다. 암시된 일련의 행동은 지속시간 내에 이루어져야 합니다. 지속시간이 만료되기 전에 목표가 암시된 행동을 행했다면, 주문의 지속시간은 끝나게 됩니다.

또한 당신은 주문의 지속시간 동안 특정한 발동 조건을 설정하여 그 조건에 충족될 때 암시된 행동을 벌이도록 만들 수 있습니다. 예를 들어, 당신은 한 무리의 병사들에게 암시를 걸어 처음 보이는 거지에게 돈을 주도록 암시를 걸 수 있습니다. 주문의 지속시간이 끝날 때까지 발동 조건이 충족되지 않았다면, 지정된 암시 행동 역시 벌어지지 않고 주문은 끝날 것입니다.

만약 당신이나 당신의 동료가 주문에 영향을 받은 목표에게 피해를 가했다면, 공격받은 목표의 암시 효과는 끝나버릴 것입니다.

고레벨에서. 당신이 7레벨 이상의 주문 슬롯을 사용하여 주문을 시전할 경우, 사용된 슬롯에 따라 지속시간이 달라집니다. 7레벨 슬롯은 10일, 8레벨 슬롯은 30일이 되며, 9레벨 슬롯을 사용한 경우 지속시간은 1년하고도 하루가 됩니다.

다중 치료의 단어 Mass Healing Word
3레벨 방출계

시전 시간: 1 추가 행동
사거리: 60ft
구성요소: 음성
지속시간: 즉시

당신이 회복의 단어를 말하면, 사거리 내에서 당신이 볼 수 있는 크리쳐 중 최대 6체까지를 골라 각자 1d4 + 당신의 주문 시전 능력 수정치만큼 hp를 회복해 줄 수 있습니다. 이 주문은 언데드나 구조물에는 효력을 발휘하지 못합니다.

고레벨에서. 당신이 4레벨 이상의 주문 슬롯을 사용하여 주문을 시전할 경우, 상승한 슬롯 하나당 목표들은 추가로 1d4점씩의 hp를 더 회복할 수 있습니다.

다중 치유 Mass Heal
9레벨 방출계

시전 시간: 1 행동
사거리: 60ft
구성요소: 음성, 동작
지속시간: 즉시

당신 주변으로 거대한 치유의 에너지가 몰아치며 부상당한 이들을 회복해 줍니다. 당신은 합계 최대 700hp까지, 사거리 내에서 볼 수 있는 크리쳐들을 회복시켜 줄 수 있습니다. 이 회복량은 자유로이 나누어 줄 수 있습니다. 이 주문으로 치료받은 대상들은 모든 질병에서도 회복되며, 장님이나 귀머거리 상태였다면 그 상태 역시 해제됩니다. 이 주문은 언데드나 구조물에는 효과가 없습니다.

단검의 구름 Cloud of Daggers
2레벨 조형계

시전 시간: 1 행동
사거리: 60ft
구성요소: 음성, 동작, 물질 (작은 유리 조각)
지속시간: 집중. 최대 1분까지

당신은 사거리 내에서 당신이 지정한 지점을 중심으로 하는 5 × 5 × 5ft의 공간을 회전하며 날아다니는 단검으로 채울 수 있

습니다. 매턴 이 공간에 들어서는 크리쳐나 이 공간에서 자기 턴을 시작하는 크리쳐는 매번 4d4점의 참격 피해를 받게 됩니다.

고레벨에서. 당신이 3레벨 이상의 주문 슬롯을 사용하여 주문을 시전할 경우, 상승한 슬롯 하나당 피해가 2d4점 증가합니다.

단순마술 THAUMATURGY
변환계 소마법

시전 시간: 1 행동
사거리: 30ft
구성요소: 음성
지속시간: 최대 1분까지

당신은 자신이 지닌 초자연적인 힘을 증명하는 작은 기적을 행할 수 있습니다. 당신은 사거리 내에서 아래와 같은 마법 효과를 일으킬 수 있습니다.

- 이후 1분간, 당신의 목소리는 3배로 커지게 됩니다.
- 이후 1분간, 당신은 불을 끄거나, 밝게 하거나, 침침하게 하거나 불꽃의 색을 바꿀 수 있습니다.
- 이후 1분간, 당신은 별다른 해를 입히지 않는 규모로 지면에 가벼운 진동을 일으킬 수 있습니다.
- 당신은 즉시 사거리 내의 지정된 지점에서 어떤 소리가 들려오게 할 수 있습니다. 이 소리는 천둥소리, 까마귀의 울음소리, 기이한 속삭임 등 다양하게 정할 수 있습니다.
- 당신은 잠기지 않은 문이나 창문이 갑자기 열리거나 닫히도록 할 수 있습니다.
- 이후 1분간, 당신은 자신의 눈자 색을 바꿀 수 있습니다.

만약 당신이 이 주문을 여러 번 시전한다면, 1분간 지속되는 효과를 최대 3개까지 동시에 발휘할 수 있습니다. 또한 당신은 지속시간 중에도 행동을 사용하여 주문의 효과를 취소할 수 있습니다.

달빛 광선 MOONBEAM
2레벨 방출계

시전 시간: 1 행동
사거리: 120ft
구성요소: 음성, 동작, 물질(달맞이꽃 씨앗 여러 개와 투명한 장석 조각 하나)
지속시간: 집중, 최대 1분까지

사거리 내에서 당신이 지정한 지점을 중심으로 5ft 반경에, 높이 40ft까지를 창백하게 빛나는 은색의 빛기둥이 가득 채웁니다. 이 주문의 효력이 끝날 때까지, 이 원통형 범위는 약한 빛이 채워진 공간으로 취급합니다.

주문이 지속되는 도중, 매 턴마다 어떤 크리쳐가 그 턴에 처음으로 주문의 유효 범위 내로 들어오거나 자기 턴을 해당 범위 내에서 시작할 경우, 흐릿한 은색의 불꽃이 대상을 태우며 건강 내성 굴림을 굴리게 됩니다. 내성에 실패한 경우 대상은 2d10점의 광휘 피해를 입게 되며, 성공했다면 피해는 절반으로 줄어듭니다. 변신체는 건강 내성에 불리점을 받게 됩니다. 또한 변신체가 내성에 실패하여 피해를 입게 되면 즉시 원래 형태로 돌아가게 되며, 주문의 빛 속에서는 다른 형태를 취하지 못하게 됩니다.

주문을 시전하고 나서, 당신은 자신의 턴마다 행동을 사용하여 빛기둥을 어느 방향으로나 60ft까지 이동시킬 수 있습니다.

고레벨에서. 당신이 3레벨 이상의 주문 슬롯을 사용하여 주문을 시전할 경우, 상승한 슬롯 하나당 피해는 추가로 1d10씩 증가합니다.

대지 이동 MOVE EARTH
6레벨 변환계

시전 시간: 1 행동
사거리: 120ft
구성요소: 음성, 동작, 물질 (쇠 칼날과 점토, 모래, 흙 등 다양한 토양이 들어 있는 작은 가방)
지속시간: 집중, 최대 2시간까지

당신은 사거리 내에서 40 × 40ft 이내의 지형을 선택합니다. 주문의 지속시간 동안, 당신은 해당 지형을 자유로이 점토나 모래, 흙 등으로 바꿀 수 있습니다. 또한 당신은 지표면의 높이를 마음대로 오르내릴 수 있으며, 토양을 조종하여 지면에 균열을 만들거나 벽을 세우고 기둥을 세울 수도 있습니다. 단 이러한 변화로 인해 변형되는 지형은 원래 선택한 가로 × 세로의 길이의 절반을 넘을 수 없습니다. 즉, 당신이 40 × 40ft의 사각형 지형을 조종하고 있다면, 당신은 최대 20ft 높이까지 기둥을 세우거나, 20ft 높이까지 지표면을 오르내리게 하거나, 깊이 20ft의 균열을 만들 수 있습니다. 지형의 변화가 끝나는 데는 10분이 걸립니다.

주문에 정신을 집중하는 동안, 10분마다 당신은 사거리 내에서 새로운 지형을 선택하여 변화를 줄 수 있습니다.

지형의 변화가 천천히 이루어지기 때문에, 일반적으로 해당 지형 위에 있는 크리쳐들은 그 변화로 인해 덫에 걸리거나 넘어지는 등의 피해를 입지 않습니다.

이 주문은 자연적으로 존재하는 돌이나 석재 구조는 변형시킬 수 없습니다. 선택한 지형 내에 존재하는 바위나 구조를 새로이 변경되는 지형에 적당히 위치하게 될 것입니다. 당신이 변형시킨 지형이 구조를 지탱할 수 없다면 붕괴할 것입니다.

이와 마찬가지로, 이 주문은 해당 지형 내의 식물 성장에 영향을 주지 않습니다. 기존에 존재하던 식물들은 이동된 지형에 맞추어 같이 이동하게 될 것입니다.

대해일 TSUNAMI
8레벨 조형계

시전 시간: 1분
사거리: 시야
구성요소: 음성, 동작
지속시간: 집중, 최대 6라운드까지

사거리 내에 당신이 지정한 지점에서 거대한 물결의 장벽이 갑자기 나타나 밀어닥칩니다. 이 물결의 벽은 최대 300ft 길이에 300ft 높이, 50ft 두께까지 만들 수 있습니다. 물결의 장벽은 주문의 지속시간 동안 존재합니다.

물의 벽이 나타날 때, 해당 지역에 있던 모든 크리쳐는 근력 내성 굴림을 굴려야 합니다. 이 내성에 실패한 모든 크리쳐는 6d10의 타격 피해를 입게 되며, 성공하면 피해를 절반으로 줄일 수 있습니다.

물결의 벽이 나타난 다음 턴부터 당신의 턴이 시작할 때, 이 벽은 당신으로부터 50ft 멀어지는 방향으로 이동합니다. 벽 안에 있던 크리쳐들 역시 모두 물과 함께 쓸려나갑니다. 거대 이하의 크기를 지닌 모든 크리쳐는 물결의 벽 안에 있거나 물결에 휩쓸리게 될 때 근력 내성을 굴려야 하며, 실패할 시 5d10의 타격 피해를 받게 됩니다. 이 피해는 라운드 당 한번만 받습니다. 당신의 턴이 끝날 때마다 물결의 벽 높이는 50ft씩 감소하며, 매 라운드 가해지는 피해 역시 1d10씩 감소합니다. 물결 벽의 높이가 0ft로 떨어지면 주문은 종료됩니다.

벽 안에 갇힌 크리쳐는 수영으로 벽 속을 이동할 수 있습니다. 하지만 파도의 힘이 강력하기 때문에, 이동하려는 크리쳐는 당신의 주문 내성 DC를 목표로 한 근력(운동) 판정에 성공해야 합니다. 판정에 실패할 경우 이동은 실패합니다. 수영으로 물의 벽 밖으로 벗어나면 지면에 쓰러지게 됩니다.

데미플레인 DEMIPLANE
8레벨 조형계

시전 시간: 1 행동
사거리: 60ft
구성요소: 동작
지속시간: 1시간

당신은 사거리 내의 당신이 볼 수 있는 지점에 흐릿하고 어두운 문을 만들 수 있습니다. 이 문은 단단하고 평평한 표면 위에만 만들 수 있습니다. 문은 중형 크기의 크리쳐가 방해받지 않고 지나칠 수 있을 정도의 크기로 만들어집니다.

이 문을 열면, 30 × 30 × 30ft 크기인 빈방처럼 보이는 데미플레인으로 연결됩니다. 주문이 끝나면 문은 사라져버리며, 데미플레인 안에 들어간 크리쳐나 물건은 모두 그 안에 갇혀 버립니다. 문이 사라질 때는 데미플레인 쪽에서도 사라져 버립니다.

당신이 이 주문을 시전할 때마다, 당신은 새로운 데미플레인을 창조하거나 이전에 만들었던 데미플레인에 연결되는 문을 불러낼 수 있습니다. 추가로, 당신은 다른 크리쳐가 만든 데미플레인으로 연결되는 문 역시 만들 수 있습니다. 단, 이렇게 하려면 만들어진 데미플레인의 본성과 그 안에 있는 것들에 대한 정보를 자세히 알고 있어야만 합니다.

도검 방비 BLADE WARD
방호계 소마법

시전 시간: 1 행동
사거리: 자신
구성요소: 음성, 동작
지속시간: 1 라운드

당신은 손을 뻗어 허공에 보호의 표식을 그립니다. 당신의 다음 턴이 끝날 때까지, 당신은 무기에 의해 가해지는 타격, 관통, 참격 피해에 대해 저항을 얻게 됩니다.

도약 JUMP
1레벨 변환계

시전 시간: 1 행동
사거리: 접촉
구성요소: 음성, 동작, 물질 (메뚜기의 뒷다리)
지속시간: 1분

당신은 주문의 지속 시간 동안, 접촉한 대상의 도약능력을 3배로 늘릴 수 있습니다.

독 분사 POISON SPRAY
조형계 소마법

시전 시간: 1 행동
사거리: 10ft
구성요소: 음성, 동작
지속시간: 즉시

당신은 손을 뻗어 사거리 내의 볼 수 있는 대상에게 독성 가스를 분사할 수 있습니다. 대상은 건강 내성 굴림을 굴려야 하며, 실패할 시 1d12점의 독성 피해를 입게 됩니다.

이 주문의 피해는 시전자의 총 레벨이 오르면서 점점 증가하여 5레벨에 2d12, 11레벨에 3d12, 17레벨에 4d12의 피해를 가합니다.

독과 질병 탐지 DETECT POISON AND DISEASE
1레벨 예지계 (의식)

시전 시간: 1 행동
사거리: 자신
구성요소: 음성, 동작, 물질 (주목나무 잎사귀)
지속시간: 집중, 최대 10분까지

주문의 지속 시간 동안, 당신은 자신으로부터 30ft 내에 있는 독이나 독성을 지닌 크리쳐, 질병에 대한 감지능력을 지니게 됩니다. 또한 당신은 각각의 독이나 독성 크리쳐, 질병이 어떠한 것들인지 즉각적으로 알아차릴 수 있습니다.

이 주문의 감각은 대부분의 방벽을 투과할 수 있지만, 1ft 두께의 돌이나 1인치 두께의 보통 금속, 얇은 납판, 3ft 두께의 목재나 토양은 투과할 수 없습니다.

독으로부터의 보호 PROTECTION FROM POISON
2레벨 방호계

시전 시간: 1 행동
사거리: 접촉
구성요소: 음성, 동작
지속시간: 1시간

당신은 크리쳐 하나에 접촉하여 주문을 시전합니다. 만약 대상이 중독 상태라면, 이 독은 즉시 중화됩니다. 만약 대상이 둘 이상의 독에 중독된 상태라면, 이 주문은 당신이 알고 있는 독을 우선 중화시킬 것이며, 알고 있는 독이 없는 상태라면 무작위로 중화될 독을 정할 수도 있습니다.

주문의 지속시간 동안, 대상은 중독 상태가 될 수 있는 모든 내성 굴림에 이점을 얻게 되며, 독성 피해에 대해 저항을 얻습니다.

돌에 녹아들기 MELD INTO STONE
3레벨 변환계 (의식)

시전 시간: 1 행동
사거리: 접촉
구성요소: 음성, 동작
지속시간: 8시간

당신은 바위로 만들어진 물체나 바위 표면 안에 들어갈 수 있습니다. 이때 당신이 들어가려는 물체나 표면은 당신의 크기 이상이어야 하며, 일단 들어가면 주문의 지속시간 동안 당신과 당신이 장비한 모든 물건은 돌 속에 녹아 들어갈 수 있습니다. 당신은 이동 행동을 사용해 당신이 접촉한 바위 표면 안에 들어갈 수 있습니다. 일단 바위 속으로 완전히 들어가고 나면 밖에서는 당신이 들어있다는 사실을 알 수 없으며, 비마법적 수단으로는 감지할 수 없게 됩니다.

바위에 녹아들어 있는 동안, 당신은 밖을 볼 수 없으며, 밖의 소리를 듣기 위해 행하는 지혜(감지) 판정에는 불리점이 가해집니다. 당신은 시간의 흐름을 느낄 수 있으며, 바위 속에서도 당신 자신에게 주문을 시전할 수 있습니다. 당신은 주문의 지속시간 동안 언제나 다시 이동력을 사용해 바위에서 나올 수 있습니다. 바위에서 나오는 것 이외의 다른 이동은 불가능합니다.

바위에 가해지는 가벼운 물리적 피해는 당신에게 해를 가할 수 없지만, 부분적으로 파괴되거나 그 형태가 변화할 정도의 큰 영향이 가해지면 당신은 바위 밖으로 튕겨 나오며 6d6점의 타격 피해를 받게 됩니다. 바위가 완전히 파괴되는 경우(혹은 완전히 다른 물질로 바뀌는 등의 영향이 가해진 경우) 당신은 50점의 타격 피해를 받고 밖으로 튕겨 나오게 됩니다. 바위 밖으로 튕겨 나오게 될 경우, 당신은 처음 들어갔던 위치에서 가장 가까운 점유되지 않은 공간에 쓰러진 채로 나타나게 될 것입니다.

돌풍 GUST OF WIND
2레벨 방출계

시전 시간: 1 행동
사거리: 자신 (60ft의 직선)
구성요소: 음성, 동작, 물질 (완두콩 씨앗)
지속시간: 집중, 최대 1분까지

당신은 자신을 기점으로, 원하는 방향을 정해 길이 60ft에 너비 10ft 범위로 강력한 바람을 일으킬 수 있습니다. 이 바람은 주문의 지속시간 동안 유지됩니다. 직선 범위 내에서 자기 턴을 시작하는 모든 크리처는 근력 내성 굴림을 굴려야 하며, 실패할 시 당신에게서 멀어지는 방향으로 15ft 밀려나게 됩니다.

직선 범위 내에 있는 크리처가 바람에 맞서 당신에게 다가가려 한다면 이동력을 2배로 소모해야 합니다.

이 돌풍은 가스나 안개 따위를 흩어버리며, 촛불이나 횃불 등을 끄고, 보호받지 않은 불꽃들 역시 모두 꺼버립니다. 또한 랜턴 등 바람막이가 되어 있는 불꽃조차 돌풍의 범위 내에서는 심하게 흔들리며, 50%의 확률로 꺼지게 됩니다.

당신은 자신의 턴마다 추가 행동을 사용하여 바람의 방향을 바꿀 수 있으나, 항상 기점은 자기 자신이어야 합니다.

동물 또는 식물 위치파악
LOCATE ANIMALS OR PLANTS
2레벨 예지계 (의식)

시전 시간: 1 행동
사거리: 자신
구성요소: 음성, 동작, 물질 (블러드하운드의 가죽 약간)
지속시간: 즉시

당신은 식물이나 동물 한 종의 이름을 대거나 그 특징을 묘사하고 그것의 위치를 파악할 수 있습니다. 주변에서 들려오는 자연의 소리에 집중하면, 당신은 5마일 이내에서 당신이 찾고자 하는 식물이나 동물의 가장 가까운 위치를 감지할 수 있습니다. 5마일 이내에 당신이 찾고자 하는 것이 없으면 그 사실도 알 수 있습니다.

동물 소환 CONJURE ANIMALS
3레벨 조형계

시전 시간: 1 행동
사거리: 60ft
구성요소: 음성, 동작
지속시간: 집중, 최대 1시간까지

당신은 요정의 영을 불러내 짐승의 모습을 취하게 하여 사거리 내에서 당신이 지정한 점유되지 않은 공간에 나타나게 합니다. 아래의 선택지 중 하나를 골라 어떻게 나타나게 할지 정할 수 있습니다.

• 도전지수 2 이하의 야수 하나.
• 도전지수 1 이하의 야수 둘
• 도전지수 1/2 이하의 야수 넷
• 도전지수 1/4 이하의 야수 여덟

나타난 야수들은 각각 요정에 속하는 것으로 취급받으며, hp가 0으로 떨어지거나 주문의 지속시간이 끝나면 사라집니다.

소환된 크리처들은 당신과 동료들에게 우호적입니다. 소환된 크리처들은 집단으로 우선권을 굴리며, 그들 자신의 턴에 움직입니다. 이들은 당신이 말로 전하는 명령에 복종합니다.(따로 행동을 소비할 필요는 없습니다.) 만약 당신이 아무런 명령을 내리지

않는다면 이들은 적대적 대상에게서 자기 자신을 보호할 것이지만, 다른 행동을 취하지는 않을 것입니다.

고레벨에서. 당신이 더 높은 레벨의 주문 슬롯을 사용하여 주문을 시전할 경우, 당신은 더 많은 야수를 불러낼 수 있습니다. 5레벨 슬롯을 사용할 경우 2배의 숫자를 불러낼 수 있고, 7레벨 슬롯을 사용할 경우 3배의 숫자를 불러낼 수 있으며, 9레벨 슬롯을 사용할 경우 4배의 숫자를 불러낼 수 있습니다.

동물 전달자 ANIMAL MESSENGER
2레벨 환혹계 (의식)

시전 시간: 1 행동
사거리: 30ft
구성요소: 음성, 동작, 물질 (음식 약간)
지속시간: 24시간

이 주문을 시전하면 당신은 동물 한 마리를 이용해 당신의 전언을 전달하게 할 수 있습니다. 사거리 내에서 당신이 볼 수 있는 초소형 크기의 동물을 고릅니다. 다람쥐나 참새, 박쥐 등이 이에 해당할 수 있습니다. 당신은 자신이 가본 적 있는 위치 중 한 곳을 지정하고 그곳에서 전언을 받을 자를 정할 수 있습니다. 수신자에 대한 정보는 "마을 경비대의 복장을 한 남녀 중 하나"라거나 "뾰족한 모자를 쓰고 있는 붉은 머리의 드워프" 등으로 얼마든지 세세하거나 대략적으로 정할 수 있습니다. 전언은 최대 25단어 이하로 이루어져야 합니다. 목표가 된 야수는 주문의 지속시간 동안 당신이 선택한 장소로 이동하여 당신이 정한 수신자에게 갈 것입니다. 이동속도는 비행하는 동물일 경우 24시간 동안 50마일에 달하며, 다른 동물의 경우 25마일까지입니다.

전달자가 도착하면, 동물은 당신이 선택한 수신자에게 가서 당신의 목소리 그대로 전언을 전할 것입니다. 전달자가 한 번 목소리를 전달하면 주문은 종료됩니다. 주문의 지속시간 동안 전달자가 당신이 지정한 수신자를 찾지 못한다면 주문은 종료됩니다. 만약 전달자가 주문의 지속시간 동안 목적지에 도달하지 못한다면 마찬가지로 주문은 종료되며, 당신이 지정한 전언 역시 사라지고 동물은 당신이 주문을 시전한 장소로 돌아올 것입니다.

고레벨에서. 당신이 3레벨 이상의 주문 슬롯을 소비하여 주문을 시전할 경우, 상승한 주문 슬롯 1레벨당 지속시간이 48시간씩 늘어나게 됩니다.

동물 친밀화 ANIMAL FRIENDSHIP
1레벨 환혹계

시전 시간: 1 행동
사거리: 30ft
구성요소: 음성, 동작, 물질 (음식 약간)
지속시간: 24시간

이 주문은 주변의 야수를 설득하여 당신이 아무런 해도 끼치지 않는다고 믿게 만듭니다. 사거리 내에서 당신이 볼 수 있는 야수 하나를 선택합니다. 이 목표는 당신을 보고 들을 수 있어야 합니다. 야수의 지능 점수가 4 이상이라면 주문은 자동으로 실패합니다. 지능 3 이하의 경우, 야수는 지혜 내성을 굴려야 하며 이에 실패할 시 주문의 지속시간 동안 당신에게 매혹된 상태가 됩니다. 만약 당신이나 당신의 동료 중 하나가 목표에게 해를 끼쳤다면, 주문의 효과는 즉시 종료됩니다.

고레벨에서. 당신이 2레벨 이상의 주문 슬롯을 소비하여 주문을 시전할 경우, 상승한 주문 슬롯 1레벨당 추가로 하나씩의 야수에게 더 영향을 끼칠 수 있습니다.

동물 형상 ANIMAL SHAPES
8레벨 변환계

시전 시간: 1 행동
사거리: 30ft
구성요소: 음성, 동작
지속시간: 집중, 최대 24시간까지

당신은 마법으로 다른 이들을 야수의 모습으로 바꿉니다. 사거리 내에서 당신이 볼 수 있는 크리쳐들 중 주문을 받으려는 이들을 얼마든지 선택하십시오. 당신은 이렇게 선택된 크리쳐들을 각각 도전지수 4 이하, 크기 대형 이하의 야수로 변형시킬 수 있습니다. 시전한 이후에도 매 턴마다 당신은 자신의 행동을 사용해 주문에 영향을 받은 크리쳐들을 새로운 모습으로 변형시킬 수 있습니다.

이렇게 변형된 크리쳐들은 주문의 지속시간이 끝날 때까지 지속되며, 그 이전에도 각각의 hp가 0으로 떨어지거나 사망하면 변신이 풀리게 됩니다. 당신은 각각의 크리쳐마다 다른 형상을 부여할 수 있습니다. 목표의 게임 수치는 선택된 야수의 것으로 대체되지만, 지능, 지혜, 매력 수치와 성향은 변하지 않습니다. 목표는 새로운 야수 형태의 hp를 가지게 되며, 변신이 풀리고 나면 변신되기 전의 hp로 돌아옵니다. 변신 상태에서 hp가 0으로 떨어져 변신이 풀렸다면, hp를 0으로 만들고도 남은 초과된 피해량은 원래 형태의 hp에 가해집니다. 초과된 피해량으로 인해 원래 모습의 hp까지도 0으로 떨어지는 게 아니라면, 변신이 풀린 것만으로는 무의식 상태로 쓰러지지 않습니다. 변신된 크리쳐들은 새로운 모습으로 할 수 있는 행동만 취할 수 있으며, 변신된 상태에서는 말을 하거나 주문을 시전할 수 없습니다.

변신된 크리쳐들의 장비품은 새 형태에 그대로 녹아 들어갑니다. 변신된 상태에서는 장비한 물건들을 발동하거나, 장비하거나, 사용하는 등의 행동을 취할 수 없습니다.

동물과의 대화 SPEAK WITH ANIMALS
1레벨 예지계 (의식)

시전 시간: 1 행동
사거리: 자신
구성요소: 음성, 동작
지속시간: 10분

당신은 주문의 지속시간 동안 야수들의 의사를 확인하고 언어로 의사소통하는 능력을 얻을 수 있습니다. 야수들이 지닌 지식이나 감각은 그것들의 지능에 따라 제한되지만, 최소한 주변 환경이나 주변에 서식하는 괴물들에 대한 정보는 제공할 수 있을 것입니다. 또한 이전 하루 동안 일어난 일에 대한 것을 물어보아도 해답을 얻을 수 있습니다. 당신은 야수들을 잘 구슬려 작은 부탁을 들어주게 할 수도 있지만, 이는 어디까지나 DM의 결정에 따릅니다.

드로미즈의 즉석 소환 DRAWMIJ'S INSTANT SUMMONS
6레벨 조형계 (의식)

시전 시간: 1분
사거리: 접촉
구성요소: 음성, 동작, 물질 (1,000gp 상당의 사파이어)
지속시간: 무효화될 때까지

당신은 무게 10lbs, 크기 6ft 이하의 물건에 접촉하여 주문을 시전할 수 있습니다. 이렇게 주문을 시전해 놓은 물건은 표면에 투명한 문양이 남으며, 주문의 물질 구성요소로 사용된 사파이어에는 투명하게 물건의 이름이 새겨집니다. 당신은 이 주문을 사용할 때마다, 다른 사파이어를 사용해야만 합니다.

이후 언제든, 당신은 자신의 행동을 사용해 물건의 이름을 말하면서 사파이어를 파괴할 수 있습니다. 그렇게 하면 즉시 주문을 걸어놓았던 물건이 당신의 손에 나타날 것입니다. 이 물건이 물리적으로 얼마나 멀리 떨어져 있든, 다른 세계에 있든 상관없습니다. 이렇게 물건이 손으로 소환되면 주문의 효력은 끝납니다.

만약 다른 누군가가 주문을 걸어놓은 물건을 소지하거나 들고 있다면 사파이어를 파괴해도 물건이 손으로 소환되지 않습니다. 대신, 당신은 누가 물건을 소지하고 있는가, 그리고 그 소지자가 지금 어디 있는가에 대한 정보를 얻을 수 있습니다.

*마법 무효화Dispel Magic*나 유사한 효과를 사파이어에 사용하면, 주문의 효과를 무효화할 수 있습니다.

드루이드술 DRUIDCRAFT
변환계 소마법

시전 시간: 1 행동
사거리: 30ft
구성요소: 음성, 동작
지속시간: 즉시

당신은 자연의 정령에 속삭여, 사거리 내에서 아래 효과 중 당신이 선택한 것 한 가지를 일으킬 수 있습니다.

- 당신은 이후 24시간 동안 일어날 기후 상황을 예견할 수 있는 무해한 작은 감각 효과를 일으킬 수 있습니다. 맑을 것이라면 작은 황금색 구체가 나타날 것이며, 비가 올 것이라면 작은 구름이 나타나고, 눈이 내릴 것이라면 눈송이 모습이 생겨날 것입니다. 이 효과는 1라운드 동안 지속됩니다.
- 당신은 즉시 꽃이 피어나거나, 씨앗이 발아하거나, 잎이 피어나도록 만들 수 있습니다.
- 당신은 즉시 벌어지는 무해한 감각 효과를 일으킬 수 있습니다. 잎이 떨어지거나, 가볍게 바람이 불거나, 작은 동물의 소리를 내거나, 옅은 스컹크 냄새를 내는 등 오감으로 느낄 수 있는 효과는 뭐든 가능합니다. 이 효과는 5 × 5 × 5ft 내에서만 느낄 수 있습니다.
- 당신은 촛불이나 햇불, 작은 모닥불의 불꽃을 즉시 붙이거나 꺼트릴 수 있습니다.

래리의 정신 유대 RARY'S TELEPATHIC BOND
5레벨 예지계 (의식)

시전 시간: 1 행동
사거리: 30ft
구성요소: 음성, 동작, 물질 (서로 다른 크리쳐의 알 껍데기 조각 2개)
지속시간: 1시간

당신은 사거리 내에서 당신이 볼 수 있는 크리쳐를 최대 8체까지 선택하여, 이들간의 정신적인 연결을 만들어 낼 수 있습니다. 이 연결은 주문의 지속시간 동안 유지됩니다. 지능 점수 2점 이하의 크리쳐는 이 주문의 대상이 될 수 없습니다.

주문의 효과가 지속되는 동안, 목표가 된 크리쳐들은 서로 정신 감응을 통해 대화할 수 있습니다. 이는 각각의 크리쳐들이 서로의 말을 알아듣지 못해도 그대로 기능합니다. 이 의사소통은 서로의 거리가 얼마나 떨어져 있든 상관없이 가능하지만, 이계로 간 경우 연결은 작동하지 않습니다.

레오문드의 비밀 상자 LEOMUND'S SECRET CHEST
4레벨 조형계

시전 시간: 1 행동
사거리: 접촉
구성요소: 음성, 동작, 물질 (3 × 2 × 2ft 크기의 고급 상자. 최소 5,000gp 이상의 귀중한 재료로 제작되어야 함. 그리고 이 상자를 그대로 본뜬 최소 50gp 상당의 축소 모형)
지속시간: 즉시

당신은 상자와 그 내용물 모두를 에테르계 깊숙한 곳에 숨길 수 있습니다. 주문을 시전할 때 당신은 상자에 직접 접촉해야 하며, 이후 축소 모형이 주문의 물질 구성요소로 사용됩니다. 이 상자는 최대 12입방피트까지의 살아있지 않은 물건들을 적재할 수 있습니다.

상자가 에테르계에 있는 동안, 당신은 축소 모형을 만지며 행동을 사용하여 상자를 불러올 수 있습니다. 불러온 상자는 당신 주변 5ft 내의 점유되지 않은 공간에 나타납니다. 당신은 상자와 축소모형 둘 다에 접촉하고 행동을 사용해 다시 상자를 에테르계로 돌려보낼 수 있습니다.

60일이 지나고 나면, 매일 5%씩 주문의 효과가 사라질 확률이 누적되어 증가합니다. 이 확률은 다시 주문을 시전하면 사라집니다. 만약 축소 모형이 파괴되었거나, 행동을 사용하여 주문을 끝내고자 할 경우에도 주문은 종료됩니다. 상자가 에테르계에 남아있을 동안 주문이 종료되어 버렸다면 상자는 영영 잃어버리게 됩니다.

레오문드의 작은 오두막 LEOMUND'S TINY HUT
3레벨 방출계 (의식)

시전 시간: 1분
사거리: 자신 (10ft 반경의 반구)
구성요소: 음성, 동작, 물질 (작은 수정 구슬)
지속시간: 8시간

당신을 중심으로 10ft 반경의 움직이지 않는 역장 반구가 생겨나며, 주문의 지속시간 동안 당신 주변을 보호합니다. 주문의 효력은 당신이 해당 범위를 떠날 경우 종료됩니다.

당신을 포함해 최대 9체까지의 중형 이하 크리쳐가 반구 안에 들어갈 수 있습니다. 대형 크기 이상의 크리쳐가 주문의 범위 내에 들어 있거나, 10체 이상의 크리쳐가 범위 내에 있다면 주문은 자동으로 실패합니다. 주문을 시전할 당시 반구 내에 있던 크리쳐와 물건들은 내부에서 자유로이 이동할 수 있습니다. 반면, 주문 시전시 밖에 있던 것들은 반구를 뚫고 들어올 수 없습니다. 주문이나 다른 마법적 효과들 역시 반구 내로 들어오지 못합니다. 밖의 날씨가 어떠하든 간에, 반구 내의 공기는 편안하며 건조하게 유지됩니다.

주문의 효력이 지속되는 동안, 당신은 명령을 내려 내부를 밝은 빛이나 약한 빛으로 채울 수 있습니다. 반구는 밖에서 볼 때 불투명하여 내부를 볼 수 없지만, 안에서는 투명하게 외부를 확인할 수 있습니다. 밖에서 보이는 반구의 색깔은 당신이 자유로이 선택하여 정할 수 있습니다.

로프 속임수 ROPE TRICK
2레벨 변환계

시전 시간: 1 행동
사거리: 접촉
구성요소: 음성, 동작, 물질 (옥수수 가루와 천을 꼬아 만든 고리)
지속시간: 1시간

당신은 최대 60ft 길이의 로프에 접촉하여 주문을 걸 수 있습니다. 주문을 시전하면 로프의 한쪽 끝은 로프 전체가 수직으로 세워질 때까지 위로 쭉쭉 올라갑니다. 로프의 위쪽은 투명한 입구를 지나 이차원 공간에 연결되며, 이 공간은 주문의 지속시간 동안 계속 유지됩니다.

이차원 공간은 로프를 타고 올라가면 도착할 수 있습니다. 이 공간은 최대 8체까지의 중형 이하 크기 크리쳐가 들어갈 수 있습니다. 일단 다들 올라간 다음에는 로프를 끌어 올릴 수 있으며, 그렇게 하면 원래 공간에서는 이차원 공간을 볼 수 있는 방법이 없습니다.

주문이나 공격은 공간의 입구를 통과하지 못하며, 이차원 공간에서 가하는 주문이나 공격 역시 원래 공간으로 가지 못합니다. 그러나 이차원 공간에서는 로프를 중심으로 한 3 × 5ft 크기의 창문을 통해 원래 공간의 모습을 볼 수 있습니다.

주문의 지속시간이 끝나면, 이차원 공간에 있던 모든 것들은 원래 공간으로 떨어집니다.

마력 곤봉 SHILLELAGH
변환계 소마법

시전 시간: 1 추가 행동
사거리: 접촉
구성요소: 음성, 동작, 물질(겨우살이, 토끼풀 잎, 곤봉이나 지팡이 하나.)
지속시간: 1분

당신이 들고 있는 나무로 된 곤봉이나 지팡이에 자연의 힘이 깃들게 됩니다. 주문의 지속시간 동안, 당신이 이 무기를 사용할 때는 근력 대신 당신의 주문시전 능력치를 사용하여 명중 굴림과 피해 굴림의 보너스를 계산할 수 있습니다. 또한 무기의 피해 주사위는 d8이 됩니다. 그리고 무기가 이미 마법적인 것이 아니라면 지속시간 동안 이는 마법무기로 취급받게 됩니다. 이 주문은 당신이 다시 주문을 시전하거나 무기를 놓게 되면 자동으로 종료됩니다.

마법 갑주 MAGE ARMOR
1레벨 방호계

시전 시간: 1 행동
사거리: 접촉
구성요소: 음성, 동작, 물질 (무두질한 가죽 조각 하나)
지속시간: 8시간

당신은 주문을 받으려는 크리쳐에 접촉해 주문을 시전합니다. 당신이 주문을 거는 목표는 갑옷을 입고 있지 않은 상태여야만 합니다. 마법의 효과는 목표를 보호하는 마력의 힘으로 나타나며, 목표의 AC는 13 + 민첩 수정치로 올라갑니다. 이 주문은 목표가 갑옷을 입거나 당신이 행동을 사용해 주문을 취소할 경우 효력이 종료됩니다.

마법 무효화 DISPEL MAGIC
3레벨 방호계

시전 시간: 1 행동
사거리: 120ft
구성요소: 음성, 동작
지속시간: 즉시

당신은 사거리 내에서 크리쳐, 물체, 혹은 마법 효과 하나를 선택합니다. 목표에 걸려 있는 3레벨 이하의 모든 주문은 즉시 종료됩니다. 또한, 목표에 걸려 있는 주문 중 4레벨 이상의 주문이 있다면, 주문 각각에 대해 당신의 주문시전 능력치를 사용해 능력 판정을 행합니다. 이때 판정의 DC는 10 + 대상 주문의 레벨입니다. 판정에 성공한 경우, 해당 주문 역시 종료됩니다.

고레벨에서. 당신이 이 주문을 4레벨 이상의 주문 슬롯으로 사용할 경우, 당신이 사용한 주문 슬롯 이하의 모든 주문이 자동으로 종료됩니다.

마법 탐지 DETECT MAGIC
1레벨 예지계 (의식)

시전 시간: 1 행동
사거리: 자신
구성요소: 음성, 동작
지속시간: 집중, 최대 10분까지

주문의 지속시간 동안, 당신은 30ft 내에 존재하는 마법의 힘을 감지할 수 있습니다. 당신이 이렇게 마법을 감지하면, 당신은 행동을 사용해 당신이 볼 수 있는 범위 내에서 마법의 힘이 실려있는 물체나 크리쳐에서 희미한 마법의 오오라를 감지할 수 있으며, 그 오오라를 통해 마법의 학파 역시도 알 수 있습니다.

이 주문의 감각은 대부분의 방벽을 투과할 수 있지만, 1ft 두께의 돌이나 1인치 두께의 보통 금속, 얇은 납판, 3ft 두께의 목재나 토양은 투과할 수 없습니다.

마법 항아리 MAGIC JAR
6레벨 사령계

시전 시간: 1분
사거리: 자신
구성요소: 음성, 동작, 물질 (보석, 수정, 최소 500gp 이상의 가치를 지닌 성물함이나 골동품 보관함)
지속시간: 무효화될 때까지

당신의 몸은 즉시 식물인간 상태가 되며, 당신의 영혼은 몸을 떠나 주문의 물질 구성요소로 사용된 용기 안에 들어갑니다. 영혼이 용기 안에 있을 때, 당신은 마치 용기의 위치에 있는 것처럼 주변 환경을 감지할 수 있습니다. 당신은 이동하거나 반응행동을 할 수 없습니다. 당신이 취할 수 있는 유일한 행동은 용기 주변 100ft 내의 특정 지점에 당신의 영혼을 투사하거나, (주문을 끝내며) 당신의 살아있는 몸으로 돌아가거나, 인간형 크리쳐의 몸에 빙의하려고 시도하는 것뿐입니다.

당신은 용기 주변 100ft 내에서 당신이 볼 수 있는 인간형 크리쳐의 몸에 빙의하려고 시도할 수 있습니다. (*악과 선으로부터의 보호Protection from Evil and Good* 주문이나 *마법의 원Magic Circle* 주문으로 보호받고 있는 크리쳐에게는 빙의 시도를 할 수 없습니다) 목표는 매력 내성을 굴리며, 실패할 시 당신의 영혼은 목표의 몸에 들어갈 수 있습니다. 목표의 영혼은 당신 대신 용기에 감금당합니다. 목표가 내성에 성공했다면 이후 24시간 동안은 당신의 빙의 시도에 대해 면역을 얻습니다.

당신이 빙의에 성공하면, 목표의 몸을 조종할 수 있습니다. 당신의 게임적 수치는 목표의 것으로 대체되지만, 당신은 여전히 자신의 성향을 유지할 수 있으며 지능, 지혜, 매력은 여전히 당신의 것으로 남게 됩니다. 당신은 여전히 자신의 클래스 요소들을 사용할 수 있습니다. 빙의된 몸이 클래스를 지니고 있었다 해도, 당신은 그 몸의 클래스 요소를 활용할 수 없습니다.

한편, 빙의당해 몸에서 쫓겨난 영혼은 용기 속에서도 자신의 몸에 있는 감각을 공유하지만, 움직이거나 행동을 취할 수 없습니다.

빙의된 몸에 있는 동안, 당신은 행동을 사용해 몸을 원래 영혼에게 돌려줄 수 있습니다. 단, 이는 영혼이 담긴 용기로부터 100ft 내에 있을 때만 가능합니다. 만약 빙의된 몸이 빙의되어 있는 동안 사망한다면, 당신은 자신의 주문시전 DC를 목표로 매력 내성 굴림을 굴려야 합니다. 성공할 경우 당신은 영혼이 담긴 용기로 돌아갈 것이지만, 실패한 경우 당신이 죽게 됩니다.

만약 주문의 지속시간이 끝나거나 영혼 용기가 파괴될 경우, 당신의 영혼은 즉시 원래의 몸으로 돌아옵니다. 만약 당신의 원래 몸이 100ft 이상 떨어져 있거나 당신의 원래 몸이 사망한 상태라면, 당신 역시 죽게 됩니다. 만약 다른 크리쳐의 영혼이 용기 안에 감금된 동안 용기가 파괴되었다면, 영혼은 즉시 본래의 몸으로 돌아갑니다. 그러나 원래의 몸이 100ft 이상 떨어져 있거나 죽어 있는 경우라면 그 영혼 역시 죽게 됩니다.

주문의 효과가 종료되면 용기는 자동적으로 파괴됩니다.

마법 화살 MAGIC MISSILE
1레벨 방출계

시전 시간: 1 행동
사거리: 120ft
구성요소: 음성, 동작
지속시간: 즉시

당신은 마법의 힘으로 빛나는 3개의 다트를 만들어 냅니다. 각각의 다트는 사거리 내에서 당신이 볼 수 있는 지정된 목표에게 날아가 명중합니다. 각각의 다트는 1d4 +1 역장 피해를 가합니다. 다트는 모두 동시에 타격을 가하며, 당신은 하나의 목표에 생성된 다트를 모두 쏘거나, 각각 별개의 목표를 대상으로 삼을 수 있습니다.

고레벨에서. 당신이 2레벨 이상의 주문 슬롯을 사용하여 이 주문을 시전할 경우, 상승한 슬롯 하나당 추가로 하나씩 다트를 더 생성하여 발사할 수 있습니다.

마법사의 손 MAGE HAND
조형계 소마법

시전 시간: 1 행동
사거리: 30ft
구성요소: 음성, 동작
지속시간: 1분

사거리 내에서 당신이 지정한 지점에, 유령같이 희미한 떠다니는 손이 생겨납니다. 이 손은 주문의 지속시간 동안 존재하며, 그전에도 당신은 행동을 사용해 주문을 종료할 수 있습니다. 이 손은 당신으로부터 30ft 이상 떨어지거나 당신이 다시 이 주문을 시전할 경우 사라져 버립니다.

당신은 행동을 사용해 이 손을 조종할 수 있습니다. 당신은 손을 이용해 물건을 조작하거나, 잠기지 않은 문이나 용기를 열거나, 열려 있는 용기에서 물건을 취하거나, 통 안의 내용물을 따르고 붓는 등의 행동을 할 수 있습니다. 당신은 손을 사용할 때 이 손을 최대 30ft 거리까지 이동시킬 수 있습니다.

이 손으로는 공격을 가하거나, 마법 물건을 발동하거나, 10lbs 이상의 물체를 들어 올릴 수 없습니다.

마법의 원 MAGIC CIRCLE
3레벨 방호계

시전 시간: 1분
사거리: 10ft
구성요소: 음성, 동작, 물질(성수 또는 최소 100gp 상당의 은과 쇳가루. 주문이 시전될 때 소모됨)
지속시간: 1시간

사거리 내에서 당신이 지정한 지점을 중심으로 10ft 반경, 20ft 높이의 원통형 공간을 만들어, 마법의 힘으로 채울 수 있습니다. 당신이 지정한 공간의 경계선에는 빛나는 룬문자가 나타나며 공간을 구분해 줄 것입니다.

천상체, 원소, 요정, 악마, 언데드 중 한 가지 종류를 지정하십시오. 이 마법의 원은 당신이 선택한 종류의 크리쳐들에게 아래와 같은 영향을 끼칩니다.

- 당신이 선택한 종류의 크리쳐들은 자신의 의지로 비마법적 수단을 통해 원 안팎을 드나들 수 없습니다. 순간이동이나 이계간 이동 등의 마법적 수단을 동원해 이동하려면, 먼저 매력 내성 굴림에 성공해야만 합니다.
- 당신이 지정한 종류의 크리쳐들은 원 안의 목표를 공격할 때 명중 굴림에 불리점을 받게 됩니다.
- 원 안에 있는 자들은 당신이 지정한 종류의 크리쳐들에 의해 매혹되거나, 공포 상태가 되거나, 빙의되지 않습니다.

이 주문을 시전할 때, 당신은 역방향으로 효력을 발휘하도록 선택할 수도 있습니다. 즉, 이 주문을 이용해 원 안에 당신이 선택한 크리쳐를 감금할 수 있다는 것입니다.

고레벨에서. 당신이 4레벨 이상의 주문 슬롯을 사용하여 이 주문을 시전할 경우, 상승한 슬롯 하나당 지속 시간이 1시간씩 증가합니다.

마법의 입 Magic Mouth
2레벨 환영계 (의식)

시전 시간: 1분
사거리: 30ft
구성요소: 음성, 동작, 물질 (벌집 약간과 10gp 상당의 옥가루. 주문 시전시 소모됨.)
지속시간: 무효화될 때까지

당신은 사거리 내의 물체 하나를 지정해 거기 전언을 담아 둘 수 있습니다. 이 전언은 당신이 지정한 특정 조건이 만족되면 전달됩니다. 당신이 볼 수 있는 물체를 골라야 하며, 이 물체는 다른 크리쳐가 장비하거나 들고 있는 것이 아니어야 합니다. 당신이 담고자 하는 전언은 25단어 이하 길이여야만 하며, 10분 길이까지 녹음될 수 있습니다. 마지막으로, 당신은 발동 조건을 설정해야 합니다.

당신이 지정한 특정한 상황이 만족되면, 목표로 설정한 물체에 마법의 입이 나타나 당신의 목소리 그대로, 당신이 정해 둔 전언을 전달합니다. 만약 당신이 고른 물체가 그 자체로 입이 있거나 입과 유사하게 생긴 부분이 있다면(예를 들어 석상이라거나) 거기서 목소리가 나오며, 없다면 표면에 입이 생겨나 말하기 시작합니다. 이 주문을 시전할 때, 당신은 한 번 전언을 전하고 나면 주문이 종료되도록 할지, 아니면 전언을 전달하고 나서도 계속 마법이 남아 있어서 다시 발동조건이 충족되면 또 전달하게 만들지를 선택할 수 있습니다.

발동 조건은 당신이 원하는 대로 얼마든지 세세하게, 아니면 대략적으로 정할 수 있으나, 시전된 물체로부터 30ft 내에서 벌어지는 시청각 자극에 기반해야 한다는 제한이 있습니다. 예를 들어, 당신은 물체로부터 30ft 내에서 누군가 말하기 시작할 때 주문이 발동되도록 정할 수 있으며, 30ft 내에서 은 종이 울렸을 때 발동되도록 지정할 수도 있습니다.

맹목의 강타 Blinding Smite
3레벨 방출계

시전 시간: 1 추가 행동
사거리: 자신
구성요소: 음성
지속시간: 집중, 최대 1분까지

지속시간 내에서 당신이 가하는 다음 근접 무기 공격이 목표에 명중하면, 무기가 갑자기 밝은 섬광으로 빛나며, 이 공격은 원래 피해에 더해 추가로 3d8점의 광휘 피해를 더 가합니다. 추가로, 목표는 건강 내성 굴림을 굴려야 하며, 실패할 경우 주문의 지속시간이 끝날 때까지 장님 상태가 됩니다.

이 주문으로 인해 눈이 멀어버린 크리쳐는 자신의 턴이 끝날 때마다 건강 내성 굴림을 굴릴 수 있으며, 성공할 경우 장님 상태에서 벗어날 수 있습니다.

멜프의 산성 화살 MELF'S ACID ARROW
2레벨 방출계

시전 시간: 1 행동
사거리: 90ft
구성요소: 음성, 동작, 물질(가루를 낸 루바브 잎사귀와 독사의 위장)
지속시간: 즉시

빛나는 녹색 화살이 나타나 사거리 내에서 당신이 지정한 목표로 날아가며, 명중하면 강한 산이 터집니다. 목표에 대해 장거리 주문 명중 굴림을 굴립니다. 명중할 경우, 목표는 즉시 4d4점의 산성 피해를 받으며, 목표의 다음 턴이 끝날 때 추가로 2d4점의 산성 피해를 더 받습니다. 빗나갈 경우, 즉시 가해지는 피해는 절반으로 줄어들며, 다음 턴이 끝날 때는 아무런 피해도 받지 않습니다.

고레벨에서. 당신이 3레벨 이상의 주문 슬롯을 사용하여 이 주문을 시전할 경우, 상승한 주문 슬롯 하나당 즉각적인 피해와 이후에 가해지는 피해 모두 1d4점씩 증가합니다.

명령 COMMAND
1레벨 환혹계

시전 시간: 1 행동
사거리: 60ft
구성요소: 음성
지속시간: 1라운드

당신은 사거리 내에서 당신이 볼 수 있는 대상 하나에게 한 단어짜리 명령을 내릴 수 있습니다. 목표는 지혜 내성 굴림을 굴려야 하며, 실패할 시 그 자신의 다음 턴이 끝날 때까지 당신이 내린 한 단어짜리 명령에 따를 것입니다. 이 주문은 목표가 언데드인 경우 아무런 효력이 없으며, 목표가 당신의 말을 알아듣지 못하거나 당신이 목표에게 직접적으로 해가 되는 명령을 내릴 경우에도 효력이 없습니다.

일반적으로 사용되는 명령들과 그에 따르는 효과는 아래 예시로 주어져 있습니다. 당신은 아래 쓰인 것 외의 다른 명령도 내릴 수 있습니다. 그런 경우, 당신이 내린 명령이 어떤 효과를 발휘하게 될지는 DM의 판단에 따릅니다. 목표가 당신이 내린 명령을 수행할 수 없는 경우, 주문의 효력은 종료됩니다.

다가와. 목표는 가장 가깝고 직선적인 경로를 따라 당신에게 접근해 오며, 당신에게서 5ft 내의 지점에 도착하면 자기 턴을 끝냅니다.

떨어트려. 목표는 쥐고 있던 것을 떨어트리며 자기 턴을 끝냅니다.

도망쳐. 목표는 가장 빠른 수단을 동원해 당신에게 멀어진 다음 자신의 턴을 끝냅니다.

엎드려. 목표는 땅에 엎드린 다음 자기 턴을 끝냅니다.

멈춰. 목표는 이동을 못 하며, 아무런 행동도 취하지 않고 자기 턴을 끝냅니다. 비행하는 크리쳐에게 이 명령을 내릴 경우, 부유가 가능한 크리쳐라면 허공에 정지할 것이며, 부유가 불가능한 크리쳐라면 계속 비행 가능한 최소한의 거리만을 이동할 것입니다.

고레벨에서. 당신이 2레벨 이상의 주문 슬롯을 사용하여 이 주문을 시전할 경우, 당신은 상승한 슬롯 하나당 추가로 하나씩의 대상을 더 지정하여 명령을 내릴 수 있습니다. 각각의 대상은 모두 30ft 내에 모여 있어야 합니다.

모덴카이넨의 개인 성소
MORDENKAINEN'S PRIVATE SANCTUM
4레벨 방호계

시전 시간: 10분
사거리: 120ft
구성요소: 음성, 동작, 물질 (얇은 납판, 불투명한 유리 조각 하나, 양털이나 천 약간. 그리고 백질 감람석 분말 약간)
지속시간: 24시간

당신은 사거리 내에서 마법적으로 보호받는 지역을 만들 수 있습니다. 이 지역은 가로 × 세로 × 높이가 각각 5ft 이상, 100ft 이하의 크기여야 합니다. 그 안이라면 얼마든지 작게도, 크게도 만들 수 있습니다. 이 주문은 지속시간이 끝나기 전에도 행동을 사용하여 종료시킬 수 있습니다.

이 주문을 시전할 때, 당신은 어떤 방식의 보안을 원하는가 선택할 수 있습니다. 아래 주어진 효과들을 모두 받을 수도 있고, 원하는 것만 골라서 받을 수도 있습니다.

- 지정된 지역 안팎으로 소리가 지나가지 못합니다. 밖에서는 안을 듣지 못하고, 안에서는 밖을 들을 수 없습니다.
- 지정된 지역을 구분하는 방벽이 흐릿한 검은 색으로 만들어지며, 시야를 가립니다. (암시야 포함)
- 예지계 주문으로 생성된 감각기관은 지정 지역 내로 들어오거나 그 안에서 만들어지지 못합니다.
- 지정된 지역 안에 있는 크리쳐들은 예지계 주문의 목표가 되지 않습니다.
- 지정된 지역 안으로 순간이동해 들어올 수 없으며, 또한 지정된 지역에서 밖으로 순간이동할 수도 없습니다.
- 지정된 지역 내에서는 이계간 이동이 불가능합니다.

1년간 매일 같은 지역에 같은 주문을 시전하였다면, 이 효과는 영구적인 것이 됩니다.

고레벨에서. 당신이 5레벨 이상의 주문 슬롯을 사용하여 이 주문을 시전할 경우, 상승한 슬롯 하나당 지역의 범위를 최대 100ft씩 늘릴 수 있습니다. 즉, 5레벨 슬롯을 사용한 경우 당신은 최대 각 변 200ft까지의 지역을 지정할 수 있습니다.

모덴카이넨의 검 MORDENKAINEN'S SWORD
7레벨 방출계

시전 시간: 1 행동
사거리: 60ft
구성요소: 음성, 동작, 물질 (최소 250gp 이상의 가치를 지닌 백금제 검 모형. 손잡이와 폼멜은 구리와 아연으로 만들어져야 함.)
지속시간: 집중, 최대 1분까지

당신은 사거리 내의 한 지점에 역장으로 만들어진 검을 만들어 냅니다. 이 검은 지속시간 동안 유지됩니다.

이 검이 나타나 있는 동안, 당신은 검으로부터 5ft 내에 있는 목표에게 근접 주문 공격을 가할 수 있습니다. 이 공격이 명중하면 목표는 3d10점의 역장 피해를 받습니다.

이 주문이 지속되는 동안, 당신은 자기 턴마다 추가 행동을 사용하여 검을 20ft까지 이동시킬 수 있으며 다시 근접 주문 공격을 가할 수 있습니다.

모덴카이넨의 장엄한 저택
MORDENKAINEN'S MAGNIFICENT MANSION
7레벨 조형계

시전 시간: 1분
사거리: 300ft
구성요소: 음성, 동작, 물질(상아로 만들어진 문의 모형. 잘 연마된 대리석 조각, 그리고 작은 은수저. 각각의 물건은 5gp 이상의 가치를 지녀야만 함.)
지속시간: 24시간

당신은 사거리 내의 지점에 지속시간 동안 유지되는 이차원 거주지를 만들어냅니다. 당신은 해당 거주지의 입구를 어디로 할지 결정할 수 있습니다. 이 입구는 5 × 10ft 크기이며, 은은하게 빛나고 있습니다. 당신과 당신이 선택한 크리쳐들 모두는 이 입구가 열려 있는 동안 자유로이 입구를 통해 이차원의 거주지로 들어갈 수 있습니다. 당신은 입구에서 30ft 이내에 있을 때 자유로이 입구를 열고 닫을 수 있습니다. 일단 입구를 닫아버리면, 원래 세계에서는 입구를 볼 수 없습니다.

입구 뒤에는 수없이 많은 방이 있는 장엄한 저택이 있습니다. 저택 내의 공기는 깨끗하며, 신선하고, 따뜻합니다.

당신은 저택의 복도를 원하는 대로 만들 수 있지만, 최대 50개까지의 입방체로 이루어져야 하며, 각각의 입방체는 10 × 10 × 10ft 정도 크기여야 합니다. 저택 내의 방들은 당신이 원하는 대로 가구를 놓거나 꾸밀 수 있습니다. 저택 내에는 최대 100명까지의 사람들이 9종 코스를 만끽할 수 있는 음식이 마련되어 있으며, 반투명한 100여명의 하인들이 손님들의 시중을 듭니다. 당신은 이 하인들의 겉모습을 원하는대로 설정할 수 있습니다. 하인들은 전적으로 당신의 명령을 따릅니다. 각각의 하인들은 일반적인 인간 하인들이 할 수 있는 일이라면 뭐든지 할 수 있지만, 공격을 가하거나 다른 크리쳐에게 해를 입히는 행동은 할 수 없습니다. 이 하인들은 청소하거나, 수리하거나, 천을 개고 불을 켜는 등의 행동, 음식을 차리고 와인을 따르는 등의 봉사를 할 수 있습니다. 이 하인들은 저택 안에서라면 어디든 갈 수 있으나 저택 밖을 벗어날 수는 없습니다. 주문을 통해 저택 내에 마련된 가구나 장식품들은 저택 밖으로 가지고 나갈 경우 즉시 연기가 되어 사라져 버립니다. 주문의 지속시간이 끝나면, 이차원 저택에 있던 크리쳐들은 즉시 입구에서 가까운 공간으로 튕겨 나옵니다.

모덴카이넨의 충실한 사냥개
MORDENKAINEN'S FAITHFUL HOUND
4레벨 조형계

시전 시간: 1 행동
사거리: 30ft
구성요소: 음성, 동작, 물질 (작은 은 호루라기, 뼛조각 하나와 실 약간)
지속시간: 8시간

당신은 사거리 내에서 당신이 볼 수 있는 점유되지 않은 공간에 환영 파수견을 불러낼 수 있습니다. 이 파수견은 주문의 지속시간 동안 존재하지만, 그전에도 당신은 행동을 사용해 주문을 취소하고 돌려보낼 수 있습니다. 또한 이 파수견이 당신으로부터 100ft 이상 떨어질 경우 사라져 버립니다.

이 파수견은 당신을 제외한 다른 모든 크리쳐가 볼 수 없으며, 어떤 방식으로도 해를 끼칠 수 없습니다. 주문의 시전 당시 당신은 암호를 지정할 수 있으며, 암호를 말하지 않은 채로 소형 이상의 크기를 지닌 크리쳐가 파수견에서 30ft 내로 접근할 경우 크게 짖어대기 시작할 것입니다. 이 파수견은 모든 투명체를 볼 수 있으며 에테르계 역시 볼 수 있습니다. 이 파수견은 환영을 무시합니다.

당신의 턴이 시작할 때마다, 파수견은 자기 주변 5ft 내에 있는 당신에게 적대적인 대상을 물려고 시도합니다. 이 파수견의 명중 보너스는 당신의 주문시전 능력 수정치 + 당신의 숙련 보너스와 같습니다. 이 공격이 명중하면 목표는 4d8점의 관통 피해를 받습니다.

몽환 DREAM
5레벨 환영계

시전 시간: 1분
사거리: 특별
구성요소: 음성, 동작, 물질 (모래 한 줌. 잉크 약간, 잠자는 새에게서 뽑아낸 깃털 하나)
지속시간: 8시간

당신은 어떤 크리쳐의 꿈을 조작할 수 있습니다. 당신이 알고 있는 크리쳐 중 하나를 골라 주문의 목표로 정합니다. 이 목표는 당신과 같은 세계 내에 있어야 합니다. 엘프 등과 같이 잠들지 않는 크리쳐는 주문의 목표로 선택할 수 없습니다. 당신은 자신 스스로나 다른 자원자를 접촉하여 주문의 전달자로 삼을 수 있으며, 이렇게 지정된 전달자는 무아지경 상태로 빠져듭니다. 무아지경 상태에 있는 동안, 전달자는 주변의 환경을 인지할 수 있지만 다른 행동을 취하거나 이동할 수 없습니다.

목표가 잠들게 되면, 전달자는 목표의 꿈속에 나타나 목표가 잠들어 있는 동안 목표와 이야기를 할 수 있습니다. 단, 이는 주문의 지속시간 내에 벌어져야 합니다. 또한 전달자는 꿈속의 환경을 마음대로 바꿀 수 있으며, 새로운 풍경이나 물체를 만들거나 다른 영상을 보여줄 수 있습니다. 전달자는 언제나 무아지경 상태에서 빠져나올 수 있으며, 무아지경 상태에서 빠져나오면 주문의 효과는 종료됩니다. 목표는 일어난 뒤에도 꿈속의 내용을 정확하게 떠올릴 수 있습니다. 만약 당신이 주문을 시전할 때 목표가 깨어 있는 상태라면 전달자는 그 사실을 알 수 있으며, 기다렸다가 목표가 잠들 때 무아지경 상태에 들어가거나 주문을 그냥 끝낼 수 있습니다.

당신은 전달자를 괴물 같은 모습으로 꿈 속에 등장시켜 목표를 공포에 떨게 할 수 있습니다. 그렇게 한다면 이 전달자는 목표에게 10개 단어 이하로만 전언을 전할 수 있으며, 목표는 지혜 내성 굴림을 굴려야 합니다. 내성에 실패할 경우, 목표는 악몽 속에서 본 괴물의 환영에 시달리게 되며 주문의 지속시간 동안 잠들지 못하고 휴식으로 인한 이득을 전혀 얻을 수 없게 됩니다. 추가로, 목표는 잠에서 깨어날 때 3d6점의 정신 피해를 입게 됩니다.

만약 당신이 머리카락이나 손톱 등등 목표의 신체 일부를 지니고 있다면, 목표는 내성 굴림에 불리점을 받게 됩니다.

무기 마법화 MAGIC WEAPON
2레벨 변환계

시전 시간: 1 추가 행동
사거리: 접촉
구성요소: 음성, 동작
지속시간: 집중, 최대 1시간까지

당신은 비마법적인 무기 하나에 접촉하여, 주문의 지속시간 동안 해당 무기에 +1 보너스를 받는 마법 무기로 만듭니다. 이 보너스는 명중 굴림과 피해 굴림 모두에 적용됩니다.

고레벨에서. 당신이 4레벨 이상의 주문 슬롯을 사용하여 이 주문을 시전할 경우, 상승되는 보너스는 +2로 증가합니다. 당신이 이 주문을 6레벨 이상의 주문 슬롯을 소비하여 사용할 경우, 상승되는 보너스는 +3으로 증가합니다.

무기 원소화 ELEMENTAL WEAPON
3레벨 변환계

시전 시간: 1 행동
사거리: 접촉
구성요소: 음성, 동작
지속시간: 집중, 최대 1시간까지

당신이 접촉한 비마법적인 무기 하나는 마법 무기가 됩니다. 산성, 냉기, 화염, 번개, 천둥 중 한 가지 종류의 피해를 고르십시오. 주문의 지속시간 동안, 당신이 택한 무기는 명중에 +1 보너스를 받으며 원래 가하는 피해에 더해 당신이 선택한 종류의 피해를 1d4점 추가로 가하게 됩니다.

고레벨에서. 당신이 5레벨이나 6레벨 슬롯을 사용하여 이 주문을 시전할 경우, 명중 보너스는 +2가 되며 추가 피해는 2d4점이 됩니다. 당신이 7레벨 이상의 주문 슬롯을 사용하여 이 주문을 시전할 경우, 명중 보너스는 +3이 되며 추가 피해는 3d4점이 됩니다.

무력화 광선 RAY OF ENFEEBLEMENT
2레벨 사령계

시전 시간: 1 행동
사거리: 60ft
구성요소: 음성, 동작
지속시간: 집중, 최대 1분까지

당신의 손끝에서 검은색의 무력화 에너지 광선이 발사되어 사거리 내의 목표에게 향합니다. 목표에 대해 장거리 주문 공격을 가하십시오. 이 공격이 명중할 경우, 목표는 주문의 지속시간이 끝날 때까지 근력을 사용하는 무기 공격을 가할 때 피해를 절반만 입힐 수 있게 됩니다.

목표의 턴이 끝날 때마다 목표는 건강 내성 굴림을 굴릴 수 있습니다. 이 내성에 성공한 경우 주문의 효과는 종료됩니다.

무심화 MIND BLANK
8레벨 방호계

시전 시간: 1 행동
사거리: 접촉
구성요소: 음성, 동작
지속시간: 24시간

당신은 주문을 받으려는 대상 하나에 접촉하여, 주문의 지속시간 동안 해당 대상이 모든 정신 피해에 대해 면역을 얻게 하고, 그의 생각이나 감정을 읽으려는 모든 시도나 예지계 주문, 매혹 상태에 대해서도 면역을 얻게 합니다. 이 주문은 심지어 대상에게서 정보를 얻어내려 하거나 대상의 정신에 영향을 주려는 효과라면 소원 *Wish* 주문의 효과마저도 무시할 수 있습니다.

무적의 구체 GLOBE OF INVULNERABILITY
6레벨 방호계

시전 시간: 1 행동
사거리: 자신 (10ft 반경)
구성요소: 음성, 동작, 물질 (유리나 수정으로 된 구슬. 주문 종료 시 깨지게 됨.)
지속시간: 집중, 최대 1분까지

당신을 중심으로 10ft 범위를 둘러싸는, 움직이지 않는 약한 빛의 방벽이 생겨나 주문의 지속시간 동안 유지됩니다.

방벽 밖에서 시전된 5레벨 이하의 모든 주문은 방벽 내의 크리쳐나 물체에 영향을 주지 못합니다. 심지어 더 높은 레벨의 주문 슬롯을 사용한 경우라도, 원래의 슬롯이 5레벨 이하라면 영향을 줄 수 없습니다. 여전히 방벽 내의 크리쳐나 물체를 목표로 잡을 수 있지만, 시전된 주문은 아무 효과를 내지 못하는 것입니다. 이와 유사하게 이미 시전된 주문의 효과 역시 방벽 내에서는 억제됩니다.

고레벨에서. 당신이 7레벨 이상의 주문 슬롯을 사용하여 이 주문을 시전할 경우, 상승한 슬롯 1레벨당 방벽이 막아내는 주문의 레벨 역시 1레벨씩 높아집니다. 7레벨 슬롯을 사용한 경우 방벽은 6레벨 이하의 모든 주문을 막아낼 것입니다.

무지개 벽 PRISMATIC WALL
9레벨 방호계

시전 시간: 1 행동
사거리: 60ft
구성요소: 음성, 동작
지속시간: 10분

당신은 사거리 내의 당신이 지정한 지점을 중심으로, 번쩍이는 다채로운 색깔의 빛으로 이루어진 불투명한 벽을 세울 수 있습니다. 이 벽은 최대 90ft 길이에 30ft 높이까지 가능하며, 두께는 1인치입니다. 이 벽은 주문의 지속시간 동안 유지됩니다. 만약 당신이 벽을 설정할 때 다른 크리쳐가 이미 점유된 공간을 지나치도록 설정했다면 벽은 나타나지 않으며, 주문은 자동으로 실패하고 주문 슬롯은 허비됩니다.

이 벽은 찬란하게 빛나며 100ft 거리까지를 밝은 빛으로, 추가로 100ft까지를 약한 빛으로 밝힙니다. 당신과 주문 시전 시 당신이 지정한 크리쳐들은 자유로이 이 벽을 지나칠 수 있으며, 아무런 해도 받지 않고 벽 근처에 있을 수 있습니다. 하지만 다른 크리쳐들이 벽 근처 20ft 내에 접근하거나 자기 턴을 벽으로부터 20ft 내에서 시작한다면, 이들은 모두 건강 내성을 굴려 실패할 시 1분간 장님 상태가 됩니다.

벽은 각기 다른 일곱 색깔의 층으로 이루어져 있습니다. 어떤 크리쳐든 벽을 통과하려고 시도할 경우, 한 번에 한 층씩 벽을 뚫고 들어가야만 합니다. 각각의 층을 통과할 때마다 통과하려는 자는 민첩 내성을 굴려야 하며, 실패할 시 색에 따라서 아래 나와 있는 효과를 받게 됩니다.

이 벽은 파괴할 수 있지만 한번에 한 층씩만 파괴할 수 있으며, 붉은색에서 보라색까지 차례로 그에 맞는 수단을 동원해 파괴해야만 합니다. 한 층이 파괴되었다면, 주문의 지속시간 동안 계속 파괴된 채로 남아 있게 될 것입니다. *반마법장Anitimagic Field*은 무지개 벽에 아무런 효력도 발휘하지 못합니다. *마법 무효화 Dispel Magic*는 보라색 벽에만 영향을 줄 수 있습니다.

1. 붉은색. 통과하려는 자는 내성에 실패시 10d6점의 화염 피해를 받게 되며, 성공시 피해는 절반으로 줄어듭니다. 이 층이 남아 있는 한, 모든 비마법적 장거리 공격은 벽을 통과하지 못합니다. 이 층은 25점의 냉기 피해를 가하면 파괴됩니다.

2. 주황색. 통과하려는 자는 내성에 실패시 10d6점의 산성 피해를 받게 되며, 성공시 피해는 절반으로 줄어듭니다. 이 층이 남아 있는 한, 모든 마법적 장거리 공격은 벽을 통과하지 못합니다. 이 층은 강한 바람으로 파괴할 수 있습니다.

3. 노랑색. 통과하려는 자는 내성에 실패시 10d6점의 번개 피해를 받게 되며, 성공시 피해는 절반으로 줄어듭니다. 이 층은 60점의 역장 피해를 가하면 파괴됩니다.

4. 녹색. 통과하려는 자는 내성에 실패시 10d6점의 독성 피해를 받게 되며, 성공시 피해는 절반으로 줄어듭니다. *벽통과Passwall* 주문이나 그 이상의 주문 레벨을 사용해 고체 표면에 문을 만드는 주문을 사용한 경우 이 층을 파괴할 수 있습니다.

5. 파란색. 통과하려는 자는 내성에 실패시 10d6점의 냉기 피해를 입게 되며, 성공시 피해는 절반으로 줄어듭니다. 이 층은 25점 이상의 화염 피해를 가하면 파괴됩니다.

6. **남색.** 통과하려는 자는 내성에 실패시 포박 상태가 됩니다. 포박 상태에서는 매턴이 끝날 때 건강 내성을 굴릴 수 있으며, 이 내성에 3번 성공하면 풀려날 수 있습니다. 그러나 내성에 3번 실패하면 목표는 영구적으로 석화됩니다. 3번의 성공과 실패가 반드시 연달아 일어나야 할 필요는 없습니다. 그러니 매라운드 성공과 실패의 결과를 누적하여 기록하도록 합니다.

이 벽이 남아 있는 한, 주문은 벽을 통과할 수 없습니다. 이 벽은 태양광 주문의 밝은 빛을 쬐거나 그 이상의 주문 레벨에 해당하는 빛을 가했을 때 파괴됩니다.

7. **보라색.** 통과하려는 자는 내성에 실패시 장님 상태가 됩니다. 장님 상태인 자는 당신의 다음 턴이 시작될 때 지혜 내성굴림을 굴릴 수 있으며, 여기에 성공하면 장님 상태에서 벗어날 수 있습니다. 만약 내성에 실패한 경우, 장님 상태인 자는 DM이 지정한 이계로 날아가 버리며 장님 상태에서 벗어납니다. (대개 자신의 고향 이계가 따로 있는 자라면 고향으로 날아가며, 그외의 경우 아스트랄계나 에테르계로 날아가 버립니다.) 이 층은 *마법 무효화Dispel Magic* 주문이나 그보다 높은 주문 레벨의 유사한 효과를 사용해야 파괴할 수 있습니다.

무지개 분사 PRISMATIC SPRAY
7레벨 방출계

시전 시간: 1 행동
사거리: 자신 (60ft 원뿔형)
구성요소: 음성, 동작
지속시간: 즉시

다종다양한 색으로 이루어진 8가지 광선이 당신의 손에서 뻗어나갑니다. 각각의 광선은 서로 다른 색을 지니며, 서로 다른 능력과 효과를 지니고 있습니다. 60ft 원뿔 범위 내에 있는 각 크리쳐는 민첩 내성 굴림을 굴려야 합니다. 각각의 목표는 d8을 굴려 어떤 색의 광선을 맞았는가 정하고, 그에 따르는 효과를 받습니다.

1. **빨간색.** 목표는 10d6점의 화염 피해를 받으며, 내성에 성공시 피해는 절반으로 줄어듭니다.

2. **주황색.** 목표는 10d6점의 산성 피해를 받으며, 내성에 성공시 피해는 절반으로 줄어듭니다.

3. **노란색.** 목표는 10d6점의 번개 피해를 받으며, 내성에 성공시 피해는 절반으로 줄어듭니다.

4. **녹색.** 목표는 10d6점의 독성 피해를 받으며, 내성에 성공시 피해는 절반으로 줄어듭니다.

5. **파란색.** 목표는 10d6점의 냉기 피해를 받으며, 내성에 성공시 피해는 절반으로 줄어듭니다.

6. **남색.** 목표는 내성에 실패할 경우 포박 상태가 됩니다. 포박 상태에서는 매턴이 끝날 때 건강 내성을 굴릴 수 있으며, 이 내성에 3번 성공하면 풀려날 수 있습니다. 그러나 내성에 3번 실패하면 목표는 영구적으로 석화됩니다. 3번의 성공과 실패가 반드시 연달아 일어나야 할 필요는 없습니다. 그러니 매라운드 성공과 실패의 결과를 누적하여 기록하도록 합니다.

7. **보라색.** 목표는 내성에 실패할 경우 장님 상태가 됩니다. 장님 상태인 자는 당신의 다음 턴이 시작될 때 지혜 내성굴림을 굴릴 수 있으며, 여기에 성공하면 장님 상태에서 벗어날 수 있습니다. 만약 내성에 실패한 경우, 장님 상태인 자는 DM이 지정한 이계로 날아가 버리며 장님 상태에서 벗어납니다. (대개 자신의 고향 이계가 따로 있는 자라면 고향으로 날아가며, 그외의 경우 아스트랄계나 에테르계로 날아가 버립니다.)

8. **특별.** 목표는 두 개의 광선에 동시에 맞습니다. 주사위를 2번 다시 굴리며, 이때 결과가 또 8이 나온 경우 이는 무시하고 다시 굴립니다.

문양 SYMBOL
7레벨 방호계

시전 시간: 1분
사거리: 접촉
구성요소: 음성, 동작, 물질(수은, 유황, 다이아몬드와 오팔 분말의 혼합물. 최소 1,000gp 이상 가치를 지니고 있어야 하며, 주문 시전시 소모됨.)
지속시간: 무효화되거나 발동될 때까지

이 주문을 시전할 때, 당신은 바닥이나 벽, 테이블 등등의 표면이나 책, 두루마리, 보물 상자 등의 덮고 가릴 수 있는 물체에 해를 가하는 마법적인 문양을 그려 넣을 수 있습니다. 당신이 표면에 문양을 그리는 것이라면, 이 문양은 최대 지름 10ft 이하 크기로 표면을 채울 수 있습니다. 만약 당신이 물체에 문양을 그리는 것이라면, 이 물체는 당신이 문양을 그린 위치에 그대로 있어야만 합니다. 만약 이 물체가 주문을 시전한 위치에서 10ft 이상 이동한 경우, 문양은 망가지며 주문은 발동되지 않고 효력이 사라집니다.

그려 넣은 마법적 문양은 거의 투명하며, 당신의 주문 내성 DC를 목표로 지능(수사) 판정에 성공해야 알아볼 수 있습니다.

당신은 문양을 그려 넣을 때 발동조건을 설정할 수 있습니다. 표면에 그려 넣은 경우, 가장 일반적인 발동 조건은 누군가 문양을 만지거나 그 위로 걸어갔을 때 발동되도록 하는 것입니다. 또한 덮고 있는 덮개를 치운다거나, 일정 거리 내에 누군가 접근했을 때, 혹은 문양이 그려진 위에 놓여 있는 물체를 만졌을 때 등이 발동 조건으로 사용될 수 있습니다. 물체에 그려 넣은 경우, 가장 일반적인 발동 조건은 물체를 열었을 때(혹은 책을 펼치거나 했을 때), 일정 거리 내에 접근했을 때, 혹은 문양을 보거나 읽었을 때 등이 됩니다.

당신은 주문의 발동 조건을 더 상세하게 지정할 수 있습니다. 예를 들면 키나 몸무게 등 특정 신체조건을 가진 크리쳐에 대해서만 발동하게 할 수 있으며, 해그나 변신체 등등 특정 종족에 대해서만 발동하도록 정할 수도 있습니다. 또한 당신은 주문을 시전할 때, 발동 조건에 예외가 되는 크리쳐들도 지정할 수 있으며, 특정한 암호를 말하는 크리쳐들은 예외가 되도록 할 수도 있습니다.

문양을 그려 넣을 때, 당신은 아래 주어진 효과 중 한 가지를 선택할 수 있습니다. 발동 조건이 충족될 경우 당신이 그려 넣은 문양이 빛나며, 주변 60ft까지를 10분간 약한 빛으로 밝힙니다. 이 빛 속에 있는 모든 크리쳐는 당신이 지정한 효과의 대상이 됩니다. 문양이 빛나는 동안 해당 범위 내에 들어왔거나, 자기 턴이 끝날 때 해당 범위 안에 있는 크리쳐 역시 주문의 효력을 받습니다. 10분이 지나고 나면 빛은 사라지고 주문의 효력 역시 종료됩니다.

고통. 문양의 영향을 받은 목표 각각은 건강 내성 굴림을 굴려야 하며, 실패할 시 1분간 행동불능 상태가 되어 고통에 몸부림칩니다.

공포. 문양의 영향을 받은 목표들은 각각 지혜 내성 굴림을 굴려야 하며, 실패할 시 1분간 공포 상태가 됩니다. 공포 상태에서 목표는 손에 들고 있는 것을 떨어트리며, 매턴 최소 30ft 이상을 문양에게서 멀어지는 방향으로 도망치려 합니다.

광기. 문양의 영향을 받은 목표 각각은 지능 내성 굴림을 굴려야 하며, 실패할 시 1분간 광기에 사로잡힙니다. 이렇게 광기에 빠진 크리쳐는 행동을 취할 수 없고, 다른 크리쳐들의 말을 알아들을 수 없으며 그냥 계속 중얼거리기만 하게 됩니다. DM은 광기에 빠진 크리쳐들의 이동 방향을 정하며, 대개는 제멋대로 움직입니다.

불화. 문양의 영향을 받은 목표들은 각각 건강 내성 굴림을 굴려야 하며, 실패할 시 1분간 주변의 다른 크리쳐들과 말다툼을 하며 싸우기 시작합니다. 이렇게 말다툼하는 동안에는 실질적으로 아무런 의사소통을 할 수 없으며, 모든 명중 굴림과 능력 판정에 불리점을 받게 됩니다.

수면. 문양의 영향을 받은 목표 각각은 지혜 내성 굴림을 굴려야 하며, 실패시 10분간 무의식 상태가 되어 잠에 빠집니다. 잠에 빠진 크리쳐들은 피해를 받거나 다른 누군가가 행동을 사용해 흔들어 깨운 경우 깨어날 수 있습니다.

절망. 문양의 영향을 받은 목표 각각은 매력 내성 굴림을 굴려야 하며, 실패할 시 1분간 절망에 압도당합니다. 절망에 빠진 동안, 목표는 공격을 가하거나 다른 크리쳐에게 해로운 주문이나 능력, 다른 마법적 효과들을 사용할 수 없습니다.

죽음. 문양의 영향을 받은 목표들은 각각 건강 내성 굴림을 굴려야 하며, 실패할 시 10d10점의 사령 피해를 받게 됩니다. 성공할 경우 피해는 절반으로 줄어듭니다.

충격. 문양의 영향을 받은 목표 각각은 지혜 내성 굴림을 굴려야 하며, 실패시 1분간 충격 상태가 됩니다.

문열기 KNOCK
2레벨 변환계

시전 시간: 1 행동
사거리: 60ft
구성요소: 음성
지속시간: 즉시

당신은 사거리 내에서 볼 수 있는 물체 하나를 목표로 지정합니다. 이 물체는 문이나 상자, 통, 창문, 족쇄, 수갑, 자물쇠 등 마법적이거나 비마법적 수단으로 잠겨진 것이어야 합니다.

목표가 된 물체가 비마법적인 잠금방법으로 잠겨져 있거나 빗장이 걸려 있는 상태라면, 목표는 즉시 열리고 빗장 역시 치워집니다. 만약 목표에 여러 가지 잠금 수단이 동원되어 있다면, 오직 한 번에 하나씩의 잠금 수단만을 열 수 있습니다.

만약 목표가 된 물체가 *비전 자물쇠Arcane Lock* 등의 마법으로 잠겨진 상태라면, 해당 마법은 10분간 억제되며 그 시간 동안에는 자유로이 열고 닫을 수 있습니다.

당신이 주문을 시전하면 목표가 된 물체에서 크게 문을 두드리는 소리가 나며, 이 소리는 300ft 밖에서도 들을 수 있습니다.

물 조종 CONTROL WATER
4레벨 변환계

시전 시간: 1 행동
사거리: 300ft
구성요소: 음성, 동작, 물질 (한 방울의 물과 먼지 한 줌)
지속시간: 집중. 최대 10분까지

주문의 지속시간 동안, 당신은 사거리 내에서 100 × 100 × 100ft 까지의 물을 조종할 수 있습니다. 당신은 이 주문을 시전할 때 아래 주어진 효과 중 하나를 택해 이를 일으킬 수 있습니다. 또한 지속 시간 동안 당신의 턴이 될 때마다, 행동을 사용해 같은 효과를 또 일으키거나 다른 효과를 일으킬 수 있습니다.

홍수. 당신은 주문의 범위 내에서 수면을 최대 20ft까지 높일 수 있습니다. 만약 주문의 범위가 해안이라면, 넘쳐흐르는 물은 젖지 않은 땅까지 올라올 것입니다.

만약 당신이 선택한 주문의 범위가 더 커다란 물의 일부라면, 이 효과는 수면을 높이는 대신 20ft 높이의 파도를 만들어내 당신이 원하는 방향으로 나아가게 할 수 있습니다. 거대 이하 크기를 지닌 탈것이 파도의 진행 범위 내에 있을 경우, 파도에 휩쓸려 같이 움직일 것입니다. 또한 거대 이하 크기의 탈것이 파도를 맞게 되면 25%의 확률로 엎어질 위험이 있습니다.

이 효과로 인해 높아진 수면은 당신이 다른 효과를 선택하지 않는 한 그대로 유지됩니다. 당신이 파도를 만들고자 했다면, 이 파도는 효과가 지속하는 한 매턴 반복하여 몰아칩니다.

물 분리. 당신은 해당 지역의 물을 분리해 균열을 만들 수 있습니다. 이 균열은 주문의 유효범위까지 쭉 이어질 수 있으며, 균열 안에서는 양쪽의 물이 벽처럼 보입니다. 이 균열은 주문의 지속시간이 끝나거나 당신이 다른 효과를 선택할 때까지 지속됩니다. 효과가 종료되면 균열 양쪽의 물은 천천히 다시 서로 합치게 되며, 다음 라운드 동안 원래대로 합쳐집니다.

흐름 방향 변경. 당신은 해당 지역의 물흐름을 당신이 원하는 대로 바꿀 수 있습니다. 당신은 물이 장애물이나 벽을 타넘게 할 수 있으며, 일반적으로는 불가능한 방향으로 움직이게 할 수도 있습니다. 물은 해당 지역 내에서라면 당신이 지정한 방향대로 움직이겠지만, 주문의 유효 범위를 벗어나면 자연의 법칙대로 원래 흐름을 되찾을 것입니다. 물의 방향은 주문의 지속시간이 끝나거나 당신이 다른 효과를 선택할 때까지 유지됩니다.

소용돌이. 당신은 물 표면에 가로 × 세로 각 50ft, 깊이 25ft의 소용돌이를 만들어 낼 수 있습니다. 당신이 선택한 지점이 소용돌이의 중심이 됩니다. 이 소용돌이는 깊이 25ft에 바닥의 너비는 각 5ft, 수면 부분의 너비는 각 50ft에 달하는 크기입니다. 물속에 있는 크리쳐나 물체가 소용돌이에 25ft 내로 다가가면, 소용돌이는 해당 크리쳐나 물체를 10ft 끌어당깁니다. 소용돌이에서 벗어나려는 자는 당신의 주문 내성 DC를 목표로 근력(운동) 판정에 성공해야 수영으로 빠져나오려 할 수 있습니다.

소용돌이 내에 들어섰거나 그 범위 내에서 자신의 턴을 시작한 크리쳐는 근력 내성 굴림을 굴려야 하며, 실패할 시 2d8점의 타격 피해를 입고 주문이 끝날 때까지 소용돌이에 휩쓸리게 됩니다. 내성에 성공할 경우 피해는 절반으로 줄어들고, 소용돌이에 사로잡히는 일은 피할 수 있습니다. 소용돌이에 사로잡힌 자들 역시 위에 설명된 것처럼 행동을 사용하고 근력(운동) 판정을 시도하여 소용돌이로부터 벗어나려 할 수 있지만, 완전히 소용돌이에 휩쓸려 있다면 판정에 불리점을 받게 됩니다.

물체의 경우, 소용돌이에 처음 들어섰을 때 2d8점의 타격 피해를 받게 되며, 소용돌이 속에 남아 있는 한 매턴 반복하여 타격 피해를 받을 것입니다.

물 창조 또는 파괴 CREATE OR DESTROY WATER
1레벨 변환계

시전 시간: 1 행동
사거리: 30ft
구성요소: 음성, 동작, 물질 (물을 생성하려면 물 한 방울. 물을 파괴하려면 모래 몇 알.)
지속시간: 즉시

당신은 물을 만들어내거나 파괴할 수 있습니다.

물 창조. 당신은 사거리 내의 열린 용기 안에 최대 10갤런의 깨끗한 물을 만들 수 있습니다. 혹은 사거리 내에서 30 × 30 × 30ft 정도의 공간에 비처럼 물이 쏟아지게 할 수 있습니다. 이렇게 할 경우 해당 지역의 불을 끌 수 있습니다.

물 파괴. 당신은 사거리 내의 열린 용기에서 최대 10갤런의 물을 파괴할 수 있습니다. 혹은, 사거리 내에서 30 × 30 × 30ft 정도의 구역에서 안개를 제거할 수 있습니다.

고레벨에서. 당신이 2레벨 이상의 주문 슬롯을 사용하여 이 주문을 시전할 경우, 상승한 주문 슬롯 1레벨당 추가로 10갤런씩의 물을 더 생성하거나 파괴할 수 있으며, 범위로 효과를 발휘할 경우 범위는 각각 5ft씩 증가합니다.

물체 위치파악 LOCATE OBJECT
2레벨 예지계

시전 시간: 1 행동
사거리: 자신
구성요소: 음성, 동작, 물질 (갈라진 나뭇가지)
지속시간: 집중, 최대 10분까지

당신은 익숙하게 알고 있는 물체를 묘사하거나 물체의 이름을 말해 목표로 지정합니다. 해당 물체가 당신으로부터 1,000ft 내에 있을 경우 당신은 그 물체가 있는 방향을 알 수 있습니다. 만약 물체가 움직이는 중이라면, 당신은 그 물체의 이동 방향 역시 알 수 있습니다.

당신이 (30ft 이내로) 물체에 충분히 가깝게 다가갔다면, 당신은 물체의 정확한 위치를 파악할 수 있습니다. 만약 당신이 특정한 물체를 찾는 게 아니라 특정 복장이나 장신구, 가구, 무기 등 어떤 종류의 물체들을 찾는 것이라면, 해당하는 것들 중 당신에게 가장 가까운 것의 위치를 감지할 수 있을 것입니다.

이 주문으로 찾으려는 물체와 당신 사이의 최단 거리에 납으로 이뤄진 장애물이 있다면 장애물의 두께와 관련 없이 해당 물체의 위치를 파악할 수 없습니다.

물체 조종 ANIMATE OBJECTS
5레벨 변환계

시전 시간: 1 행동
사거리: 120ft
구성요소: 음성, 동작
지속시간: 집중, 최대 1분까지

주변의 물체들이 살아나 당신의 명령에 따릅니다. 사거리 내에서 최대 10체까지의 비마법적인 소형 물체를 목표로 삼을 수 있습니다. 이때 다른 누군가가 장비하거나 들고 있는 물체는 목표로 삼을 수 없습니다. 물체가 중형 크기라면 2개로 취급하며, 대형 크기라면 4개로, 거대 크기라면 8개로 취급합니다. 거대 이상 크기의 물체는 이 주문으로 조종할 수 없습니다. 각각의 목표는 움직이기 시작하며 당신의 명령에 따르는 크리쳐가 될 것입니다. 이 주문의 효과는 지속시간이 끝나거나 물체의 hp가 0이 될 때까지 지속됩니다.

당신은 추가 행동을 사용해 500ft 내의 당신이 조종하는 물체들에게 정신적으로 명령을 내릴 수 있습니다. (여러 개의 물체를 조종중이라 해도 동시에 각각의 물체에게 개별적으로 명령을 내릴 수 있으며, 모든 물체에게 동시에 같은 명령을 내릴 수도 있습니다.) 당신은 각각의 살아난 물체들이 취할 행동을 정해줄 수도 있고, 특정한 지점을 지키라거나 특정한 적을 공격하라는 등의 대략적인 명령을 내릴 수도 있습니다. 당신이 특별히 명령을 내리지 않는 경우, 크리쳐는 적대적 상대에게서 스스로를 보호하려고만 할 것입니다. 일단 명령이 내려지면 살아난 물체들은 최선을 다해 당신의 명령을 따를 것입니다.

조종되는 물체 게임 수치.

크기	HP	AC	공격	근력	민첩
초소형	20	18	명중+8, 피해 1d4+4	4	18
소형	25	16	명중+6, 피해 1d8+2	6	14
중형	40	13	명중+5, 피해 2d6+1	10	12
대형	50	10	명중+6, 피해 2d10+2	14	10
거대	80	10	명중+8, 피해 2d12+4	18	6

조종되는 물체들은 그 크기에 따라 AC, hp, 공격, 근력, 민첩 수치를 지닙니다. 모든 물체의 건강은 10이며, 지능과 지혜는 3이고, 매력은 1입니다. 모든 물체는 30ft 속도로 움직이며, 움직이기 위한 수족이나 사지가 없는 물체는 30ft의 속도로 비행할 수 있으며 부양할 수 있습니다. 만약 당신이 마법을 부여한 물체가 단단히 지면에 고정되어 있다면 아예 이동속도는 0이 됩니다. 이 물체들은 각각 30ft 범위의 맹안시야를 지니며, 그 범위를 벗어난 것들은 볼 수 없습니다. 조종되는 물체의 hp가 0으로 떨어지면 다시 원래의 모습으로 돌아가며, 남은 피해는 원래 물체에 가해질 것입니다.

만약 당신이 물체에게 공격을 가하라고 명령했다면, 물체는 5ft 내의 목표에게 근접 공격을 가합니다. 이 공격은 후려치는 것이며, 크기에 따라 명중 보너스를 받고 타격 피해를 가합니다. 단 몇몇 물체는 형체에 따라 타격 대신 참격이나 관통 피해를 가할 수 있으며, 이는 DM이 지정하는 판정에 따릅니다.

고레벨에서. 당신이 6레벨 이상의 주문 슬롯을 사용하여 이 주문을 시전할 경우, 상승한 슬롯 1레벨당 추가로 2개씩의 소형 이하 크기 물체를 더 조종할 수 있습니다.

미로 MAZE
8레벨 조형계

시전 시간: 1 행동
사거리: 60ft
구성요소: 음성, 동작
지속시간: 집중, 최대 10분까지

당신은 사거리 내에서 당신이 볼 수 있는 대상 하나를 미로 같은 데미플레인으로 날려 보낼 수 있습니다. 목표는 주문의 지속시간이 끝나거나 자신이 미로를 탈출할 때까지 그 데미플레인에 감금당해 있어야만 합니다.

목표는 자신의 행동을 사용해 탈출을 시도할 수 있습니다. 탈출을 시도하려면 먼저 DC 20의 지능 판정을 해야 합니다. 판정이 성공한다면 목표는 탈출한 것이며, 주문은 종료됩니다. (미노타우르스나 고리스트로 데몬은 자동으로 이 판정에 성공합니다.)

주문의 효력이 끝날 때 목표는 본래 자신이 있던 공간에 나타나며, 원래 있던 공간이 이미 점유되어 있다면 가장 가까운 빈 공간에 나타나게 됩니다.

바람 걷기 WIND WALK
6레벨 변환계

시전 시간: 1분
사거리: 30ft
구성요소: 음성, 동작, 물질 (불과 성수)
지속시간: 8시간

당신과 사거리 내에서 당신이 볼 수 있는 최대 10체까지의 주문을 받고자 하는 크리쳐들은 주문의 지속시간 동안 안개 같은 형상이 되어 구름처럼 날아오릅니다. 이 구름 형상을 취하고 있는 동안, 각각의 크리쳐들은 매 턴 300ft의 속도로 비행할 수 있으며, 모든 비마법적 무기에 의한 피해에 저항을 얻습니다. 구름 형상일 때 각각의 크리쳐가 취할 수 있는 행동은 질주 행동이나 원래 형태로 돌아가는 것뿐입니다. 원래 형태로 돌아가는 데는 1분이 걸리며, 이 시간 동안에는 행동불능 상태가 되고 움직일 수 없습니다. 주문의 효력이 지속되는 동안에는 또다시 구름 형태로 변환할 수도 있으며, 구름 형태로 변하는 과정 역시 1분이 걸립니다.

만약 크리쳐가 구름 형상으로 비행중일 때 주문의 지속시간이 끝나버린다면, 비행중이던 자는 1분간 매 라운드 60ft 속도로 천천히 낙하하며 안전하게 착지할 수 있습니다. 만약 1분이 지나고서도 계속 떨어지고 있다면, 그 시점부터는 자연적인 속도로 떨어지기 시작할 것입니다.

바람의 벽 WIND WALL
3레벨 방출계

시전 시간: 1 행동
사거리: 120ft
구성요소: 음성, 동작, 물질 (작은 부채와 희귀한 깃털 하나)
지속시간: 집중, 최대 1분까지

사거리 내의 당신이 지정한 지점에서부터 강한 바람의 벽이 일어납니다. 당신은 최대 길이 50ft, 높이 15ft, 두께 1ft까지 벽을 만들 수 있습니다. 벽의 모양은 당신이 원하는 대로 만들 수 있지만 쭉 이어진 상태로 만들어져야 합니다. 이렇게 만들어진 벽은 주문의 지속시간 동안 계속 유지됩니다.

벽이 만들어질 때, 벽의 범위 내에 있던 모든 크리쳐는 근력 내성 굴림을 굴려야 합니다. 내성 굴림에 실패하면 3d8점의 타격 피해를 받으며, 성공하면 피해는 절반으로 줄어듭니다.

벽을 이루는 강력한 바람은 안개나 연기, 다른 가스 따위를 날려 버리며, 소형 이하 크기의 비행하는 크리쳐나 물체가 물체가 벽을 통과하지 못하게 합니다. 가벼운 물건들은 벽을 지나치려 할 때 위로 솟구쳐오릅니다. 화살이나 볼트 등과 같은 투사체는 벽 뒤의 목표를 명중시키지 못하며, 위로 치솟아 자동적으로 실패할 것입니다. (단 거인이 던진 바위나 공성병기를 사용한 투사체는 벽의 효과를 받지 않습니다.) 가스 형상을 한 크리쳐들 역시 벽을 지나칠 수 없습니다.

바위 형상 STONE SHAPE
4레벨 변환계

시전 시간: 1 행동
사거리: 접촉
구성요소: 음성, 동작, 물질 (부드러운 점토, 이를 통해 바위 물체를 바꾸고자 하는 형상대로 만들어야 함.)
지속시간: 즉시

당신은 중형 이하 크기의 바위 물체에 접촉해 당신이 원하는 대로 물체의 형태를 바꿀 수 있습니다. 이렇게 변화시키려는 바위는 5 × 5 × 5ft 이하여야 합니다. 예를 들어, 당신은 거대한 바위를 무기로, 우상으로, 금고나 통로로 만들 수 있습니다. 또한 당신은 바위로 만들어진 문을 만들거나 바위틀을 통해 문을 잠글 수도 있습니다. 당신은 경첩이나 손잡이가 달린 문을 만들어 낼 수 있지만, 복잡하고 세밀한 기계 장치는 이 주문으로 만들 수 없습니다.

바위의 벽 WALL OF STONE
5레벨 방출계

시전 시간: 1 행동
사거리: 120ft
구성요소: 음성, 동작, 물질 (작은 화강암 벽돌)
지속시간: 집중, 최대 10분까지

사거리 내에서 당신이 지정한 공간에 비마법적인 단단한 바위벽이 생겨납니다. 이 벽은 6인치 두께를 지니고 있는 10 × 10ft 바위판 10개로 이루어져 있습니다. 각각의 바위판은 최소한 하나 이상의 다른 판에 이어져 배치되어야 합니다. 혹은 3인치 두께를 지닌 10 × 20ft 바위판들을 만들어 낼 수도 있습니다.

당신은 이 벽을 만들어 낼 때 다른 크리쳐가 점유한 공간을 지나치도록 할 수 있으며, 벽이 나타나는 공간에 있던 크리쳐는 어느 쪽으로 갈지 선택해 벽에서 밀려나게 됩니다. 어떤 크리쳐가 바위벽과 다른 사물들로 인해 완전히 포위당하게 되었다면, 민첩 내성 굴림을 굴릴 수 있습니다. 이 내성에 성공할 경우 반응행동을 사용하여 자신의 이동속도만큼 이동해 포위에서 벗어날 수 있습니다.

바위벽은 당신이 원하는 모습으로 만들어 낼 수 있지만, 다른 크리쳐나 물체와 겹치는 공간에 세울 수는 없습니다. 이 벽이 꼭 수직으로 세워져야 할 필요는 없으며, 모든 부분이 단단한 기반에 자리해야 하는 것도 아닙니다. 하지만, 벽의 일부는 반드시 이미 존재하는 다른 바위에 녹아들어 지탱되어야 합니다. 그러므로 당신은 이 주문을 사용하여 협곡을 건너는 다리나 오르막을 만들어 낼 수도 있습니다.

당신이 길이 20ft 이상의 다리를 만들어내고자 한다면, 지탱할 부분을 만들어야 하기 때문에 바위판의 크기는 절반으로 줄어들 것입니다. 당신은 이 주문을 이용해 엉성하게나마 흉벽이나 총안이 있는 벽을 만들 수도 있습니다.

바위벽은 피해를 받거나 망가질 수도 있습니다. 각각의 바위판은 AC 15이며 1인치당 30점의 hp를 지니고 있습니다. 바위판의 hp가 0이 되면 판은 파괴될 것이며, 다른 판들과 연결이 끊어진 벽은 DM의 판단에 따라 붕괴될 수도 있습니다.

당신이 주문의 지속시간 동안 계속 집중을 유지하고 있었다면, 이 벽은 영구적인 것이 되어 무효화당하지 않게 됩니다. 도중에 집중을 취소했다면 주문의 지속시간이 끝날 때 벽은 사라질 것입니다.

바위피부 STONESKIN
4레벨 방호계

시전 시간: 1 행동
사거리: 접촉
구성요소: 음성, 동작, 물질 (최소 100gp 상당의 다이아몬드 가루. 주문 시전시 소모됨.)
지속시간: 집중, 최대 1시간까지

당신은 주문을 받으려는 대상 하나에 접촉하여 해당 대상의 피부를 바위처럼 단단하게 바꿔줄 수 있습니다. 주문이 지속되는 동안, 목표는 비마법적인 모든 타격, 관통, 참격 피해에 저항을 지닙니다.

반공감/공감 ANTIPATHY/SYMPATHY
8레벨 환혹계

시전 시간: 1시간
사거리: 60ft
구성요소: 음성, 동작, 물질 (반공감 효과를 쓰려면 식초에 담가둔 명반 한 덩이, 공감 효과를 쓰려면 벌꿀 한 방울.)
지속시간: 10일

이 주문은 당신의 선택에 따라 다른 크리쳐들을 끌어들이거나 반대로 내칠 수 있습니다. 당신은 사거리 내의 거대 이하 크기 물체나 크리쳐 하나를 목표로 선택할 수 있습니다. 이때 당신이 선택하는 목표는 200 × 200 × 200ft 이하 부피여야 합니다. 목표를 선택한 다음에는 레드 드래곤이나 고블린, 뱀파이어 등 지능을 지닌 특정한 종족이나 크리쳐를 고릅니다. 주문의 지속시간 동안, 당신이 선택한 특정한 종족이나 크리쳐는 목표에 이끌리거나, 목표로부터 멀어지려 하게 됩니다. 어느 쪽 효과를 발휘할지는 당신의 선택에 달려 있습니다.

반공감. 이 효과는 당신이 선택한 종류의 크리쳐들이 목표에게서 불편한 감정을 받고 멀어지게 만듭니다. 이들이 목표에게서 60ft 이내의 거리로 다가가려면 먼저 지혜 내성 굴림에 성공해야 하며, 내성에 실패한 경우 공포 상태가 됩니다. 이들은 목표를 볼 수 있고 60ft 내에 남아 있는 한 계속 공포 상태가 되며, 가능한 한 멀리 도망가 목표가 보이지 않는 곳으로 가려 합니다. 이들은 목표로부터 60ft 이상 떨어져 목표가 보이지 않는 곳으로 가면 공포 상태에서 벗어날 수 있지만, 다시 접근하거나 보이는 곳으로 가게 되면 또 공포에 걸리게 됩니다.

공감. 이 효과는 당신이 선택한 종류의 크리쳐들이 목표에게 끌려 다가가도록 합니다. 이들은 목표를 볼 수 있거나 목표에게서 60ft 이내에 접근하게 되면 지혜 내성을 굴려야 하며, 실패할 시 전력으로 목표에게 다가오려 합니다. 목표에 인접하게 되면 자의로는 목표에게서 멀어지려 하지 않을 것입니다.

만약 목표가 피해를 가하거나 어떤 식으로든 해를 입히게 되면, 이들은 다시 지혜 내성을 굴릴 수 있으며 여기에 성공하게 되면 주문의 효과는 끝납니다.

효과 끝내기. 만약 주문에 영향을 받은 크리쳐가 목표를 볼 수 없고 60ft 이상 떨어진 자리에서 자기 턴을 끝내게 되면, 다시 지혜 내성 굴림을 굴릴 수 있습니다. 이 내성에 성공하게 되면 더는 목표에게서 영향을 받지 않으며, 끌리거나 멀어지려는 욕구가 마법적이라고 알아챌 수 있습니다. 또한 크리쳐들은 주문에 영향을 받는 중에도 24시간마다 1번씩 지혜 내성을 굴릴 수 있습니다.

내성에 성공한 경우, 목표의 마법 효과에 대해 1분간 면역을 얻을 수 있지만, 1분이 지나고 나면 다시 마법 효과를 받을 것입니다.

반마법장 ANTIMAGIC FIELD
8레벨 방호계

시전 시간: 1 행동
사거리: 자신 (10ft 반경)
구성요소: 음성, 동작, 물질 (쇳가루나 쇠 부스러기 한 줌)
지속시간: 집중, 최대 1시간까지

당신을 중심으로 10ft 반경의 구형 범위가 마법의 힘에 반하는 영역이 됩니다. 이 범위 내에서는 멀티버스의 다른 모든 곳에서와 달리 마법의 힘이 동작하지 않습니다. 범위 내에 있으면 주문을 시전할 수 없으며, 소환된 크리쳐는 사라지고, 마법 물건 역시 평범한 것이 됩니다. 주문이 지속되는 동안, 이 영역은 항상 당신을 중심에 두고 당신이 움직이는 대로 함께 움직일 것입니다.

이 영역 내에서는 주문이나 다른 마법적 효과들이 모두 억제되지만, 유물이나 신의 권능은 예외일 수 있습니다. 주문을 시전하기 위해 사용한 주문 슬롯은 그냥 허비됩니다. 효과가 억제된 동안에는 효과가 발동되지 않지만, 주문의 지속시간은 그대로 흐릅니다.

효과의 목표. 마법 화살*Magic Missile*이나 인간형 매혹*Charm Person* 등과 같은 주문과 그에 유사한 마법적 효과들은 영역 내의 대상에게 아무런 효력도 가할 수 없습니다.

마법의 범위. 화염구*Fireball* 등 주문이나 기타 마법의 효과 범위는 영역 안으로 들어올 수 없습니다. 만약 마법의 범위와 반마법장의 영역이 겹친다면, 반마법장의 영역 내에서는 효과가 억제됩니다. 예를 들어 불꽃의 벽*Wall of Fire* 주문을 사용하였는데 벽의 일부 공간에 반마법장이 겹치게 된다면, 겹치는 부분에서는 불꽃의 벽이 사라질 것입니다.

주문. 크리쳐나 물체에 발동 중인 주문이나 기타 마법적 효과는 반마법장의 영역에 들어서게 되면 효력을 발하지 않게 억제됩니다.

마법 물건. 마법 물건의 기능이나 능력은 반마법장 영역 내에서 억제됩니다. 예를 들어, +1 롱소드는 영역 내에서 그냥 비마법적인 롱소드가 될 뿐입니다.

마법 무기의 기능이나 능력을 영역 내의 목표에게 사용했거나, 영역 내의 누군가가 마법 무기를 사용한 경우, 이는 그냥 보통 공격이 됩니다. 마법 무기나 탄환이 영역을 지나친 경우, 영역을 벗어나는 순간 다시 마법의 힘을 지니게 됩니다. (마법 화살을 쏘거나 마법 창을 던진 경우 등등)

마법적 여행. 영역 내에서는 순간이동이나 이계간 여행이 작동하지 않습니다. 다른 위치나 이계로 오가는 포탈 역시 영역 내에서는 작동하지 않으며, 로프 속임수*Rope Trick* 등과 같이 이차원 공간으로 가는 주문의 경우는 그 입구가 일시적으로 사라집니다.

크리쳐나 물체. 마법에 의해 소환된 크리쳐나 물체는 영역에 들어서게 된 순간 사라집니다. 그러나 영역에서 벗어나는 순간 다시 나타나게 될 것입니다.

마법 무효화. 마법 무효화*Dispel Magic* 주문이나 그와 유사한 효과는 영역 내에서 아무런 효력도 없습니다. 이와 마찬가지로, 서로 다른 반마법장 주문 영역이 겹쳤을 때 서로를 무효화하지 않습니다.

반생명 보호막 ANTILIFE SHELL
5레벨 방호계

시전 시간: 1 행동
사거리: 자신 (10ft 반경)
구성요소: 음성, 동작
지속시간: 집중, 최대 1시간까지

당신을 중심으로 10ft 반경에 은은하게 빛나는 방벽이 생겨나며, 당신이 움직이는 대로 따라 움직입니다. 이 영역 내로는 언데드나 구조물을 제외한 다른 크리쳐가 들어설 수 없습니다. 이 방벽은 주문이 지속되는 한 계속 유지됩니다.

이 방벽에 영향을 받는 크리쳐들은 방벽을 지나치거나 뚫고 들어올 수 없습니다. 그러나 여전히 주문을 사용하거나 장거리 공격 혹은 긴 간격을 지닌 무기를 사용해 공격할 수는 있습니다.

만약 당신이 이동하여 억지로 영향을 받는 크리쳐가 방벽 안에 들어오게 되었다면, 주문은 자동으로 종료됩니다.

방비의 유대 WARDING BOND
2레벨 방호계

시전 시간: 1 행동
사거리: 접촉
구성요소: 음성, 동작, 물질 (각각 50gp 이상의 가치를 지닌 한 쌍의 백금 반지. 주문의 지속시간 동안 목표와 당신이 끼고 있어야 함.)
지속시간: 1시간

이 주문은 당신과 주문을 받으려는 대상 사이에 신비한 유대를 만들어 냅니다. 이 유대는 주문의 지속시간 동안 유지됩니다. 당신과 목표가 서로 60ft 내에 있을 때, 목표는 AC와 내성 굴림에 +1 보너스를 받으며 모든 피해에 대한 내성을 얻습니다. 또한, 목표가 피해를 받을 때마다 당신 역시 같은 피해를 받게 됩니다.

이 주문은 당신이나 목표의 hp가 0이 되거나, 둘 사이의 거리가 60ft 이상으로 벌어지게 되면 자동으로 종료됩니다. 또한 당신이 이 주문을 또 사용하여 다른 크리쳐와 연결을 형성할 경우, 먼저 만들어졌던 연결은 종료됩니다. 당신은 지속시간이 끝나기 전에도 행동을 사용하여 주문을 종료할 수 있습니다.

방패 SHIELD
1레벨 방호계

시전 시간: 1 반응행동. 당신이 공격을 받거나 마법 화살*Magic Missile* 주문의 목표가 되었을 때 사용 가능.
사거리: 자신
구성요소: 음성, 동작
지속시간: 1 라운드

마법의 힘으로 이루어진 보이지 않는 방벽이 당신 앞에 생겨나 당신을 보호합니다. 당신의 다음 턴이 시작될 때까지, 당신은 AC에 +5 보너스를 받습니다. 이 AC는 발동조건이 된 공격에도 적용됩니다. 또한 주문이 지속되는 동안 당신은 마법 화살*Magic Missile* 주문에 피해를 받지 않습니다.

번개 LIGHTNING BOLT
3레벨 방출계

시전 시간: 1 행동
사거리: 자신 (100ft 직선)
구성요소: 음성, 동작, 물질 (가죽 약간, 그리고 호박이나 수정, 유리로 된 막대 하나)
지속시간: 즉시

당신은 자신을 기점으로 원하는 방향에, 직선 100ft에 폭 5ft가 되는 번개 한 줄기를 내쏘게 됩니다. 이 직선상의 모든 크리쳐는 민첩 내성 굴림을 굴려야 하며, 실패할 시 8d6점의 번개 피해를 입게 됩니다. 내성에 성공하면 피해는 절반으로 줄어듭니다.

직선상에 아무도 장비하고 있지 않거나 들고 있지 않은 가연성 물체가 있을 경우, 이 번개는 그 물체에 불을 붙입니다.

고레벨에서. 당신이 4레벨 이상의 주문 슬롯을 사용하여 이 주문을 시전할 경우, 피해는 상승한 슬롯 1레벨당 1d6점씩 증가합니다.

번개 화살 LIGHTNING ARROW
3레벨 변환계

시전 시간: 1 추가 행동
사거리: 자신
구성요소: 음성, 동작
지속시간: 집중, 최대 1분까지.

지속시간 내에서 당신이 다음번 처음으로 장거리 무기 공격을 가할 때, 그 공격의 탄환(투척무기였다면 무기 그 자체)은 한 줄기 번개가 되어 날아갑니다. 공격자는 일반적인 명중 굴림을 행합니다. 이 공격이 명중한 경우, 무기는 일반적인 피해를 가하는 대신 4d8점의 번개 피해를 가하며, 빗나가도 절반의 피해를 가할 수 있습니다.

당신이 명중하든 빗나가든, 목표에게서 10ft 내에 있는 모든 크리쳐는 민첩 내성 굴림을 굴려야 합니다. 이 내성에 실패한 모든 크리쳐는 2d8점의 번개 피해를 받게 되며, 성공하면 피해는 절반으로 줄어듭니다.

피해를 가하고 나면 무기의 탄환은 원래 모습으로 돌아옵니다.

고레벨에서. 당신이 이 주문을 4레벨 이상의 주문 슬롯을 사용하여 시전할 경우, 상승한 슬롯 1레벨당 피해가 1d8점 증가합니다.

벽통과 PASSWALL
5레벨 변환계

시전 시간: 1 행동
사거리: 30ft
구성요소: 음성, 동작, 물질 (참깨 씨앗 한 줌)
지속시간: 1시간

사거리 내에서 당신이 지정한 벽 표면에 통로가 생겨납니다. 이렇게 지정하는 벽은 나무, 점토, 석재, 회벽 등이 가능합니다. 이렇게 생겨난 통로는 주문의 지속시간 동안 유지됩니다. 당신은 열린 통로의 형태를 지정할 수 있습니다. 이 통로는 최대 5ft 폭, 8ft 높이, 20ft 깊이까지 가능합니다. 이렇게 통로가 생겨난다고 해도, 주변의 건축 구조가 불안해지지는 않습니다.

통로가 사라질 때, 통로 내에 남아 있던 물체나 크리쳐들이 있다면 안전하게 통로 밖에 있는 점유되지 않은 공간으로 튕겨나옵니다. 튕겨나오는 방향은 당신이 주문을 시전한 위치 쪽 방향입니다.

변신 POLYMORPH
4레벨 변환계

시전 시간: 1 행동
사거리: 60ft
구성요소: 음성, 동작, 물질 (유충 번데기)
지속시간: 집중, 최대 1시간까지

이 주문은 사거리 내에서 당신이 지정한 크리쳐 하나를 새로운 형태로 변신시킵니다. 주문을 받고자 하지 않는 크리쳐가 목표로 지정되었다면, 주문의 효과를 받지 않기 위해 지혜 내성 굴림을 굴려야 합니다. 변신체는 자동적으로 내성 굴림에 성공합니다.

이 변형은 주문의 지속시간 동안 유지되며, 그전에도 목표의 hp가 0 이하로 떨어지거나 죽게 되면 풀립니다. 새로운 형태는 원래 목표가 지닌 도전지수 이하의 야수 형태여야만 합니다.(목표가 도전지수 대신 클래스 레벨을 지니고 있다면 레벨을 사용합니다.) 정신적 능력치들을 포함한 목표의 게임적 수치는 새로이 변형된 형태를 따라갑니다. 단, 목표는 본래의 성향과 개성을 유지할 수 있습니다. 변신은 hp가 0인 목표에게는 영향을 주지 못합니다.

목표는 새로운 형태가 지닌 hp를 따릅니다. 원래 형태로 돌아올 때, 목표는 변신되기 전에 지녔던 hp를 그대로 갖게 됩니다. 만약 목표의 hp가 0이 되어 변신이 풀렸다면, 0으로 만들고 나서도 남은 피해의 초과분은 원래 형태의 hp에 가해집니다. 이렇게 초과분 피해로 원래 형태의 hp도 0이 되는 것이 아니라면, 변신 상태의 hp가 0이 된다고 해서 목표가 무의식으로 쓰러지지는 않습니다.

변신된 목표는 새로운 형태에 따라서 행동할 수 있지만, 말을 하거나 주문을 시전할 수 없습니다. 또한 손을 사용하거나 언어를 사용하는 다른 행동 역시 취할 수 없습니다.

목표가 장비하고 있던 물건들은 새로운 형태로 변할 때 모두 형태에 녹아 들어갑니다. 변신된 크리쳐는 자신의 장비를 발동하거나 사용할 수 없습니다.

보이지 않는 하인 UNSEEN SERVANT
1레벨 조형계 (의식)

시전 시간: 1 행동
사거리: 60ft
구성요소: 음성, 동작, 물질 (끈 약간과 나무 한 조각)
지속시간: 1 시간

이 주문은 지속시간이 끝날 때까지 유지되는 투명하고 자의가 없는, 형체가 없는 중형 크기의 존재 하나를 만들어 내 당신의 명령에 따라 봉사하도록 합니다. 이 하인은 사거리 내의 당신이 지정하는 지점에서 생겨납니다. 하인은 AC 10이며, hp 1점에 근력 2를 지니고 있습니다. 이 하인은 공격할 수 없습니다. 하인의 hp가 0이 되면 주문의 효력은 종료됩니다.

당신의 턴이 될 때마다 당신은 추가 행동을 사용하여 하인에게 정신적으로 명령을 내릴 수 있습니다. 명령을 받은 하인은 15ft까지 이동하여 물체에 관련된 행동을 할 수 있습니다. 하인은 보통 인간 하인이 할 수 있는 간단한 업무를 수행할 수 있습니다. 청소나 수리, 천 접기, 불 켜기, 음식 대접, 와인 따르기 등이 이러한 업무에 들어갑니다. 일단 당신이 명령을 내리면 하인은 최선을 다해 당신의 업무를 수행하며, 다음 명령을 기다릴 것입니다.

만약 당신이 하인에게 명령을 내려 하인과 당신 사이의 거리가 60ft 이상으로 멀어졌다면 주문의 효과는 끝나게 됩니다.

보호와 방비 GUARDS AND WARDS
6레벨 방호계

시전 시간: 10분
사거리: 접촉
구성요소: 음성, 동작, 물질 (태우는 향, 유황과 기름 약간, 매듭지어진 끈, 움버 헐크의 피 약간. 최소 10gp 가치의 작은 은 막대)
지속시간: 24시간

당신은 최대 2,500 평방피트 넓이(50 × 50ft이거나 5 × 5ft짜리 칸 100개 등이 가능)에 방비 지역을 형성합니다. 방비 지역은 최대 20ft 높이까지 지정할 수 있으며, 서로 연결되어 있는 한 형태는 당신이 바라는 대로 설정할 수 있습니다. 당신은 요새 등 건물의 여러 층에 걸쳐 방비 지역을 설정할 수 있으나, 이렇게 나누어 설정하려 하는 경우 시전할 때 각 층을 모두 걸어서 오갈 수 있어야 합니다.

주문을 시전할 때, 당신은 이 주문에 영향을 받지 않을 인물들을 설정할 수 있습니다. 이 예외는 주문 전체에 대해서도 설정할 수 있고, 주문 효과의 일부에 대해서만 예외를 둘 수도 있습니다. 또한 당신은 암호를 설정할 수도 있으며, 이 암호를 크게 외치는 자는 주문에 영향을 받지 않을 수 있습니다.

보호와 방비는 지역 내에 아래와 같은 효과들을 제공합니다.

복도. 안개가 방비된 복도 지역을 가득 채우며, 안개 속에서는 심하게 가려진 상태가 됩니다. 또한 복도 내에 갈림길이 있다면, 방비 지역에 들어온 자는 50%의 확률로 실제 자신이 선택한 길과는 다른 길로 가게 됩니다.

문. 방비 지역 내의 모든 문은 *비전 자물쇠Arcane Lock* 주문과 마찬가지로 마법적으로 잠긴 상태가 됩니다. 또한, 당신은 최대 10개까지의 문을 환영으로 벽의 일부처럼 위장해 가릴 수 있습니다.(*하급 환영Minor Illusion* 주문을 사용한 것과 마찬가지로 취급합니다.)

계단. 방비 지역 내의 모든 계단은 *거미줄Web* 주문을 사용한 것처럼 거미줄로 가득 채워집니다. 이 거미줄은 태워버리거나 찢어내도 보호와 방비 주문이 지속되는 한 10분이 지나면 다시 자라납니다.

기타 주문 효과. 당신은 방비 지역 내에서 아래 효과 중 하나를 선택하여 발동할 수 있습니다.

- 춤추는 *빛Dancing Lights* 주문을 4개의 복도에 배치합니다. 당신은 이 빛들에 간단히 정해진 움직임을 설정할 수 있으며, 이 움직임은 보호와 방비 주문이 지속되는 한 계속 반복됩니다.
- *마법의 입Magic Mouth* 주문을 2개 위치에 배치합니다.
- *악취 구름Stinking Cloud* 주문을 2개 위치에 배치합니다. 당신이 선택한 곳에서 증기가 솟아날 것입니다. 구름을 없애버린다 해도 보호와 방비 주문이 지속되는 한 10분 뒤면 다시 나타날 것입니다.
- 하나의 복도나 방에 계속 유지되는 *돌풍Gust of Wind* 주문을 발동시킵니다.
- *암시Suggestion* 주문을 특정 위치에 배치합니다. 당신은 5ft 격자 하나를 선택하며, 그 위치에 들어선 크리쳐는 즉시 정신적으로 암시 효과에 영향을 받습니다.

방비 지역 전체에서 마법의 힘이 흘러나옵니다. *마법 무효화 Dispel Magic*를 특정한 효과에 시전하여 성공했다면 그 효과 자체는 없앨 수 있지만, 보호와 방비 전체를 무력화하지는 못합니다.

당신이 1년간 매일 특정 지역에 보호와 방비 주문을 시전했다면, 이 주문의 효과는 영구적으로 변합니다.

보호의 문양 GLYPH OF WARDING
3레벨 방호계

시전 시간: 1시간
사거리: 접촉
구성요소: 음성, 동작, 물질 (향, 최소 200gp 가치의 다이아몬드 가루. 주문 시전시 소모됨.)
지속시간: 무효화되거나 발동될 때까지

이 주문을 시전할 때, 당신은 다른 크리쳐들에게 영향을 주는 문양을 어떤 표면(탁자나 벽, 바닥 등)이나 닫을 수 있는 물체(책이나 두루마리, 상자 등) 안에 그려 넣습니다. 만약 당신이 표면에 문양을 그렸다면, 이 문양의 크기는 최대 지름 10ft를 넘지 못합니다. 만약 당신이 물체에 문양을 그렸다면, 이 물체는 그 자리에 남아 있어야 합니다. 물체가 주문을 시전한 장소에서 10ft 이상 멀어지면 문양은 망가져 버리며, 효과 역시 발동되지 않고 사라져 버립니다.

문양 자체는 거의 투명하며, 당신의 주문 내성 DC를 목표로 지능(수사) 판정에 성공해야 이를 알아차릴 수 있습니다.

당신은 주문 시전시에 발동 조건을 설정할 수 있습니다. 표면에 문양을 그린 경우, 가장 일반적인 발동 조건은 누군가 문양을 만지거나 그 위에 올라서는 경우, 혹은 가리고 있는 물체를 치워 문양을 드러내는 경우, 문양이 그려진 물체를 조작하는 경우 등입니다. 물체에 문양을 그린 경우, 가장 일반적인 발동조건은 안에 문양이 있는 물체를 여는 것, 일정 거리 내에 접근하는 것, 혹은 문양을 보거나 읽는 것 등입니다. 일단 문양이 발동되면, 주문은 종료됩니다.

당신은 특정한 상황이나 발동시킨 자의 특성을 통해 발동 조건을 더 세세하게 정할 수 있습니다.(일정한 키나 몸무게를 지닌 자만 발동, 특정 종족만 발동, 특정 성향만 발동). 또한 당신은 암호를 말하는 등, 발동조건에 대해 예외도 지정할 수 있습니다.

문양을 그릴 때, 폭발의 룬이나 주문 문양이냐를 결정하십시오.

폭발의 룬. 발동되면 문양이 폭발하며 주변 20ft 반경을 마법의 힘으로 휩쓸어버립니다. 이 범위는 모서리를 타고 퍼집니다. 범위 내의 모든 크리쳐는 민첩 내성 굴림을 굴려야 하며, 실패할 시 5d8점의 산성, 냉기, 화염, 번개, 또는 천둥 피해를 입습니다.(어떤 속성의 피해인가는 시전 시에 당신이 정할 수 있습니다.) 내성에 성공할 경우 피해는 절반으로 줄어듭니다.

주문 문양. 당신은 3레벨 이하의 준비된 주문 하나를 시전 시 문양 안에 넣어둘 수 있습니다. 이 주문은 대상 하나를 목표로 하는 것이거나 일정 범위를 지닌 것이어야 합니다. 이렇게 저장된 주문은 즉각적으로는 아무런 효과를 발휘하지 않습니다. 만약 주문이 대상 하나를 목표로 하는 것이라면, 문양을 발동시킨 자가 주문의 목표가 됩니다. 만약 주문이 일정 범위에 효과를 미치는 것이라면, 발동시킨 자의 위치가 효과의 중심점이 됩니다. 만약 저장된 주문이 적대적인 크리쳐를 소환하거나 해로운 물체 혹은 함정을 만들어내는 효과를 지니고 있다면, 이렇게 소환되는 것들은 발동시킨 자에 가능한 한 가까운 위치에서 나타나 공격을 시작할 것입니다. 만약 주문이 집중을 필요로 하는 것이라면, 이 효과는 주문의 최대 지속시간까지 지속됩니다.

고레벨에서. 당신이 4레벨 이상의 주문 슬롯을 사용하여 이 주문을 시전할 경우, 폭발의 룬 피해는 상승한 주문 슬롯 1레벨당 1d8점의 피해가 더 가해집니다. 만약 당신이 주문 문양을 사용했다면, 당신은 보호의 문양을 시전할 때 사용한 주문 슬롯과 같은 레벨의 주문까지를 저장할 수 있습니다.

복수의 폭풍 STORM OF VENGEANCE
9레벨 조형계

시전 시간: 1 행동
사거리: 시야
구성요소: 음성, 동작
지속시간: 집중, 최대 1분까지

보이는 범위 내에서 당신이 지정한 지점을 중심으로 360ft 반경 내의 상공에 폭풍 구름이 휘몰아쳐 모여듭니다. 번개가 그 지역에 내리치며, 천둥소리가 울리고, 무시무시한 바람이 울부짖습니다. 구름 아래에(최대 5,000ft)에 있는 모든 크리쳐는 구름이 나타날 때 건강 내성 굴림을 굴려야 합니다. 실패한 경우, 2d6의 천둥 피해를 받고 5분간 귀머거리 상태가 됩니다.

당신이 주문에 집중하는 동안, 매 라운드 이 폭풍의 구름은 아래와 같은 순서대로 추가적인 효과를 일으킵니다.

2라운드째. 산성비가 구름에서 내리기 시작합니다. 구름 아래의 모든 크리쳐와 물체는 1d6의 산성 피해를 받습니다.

3라운드째. 당신은 구름에서 여섯 줄기의 번개를 떨어트려, 구름 아래에서 최대 6체까지의 크리쳐나 물체를 공격할 수 있습니다. 단, 하나의 크리쳐/물체는 번개 하나만을 맞을 수 있습니다.

번개에 맞은 대상은 민첩 내성 굴림을 굴려야 하며, 실패할 시 10d6 번개 피해를 받게 됩니다. 내성에 성공하면 피해는 절반으로 줄어듭니다.

4라운드째. 구름에서 우박이 떨어집니다. 구름 아래의 모든 크리쳐는 2d6점의 타격 피해를 받습니다.

5-10라운드째. 돌풍과 얼어붙는 비가 구름 아래 몰아칩니다. 구름 아래 지역은 어려운 지형이 되며 심하게 가려진 상태가 됩니다. 구름 아래 지역에 있는 모든 크리쳐는 매라운드 1d6점의 냉기 피해를 받습니다. 해당 지역 내에서는 장거리 무기 공격이 불가능합니다. 강풍과 폭우 때문에 구름 아래 지역에서는 정신집중을 유지할 때 심각한 장애를 받게 됩니다. 마지막으로, 강력한 돌풍(시속 20-50마일)이 몰아치며 해당 지역 내에서 마법적이든 비마법적이든 모든 안개나 증기 따위의 효과를 날려버립니다.

복제 CLONE
8레벨 사령계

시전 시간: 1시간
사거리: 접촉
구성요소: 음성, 동작, 물질(최소 1,000gp 상당의 다이아몬드와 복제하려는 자의 살 1 × 1 × 1인치. 주문 시전시에 소모됨. 또한 최소 2,000gp 이상의 가치를 지닌 봉인 가능한 용기. 이 용기는 중형 크기의 크리쳐가 들어갈 만한 크기여야 함. 관, 항아리, 점토가 채워진 냉종, 소금물로 채워진 수정 용기 등등이 사용 가능.)
지속시간: 즉시

이 주문은 죽음에 대한 대비책으로서, 살아있는 중형 크리쳐의 복제를 만들어 냅니다. 이 복제는 봉인된 용기 안에서 생성되며 120일 동안 자라나 완전히 성숙됩니다. 복제할 때, 해당 크리쳐가 더 젊은 모습을 가지도록 복제할 수도 있습니다. 이렇게 복제된 존재는 보관된 용기가 훼손되지 않는 한, 의식이 없는 상태로 무한정 잠들어 있을 것입니다.

복제가 완전히 성숙되고 난 이후, 만약 본체가 사망하는 일이 발생한다면 본체의 영혼은 저장된 복제에게 이전됩니다. 단, 이는 영혼이 자유로우며 살아 돌아오고자 하는 의지가 있는 상태여야 합니다. 복제는 본래의 크리쳐와 신체적으로 완전히 일치하며, 같은 인격에 같은 기억과 능력을 지니고 있지만, 본래의 크리쳐가 지닌 장비는 없습니다. 본래 크리쳐의 시체가 남아 있다면, 이 시체는 영혼이 이미 다른 곳에 있기 때문에 부활시킬 수 없습니다.

부양 LEVITATE
2레벨 변환계

시전 시간: 1 행동
사거리: 60ft
구성요소: 음성, 동작, 물질(작은 깃털 고리 혹은 긴 손잡이가 달린 컵 모양으로 구부린 황금 와이어 한 조각)
지속시간: 집중, 최대 10분까지

사거리 내에서 당신이 볼 수 있는 크리쳐 혹은 고정되지 않은 물체 하나가 수직 방향으로 서서히 떠오릅니다. 이 부양 높이는 최대 20ft까지 가능하며, 이 높이에서 주문의 지속시간 동안 계속 떠 있을 수 있습니다. 이 주문은 최대 500lbs까지의 물체를 부양시킬 수 있습니다. 주문을 받지 않으려는 대상은 건강 내성 굴림을 굴려 성공할 시 주문의 효과에서 벗어날 수 있습니다.

일단 떠오르게 되면, 목표는 오직 주변의 고정된 물체를 당기거나 밀어내는 것으로만 이동할 수 있습니다.(벽이나 기둥, 천장 등이 이에 해당할 수 있습니다.) 이는 등반하는 것과 유사하게 적용됩니다. 당신은 자기 턴마다 목표의 고도를 최대 20ft까지 오르내리게 할 수 있습니다. 만약 당신 자신이 목표라면, 당신은 이동력을 소모하여 20ft까지 높이를 오르내릴 수 있습니다. 당신이 목표가 아니라면, 목표한 대상의 높이를 조정하기 위해서는 행동을 사용해야 하며, 목표는 여전히 주문의 사거리 내에 있어야 합니다.

주문의 지속시간이 끝나면 목표는 서 있는 상태로 천천히 부드럽게 땅에 착지할 수 있습니다.

부활 RESURRECTION
7레벨 사령계

시전 시간: 1시간
사거리: 접촉
구성요소: 음성, 동작, 물질(최소 1,000gp 가치의 다이아몬드. 주문 시전시 소모됨.)
지속시간: 즉시

당신은 죽은 지 100여년이 지나지 않은 시체 하나에 접촉하여 이를 부활시킬 수 있습니다. 단, 목표는 노령으로 인해 죽은 것이 아니어야 하며, 언데드여서도 안됩니다. 만약 목표의 영혼이 자유로운 상태이고 세상에 돌아오고자 한다면, 목표는 자신의 모든 hp를 회복한 상태로 살아날 것입니다.

이 주문은 목표가 죽기 전에 걸려 있던 모든 일반적 독을 중화시키며 보통 질병을 치유합니다. 하지만 이 주문이 마법적인 질병이나 저주 등을 회복시키지는 못합니다. 만약 목표에게 여전히 마법적인 질병이나 저주가 남아 있고 이를 제거하지 않은 상태에서 이 주문을 시전했다면, 부활 이후에도 목표에게는 해당 질병이나 저주가 남아 있을 것입니다.

이 주문은 목표의 잃어버린 사지나 장기를 모두 회복시키며, 치명적인 상처들을 모두 치료합니다.

죽음에서 부활하는 것은 고통스러운 과정입니다. 목표는 모든 명중 굴림, 내성 굴림, 능력 판정에 -4 페널티를 받습니다. 목표가 긴 휴식을 취할 때마다 이 페널티는 1씩 감소합니다.

이 주문으로 죽은지 1년 이상 되는 시체를 부활시키는 것은 당신에게 큰 부담을 가하는 일입니다. 1년 이상 죽어 있던 자를 부활시키면 당신은 긴 휴식을 취하기 전까지 주문을 시전할 수 없게 되며, 모든 명중 굴림, 능력 판정, 내성 굴림에 불리점을 받게 될 것입니다.

분노의 강타 WRATHFUL SMITE
1레벨 방출계

시전 시간: 1 추가 행동
사거리: 자신
구성요소: 음성
지속시간: 집중, 최대 1분까지

주문의 지속시간 내에 당신이 가하는 다음 근접 무기 공격이 명중하면, 이 공격은 본래 피해에 더해 1d6점의 정신 피해를 더 가합니다. 추가로, 목표가 크리쳐라면 목표는 지혜 내성 굴림을 굴려야 하며, 실패할 시 주문의 지속시간 동안 당신에게 공포 상태가 됩니다. 목표 크리쳐는 자기 턴이 될 때마다 행동을 사용해 당신의 주문 내성 DC를 목표로 다시 지혜 내성을 굴릴 수 있으며, 이 내성에 성공할 시 다시 의지력을 회복하고 주문을 끝낼 수 있습니다.

분쇄 SHATTER
2레벨 방출계

시전 시간: 1 행동
사거리: 60ft
구성요소: 음성, 동작, 물질 (운모 한 조각)
지속시간: 즉시

사거리 내에서 당신이 지정한 지점에 엄청난 굉음이 터지며 울려 퍼집니다. 해당 지점 반경 10ft 이내의 모든 크리쳐는 건강 내성 굴림을 굴려야 하며, 실패할 시 3d8점의 천둥 피해를 입게 됩니다. 내성에 성공한 경우 피해는 절반으로 줄어듭니다. 만약 바위나 수정, 혹은 금속 등으로 만들어진 크리쳐가 주문에 영향을 받았을 경우, 해당 크리쳐는 내성 굴림에 불리점을 받게 됩니다.

주문의 범위 내에 다른 누군가가 장비하거나 들고 있지 않은 비마법적 물체가 있다면, 해당 물체 역시 피해를 받게 됩니다.

고레벨에서. 당신이 3레벨 이상의 주문 슬롯을 사용하여 이 주문을 시전할 경우, 상승한 주문 슬롯 1레벨당 피해가 1d8점씩 증가합니다.

분해 DISINTEGRATE
6레벨 변환계

시전 시간: 1 행동
사거리: 60ft
구성요소: 음성, 동작 물질(천연자석과 먼지 한 줌)
지속시간: 즉시

당신의 손가락 끝에서 가느다란 녹색 광선이 사거리 내의 목표에게 날아갑니다. 목표는 크리쳐이거나 물체, 혹은 *역장의 벽Wall of Force* 등 마법적인 역장으로 만들어진 창조물 등이 가능합니다.

이 주문의 목표가 크리쳐라면, 해당 크리쳐는 민첩 내성 굴림을 굴려야 합니다. 실패할 시 목표는 10d6+40점의 역장 피해를 받게 되며, 이 피해로 인해 목표의 hp가 0이하로 떨어지면 목표는 즉시 분해됩니다.

분해된 크리쳐는 마법 물건을 제외한 자신의 모든 장비품들 역시 같이 분해되어 버리며, 고운 회색 가루가 되어버립니다. 이렇게 가루가 된 크리쳐는 *진정한 부활True Resurrection*이나 *소원Wish* 주문으로만 살아날 수 있습니다.

이 주문은 대형 크기 이하의 비마법적 물체나 역장 물체는 자동으로 분해해버립니다. 목표가 거대 크기 이상이라면, 이 주문은 목표 물체의 10 × 10 × 10ft 범위만큼을 완전히 분해합니다. 마법 물건은 이 주문에 영향을 받지 않습니다.

고레벨에서. 당신이 7레벨 이상의 주문 슬롯을 사용하여 이 주문을 시전할 경우, 상승한 주문 슬롯 1레벨당 피해가 3d6점 증가합니다.

불꽃 칼날 FLAME BLADE
2레벨 방출계

시전 시간: 1 추가 행동
사거리: 자신
구성요소: 음성, 동작, 물질 (옻나무 잎 하나)
지속시간: 집중, 최대 10분까지

당신은 자신의 빈손에서 불꽃의 칼날이 솟아오르게 합니다. 이 칼날은 그 형태나 크기가 시미터와 유사하며, 지속시간 동안 계속 유지됩니다. 지속시간 중에는 언제나 칼날을 사라지게 할 수 있지만, 추가 행동을 사용하면 다시 솟아오르게 할 수 있습니다.

당신은 행동을 사용해 이 불꽃 칼날로 적에게 근접 주문 공격을 가할 수 있습니다. 이 공격이 명중하면 목표는 3d6의 화염 피해를 받게 됩니다.

불꽃 칼날은 주변 10ft까지를 밝은 빛으로, 추가로 10ft까지를 약한 빛으로 채웁니다.

고레벨에서. 당신이 4레벨 이상의 주문 슬롯을 사용하여 이 주문을 시전한 경우, 상승한 주문 슬롯 2레벨당 화염 피해가 1d6점씩 증가합니다.

불꽃의 벽 WALL OF FIRE
4레벨 방출계

시전 시간: 1 행동
사거리: 120ft
구성요소: 음성, 동작, 물질 (작은 인 한 조각)
지속시간: 집중, 최대 1분까지

당신은 사거리 내의 단단한 표면에 불꽃의 벽을 세웁니다. 당신은 최대 60ft 길이, 20ft 높이, 1ft 두께의 벽을 세우거나, 지름 20ft에 20ft 높이, 1ft 두께의 원형 벽을 세울 수 있습니다. 벽은 불투명하며, 지속시간 동안 유지됩니다.

벽이 나타날 때, 벽의 생성 범위 내에 있던 모든 크리쳐는 민첩 내성 굴림을 굴립니다. 내성에 실패한 크리쳐는 5d8의 화염 피해를 받고, 내성에 성공하면 피해는 절반으로 줄어듭니다.

당신은 이 주문을 시전할 때 벽의 양면 중 한 면을 선택합니다. 이 면 근처 10ft 이내에서 자기 턴을 끝내거나 벽 안에서 자기 턴을 끝낸 크리쳐는 매 턴 5d8점의 화염 피해를 받습니다. 매 턴 처음으로 불꽃 벽 속에 들어가는 크리쳐 역시 같은 화염 피해를 받습니다. 벽의 반대쪽 면은 피해를 주지 않습니다.

고레벨에서. 당신이 5레벨 이상의 주문 슬롯을 사용하여 이 주문을 시전한 경우, 상승한 주문 슬롯 1레벨당 피해가 1d8점씩 증가합니다.

불화의 속삭임 DISSONANT WHISPERS
1레벨 환혹계

시전 시간: 1 행동
사거리: 60ft
구성요소: 음성
지속시간: 즉시

당신은 사거리 내에서 당신의 소리를 들을 수 있는 크리쳐 하나에게 귀에 거슬리는 음률 하나를 속삭일 수 있습니다. 이 음률은 적에게 끔찍한 고통을 가합니다. 목표는 지혜 내성 굴림을 굴려야 하며, 실패할 시 3d6점의 정신 피해를 입고 즉시 반응행동을 사용해서 당신에게서 멀어져야 합니다. 목표는 불꽃이나 구덩이 등 뻔하게 피해를 입을 곳으로는 이동하지 않습니다. 내성에 성공할 경우 목표는 절반의 피해만 받으며, 이동할 필요도 없습니다. 귀머거리 상태인 크리쳐는 자동으로 내성에 성공합니다.

고레벨에서. 당신이 2레벨 이상의 주문 슬롯을 사용하여 이 주문을 시전할 경우, 상승한 주문 슬롯 1레벨당 피해가 1d6점 증가합니다.

붙잡는 덩굴 GRASPING VINE
4레벨 조형계

시전 시간: 1 추가 행동
사거리: 30ft
구성요소: 음성, 동작
지속시간: 집중, 최대 1분까지

당신은 사거리 내에서 당신이 볼 수 있는 점유되지 않은 지면 한 곳을 지정해, 그곳에서 덩굴이 솟아 나오게 합니다. 이 주문을 시전할 때, 당신은 덩굴이 돋아난 위치에서 30ft 이내의 지정된 크리쳐 하나를 향하도록 할 수 있습니다. 해당 크리쳐는 민첩 내성을 굴려야 하며, 실패할 시 덩굴 방향으로 20ft 끌려옵니다.

주문이 끝날 때까지, 당신은 자기 턴이 될 때마다 추가 행동을 사용하여 덩굴에게 명령을 내릴 수 있으며, 덩굴이 같은 크리쳐를 계속 붙잡게 하거나 다른 크리쳐를 끌어오게 할 수 있습니다.

비전 관문 ARCANE GATE
6레벨 조형계

시전 시간: 1 행동
사거리: 500ft
구성요소: 음성, 동작
지속시간: 집중, 최대 10분까지

당신은 주문의 지속시간 동안 유지되는 양방향 순간이동 포탈을 만들어 냅니다. 당신이 볼 수 있는 지점 두 곳을 지정합니다. 첫 번째 지점은 당신에게서 10ft 내에 있어야 하며, 두 번째 지점은 500ft 이내여야 합니다. 지름 10ft의 원형 포탈이 지정된 두 지점에 생겨납니다. 만약 당신이 지정한 지점이 다른 크리쳐에 의해 점유되어 있다면 주문은 자동으로 실패하며, 슬롯 역시 허비됩니다.

이 포탈은 평면이며 빛나는 안개의 고리로 둘러싸여 있습니다. 또한 포탈은 지면에서 살짝 떠 있으며 수직으로 위치합니다. 포탈은 한쪽 편으로만 들어갈 수 있으며, 들어갈 수 있는 면에서만 보입니다.

포탈에 들어가는 모든 크리쳐나 물체는 마치 바로 인접해 있는 것처럼 반대편 포탈로 나옵니다. 들어갈 수 없는 면으로 이동하는 것은 아무 효과도 없습니다. 포탈을 채우고 있는 안개는 불투명하며 시야를 가립니다. 당신은 자기 턴마다 추가 행동을 사용하여 포탈의 고리를 회전시켜 다른 방향을 향하도록 할 수 있습니다.

비전 신기루 MIRAGE ARCANE
7레벨 환영계

시전 시간: 10분
사거리: 시야
구성요소: 음성, 동작
지속시간: 10일

당신은 사방 1마일까지의 지형에 환영을 걸어 해당 지형이 마치 다른 지형인 것처럼 시각, 청각, 후각, 촉각 등을 속일 수 있습니다. 하지만 지형의 전반적인 형태는 유사하게 유지됩니다. 개활지나 가도에 환영을 걸어 늪지나 언덕, 균열 등의 통과 불가능한 지형처럼 보이게 만들 수 있습니다. 연못은 잔디 벌판처럼 보이게 만들 수 있으며, 절벽도 완만한 경사처럼 보이게 할 수 있고, 바위로 울퉁불퉁한 침식지 역시 고르고 평탄한 길처럼 보이도록 만들 수 있습니다.

또한 당신은 건축 구조물 등의 형상 역시 변화시킬 수 있으며, 실제로는 존재하지 않는 건축물이 존재하는 것처럼 보이게 할 수 있습니다. 하지만 이 주문으로는 크리쳐의 환영을 만들어내거나 존재하는 크리쳐를 변장시킬 수 없습니다.

이 환영은 시각, 청각, 촉각, 후각 등을 포함하며, 보통 평지를 어려운 지형으로 느껴지게 하거나 어려운 지형을 보통 평지처럼 보이게 만들 수 있습니다. 돌이나 나뭇가지 등, 지형의 일부를 이루는 환영을 주문의 유효 범위 밖으로 가지고 나올 경우, 이는 즉시 사라집니다.

진시야를 지닌 크리쳐는 환영을 간파하고 진짜 지형을 그대로 볼 수 있습니다. 하지만, 환영의 다른 요소는 그대로 남으며, 따라서 환영임을 간파한 크리쳐 역시 여전히 환영을 이루는 여러 요소를 다룰 수 있습니다.

비전 자물쇠 ARCANE LOCK
2레벨 방호계

시전 시간: 1 행동
사거리: 접촉
구성요소: 음성, 동작, 물질(25gp 가치의 금가루. 주문 시전시 소모됨.)
지속시간: 무효화될 때까지

당신은 닫힌 문이나 창문, 관문, 상자 등등의 물체에 접촉하여 주문의 지속시간 동안 잠겨있게 할 수 있습니다. 당신과 주문 시전 당시 당신이 지정한 크리쳐들은 평범하게 해당 물체를 열 수 있습니다. 또한 당신은 암호를 지정할 수 있으며, 잠겨진 물체로부터 5ft 내에서 암호를 말할 경우 1분간 주문을 억제하도록 할 수 있습니다. 이런 경우를 제외하면 이 주문은 무효화되거나 억제될 때까지 해당 물체를 완전히 잠겨진 상태로 만들 수 있습니다. 문열기Knock 주문을 시전할 경우, 비전 자물쇠의 효과를 10분간 억제할 수 있습니다.

이 주문의 효력을 받는 물체는 망가트리거나 억지로 열기가 더욱 어려워집니다. 해당 물체를 파괴하거나 자물쇠를 열기 위해 필요한 DC가 10 증가합니다.

비전의 눈 ARCANE EYE
4레벨 예지계

시전 시간: 1 행동
사거리: 30ft
구성요소: 음성, 동작, 물질(박쥐 가죽 조금)
지속시간: 집중, 최대 1시간까지

당신은 사거리 내의 특정 지점에, 허공에 떠 있는 보이지 않는 마법적인 눈을 만들어 냅니다.

당신은 이 눈으로부터 정신적으로 시각 정보를 전달받으며, 이 눈은 보통 시야에 더불어 30ft 범위의 암시야를 지닙니다. 이 눈은 모든 방향을 볼 수 있습니다.

당신은 행동을 사용하여 눈을 어느 방향으로든 최대 30ft까지 이동시킬 수 있습니다. 눈은 당신에게서 얼마든지 멀리 떨어질 수 있지만, 이계로는 갈 수 없습니다. 또한 눈은 방벽을 통과하지 못하지만, 지름 1인치 정도의 작은 틈이라도 있으면 들어갈 수 있습니다.

비틀대는 강타 STAGGERING SMITE
4레벨 방출계

시전 시간: 1 추가 행동
사거리: 자신
구성요소: 음성
지속시간: 집중, 최대 1분까지

주문의 지속시간 동안 당신이 가하는 다음번 첫 근접 무기 공격이 명중하면, 당신의 무기는 적의 육체와 정신 모두를 관통하며, 원래 피해에 더해 4d6점의 정신 피해를 가합니다. 목표는 지혜 내성 굴림을 굴려야 하며, 실패하면 당신의 다음 턴이 끝날 때까지 모든 명중 굴림과 능력 판정에 불리점을 받고 반응행동을 사용할 수 없습니다.

비행 FLY
3레벨 변환계

시전 시간: 1 행동
사거리: 접촉
구성요소: 음성, 동작, 물질 (새의 날개 깃털)
지속시간: 집중, 최대 10분까지

당신은 주문은 받고자 하는 크리쳐에 접촉하여 목표에게 60ft 속도로 비행할 수 있는 능력을 부여합니다. 주문의 지속시간이 끝날 때 목표가 여전히 비행중이었다면, 목표에게 추락을 방지할 수 있는 수단이 없는 한 즉시 추락할 것입니다.

고레벨에서. 당신이 4레벨 이상의 주문 슬롯을 사용하여 이 주문을 시전할 경우, 상승한 주문 슬롯 1레벨당 추가로 하나씩의 크리쳐에게 비행 능력을 부여할 수 있습니다.

빅바이의 손 BIGBY'S HAND
5레벨 방출계

시전 시간: 1 행동
사거리: 120ft
구성요소: 음성, 동작, 물질 (계란 껍데기와 뱀가죽 장갑)
지속시간: 집중, 최대 1분까지

당신은 사거리 내에 당신이 볼 수 있는 점유되지 않는 지점에 대형 크기의 은은히 빛나는 투명한 역장 손을 만들어 냅니다. 이 손은 주문의 지속시간 동안 유지되고, 당신의 명령에 따라 움직이며, 당신의 손동작을 그대로 흉내 냅니다.

이 손은 AC 20이며 당신의 최대hp 절반을 지닌 물체로 취급합니다. 이 손의 hp가 0이 되면 주문이 종료됩니다. 이 손은 근력 26(+8), 민첩 10(+0)을 지니고 있으며, 위치한 공간을 점유하지 않습니다.

이 주문을 시전하고 나서, 이후 당신의 턴이 될 때마다 당신은 추가 행동을 사용하여 이 손을 60ft까지 이동시킬 수 있으며, 아래 효과 중 하나를 사용할 수 있습니다.

움켜쥔 주먹. 손은 자기 위치에서 5ft 내의 크리쳐 하나를 공격합니다. 당신의 게임 수치를 사용해 목표에게 근접 주문 공격을 가합니다. 명중할 경우 목표는 4d8점의 역장 피해를 받습니다.

강력한 손. 손은 자기 위치에서 5ft 내의 목표 하나를 당신이 원하는 방향으로 밀어붙입니다. 손의 근력 점수를 사용하여 목표와 근력(운동) 대결 판정을 벌입니다. 만약 목표가 중형 이하 크기라면, 당신은 이 판정에 이점을 받습니다. 당신이 이겼다면 손은 목표를 5 + 당신의 주문 시전 능력 수정치 × 5ft만큼 밀어낼 수 있습니다. 밀어붙이고 나서도 손은 목표로부터 5ft 내에 남아 있습니다.

붙잡는 손. 손은 목표로부터 5ft 내의 거대 이하 크기 목표 하나를 붙잡으려 시도합니다. 당신은 손의 근력 점수를 이용해 잡기 판정을 행합니다. 만약 목표가 중형 이하 크기라면 당신은 판정에 이점을 받습니다. 손이 목표를 붙잡고 있다면, 당신은 추가 행동을 사용해 목표를 으깨 버리려 할 수 있습니다. 이렇게 할 경우, 목표는 2d6+ 당신의 주문시전 능력 수정치만큼의 타격 피해를 받습니다.

가로막는 손. 손은 다른 명령을 내리기 전까지 당신과 해당 크리쳐 사이를 가로막습니다. 이 손은 목표와 당신 사이에 있으려 하며, 당신과 목표 각각에 절반 엄폐를 제공합니다. 목표의 근력이 손의 근력 이하라면, 목표는 손이 차지한 공간을 통과해 지나칠 수 없습니다. 만약 목표의 근력 점수가 손의 근력보다 높다면, 목표는 손의 공간을 통과하여 당신에게 접근할 수 있지만, 이 경우 손이 차지한 공간은 어려운 지형으로 취급합니다.

고레벨에서. 당신이 6레벨 이상의 주문 슬롯을 사용하여 이 주문을 시전할 경우, 움켜쥔 주먹이 가하는 피해는 상승한 주문 슬롯 1레벨당 2d8점 증가하며, 붙잡는 손이 가하는 피해는 상승한 주문 슬롯 1레벨당 2d6점 증가합니다.

빈사 안정 SPARE THE DYING
사령계 소마법

시전 시간: 1 행동
사거리: 접촉
구성요소: 음성, 동작
지속시간: 즉시

당신은 hp가 0이 된 살아있는 크리쳐 하나에 접촉하여 안정시킬 수 있습니다. 이 주문은 언데드나 구조물에는 효력이 없습니다.

빛 LIGHT
방출계 소마법

시전 시간: 1 행동
사거리: 접촉
구성요소: 음성, 물질(개똥벌레 혹은 발광이끼 약간)
지속시간: 1시간

당신은 10 × 10 × 10ft 이하 크기의 물체 하나에 접촉하여 주문의 지속시간 동안 20ft까지는 밝은 빛으로, 추가로 20ft까지는 약한 빛으로 빛나게 합니다. 당신은 원하는 대로 빛의 색깔을 정할 수 있습니다. 이 물체를 완전히 가려서 빛 역시 새어 나오지 않게 할 수 있습니다. 이 주문은 지속시간이 끝나거나 당신이 이 주문을 다시 시전할 경우, 아니면 행동을 사용해 주문을 취소할 경우 효력이 종료됩니다.

적대적인 크리쳐가 장비하거나 들고 있는 물체에 주문을 시전한 경우, 해당 크리쳐는 민첩 내성 굴림을 굴려 성공할 경우 주문을 피할 수 있습니다.

사냥꾼의 징표 HUNTER'S MARK
1레벨 예지계

시전 시간: 1 추가 행동
사거리: 90ft
구성요소: 음성
지속시간: 집중, 최대 1시간까지

당신은 사거리 내에서 당신이 볼 수 있는 크리쳐 하나에 신비한 징표를 찍어 당신의 사냥감으로 정합니다. 주문의 지속시간 동안, 당신이 사냥감에게 가하는 모든 무기 공격은 추가로 1d6점의 피해를 가하며, 사냥감을 찾는 지혜(감지)나 지혜(생존) 판정에는 이점을 받을 수 있습니다. 주문의 지속시간이 끝나기 전까지 사냥감의 hp가 0이하로 떨어진 경우, 당신은 이후 턴에 추가 행동을 사용하여 새로운 크리쳐를 사냥감으로 지정할 수 있습니다.

고레벨에서. 당신이 3레벨이나 4레벨 주문 슬롯을 사용하여 이 주문을 시전한 경우, 당신은 주문의 지속시간을 집중시 최대 8시간까지 늘릴 수 있습니다. 당신이 5레벨 이상의 주문 슬롯을 사용하여 이 주문을 시전한 경우, 당신은 주문의 지속시간을 집중시 최대 24시간까지 늘릴 수 있습니다.

사명 부여 GEAS
5레벨 환혹계

시전 시간: 1분
사거리: 60ft
구성요소: 음성
지속시간: 30일

당신은 사거리 내의 크리쳐 하나에게 마법적인 명령을 내려, 어떤 봉사를 요구하거나 당신이 원하는 일련의 행동을 하도록 강제할 수 있습니다. 주문을 들은 크리쳐가 당신의 말을 이해할 수 있다면, 해당 크리쳐는 지혜 내성 굴림을 굴려 실패시 주문의 지속시간 동안 당신에게 매혹된 상태가 됩니다. 목표가 당신에게 매혹되어 있는 동안 당신이 내린 명령에 직접적으로 반대되는 행동을 할 때마다, 목표는 5d10점의 정신 피해를 받게 됩니다. 이 피해는 하루 1번씩만 가해집니다. 당신의 말을 이해하지 못하는 크리쳐는 주문에 영향을 받지 않습니다.

당신은 원하는 명령은 무엇이나 내릴 수 있으나, 확실한 죽음이 예상되는 것은 할 수 없습니다. 당신이 자살적인 명령을 내릴 경우 주문의 효력은 끝납니다.

당신은 행동을 사용해 주문을 종료시킬 수 있습니다. *저주 해제 Remove Curse*나 *상급 회복Greater Restoration*, 혹은 *소원Wish* 주문을 사용해도 주문을 끝낼 수 있습니다.

고레벨에서. 당신이 7레벨 또는 8레벨 주문 슬롯을 사용하여 이 주문을 시전한 경우, 주문의 지속시간은 1년이 됩니다. 당신이 9레벨 주문 슬롯을 사용하여 이 주문을 시전한 경우, 이 주문은 위에 언급된 해소 주문들에 의해 해소되지 않는 한 영구적으로 지속될 것입니다.

사자 소생 RAISE DEAD
5레벨 사령계

시전 시간: 1시간
사거리: 접촉
구성요소: 음성, 동작, 물질(최소 500gp 가치의 다이아몬드. 주문 시전시 소모됨.)
지속시간: 즉시

당신은 죽은 지 10일 내의 접촉한 시체를 살려낼 수 있습니다. 단, 이는 해당 크리쳐의 영혼이 자유롭고 살아나고자 하는 상태여야 하며, 목표는 hp1로 살아납니다.

이 주문은 목표가 죽기 전에 걸려 있던 모든 일반적 독을 중화시키며 보통 질병을 치유합니다. 하지만 이 주문이 마법적인 질병이나 저주 등을 회복시키지는 못합니다. 만약 목표에게 여전히 마법적인 질병이나 저주가 남아 있고 이를 제거하지 않은 상태에서 이 주문을 시전했다면, 부활한 이후에도 목표에게는 해당 질병이나 저주가 남아 있을 것입니다. 이 주문은 언데드를 살려낼 수 없습니다.

이 주문은 모든 치명적 부상을 치유하지만, 잃어버린 장기나 사지를 회복시키지는 못합니다. 만약 부활시키고자 하는 시체가 머리나 심장 등 생명 유지에 필수 불가결한 장기가 없는 상태였다면, 이 주문은 자동적으로 실패합니다.

죽음에서 부활하는 것은 고통스러운 과정입니다. 목표는 모든 명중 굴림, 내성 굴림, 능력 판정에 -4 페널티를 받습니다. 목표가 긴 휴식을 취할 때마다 이 페널티는 1씩 감소합니다.

사체 조종 ANIMATE DEAD
3레벨 사령계

시전 시간: 1분
사거리: 10ft
구성요소: 음성, 동작, 물질(피 한 방울, 살점 약간, 뼛가루 한 줌.)
지속시간: 즉시

이 주문은 언데드 하인을 창조합니다. 사거리 내에 있는 중형 혹은 소형 크기의 인간형 시체 혹은 뼈 무더기를 정합니다. 당신의 주문은 목표에 사악한 힘을 부여해 언데드 크리쳐로 일으킬 것입니다. 뼈 무더기에 마법을 가한 경우 스켈레톤이, 시체에 마법을 건 경우 좀비가 만들어집니다. (DM이 해당 크리쳐의 게임 수치를 지정할 것입니다.)

당신의 턴이 될 때마다, 당신은 추가 행동을 사용해 이 주문으로 만들어진 크리쳐들에게 정신적으로 명령을 내릴 수 있습니다. 이때 하인들은 당신으로부터 60ft 내에 있어야 하며, 하나의 행동으로 여러 부하에게 동시에 명령을 내릴 수도 있습니다. 모든 부하에게 같은 명령을 내려야 하는 것은 아니며, 각각의 부하에게 별개의 명령을 내릴 수도 있습니다. 당신은 각각의 크리쳐가 취할 행동을 일일이 정할 수도 있고, 특정한 위치를 지키라거나 복도를 막으라는 등의 대략적인 명령을 내릴 수도 있습니다. 당신이 어떤 명령도 내리지 않는다면, 되살아난 크리쳐들은 적대적인 대상에게서 스스로를 보호하려 할 뿐 특별히 다른 행동을 하지 않습니다. 일단 명령을 내리고 나면 이들은 임무를 완수할 때까지 최선을 다해 명령을 수행할 것입니다.

이 크리쳐는 이후 24시간동안 당신의 통제에 따르며, 이 시간이 지나고 나면 통제에서 벗어나 명령을 따르지 않을 것입니다. 계속 통제를 유지하려면 24시간이 지나기 전에 다시 주문을 시전해야 할 것입니다. 새로이 사체를 조종하는 것이 아니라 이렇게 통제를 유지하기 위해 주문을 시전한 경우, 한 번의 시전으로 최대 4체까지의 사체에 통제력을 유지할 수 있습니다.

고레벨에서. 당신이 4레벨 이상의 주문 슬롯을 사용하여 이 주문을 시전할 경우, 상승한 주문 슬롯 1레벨당 추가로 2체의 언데드를 만들어낼 수 있습니다. 통제를 유지하려 할 경우에도 추가로 2체씩을 더 통제할 수 있습니다. 새로운 언데드들은 각각 다른 시체나 뼛더미에서 만들어져야 합니다.

산성 거품 ACID SPLASH
조형계 소마법

시전 시간: 1 행동
사거리: 60ft
구성요소: 음성, 동작
지속시간: 즉시

당신은 산성 거품을 던집니다. 사거리 내에서 볼 수 있는 크리쳐 하나를 지정하거나, 서로 5ft 내에 인접해 있는 크리쳐 둘을 지정할 수 있습니다. 이렇게 지정된 목표들은 민첩 내성 굴림을 굴려야 하며, 실패할 시 1d6점의 산성 피해를 받게 됩니다.

이 주문의 피해는 시전자의 총 레벨이 오르면서 점점 증가하여 5레벨에 2d6, 11레벨에 3d6, 17레벨에 4d6의 피해를 가합니다.

상급 영상 MAJOR IMAGE
3레벨 환영계

시전 시간: 1 행동
사거리: 120ft
구성요소: 음성, 동작, 물질(양털 조금)
지속시간: 집중, 최대 10분까지

당신은 어떤 물체나 크리쳐, 혹은 보이는 현상의 환영을 만들어 냅니다. 당신이 만들어내는 환영은 20 × 20 × 20ft 이내여야만 합니다. 이 영상은 사거리 내에서 당신이 원하는 지점에 생겨나며, 주문이 지속되는 동안 유지됩니다. 이 영상은 완벽하게 사실적으로 보이며, 청각이나 후각, 심지어 온도까지 위장할 수 있습니다. 하지만 당신은 상대에게 피해를 줄 정도로 뜨겁거나 차가운 온도는 만들어 낼 수 없으며 천둥 피해를 주거나 귀머거리가 될 만큼 큰 소리는 만들어 낼 수 없으며, 누군가를 역겹게 하거나 토할만한 냄새 역시 만들 수 없습니다.(트로글로다이트의 악취 등)

당신의 사거리 내에 환영이 있는 한, 당신은 행동을 사용하여 사거리 내의 다른 지점으로 환영을 이동시킬 수 있습니다. 영상의 위치가 이동하는 동안, 영상은 자연스럽게 움직이는 것처럼 보입니다. 예를 들어, 당신이 크리쳐의 환영을 만들어 이동시켰다면 마치 크리쳐가 자연스럽게 걸어가는 것처럼 보일 것입니다. 이와 마찬가지로 당신은 크리쳐가 내는 소리 역시 계속 새로이 만들어 낼 수 있으며, 이를 통해 대화하는 소리의 환영 역시 만들 수 있습니다.

이 영상에 물리적으로 접촉하게 되면 투과하기 때문에 이것이 환영임을 바로 알 수 있습니다. 환영에 직접 접촉하지 않더라도 행동을 사용해 당신의 주문 내성 DC를 목표로 한 지능(수사) 판정을 하여 성공한 경우 환영을 간파할 수 있습니다. 일단 환영임을 간파하면 이를 투과하여 볼 수 있으며, 환영이 가하는 다른 감각의 환상 역시 희미하게 느껴집니다.

고레벨에서. 당신이 6레벨 이상의 주문 슬롯을 사용하여 이 주문을 시전할 경우, 이 주문의 지속시간은 무효화되기 전까지 유지되며, 당신은 더는 주문에 정신집중을 유지할 필요가 없습니다.

상급 투명화 GREATER INVISIBILITY
4레벨 환영계

시전 시간: 1 행동
사거리: 접촉
구성요소: 음성, 동작
지속시간: 집중, 최대 1분까지

당신이나 당신이 접촉한 크리쳐는 주문이 종료될 때까지 투명 상태가 됩니다. 목표가 장비하고 있거나 들고 있던 물체 역시 목표가 지니고 있는 한 투명 상태가 됩니다.

상급 회복 GREATER RESTORATION
5레벨 방호계

시전 시간: 1 행동
사거리: 접촉
구성요소: 음성, 동작, 물질(최소 100gp 가치의 다이아몬드 가루. 주문 시전시 소모됨.)
지속시간: 즉시

당신은 접촉한 대상에게 긍정적인 힘을 주입하여 쇠약해지게 만드는 효과를 무효화합니다. 당신은 목표의 탈진 레벨을 1단계 떨어트리거나, 목표가 받고 있는 아래 효과 중 하나를 끝낼 수 있습니다.

• 목표가 받고 있는 매혹이나 석화 상태 하나를 끝낼 수 있음.
• 저주 하나. 저주받은 마법 물건과의 조율도 하나 끝낼 수 있음.
• 저하된 능력 점수 하나를 회복할 수 있음.
• 목표의 최대hp를 감소시키는 효과 하나를 무효화할 수 있음.

상처 가해 INFLICT WOUNDS
1레벨 사령계

시전 시간: 1 행동
사거리: 접촉
구성요소: 음성, 동작
지속시간: 즉시

당신이 닿는 범위 내의 대상 하나에게 근접 주문 공격을 가합니다. 명중하면 목표는 3d10점의 사령 피해를 받습니다.

고레벨에서. 당신이 2레벨 이상의 주문 슬롯을 사용하여 이 주문을 시전할 경우, 상승한 주문 슬롯 1레벨당 1d10점씩 사령 피해가 증가합니다.

상처 치료 CURE WOUNDS
1레벨 방출계

시전 시간: 1 행동
사거리: 접촉
구성요소: 음성, 동작
지속시간: 즉시

당신은 접촉한 크리쳐를 치유하여 1d8 + 당신의 주문시전 능력 수정치만큼 hp를 회복시킵니다. 이 주문은 언데드나 구조물에는 효력이 없습니다.

고레벨에서. 당신이 2레벨 이상의 주문 슬롯을 사용하여 이 주문을 시전할 경우, 상승한 주문 슬롯 1레벨당 1d8점씩 추가로 hp를 회복할 수 있습니다.

색 분사 COLOR SPRAY
1레벨 환영계

시전 시간: 1 행동
사거리: 자신(15ft 원뿔형)
구성요소: 음성, 동작, 물질(빨간색, 노란색, 파란색으로 물들인 가루나 모래 한 움큼)
지속시간: 1라운드

번쩍이는 눈 부신 빛이 당신의 손에서 솟구쳐 나옵니다. 주문 시작시 6d10을 굴립니다. 이 결과가 당신이 영향을 가할 수 있는 크리쳐들의 최대 hp 합계가 됩니다. 당신에서 시작되는 15ft 길이의 원뿔 범위 내 모든 크리쳐는 현재 hp가 낮은 순서대로 이 주문의 영향을 받습니다. (무의식 상태이거나 볼 수 없는 크리쳐는 영향을 받지 않으므로 제외합니다.)

현재 hp가 가장 낮은 크리쳐부터 주문에 영향을 받으며, 주문에 영향을 받은 모든 크리쳐들은 당신의 다음 턴이 끝날 때까지 장님 상태가 됩니다. 총량에서 영향을 받은 크리쳐의 현재 hp를 빼고 다음 크리쳐에게 영향을 주며, 이런 식으로 영향을 가한 뒤 현재 hp가 남은 총량보다 높은 크리쳐만 남으면 이들은 주문에 영향을 받지 않고 장님 상태가 되지 않습니다.

고레벨에서. 당신이 2레벨 이상의 주문 슬롯을 사용하여 이 주문을 시전할 경우, 상승한 주문 슬롯 1레벨당 영향을 줄 수 있는 최대 hp 합계가 2d10점씩 증가합니다.

생각 탐지 DETECT THOUGHTS
2레벨 예지계

시전 시간: 1 행동
사거리: 자신
구성요소: 음성, 동작, 물질(구리 조각 하나)
지속시간: 집중, 최대 1분까지

주문의 지속시간 동안, 당신은 특정한 크리쳐들의 생각을 읽을 수 있습니다. 당신이 주문을 시전할 때나 이후 당신의 턴마다 당신이 행동을 사용하면, 당신은 정신을 집중하여 30ft 내의 목표 하나를 지정해 생각을 읽으려 할 수 있습니다. 만약 당신이 지정한 목표가 지능 3 이하이거나 언어를 구사할 수 있는 능력이 없다면 이 주문에 영향을 받지 않습니다.

당신은 즉시 크리쳐의 표면적 생각을 읽어냅니다. 지금 당장 목표가 떠올리고 생각하고 있는 것이 보이게 됩니다. 이후 당신은 행동을 사용해 다른 크리쳐에게로 주의를 돌려 생각을 읽거나, 이미 읽고 있는 크리쳐의 마음속 깊이 들어가려 할 수 있습니다. 당신이 상대의 마음속 깊은 곳에 들어가려 할 경우 상대는 지혜 내성 굴림을 굴려야 하며, 상대가 실패한다면 당신은 상대의 동기(있다면), 감정적 상태, 상대가 대략적으로 계속 생각하는 것(걱정거리, 사랑, 미워하는 대상 등)등을 알 수 있습니다. 상대가 내성에 성공하면 주문은 종료됩니다. 어느 쪽이든 상대는 당신이 마음을 읽으려 했다는 사실을 알 수 있으며, 당신이 주의를 다른 크리쳐에게 돌려 다른 목표의 생각을 읽으려 하지 않는 한 당신이 들여다보려 한 상대는 자기 턴에 행동을 사용해 당신과 지능 대결 판정을 벌일 수 있습니다. 이 대결 판정에서 상대가 성공한 경우 주문은 종료됩니다.

상대에게 직접 질문을 던지면 생각의 흐름을 바꿀 수 있으며, 따라서 이 주문은 심문 과정에서 매우 유용합니다.

이 주문은 주변에 당신이 볼 수 없는 존재가 있는지 감지하는 용도로도 사용할 수 있습니다. 당신이 이 주문을 시전한 시점이나 당신의 턴에 행동을 사용할 때마다, 당신은 주변 30ft 내에서 생각을 탐지할 수 있습니다. 이 주문의 감각은 대부분의 방벽을 투과할 수 있지만, 2ft 두께의 돌이나 2인치 두께의 보통 금속, 또는 얇은 납판은 투과할 수 없습니다. 당신은 지능 3 이하이거나 언어 구사 능력이 없는 크리처는 탐지할 수 없습니다.

당신이 이런 방식으로 주변의 존재를 탐지하고 나면, 보이지는 않더라도 주문의 남은 지속시간 동안 위에 나온 것처럼 해당 목표의 생각을 읽을 수 있습니다.

생명의 오오라 Aura of Life
4레벨 방호계

시전 시간: 1 행동
사거리: 자신(30ft 반경)
구성요소: 음성
지속시간: 집중, 최대 10분까지

당신을 중심으로 30ft 반경에 생명을 보존하는 힘이 오오라로 퍼져 나옵니다. 주문의 지속시간 동안 이 오오라는 당신을 중심으로 당신을 따라 움직입니다. 오오라 내에 있는 적대적이지 않은 크리처들은 모두 사령 피해에 대해 저항을 얻게 되며, 최대 hp가 감소하지 않게 됩니다. 추가로 오오라 내에 있는 비적대적인 살아 있는 크리처의 hp가 0으로 떨어진 경우, 자기 턴이 시작할 때 hp 1점으로 회복할 수 있게 됩니다.

서리 광선 Ray of Frost
방출계 소마법

시전 시간: 1 행동
사거리: 60ft
구성요소: 음성, 동작
지속시간: 즉시

청백색의 광선이 사거리 내의 목표에게 날아갑니다. 목표에 대해 장거리 주문 공격을 가합니다. 명중한 경우 목표는 1d8점의 냉기 피해를 입게 되며, 당신의 다음 턴이 시작할 때까지 이동속도가 10ft 감소합니다.

이 주문의 피해는 시전자의 총 레벨이 오르면서 점점 증가하여 5레벨에 2d8, 11레벨에 3d8, 17레벨에 4d8의 피해를 가합니다.

섬뜩한 방출 Eldritch Blast
방출계 소마법

시전 시간: 1 행동
사거리: 120ft
구성요소: 음성, 동작
지속시간: 즉시

파직파직거리는 힘의 광선이 사거리 내의 목표에게 날아갑니다. 목표에 대해 장거리 주문 공격을 가합니다. 명중한 경우 목표는 1d10점의 역장 피해를 입게 됩니다.

이 주문은 고레벨에 도달한 경우 하나 이상의 광선을 발사하게 됩니다. 시전자 5레벨에 광선 2개, 11레벨에 광선 3개, 17레벨에 광선 4개를 발사하게 됩니다. 당신은 각각의 광선을 다른 목표에게 지정하거나, 하나의 목표에게 모두 집중할 수도 있습니다. 각각의 광선마다 따로 명중 굴림을 굴려야 합니다.

성스러운 오오라 Holy Aura
8레벨 방호계

시전 시간: 1 행동
사거리: 자신
구성요소: 음성, 동작, 물질 (최소 1,000gp 가치의 작은 성물함. 안에는 성자의 옷조각이나 성서의 일부 등 성물이 있어야 함.)
지속시간: 집중, 최대 1분까지

신성한 빛이 당신에게서 퍼져나와 30ft 반경을 부드러운 광채로 가득 채웁니다. 주문의 반경 내에서 당신이 선택한 모든 크리처들은 5ft 반경까지 약한 빛을 내게 되며 모든 내성 굴림에 이점을 받게 됩니다. 다른 크리처들이 당신이 선택한 대상들을 공격하려 할 때는 명중 굴림에 불리점을 받습니다. 추가로 악마나 언데드가 당신이 선택한 크리처를 근접 공격으로 명중시킨 경우 오오라가 강렬한 섬광으로 빛나며, 공격한 악마나 언데드는 건강 내성 굴림을 굴려 실패한 경우 주문의 지속 시간이 끝날 때까지 장님 상태가 됩니다.

성역화 Sanctuary
1레벨 방호계

시전 시간: 1 추가 행동
사거리: 30ft
구성요소: 음성, 동작, 물질 (작은 은거울)
지속시간: 1분

당신은 사거리 내의 크리처 하나를 공격으로부터 보호합니다. 주문의 지속시간 동안, 당신이 보호하려는 크리처를 목표로 공격을 가하려 하거나 해로운 주문을 시전하려는 자들은 먼저 지혜 내성 굴림을 굴려야 하며, 내성에 실패한 경우 다른 목표를 지정하지 않으면 공격 혹은 주문을 할 수 없게 됩니다. 이 주문은 화염구*Fireball*의 폭발 등 범위 효과로부터 목표를 보호해주지 못합니다.

해당 크리처가 공격을 가하거나, 주문을 사용하거나, 적에게 피해를 가하는 등의 행동을 할 경우 이 주문의 효과는 종료됩니다.

성전사의 망토 Crusader's Mantle
3레벨 방출계

시전 시간: 1 행동
사거리: 자신
구성요소: 음성
지속시간: 집중, 최대 1분까지.

성스러운 힘이 당신에게서 퍼져나와 30ft 반경을 오오라로 채웁니다. 이 범위 내의 우호적인 크리처들은 용기가 솟아오릅니다. 주문의 지속시간 동안 이 오오라는 당신을 중심으로 당신을 따라 움직입니다. 오오라 내에 있는 적대적이지 않은 크리처들 각각은 무기 공격을 가할 때 추가로 1d4점의 광휘 피해를 더 가할 수 있습니다.

소원 Wish
9레벨 조형계

시전 시간: 1 행동
사거리: 자신
구성요소: 음성
지속시간: 즉시

소원은 필멸자가 시전할 수 있는 가장 강대한 주문 중 하나입니다. 당신은 단순히 크게 외치는 것만으로 주변의 현실을 당신의 바람대로 변화시키는 힘을 얻게 됩니다.

이 주문의 기초적인 사용법은 8레벨 이하의 주문 효과를 그대로 복제하는 것입니다. 당신은 원래 주문의 필요조건을 만족시킬 필요가 없으며, 값비싼 구성 요소도 무시할 수 있습니다. 복제하기를 원하는 주문은 그대로 시전될 것입니다.

이 주문에는 그 외에도 다양한 사용법이 있을 수 있습니다.

• 당신은 25,000gp 이하의 가치를 지닌 마법적이지 않은 물건을 창조할 수 있습니다. 이렇게 만들어지는 물건은 300 × 300 × 300ft 이하 크기여야 하며, 당신이 볼 수 있는 점유되지 않은 공간에 나타날 것입니다.

- 당신은 최대 20체까지의 크리쳐들을 치유해 모든 hp를 다 회복시킬 수 있으며, 상급 회복 주문으로 치유할 수 있는 모든 효과를 다 치유할 수 있습니다.
- 당신은 최대 10체까지의 크리쳐들에게 당신이 선택한 한 가지 피해 속성에 대한 저항을 부여할 수 있습니다.
- 당신은 최대 10체까지의 크리쳐들에게 한 가지 주문이나 마법 효과에 대해 8시간 동안 면역을 부여할 수 있습니다. 예를 들어, 당신은 자신과 동료들에게 리치의 생명 흡수 공격에 대한 면역을 부여할 수 있습니다.
- 당신은 지난 라운드에 굴린 주사위 굴림을 다시 굴리는 방식으로 최근에 일어난 사건 하나를 무효화할 수 있습니다. (당신의 방금 전 턴 역시 포함됩니다.) 현실 그 자체가 새로운 결과에 맞추어 변화할 것입니다. 예를 들어, 소원 주문을 사용하면 상대가 성공한 내성을 취소하고 다시 굴리게 할 수 있으며, 적의 치명타를 무효로 하고 다시 굴리게 할 수 있고, 친구가 내성에 실패한 경우도 한 번 더 기회를 줄 수 있습니다. 당신은 이렇게 다시 주사위를 굴릴 때 상대에게 이점이나 불리점을 부여할 수 있으며, 새로 나온 결과를 쓸지 원래 결과를 쓸지 역시 선택할 수 있습니다.

당신은 위의 예시에 해당되지 않는 일 역시 이루어 낼 수 있습니다. 당신의 소원을 DM에게 가능한 한 상세히 설명하십시오. DM은 어떤 일이 벌어질지에 대한 재량권이 있습니다. 소원이 거대할수록, 뭔가 잘못 돌아가게 될 가능성도 커집니다. 이 주문은 그냥 단순히 실패할 수도 있지만, 당신이 원하는 효과가 부분적으로만 이루어지는 경우도 있을 수 있고, 당신이 예측하지 못한 부작용이 벌어지는 경우 역시 가능합니다. 예를 들어, 악당이 죽었으면 좋겠다고 소원을 빈 경우, 당신은 목표가 죽은 시간대로 날아가 버리고 실제로 게임에서 아예 제외되는 결과가 나올 수도 있습니다. 마찬가지로 전설적인 마법 물건이나 유물을 소원으로 빈 경우, 그 현재 소유자가 위치한 곳으로 갑자기 당신을 날려 보낼 수도 있습니다.

기존 주문을 복제하는 용도 외의 다른 방식으로 이 주문을 시전한 경우, 무거운 압박감 때문에 당신은 취약해지게 됩니다. 이 압박감 이후, 긴 휴식을 취하기 전까지 당신이 다른 주문을 시전할 때마다 당신은 시전하려는 주문의 레벨당 1d10점의 사령 피해를 받게 됩니다. 이 피해는 어떤 방식으로도 감소시키거나 막을 수 없습니다. 추가로, 당신의 근력 점수는 이후 2d4일간 3점이 됩니다. (이미 근력이 3점 이하라면 변화가 없습니다.) 이렇게 힘이 약해져 있을 때, 하루 동안 당신이 쭉 휴식을 취하고 가벼운 활동만 했다면, 회복 기간이 2일 줄어들 것입니다. 마지막으로, 기존 주문을 복제하는 용도 이외로 이 주문을 사용할 때는 무거운 압박감으로 인해 당신이 다시는 소원 주문을 시전하지 못하게 될 확률이 33% 존재합니다.

수리 MENDING
변환계 소마법

시전 시간: 1분
사거리: 접촉
구성요소: 음성, 동작, 물질 (자석 2개)
지속시간: 즉시

이 주문은 접촉한 물체 하나의 파손이나 손상을 수리합니다. 예를 들면 망가진 사슬이나, 두 개로 부러진 열쇠를 하나로 합치는 것, 찢어진 망토를 수리하는 것, 새는 수통을 고치는 것 등이 여기에 포함됩니다. 망가진 부분은 1 × 1 × 1ft 이내여야 합니다. 일단 수리하고 나면 이전 망가진 부분은 전혀 찾아볼 수 없습니다.

이 주문은 물리적으로 망가진 마법 물건이나 구조물 역시 수리할 수 있지만, 그러한 물건에 담겨 있던 마법의 힘을 도로 되찾을 수는 없습니다.

수면 SLEEP
1레벨 환혹계

시전 시간: 1 행동
사거리: 90ft
구성요소: 음성, 동작, 물질(고운 모래 한 줌, 장미 꽃잎 하나와 귀뚜라미 한 마리)
지속시간: 1분

이 주문은 여러 크리쳐들을 마법적인 잠에 빠트립니다. 주문 시전시 5d8를 굴리며, 이 총량이 주문에 영향을 받는 크리쳐들의 hp 합계가 됩니다. 사거리 내에서 당신이 지정한 지점으로부터 20ft 내의 모든 크리쳐들은 현재 hp가 낮은 순서대로 주문의 영향을 받습니다.(이미 무의식 상태인 크리쳐은 제외됩니다.)

현재 hp가 가장 낮은 크리쳐부터, 주문에 영향을 받은 자들은 주문의 지속시간이 끝날 때까지 잠에 빠져 무의식 상태가 됩니다. 잠든 자가 피해를 받거나 깨어 있는 누군가가 행동을 사용해 깨울 경우, 지속시간 중에도 깨어날 수 있습니다. 하나씩 재울 때마다 hp 총량에서 잠든 대상의 hp를 빼며, 이렇게 계속 빼 나가다가 현재 hp가 남은 총량보다 큰 크리쳐만 남은 경우 이들은 주문의 영향을 받지 않습니다.

언데드나 매혹 효과에 면역인 크리쳐들은 이 주문에 영향을 받지 않습니다.

고레벨에서. 당신이 이 주문을 2레벨 이상의 주문 슬롯을 사용하여 시전할 경우, 상승한 주문 슬롯 1레벨당 영향을 받는 hp 총합이 2d8씩 증가합니다.

수면 보행 WATER WALK
3레벨 변환계 (의식)

시전 시간: 1 행동
사거리: 30ft
구성요소: 음성, 동작, 물질 (코르크 조각 하나)
지속시간: 1시간

이 주문은 액체의 표면 위에서 이동할 수 있는 능력을 부여합니다. 이 액체는 물, 산, 진흙, 눈, 유사, 용암 등을 모두 포함하며, 이 주문을 사용하면 이러한 액체의 표면 위를 마치 보통 대지처럼 해를 입지 않고 걸어다닐 수 있습니다. (용암에 가까이 있으면 여전히 열에 의한 피해를 입을 수는 있습니다.) 사거리 내에서 당신이 볼 수 있는 크리쳐 최대 10체까지를 지정해 이러한 능력을 부여할 수 있으며, 각각의 대상은 주문을 받고자 해야 합니다.

만약 당신이 이미 액체 속에 빠져 있는 목표에게 이 능력을 부여했다면, 해당 목표는 매 라운드 60ft의 속도로 수면을 향해 올라올 것입니다.

수중 호흡 WATER BREATHING
3레벨 변환계(의식)

시전 시간: 1 행동
사거리: 30ft
구성요소: 음성, 동작, 물질 (작은 갈대나 지푸라기 한 조각)
지속시간: 24시간

이 주문은 사거리 내에서 최대 10체까지의 주문을 받고자 하는 크리쳐에게, 주문의 지속시간 동안 수중에서 호흡할 수 있는 능력을 부여합니다. 주문에 영향을 받은 크리쳐들은 여전히 자신의 일반적인 호흡 능력 역시 지니고 있습니다.

순간이동 TELEPORT
7레벨 조형계

시전 시간: 1 행동
사거리: 10ft
구성요소: 음성
지속시간: 즉시

이 주문은 당신과 최대 8체까지의 주문을 받고자 하는 크리쳐들을 즉시 원하는 장소로 이동시킵니다. 혹은 사거리 내에서 당신이 볼 수 있는 물체 하나를 이동시키는 용도로 사용할 수도 있습니다. 만약 당신이 물체를 목표로 지정했다면, 이 물체는 10 × 10 × 10ft 이하 크기여야 하며, 주문을 받지 않으려는 자가 장비하거나 들고 있는 것이 아니어야 합니다.

당신이 지정하려는 목적지는 이미 알고 있는 곳이어야 하며, 이계가 아니라 같은 세계 내에 있어야만 합니다. 당신이 목적지에 얼마나 익숙한가에 따라 주문의 성공확률이 달라집니다. DM은 d100을 굴려 아래 표에서 주문의 성공 여부를 판정할 것입니다.

익숙함	사고	비슷한 지역	벗어남	안착
영구적 마법원	–	–	–	01-100
연관 물체 있음	–	–	–	01-100
매우 친숙	01-05	06-13	14-24	25-100
자주 봤음	01-33	34-43	44-53	54-100
한번 봤음	01-43	44-53	54-73	74-100
묘사만 들음	01-43	44-53	54-73	74-100
잘못된 지정	01-50	51-100	–	–

익숙함. "영구적 마법원"이라 함은 당신이 이미 알고 있는 영구적인 순간이동의 원이 존재한다는 것입니다. "연관 물체 있음"은 당신이 지난 6개월 이내 지정된 위치에서 가져온 물체를 지니고 있다는 것입니다. 이는 위저드의 장서고에서 가져온 책이라거나, 로열 스위트 룸에서 가져온 베갯잇, 리치의 비밀 분묘에서 가져온 대리석 조각 등이 대표적인 예시입니다.

"매우 친숙"은 당신이 매우 자주 갔었고 주의깊게 살펴보았던 장소를 의미하거나, 주문 시전시 당신이 눈으로 볼 수 있는 위치를 뜻합니다. "자주 봤음"은 여러 번 봤던 적이 있지만 매우 친숙하다고 하긴 어려운 곳을 뜻합니다. "한번 봤음"은 당신이 한 번 봤던 장소를 뜻하며, 대개는 마법을 통해 보았을 수도 있습니다. "묘사만 들음"은 정확한 장소에 가본 적은 없고 다른 누군가의 묘사를 통해서만 들은 경우이며, 대개는 지도 등이 사용됩니다.

"잘못된 지정"은 존재하지 않는 장소를 목적지로 지정한 경우입니다. 아마 이는 적의 안식처를 염탐하려 했다가 실제 모습 대신 환영을 본 경우라거나, 더는 존재하지 않는 장소로 순간이동하려 한 경우일 수도 있습니다.

안착. 당신과 당신의 일행(혹은 목표로 삼은 물체)은 원하는 목적지에 정확하게 도착합니다.

벗어남. 당신과 당신의 일행(혹은 목표로 삼은 물체)은 정확한 목적지에서 무작위 방향으로 무작위 거리만큼 떨어진 곳에 도착합니다. 벗어난 거리는 본래 직선 이동에서 1d10 × 1d10 퍼센트만큼 차이가 납니다. 예를 들어, 목적지까지 120마일 이동해야 하는 곳에 순간이동하려 해서 벗어났고, 10면체 2개를 굴려 5와 3이 나왔다면 목적지에서 15%, 즉 18마일 벗어난 곳에 도착한 것입니다. DM은 d8을 굴려 무작위로 벗어난 방향을 정할 수 있습니다. 이 d8에서 1은 북쪽, 2는 북동쪽, 3은 동쪽 등 시계방향으로 지정하여 벗어난 방향을 정하게 될 것입니다. 만약 당신이 해안 도시로 순간이동하려 했는데 바다 쪽으로 18마일 벗어난 곳에 도착해 버렸다면 당신은 큰 문제에 처하게 될 수도 있습니다.

비슷한 지역. 당신과 당신의 일행(혹은 목표로 삼은 물체)은 본래 원하던 목적지와 시각적으로 비슷해 보이거나 분위기가 비슷한 다른 곳에 도착합니다. 예를 들어 당신이 본래 고향의 연구실로 향하고자 했다면, 당신은 그 대신 다른 위저드의 연구실로 날아가거나 당신이 연구실에 갖춰 놓은 설비와 유사한 것들이 많은 연금술 상점으로 가게 될 수도 있습니다. 일반적으로 당신은 가장 가까이 있는 비슷한 장소에 떨어지지만, 이 주문 자체가 사거리 제한이 없는 만큼 같은 세계 안이라면 어느 곳이든 떨어질 수 있습니다.

사고. 이 주문의 예측 불가능한 마법으로 인해 험난한 여정이 펼쳐집니다. 순간이동한 크리쳐 모두(혹은 목표로 한 물체)는 3d10점의 역장 피해를 받게 되며, DM은 다시 표에서 주사위를 굴려 어떤 일이 발생했는지 정합니다. (사고가 여러 번 일어날 수도 있으며, 이 경우 매번 피해를 받게 됩니다.)

순간이동의 원 TELEPORTATION CIRCLE
5레벨 조형계

시전 시간: 1분
사거리: 10ft
구성요소: 음성, 물질(50gp 이상의 가치를 지닌 보석을 갈아 만든 희귀한 분필과 잉크. 주문 시전시 소모됨.)
지속시간: 1라운드

이 주문을 시전할 때, 당신은 바닥에 10ft 반경의 원을 그립니다. 이 원은 당신이 미리 지정한 영구적 순간이동 원과 연결된 문양들을 포함하고 있어야 합니다. 또한 이 순간이동의 목적지는 이계가 아니라 같은 세계 내에 있어야 합니다. 원을 완성하고 나면 은은하게 빛나는 포탈이 열리며, 이 통로는 당신의 다음 턴이 끝날 때까지 유지됩니다. 이 포탈에 들어서는 모든 크리쳐는 즉시 목적한 순간이동 원에서 가장 가까운 점유되지 않은 공간에 나타납니다.

거대한 신전이나 길드, 다른 중요한 장소들에는 자신들의 필요에 맞게 영구적인 순간이동 원이 그려져 있습니다. 각각의 원에는 그 원만의 특별한 마법적 문양이 포함되어 있으며, 원을 그려 넣는 과정에서 특정한 패턴에 맞추어 마법적인 룬을 새겨 넣어 이 문양에 해당하는 원을 목적지로 지정할 수 있습니다. 이 주문을 처음 시전할 때, 당신은 물질계 내에서 두 곳의 목적지 문양을 배울 수 있습니다. 어떤 문양들을 배울지는 DM이 지정할 것입니다. 당신은 모험 과정에서 새로운 목적지의 문양들을 배울 수 있으며, 해당 마법원을 1분간 조사하면 문양을 암기할 수 있습니다.

1년간 매일 같은 장소에서 이 주문을 시전하면 해당 위치에 영구적인 순간이동의 원을 만들 수 있습니다. 이렇게 영구적인 원을 만들고자 할 때는 꼭 순간이동을 행할 필요가 없습니다.

숲의 존재 소환 CONJURE WOODLAND BEINGS
4레벨 조형계

시전 시간: 1 행동
사거리: 60ft
구성요소: 음성, 동작, 물질 (소환하려는 크리쳐 하나당 호랑가시나무 열매 하나씩)
지속시간: 집중, 최대 1시간까지

당신은 요정 크리쳐를 불러내 사거리 내에서 당신이 지정한 점유되지 않은 공간에 나타나게 합니다. 아래의 선택지 중 하나를 골라 어떻게 나타나게 할지 정할 수 있습니다.

- 도전지수 2 이하의 요정 크리쳐 하나.
- 도전지수 1 이하의 요정 크리쳐 둘
- 도전지수 1/2 이하의 요정 크리쳐 넷
- 도전지수 1/4 이하의 요정 크리쳐 여덟

나타난 요정 크리쳐들은 hp가 0으로 떨어지거나 주문의 지속시간이 끝나면 사라집니다.

소환된 요정들은 당신과 동료들에게 우호적입니다. 소환된 요정들은 집단으로 우선권을 굴리며, 그들 자신의 턴에 움직입니다. 이들은 당신이 말로 전하는 명령에 복종합니다. (따로 행동을 소비할 필요는 없습니다.) 만약 당신이 아무런 명령을 내리지 않는다면 이들은 적대적 대상에게서 자기 자신을 보호할 것이지만, 다른 행동을 취하지는 않을 것입니다.

DM이 이들의 게임적 수치를 결정합니다.

고레벨에서. 당신이 더 높은 레벨의 주문 슬롯을 사용하여 주문을 시전할 경우, 당신은 더 많은 요정을 불러낼 수 있습니다. 6레벨 슬롯을 사용할 경우 2배의 숫자를 불러낼 수 있고, 8레벨 슬롯을 사용할 경우 3배의 숫자를 불러낼 수 있습니다.

시간 정지 TIME STOP
9레벨 변환계

시전 시간: 1 행동
사거리: 자신
구성요소: 음성
지속시간: 즉시

당신은 자신을 제외한 모두의 시간 흐름을 잠깐 정지시킵니다. 다른 크리쳐들에게는 시간이 흐르지 않지만, 당신은 1d4+1턴을 계속 사용할 수 있으며, 이때도 당신은 보통 때와 마찬가지로 행동을 사용하고 이동할 수 있습니다.

이 주문은 정지된 동안 당신이 자신을 제외한 다른 크리쳐에게 영향을 주는 행동을 했거나, 자신이 장비하거나 들고 있지 않은 물체에 영향을 주는 행동을 한 경우 즉시 종료됩니다. 또한, 당신이 주문을 시전한 장소에서 1,000ft 이상 멀어진 경우 주문은 자동으로 종료됩니다.

시뮬라크럼 SIMULACRUM
7레벨 환영계

시전 시간: 12시간
사거리: 접촉
구성요소: 음성, 동작, 물질 (대상 크리쳐를 복제하기에 충분한 양의 눈이나 얼음. 대상 크리쳐의 털이나 손톱 일부 등. 또한 최소 1,500gp 이상의 가치를 지닌 루비 가루를 복제에 뿌려야 하며 이는 모두 주문 시전시 소모됨.)
지속시간: 무효화될 때까지

당신은 주문의 시전 시간 동안 계속 사거리 내에 있는 야수나 인간형 대상 하나의 환영 복제를 만듭니다. 이 복제는 크리쳐로 취급하며 눈과 얼음으로 만들어져 일부는 현실인 것으로 취급합니다. 이 복제는 보통 크리쳐처럼 행동을 취할 수 있으며, 본체가 가지는 최대 hp의 절반을 지니고 있습니다. 그러나 이들은 본체의 장비까지 복제하지는 못합니다. 최대 hp나 장비를 제외하면 이들은 본체의 게임 수치를 그대로 따릅니다. 단, 이 복제체는 구조물로 취급합니다.

이렇게 만들어진 복제체는 당신과 당신이 지정한 크리쳐들에게 우호적입니다. 이 복제체는 당신이 말한 명령에 따르며, 당신의 바람에 따라 당신의 턴에 맞추어 이동하고 행동합니다. 복제체는 무언가 새로운 능력을 배울 수 없으며 더 강해지지도 못합니다. 복제체는 레벨을 올리거나 다른 능력을 얻을 수 없으며, 사용한 주문 슬롯을 회복할 수도 없습니다.

만약 복제체가 피해를 받으면, 당신은 연금술 연구실에서 희귀한 약초와 광물을 사용해 수리할 수 있습니다. 이때 복제체의 hp 1점씩을 회복하기 위해서는 100gp 상당의 재료가 필요합니다. 복제체는 hp가 0으로 떨어질 때까지 지속되며, hp가 0으로 떨어지면 본래의 눈과 얼음으로 변해 즉시 녹아 사라집니다.

만약 당신이 이 주문을 다시 사용한다면, 이전에 만들어 두었던 복제체는 그 즉시 파괴됩니다.

식물과의 대화 SPEAK WITH PLANTS
3레벨 변환계

시전 시간: 1 행동
사거리: 자신 (30ft 반경)
구성요소: 음성, 동작
지속시간: 10분

당신은 30ft 이내의 식물에게 마법적인 힘을 부여하여 제한적인 지성과 의식을 부여하고 움직일 수 있게 합니다. 이를 통해 식물들은 당신과 의사소통할 수 있는 능력을 얻으며 당신의 가벼운 명령을 따르게 될 것입니다. 당신은 식물에게 주문이 사용된 지역에서 지난날 있었던 사건들과 그 장소를 지나간 크리쳐, 그 장소의 과거 날씨, 기타 상황 등을 물어볼 수 있습니다.

당신은 또한 주문의 지속시간 동안 식물 성장으로 인해 생겨난 어려운 지형 (덤불이나 나무등걸 등)을 일반 지형처럼 이동할 수 있습니다. 또한 주문의 지속시간 동안 식물과 대화하여 덩굴에게 얽혀매라 하거나 덤불에게 더 자라라고 하는 등 식물이 있는 보통 지형을 어려운 지형으로 만들 수 있습니다.

또한 식물은 DM의 판단에 따라 위에 해당하지 않는 명령이라 하더라도 당신의 명령을 따를 수 있습니다. 이 주문은 식물에게 뿌리를 뽑고 이동하라고 할 수 없지만, 식물들은 가지나 덩굴, 줄기 등을 자유로이 움직일 수 있습니다.

만약 주문의 유효 범위 내에 식물 크리쳐가 있다면, 당신은 서로 공통적으로 알고 있는 언어가 있는 것처럼 해당 크리쳐와 의사소통을 할 수 있으나, 그 크리쳐에게 마법적으로 더 강한 영향력을 가할 수 있는 것은 아닙니다.

이 주문을 사용하면 얽혀듦*Entangle* 주문으로 인해 생겨난 식물에게, 포박하고 있는 크리쳐를 풀어주라고 할 수 있습니다.

식물 성장 PLANT GROWTH
3레벨 변환계

시전 시간: 1 행동 또는 8시간
사거리: 150ft
구성요소: 음성, 동작
지속시간: 즉시

이 주문은 특정 지역 내의 식물에게 강력한 생명력을 공급합니다. 이 주문은 두 가지 사용법이 있으며, 각각 즉각적 효과를 주거나 장기적 효과를 주는 방식으로 사용 가능합니다.

만약 당신이 행동 하나를 사용해 이 주문을 시전했다면, 사거리 내에서 특정 지점을 골라 해당 지점에서 100ft 반경의 모든 일반 식물이 더욱더 두껍고 우거지게 자라나도록 합니다. 이 지역 내에서는 1ft 이동할 때마다 추가로 4ft씩의 이동력을 소모해야 합니다.

당신은 주문의 범위 내에서 원하는 만큼 일정 지역을 예외가 되도록 제외할 수 있습니다.

만약 당신이 8시간 동안 이 주문을 시전했다면, 당신은 대지 자체를 풍요롭게 할 수 있습니다. 사거리 내에서 당신이 지정한 지점으로부터 1/2 마일 내의 모든 대지는 1년간 토양이 더욱더 풍요로워집니다. 이 지역 내에서 자라는 모든 작물을 2배 더 많이 수확할 수 있습니다.

식물을 통한 이동 Transport Via Plants

6레벨 조형계

시전 시간: 1 행동
사거리: 10ft
구성요소: 음성, 동작
지속시간: 1라운드

이 주문은 사거리 내의 대형 이상 크기를 지닌 식물 하나와 다른 식물 사이에 마법적인 연결을 만들어 냅니다. 이 다른 식물은 같은 세계 내에서라면 어디에서나 지정할 수 있습니다. 다만 당신이 지정하려는 목적지 식물은 당신이 한 번이라도 본 적이 있거나 만진 적이 있는 것이어야 합니다. 주문의 지속시간 동안, 목표 식물로 걸어 들어간 모든 크리쳐는 5ft 이동을 한 것처럼 반대편 식물로 나와 점유되지 않은 가까운 지점에 나타나게 됩니다.

식별 Identify

1레벨 예지계 (의식)

시전 시간: 1분
사거리: 접촉
구성요소: 음성, 동작, 물질(최소 100gp 이상의 가치를 지닌 진주와 올빼미 깃털)
지속시간: 즉시

당신은 주문을 시전할 때 접촉한 물체 하나를 목표로 정합니다. 만약 목표가 마법 물건이거나 마법이 부여된 물건일 경우, 당신은 해당 물건의 기능과 사용법에 대해서 알아낼 수 있습니다. 만약 목표로 삼은 물건을 사용하기 위해 조율이 필요한 경우, 그 사실도 알 수 있으며, 충전이 남아 있는 경우 얼마나 많은 충전이 남아 있는지도 알 수 있습니다. 당신은 해당 물건에 주문이 걸려 있는가, 그리고 걸려 있다면 어떤 주문들이 걸려 있는가도 알 수 있습니다. 만약 목표로 지정한 물건이 마법으로 창조된 것이라면, 이를 창조하기 위해 사용된 주문 역시 알 수 있습니다.

만약 당신이 물건 대신 시전 중에 크리쳐에 접촉해서 목표로 삼았다면, 당신은 해당 크리쳐가 받고 있는 주문들이 어떤 것들인지 알아낼 수 있습니다.

신성 단어 Divine Word

7레벨 방출계

시전 시간: 1 추가 행동
사거리: 30ft
구성요소: 음성
지속시간: 즉시

당신은 창세의 어스름에서 세계를 빚어낸 힘이 실린 신성한 단어를 외칠 수 있습니다. 사거리 내에서 당신이 원하는 크리쳐들을 당신이 원하는 대로 목표로 지정할 수 있습니다. 이렇게 지정한 크리쳐들이 당신의 외침을 들으면 매력 내성 굴림을 굴려야 하며, 내성에 실패한 경우 현재의 hp에 따라 아래와 같은 효과를 받게 됩니다.

- 50hp 이하: 1분간 귀머거리 상태
- 40hp 이하: 10분간 귀머거리와 장님 상태
- 30hp 이하: 1시간 동안 귀머거리와 장님, 충격 상태
- 20hp 이하: 즉시 사망.

현재 hp의 수치와 관계없이 천상체나 원소, 요정, 악마 등이 내성에 실패할 경우 본래 자신의 세계로 돌아가야 하며, 이후 24시간 동안은 추방된 곳으로 돌아올 수 없습니다. 이 시간은 소원*Wish* 주문을 제외한 그 어떤 방법으로도 단축할 수 없습니다.

신성한 불길 Sacred Flame

방출계 소마법

시전 시간: 1 행동
사거리: 60ft
구성요소: 음성, 동작
지속시간: 즉시

당신은 사거리 내에서 자신이 볼 수 있는 크리쳐 하나를 지정하여 불꽃 같은 광채를 떨어뜨립니다. 목표는 민첩 내성 굴림에 실패할 시 1d8점의 광휘 피해를 받게 됩니다. 목표는 이 내성 굴림에 엄폐로 인한 이점을 받을 수 없습니다.

이 주문의 피해는 시전자의 총 레벨이 오르면서 점점 증가하여 5레벨에 2d8, 11레벨에 3d8, 17레벨에 4d8의 피해를 가합니다.

신성한 청원 Divine Favor

1레벨 방출계

시전 시간: 1 추가 행동
사거리: 집중
구성요소: 음성, 동작
지속시간: 집중, 최대 1분까지

당신의 기도는 신성한 광채로 당신에게 힘을 부여합니다. 주문의 지속 시간 동안, 당신의 무기 공격은 명중시 추가로 1d4점의 광휘 피해를 더 가합니다.

신성화 Hallow

5레벨 방출계

시전 시간: 24시간
사거리: 접촉
구성요소: 음성, 동작, 물질(최소 1,000gp 이상의 가치를 지닌 약초와 기름, 향 등등. 주문 시전시 소모됨.)
지속시간: 무효화될 때까지

당신은 한 지점에 접촉하여 이를 중심으로 한 지역에 신성한(혹은 불경한) 힘을 부여할 수 있습니다. 이 영역은 최대 60ft 반경까지 지정할 수 있으며, 만약 이미 신성화가 부여된 지역이 포함되어 있으면 주문은 자동으로 실패합니다. 주문에 영향을 받은 지역은 아래와 같은 효과를 받게 됩니다.

먼저, 천상체, 원소, 요정, 악마, 언데드 등은 해당 지역에 들어올 수 없고, 지역 내에 있는 크리쳐들에게 매혹이나 공포를 걸수 없고 빙의를 시도할 수 없습니다. 해당 크리쳐들에 의해 매혹, 공포, 빙의 상태가 된 대상이 이 지역으로 들어오면 그러한 효과에서 즉시 벗어날 수 있습니다. 당신은 특정한 크리쳐들에 대해 예외를 지정할 수도 있습니다.

또한, 당신은 해당 지역에 추가적인 효과를 걸어 엮을 수 있습니다. 아래 목록에서 원하는 효과를 고르거나, DM이 제공하는 효과를 선택할 수 있습니다. 당신은 모든 크리쳐에게 영향을 주도록 지정하거나 특정한 신이나 지도자의 추종자들에게만 영향을 주도록 제한할 수도 있고, 아니면 특정한 종족이나 요소를 지닌 크리쳐만 영향을 주도록 제한할 수도 있습니다. 주문에 영향을 받는 크리쳐가 처음으로 주문의 유효 범위 내에 들어서거나 그 안에서 자기 턴을 시작하게 되면 매력 내성 굴림을 굴려야 하며, 이 내성에 성공할 경우 범위를 벗어나기 전까지 주문의 추가 효과를 무시할 수 있습니다.

공포. 주문에 영향을 받은 크리쳐들은 범위 내에 있는 동안 공포 상태가 됩니다.

암흑. 암흑이 해당 지역을 가득 채웁니다. 주문을 시전할 때 사용한 슬롯보다 낮은 레벨의 마법적 빛이나 보통 빛들은 해당 지역을 밝힐 수 없습니다.

언어구사. 주문에 영향을 받은 크리쳐들은 공통된 언어가 없더라도 범위 내에서 다른 크리쳐들과 의사소통할 수 있습니다.

에너지 보호. 지역 내에서 주문에 영향을 받은 크리쳐는 당신이 선택한 한 가지 속성의 피해에 대해 저항을 얻게 됩니다. 단, 타격, 참격, 관통 피해는 지정할 수 없습니다.

에너지 취약. 지역 내에서 주문에 영향을 받은 크리쳐는 당신이 선택한 한 가지 속성의 피해에 대해 취약성을 얻게 됩니다. 단, 타격, 참격, 관통 피해는 지정할 수 없습니다.

영원한 휴식. 이 지역 내의 시체들은 언데드로 변하지 않습니다.

용기. 영향을 받는 크리쳐들은 범위 내에 있는 동안 공포 상태에 빠지지 않습니다.

이차원 간섭. 주문에 영향을 받은 크리쳐는 순간이동이나 이계 간 혹은 이차원 이동을 사용해 움직일 수 없습니다.

침묵. 해당 지역 내에서는 어떤 소리도 들리지 않으며, 어떤 소리도 밖으로 새어 나오지 않습니다.

태양광. 밝은 빛이 지역을 채웁니다. 주문을 사용할 때 사용한 슬롯보다 낮은 레벨의 마법적 어둠으로는 빛을 가릴 수 없습니다.

신속한 후퇴 EXPEDITIOUS RETREAT
1레벨 변환계

시전 시간: 1 추가 행동
사거리: 자신
구성요소: 음성, 동작
지속시간: 집중, 최대 10분까지

이 주문은 당신이 놀라운 속도로 움직일 수 있게 해 줍니다. 이 주문을 시전할 때, 그리고 주문의 지속시간 동안 당신의 턴에 추가 행동을 사용할 때마다 당신은 질주 행동을 취할 수 있습니다.

신앙의 방패 SHIELD OF FAITH
1레벨 방호계

시전 시간: 1 추가 행동
사거리: 60ft
구성요소: 음성, 동작, 물질 (성스러운 문구가 쓰여진 작은 조각)
지속시간: 집중, 최대 10분까지

사거리 내에서 당신이 지정한 크리쳐 하나를 은은하게 빛나는 역장이 둘러싸 보호합니다. 해당 목표는 주문의 지속시간 동안 AC에 +2 보너스를 받을 수 있습니다.

신앙의 수호자 GUARDIAN OF FAITH
4레벨 조형계

시전 시간: 1 행동
사거리: 30ft
구성요소: 음성
지속시간: 8시간

사거리 내에서 당신이 볼 수 있는 점유되지 않은 지점 한 곳에 대형 크기의 유령 같은 수호자가 허공에 뜬 상태로 나타납니다. 이 수호자는 공간을 점유하며, 빛나는 검과 당신이 믿는 신의 문장으로 장식된 방패 외에는 명확히 알아볼 수가 없습니다.

당신에게 적대적인 크리쳐가 수호자에게로 10ft 이내로 접근하면, 즉시 민첩 내성 굴림을 굴려야 합니다. 이 내성에 실패하면 접근한 자는 20점의 광휘 피해를 입게 되며, 성공한 경우 피해는 절반으로 줄어듭니다. 수호자는 총 60점의 피해를 가하고 나면 사라집니다.

아가티스의 갑주 ARMOR OF AGATHYS
1레벨 방호계

시전 시간: 1 행동
사거리: 자신
구성요소: 음성, 동작, 물질(물 한 컵)
지속시간: 1시간

보호의 마법력이 당신을 둘러싸며, 당신과 당신의 장비 모두를 유령같은 서리의 모습으로 감싸게 됩니다. 당신은 주문의 지속시간 동안 5점의 임시hp를 얻게 됩니다. 만약 이 임시hp가 있는 동안 다른 크리쳐가 당신에게 근접 공격을 명중시켰다면, 해당 크리쳐는 5점의 냉기 피해를 받게 됩니다.

고레벨에서. 당신이 이 주문을 2레벨 이상의 주문 슬롯을 사용하여 시전할 경우, 상승한 주문 슬롯 1레벨당 임시hp와 냉기 피해가 각각 5점씩 증가합니다.

아스트랄체 투영 ASTRAL PROJECTION
9레벨 사령계

시전 시간: 1시간
사거리: 10ft
구성요소: 음성, 동작, 물질(이 주문에 영향을 받는 크리쳐 하나당 최소 1,000gp 이상의 가치를 지닌 홍결석 하나와 최소 100gp 가치의 고풍스럽게 조각된 은 막대 하나. 모두 주문 시전시 소모됨.)
지속시간: 특별

당신과 사거리 내에서 최대 8체까지의 주문을 받고자 하는 대상들은 자신들의 아스트랄체를 아스트랄계에 투영합니다. (당신이 이미 아스트랄계에 있다면 이 주문은 자동으로 실패하고 슬롯은 허비됩니다.) 놔두고 떠나온 물질적 몸은 무의식 상태이며 일종의 정지 상태에 빠져듭니다. 이때 이 물질적 몸은 음식을 섭취할 필요가 없으며, 숨을 쉴 필요도 없고, 나이를 먹지도 않습니다.

당신의 아스트랄체는 물질적 형태와 여러 면에서 매우 유사하며, 당신의 게임 수치와 소지품들을 그대로 복제해 옵니다. 가장 중요한 차이는 당신의 어깨 사이 등줄기에서 뻗어 나오는 은색 실이 쭉 이어져 있다는 것이며, 이 실은 1ft 이상 멀어지면 보이지 않습니다. 이 실은 당신의 물질적 몸과 연결되는 밧줄입니다. 이 줄이 남아 있는 한, 당신은 몸으로 돌아가는 길을 찾을 수 있습니다. 만약 어쩌다가 이 실이 끊겨버린다면 당신의 영혼과 육체는 완전히 분리되며, 즉시 죽음에 이르게 됩니다. 다만 이처럼 은실을 끊을 수 있는 수단은 한정되어 있습니다.

당신의 아스트랄체는 아스트랄계 내를 자유로이 이동할 수 있으며, 그곳의 포탈을 통해 다른 이계로도 갈 수 있습니다. 만약 당신이 새로운 이계에 들어서거나 당신이 있던 세계로 돌아올 경우, 당신의 물질적 몸과 소지품 전체는 은실을 통해 전송되며 새로운 이계에 직접 들어온 것처럼 몸을 지니고 들어갈 수 있게 됩니다.

당신의 아스트랄체는 별개의 존재로 현현된 것입니다. 아스트랄체 상태일 때 입은 피해는 물질적 몸에 아무런 영향을 주지 않으며, 몸으로 돌아와서도 효과를 미치지 않습니다.

이 주문은 당신과 동료들이 행동을 사용해 취소한 경우 즉시 종료됩니다. 주문이 종료되면 해당 크리쳐는 즉시 물질적 몸으로 돌아와 깨어나게 됩니다.

이 주문은 모두 동시에 끝낼 필요가 없으며, 개별적으로 각각 끝내서 돌아갈 수도 있습니다. *마법 무효화Dispel Magic* 주문을 물질적 몸이나 아스트랄체에 가해 무효화에 성공한 경우 주문은 즉시 종료됩니다. 만약 크리쳐의 본래 몸이나 아스트랄체의 hp가 0 이하로 떨어지면 해당 크리쳐의 주문은 즉시 종료됩니다. 만약 주문의 효과가 끝날 때 은실이 남아 있다면, 이 실에 의해 아스트랄체는 즉시 물질적 몸으로 돌아오며, 정지 상태도 끝납니다.

만약 당신이 혼자 미리 자신의 몸으로 돌아오게 되었다면, 아스트랄계에 남은 당신의 동료들은 스스로 길을 찾아 자신의 몸으로 돌아와야 하는 상황에 처할 것이며, 대개는 hp가 0으로 떨어져 몸으로 돌아오게 되곤 합니다.

악과 선 탐지 DETECT EVIL AND GOOD
1레벨 예지계

시전 시간: 1 행동
사거리: 자신
구성요소: 음성, 동작
지속시간: 집중, 최대 10분까지

주문의 지속시간 동안, 당신은 30ft 내의 기괴체, 천상체, 원소, 요정, 악마나 언데드의 존재를 알 수 있으며, 어느 방향에 있는지도 알 수 있게 됩니다. 또한 이와 마찬가지로 당신은 30ft 이내의 특정 지점이나 물체가 마법적으로 축성되었거나 악의 힘으로 더럽혀진 경우 이것 역시 파악할 수 있습니다.

이 주문의 감각은 대부분의 방벽을 투과할 수 있지만, 1ft 두께의 돌이나 1인치 두께의 보통 금속, 얇은 납판, 3ft 두께의 목재나 토양은 투과할 수 없습니다.

악과 선 퇴치 DISPEL EVIL AND GOOD
5레벨 방호계

시전 시간: 1 행동
사거리: 자신
구성요소: 음성, 동작, 물질(성수 또는 은과 철 가루)
지속시간: 집중, 최대 1분까지

은은하게 빛나는 힘이 주변을 감싸며 요정이나 언데드, 혹은 물질계 이외에 기원을 두고 있는 크리쳐들로부터 당신을 보호해 줍니다. 주문의 지속시간 동안 천상체, 원소, 요정, 악마, 언데드 등은 당신을 공격할 때 명중 굴림에 불리점을 받게 됩니다.

당신은 주문을 미리 종료하면서 그 대신 아래와 같은 특별한 기능을 사용할 수 있습니다.

환혹 파쇄. 당신은 행동을 사용해 천상체나 악마, 요정, 원소, 언데드 등에 의해 매혹, 공포, 혹은 빙의 상태가 된 대상 하나에 접촉할 수 있습니다. 해당 대상은 즉시 매혹, 공포, 빙의 상태로부터 벗어날 수 있습니다.

축출. 당신은 행동을 사용해 천상체, 원소, 요정, 악마 또는 언데드 등에게 근접 주문 공격을 시도할 수 있습니다. 이 공격이 명중하면 당신은 해당 크리쳐를 본래의 이계로 돌려보내려 시도할 수 있습니다. 명중당한 크리쳐는 매력 내성 굴림에 실패할 경우 본래의 세계로 돌아가게 됩니다. 본래 세계에 이미 있는 것이 아니라면 언데드는 섀도펠로, 요정은 페이와일드로 추방될 것입니다.

악과 선으로부터의 보호
PROTECTION FROM EVIL AND GOOD
1레벨 방호계

시전 시간: 1 행동
사거리: 접촉
구성요소: 음성, 동작, 물질(성수 혹은 은과 철 가루. 주문 시전시 소모됨)
지속시간: 집중, 최대 10분까지

주문의 지속시간 동안, 당신이 접촉한 주문을 받으려는 대상 하나는 아래 종류의 크리쳐들에게서 보호를 받게 됩니다. 이 주문은 기괴체, 천상체, 원소, 요정, 악마, 언데드에 대한 보호를 제공합니다.

이 보호는 몇가지 이득을 제공합니다. 선택한 종류의 크리쳐들은 목표를 공격하려 할 때 명중 굴림에 불리점을 받게 됩니다. 목표는 또한 선택한 종류의 크리쳐에 의해 매혹되거나 공포 상태에 빠지지 않으며, 빙의당하지도 않습니다. 만약 목표가 이미 매혹, 공포, 빙의 상태에 빠져 있다면, 목표는 해당 효과에 대해 이점을 받은 상태로 다시 내성 굴림을 굴릴 수 있습니다.

악취 구름 STINKING CLOUD
3레벨 조형계

시전 시간: 1 행동
사거리: 90ft
구성요소: 음성, 동작, 물질(썩은 달걀 또는 스컹크 배춧잎 여러장)
지속시간: 집중, 최대 1분까지

당신은 사거리 내의 특정 지점을 중심으로 20ft 반경에 노란색의 역겨운 가스 구름을 만들어 냅니다. 이 구름은 모서리를 타고 돌아 퍼지며, 구름 내의 지역은 심하게 가려진 상태가 됩니다. 이 구름은 주문의 지속시간 동안 유지됩니다.

구름 속에 완전히 들어와서 자기 턴을 시작하는 크리쳐들은 모두 독에 대해 건강 내성 굴림을 굴려야 합니다. 이 내성에 실패하는 경우 해당 크리쳐는 자기 턴에 토하고 구역질하기 위해 자기 행동을 소비해야 합니다. 숨을 쉴 필요가 없거나 독에 대해 면역을 지닌 크리쳐는 자동으로 이 내성 굴림에 성공합니다.

적당한 바람(시속 10마일 이상)은 이 구름을 4라운드 만에 흩어 놓을 수 있으며, 강한 바람(시속 20마일 이상)은 이 구름을 1라운드 만에 완전히 흩어 놓습니다.

안개 걸음 MISTY STEP
2레벨 조형계

시전 시간: 1 추가 행동
사거리: 자신
구성요소: 음성
지속시간: 즉시

당신은 순간적으로 은색 안개에 감싸이며, 30ft까지 순간이동하여 당신이 볼 수 있는 점유되지 않은 위치에 나타납니다.

안개 구름 FOG CLOUD
1레벨 조형계

시전 시간: 1 행동
사거리: 120ft
구성요소: 음성, 동작
지속시간: 집중, 최대 1시간

당신은 사거리 내의 특정 지점을 중심으로 20ft 반경에 안개를 만들어 낼 수 있습니다. 이 안개 구름은 모서리를 타고 퍼지며, 해당 지역 내는 심하게 가려진 상태가 됩니다. 이 구름은 지속시간 동안 계속 유지되지만, 적당하거나 강한 바람(최소 시속 10마일 이상)이 불어올 경우 흩어지게 됩니다.

고레벨에서. 당신이 2레벨 이상의 주문 슬롯을 사용하여 이 주문을 시전할 경우, 상승한 주문 슬롯 1레벨당 안개 구름의 범위가 반경 20ft씩 넓어집니다.

안내 GUIDANCE
예지계 소마법

시전 시간: 1 행동
사거리: 접촉
구성요소: 음성, 동작
지속시간: 집중, 최대 1분까지

당신은 주문을 받으려는 대상 하나에 접촉합니다. 주문의 지속시간 동안 단 한 번, 대상은 d4를 굴려 그 결과를 자신이 원하는 능력 판정의 결과에 더할 수 있습니다. 이 추가 주사위는 능력 판정을 굴리기 전이나 후 아무 때나 사용할 수 있습니다. 한 번 추가 주사위를 사용하고 나면 주문의 효력은 종료됩니다.

안온한 처리 GENTLE REPOSE
2레벨 사령계 (의식)

시전 시간: 1 행동
사거리: 접촉
구성요소: 음성, 동작, 물질(소금 한 줌, 시체의 눈 위에 하나씩 놓을 동전들. 주문의 지속시간 내내 그대로 놓여 있어야 함.)
지속시간: 10일

당신은 시체나 다른 유해에 접촉하여 주문의 목표로 지정합니다. 이렇게 지정된 목표는 주문의 지속시간 동안 부패로부터 보호를 받게 되며 언데드가 되지 않습니다.

이 주문은 또한 시체를 소생시킬 때의 제한 시간을 늘려주는 용도로도 사용될 수 있습니다. *사자 소생Raise Dead* 등의 주문을 사용할 경우 특정 시일 이내의 시체만 소생시킬 수 있는데, 이때 이 주문의 효력이 지속되는 기간은 시간이 지난 것으로 취급하지 않습니다.

암시 SUGGESTION
2레벨 환혹계

시전 시간: 1 행동
사거리: 30ft
구성요소: 음성, 물질(뱀의 혀, 꿀벌집 약간 혹은 사탕기름 약간)
지속시간: 집중, 최대 8시간까지

당신은 당신의 목소리를 들을 수 있고 당신의 모습을 볼 수 있는 사거리 내의 어떤 대상에게 일련의 행동을 하도록 한두 문장 내외의 암시를 걸 수 있습니다. 매혹 효과에 면역이 있는 크리쳐들은 이 효과에 영향을 받지 않습니다. 암시는 합리적으로 들리는 선에서 이루어져야 합니다. 자기 자신을 찌르라거나, 창에 몸을 던지라거나, 스스로를 불태우라는 등 명백하게 자기 자신에게 해가 되는 암시를 시도할 경우 이 주문은 자동으로 종료됩니다.

목표는 지혜 내성굴림을 굴려야 하며, 실패한 경우 당신이 걸어놓은 암시에 따라 최선을 다해 정해진 행동을 합니다. 암시된 행동은 주문의 지속시간 내에 행해져야 합니다. 암시된 행동이 더 짧은 시간 내에 이루어지는 것이라면, 한 번 암시된 행동을 행하고 나면 주문은 자동으로 종료됩니다.

당신은 언제 특정한 행동을 하게 될지 특별한 조건을 걸어 놓을 수도 있습니다. 예를 들어, 당신은 기사에게 암시를 걸어 처음 만나는 거지에게 자신의 전투마를 건네주라고 할 수 있습니다. 만약 주문의 지속시간이 끝날 때까지 이 조건이 충족되지 않았다면, 정해진 행동 역시 이루어지지 않고 주문이 종료됩니다.

만약 목표가 당신이나 당신의 동료에게 피해를 입게 된다면 이 주문은 그냥 종료됩니다.

암시야 DARKVISION
2레벨 변환계

시전 시간: 1 행동
사거리: 접촉
구성요소: 음성, 동작, 물질(말린 당근 약간이나 마노 하나)
지속시간: 8 시간

당신은 주문을 받고자 하는 대상 하나에게 어둠 속에서도 볼 수 있는 능력을 부여합니다. 주문의 지속시간 동안, 이 대상은 60ft 거리의 암시야를 지니게 됩니다.

암흑 DARKNESS
2레벨 방출계

시전 시간: 1 행동
사거리: 60ft
구성요소: 음성, 물질(박쥐 가죽 약간과 석탄 조각 혹은 검댕 약간)
지속시간: 집중, 최대 10분까지

사거리 내에서 당신이 지정한 지점을 중심으로 15ft 반경에 지속시간 동안 마법적인 어둠이 생겨납니다. 이 어둠은 모퉁이를 돌아 퍼져 나갑니다. 암시야를 지닌 대상 역시 이 어둠 속에서는 볼 수 없으며, 비마법적인 빛으로는 이 어둠 속을 밝힐 수 없습니다.

만약 당신 자신이 들고 있는 물체, 혹은 다른 누군가가 장비하거나 들고 있지 않은 물체를 목표로 이 주문을 시전했다면, 이 물체를 중심으로 암흑이 퍼져 나오며 물체가 이동함에 따라 어둠 역시 이동합니다. 어둠의 원천이 되는 물체를 완전히 불투명한 물체로 덮어버리면 어둠이 새어나오는 것을 막을 수 있습니다.

만약 이 주문의 영역이 2레벨 이하의 빛 주문의 영역과 겹치게 된다면, 빛을 만들어낸 주문이 무효화됩니다.

야수 감각 BEAST SENSE
2레벨 예지계(의식)

시전 시간: 1 행동
사거리: 접촉
구성요소: 동작
지속시간: 집중, 최대 1시간까지

당신은 주문을 받고자 하는 야수 하나에 접촉하여 이 주문을 시전할 수 있습니다. 주문의 지속시간 동안 당신은 행동을 사용하여 야수의 눈으로 보고 귀로 들을 수 있습니다. 또한, 당신이 다시 행동을 사용하면 본래 감각으로 돌아올 수 있습니다. 야수의 감각을 사용하고 있을 때, 당신은 해당 야수가 지닌 특별한 감각 역시 사용할 수 있습니다. 당신이 야수의 감각을 사용하는 동안, 당신 자신은 장님에 귀머거리 상태가 되며 주변의 환경을 감지할 수 없습니다.

야수 지배 DOMINATE BEAST
4레벨 환혹계

시전 시간: 1 행동
사거리: 60ft
구성요소: 음성, 동작
지속시간: 집중, 최대 1분까지

당신은 사거리 내에서 자신이 볼 수 있는 야수 하나를 복종시키려 시도합니다. 목표는 지혜 내성 굴림에 실패할 경우 주문의 지속시간 동안 매혹된 상태가 됩니다. 만약 당신이나 당신에게 우호적인 크리쳐가 목표와 전투중이었다면, 목표는 내성 굴림에 이점을 얻을 수 있습니다.

야수가 매혹 상태에 있는 동안, 당신과 야수는 정신적인 연결을 지니게 됩니다. 이 정신적 연결은 둘 중 하나가 이계로 갈 경우 끊어집니다. 당신은 이 정신적 연결을 통해 야수에게 명령을 내릴 수 있습니다.(야수는 의식이 있는 상태여야 하며, 당신이 행동을 사용할 필요는 없습니다.) 야수는 내려진 명령에 최선을 다해 복종합니다. 당신은 "저것을 공격해라"거나 "저리로 뛰어가라", "저 물건을 주워라" 같이 대략적인 행동을 내릴 수 있습니다. 야수가 명령을 완수했는데도 새로운 명령이 없다면, 야수는 최선을 다해 스스로를 방어하려 할 뿐 다른 행동을 하지 않을 것입니다.

당신은 행동을 사용해 야수의 통제권 자체를 가져와 정교한 통제를 할 수 있습니다. 당신의 다음 턴이 끝날 때까지, 야수는 당신이 선택한 대로 행동하며, 당신이 허락하지 않은 행동은 아무것도 할 수 없습니다. 이 시간 동안, 당신은 야수의 반응행동마저 통제할 수 있지만, 야수의 반응행동을 사용하려 할 경우 당신의 반응행동 역시 사용해야 합니다.

목표가 피해를 입을 때마다, 목표는 다시금 지혜 내성 굴림을 굴릴 기회를 얻게 됩니다. 내성 굴림에 성공할 경우 주문은 종료됩니다.

고레벨에서. 당신이 5레벨 주문슬롯을 사용하여 이 주문을 시전할 경우, 지속시간은 집중을 유지하는 한 최대 10분까지 늘어납니다. 당신이 6레벨 주문슬롯을 사용하여 이 주문을 시전할 경우, 지속시간은 집중을 유지하는 한 최대 1시간까지 늘어납니다. 당신이 7레벨 이상의 주문슬롯을 사용하여 이 주문을 시전할 경우, 지속시간은 집중을 유지하는 한 최대 8시간까지 늘어납니다.

억압 BANE
1레벨 환혹계

시전 시간: 1 행동
사거리: 30ft
구성요소: 음성, 동작, 물질(피 한 방울)
지속시간: 집중, 최대 1분까지

당신은 사거리 내에서 목표 3체까지를 고를 수 있으며, 각각의 대상은 매력 내성 굴림을 굴려야 합니다. 이때 내성 굴림에 실패한 대상들은 주문의 지속시간 동안 명중 굴림이나 내성 굴림을 굴려야 할 때 추가로 d4를 굴려 나온 d20에서 그 값을 **빼야** 합니다.

고레벨에서. 당신이 2레벨 이상의 주문 슬롯을 사용하여 이 주문을 시전할 경우, 상승한 주문 슬롯 1레벨당 추가로 대상을 하나씩 더 지정할 수 있습니다.

언데드 창조 CREATE UNDEAD
6레벨 사령계

시전 시간: 1분
사거리: 10ft
구성요소: 음성, 동작, 물질(무덤의 흙으로 채워진 토기 하나. 소금기 있는 물로 채워진 토기 하나, 시체 하나당 최소 150gp 가치를 지닌 검은 오닉스 하나씩)
지속시간: 즉시

당신은 밤에만 이 주문을 시전할 수 있습니다. 사거리 내에서 최대 3체까지의 중형 또는 소형 크기의 인간형 시체를 선택합니다. 이렇게 선택된 시체들은 당신의 명령을 따르는 구울이 됩니다. (구울의 게임적 수치는 DM이 확인합니다.)

당신은 자신의 턴마다 추가 행동을 사용하여 이렇게 만들어낸 부하들에게 정신적으로 명령을 내릴 수 있습니다. 이때 이 부하들은 120ft 내에 있어야 합니다. 당신은 추가 행동 하나로 동시에 여러 부하에게 명령을 내릴 수도 있으며, 부하들 모두에게 같은 명령을 내리거나 각각의 부하에게 별개의 명령을 내릴 수도 있습니다. 당신은 부하들의 다음 턴에 할 행동을 일일이 결정해 줄 수도 있고, 이 통로를 지키라는 등의 대략적인 명령만 내릴 수도 있습니다. 당신이 아무런 명령도 내리지 않는다면 이 부하들은 적대적인 크리처에 대해 스스로를 보호할 뿐 다른 행동을 하지는 않습니다. 일단 명령을 내리고 나면 이 언데드들은 최선을 다해 그 명령을 수행합니다.

이 크리처들은 24시간 동안만 당신의 명령에 따르며, 그 이후에는 당신의 명령에 따르지 않습니다. 이렇게 만들어진 부하들에 대한 통제권을 계속 유지하려면 24시간이 지나기 전에 다시 이주문을 시전해야 합니다. 이렇게 통제를 유지하기 위해 이 주문을 사용할 경우, 새로운 언데드들은 생성되지 않고 그 대신 최대 3체까지의 부하들에 대한 통제권을 유지할 수 있습니다.

고레벨에서. 당신이 7레벨 주문 슬롯을 사용해 이 주문을 시전할 경우, 당신은 구울 4체까지를 만들어내거나 통제를 유지할 수 있습니다. 당신이 8레벨 주문 슬롯을 사용해 이 주문을 시전할 경우, 당신은 구울 5체 또는 가스트나 와이트 2체를 만들어 내거나 통제를 유지할 수 있습니다. 당신이 9레벨 주문 슬롯을 사용해 이 주문을 시전할 경우, 당신은 구울 6체 또는 가스트나 와이트 3체, 아니면 미이라 2체를 만들어 내거나 통제를 유지할 수 있습니다.

언어 변환 COMPREHEND LANGUAGES
1레벨 예지계(의식)

시전 시간: 1 행동
사거리: 자신
구성요소: 음성, 동작, 물질(검댕과 소금 약간)
지속시간: 1시간

주문이 유지되는 동안, 당신은 들리는 모든 언어의 의미를 알아들을 수 있습니다. 또한 당신이 읽는 모든 언어 역시 의미를 이해할 수 있지만, 그러려면 언어가 쓰인 표면에 일일이 접촉해야 합니다. 페이지 한 장을 읽어내는 데에는 1분 정도가 소요됩니다.

이 주문은 비전마법의 문양 등 문장이나 문양의 형태로 만들어진 비밀 메시지를 해독할 수 없습니다. 이는 일반적인 필기 언어가 아니기 때문입니다.

언어구사 TONGUES
3레벨 예지계

시전 시간: 1 행동
사거리: 접촉
구성요소: 음성, 물질(지구라트의 축소 모형 하나)
지속시간: 1시간

이 주문은 당신이 접촉한 대상 하나에게, 들리는 모든 언어를 이해할 수 있는 힘을 부여합니다. 또한, 언어를 하나라도 구사할 수 있는 자들은 모두 대상이 하는 말을 이해할 수 있게 됩니다. 단, 이때 대상의 말을 직접 들을 수 있는 거리에 있어야 합니다.

얼음 폭풍 ICE STORM
4레벨 방출계

시전 시간: 1 행동
사거리: 300ft
구성요소: 음성, 동작, 물질(먼지 약간과 물 몇 방울)
지속시간: 즉시

사거리 내에서 당신이 지정한 지점을 중심으로 20ft 반경, 높이 40ft의 원통형 범위 내에 바위처럼 단단한 얼음 우박이 휘몰아칩니다. 이 원통 범위 내의 모든 크리처는 민첩 내성 굴림을 굴려야 하며, 실패한 경우 2d8점의 타격 피해와 4d6점의 냉기 피해를 받게 됩니다. 내성에 성공할 경우 피해는 절반으로 줄어듭니다.

폭풍의 우박으로 인해, 주문의 유효 범위는 당신의 다음 턴이 끝날 때까지 어려운 지형으로 변합니다.

고레벨에서. 당신이 5레벨 이상의 주문 슬롯을 사용하여 이 주문을 시전할 경우, 상승한 주문 슬롯 1레벨당 타격 피해가 1d8점씩 증가합니다.

얼음의 벽 WALL OF ICE
6레벨 방출계

시전 시간: 1 행동
사거리: 120ft
구성요소: 음성, 동작, 물질(석영 조각 하나)
지속시간: 집중, 최대 10분까지

당신은 사거리 내의 단단한 표면에 얼음벽을 만들어 낼 수 있습니다. 이 벽은 반경 10ft의 반구형 돔 형태 또는 구체로 만들 수도 있으며, 가로 × 세로 각 10ft짜리 판 10여개를 늘어놓을 수도 있습니다. 이 판들 각각은 1ft 두께이며, 주문의 지속시간 동안 유지됩니다.

만약 다른 크리쳐가 점유하고 있는 공간에 이 벽을 만들어 내고자 한다면, 해당 크리쳐는 벽의 어느 한 방향으로 밀려나며 민첩 내성 굴림을 굴려야 합니다. 이 내성에 실패하면 10d6점의 냉기 피해를 받게 되며, 성공하면 피해는 절반으로 줄어듭니다.

이 벽은 물체로 취급하며 피해를 받으면 무너질 수 있습니다. 벽은 AC 12이며 10ft짜리 판 하나당 hp 30점을 지니고 있습니다. 또한 이 벽은 화염 피해에 대해 취약성을 지닙니다. 벽의 hp를 0으로 만들면 벽은 얼음 조각으로 변해 무너지며, 무너진 공간에는 차가운 공기가 남아 있습니다. 이 차가운 공기가 있는 공간에 처음 들어선 크리쳐는 건강 내성을 굴려야 하며, 이 내성에 실패하면 5d6의 냉기 피해를 받습니다. 내성에 성공할 경우 피해는 절반으로 줄어듭니다.

고레벨에서. 당신이 7레벨 이상의 주문 슬롯을 사용하여 이 주문을 시전할 경우, 상승한 주문 슬롯 1레벨당 벽이 생성될 때 가해지는 피해는 2d6점씩 증가하고, 냉기를 통과할 때 가해지는 피해 역시 1d6점씩 증가합니다.

얽혀듬 ENTANGLE
1레벨 조형계

시전 시간: 1 행동
사거리: 90ft
구성요소: 음성, 동작
지속시간: 집중, 최대 1분까지

사거리 내의 당신이 지정한 지점에서 잡초와 덩굴이 솟아오릅니다. 주문의 지속시간 동안, 이 식물들은 해당 지역을 어려운 지형으로 만듭니다.

이 주문이 지속되고 있을 때 해당 범위에 들어온 크리쳐는 근력 내성 굴림을 굴려야 하며, 실패할 경우 얽혀드는 식물에 의해 포박 상태가 됩니다. 이 식물들로 인해 포박된 크리쳐는 자기 행동을 사용고 당신의 주문 내성 DC를 목표로 근력 판정을 해서 풀려나려고 시도할 수 있습니다. 성공할 경우 대상은 풀려납니다.

이 주문이 종료되면, 자라난 식물들은 그대로 시들어 버립니다.

에너지로부터의 보호 PROTECTION FROM ENERGY
3레벨 방호계

시전 시간: 1 행동
사거리: 접촉
구성요소: 음성, 동작
지속시간: 집중, 최대 1시간까지

당신은 주문을 받고자 하는 크리쳐 하나에 접촉하여, 해당 크리쳐에게 산성, 냉기, 화염, 번개, 천둥 피해 중 당신이 선택한 속성 하나에 대해 저항을 부여할 수 있습니다.

에바드의 검은 촉수 EVARD'S BLACK TENTACLES
4레벨 조형계

시전 시간: 1시간
사거리: 90ft
구성요소: 음성, 동작, 물질(거대 문어나 오징어로부터 얻은 촉수 하나)
지속시간: 집중, 최대 1분까지

사거리 내에서 당신이 선택한 지점을 중심으로 20 × 20ft 범위에 검고 꿈틀거리는 촉수들이 생겨납니다. 주문의 지속시간 동안 이 촉수들은 해당 범위를 어려운 지형으로 만듭니다.

어떤 크리쳐가 자기 턴에 해당 지역에 처음으로 들어서거나, 해당 지역에서 자기 턴을 시작할 때마다 해당 크리쳐는 민첩 내성 굴림을 굴려야 하며, 실패할 시 3d6점의 타격 피해를 받게 되며 촉수에 의해 주문의 지속시간 동안 포박 상태가 됩니다. 이렇게 포박되어 해당 지역에서 자기 턴을 시작하게 되면 내성 굴림 없이 3d6점의 타격 피해를 받게 됩니다.

촉수에 의해 포박된 크리쳐는 자기 행동을 사용해 당신의 주문 내성 DC를 목표로 근력 혹은 민첩 판정을 할 수 있으며, 성공할 시 포박에서 풀려날 수 있습니다.

에테르화 ETHEREALNESS
7레벨 변환계

시전 시간: 1 행동
사거리: 자신
구성요소: 음성, 동작
지속시간: 최대 8시간까지

당신은 자신이 현재 존재하는 세계와 겹쳐 있는 에테르계의 변경 지역에 들어섭니다. 당신은 행동을 사용하여 주문을 취소하거나 지속시간이 끝날 때까지 변경 에테르계에 남아 있을 수 있습니다. 주문이 지속되는 동안 당신은 어떤 방향으로나 움직일 수 있지만, 위아래로 이동하려 할 경우 이동력이 2배로 소모됩니다. 당신은 본래 있던 세계를 여전히 보고 들을 수 있으나 모든 것이 회색으로 보이며, 60ft 이상의 거리는 볼 수 없게 됩니다.

에테르계에 있는 동안, 당신은 에테르계에 있는 크리쳐들에 대해서만 영향을 주고받을 수 있습니다. 에테르계에 존재하지 않는 크리쳐들은 특별한 능력이나 마법을 사용하지 않는 한 당신을 감지할 수 없으며 당신과 의사소통을 할 수 없습니다.

당신은 에테르계의 것이 아닌 모든 물체와 효과를 무시할 수 있으며, 본래 세계의 물질을 마음대로 투과하여 이동할 수 있습니다.

주문이 종료될 때 당신은 해당 지점과 겹쳐 있는 본래의 세계로 돌아오게 됩니다. 만약 당신이 돌아오게 되는 지점이 다른 고체로 인해 막혀 있거나 다른 크리쳐가 점유하고 있는 공간이라면, 당신은 즉시 가장 가까운 점유되지 않은 공간으로 튕겨나며, 이렇게 강제로 이동된 거리 1ft당 2점의 역장 피해를 입게 됩니다.

이 주문은 당신이 이미 에테르계에 있거나, 외부 이계처럼 에테르계와 접해 있지 않은 곳에서 사용하려 할 경우 아무런 효력도 발휘하지 못합니다.

고레벨에서. 당신이 8레벨 이상의 주문 슬롯을 사용하여 이 주문을 시전할 경우, 상승한 주문 슬롯 1레벨당 주문을 받고자 하는 크리쳐를 추가로 3체씩 지정하여 에테르화시킬 수 있습니다. (당신 역시 포함될 수 있습니다.) 이때 주문을 받으려는 크리쳐들은 당신으로부터 10ft 내에 모여 있어야 합니다.

역장 우리 FORCECAGE
7레벨 방출계

시전 시간: 1 행동
사거리: 100ft
구성요소: 음성, 동작, 물질(최소 1,500gp 가치의 루비 가루)
지속시간: 1시간

사거리 내에서 당신이 지정한 지점을 중심으로, 고정되어 있고 투명한 입방체 형태의 감옥이 생성됩니다. 이 감옥은 우리 형태일 수도 있고, 완전히 밀폐된 상자 형태일 수도 있습니다. 감옥의 형태는 당신의 선택에 따릅니다.

우리 형태의 감옥은 20 × 20 × 20ft까지 가능하며, 직경 0.5 인치의 봉이 각각 0.5인치 간격으로 이어져 만들어집니다.

완전한 상자 형태의 감옥은 10 × 10 × 10ft까지 가능하며, 어떤 물체도 이 벽을 뚫을 수 없고 주문들 역시 벽을 뚫고 지나가지 못합니다.

당신이 주문을 시전할 때, 완전히 범위 내에 존재하고 있던 크리쳐는 즉시 감금됩니다. 일부만 해당 범위 내에 있는 크리쳐나 감옥에 감금되기엔 너무 큰 크리쳐라면 주문의 유효 범위 밖으로 완전히 밀려납니다.

우리 내에 감금된 크리쳐는 비마법적인 방법으로는 우리 밖으로 나갈 수 없습니다. 순간이동이나 이계간 이동을 통해서 우리를 탈출하려 할 경우 먼저 매력 내성 굴림을 성공해야 합니다. 이 내성에 성공할 경우 마법을 사용해 우리 밖으로 나갈 수 있습니다. 실패할 경우 주문은 허비되며, 탈출은 실패합니다. 이 우리는 에테르계까지 존재하는 것이며, 에테르화한다 해도 이 우리를 투과해 지나갈 수 없습니다.

이 주문은 *마법 무효화Dispel Magic*로 취소할 수 없습니다.

역장의 벽 WALL OF FORCE
5레벨 방출계

시전 시간: 1 행동
사거리: 120ft
구성요소: 음성, 동작, 물질(투명한 보석을 갈아 만든 분말 약간)
지속시간: 집중, 최대 10분까지

사거리 내에서 당신이 선택한 지점에 역장으로 만들어진 투명한 벽이 만들어집니다. 이 벽은 당신이 원하는 형태로 수평 혹은 수직으로 세울 수 있으며, 일정한 각도로 기울어질 수도 있습니다. 당신은 10ft 반경의 구체형 돔 혹은 완전한 구체 형태로 만들 수 있으며, 가로 × 세로 각 10ft 크기의 판 10개를 연이어 세울 수도 있습니다. 각각의 판은 연결해 배치되어야 합니다. 이 벽은 1/4 인치 두께를 지니며, 주문의 지속시간까지 유지됩니다. 만약 당신이 벽을 생성할 때 다른 크리쳐가 점유하고 있는 공간을 가로질러 만들고자 했다면, 이 크리쳐는 벽으로 나누어진 방향 중 어느 한 곳으로 튕겨납니다. (당신이 튕겨낼 방향을 정합니다.)

이 벽은 물리적인 모든 것을 막아버립니다. 이 벽은 모든 피해에 면역이며 *마법 무효화Dispel Magic*로 무효화할 수 없습니다. 하지만 *분해Disintegrate* 주문은 이 벽을 완전히 없애 버릴 수 있습니다. 이 벽은 에테르계까지 존재하며, 에테르화해도 이 벽을 투과해 지나갈 수 없습니다.

연쇄 번개 CHAIN LIGHTNING
6레벨 방출계

시전 시간: 1 행동
사거리: 150ft
구성요소: 음성, 동작, 물질(가죽 조각 약간, 호박이나 유리, 수정으로 만들어진 막대 하나, 은 핀 3개)
지속시간: 즉시

당신은 사거리 내에 당신이 볼 수 있는 목표 하나에게 번개 한 줄기를 쏘아 보냅니다. 이 목표에 번개가 명중되고 나면 주변의 다른 목표 3체에게 번개 줄기들이 튀어 나갑니다. 이때 각각의 부차적 목표들은 원래 목표에게서 30ft 내에 있어야 합니다. 크리쳐나 물체를 목표로 할 수 있으며, 하나의 목표에 여러 개의 번개를 쏠 수는 없습니다.

각각의 목표들은 민첩 내성 굴림을 굴려야 하며, 실패할 경우 10d8 점의 번개 피해를 받습니다. 성공하면 피해는 절반으로 줄어듭니다.

고레벨에서. 당신이 7레벨 이상의 주문 슬롯을 사용하여 이 주문을 시전할 경우, 상승한 주문 슬롯 하나당 추가로 하나씩의 부차적 목표를 지정해 번개가 튀어갈 수 있습니다.

염동력 TELEKINESIS
5레벨 변환계

시전 시간: 1 행동
사거리: 60ft
구성요소: 음성, 동작
지속시간: 집중, 최대 10분까지

당신은 정신력만으로 다른 물체나 크리쳐들을 움직이는 힘을 얻습니다. 당신이 이 주문을 시전할 때, 그리고 이후 주문의 지속 시간 동안 당신의 턴에 행동을 사용할 때마다, 당신은 의지를 집중해 사거리 내에서 당신이 볼 수 있는 물체나 크리쳐 하나에게 아래의 설명처럼 영향을 가할 수 있습니다. 당신은 매 라운드 같은 목표에게 영향을 가할 수도 있고, 매번 새로운 목표를 선택할 수도 있습니다. 만약 당신이 목표를 바꾼다면, 이전 목표는 주문의 영향력에서 벗어납니다.

크리쳐. 당신은 거대 이하 크기의 크리쳐를 움직일 수 있습니다. 목표의 근력 판정과 당신의 주문시전 능력치 판정으로 대결 판정을 행합니다. 당신이 이 대결 판정에서 승리했다면, 당신은 해당 크리쳐를 어느 방향으로든 최대 30ft까지 이동시킬 수 있습니다. 이 능력으로 목표를 위로 띄울 수도 있지만, 주문의 최대 유효범위까지만 가능합니다. 당신의 다음 턴이 끝날 때까지, 이 목표는 당신의 염동력 손아귀에 의해 포박된 상태가 됩니다. 이 방법으로 위로 떠오른 크리쳐는 허공에 떠 있게 됩니다.

이후 라운드에서 당신은 다시 행동을 사용해 해당 목표에 대한 염동력 손아귀를 유지할 수 있지만, 그러려면 매번 목표와 다시 대결 판정을 해야 합니다.

물체. 당신은 최대 1,000lbs까지의 물체를 움직이려 시도할 수 있습니다. 다른 누군가가 장비하고 있거나 들고 있지 않은 물체의 경우, 이 주문은 자동으로 성공하며 당신은 해당 목표를 어느 방향으로나 최대 30ft까지 움직일 수 있습니다.

만약 다른 누군가가 장비하거나 들고 있는 물체를 움직이려 할 경우, 당신은 먼저 해당 물체를 장비하거나 들고 있는 크리쳐의 근력 판정과 자신의 주문시전 능력치 판정으로 대결 판정을 해야 합니다. 이 대결 판정에 승리한 경우 당신은 해당 물체를 크리쳐와 떼어내 어느 방향으로든 30ft까지 움직일 수 있습니다.

당신은 염동력 손아귀를 이용해 어느 정도 세밀한 조작을 할 수 있습니다. 간단한 도구를 사용하거나, 문이나 용기를 열고 닫거나, 열려 있는 용기에서 물건을 꺼내거나 집어넣는 것, 물약의 내용물을 쏟아붓는 것 따위가 이런 조작에 해당합니다.

염탐 SCRYING
5레벨 예지계

시전 시간: 10분
사거리: 자신
구성요소: 음성, 동작, 물질 (최소 1,000gp 가치를 지닌 집중용 도구. 이는 수정구나 은제 거울, 혹은 성수로 채워진 연못 등을 말함.)
지속시간: 집중, 최대 10분까지

당신은 같은 세계 안에 존재하는 특정한 크리처의 모습을 염탐하여 보고 그 소리를 들을 수 있습니다. 이 목표는 지혜 내성 굴림을 굴릴 수 있으며, 이 내성 굴림의 DC는 당신이 얼마나 해당 목표를 잘 알고 있는가, 그리고 어떤 물리적 연결이 있는가에 따라 달라집니다. 만약 목표가 당신이 주문을 시전하고 있다는 사실을 알고 있고 염탐되는 것을 바라고 있다면 자동으로 내성 굴림을 포기할 수 있습니다.

지식	내성 수정치
부차적 (목표에 대해 들어본 적 있음)	+5
일차적 (목표와 만나본 적 있음)	+0
친숙함 (목표를 매우 잘 알고 있음)	-5

연결 정도	내성 수정치
초상화나 묘사	-2
소지품이나 옷가지	-4
신체 일부, 머리카락, 손톱 등	-10

내성에 성공하면 목표는 염탐당하지 않으며, 이후 24시간 동안 당신은 이 목표에게 다시 염탐을 시도할 수 없습니다.

내성에 실패하면 당신은 목표 주변 10ft 내에 투명한 감각기관을 만들어 낼 수 있으며, 당신이 마치 그 위치에 있는 것처럼 목표를 보고 들을 수 있습니다. 이 감각기는 목표를 따라다니며, 주문의 지속시간 동안 계속 10ft 내의 지점에 존재합니다. 투명체를 감지할 수 있는 크리처는 감각기의 존재를 알 수 있으며, 이는 당신의 주먹 크기와 비슷한 빛나는 구체 모습으로 보입니다.

당신은 크리처를 목표로 하는 대신 당신이 이전에 본 적 있는 특정한 위치를 목표로 하여 이 주문을 시전할 수 있으며, 이 경우 감각기는 당신이 정한 위치에 나타나 고정됩니다.

영상 투사 PROJECT IMAGE
7레벨 환영계

시전 시간: 1 행동
사거리: 500마일
구성요소: 음성, 동작, 물질(최소 5gp 이상의 가치를 지닌 당신의 축소 모형)
지속시간: 집중, 최대 1일까지

당신은 이 주문의 지속시간 동안 유지되는 자신의 환영 복제품을 만들어 낼 수 있습니다. 이 복제는 사거리 내에서 당신이 본 적 있는 위치라면 어디에서나 나타날 수 있으며, 다른 장애물의 유무에 무관하게 당신이 지정한 곳에 생겨납니다. 이 환영은 당신과 똑같이 보이고 들리지만, 만질 수는 없습니다. 만약 이 환영이 약간이라도 피해를 받게 되면 사라져버리며, 주문은 종료됩니다.

당신은 행동을 사용해 당신의 이동속도 두배까지 이 환영을 이동시킬 수 있으며, 당신이 원하는 대로 몸짓을 하게 하거나 말하고 행동하게 할 수 있습니다. 이 환영은 당신의 동작을 그대로 모사할 수 있습니다.

당신은 환영의 눈과 귀를 통해 마치 당신이 그곳에 있는 것처럼 보고 들을 수 있습니다. 당신은 자기 턴에 추가 행동을 사용해 자신의 감각 대신 환영의 감각을 사용하거나, 다시 자신의 감각으로 돌아올 수 있습니다. 당신이 환영의 감각을 사용하고 있는 동안, 당신은 장님에 귀머거리 상태가 되며 주변 환경을 인식하지 못합니다.

이 환영과 물리적으로 접촉하게 되면 투과하기 때문에 환영이라는 사실을 알 수 있습니다. 또한 직접 접촉하지 않더라도 행동을 사용하여 당신의 주문 내성 DC를 목표로 한 지능(수사) 판정에 성공할 경우 이것이 환영임을 알 수 있습니다. 만약 어떤 크리처가 환영을 간파할 경우, 환영을 투과해 볼 수 있게 되며 환영의 모습이나 소리 역시 희미하게 느껴집니다.

영속의 불꽃 CONTINUAL FLAME
2레벨 방출계

시전 시간: 1 행동
사거리: 접촉
구성요소: 음성, 동작, 물질(최소 50gp 가치의 루비 가루. 주문 시전시 소모됨.)
지속시간: 무효화될 때까지

횃불과 비슷한 밝기의 불꽃이 당신이 접촉한 물체에서 생겨나 주변을 밝힙니다. 이 효과는 보통 불꽃과 유사해 보이지만, 어떠한 열을 발생시키지도 않고 산소를 소모하지도 않습니다. 영속의 불꽃은 가리거나 숨겨둘 수 있지만 꺼트리거나 빛을 줄일 수는 없습니다.

영웅들의 축연 HEROES' FEAST
6레벨 조형계

시전 시간: 10분
사거리: 30ft
구성요소: 음성, 동작, 물질(최소 1,000gp 가치의 보석이 박힌 그릇. 주문 시전시 소모됨.)
지속시간: 즉시

당신은 엄청난 먹거리와 마실 거리가 포함된 거대한 연회를 만들어 냅니다. 이 연회의 식사를 마치려면 1시간 정도가 걸리며, 연회가 끝나면 사라져 버립니다. 하지만 식사로 얻게 되는 이로운 효과는 연회가 끝나더라도 지속됩니다. 최대 12체까지의 크리처가 이 연회를 즐길 수 있습니다.

연회에 참여한 크리처는 몇 가지 이득을 얻을 수 있습니다. 이 크리처들은 모든 질병이 치유되며 독에서 벗어날 수 있고, 독과 공포 상태에 대해 면역이 되며, 지혜 내성 굴림을 굴릴 때 이점을 받을 수 있습니다. 또한 연회에 참여한 자들의 최대 hp는 2d10점씩 증가하며, 증가한 만큼의 hp를 회복합니다. 이렇게 얻은 이점은 24시간 동안 유지됩니다.

영웅심 HEROISM
1레벨 환혹계

시전 시간: 1 행동
사거리: 접촉
구성요소: 음성, 동작
지속시간: 집중, 최대 1분까지

당신은 주문을 받고자 하는 크리처 하나에 접촉하여, 해당 목표를 용기로 채워줄 수 있습니다. 주문의 지속시간 동안 해당 목표는 공포 상태에 면역이 되며, 자신의 턴이 시작할 때마다 당신의 주문시전 능력 수정치만큼 임시 hp를 얻습니다. 주문이 종료되면 목표는 이 주문으로 인해 생겨난 임시 hp를 잃어버리게 됩니다.

고레벨에서. 당신이 2레벨 이상의 주문슬롯을 사용하여 이 주문을 시전할 경우, 상승한 주문 슬롯 1레벨당 추가로 하나씩의 크리처를 더 지정하여 효과를 받게 할 수 있습니다.

영체 무기 SPIRITUAL WEAPON
2레벨 방출계

시전 시간: 1 추가 행동
사거리: 60ft
구성요소: 음성, 동작
지속시간: 1분

당신은 사거리 내의 한 지점에, 허공에 떠 있는 영체 무기를 만들어 냅니다. 이 무기는 주문의 지속시간이 끝나거나 당신이 이 주문을 다시 시전할 때까지 유지됩니다. 주문 시전시, 당신은 무기로부터 5ft 내의 적 하나에게 근접 주문 공격을 가할 수 있습니다. 이 공격이 명중할 경우 목표는 1d8+ 당신의 주문시전 능력 수정치만큼의 역장 피해를 입게 됩니다.

당신의 턴이 될 때마다 당신은 추가 행동을 사용해 이 영체 무기를 20ft까지 이동시키고 다시 무기로부터 5ft 이내의 적을 지정해 공격을 가할 수 있습니다.

이 무기는 당신이 원하는 형상을 띄고 있습니다. 특정한 신을 모시는 클레릭들은 자신들의 신이 사용하는 무기의 형상을 쓰는 경향이 있습니다.(성 커스버트의 경우 메이스, 토르의 경우 망치 등등).

고레벨에서. 당신이 3레벨 이상의 주문 슬롯을 사용하여 이 주문을 시전할 경우, 상승한 슬롯 2레벨당 피해는 1d8씩 증가합니다.

영혼 수호자 SPIRIT GUARDIANS
3레벨 조형계

시전 시간: 1 행동
사거리: 자신 (15ft 반경)
구성요소: 음성, 동작, 물질(성표)
지속시간: 집중, 최대 10분까지

당신은 영혼을 불러내 자신을 지키게 합니다. 이 영혼들은 주문의 지속시간 동안 유지되며, 당신 주변 15ft 내에 생겨납니다. 만약 당신이 선 또는 중립 성향이라면, 이 영혼 형상들은 천사나 요정처럼 보입니다. (생김새는 당신이 선택합니다.) 만약 당신이 악 성향이라면 이 영혼은 악마 같은 형상을 띄게 됩니다.

당신이 이 주문을 시전할 때, 당신은 보이는 범위 내에서 주문의 영향을 받지 않을 크리처들을 원하는 만큼 선택하여 예외로 둘 수 있습니다. 주문의 영향을 받는 크리처들은 당신 주변에 들어왔을 때 이동속도가 절반으로 줄어들게 되며, 자기 턴에 처음 주문의 유효 범위 내에 들어오게 되거나 자기 턴을 효과 범위 내에서 시작할 경우 지혜 내성 굴림을 굴려야 합니다. 이 내성에 실패하면 대상은 3d8점의 광휘 피해(당신이 선 또는 중립 성향일 경우) 또는 3d8점의 사령 피해(당신이 악 성향일 경우)를 입게 됩니다. 내성에 성공하면 피해는 절반으로 줄어듭니다.

고레벨에서. 당신이 4레벨 이상의 주문 슬롯을 사용하여 이 주문을 시전할 경우, 상승한 주문 슬롯 1레벨당 주문이 가하는 피해가 1d8점씩 증가합니다.

예견안 FORESIGHT
9레벨 예지계

시전 시간: 1분
사거리: 접촉
구성요소: 음성, 동작, 물질(벌새의 깃털 하나)
지속시간: 8시간

당신은 주문을 받고자 하는 크리처 하나에 접촉하여 임박한 미래를 볼 수 있는 제한적인 능력을 부여합니다. 주문의 지속시간 동안, 이 목표는 기습을 받지 않으며 모든 명중 굴림, 능력 판정, 내성 굴림에 이점을 받게 됩니다. 추가적으로 이 주문의 지속시간 동안 목표를 공격하는 모든 크리처는 명중 굴림에 불리점을 받게 됩니다.

이 주문이 지속되고 있을 때 당신이 다시 이 주문을 시전하게 되면, 이전에 유지되고 있던 주문은 즉시 종료됩니다.

예지 DIVINATION
4레벨 예지계(의식)

시전 시간: 1 행동
사거리: 자신
구성요소: 음성, 동작, 물질(피우는 향, 그리고 자신의 종교에 맞는 희생 제물. 이것들은 도합해 25gp 이상이어야 하며, 주문이 시전될 때 소모됨.)
지속시간: 즉시

당신은 마법과 제물을 통해 신이나 신의 하인과 접촉할 수 있습니다. 당신은 7일 이내에 다가올 특정한 목표나 사건, 행동에 대해 한 가지 질문을 던질 수 있습니다. DM은 참된 대답을 해 줄 것입니다. 이 답변은 짧게 이루어질 것이며, 모호하게 느껴지거나 징조의 형태로 나타날 수도 있습니다.

이 주문은 당신의 다른 주문 시전이나 동료의 상실 또는 새로운 동료의 획득 등, 결과를 변화시킬 수 있는 다른 상황들을 고려하지 않습니다.

만약 당신이 긴 휴식을 취하기 전에 이 주문을 2번 이상 시전했다면, 처음 이후 당신이 이 주문을 시전할 때마다 25%씩 누적되는 확률로 정확한 응답 대신 무작위적 답을 얻을 수 있습니다. 이 확률은 DM이 비밀리에 굴릴 것입니다.

오도 MISLEAD
5레벨 환영계

시전 시간: 1 행동
사거리: 자신
구성요소: 동작
지속시간: 집중, 최대 1시간까지

당신은 투명화하는 동시에 자신이 서 있던 자리에 당신의 환영 복제품을 만들어 냅니다. 이 환영 복제품은 주문의 지속시간 동안 유지되지만, 투명화는 당신이 공격을 가하거나 주문을 시전하면 해제되어 버립니다.

당신은 행동을 사용하여 환영 복제를 당신의 이동속도 2배까지 이동시킬 수 있으며, 당신이 원하는 대로 환영의 몸짓이나 말, 행동을 통제할 수 있습니다.

당신은 마치 자신이 그 자리에 있는 것처럼 환영의 눈과 귀로 보고 들을 수 있습니다. 당신은 자신의 턴에 추가 행동을 사용하여 당신 자신의 감각 대신 환영의 감각을 사용하거나, 다시 당신 자신의 감각으로 돌아올 수 있습니다. 환영의 감각을 사용하는 동안 당신은 장님에 귀머거리 상태가 되며 주변 환경을 인식할 수 없습니다.

오색의 보주 CHROMATIC ORB
1레벨 방출계

시전 시간: 1 행동
사거리: 90ft
구성요소: 음성, 동작, 물질(최소 50gp 가치의 다이아몬드)
지속시간: 즉시

당신은 사거리 내에서 볼 수 있는 대상 하나에게 직경 4인치의 에너지 덩어리를 던집니다. 당신은 산성, 냉기, 화염, 번개, 독성, 천둥 중 하나로 이 에너지 덩어리의 속성을 선택할 수 있으며, 선택 이후 장거리 주문 공격을 행합니다. 이 공격이 명중하면 목표는 당신이 선택한 속성의 피해를 3d8점 받게 됩니다.

고레벨에서. 당신이 2레벨 이상의 주문 슬롯을 사용하여 이 주문을 시전할 경우, 상승한 주문 슬롯 1레벨당 선택한 속성의 피해가 1d8점 증가합니다.

오토의 참을 수 없는 춤 Otto's Irresistible Dance
6레벨 환혹계

시전 시간: 1 행동
사거리: 30ft
구성요소: 음성
지속시간: 집중, 최대 1분까지

당신은 사거리 내에서 볼 수 있는 크리쳐 하나를 지정합니다. 이 목표는 즉시 웃기는 춤을 추기 시작합니다. 목표는 주문의 지속시간 동안 발을 두드리고 손을 휘저으며 몸을 놀릴 것입니다. 매혹 효과에 면역인 크리쳐는 이 효과에도 면역입니다.

춤추는 크리쳐는 자신의 모든 이동력을 소모하여 춤을 추면서도 그 자리를 벗어날 수 없으며, 모든 민첩 내성 굴림과 명중 굴림에 불리점을 받게 됩니다. 목표가 이 주문에 영향을 받는 동안, 이 목표를 공격하려는 다른 크리쳐들은 명중 굴림에 이점을 받게 됩니다. 춤추고 있는 대상은 자기 행동을 사용하여 지혜 내성 굴림을 굴릴 수 있으며, 성공할 경우 춤을 멈추고 몸의 통제를 되찾을 수 있습니다.

오틸루크의 빙결 구체 Otiluke's Freezing Sphere
6레벨 방출계

시전 시간: 1 행동
사거리: 300ft
구성요소: 음성, 동작, 물질(작은 수정 구체)
지속시간: 즉시

당신의 손끝에서 냉기의 구체가 생겨나 사거리 내의 지점으로 날아가며, 그 지점에서 60ft 반경의 구체로 폭발합니다. 해당 범위 내의 모든 크리쳐는 건강 내성 굴림을 굴려야 하며, 실패할 시 10d6점의 냉기 피해를 받습니다. 성공하면 피해는 절반으로 줄어듭니다.

만약 이 구체가 물이나 주로 물 성분으로 이루어진 액체에 닿는다면, 30ft 반경까지를 최대 6인치 두께까지 얼려버립니다. (하지만 물로 이루어진 크리쳐를 얼리는 것은 아닙니다.) 이 얼음은 1분간 유지됩니다. 수영 중인 크리쳐가 얼어붙는 수면에 있었다면 얼음에 갇히게 됩니다. 갇힌 크리쳐는 행동을 사용하여 당신의 주문 내성 DC를 목표로 근력 판정을 하여 성공할 시 얼음에서 풀려날 수 있습니다.

당신은 주문을 시전할 때 구체를 즉시 발사하지 않고 유지할 수 있습니다. 이 작은 구체는 대략 슬링용 돌 정도의 크기이며, 만지면 아주 차갑습니다. 이후 당신이나 다른 크리쳐가 이 구체를 던지거나(거리 40ft) 슬링을 이용해 발사할 수 있습니다. (슬링의 사거리까지) 이 구체는 충격으로 깨지며, 깨지게 되면 주문을 직접 시전한 것처럼 그 지점에서 폭발합니다. 또한 당신은 최대 1분 내에서 충격 없이도 자동으로 폭발하도록 시한부로 폭발 시점을 설정할 수 있습니다. 당신은 구체를 던지지 않은 채로 그냥 사라지게 할 수 있습니다. 또한, 1분이 지날 때까지 던지지 않는다면, 구체는 폭발합니다.

고레벨에서. 당신이 7레벨 이상의 주문 슬롯을 사용하여 이 주문을 시전할 경우, 상승한 주문 슬롯 1레벨당 피해가 1d6점씩 증가합니다.

오틸루크의 탄성 구체 Otiluke's Resilient Sphere
4레벨 방출계

시전 시간: 1 행동
사거리: 30ft
구성요소: 음성, 동작, 물질 (반구형의 투명한 수정 조각과, 딱 맞는 크기의 반구형 고무)
지속시간: 집중, 최대 1분까지

사거리 내에서 빛나는 역장으로 만들어진 구체가 생겨나 대형 크기 이하의 크리쳐 하나를 가둬 버립니다. 주문을 받지 않으려는 크리쳐는 민첩 내성 굴림을 굴려야 하며, 이 내성에 실패하면 주문의 지속시간 동안 해당 구체 내에 감금됩니다.

물리적 물체, 에너지, 다른 주문 효과 등등 그 무엇도 이 구체의 방벽을 통과할 수 없으며, 안에서도 마찬가지입니다. 그러나 구체 안의 크리쳐는 정상적으로 숨을 쉴 수 있습니다. 이 구체는 모든 피해에 면역이며, 내부의 크리쳐나 물체는 외부로부터 가해지는 모든 공격이나 효과에 영향을 받지 않습니다. 마찬가지로 안에서도 밖에 공격을 가하거나 효과를 행할 수 없습니다.

이 구체는 무게가 없으며 내부의 무언가를 가둘 정도의 크기로만 유지됩니다. 감금된 크리쳐는 행동을 사용해 구체의 벽을 밀어서 이동시킬 수 있으며, 이렇게 하면 자신의 이동속도 절반까지 구체를 이동시킬 수 있습니다. 이와 마찬가지로 구체 밖에 있는 다른 크리쳐들 역시 이 구체를 밀거나 들어 올릴 수 있습니다.

분해Disintegrate 주문을 사용하면 구체 내의 대상에게 아무런 피해를 입히지 않으면서 구체만 완전히 파괴할 수 있습니다.

요술 Prestidigitation
변환계 소마법

시전 시간: 1 행동
사거리: 10ft
구성요소: 음성, 동작
지속시간: 최대 1시간까지

이 주문은 초보 주문시전자들이 연습을 위해 사용하는 간단한 마법적 재주들을 포괄합니다. 당신은 주문의 사거리 내에서 아래의 효과 중 하나를 일으킬 수 있습니다.

- 당신은 즉시 아무런 해도 없는 감각 효과를 만들어 낼 수 있습니다. 반짝이는 불꽃이나 가벼운 바람, 작은 악기 소리나 기이한 냄새 등을 만들 수 있습니다.
- 당신은 즉시 촛불이나 횃불, 작은 모닥불에 불을 붙이거나 꺼트릴 수 있습니다.
- 당신은 1×1×1ft의 범위를 즉시 청소하거나 더럽힐 수 있습니다.
- 당신은 살아있지 않은 1×1×1ft 크기 이하의 물체 하나를 1시간 동안 차갑게 하거나, 따뜻하게 하거나, 향을 나게 할 수 있습니다.
- 당신은 어떤 물체나 표면에 원하는 색의 작은 징표를 만들어 내 1시간 동안 지속시킬 수 있습니다.
- 당신은 자신의 다음 턴이 끝날 때까지, 자신의 손에 비마법적인 잡동사니나 잡동사니의 환영을 만들어 낼 수 있습니다.

만약 이 주문을 여러 번 시전했다면, 당신은 위의 효과들을 동시에 최대 3가지까지 유지할 수 있습니다. (즉시 발휘되는 효과들은 유지되지 않습니다.) 당신은 행동을 사용하여 유지되고 있는 효과들을 중단할 수 있습니다.

요정 불꽃 Faerie Fire
1레벨 방출계

시전 시간: 1 행동
사거리: 60ft
구성요소: 음성
지속시간: 집중, 최대 1분까지

사거리 내에서 20×20×20ft까지의 지역을 지정합니다. 이 범위 내의 모든 물체는 당신의 선택에 따라 파란색, 녹색, 또는 보라색으로 외곽선이 빛나게 됩니다. (색은 당신의 선택에 따릅니다.) 이 범위 내의 모든 크리쳐 역시 민첩 내성 굴림을 굴려야 하며, 실패할 시 외곽선이 빛나게 됩니다. 주문의 지속시간 동안, 이 효과를 받는 물체나 크리쳐는 10ft 범위 내를 약한 빛으로 밝힙니다.

이 주문에 영향을 받는 크리쳐나 물체를 공격하려는 공격자는 명중 굴림에 이점을 받습니다. (단, 목표를 볼 수 있어야 합니다.) 또한 주문에 영향을 받는 크리쳐나 목표는 투명화해도 그 이익을 받을 수 없습니다.

요정 소환 CONJURE FEY
6레벨 조형계

시전 시간: 1분
사거리: 90ft
구성요소: 음성, 동작
지속시간: 집중, 최대 1시간까지

당신은 도전 지수 6 이하의 요정 크리쳐를 소환하거나, 도전 지수 6 이하의 야수 형상을 띄는 요정 영혼을 소환할 수 있습니다. 이렇게 불러낸 대상은 사거리 내에서 볼 수 있는 점유되지 않은 공간에 나타납니다. 이렇게 불러낸 요정 크리쳐는 hp가 0이 되거나 주문의 지속시간이 끝나면 사라집니다.

요정 크리쳐는 주문의 지속시간 동안 당신과 동료들에게 우호적입니다. 이들의 우선권은 따로 굴리게 되며, 자기 턴에 행동하게 됩니다. 이 크리쳐는 그 자신의 성향에 어긋나는 것이 아닌 한 당신이 말한 명령에 복종합니다.(당신이 행동을 사용할 필요는 없습니다.) 당신이 요정에게 아무런 명령도 내리지 않는다면 자기 자신을 방어하기만 할 뿐 다른 행동을 취하지 않습니다.

당신의 집중이 깨져버려도 요정 크리쳐는 사라지지 않습니다. 다만 당신의 통제력이 사라질 뿐이며, 불러낸 요정 크리쳐는 당신과 동료들에게 적대적으로 변하고 공격할 수도 있습니다. 통제를 벗어난 요정 크리쳐는 당신이 돌려보낼 수 없으며, 소환되고 1시간이 지나면 사라질 뿐입니다.

DM이 불러낸 요정 크리쳐의 게임적 수치를 확인합니다.

고레벨에서. 당신이 7레벨 이상의 주문 슬롯을 사용하여 이 주문을 시전할 경우, 상승한 주문 슬롯 1레벨당 불러낼 수 있는 크리쳐의 도전 지수가 1씩 증가합니다.

운석 소환 METEOR SWARM
9레벨 방출계

시전 시간: 1 행동
사거리: 1마일
구성요소: 음성, 동작
지속시간: 즉시

사거리 내에서 당신이 볼 수 있는 4개의 지점에 타오르는 불꽃 덩어리가 충돌합니다. 각각의 충돌 지점에서 반경 40ft 내의 모든 크리쳐는 민첩 내성 굴림을 굴려야 합니다. 충돌의 폭발은 모서리를 돌아서 퍼져 나갑니다. 내성에 실패한 크리쳐는 20d6의 화염 피해와 20d6의 타격 피해를 받으며, 성공하면 피해는 절반으로 줄어듭니다. 하나의 크리쳐가 여러 개의 폭발 범위에 동시에 포함되더라도 피해는 한 번만 받습니다.

이 주문은 범위 내에서 누군가 장비하거나 들고 있지 않은 가연성 물체에 불을 붙입니다.

원소 소환 CONJURE ELEMENTAL
5레벨 조형계

시전 시간: 1분
사거리: 90ft
구성요소: 음성, 동작, 물질(대기 원소는 태우는 향, 대지 원소는 부드러운 점토, 화염 원소는 인 조각, 물 원소는 모래와 물 약간)
지속시간: 집중, 최대 1시간까지

당신은 원소 하인을 불러냅니다. 주문의 사거리 내에서 10 × 10 × 10ft 이상의 너비를 차지하는 대기, 대지, 화염, 물이 있는 공간을 지정합니다. 그러면 해당 지점에서 10ft 이내의 점유되지 않은 공간에 도전지수 5 이하의 원소가 나타납니다. 예를 들어 불의 원소라면 모닥불에서 나타날 수 있으며, 대지의 원소라면 땅에서 솟아날 것입니다. 이 원소는 hp가 0이 되거나 주문의 지속시간이 끝나면 사라집니다.

원소는 주문의 지속시간 동안 당신과 당신의 동료들에게 우호적입니다. 원소는 자체적으로 우선권을 굴리며 그 자신의 턴을 가집니다. 원소는 당신이 말한 명령에 따릅니다. (이를 위해 행동을 사용할 필요는 없습니다.) 만약 당신이 원소에게 아무런 명령도 내리지 않는다면 원소는 자기 방어만 할 뿐, 다른 행동을 취하지 않습니다.

당신의 집중이 깨진다 해도 원소는 사라지지 않습니다. 대신 당신은 원소의 통제권을 잃게 되며, 원소는 당신에게 적대적으로 변해 공격할 수도 있습니다. 통제되지 않은 원소는 당신이 돌려보낼 수 없으며, 소환된 뒤 1시간이 지나면 사라집니다.

DM이 이 원소의 게임적 수치를 확인합니다.

고레벨에서. 당신이 6레벨 이상의 주문 슬롯을 사용하여 이 주문을 시전할 경우, 상승한 주문 슬롯 1레벨당 소환할 수 있는 원소의 도전 지수가 1씩 증가합니다.

원호 AID
2레벨 방호계

시전 시간: 1 행동
사거리: 30ft
구성요소: 음성, 동작, 물질 (하얀 천으로 이루어진 작은 끈 하나)
지속시간: 8시간

당신의 주문은 동료들을 강화해 더 튼튼하고 결단력을 지니게 합니다. 사거리 내에서 최대 3체까지의 크리쳐를 목표로 지정합니다. 이 목표들은 주문의 지속시간 동안 최대 hp가 5점 증가하며, 이에 따라 hp 5점도 얻습니다.

고레벨에서. 당신이 3레벨 이상의 주문 슬롯을 사용하여 이 주문을 시전할 경우, 상승한 주문 슬롯 1레벨당 최대 hp가 5점씩 추가로 상승합니다.

위장된 죽음 FEIGN DEATH
3레벨 사령계(의식)

시전 시간: 1시간
사거리: 접촉
구성요소: 음성, 동작, 물질 (무덤의 흙 한 움큼)
지속시간: 1시간

당신은 주문을 받고자 하는 대상 하나에 접촉하여 목표를 죽은 것과 비슷한 마취 상태에 빠트립니다.

이 상태는 주문의 지속시간 동안 유지되며, 그 이전에도 당신은 행동을 사용하고 다시 목표에 접촉하여 주문을 중단할 수 있습니다. 주문이 지속되는 동안 목표는 죽은 상태로 보이며, 어떠한 관찰이나 주문으로도 목표의 상태는 죽은 것으로만 파악됩니다. 이 목표는 주문이 지속되는 동안 장님에 행동불능 상태이며, 이동 속도 역시 0으로 감소합니다. 또한 이 상태에서 목표는 정신 피해를 제외한 모든 피해에 저항을 얻습니다. 만약 이 주문을 시전할 때 목표가 질병 혹은 중독 상태였거나, 이 주문의 효력을 받는 동안 질병 혹은 중독 상태가 되었다면, 해당 질병이나 중독 상태의 영향은 주문의 지속시간이 끝날 때까지 목표에 영향을 끼치지 못합니다.

유도 화살 GUIDING BOLT
1레벨 방출계

시전 시간: 1 행동
사거리: 120ft
구성요소: 음성, 동작
지속시간: 1라운드

번쩍이는 빛줄기가 사거리 내에서 당신이 지정한 크리쳐에게 날아갑니다. 목표에게 장거리 주문 공격을 가합니다. 명중한 경우, 목표는 4d6점의 광휘 피해를 입게 되며, 이 주문은 목표에게서 신비하고 은은한 광채를 발하게 만들어 공격을 유도하기 때문에 당신의 다음 턴이 끝나기 전까지 목표를 향한 다음 명중 굴림 한 번에 이점을 받을 수 있습니다. 일단 목표가 공격을 받고 나면 광채는 사라집니다.

고레벨에서. 당신이 2레벨 이상의 주문 슬롯을 사용하여 이 주문을 시전할 경우, 상승한 주문 슬롯 1레벨당 피해가 1d6 점 증가합니다.

유사화 SEEMING
5레벨 환영계

시전 시간: 1 행동
사거리: 30ft
구성요소: 음성, 동작
지속시간: 8시간

이 주문은 사거리 내에서 당신이 볼 수 있는 모든 크리쳐들의 외양을 당신이 원하는 대로 바꿀 수 있게 해 줍니다. 당신은 각각의 목표에게 당신이 원하는 새로운 환영 외모를 만들어 줍니다. 만약 목표가 주문을 피하려 한다면 매력 내성 굴림을 굴릴 수 있으며, 성공할 경우 주문에 영향을 받지 않을 수 있습니다.

이 주문은 옷차림이나 갑옷, 무기나 장비 등과 같은 물리적 형상들 모두를 위장시킬 수 있습니다. 당신은 크리쳐들 각각의 키를 1ft 더 작거나 크게 만들 수 있으며, 더 뚱뚱하거나 날씬하게 보이도록 할 수 있습니다. 하지만 당신은 목표의 몸 구조 형태 자체를 바꿀 수는 없으며, 따라서 기본적인 사지나 팔다리 숫자 등은 그대로 유지되어야 합니다. 이러한 제한을 제외하면 새로운 생김새 형태는 전적으로 당신의 결정을 따릅니다. 이 주문의 효과는 지속시간 동안 유지되며, 그 이전에도 당신은 행동을 사용해 주문을 취소할 수 있습니다.

이 주문으로 인한 변화는 직접적 접촉으로 인해 간파될 수 있습니다. 예를 들어 당신이 존재하지 않는 모자를 환영으로 만들어 씌워주었다 해도 누군가 직접 모자에 손을 대면 그게 없다는 사실을 알 수 있으며, 그냥 머리카락이나 머리를 만지게 될 것입니다. 만약 이 주문을 사용해 누군가를 실제보다 더 날씬하게 보이도록 만들었다 해도 여전히 실제 몸은 그대로의 부피를 지닐 것이며, 가까이 접근하면 이를 알아챌 것입니다.

또한 직접 접촉하지 않더라도 행동을 사용하여 당신의 주문 내성 DC를 목표로 지능(수사) 판정에서 성공한 크리쳐는 이것이 환영임을 알 수 있으며, 환영을 간파한 크리쳐는 위장된 본 모습을 볼 수 있습니다.

육신 석화 FLESH TO STONE
6레벨 변환계

시전 시간: 1 행동
사거리: 60ft
구성요소: 음성, 동작, 물질 (석회 한 조각, 물, 흙)
지속시간: 집중, 최대 1분까지

당신은 사거리 내에서 당신이 볼 수 있는 크리쳐 하나를 돌로 만듭니다. 만약 목표의 몸이 살로 이루어졌다면, 목표는 건강 내성 굴림을 해야 합니다. 내성에 실패하면, 살이 단단해지며 목표는 포박 상태가 됩니다. 내성에 성공하면 주문에 영향을 받지 않습니다.

이 주문으로 포박된 크리쳐는 자기 턴이 끝날 때마다 건강 내성 굴림을 굴려야 합니다. 만약 이 주문의 내성 굴림에 3번 성공했다면, 주문은 종료됩니다. 만약 이 주문의 내성 굴림에 3번 실패했다면, 목표는 완전히 돌로 변하여 지속시간 동안 석화 상태가 됩니다. 내성의 성공과 실패는 연속해서 일어날 필요가 없으며, 누적해서 먼저 3번이 되는 쪽으로 효과가 일어납니다.

만약 이 크리쳐가 석화된 상태에서 물리적으로 부서진다면, 원래 상태로 돌아와도 마찬가지의 피해나 장애를 입게 됩니다.

만약 당신이 이 주문의 지속시간 동안 계속 집중을 유지했다면, 돌로 변한 크리쳐는 효과가 해제될 때까지 영원히 돌로 변해 있을 것입니다.

음식과 물 정화 PURIFY FOOD AND DRINK
1레벨 변환계(의식)

시전 시간: 1 행동
사거리: 10ft
구성요소: 음성, 동작
지속시간: 즉시

사거리 내에서 당신이 지정한 지점을 중심으로 5ft 내에 있는 모든 비마법적인 음식과 물은 즉시 정화되며, 그에 깃들어 있던 모든 질병과 독은 사라집니다.

음식과 물 창조 CREATE FOOD AND WATER
3레벨 조형계

시전 시간: 1 행동
사거리: 30ft
구성요소: 음성, 동작
지속시간: 즉시

당신은 사거리 내의 빈 공간이나 용기에 45lbs의 음식과 30갤런)의 물을 만들어 냅니다. 이 음식과 물은 15명까지의 인간형 크리쳐나 5마리의 탈것이 24시간 동안 먹고 마실 수 있는 분량입니다. 음식은 평범하지만, 영양분은 충분하며, 먹지 않고 24시간이 지나면 부패하기 시작합니다. 물은 완전히 깨끗하며 특별한 일이 없으면 상하지 않습니다.

이계 전송 PLANE SHIFT
7레벨 조형계

시전 시간: 1 행동
사거리: 접촉
구성요소: 음성, 동작, 물질(최소 250gp 상당의 끝이 갈라진 금속 막대. 특정한 이계에 맞추어 조율되어야 함.)
지속시간: 즉시

당신은 최대 8체까지의 주문을 받고자 하는 크리쳐들에 접촉하여 이들을 이계로 이동시킵니다. 이때 주문의 대상이 되는 자들은 모두 손을 붙잡고 원을 형성해야 합니다. 당신은 화염계에 위치한 황동의 도시라거나, 구층지옥의 두 번째 층에 있는 디스파터의 왕궁이라는 등 대략적인 목적지를 제시할 수 있으며, 이 목적지에 가까운 지점에 나타나게 될 것입니다. 예를 들어 황동의 도시로 가고자 한다고 할 경우, 당신은 재의 관문 앞에 있는 강철의 거리에 나타날 수도 있으며, 불의 바다 건너서 도시를 바라볼 수 있는 위치에 나타날 수도 있습니다. 정확히 어디에 나타나게 될지는 DM의 판단에 따릅니다.

아니면 당신이 다른 이계에 존재하는 순간이동 원의 인식 징표를 알고 있다면, 해당 순간이동 원으로 갈 수도 있습니다. 만약 순간이동의 원이 너무 작아서 이동하려는 인원 전체가 올라설 수 없을 정도라면, 나머지 인원은 원에 가장 가까운 점유되지 않은 공간에 나타날 것입니다.

당신은 이 주문을 사용해 주문을 받으려 하지 않는 크리쳐를 강제로 이계에 날려 보낼 수 있습니다. 당신이 접촉할 수 있는 거리에 있는 목표에게 근접 주문 공격을 가합니다. 이 공격이 명중한 경우, 목표는 매력 내성 굴림을 굴려야 합니다. 이 내성에 실패하면 해당 목표는 당신이 선택한 이계 속의 무작위 장소에 떨어져 버립니다. 이렇게 강제로 이송된 크리쳐는 어떻게든 자기 스스로 방법을 찾아야만 원래 세계로 돌아올 수 있을 것입니다.

이계 접촉 CONTACT OTHER PLANE
5레벨 예지계(의식)

시전 시간: 1분
사거리: 자신
구성요소: 음성
지속시간: 1분

당신은 반신이나 오래전 죽은 현자, 혹은 이계의 다른 신비로운 존재와 정신적인 연결을 만듭니다. 이계의 지적 존재와 접촉하는 이 시도는 당신을 고통스럽게 하거나 심지어 당신의 정신을 망가트릴 수도 있습니다. 당신이 이 주문을 시전할 때 먼저 DC 15의 지능 내성 굴림을 굴려야 합니다. 이 내성에 실패하면 당신은 6d6점의 정신 피해를 받게 되며, 긴 휴식을 취하기 전까지 광기에 빠지게 됩니다. 이렇게 광기에 빠져 있을 때 당신은 행동을 취할 수 없으며, 오직 횡설수설 지껄이기만 할 수 있을 뿐 다른 누군가의 말을 알아듣거나 글을 읽을 수 없습니다. *상급 회복Greater Restoration* 주문을 사용하면 이 후유증을 미리 끝낼 수 있습니다.

내성에 성공하면 당신은 이 지적 존재에게 다섯 개까지의 질문을 던질 수 있습니다. 당신은 주문의 지속시간이 유지되는 동안 이 질문을 해야 합니다. DM은 각각의 질문에 "그렇다", "아니다", "아니다", "상관없다.", "불확실하다." 등등의 한 단어로 답변해줄 것입니다. 만약 단어 하나짜리의 답이 오해를 부를 수 있는 것이라면, DM은 그 대신 짧은 문구로 답을 해줄 것입니다.

이계체 동맹 PLANAR ALLY
6레벨 조형계

시전 시간: 10분
사거리: 60ft
구성요소: 음성, 동작
지속시간: 즉시

당신은 외계의 존재를 불러 도움을 청합니다. 당신은 이렇게 부르려는 존재를 알고 있어야 합니다. 이는 신일 수도 있고, 원초자일 수도 있으며, 데몬 대공이거나 다른 우주적 힘을 지닌 존재일 수도 있습니다. 이렇게 당신의 부름을 들은 존재는 천상체나 원소, 악마 따위를 보내 당신을 도와주도록 할 것이며, 이 부하는 주문의 사거리 내에 있는 점유되지 않은 공간에 나타납니다. 만약 당신이 특정한 크리쳐의 이름을 알고 있다면, 이 주문을 시전할 때 그 이름을 말하여 해당 크리쳐를 요청할 수 있지만, 그렇다고 꼭 그 크리쳐가 오리라는 법은 없습니다. (DM의 결정에 따릅니다.)

도와주려는 존재가 나타날 때, 이 외계의 존재는 특정한 행동을 하도록 강요당하는 것이 아닙니다. 당신은 보수를 지불하는 대신 어떠한 도움을 요청할 수 있지만, 이 크리쳐가 도와주어야 하는 의무를 지고 있는 것은 아닙니다. 요청받는 임무는 협곡을 넘어 날아가라거나 전투에서 도와달라는 등으로 간단할 수도 있으며, 던전을 내려가는 동안 우리를 보호해 달라는 식으로 지속되는 봉사를 요청할 수도 있습니다. 당신은 나타난 존재와 직접 의사소통을 해서 흥정을 해야만 합니다.

도움의 보수는 다양하게 줄 수 있습니다. 천상체라면 상당한 양의 돈을 기부할 것이나 신전에 마법 물건을 기부할 것을 요청할 수도 있으며, 악마라면 산 제물이나 보물을 요청할 수도 있습니다. 어떤 크리쳐들은 봉사를 해 주는 대신 당신이 어떤 사명을 수행할 것을 원할 수도 있습니다.

가장 우선되는 법칙은, 분 단위의 임무일 경우 도와주는 시간 1분당 100gp 상당의 비용이, 시간 단위의 일일 경우 시간당 1,000gp 상당의 비용이, 날 단위의 일일 경우 하루당 최저 10,000gp 상당의 비용이 기준이 될 수 있다는 것입니다. (최대 10일까지 가능할 것입니다.) DM은 소환된 상황에 따라 이러한 보수를 조정할 수 있습니다. 만약 임무가 소환된 존재의 성향에 맞는다면 보수는 절반까지 떨어질 수도 있으며, 성향에 어긋나는 일을 요구한다면 두 배 이상의 보수를 요구할 수도 있습니다. 위험하지 않은 임무의 경우 보수는 훨씬 줄어들 수 있으며, 특별히 위험한 임무라면 더 큰 선물이 필요합니다. 물론 어떤 경우에라도 자살적으로 보이는 임무를 받아들이는 경우는 거의 없습니다.

소환된 존재가 임무를 완수하였거나 미리 합의된 협조 기간이 끝나고 나면 이 존재는 가능하다면 당신에게 보고한 후 원래 자신이 거하던 세계로 돌아갈 것입니다. 만약 당신과 소환된 존재가 서로 대가에 합의하지 못했다면 소환된 존재는 즉시 귀환할 것입니다. 소환된 존재가 당신의 일행과 함께하게 되면 그 일원으로 취급받게 되며, 따라서 전투 상황에서 경험치를 나눠 받게 될 것입니다.

이계체 속박 PLANAR BINDING
5레벨 방호계

시전 시간: 1시간
사거리: 60ft
구성요소: 음성, 동작, 물질(최소 1,000gp 상당의 보석. 주문 시전시 소모됨)
지속시간: 24시간

이 주문을 시전하면 당신은 천상체나 원소, 요정 혹은 악마를 속박해 당신에게 봉사하도록 강제할 수 있습니다. 먼저 이 주문의 목표가 될 크리쳐는 주문이 지속되는 동안 계속 사거리 내에 있어야 합니다. (일반적으로 먼저 역전된 *마법의 원Magic Circle* 주문 속에 크리쳐를 소환해 감금한 후 이 주문을 시전하게 됩니다.) 일단 주문 시전이 완료되면, 목표는 매력 내성 굴림을 굴려야 합니다. 이 내성에 실패할 경우 목표는 주문의 지속시간 동안 당신에게 봉사해야만 합니다. 만약 이 크리쳐가 소환된 것이거나 다른 주문에 의해 창조된 것이라면, 이 크리쳐의 유지시간은 이 주문의 지속시간만큼 연장됩니다.

속박된 크리쳐는 최선을 다해 당신의 명령에 따라야만 합니다. 당신은 이 크리쳐를 강제해 당신의 모험에 합류하도록 하거나, 어떤 장소를 지키도록 하거나, 전갈을 전달하도록 할 수 있습니다. 속박된 존재는 당신의 명령을 문자 그대로 이해해 복종하지만, 당신에게 적대적일 경우 당신의 말을 왜곡해 자신의 목적을 이루려 할 수도 있습니다. 만약 속박된 존재가 주문의 지속시간이 끝나기 전에 당신의 명령을 완수했다면, 당신에게 돌아와 그 사실을 보고할 것입니다. 단, 이렇게 돌아오려면 당신과 속박된 존재가 같은 세계에 있어야 합니다. 둘 중 하나가 이계에 있을 경우, 임무를 완수한 존재는 주문의 지속시간이 끝날 때까지 속박된 세계에 묶여 있을 것입니다.

고레벨에서. 당신이 6레벨 주문 슬롯을 사용하여 이 주문을 시전할 경우, 주문의 지속시간은 10일이 됩니다. 7레벨 슬롯을 사용할 경우 지속시간은 30일이 되며, 8레벨 슬롯을 사용할 경우 180일, 9레벨 슬롯을 사용할 경우 지속시간은 1년하고도 하루가 됩니다.

이동의 자유 FREEDOM OF MOVEMENT
4레벨 조형계

시전 시간: 1 행동
사거리: 접촉
구성요소: 음성, 동작, 물질 (가죽끈, 팔이나 다른 사지에 묶어 놓아야 함.)
지속시간: 1시간

당신은 주문을 받고자 하는 대상 하나에 접촉합니다. 주문의 지속 시간 동안, 이렇게 접촉된 목표는 어려운 지형에 구애받지 않으며, 주문이나 다른 마법적 효과로 인해 이동속도가 줄어들지 않고 마비나 포박 효과에 당하지 않습니다.

목표는 또한 이동력 5ft를 소비하여 족쇄나 붙잡기 등 비마법적인 속박 효과에서 자동으로 탈출할 수 있습니다. 마지막으로, 목표는 수중에서도 아무런 페널티 없이 이동하고 공격할 수 있습니다.

인간형 매혹 CHARM PERSON
1레벨 환혹계

시전 시간: 1 행동
사거리: 30ft
구성요소: 음성, 동작
지속시간: 1시간

당신은 사거리 내에서 볼 수 있는 인간형 크리쳐 하나를 매혹하려 시도할 수 있습니다. 목표는 지혜 내성 굴림을 굴려야 하며, 당신이나 당신의 동료와 전투 중이었다면 이 내성 굴림에 이점을 받을 수 있습니다. 목표가 내성에 실패할 경우, 주문의 지속시간 동안 당신에게 매혹당한 상태가 됩니다. 그러나 이 지속시간 동안 당신이나 당신의 동료에게 해를 입을 경우 매혹은 풀리게 됩니다. 매혹당한 목표는 당신에게 친근한 태도를 취할 것입니다. 주문이 종료되면, 해당 목표는 당신이 자신을 매혹했다는 사실을 알게 됩니다.

고레벨에서. 당신이 2레벨 이상의 주문 슬롯을 사용해서 이 주문을 시전할 경우, 상승한 주문 슬롯 1레벨당 추가로 한 명씩의 인간형 대상 하나를 더 지정할 수 있습니다. 이때 목표로 지정하려는 자들은 모두 각각 30ft 내에 모여 있어야 합니다.

인간형 지배 DOMINATE PERSON
5레벨 환혹계

시전 시간: 1 행동
사거리: 60ft
구성요소: 음성, 동작
지속시간: 집중, 최대 1분까지

당신은 사거리 내에서 볼 수 있는 인간형 대상 하나의 의지를 굴복시키려 시도합니다. 목표는 지혜 내성 굴림을 굴려야 하며, 실패하면 주문의 지속시간 동안 당신에게 매혹당한 상태가 됩니다. 만약 당신이나 당신의 동료와 전투중이었다면 목표는 내성 굴림에 이점을 받게 됩니다.

목표가 이렇게 매혹당해 있는 동안, 당신과 목표 사이에는 정신적인 연결이 생겨납니다. 이 연결은 둘이 같은 세계에 있는 동안만 유지됩니다. 당신이 의식을 지니고 있는 동안, 당신은 이 연결을 통해 목표에게 명령을 내릴 수 있습니다. (이 명령에는 행동이 필요하지 않습니다) 목표는 이렇게 내려진 명령에 최선을 다해 복종할 것입니다. 당신은 "저것을 공격하라"거나 "저리로 달려가라"는 식의 간단하고 대략적인 명령을 내릴 수 있습니다. 만약 목표가 명령을 완수하고서도 당신이 새로운 명령을 내리지 않았다면, 목표는 당신에게 새 명령을 받을 때까지 최선을 다해 자기 방어만 할 뿐 다른 행동을 취하지 않습니다.

당신은 행동을 사용하여 목표의 통제권을 완전히 가져오려고 시도할 수 있습니다. 당신의 다음 턴이 끝날 때까지, 목표는 당신이 선택한 행동만 할 수 있으며, 당신이 허락하지 않은 행동은 아무것도 할 수 없습니다. 이 시간 동안 당신은 목표의 반응행동도 사용할 수 있으나, 목표의 반응행동을 사용하려면 당신 역시 반응행동을 사용해야 합니다.

피해를 받을 때마다, 목표는 다시 지혜 내성 굴림을 굴릴 수 있으며, 이 내성에 성공할 경우 주문은 종료됩니다.

고레벨에서. 당신이 6레벨 주문 슬롯을 사용하여 이 주문을 시전할 경우, 지속시간은 집중시 최대 10분이 됩니다. 7레벨 슬롯을 사용할 경우 지속시간은 집중시 최대 1시간이 되며, 8레벨 이상의 슬롯을 사용할 경우 지속시간은 집중시 최대 8시간까지 늘어납니다.

인간형 포박 HOLD PERSON
2레벨 환혹계

시전 시간: 1 행동
사거리: 60ft
구성요소: 음성, 동작, 물질(작은 크기의 곧은 쇳조각)
지속시간: 집중, 최대 1분까지

당신은 사거리 내에 자신이 볼 수 있는 인간형 크리쳐 하나를 지정합니다. 이렇게 지정된 목표는 지혜 내성 굴림을 굴려야 하며, 실패할 시 주문의 지속시간 동안 마비 상태가 됩니다. 목표는 자기 턴이 끝날 때마다 다시 지혜 내성 굴림을 굴릴 수 있으며, 성공할 경우 목표는 주문에서 벗어날 수 있습니다.

고레벨에서. 당신이 3레벨 이상의 주문 슬롯을 사용해서 이 주문을 사용할 경우, 상승한 주문 슬롯 하나당 추가적으로 인간형 대상을 하나씩 더 지정할 수 있습니다. 각각의 목표는 서로 30ft 내에 모여 있어야 합니다.

자기 변형 ALTER SELF
2레벨 변환계

시전 시간: 1 행동
사거리: 자신
구성요소: 음성, 동작
지속시간: 집중, 최대 1시간까지

당신은 다른 형태로 바뀝니다. 당신이 이 주문을 시전할 때, 아래 주어지는 선택지 중 하나를 골라 주문의 지속시간 동안 해당하는 효과를 받습니다. 주문이 지속되는 중에는 언제든 당신은 하나의 선택지를 끝내고 다른 선택지로 바꾸어 그 이익을 받을 수 있습니다.

수중 적응. 당신은 몸을 수중 환경에 맞게 변화시킬 수 있습니다. 허파에 아가미가 생겨나며 손가락 사이에는 물갈퀴가 생겨납니다. 당신은 물속에서 호흡할 수 있게 되며 걷는 속도와 같은 수영 속도를 가지게 됩니다.

외모 변화. 당신은 자신의 외모를 변화시킵니다. 당신은 키나 몸무게, 얼굴 특징, 목소리, 머리 길이, 머리색 등등의 특징을 모두 변화시킬 수 있습니다. 당신은 아예 다른 종족의 일원처럼 보이도록 외모를 바꿀 수 있지만, 그렇다고 게임적 수치가 변화하지는 않습니다. 또한 당신은 크기 분류가 바뀔 정도로 커지거나 작아질 수 없으며, 기본적인 체형이나 신체 구조는 그대로여야 합니다. 당신이 이족보행을 한다면, 이 주문을 사용해도 사족보행으로 변화할 수는 없을 것입니다. 주문이 유지되는 동안이라면 언제나 다시 당신의 외모를 다시 다른 것으로 바꿀 수 있습니다.

자연적 무기. 당신은 손톱이나 이빨을 길게 돋아나게 하거나 뼈를 튀어나오게 하고 뿔을 자라나게 하는 등, 당신이 원하는 방식대로 자연적 무기를 만들어 낼 수 있습니다. 당신의 비무장 공격은 1d6점의 타격이나 관통, 참격 피해를 가합니다. 피해의 종류는 당신이 만들어낸 자연적 무기의 형태를 따르며, 당신은 비무장 공격에 대한 사용숙련을 지니게 됩니다. 마지막으로, 이 자연적 무기는 마법무기로 취급받으며 명중과 피해 굴림에 +1 보너스를 받습니다.

자기 위장 Disguise Self
1레벨 환영계

시전 시간: 1 행동
사거리: 자신
구성요소: 음성, 동작
지속시간: 1시간

당신은 복장이나 갑옷, 무기, 다른 소유물을 모두 포함해 자기의 모습을 다른 것으로 변화시킵니다. 이 환영은 주문의 지속시간 동안 유지되며, 그 이전에도 당신은 행동을 사용해 주문을 종료할 수 있습니다. 당신은 최대 1ft 크거나 작게 보일 수 있으며, 더 마르게 보이거나 뚱뚱해 보일 수도 있습니다. 그러나 이 주문을 통해 신체 형태를 아예 다르게 보이도록 할 수는 없으며, 기본적인 사지의 구조는 그대로 유지되어야 합니다. 이 점을 제외하면 환영의 형태는 전적으로 당신에게 달려 있습니다.

이 주문으로 만들어진 환영에 물리적으로 접촉할 경우 환영은 간파당하게 됩니다. 예를 들어, 이 주문으로 없는 모자를 보이도록 만들었다면, 누군가 머리를 만져볼 경우 모자를 관통하게 되므로 이것이 환영임이 간파됩니다. 만약 당신이 이 주문을 사용해 당신 스스로 더 마르게 보이도록 모습을 바꾸었다 해도, 주변에 충분히 가까이 다가가면 그 사실을 알게 될 것입니다.

접촉 없이도 행동을 사용하여 당신의 주문 내성 DC를 목표로 지능(수사) 판정에 성공한 크리쳐는 당신이 변장했다는 사실을 간파할 수 있습니다.

자연과의 회화 Commune with Nature
5레벨 예지계(의식)

시전 시간: 1분
사거리: 자신
구성요소: 음성, 동작
지속시간: 즉시

당신은 잠깐 자연과 합일화하여 주변 환경에 대한 지식을 얻을 수 있습니다. 야외에서 이 주문을 사용하면 당신은 주변 3마일의 대지에 대한 지식을 얻을 수 있습니다. 동굴이나 기타 자연적 지하 환경에서 이 주문을 사용한 경우, 300ft 반경에 대한 지식을 얻을 수 있습니다. 이 주문은 던전이나 마을 등 인공적인 건축물 내에서는 사용할 수 없습니다.

당신은 해당 범위 내에서 아래 나열된 것 중 최대 3개까지의 사실을 알 수 있습니다.

- 지형과 물의 유무
- 주변의 식물이나 광물, 동물, 사람들
- 강력한 천상체나 요정, 악마, 원소, 언데드의 존재 유무
- 이계로부터 가해지고 있는 영향력
- 건물

예를 들어, 당신은 주변 지역에 강력한 언데드가 있는가, 주변에 마실만 한 물의 원천이 있는가, 그리고 주변에 가까운 마을이 있는가를 질문하고, 그에 대한 응답을 바로 얻을 수 있습니다.

잔혹한 모욕 Vicious Mockery
환혹계 소마법

시전 시간: 1 행동
사거리: 60ft
구성요소: 음성
지속시간: 즉시

당신은 사거리 내의 볼 수 있는 크리쳐 하나에게 연달아서 미묘한 환혹 효과를 섞은 모욕을 던질 수 있습니다. 이 효과는 목표가 당신의 목소리를 들을 수 있어야 합니다. (당신의 말을 꼭 이해해야 하는 것은 아닙니다.) 목표는 지혜 내성을 굴려야 하며, 이에 실패할 경우 1d4점의 정신 피해를 받고 그 자신의 다음 턴이 끝날 때까지 명중 굴림에 불리점을 받게 됩니다.

이 주문의 피해는 시전자의 총 레벨이 오르면서 점점 증가하여 5레벨에 2d4, 11레벨에 3d4, 17레벨에 4d4의 피해를 가합니다.

장님화/귀머거리화 Blindness/Deafness
2레벨 사령계

시전 시간: 1 행동
사거리: 30ft
구성요소: 음성
지속시간: 1분

당신은 적 하나의 눈을 멀게 하거나 귀머거리로 만들 수 있습니다. 사거리 내에서 당신이 볼 수 있는 대상 하나를 정하면, 목표는 건강 내성 굴림을 굴려야 합니다. 이 내성에 실패하면, 목표는 당신의 선택에 따라 주문의 지속시간 동안 장님 또는 귀머거리 상태가 됩니다. 목표는 자기 턴이 끝날 때마다 다시 건강 내성을 굴릴 수 있으며, 성공할 경우 주문의 효과는 종료됩니다.

고레벨에서. 당신이 3레벨 이상의 주문 슬롯을 사용하여 이 주문을 시전할 경우, 상승한 주문 슬롯 1레벨당 하나씩의 목표를 더 지정할 수 있습니다.

재생 Regenerate
7레벨 변환계

시전 시간: 1분
사거리: 접촉
구성요소: 음성, 동작, 물질(기도용 바퀴와 성수)
지속시간: 1시간

당신은 크리쳐 하나에 접촉하여 그 목표가 지닌 자연적 회복 능력을 자극할 수 있습니다. 목표는 즉시 4d8+15점의 hp를 회복합니다. 이후 주문의 지속시간 동안, 목표는 자기 턴이 시작될 때마다 1점씩의 hp를 회복합니다. (1분당 10점씩을 회복하는 것입니다.)

목표의 사지가 잘려나갔다면, 2분 후에 잘려나간 부위가 다시 자라납니다. 만약 당신이 잘려나간 부위를 다시 가져다 붙일 수 있다면, 이 주문은 즉시 가져다 붙인 자리를 이어줍니다.

재활성화 Revivify
3레벨 사령계

시전 시간: 1 행동
사거리: 접촉
구성요소: 음성, 동작, 물질 (300gp 상당의 다이아몬드. 주문 시전시 소모됨.)
지속시간: 즉시

당신은 1분 이전에 사망한 크리쳐 하나에 접촉합니다. 이렇게 접촉한 사망자는 hp 1점을 지닌 상태로 다시 살아납니다. 이 주문은 노령으로 사망한 사람을 되살릴 수 없으며, 신체 일부를 잃어버린 경우 이를 회복시켜 주지도 못합니다.

저능화 Feeblemind
8레벨 환혹계

시전 시간: 1 행동
사거리: 150ft
구성요소: 음성, 동작, 물질 (점토 약간과 수정, 유리, 혹은 다른 광물로 만들어진 구체 하나)
지속시간: 즉시

당신은 사거리 내에서 당신이 볼 수 있는 크리쳐 하나의 정신을 날려버려 목표가 지닌 지성과 인격을 망가트립니다. 목표는 4d6 점의 정신 피해를 받게 되며, 지능 내성 굴림을 굴려야 합니다.

이 내성에 실패할 경우, 목표의 지능과 매력 점수는 1이 됩니다. 이 목표는 주문을 시전할 수도 없고, 마법 물건을 발동하거나 언어를 이해할 수도 없으며, 어떤 방식으로도 의사소통할 수 없게 됩니다. 하지만 여전히 목표는 동료를 알아볼 수 있으며 동료를 따라다니고, 심지어 동료를 보호하려 하기도 합니다.

30일이 지날 때마다 목표는 다시 주문에 대한 내성 굴림을 굴릴 수 있으며, 성공할 경우 주문의 효과는 종료됩니다.

이 주문은 상급 회복Greater Restoration이나 치유Heal, 혹은 소원Wish 주문으로도 그 효과를 종료시킬 수 있습니다.

저속화 SLOW
3레벨 변환계

시전 시간: 1 행동
사거리: 120ft
구성요소: 음성, 동작, 물질(당밀 한 방울)
지속시간: 집중, 최대 1분까지

당신은 시간의 흐름을 변화시켜 사거리 내에 당신이 지정한 지점의 40 × 40 × 40ft 내의 목표 최대 6체까지의 속도를 늦출 수 있습니다. 각각의 목표는 지혜 내성 굴림을 굴려야 하며, 이 내성에 실패할 경우 주문에 영향을 받게 됩니다.

영향을 받은 대상의 이동속도는 절반이 되며, AC와 민첩 내성 굴림에 -2의 페널티를 받고, 반응행동을 사용할 수 없게 됩니다. 목표는 자기 턴에서 행동이나 추가 행동 중 하나만 사용할 수 있으며, 둘 다는 쓸 수 없습니다. 목표의 능력치나 마법 물건과 무관하게, 목표는 자기 턴에 근접이나 장거리 공격을 하려 할 경우 오직 한 번의 공격만을 가할 수 있습니다.

목표가 1 행동의 시전 시간을 지닌 주문을 시전하려 할 경우, d20을 굴립니다. 이 d20에서 11이상이 나올 경우 주문은 목표의 다음 턴까지 효과를 발휘하지 못하며, 다음 턴에도 행동을 사용해 주문을 이어가야만 합니다. 목표가 다음 턴에 다른 행동을 사용할 경우 주문은 그냥 허비됩니다.

이 주문의 영향 하에 있는 목표들은 각자 자기 끝날 때마다 다시 지혜 내성을 굴릴 수 있으며, 성공할 시 주문의 효과에서 벗어날 수 있습니다.

저주 부여 BESTOW CURSE
3레벨 사령계

시전 시간: 1 행동
사거리: 접촉
구성요소: 음성, 동작
지속시간: 집중, 최대 1분까지

당신은 크리쳐 하나에 접촉하며, 이 목표는 지혜 내성 굴림을 굴려 실패할 경우 주문의 지속시간 동안 저주를 받게 됩니다. 당신은 주문을 시전할 때 어떤 저주를 내릴지 아래의 선택지 중 하나를 선택할 수 있습니다.

- 능력 점수 하나를 정합니다. 저주받고 있는 동안, 목표는 해당 능력 점수를 사용한 능력 판정이나 내성 굴림에 불리점을 받게 됩니다.
- 저주받고 있는 동안, 목표는 당신을 공격할 때 명중 굴림에 불리점을 받게 됩니다.

- 저주받고 있는 동안, 목표는 자기 턴이 시작할 때마다 내성 굴림을 굴려야 합니다. 이 굴림에 실패하면 목표는 그 턴에 행동을 아무것도 하지 못하며 행동을 허비하게 됩니다.
- 목표가 저주받고 있는 동안, 당신이 목표에 가하는 모든 공격과 주문은 추가로 1d8점의 사령 피해를 가합니다.

저주 해제Remove Curse 주문을 사용하면 이 효과를 종료할 수 있습니다. 또한 DM의 결정에 따라 위의 선택지에 해당하지 않는 다른 저주 효과 역시 부과할 수 있습니다. 그러나 이 저주는 위의 것들보다 더 강해서는 안 됩니다. 새로운 효과를 허락할지 아닐지는 DM의 결정에 따릅니다.

고레벨에서. 당신이 4레벨 이상의 주문 슬롯을 사용해서 이 주문을 시전할 경우, 지속시간은 집중시 최대 10분까지 늘어납니다. 5레벨 이상의 슬롯을 사용할 경우 지속시간은 8시간으로 늘어납니다. 7레벨 이상의 슬롯을 사용할 경우 지속시간은 24시간으로 늘어납니다. 만약 당신이 9레벨 슬롯을 사용한 경우, 지속시간은 무효화될 때까지 영원히 지속됩니다. 5레벨 이상의 주문 슬롯을 사용한 경우 당신은 주문 유지를 위해 정신집중을 할 필요가 없어집니다.

저주 해제 REMOVE CURSE
3레벨 방호계

시전 시간: 1 행동
사거리: 접촉
구성요소: 음성, 동작
지속시간: 즉시

당신은 어떤 크리쳐나 물체에 접촉하여 해당 목표에 걸려 있는 모든 저주를 해제합니다. 만약 해제하려는 물체가 마법 물건이었다면 그에 걸린 저주는 여전히 남아 있겠지만, 소유자와의 조율이 종료되며 소유자는 저주받은 물건을 해제하거나 버릴 수 있게 됩니다.

저항 RESISTANCE
방호계 소마법

시전 시간: 1 행동
사거리: 접촉
구성요소: 음성, 동작, 물질 (망토의 축소모형)
지속시간: 집중, 최대 1분까지

당신은 주문을 받고자 하는 대상 하나에 접촉합니다. 주문이 종료되기 전에 해당 목표는 내성 굴림을 굴릴 때 단 한 번, d4를 굴려 그 결과를 내성 굴림 결과에 더할 수 있습니다. d4를 더 굴릴지 아닐지는 내성 굴림을 굴린 뒤에도 결정할 수 있습니다. 일단 한 번 d4를 굴려 그 결과를 더하고 나면 주문의 효과는 종료됩니다.

전격의 손아귀 SHOCKING GRASP
방출계 소마법

시전 시간: 1 행동
사거리: 접촉
구성요소: 음성, 동작
지속시간: 즉시

당신의 손에서 번개가 튀어나와 당신이 접촉한 크리쳐에게 전격을 선사합니다. 목표에게 근접 주문 공격을 가합니다. 목표가 금속제 갑옷을 입고 있는 경우, 당신은 이 명중 굴림에 이점을 받을 수 있습니다. 명중한 경우 목표는 1d8점의 번개 피해를 받으며, 목표의 다음 턴이 시작될 때까지 반응행동을 사용하지 못합니다.

이 주문의 피해는 시전자의 총 레벨이 오르면서 점점 증가하여 5레벨에 2d8, 11레벨에 3d8, 17레벨에 4d8의 피해를 가합니다.

전달 MESSAGE
변환계 소마법

시전 시간: 1 행동
사거리: 120ft
구성요소: 음성, 동작, 물질(짧은 구리 철사 조각)
지속시간: 1라운드

당신은 사거리 내의 크리쳐 하나를 손가락으로 가리키며 짧은 말귀를 속삭일 수 있습니다. 오직 당신이 지정한 목표만이 이 속삭임을 알아들을 수 있습니다.

만약 목표가 당신과 친숙하고 목표의 위치에 대해 잘 알고 있다면, 당신은 방벽에 가려진 상태에서도 목표의 위치를 가리키며 이 주문을 시전할 수 있습니다. 마법적인 침묵, 1ft 두께의 바위, 1인치 두께의 금속, 얇은 납판, 혹은 3ft 두께의 나무는 이 주문을 막을 수 있습니다. 이 주문은 꼭 직선이 유지될 필요가 없으며, 모퉁이를 돌거나 열린 틈을 통해서도 전달됩니다.

전설 전승 LEGEND LORE
5레벨 예지계

시전 시간: 10분
사거리: 자신
구성요소: 음성, 동작, 물질(최소 250gp 가치의 향. 주문 시전시 소모됨. 또한 추가로 각각 50gp 이상의 가치를 지닌 4개의 상아 조각)
지속시간: 즉시

당신은 어떤 인물이나 장소, 물체의 이름을 말하거나 묘사합니다. 이 주문은 당신의 마음속에 당신이 호명한 무언가에 대한 중요한 지식의 짧은 요약을 제공해 줍니다. 이 전승지식은 현재 남겨진 여러 이야기나 잊혀진 전설, 심지어 널리 알려진 적이 없는 숨겨진 전승까지 포함합니다. 만약 당신이 호명한 것이 전설적인 중요성을 지니지 않고 있다면 이 주문은 아무런 정보도 주지 않습니다. 당신이 미리 가지고 있는 정보가 많으면 많을수록 당신이 얻을 수 있는 추가적 지식 역시 더욱 자세하고 정확해집니다.

당신이 이 주문을 통해 배울 수 있는 정보는 정확한 것이지만 모호한 언어로 정해질 수 있습니다. 예를 들어, 당신이 손에 들고 있는 신비로운 마법 도끼에 대한 정보를 얻고자 한다면, 이 주문은 이렇게 정보를 전해줄 수 있습니다. "도끼에 손을 댄 약한들에 통곡 있으리, 그 축이 악인들의 손을 쪼개리. 오직 진정한 돌의 자손, 모라딘이 사랑하시는 자만이 도끼의 힘을 진정으로 깨울 수 있으리니, 신성한 단어 루드노그를 외쳐야 그리할 수 있으리라."

전염 CONTAGION
5레벨 사령계

시전 시간: 1 행동
사거리: 접촉
구성요소: 음성, 동작
지속시간: 7일

당신은 접촉으로 질병을 유발할 수 있습니다. 당신의 범위 내에 있는 목표 하나에게 근접 주문 공격을 가합니다. 이 공격이 명중하면 목표는 중독 상태가 됩니다.

이렇게 중독 상태가 된 목표는 자신의 턴이 끝날 때마다 건강 내성 굴림을 굴려야 합니다. 이 내성 굴림에 3번 성공하면 목표는 중독 상태에서 벗어나며, 주문은 종료됩니다. 만약 목표가 내성 굴림에 3번 실패하면 목표는 더는 중독 상태가 아니며, 당신이 아래 선택한 질병 중 하나에 전염됩니다. 목표는 주문의 지속시간 동안 해당 질병에 걸린 상태가 됩니다.

이 주문은 목표에게 자연적 질병을 감염시키는 것이기 때문에, 질병을 제거하거나 다른 방식으로 질병의 효과를 중화할 수 있으면 중단시킬 수 있습니다.

맹안통. 통증이 목표의 정신을 사로잡고, 눈이 뿌연 색으로 변하게 됩니다. 목표는 지혜 판정과 지혜 내성 굴림에 불리점을 받게 되며, 장님 상태가 됩니다.

발작. 목표는 견딜 수 없는 발작에 시달리게 됩니다. 목표는 민첩 판정과 민첩 내성 굴림에 불리점을 받게 되며, 민첩을 사용하는 모든 명중 굴림에도 불리점을 받게 됩니다.

살점 역병. 목표의 살이 썩어들어갑니다. 목표는 매력 판정에 불리점을 받게 되며, 모든 피해에 취약성을 지니게 됩니다.

오물 열병. 목표의 몸이 뜨거운 열에 휩싸입니다. 목표는 근력 판정과 근력 내성 굴림에 불리점을 받게 되며, 근력을 사용하는 모든 명중 굴림에도 불리점을 받게 됩니다.

점액 파멸. 목표는 통제할 수 없는 출혈을 일으키기 시작합니다. 목표는 모든 건강 판정과 건강 내성 굴림에 불리점을 받습니다. 또한 목표가 피해를 받을 때마다, 목표의 다음 턴이 끝날 때까지 충격 상태가 됩니다.

정신열. 목표의 정신이 열로 흐려집니다. 목표는 지능 판정과 모든 지능 내성 굴림에 불리점을 받게 되며, 전투 중에는 혼란 *Confusion* 주문에 걸린 것처럼 행동하게 됩니다.

전음 SENDING
3레벨 방출계

시전 시간: 1 행동
사거리: 무제한
구성요소: 음성, 동작, 물질 (잘 세공된 작은 구리 철사 조각)
지속시간: 1라운드

당신은 25단어 내외의 짧은 말귀를 당신과 친숙한 다른 크리쳐에게 전할 수 있습니다. 목표는 정신으로 당신의 전언을 받게 되며, 당신을 알고 있는 자라면 이 전언을 보낸 것이 당신이라는 사실 역시 알 수 있습니다. 이렇게 당신의 전언을 받은 자는 즉시 같은 방식으로 당신에게 답변할 수 있습니다. 지능이 최소 1 이상인 목표라면 이 주문으로 전해지는 당신의 전언을 이해할 수 있습니다.

당신은 거리에 무관하게, 심지어 다른 세계에 있는 목표에게도 전언을 보낼 수 있지만, 목표가 당신과 다른 세계에 있다면 5%의 확률로 전달에 실패할 수 있습니다.

점멸 BLINK
3레벨 변환계

시전 시간: 1 행동
사거리: 자신
구성요소: 음성, 동작
지속시간: 1분

주문의 지속시간 동안, 당신의 턴이 끝날 때마다 d20을 굴립니다. 이때 주사위에서 11 이상이 나온다면, 당신은 현재 세계에서 사라져 에테르계에 나타납니다. (이미 당신이 에테르계에 있다면 이 주문은 자동으로 실패합니다.) 당신의 턴이 시작할 때 당신은 다시 에테르계에서 원래 세계로 돌아오며, 주문이 종료될 때 역시 당신은 자동으로 원래 세계로 돌아오게 됩니다. 이렇게 당신이 원래 세계로 돌아올 때, 당신은 원래 있던 자리에서 10ft 이내에 있는 점유되지 않은 공간을 골라 거기서 나타날 수 있습니다. 만약 해당 범위 내에 점유되지 않은 공간이 없다면, 그에 가장 가까운 점유되지 않은 공간에서 나타나게 됩니다. (같은 거리에 빈 공간이 여럿 있다면 무작위로 아무 곳에서나 나타날 것입니다.) 당신은 행동을 사용하여 이 주문을 미리 종료할 수 있습니다.

에테르계에 있을 때, 당신은 원래 세계의 모습을 보고 들을 수 있습니다. 하지만 그 모습은 회색의 음영으로 보이며, 60ft 이상 떨어진 것은 볼 수 없습니다. 당신은 오로지 마찬가지로 에테르계에 있는 크리쳐와만 영향을 주고받을 수 있습니다. 에테르계에 없거나 에테르계를 감지할 수 있는 능력이 없는 대상은 당신을 감지할 수 없을 것입니다.

점술 AUGURY
2레벨 예지계(의식)

시전 시간: 자신
사거리: 자신
구성요소: 음성, 동작, 물질(표시가 된 막대나 뼈 등의 점술 도구. 최소 25gp 이상의 가치를 지녀야 함.)
지속시간: 즉시

당신은 보석 박힌 막대를 던지거나, 용의 뼈로 된 주사위를 굴리거나, 고풍스러운 카드를 뽑는 등 점술 도구를 사용하여 앞으로 30분 이내에 당신이 취할 행동이 어떤 결과를 불러올지에 대해 외계의 존재로부터 징조를 받을 수 있습니다. DM은 아래와 같은 예시 중에서 징조를 택해 말해줍니다.

- 길. 좋은 결과
- 흉. 나쁜 결과
- 길흉. 좋고 나쁜 결과가 모두 있음.
- 무. 특별히 좋지도 나쁘지도 않은 결과.

이 주문은 당신의 주문 사용이나 동료의 합류 혹은 이탈 등 이후 결과를 변화시킬 수 있는 상황을 고려하지 않고 있습니다.

만약 당신이 긴 휴식을 취하기 전 이 주문을 두 번 이상 시전했다면, 두 번째로 시전할 때부터 25%씩 누적되는 확률로 주문이 올바른 결과 대신 무작위 결과를 말해줄 가능성이 있습니다. DM은 비밀리에 이 확률을 굴릴 것입니다.

정신감응 TELEPATHY
8레벨 방출계

시전 시간: 1 행동
사거리: 무제한
구성요소: 음성, 동작, 물질 (한 쌍의 연결된 은반지)
지속시간: 24시간

당신은 자신과 주문을 받고자 하는 크리쳐 하나 사이에 정신적인 연결을 만들어 냅니다. 이때 목표는 당신과 친숙한 사이여야 합니다. 이 목표는 같은 세계 내에서라면 어디에 있어도 됩니다. 이 주문은 당신이나 목표가 현재의 세계를 떠나면 자동으로 종료됩니다.

주문이 지속되는 동안, 당신과 목표는 즉시 생각이나 심상을 공유하며, 자신의 감각을 바로 전해줄 수 있습니다. 지능이 1 이상이기만 하다면 이 주문을 통해 당신의 말이 지닌 의미를 이해시킬 수 있으며, 당신이 보낸 심상을 알아들을 수 있습니다.

정화의 오오라 AURA OF PURITY
4레벨 방호계

시전 시간: 1 행동
사거리: 자신 (30ft 반경)
구성요소: 음성
지속시간: 집중, 최대 10분까지

정화의 힘이 당신에게서 펼쳐지며 30ft 반경의 오오라를 형성합니다. 주문이 지속되는 동안 이 오오라는 당신을 중심으로 당신과 함께 움직입니다. 당신을 포함하여 오오라 안의 당신에게 적대적이지 않은 크리쳐들은 모두 질병에 걸리지 않으며, 독 피해에 저항을 갖게 되고, 장님, 매혹, 귀머거리, 공포, 마비, 중독, 충격 상태 이상을 일으키는 효과들에 대한 모든 내성 굴림에 이점을 받게 됩니다.

조건화 CONTINGENCY
6레벨 방출계

시전 시간: 10분
사거리: 자신
구성요소: 음성, 동작, 물질(상아로 만든 당신 자신의 축소모형, 최소 1,500gp를 지닌 보석으로 장식되어야 함)
지속시간: 10일

당신이 시전할 수 있는 5레벨 이하의 주문 하나를 고릅니다. 이때 당신이 선택하는 주문은 시전 시간이 1 행동이어야 하며, 당신을 목표로 삼은 것이어야 합니다. 당신은 조건화 주문을 시전할 때 그 과정에서 해당 주문 – 조건주문이라고 합니다 – 역시 시전하며, 양쪽 모두 주문 슬롯을 소비합니다. 이때 조건주문은 효력을 발휘하지 않는 대신, 당신이 지정한 특정 상황에 처했을 때 발동되도록 조건을 설정할 수 있습니다. 예를 들어, 조건주문으로 수중 호흡*Water Breathing* 주문을 선택하여 물이나 비슷한 액체에 빠졌을 때 발동되도록 조건을 걸 수 있습니다.

조건주문은 당신이 바라든 아니든 지정한 상황에 처음 처했을 때 즉시 발동되며, 한번 발동되고 나면 조건화 주문은 종료됩니다.

조건주문은 원래 효과를 여러 대상에게 가하는 것이라 하더라도 오직 당신에게만 효과를 발휘합니다. 당신은 한번에 오직 하나의 조건화만 걸 수 있습니다. 당신이 이 주문을 다시 시전하면 이전에 걸어 놓았던 조건화 주문은 자동으로 종료되어 버립니다. 또한 조건화 주문은 당신이 해당 주문의 물질 구성요소를 잃어버리거나 소지하지 않게 될 경우 자동으로 종료됩니다.

조용한 영상 SILENT IMAGE
1레벨 환영계

시전 시간: 1 행동
사거리: 60ft
구성요소: 음성, 동작, 물질 (양털 약간)
지속시간: 집중, 최대 10분까지

당신은 어떤 물체나 크리쳐, 혹은 다른 시각적 형상의 환영을 만들어 낼 수 있습니다. 이때 당신이 만들어낼 환영은 15 × 15 × 15ft 이하여야 합니다. 이 영상은 사거리 내에서 당신이 지정한 지점에 생겨나며, 주문의 지속시간 동안 유지됩니다. 이 영상은 순수하게 시각적이며, 소리나 냄새, 다른 감각적 현상을 수반하지 않습니다.

당신은 행동을 사용하여 해상 영상을 사거리 내의 다른 지점으로 이동시킬 수 있습니다. 목표가 자리를 바꾸게 될 때는 그 움직임이 자연스러워 보입니다. 예를 들어, 당신이 어떤 크리쳐의 환영을 만들어 이동시킬 경우, 이 크리쳐는 걸어가는 것처럼 보일 것입니다.

만들어낸 영상과 물리적으로 접촉할 경우 관통하므로, 이것이 환영임을 간파할 수 있습니다. 접촉하지 않더라도 행동을 사용하여 당신의 주문 내성 DC를 목표로 지능(수사) 판정에 성공할 경우 환영을 간파할 수 있습니다. 환영을 간파한 자는 영상을 투과하여 볼 수 있게 됩니다.

주문반사 COUNTERSPELL
3레벨 방호계

시전 시간: 1 반응행동. 60ft 이내의 크리쳐가 주문을 시전한 것을 보았을 때 사용할 수 있음.
사거리: 60ft
구성요소: 동작
지속시간: 즉시

당신은 다른 크리쳐의 주문 시전 과정을 방해할 수 있습니다. 만약 목표가 3레벨 이하의 주문을 시전하고 있었다면, 해당 주문은 실패하며 아무 효과도 발휘하지 못하게 됩니다. 만약 목표가 4레벨 이상의 주문을 시전하고 있었다면, 당신의 주문시전 능력치를 사용해 능력 판정을 행해야 합니다. DC는 10 + 목표가 시전하는 주문레벨이며, 이 판정에 성공할 경우 목표의 주문 시전은 실패하며 아무 효과를 발휘하지 못하게 됩니다.

　고레벨에서. 당신이 4레벨 이상의 주문 슬롯을 사용하여 이 주문을 시전할 경우, 당신이 소비한 주문 슬롯 이하 레벨의 주문을 자동으로 실패하게 할 수 있습니다.

주박 HEX
1레벨 환혹계

시전 시간: 1 추가 행동
사거리: 90ft
구성요소: 음성, 동작, 물질 (석화된 도마뱀붙이 눈)
지속시간: 집중, 최대 1시간까지

당신은 사거리 내에서 당신이 볼 수 있는 크리쳐 하나에게 저주를 내립니다. 주문의 지속시간 동안, 당신이 목표에 가하는 공격이 명중할 때마다 원래 피해에 추가로 1d6점의 사령 피해를 더 가할 수 있습니다. 또한 주문을 시전할 때 능력 점수 하나를 정합니다. 목표는 당신이 선택한 능력 판정에 불리점을 받게 됩니다.

　만약 주문의 지속 시간이 끝나기 전에 목표의 hp가 0으로 떨어졌다면, 당신은 이후 자기 턴에 추가 행동을 사용하여 새로운 크리쳐에게로 저주를 옮길 수 있습니다.

　저주 해제*Remove Curse* 주문을 시전하면 이 주문을 먼저 종료시킬 수 있습니다.

　고레벨에서. 당신이 3레벨 또는 4레벨 주문 슬롯을 사용하여 이 주문을 시전했다면, 주문의 지속시간은 집중시 최대 8시간까지 늘어납니다. 당신이 5레벨 이상의 주문 슬롯을 사용하여 이 주문을 시전했다면, 주문의 지속시간은 집중시 최대 24시간까지로 늘어납니다.

주술 화살 WITCH BOLT
1레벨 방출계

시전 시간: 1 행동
사거리: 30ft
구성요소: 음성, 동작, 물질 (번개에 맞은 나무의 갈라진 가지)
지속시간: 집중, 최대 1분까지

파직파직거리는 푸른 힘의 창이 사거리 내의 목표에게 날아가며, 당신과 목표 사이에서 번쩍거리는 번개를 만들어 냅니다. 목표에게 장거리 주문 공격을 가합니다. 명중할 경우 목표는 1d12점의 번개 피해를 받으며, 주문의 지속시간 동안 당신의 턴이 시작할 때마다 당신은 행동을 사용해 자동으로 목표에게 다시 1d12점의 번개 피해를 가할 수 있습니다. 이 주문은 당신이 다른 행동을 취하게 될 경우 종료됩니다. 또한 목표가 주문의 사거리 밖으로 멀어지거나, 당신에게서 완전 엄폐를 얻게 되어도 주문은 종료됩니다.

　고레벨에서. 당신이 2레벨 이상의 주문 슬롯을 사용하여 이 주문을 시전할 경우, 상승한 주문 슬롯 1레벨당 시작시 피해가 1d12 증가합니다.

주의 사로잡기 ENTHRALL
2레벨 환혹계

시전 시간: 1 행동
사거리: 60ft
구성요소: 음성, 동작
지속시간: 1분

당신은 주의를 분산시키는 일련의 주문을 말하며, 사거리 내에서 당신이 볼 수 있는 대상 하나를 지정할 수 있습니다. 지정된 목표가 당신의 목소리를 들었다면, 지혜 내성 굴림을 굴려야 합니다. 매혹 상태에 면역인 크리쳐는 이 내성 굴림에 자동으로 성공하며, 당신이나 당신의 동료들이 지정된 목표와 이미 전투중이라면 내성 굴림에 이점을 받을 수 있습니다. 이 내성에 실패한다면, 목표는 주문의 지속 시간이 끝나거나 당신의 목소리가 들리지 않을 때까지 모든 지혜(감지) 판정에 불리점을 받게 됩니다. 이 주문은 당신이 행동불능 상태가 되거나 더는 말할 수 없는 상태가 되면 자동으로 종료될 것입니다.

죽은 자와의 대화 SPEAK WITH DEAD
3레벨 사령계

시전 시간: 1 행동
사거리: 10ft
구성요소: 음성, 동작, 물질(태우는 향)
지속시간: 10분

당신은 사거리 내의 특정한 시체 한 구에 힘을 불어넣어 생전의 지능과 약간의 생명력을 주며 당신의 질문에 대답하게 합니다. 시체는 입이 있는 상태여야 하며, 언데드는 주문의 목표가 되지 않습니다. 10일 이내에 이 주문의 목표가 된 적 있던 시체에 다시 이 주문을 시전한 경우, 주문은 자동으로 실패합니다.

주문의 지속시간 동안, 당신은 시체에게 5개까지의 질문을 던질 수 있습니다. 시체는 자신이 생전 알고 있던 것에 대해서만 답할 수 있으며, 자신이 살던 시절 사용했던 언어를 사용합니다. 시체의 대답은 단순하거나 모호할 수도 있으며, 반복적으로 한 말을 반복하기도 합니다. 시체가 진실만을 말해야 하는 것은 아니며, 생전 당신에게 적대적이었다면 여전히 당신을 적으로 인식할 것입니다. 이 주문은 원래의 영혼을 몸에 불러오는 것이 아니며, 남아 있는 잔재에 질문을 가하는 것입니다. 따라서 시체는 새로운 정보를 얻을 수 없으며, 죽은 이후 일어난 일에 대해서도 알지 못하고, 미래에 일어날 일을 예측하지도 못합니다.

죽음 방비 DEATH WARD
4레벨 방호계

시전 시간: 1 행동
사거리: 접촉
구성요소: 음성, 동작
지속시간: 8시간

당신은 크리쳐 하나에 접촉하여 죽음에 대해 상당한 보호를 제공할 수 있습니다.

목표가 피해를 받아 처음으로 hp가 0 이하로 떨어진 경우, 목표는 쓰러지는 대신 hp 1이 남게 되며 주문은 종료됩니다.

만약 주문의 효과가 남아 있는 동안 이 주문을 받은 대상이 피해를 가하는 대신 즉시 죽음을 가하는 효과의 목표가 되었을 경우, 이 주문은 해당 효과를 무효화시키는 대신 종료됩니다.

죽음구름 CLOUDKILL
5레벨 조형계

시전 시간: 1 행동
사거리: 120ft
구성요소: 음성, 동작
지속시간: 집중, 최대 10분까지

당신은 사거리 내에서 당신이 지정한 지점을 중심으로 20ft 반경에 황록색의 유독성 안개를 만들어 냅니다. 이 안개는 모서리를

돌아 퍼져 나갑니다. 이 안개는 주문의 지속시간 동안 유지되며, 그전에도 강력한 바람이 불면 안개를 흩어놓아 사라질 수 있습니다. 이 안개가 있는 지역은 심하게 가려진 상태가 됩니다.

크리쳐가 자기 턴에 주문의 효과 범위로 처음 들어서거나, 주문의 범위 내에서 자기 턴을 시작할 경우 해당 크리쳐는 건강 내성 굴림을 굴려야 합니다. 이 내성에 실패하면 5d8점의 독성 피해를 받게 되며, 성공하면 피해는 절반으로 줄어듭니다. 숨을 참을 수 있거나 심지어 숨쉴 필요가 없는 크리쳐라 해도 이 피해는 적용됩니다.

당신의 턴이 시작될 때마다 이 안개는 당신으로부터 10ft 멀어지며 지면을 따라갑니다. 이 안개는 공기보다 무겁기 때문에 바닥에 깔려 있게 되며, 구멍 아래로 쓸려 들어가기도 합니다.

고레벨에서. 당신이 6레벨 이상의 주문 슬롯을 사용하여 이 주문을 시전할 경우, 상승한 주문 슬롯 1레벨당 피해가 1d8점 증가합니다.

죽음의 손가락 FINGER OF DEATH
7레벨 사령계

시전 시간: 1 행동
사거리: 60ft
구성요소: 음성, 동작
지속시간: 즉시

당신은 사거리 내의 크리쳐 하나를 가리키며 부정적 에너지를 쏘아 보내 끔찍한 고통을 줄 수 있습니다. 목표는 건강 내성 굴림을 굴려야 하며, 실패하면 7d8+30점의 사령 피해를 받게 됩니다. 성공하면 피해는 절반으로 줄어듭니다.

이 주문으로 인해 인간형 크리쳐를 살해했다면, 살해된 자는 당신의 다음 턴이 시작될 때 좀비가 되어 영원히 당신의 명령을 따르게 됩니다. 이 좀비는 최선을 다해 당신이 말한 명령에 따를 것입니다.

죽음의 원 CIRCLE OF DEATH
6레벨 사령계

시전 시간: 1 행동
사거리: 150ft
구성요소: 음성, 동작, 물질 (최소 500gp 이상의 흑진주를 빻아 만든 가루)
지속시간: 즉시

사거리 내에서 당신이 지정한 지점을 중심으로 60ft 반경 내에 부정적 에너지가 휘몰아칩니다. 해당 범위 내의 모든 크리쳐는 건강 내성을 굴려야 하며, 실패할 시 8d6점의 사령 피해를 받습니다. 성공할 시 피해는 절반으로 줄어듭니다.

고레벨에서. 당신이 7레벨 이상의 주문 슬롯을 사용하여 이 주문을 시전할 경우, 상승한 주문 슬롯 1레벨당 피해가 2d6점씩 증가합니다.

중력 역전 REVERSE GRAVITY
7레벨 변환계

시전 시간: 1 행동
사거리: 100ft
구성요소: 음성, 동작, 물질 (자석과 쇳가루 약간)
지속시간: 집중, 최대 1분까지

이 주문은 사거리 내에서 당신이 지정한 지점을 중심으로 50ft 반경, 높이 100ft 크기의 원통형 범위를 설정합니다. 해당 범위 내에서 어떤 식으로든 바닥에 고정하고 있지 않은 크리쳐나 물체는

모두 주문의 유효 범위 꼭대기까지 위로 떨어지게 됩니다. 민첩 내성에 성공한 크리쳐는 바닥에 고정된 물체를 붙잡는 식으로 이렇게 위로 떨어지는 것을 피할 수 있습니다.

만약 이렇게 위로 떨어지는 과정에서 천장 등의 표면에 충돌하게 된다면, 물체들과 크리쳐들은 일반적으로 아래로 추락할 때처럼 거리에 따라서 피해를 받게 됩니다. 만약 물체나 크리쳐가 충돌하지 않고 유효범위 꼭대기까지 솟구쳐오르게 되었다면, 주문이 종료될 때까지 그 높이에서 그대로 남아있게 됩니다.

주문의 지속시간이 끝나면 위에 솟구쳐올라 있던 모든 크리쳐와 물체들은 다시 정상적으로 바닥으로 떨어질 것입니다.

지연 폭발 화염구 DELAYED BLAST FIREBALL
7레벨 방출계

시전 시간: 1 행동
사거리: 150ft
구성요소: 음성, 동작, 물질 (박쥐 구아노와 유황으로 만들어진 작은 공)
지속시간: 집중, 최대 1분까지

당신의 검지 끝에서 노란색 빛이 번쩍이며, 사거리 내에서 당신이 지정한 지점까지 뻗어 나간 다음 빛나는 구슬 하나를 남깁니다. 당신의 집중이 깨지거나 주문을 끝내고자 마음먹어 지속시간이 끝나게 되면 이 구슬은 불꽃을 일으키며 폭발합니다. 이 폭발은 모서리를 돌아 퍼져 나갑니다. 폭발 지점을 중심으로 20ft 내에 있는 모든 크리쳐는 민첩 내성 굴림을 굴려야 하며, 실패할 경우 누적된 피해를 모두 다 받게 됩니다. 성공하면 피해는 절반으로 줄어듭니다.

이 주문의 기본 피해는 12d6이지만, 폭발하지 않은 상태에서 당신의 턴이 돌아올 때마다 피해는 1d6점씩 증가합니다.

누군가가 주문의 지속시간이 끝나기 전에 이 구슬을 만지게 된다면, 구슬을 만진 크리쳐는 민첩 내성을 굴려야 합니다. 이 내성에 실패할 경우 주문은 종료되며 즉시 폭발이 일어납니다. 내성에 성공한 크리쳐는 이 구슬을 다시 40ft 내의 어딘가로 던질 수 있습니다. 이 구슬이 어떤 크리쳐나 물체에 충돌하게 되면 주문은 종료되며 즉시 폭발이 일어납니다.

이 주문의 폭발 범위 내에 있는 가연성 물체 중 누군가가 장비하고 있거나 들고 있지 않은 물체는 즉시 불이 붙게 됩니다.

고레벨에서. 당신이 8레벨 이상의 주문 슬롯을 사용하여 이 주문을 시전할 경우, 상승한 주문 슬롯 1레벨당 주문의 기본 피해가 1d6점씩 증가하게 됩니다.

지옥의 책망 HELLISH REBUKE
1레벨 방출계

시전 시간: 1반응행동. 60ft 이내의 당신이 볼 수 있는 크리쳐에게 당신이 피해를 받았을 때 이 주문을 시전할 수 있음.
사거리: 60ft
구성요소: 음성, 동작
지속시간: 즉시

당신은 당신에게 피해를 준 크리쳐를 손가락으로 가리키며, 해당 목표는 순간적으로 지옥의 불길에 잠깐 휩싸입니다. 목표는 민첩 내성 굴림을 굴려야 하며, 실패하면 2d10점의 화염 피해를 입게 됩니다. 성공할 경우 피해는 절반으로 줄어듭니다.

고레벨에서. 당신이 2레벨 이상의 주문 슬롯을 사용하여 이 주문을 시전할 경우, 상승한 주문 슬롯 1레벨당 피해가 1d10점 증가합니다.

지진 EARTHQUAKE
8레벨 방출계

시전 시간: 1 행동
사거리: 500ft
구성요소: 음성, 동작, 물질 (흙 약간, 바위 조각과 점토 한 덩이)
지속시간: 집중, 최대 1분까지

당신은 사거리 내에서 당신이 볼 수 있는 지상의 한 지점을 중심으로 격렬한 지진을 일으킬 수 있습니다. 주문의 지속시간 동안, 당신이 지정한 지점을 중심으로 100ft 반경의 땅은 격렬하게 진동하며, 그 위에 서 있는 크리쳐와 건축물들은 이에 영향을 받게 됩니다.

해당 지역은 어려운 지형으로 변합니다. 해당 지역 위에 서 있는 크리쳐들은 정신집중을 유지하려 할 때 건강 내성 굴림을 굴려야 합니다. 이 내성에 실패하면 정신집중이 깨지게 됩니다.

당신이 이 주문을 시전할 때, 그리고 이어지는 당신의 턴이 끝날 때마다, 해당 범위 내의 모든 크리쳐는 민첩 내성을 굴려야 합니다. 이때 내성에 실패한 크리쳐는 넘어집니다.

이 주문은 지형에 따라 아래와 같은 추가적인 효과들이 있을 수 있으며, 이는 DM의 판단에 따릅니다.

균열. 당신이 주문을 시전한 후 당신의 턴이 시작될 때마다 주문의 효과 범위 내에서 균열이 벌어집니다. DM은 범위 내에서 도합 1d6개까지의 균열이 열리는 장소를 정할 것입니다. 각각의 균열은 1d10 × 10ft 깊이이며, 10ft 너비이고, 모두 주문의 범위 내에서 열리게 됩니다. 균열이 열리는 자리에 있던 크리쳐는 민첩 내성 굴림에 실패할 경우 균열 아래로 떨어지게 됩니다. 내성에 성공한 크리쳐는 균열이 열리는 자리에서 몸을 피할 수 있습니다. 건축물 아래에 균열이 생겨나면 해당 건축물은 자동으로 붕괴하기 시작할 것입니다. (아래 참조)

건축물. 이 진동은 당신이 주문을 시전할 때, 그리고 이후 주문이 지속되는 동안 당신의 턴이 시작할 때마다 해당 지면 위에 있는 모든 건축물에 50점씩의 타격 피해를 가합니다. 만약 이 피해로 인해 건축물의 hp가 0으로 떨어졌다면 건축물은 붕괴하며 주변 크리쳐에게 피해를 줄 수도 있습니다. 건축물이 무너질 때, 건축물의 높이 절반 만큼의 반경에 피해를 줍니다. 그 안에 있던 크리쳐는 민첩 내성 굴림을 굴려야 하며, 실패할 시 무너지는 잔해에 깔려 5d6점의 타격 피해를 받게 되며 넘어지고 잔해에 파묻힙니다. 이 깔린 상태에서 벗어나려면 행동을 사용하여 DC 20의 근력(운동) 판정을 해야 하며, 성공해야만 벗어날 수 있습니다. DM은 잔해의 상태에 따라서 이 DC를 높이거나 낮출 수 있습니다. 민첩 내성에 성공할 경우 건축물의 잔해를 피할 수 있으며, 피해는 절반으로 줄어들고 넘어지거나 잔해에 깔리지 않을 수 있습니다.

진눈깨비 폭풍 SLEET STORM
3레벨 조형계

시전 시간: 1 행동
사거리: 150ft
구성요소: 음성, 동작, 물질 (먼지 한 움큼과 물 몇 방울)
지속시간: 집중, 최대 1분까지

주문의 지속시간 동안, 사거리 내에 당신이 지정한 지점을 중심으로 40ft 반경과 20ft 높이의 원통형 범위 내로 얼어붙을 듯한 비와 진눈깨비가 몰아칩니다. 이 범위는 심하게 가려진 지역이 되며, 해당 범위 내에서 노출된 불꽃은 꺼집니다.

해당 지역은 미끄러운 얼음으로 뒤덮이며, 어려운 지형으로 변합니다. 어떤 크리쳐가 자기 턴에 처음으로 해당 범위에 들어서거나 해당 범위 내에서 자기 턴을 시작할 경우 민첩 내성을 굴려야 합니다. 이 내성에 실패하면 넘어지게 됩니다.

만약 이 주문의 유효 범위 내에서 주문에 정신집중하고 있는 크리쳐가 있다면 당신의 주문 내성 DC를 목표로 건강 내성 굴림을 굴려야 하며, 여기에 실패하면 집중이 깨지게 됩니다.

진시야 TRUE SEEING
6레벨 예지계

시전 시간: 1 행동
사거리: 접촉
구성요소: 음성, 동작, 물질(눈에 바를 25gp 상당의 연고. 이 연고는 희귀한 버섯 가루와 샤프론, 지방 등으로 만들어지며 주문이 시전될 때 소모됨)
지속시간: 1시간

당신은 주문을 받고자 하는 크리쳐에게 접촉하여 사물을 있는 그대로 볼 수 있는 능력을 부여합니다. 주문의 지속시간 동안 해당 목표는 진시야를 지니게 되며, 마법으로 가려진 모든 비밀문을 간파할 수 있고, 에테르계를 감지할 수 있게 됩니다. 이 진시야는 120ft 범위까지 유지됩니다.

진실의 공간 ZONE OF TRUTH
2레벨 환혹계

시전 시간: 1 행동
사거리: 60ft
구성요소: 음성, 동작
지속시간: 10분

당신은 사거리 내에 당신이 지정한 지점을 중심으로 15ft 반경의 공간을 만들어, 해당 공간 내에서는 모든 속임수를 막습니다. 주문이 유지되는 동안, 주문의 유효 범위에 들어서거나 범위 내에서 자기 턴을 시작한 모든 크리쳐는 매력 내성을 굴려야 합니다. 내성에 실패할 경우, 주문의 유효 범위 내에서는 고의적인 거짓말을 할 수 없게 됩니다. 당신은 각각의 크리쳐가 내성에 성공했는지 아닌지 여부를 파악할 수 있습니다.

주문의 영향을 받는 크리쳐들은 그 사실을 알고 있으며, 따라서 거짓말을 못하는 대신 아예 답변하지 않으려 할 수 있습니다. 또한 진실의 가장자리에 남아 있는 한 모호하게 답변하거나 하는 식으로 답변을 회피하려는 것 역시 가능합니다.

진정한 변신 TRUE POLYMORPH
9레벨 변환계

시전 시간: 1 행동
사거리: 30ft
구성요소: 음성, 동작, 물질 (수은 한 방울, 고무 한 조각, 그을음 약간)
지속시간: 집중, 최대 1시간까지

사거리 내에서 당신이 볼 수 있는 크리쳐나 비마법적 물체 하나를 지정합니다. 당신은 크리쳐를 다른 크리쳐로 변형시키거나, 크리쳐를 물체로 바꾸거나, 물체를 크리쳐로 바꿀 수 있습니다. (이 물체는 다른 크리쳐가 장비하거나 들고 있지 않은 것이어야 합니다.) 이 변형은 주문의 지속시간 동안 유지되며, 그 이전에도 목표의 hp가 0이 되거나 사망하면 종료됩니다. 만약 당신이 주문의 지속시간이 끝날 때까지 집중을 유지하고 있었다면, 이 변형 효과는 해제되기 전까지 영구적인 것이 됩니다.

변신자들과 hp가 0인 크리쳐는 이 주문에 영향을 받지 않습니다. 주문을 받지 않으려는 크리쳐가 목표가 된 경우 지혜 내성 굴림을 굴릴 수 있으며, 이 내성에 성공하면 주문의 영향을 피할 수 있습니다.

크리쳐를 크리쳐로. 만약 당신이 어떤 크리쳐를 다른 종류의 크리쳐로 바꾸고자 한다면, 새로운 형태의 도전 지수는 원래 크리쳐의 도전 지수 이하여야 합니다. (만약 목표에게 도전 지수가 없다면 목표의 레벨이 이에 대응합니다.) 목표의 정신적 능력 점수를 포함해 모든 게임적 수치는 원래 형태의 것을 따르게 됩니다. 목표는 자기 자신의 성향과 개성은 그대로 유지할 수 있습니다.

목표는 새로운 형태의 hp를 지니게 되며, 원래 형태로 돌아오면 변신되기 전의 hp를 그대로 가지게 됩니다. 만약 목표가 변신해 있는 동안 hp가 0 이하로 떨어지게 되었다면, 초과된 분량의 피해는 원래 형태에게 가해집니다. 만약 이 초과된 피해로 인해 목표의 원래 hp까지 0으로 떨어지는 것이 아니라면, 목표는 무의식 상태로 쓰러지지 않을 것입니다.

목표는 자신의 새로운 형태로 가능한 행동만 할 수 있습니다. 만약 새로운 형태에게 손이 없거나 말할 수 있는 능력이 없다면 손이나 입을 필요로 하는 행동을 하거나 주문을 시전할 수 없습니다.

목표가 장비하고 있던 물건은 모두 새로운 형태에 녹아 들어가며, 목표는 변신한 상태에서 원래 지니고 있던 물건을 발동시키거나, 사용하거나, 장비하거나, 떨어트릴 수 없습니다.

물체를 크리쳐로. 당신은 물체를 어떤 종류의 크리쳐로 변형시킬 수 있습니다. 이때 변신시키려는 크리쳐의 크기는 물체의 크기 이하여야 하며, 도전 지수 9 이하여야 합니다. 변형된 크리쳐는 당신과 동료들에게 우호적입니다. 변형된 크리쳐는 당신의 턴에 행동합니다. 당신은 변형된 크리쳐의 행동과 움직임을 결정할 수 있습니다. DM은 변형된 크리쳐의 게임 수치를 지니고 있으며, 그 행동과 이동을 모두 판정합니다.

만약 이 주문으로 인한 변형이 영구적인 것이 되었다면, 당신은 더는 해당 크리쳐를 통제하지 못하게 됩니다. 이 크리쳐가 이후 당신에게 우호적인 태도를 유지할지 아닐지는 당신이 크리쳐를 대한 태도에 따라 달라집니다.

크리쳐를 물체로. 당신은 크리쳐를 같은 크기 이하의 비마법적 물체로 변화시킬 수 있으며, 크리쳐는 자신이 장비하거나 들고 있는 것 모두와 함께 새로운 형태로 변합니다. 이때 크리쳐의 게임적 수치는 물체의 것으로 변합니다. 크리쳐는 물체 형태로 변신되어 있을 때는 시간의 흐름을 인지하지 못하며, 원래 형태로 돌아오면 변신되어 있을 당시의 기억도 없습니다.

진정한 부활 TRUE RESURRECTION
9레벨 사령계

시전 시간: 1시간
사거리: 접촉
구성요소: 음성, 동작, 물질 (성수와 최소 25,000gp 가치의 다이아몬드. 주문 시전시 소모됨.)
지속시간: 즉시

당신은 200년 이내에 죽은 크리쳐 하나의 시체에 접촉하여 부활시킬 수 있습니다. 이때 목표는 노령으로 인해 죽은 것이 아니어야 합니다. 만약 목표의 영혼이 자유롭고 살아나고자 한다면, 해당 크리쳐는 자신의 모든 hp가 회복된 채로 부활합니다.

이 주문은 모든 상처를 치유하며, 모든 독은 중화되고, 질병 역시 모두 치유되며, 죽기 전 걸려 있던 모든 저주 역시 풀립니다. 이 주문은 피해를 입은 장기나 사지 역시 모두 회복시킵니다. 만약 목표가 언데드 상태였다면, 이 주문은 목표를 다시 살아있는 상태로 되돌립니다.

이 주문은 원래 몸이 없을 경우 새로운 몸을 만들어 내는 것조차 가능합니다. 이렇게 몸 없이 부활시키고자 할 경우 당신은 살려내려는 대상의 이름을 말해야 합니다. 주문을 시전하면 이렇게 당신이 이름을 부른 크리쳐가 당신으로부터 10ft 이내의 점유되지 않은 공간에 나타날 것입니다.

차원문 DIMENSION DOOR
4레벨 조형계

시전 시간: 1 행동
사거리: 500ft
구성요소: 음성
지속시간: 즉시

당신은 현재 위치에서 순간이동하여 사거리 내의 다른 지점에 나타날 수 있습니다. 이동하려는 장소는 당신이 볼 수 있는 곳이거나 머릿속으로 떠올릴 수 있는 곳이어야 하며, 그게 아니면 원래 지점에서 일정한 거리와 방향을 지정할 수도 있습니다. 예를 들어 "직선으로 200ft 전방으로"라거나, "북서쪽으로 위로 45도 방향, 300ft 거리"같은 식의 지정이 가능합니다.

당신은 자신의 적재량만큼의 물건을 들고 이동할 수 있습니다. 또한 당신은 자기 크기 이하의 주문을 받고자 하는 크리쳐 하나를 대동하여 이동할 수 있으며, 당신이 대동하는 크리쳐 역시 자신의 적재량만큼의 물건을 들고 이동할 수 있습니다. 대동자는 주문을 시전할 때 당신으로부터 5ft 내에 있어야 합니다.

만약 당신이 도착하려는 장소가 다른 물체나 크리쳐에 의해 점유되어 있다면, 당신과 동행자는 모두 4d6점의 역장 피해를 받게 되고, 주문은 실패하게 됩니다.

참된 일격 TRUE STRIKE
예지계 소마법

시전 시간: 1 행동
사거리: 30ft
구성요소: 동작
지속시간: 집중, 최대 1라운드까지

당신은 손가락을 뻗어 사거리 내의 목표를 지정합니다. 당신의 마법은 순간적으로 목표의 방어에 대한 통찰력을 부여합니다. 당신은 자신의 다음 턴에 목표에게 처음 명중 굴림을 할 때 이점을 받을 수 있습니다. 단 이때까지는 집중을 유지해 주문이 지속되고 있어야 합니다.

창조 CREATION
5레벨 환영계

시전 시간: 1분
사거리: 30ft
구성요소: 음성, 동작, 물질 (당신이 만들어내고자 하는 물건과 같은 재질의 작은 조각 하나)
지속시간: 특별

당신은 섀도펠에서 그림자 물질을 끌어내 살아있지 않은 식물성 물체를 만들어 낼 수 있습니다. 부드러운 물건이나 밧줄, 목재 등등이 이에 속합니다. 또한 이 주문을 이용하면 바위나 수정, 혹은 금속으로 이루어진 물체 역시 만들어 낼 수 있습니다. 이렇게 만들어 내는 물체는 5 × 5 × 5ft 이내여야 하며, 당신이 본 적 있는 형태와 물질이어야 합니다.

주문의 지속시간은 당신이 만들어낸 물체의 재질에 따라 달라집니다. 만약 당신이 만들어낸 물체가 다양한 재료로 만들어져 있다면, 그중 가장 짧은 지속시간을 따릅니다.

재질	지속시간
식물성 재료	1일
바위나 수정	12시간
귀금속류	1시간
보석	10분
아다만틴이나 미스랄	1분

이 주문을 이용해 창조된 것을 다른 주문의 물질 구성요소로 사용할 경우, 해당 주문은 실패합니다.

고레벨에서. 당신이 6레벨 이상의 주문 슬롯을 사용하여 이 주문을 시전할 경우, 상승한 주문 슬롯 하나당 창조할 수 있는 물건의 부피가 가로 × 세로 × 높이가 각각 5ft씩 증가합니다.

천둥 강타 THUNDEROUS SMITE
1레벨 방출계

시전 시간: 1 추가 행동
사거리: 자신
구성요소: 음성
지속시간: 집중, 최대 1분까지

이 주문의 지속시간 동안 처음으로 당신이 근접 무기 공격을 명중시켰을 때, 무기에서는 주변 300ft까지 들릴 천둥소리가 울려 퍼지며 이 공격은 목표에게 추가로 2d6점의 천둥 피해를 더 가합니다. 또한, 만약 당신이 공격한 목표가 크리쳐라면, 이 크리쳐는 근력 내성 굴림을 굴려야 하며 실패할 경우 당신에게서 10ft 밀려나 넘어지게 됩니다.

천둥파도 THUNDERWAVE
1레벨 방출계

시전 시간: 1 행동
사거리: 자신 (15 × 15 × 15ft의 입방체)
구성요소: 음성, 동작
지속시간: 즉시

당신에게서 천둥과 같은 힘의 물결이 퍼져 나옵니다. 당신을 기점으로 한 15 × 15 × 15ft 범위 내의 모든 크리쳐는 건강 내성 굴림을 굴려야 합니다. 이 내성 굴림에 실패한 크리쳐는 2d8점의 천둥 피해를 받으며 당신에게서 10ft 밀려나게 됩니다. 내성에 성공하면 피해는 절반으로 줄어들고 밀려나지도 않습니다.

또한, 주문의 유효 범위 내에 있는 고정되지 않은 물체는 주문이 발동될 때 모두 자동으로 당신에게서 10ft 멀리 밀려납니다. 이 주문은 주변 300ft까지 들리는 천둥소리가 울려 퍼지게 합니다.

고레벨에서. 당신이 2레벨 이상의 주문 슬롯을 사용하여 이 주문을 시전할 경우, 상승한 주문 슬롯 1레벨당 피해가 1d8점씩 증가합니다.

천상체 소환 CONJURE CELESTIAL
7레벨 조형계

시전 시간: 1분
사거리: 90ft
구성요소: 음성, 동작
지속시간: 집중, 최대 1시간까지

당신은 도전 지수 4 이하의 천상체를 소환합니다. 당신이 소환한 존재는 사거리 내에서 당신이 볼 수 있는 점유되지 않은 공간에 나타납니다. 천상체는 hp가 0으로 떨어지거나 주문이 종료되면 사라질 것입니다.

천상체는 주문이 지속되는 동안 당신과 동료들에게 우호적입니다. 천상체는 자체적으로 우선권을 굴리며 자기 자신의 턴에 행동합니다. 이 천상체는 자신의 성향에 어긋나는 것이 아닌 한 당신이 말한 명령에 따릅니다. (당신이 행동을 사용할 필요는 없습니다.) 만약 당신이 천상체에게 아무런 명령도 내리지 않는다면, 소환된 존재는 최선을 다해 자기 방어를 할 뿐 다른 행동을 취하지 않을 것입니다.

DM이 천상체의 게임적 수치를 확인합니다.

고레벨에서. 당신이 9레벨 주문 슬롯을 사용하여 이 주문을 시전할 경우, 당신은 최대 도전 지수 5까지의 천상체를 소환할 수 있습니다.

청산유수 Glibness
8레벨 변환계

시전 시간: 1 행동
사거리: 자신
구성요소: 음성
지속시간: 1시간

주문의 지속시간 동안, 당신이 매력 판정을 할 때는 d20을 굴리는 대신 주사위에서 15가 나온 것으로 취급할 수 있습니다. 또한 당신이 무슨 말을 하든 마법의 힘으로 인해 사람들은 당신이 말하는 모든 것이 진실이라고 생각하며 그대로 믿게 됩니다.

최면 패턴 Hypnotic Pattern
3레벨 환영계

시전 시간: 1 행동
사거리: 120ft
구성요소: 동작, 물질 (빛나는 향 막대 또는 형광 물질로 채워진 수정 물약병)
지속시간: 집중, 최대 1분까지

당신은 사거리 내의 허공 어딘가에 여러 가지 색으로 비틀린 문양을 만들어 낼 수 있습니다. 이 문양은 30 × 30 × 30ft 크기의 입방체에 영향을 줍니다. 당신이 만들어낸 문양은 잠깐 보였다가 사라집니다. 유효 범위 내에서 문양을 바라본 크리쳐들은 모두 지혜 내성 굴림을 굴려야 합니다. 내성에 실패한 크리쳐들은 주문의 지속시간 동안 매혹된 상태가 됩니다. 이 주문으로 인해 매혹된 크리쳐들은 행동불능 상태가 되며 이동속도가 0으로 떨어집니다.

이 주문의 효과는 영향을 받은 크리쳐가 피해를 받거나 누군가 행동을 사용해 흔들어 깨울 경우 끝납니다.

추방 Banishment
4레벨 방호계

시전 시간: 1 행동
사거리: 60ft
구성요소: 음성, 동작, 물질 (목표가 싫어하는 물건 하나)
지속시간: 집중, 최대 1분까지

당신은 사거리 내에서 볼 수 있는 크리쳐 하나를 이계로 추방하려 시도합니다. 목표는 매력 내성 굴림에 실패하게 되면 바로 추방될 것입니다.

만약 목표가 당신이 현재 위치한 세계 출신이라면, 이 주문은 목표를 무해한 데미플레인 어딘가로 날려 보냅니다. 목표는 주문의 지속시간 동안 행동불능 상태로 그곳에 있게 되며, 주문이 종료되면 자신이 이전에 있었던 장소나 그에 가장 가까운 점유되지 않은 위치로 돌아옵니다.

만약 목표가 당신이 현재 위치한 세계가 아닌 이계 출신이라면, 목표는 펑 하는 소리와 함께 자신의 본래 세계로 추방될 것입니다. 만약 이 주문이 1분이 지나기 전에 종료되어 버렸다면, 목표는 주문이 종료됨과 동시에 자신이 있었던 장소나 그에 가장 가까운 점유되지 않은 위치로 돌아옵니다. 이 주문이 1분간 유지되었다면, 목표는 돌아올 수 없습니다.

고레벨에서. 당신이 5레벨 이상의 주문 슬롯을 사용하여 이 주문을 시전할 경우, 상승한 주문 슬롯 1레벨당 추가로 하나씩의 목표를 더 추방할 수 있습니다.

추방의 강타 Banishing Smite
5레벨 방호계

시전 시간: 1 추가 행동
사거리: 자신
구성요소: 음성
지속시간: 집중, 최대 1분까지

주문의 지속시간 동안, 당신이 가하는 다음번 첫 무기 공격이 명중할 때, 당신의 무기는 힘으로 파직파직거리며 목표에게 추가로 5d10점의 역장 피해를 가합니다. 또한, 만약 이 공격으로 인해 목표의 hp가 50점 이하만 남게 되었다면 당신은 그 목표를 추방해 버릴 수 있습니다. 만약 목표가 당신이 현재 위치한 세계 출신이 아니라면 목표는 즉시 자신이 본래 있던 이계로 추방됩니다. 만약 목표가 당신이 현재 위치한 세계 출신이라면, 목표는 무해한 데미플레인 어딘가로 추방됩니다. 추방되어 있는 동안 목표는 행동불능 상태가 됩니다. 추방된 목표는 주문의 지속시간 동안 추방되어 날아간 장소에 있게 되며, 주문의 지속시간이 끝나면 당신이 본래 있던 위치나 그에 가장 가까운 점유되지 않은 장소로 다시 돌아올 것입니다.

축복 Bless
1레벨 환혹계

시전 시간: 1 행동
사거리: 30ft
구성요소: 음성, 동작, 물질 (성수 약간)
지속시간: 집중, 최대 1분까지

당신은 사거리 내에서 최대 3체까지의 크리쳐를 선택해 축복을 내려줄 수 있습니다. 이렇게 축복받은 크리쳐는 주문의 지속시간 도중 명중 굴림이나 내성 굴림을 할 때마다, d4를 굴려 그 결과를 나온 값에 더할 수 있습니다.

고레벨에서. 당신이 2레벨 이상의 주문 슬롯을 사용하여 이 주문을 시전할 경우, 상승한 슬롯 1레벨당 추가로 크리쳐 하나씩을 더 정해 축복을 내려줄 수 있습니다.

춤추는 빛 Dancing Lights
방출계 소마법

시전 시간: 1 행동
사거리: 120ft
구성요소: 음성, 동작, 물질 (인이나 위치우드 약간 혹은 반딧불이 하나)
지속시간: 집중, 최대 1분까지

당신은 사거리 내에서 최대 4체까지의 횃불 크기 빛을 만들어 내며, 이들을 횃불이나 랜턴, 혹은 빛나는 구체처럼 보이게 해 지속시간 동안 허공을 날아다니게 할 수 있습니다. 당신은 또한 4개의 불빛을 모두 조합하여 중형 크기의 인간형 크리쳐처럼 보이도록 할 수 있습니다. 당신이 선택한 형태가 무엇이든, 각각의 불빛은 주변 10ft 반경에 약한 빛을 제공합니다.

당신의 턴마다 추가 행동을 사용하면 당신은 각각의 불빛을 60ft까지 이동시킬 수 있습니다. 이렇게 이동한 위치는 주문의 사거리 내여야 합니다. 또한 각각의 불빛은 다른 불빛과 20ft 내에 위치해야 하며, 서로의 거리에서 벗어나거나 주문의 사거리에서 벗어난 불빛은 사라지게 됩니다.

충동 COMPULSION
4레벨 환혹계

시전 시간: 1 행동
사거리: 30ft
구성요소: 음성, 동작
지속시간: 집중, 최대 1분까지

주문의 사거리 내에서 당신이 볼 수 있고 당신의 목소리를 들을 수 있는 크리쳐들을 선택하여 목표로 삼습니다. 이렇게 선택된 목표들은 지혜 내성 굴림을 굴려야 합니다. 매혹에 면역인 크리쳐들은 내성 굴림에 자동으로 성공합니다. 목표가 내성 굴림에 실패한 경우, 목표는 주문에 영향을 받게 됩니다. 주문의 지속시간이 유지되는 동안, 당신은 자기 턴에 추가 행동을 사용하여 수평으로 어느 방향이든 지정할 수 있습니다. 주문에 영향을 받은 크리쳐들은 자기 턴에 모든 이동력을 사용하여 당신이 지정한 방향으로 가능한 한 이동해야 합니다. 해당 크리쳐들이 이동하기 전 위치에서 행동을 취한 다음 이동하는 것은 가능합니다. 이렇게 당신이 지정한 방향으로 이동한 다음, 각각의 목표는 다시 지혜 내성 굴림을 굴릴 수 있습니다. 이 내성에 성공한 목표는 주문의 효과에서 벗어납니다.

당신이 지정한 방향에 불이나 구덩이 등 명백하게 치명적인 위험이 존재할 경우 당신은 그곳으로 이동하라는 명령을 내릴 수 없습니다. 또한 목표가 지정한 방향으로 이동하는 과정에서는 기회 공격이 유발될 수 있습니다.

치료의 기도 PRAYER OF HEALING
2레벨 방출계

시전 시간: 10분
사거리: 30ft
구성요소: 음성
지속시간: 즉시

사거리 내에서 당신이 볼 수 있는 크리쳐를 최대 6체까지 목표로 지정할 수 있습니다. 이렇게 지정된 목표들은 각각 2d8 + 당신의 주문시전 능력 수정치만큼 hp를 회복합니다. 이 주문은 언데드나 구조물에는 효과가 없습니다.

고레벨에서. 당신이 3레벨 이상의 주문 슬롯을 사용하여 이 주문을 시전할 경우, 상승한 주문 슬롯 1레벨당 hp를 추가로 1d8점씩 더 회복할 수 있습니다.

치료의 단어 HEALING WORD
1레벨 방출계

시전 시간: 1 추가 행동
사거리: 60ft
구성요소: 음성
지속시간: 즉시

주문의 사거리 내에서 당신이 볼 수 있는 크리쳐 하나를 선택합니다. 이렇게 선택된 크리쳐는 1d4 + 당신의 주문시전 능력 수정치만큼 hp를 회복합니다. 이 주문은 언데드나 구조물에는 효과가 없습니다.

고레벨에서. 당신이 2레벨 이상의 주문 슬롯을 사용하여 이 주문을 시전할 경우, 상승한 주문 슬롯 1레벨당 hp를 추가로 1d4점씩 더 회복할 수 있습니다.

치유 HEAL
6레벨 방출계

시전 시간: 1 행동
사거리: 60ft
구성요소: 음성, 동작
지속시간: 즉시

주문의 사거리 내에서 당신이 볼 수 있는 크리쳐 하나를 선택합니다. 긍정적인 에너지의 힘이 선택된 목표를 휩쓸며, hp 70점을 회복해 줍니다. 이 주문은 또한 장님, 귀머거리, 기타 질병 상태를 모두 회복해 줍니다. 이 주문은 언데드나 구조물에는 효과가 없습니다.

고레벨에서. 당신이 7레벨 이상의 주문 슬롯을 사용하여 이 주문을 시전할 경우, 상승한 주문 슬롯 1레벨당 치유되는 hp가 10점씩 증가합니다.

친밀화 FRIENDS
환혹계 소마법

시전 시간: 1 행동
사거리: 자신
구성요소: 동작, 물질(주문을 시전할 때 얼굴에 바를 소량의 화장품)
지속시간: 집중, 최대 1분까지

주문의 지속시간 동안, 당신은 자신에게 적대적이지 않은 태도를 지닌 크리쳐 하나를 정해 해당 크리쳐에게 행하는 모든 매력 판정에 이점을 받을 수 있습니다. 주문의 지속시간이 끝나면 목표는 당신이 영향력을 얻기 위해 마법을 사용했다는 사실을 알 것이고 당신에게 적대적으로 변할 것입니다. 목표에게 폭력성이 있다면 당신을 공격할 수도 있습니다. 직접적 폭력성이 없는 경우라 할지라도 다른 방식으로 당신에게 보복할 방법을 찾게 될 수도 있습니다. (정확한 것은 DM의 판단에 따릅니다.) 이러한 경향은 당신이 대하고 있는 크리쳐의 본성에 따라 달라집니다.

침묵 SILENCE
2레벨 환영계 (의식)

시전 시간: 1 행동
사거리: 120ft
구성요소: 음성, 동작
지속시간: 집중, 최대 10분까지

주문의 지속시간 동안, 사거리 내에서 당신이 지정한 지점을 중심으로 20ft 반경의 공간은 아무런 소리도 나지 않고 들리지 않는 곳이 됩니다. 완전히 해당 공간 안에 있는 크리쳐나 물건은 천둥 피해에 면역이 되며, 그 안에서는 모든 크리쳐가 귀머거리 상태가 됩니다. 침묵 공간 내에서는 음성 구성요소를 사용하는 주문을 시전하는 것이 불가능합니다.

칼날 방벽 BLADE BARRIER
6레벨 방출계

시전 시간: 1 행동
사거리: 90ft
구성요소: 음성, 동작
지속시간: 집중, 최대 10분까지

당신은 마법적인 힘으로 만들어진 회오리치는 면도날 같은 칼날들로 이루어진 수직 방벽을 세웁니다. 이 벽은 사거리 내의 지점에 생겨나며 주문의 지속시간 동안 유지됩니다. 당신은 최대 100ft 길이에 20ft 높이, 5ft 두께를 지닌 벽을 세우거나, 직경 60ft짜리 원형으로 이어진 20ft 높이 5ft 두께의 벽을 두를 수 있습니다. 이 벽은 그 뒤에 숨은 크리쳐에게 3/4 엄폐를 제공합니다. 또한 벽이 차지하고 있는 공간은 어려운 지형이 됩니다.

어떤 크리쳐가 자기 턴에 처음으로 벽이 차지한 공간에 들어오
거나 그 공간에서 자기 턴을 시작할 경우, 해당 크리쳐는 민첩 내
성을 굴려야 합니다. 이 내성에 실패하면 해당 크리쳐는 6d10점
의 참격 피해를 받으며, 성공하면 피해는 절반으로 줄어듭니다.

쾌속 화살통 SWIFT QUIVER
5레벨 변환계

시전 시간: 1 추가 행동
사거리: 접촉
구성요소: 음성, 동작, 물질(화살, 볼트, 돌 등 최소한 하나 이상의
    탄환이 남아 있는 화살통)
지속시간: 집중, 최대 1분까지

당신은 자신의 화살통을 변화시켜 화살이나 볼트, 슬링용 돌 등
비마법적 탄환이 끝없이 나오도록 할 수 있습니다. 이 탄환은 당
신의 손이 화살통에 갈 때마다 계속 손에 잡힙니다.
　주문이 유지되는 동안 당신의 턴이 될 때마다, 당신은 추가 행동
을 사용하여 화살통의 탄환을 사용하는 무기 공격을 2번 더 가할
수 있습니다. 당신이 장거리 무기 공격을 가할 때마다, 당신의 화살
통은 이미 그 안에 들어있는 탄환을 복제하여 새로운 비마법적 탄
환을 만들어 냅니다. 이렇게 만들어지고 사용된 모든 탄환들은 주
문의 지속시간이 끝나면 모두 분해되어 사라집니다. 만약 화살통이
당신의 소유에서 벗어나게 되면 주문은 자동으로 종료됩니다.

크리쳐 위치파악 LOCATE CREATURE
4레벨 예지계

시전 시간: 1 행동
사거리: 자신
구성요소: 음성, 동작, 물질(블러드하운드의 가죽 약간)
지속시간: 집중, 최대 1시간까지

당신에게 친숙한 크리쳐의 이름을 대거나 묘사를 합니다. 당신은
해당 크리쳐가 당신에게서 1,000ft 내에 있는 한, 해당 크리쳐가
위치한 방향을 즉시 느낄 수 있습니다. 만약 크리쳐가 움직이고
있다면, 당신은 크리쳐의 이동 방향 역시 파악할 수 있습니다.
　이 주문은 당신이 알고 있는 특정한 크리쳐의 위치를 파악할
수도 있으며, 인간 등 특정한 종족이나 유니콘 등 특정한 종류의
크리쳐들 중 가장 가까운 것의 위치를 파악할 수도 있습니다. 당
신이 위치를 파악하려는 크리쳐는 이전에 최소한 한 번은 30ft 내
의 근접한 거리에서 본 적 있는 것이어야 합니다. 만약 당신이 묘
사하거나 이름을 말한 크리쳐가 변신Polymorph 주문 등을 통해
지금은 다른 형태를 지니고 있다면, 이 주문은 해당 크리쳐의 위
치를 파악하지 못합니다.
　이 주문은 최소 10ft 이상 너비의 흐르는 물 너머를 탐지할 수
없습니다.

타샤의 끔찍한 웃음 TASHA'S HIDEOUS LAUGHTER
1레벨 환혹계

시전 시간: 1 행동
사거리: 30ft
구성요소: 음성, 동작, 물질(작은 타르트와 허공에 던질 깃털 하나)
지속시간: 집중, 최대 1분까지

주문의 사거리 내에서 당신이 볼 수 있는 크리쳐 하나를 선택합니
다. 해당 크리쳐는 갑자기 세상 모든 것이 너무나 웃기게 느껴지
며 쓰러져서 참을 수 없는 웃음을 터트리게 됩니다. 목표는 지혜
내성에 실패한 경우 쓰러지며, 행동불능 상태가 되어 주문이 지속
되는 동안에는 제대로 일어설 수도 없습니다. 지능 4 이하의 크리
쳐는 이 주문의 영향을 받지 않습니다.

목표는 자기 턴이 끝날 때나 피해를 입을 때마다 다시 지혜 내성 굴림을 굴릴 수 있으며, 피해를 받은 경우에는 이 내성 굴림에 이점을 받을 수 있습니다. 이렇게 다시 내성을 굴려 성공한 경우에는 주문의 효과에서 벗어날 수 있습니다.

타오르는 강타 SEARING SMITE
1레벨 방출계

시전 시간: 1 추가 행동
사거리: 자신
구성요소: 음성
지속시간: 집중, 최대 1분까지

주문의 지속시간 동안 당신이 가하는 다음번 첫 근접 무기 공격이 명중하였을 때, 당신의 무기는 백열하는 섬광으로 번쩍이며 해당 공격은 목표에게 추가로 1d6점의 화염 피해를 가하고 목표에게 불이 붙게 합니다. 목표는 주문이 끝날 때까지 자신의 턴이 시작될 때마다 건강 내성을 굴려야 하며, 실패할 시 1d6점의 화염 피해를 받습니다. 내성에 성공하면 주문은 종료됩니다. 만약 목표 자신이나 5ft 내의 크리쳐가 행동을 사용하여 붙은 불을 털어내려고 시도하거나 물에 잠기는 등 불을 끄게 하는 효과를 받을 경우에도 주문은 자동으로 종료됩니다.

고레벨에서. 당신이 2레벨 이상의 주문 슬롯을 사용하여 이 주문을 시전할 경우, 상승한 주문 슬롯 1레벨당 초기에 가해지는 화염 피해가 1d6점씩 증가합니다.

타오르는 광선 SCORCHING RAY
2레벨 방출계

시전 시간: 1 행동
사거리: 120ft
구성요소: 음성, 동작
지속시간: 즉시

당신은 세 줄기의 불꽃 광선을 쏘아 사거리 내의 목표들을 맞출 수 있습니다. 당신은 모든 광선을 하나의 목표에 집중하거나, 광선마다 별개의 목표를 지정할 수 있습니다. 불꽃 광선 하나당 한 번씩 장거리 주문 공격을 행해야 합니다.

명중하게 되면 각각의 불꽃 광선은 2d6점의 화염 피해를 가합니다.

고레벨에서. 당신이 3레벨 이상의 주문 슬롯을 사용하여 이 주문을 시전할 경우, 상승한 주문 슬롯 1레벨당 추가로 하나씩의 불꽃 광선을 더 발사할 수 있습니다.

타오르는 손길 BURNING HANDS
1레벨 방출계

시전 시간: 1 행동
사거리: 자신 (15ft 길이의 원뿔형)
구성요소: 음성, 동작
지속시간: 즉시

손가락을 활짝 편 당신의 손에서 화염이 펼쳐지며 손끝에서 뻗어나옵니다. 15ft의 원뿔 범위 내에 있는 모든 크리쳐는 민첩 내성 굴림을 굴려야 하며, 실패할 시 3d6점의 화염 피해를 받게 됩니다. 내성에 성공하면 피해는 절반으로 줄어듭니다.

이 주문은 해당 범위 내에서 누군가 장비하거나 들고 있지 않은 가연성 물체에 불을 붙입니다.

고레벨에서. 당신이 2레벨 이상의 주문 슬롯을 사용하여 이 주문을 시전할 경우, 상승한 주문 슬롯 1레벨당 화염 피해가 1d6점씩 증가합니다.

탄막 소환 Conjure Barrage
3레벨 조형계

시전 시간: 1 행동
사거리: 자신 (60ft 길이의 원뿔형)
구성요소: 음성, 동작, 물질(화살, 볼트, 돌 등 탄환 하나 또는 투척 무기 하나)
지속시간: 즉시

당신이 비마법적 투척 무기를 던지거나 화살, 볼트, 슬링용 돌 등의 비마법적 탄환 하나를 허공에 발사하면, 그와 똑같은 탄환이나 무기가 원뿔 범위 내로 무수히 발사됩니다. 60ft 거리의 원뿔 범위 내에 있는 모든 크리처는 민첩 내성을 굴려야 하며, 실패할 시 3d8점의 피해를 받게 됩니다. 성공하면 피해는 절반으로 줄어듭니다. 이때 가해지는 피해의 형태는 당신이 본래 발사한 탄환이나 무기와 동일한 것입니다.

탈것 찾기 Find Steed
2레벨 조형계

시전 시간: 10분
사거리: 30ft
구성요소: 음성, 동작
지속시간: 즉시

당신은 영혼을 소환해 지성이 있고 강인하며 충성스러운 탈것의 모습을 취하도록 합니다. 이렇게 소환된 존재들은 사거리 내의 점유되지 않은 공간에 나타나며, 전투마나 조랑말, 낙타, 엘크, 마스티프 중에서 당신이 선택한 모습의 탈것이 됩니다. (DM은 나열된 것 이외에도 다른 동물을 탈것으로 나타나게 할 수 있습니다.) 이 탈것은 선택된 형태의 본래 게임 수치를 따르지만, 원래의 종류 대신 당신의 선택에 따라 천상체, 요정, 악마 중 한 가지가 됩니다. 또한, 탈것의 원래 형태가 지능 5 이하라면 지능은 6으로 고정됩니다. 또한 이 탈것은 당신이 사용할 수 있는 언어 한 가지를 이해할 수 있습니다.

당신의 탈것은 전투상황이든 아니든 충성스럽게 봉사하며, 전투중에도 마치 한 몸인 것처럼 본능적인 유대를 느끼게 됩니다. 당신의 탈것에 올라타고 있는 동안, 당신은 자신에게만 사용할 수 있는 주문을 시전할 때 자동으로 탈것 역시 목표에 포함시킬 수 있습니다.

탈것의 hp가 0으로 떨어지면 즉시 물리적 형태를 잃고 사라집니다. 또한 당신은 행동을 사용해 주문을 중단하고 탈것을 돌려보낼 수 있습니다. 어느 쪽이든 이 주문을 다시 시전하면 같은 탈것을 다시 불러낼 수 있으며, 이렇게 다시 등장할 때는 hp가 모두 회복되어 있습니다.

당신의 탈것이 1마일 내에 있을 때라면, 당신은 언제든 탈것과 정신 감응으로 의사소통을 나눌 수 있습니다.

당신은 이 주문으로 하나 이상의 탈것과 결속을 유지할 수 없습니다. 행동을 사용하면 당신은 언제든 탈것과의 결속을 해지할 수 있으며, 이렇게 결속이 해지되면 탈것은 사라져 버립니다.

탐지방어 Nondetection
3레벨 방호계

시전 시간: 1 행동
사거리: 접촉
구성요소: 음성, 동작, 물질 (최소 25gp 상당의 다이아몬드 가루. 주문 시전시 목표에 뿌리며 소모됨)
지속시간: 8시간

주문의 지속시간 동안, 당신은 자신이 접촉한 목표 하나를 예지계 주문으로 발견되지 않도록 숨길 수 있습니다. 이 목표는 주문을 받고자 하는 크리처이거나 특정한 장소, 혹은 10 × 10 × 10ft 이하 크기인 물체일 수 있습니다. 이렇게 지정된 목표는 주문의 지속시간 동안 어떠한 예지계 마법의 목표도 되지 않으며, 모든 마법적인 염탐 감각기관으로도 찾아낼 수 없게 됩니다.

태양광 Daylight
3레벨 방출계

시전 시간: 1 행동
사거리: 60ft
구성요소: 음성, 동작
지속시간: 1시간

주문의 사거리 내에서 당신이 지정한 지점을 중심으로 60ft 반경을 밝게 비추는 빛이 생겨납니다. 이 빛은 60ft까지를 밝은 빛으로, 추가로 60ft까지를 약한 빛으로 밝힙니다.

당신은 다른 누군가가 장비하거나 들고 있지 않은 물체를 목표로 주문을 시전할 수 있으며, 그렇게 하면 이 빛은 물체에 걸려 물체와 같이 움직입니다. 주문을 받은 물체를 불투명한 것으로 완전히 가리면 이 빛 또한 새어 나오지 않게 가릴 수 있습니다.

만약 이 주문의 유효 범위가 3레벨 이하의 주문 슬롯을 사용한 마법적 어둠 주문의 범위와 겹치게 되면, 이 주문은 마법적 어둠을 무효화합니다.

태양광선 Sunbeam
6레벨 방출계

시전 시간: 1 행동
사거리: 자신 (60ft 직선)
구성요소: 음성, 동작, 물질 (돋보기 하나)
지속시간: 집중, 최대 1분까지

5ft 너비에 60ft 길이를 지닌 찬란한 빛의 광선이 직선으로 당신의 손에서 뻗어나갑니다. 이 직선 범위 내의 모든 크리처는 건강 내성을 굴려야 하며, 실패할 시 6d8점의 광휘 피해를 입고 당신의 다음 턴이 시작될 때까지 장님 상태가 됩니다. 내성에 성공하면 피해는 절반으로 줄어들며 장님 상태도 되지 않습니다. 언데드나 점액류는 이 내성 굴림에 불리점을 받습니다.

당신은 주문이 유지되는 동안 행동을 사용하여 새로이 빛의 광선을 발사할 수 있습니다.

주문의 지속시간 동안, 당신의 손은 찬란한 빛의 덩어리로 감싸입니다. 이 빛은 30ft 범위까지를 밝게, 추가로 30ft까지를 약한 빛으로 밝힙니다. 이 빛은 태양광으로 취급합니다.

태양폭발 Sunburst
8레벨 방출계

시전 시간: 1 행동
사거리: 150ft
구성요소: 음성, 동작, 물질 (불꽃과 태양석 조각 하나)
지속시간: 즉시

주문의 사거리 내에서 당신이 지정한 지점을 중심으로 60ft 반경에 찬란한 태양빛이 번쩍입니다. 해당 범위 내의 모든 크리처는 건강 내성을 굴려야 하며, 실패할 시 12d6점의 광휘 피해를 받고 1분간 장님 상태가 됩니다. 내성에 성공하면 피해는 절반으로 줄어들며, 장님 상태도 되지 않습니다. 언데드나 점액류는 이 내성 굴림에 불리점을 받습니다.

이 주문으로 장님 상태가 된 크리처는 자신의 턴이 끝날 때마다 다시 건강 내성을 굴릴 수 있으며, 성공하게 되면 장님 상태에서 벗어날 수 있습니다.

이 주문은 해당 범위 내의 모든 마법적 어둠 효과를 무효화합니다.

텐서의 부유 원반 TENSER'S FLOATING DISK
1레벨 조형계 (의식)

시전 시간: 1 행동
사거리: 30ft
구성요소: 음성, 동작, 물질 (수은 한 방울)
지속시간: 1시간

당신은 동그란 수평 역장 원반을 만들어 냅니다. 이 원반은 직경 3ft이며 1인치 두께이고, 주문의 사거리 내에서 당신이 선택한 점유되지 않은 지표면에서 3ft 높이에 떠 있습니다. 이 원반은 주문의 지속시간 동안 유지되며, 500lbs의 무게를 실을 수 있습니다. 만약 더 많은 무게가 원반 위에 실리게 되면 주문은 종료되며, 그 위에 있던 모든 것은 땅에 떨어집니다.

이 원반은 주변 20ft 내에 당신이 있을 때는 움직이지 않으며, 당신이 20ft 이상의 거리로 벗어나면 20ft 거리를 유지하며 당신을 따라갑니다. 이 원반은 불안한 지형도 건널 수 있으며, 계단도 오르내릴 수 있고, 비탈도 지날 수 있습니다. 하지만 이 원반은 단번에 10ft 이상의 높이 변화를 할 수 없습니다. 예를 들어, 이 원반은 10ft 깊이의 구덩이 아래로 내려올 수 없으며, 당신이 구덩이 아래에서 원반을 만든 경우 그 위로 올라올 수도 없습니다.

만약 장애물이나 다른 이동 방법 등으로 인해 당신이 원반으로부터 100ft 이상 멀어지게 되었다면 주문은 자동으로 종료됩니다.

통증 광선 RAY OF SICKNESS
1레벨 사령계

시전 시간: 1 행동
사거리: 60ft
구성요소: 음성, 동작
지속시간: 즉시

역겨운 초록색 힘의 광선이 사거리 내의 목표에게 날아갑니다. 목표에게 장거리 주문 공격을 행하며, 이 공격이 명중하게 되면 목표는 2d8점의 독성 피해를 입고 건강 내성 굴림을 굴려야 합니다. 이 내성이 실패할 경우 목표는 당신의 다음 턴이 끝날 때까지 중독 상태가 될 것입니다.

고레벨에서. 당신이 2레벨 이상의 주문 슬롯을 사용하여 이 주문을 시전할 경우, 상승한 주문 슬롯 1레벨당 피해가 1d8점 증가합니다.

투명체 감지 SEE INVISIBILITY
2레벨 예지계

시전 시간: 1 행동
사거리: 자신
구성요소: 음성, 동작, 물질 (활석 한 조각과 주변에 뿌릴 은가루 약간)
지속시간: 1시간

주문의 지속시간 동안, 당신은 투명한 크리쳐와 물체를 볼 수 있으며, 에테르계를 감지할 수 있습니다. 에테르계에 존재하는 크리쳐나 물체는 유령처럼 희뿌옇고 투명하게 보입니다.

투명화 INVISIBILITY
2레벨 환영계

시전 시간: 1 행동
사거리: 접촉
구성요소: 음성, 동작, 물질 (고무로 감싸인 눈썹 한 가닥)
지속시간: 집중, 최대 1시간까지

당신이 접촉한 크리쳐 하나는 주문의 지속시간 동안 투명 상태가 됩니다. 이 목표가 장비하거나 들고 있는 물체 역시, 목표가 소지하고 있는 동안에는 투명해집니다. 이 주문은 목표가 공격을 가하거나 주문을 시전하면 자동으로 종료됩니다.

고레벨에서. 당신이 3레벨 이상의 주문 슬롯을 사용하여 이 주문을 시전할 경우, 상승한 주문 슬롯 1레벨당 하나씩의 크리쳐를 더 목표로 삼을 수 있습니다.

투시 CLAIRVOYANCE
3레벨 예지계

시전 시간: 10분
사거리: 1마일
구성요소: 음성, 동작, 물질 (최소 100gp 상당의 매개체. 듣기 위해서는 보석 박힌 뿔나팔, 보기 위해서는 유리 눈알이 필요함.)
지속시간: 집중, 최대 10분까지

당신은 주문의 사거리 내에서 당신이 친숙한 위치, 즉 당신이 방문한 적 있거나 본 적 있는 장소에 투명한 감각기관을 만들어 냅니다. 혹은 당신이 친숙하지 않더라도 닫혀진 문 바로 뒤라거나 모퉁이 너머, 나무 둥걸 아래 등 근접한 위치에 감각기관을 만들어 낼 수도 있습니다. 이 감각기관은 주문의 지속시간 동안 유지되며, 공격을 받거나 다른 방식으로 영향을 줄 수 없습니다.

당신은 이 주문을 시전할 때, 볼 것인지 들을 것인지 고를 수 있습니다. 당신은 이 감각기관을 통해 마치 당신이 그 자리에 있는 것처럼 해당 감각을 사용할 수 있습니다. 당신은 자기 턴에 행동을 사용해 보는 것과 듣는 것을 교체할 수 있습니다.

진시야를 지녔거나 투명체를 감지할 수 있는 크리쳐는 이 감각기관을 볼 수 있으며, 그런 자들의 눈에는 이 감각기관이 당신 주먹만 한 크기의 빛나는 구체 형태로 보일 것입니다.

파괴의 파도 DESTRUCTIVE WAVE
5레벨 방출계

시전 시간: 1 행동
사거리: 자신 (30ft 반경)
구성요소: 음성
지속시간: 즉시

당신은 땅을 강타하며 신성한 힘이 당신 주변으로 물결치며 퍼져 나가도록 합니다. 당신 주변 30ft 내에서 당신이 선택한 모든 크리쳐는 건강 내성을 굴려야 하며, 실패할 시 5d6점의 천둥 피해를 받고, 추가로 5d6점의 광휘 혹은 사령 피해를 받고 넘어집니다. 추가 피해의 속성은 당신의 결정에 따릅니다. 내성에 성공하면 피해는 절반으로 줄어들며 넘어지지도 않습니다.

패밀리어 찾기 FIND FAMILIAR
1레벨 조형계 (의식)

시전 시간: 1시간
사거리: 10ft
구성요소: 음성, 동작, 물질 (10gp 가치의 목탄, 향, 약초의 혼합물. 주문 시전시 황동 화로에 불태워 소모됨.)
지속시간: 즉시

당신은 동물 형태를 띤 패밀리어의 봉사를 얻게 됩니다. 이때 패밀리어는 박쥐, 고양이, 게, 개구리(두꺼비), 매, 도마뱀, 문어, 올빼미, 독사, 물고기(퀴퍼, 즉 육식어종), 쥐, 까마귀, 해마, 거미, 족제비 등의 형태를 취할 수 있습니다. 불러낸 패밀리어는 사거리 내에서 점유되지 않은 공간에 나타납니다. 이 패밀리어는 선택한 형태의 게임적 수치를 따르지만, 본래의 야수 종류 대신 천상체, 요정, 악마 중 당신이 선택한 종류를 따릅니다.

당신의 패밀리어는 당신에게서 떨어져 독립적으로 행동할 수 있지만, 언제나 당신의 명령에 복종합니다. 전투 상황이 되면 패밀리어는 자체적으로 우선권을 굴리며 자기만의 턴을 가집니다. 패밀리어는 공격을 할 수 없지만, 다른 행동은 할 수 있습니다.

패밀리어의 hp가 0으로 떨어지면 즉시 물리적 형태를 잃고 사라지지만, 당신이 이 주문을 다시 시전하면 도로 나타납니다.

당신의 패밀리어가 100ft 이내의 거리에 있을 때는 언제나 정신 감응으로 패밀리어와 의사소통할 수 있습니다. 또한, 당신은 자기 턴에 행동을 사용하여 당신의 다음 턴이 시작될 때까지 패밀리어의 눈과 귀로 보고 들을 수 있습니다. 이때 패밀리어가 그 형태에 따라 특별한 감각을 보유하고 있을 경우, 당신도 그 감각을 사용할 수 있습니다. 이렇게 패밀리어의 감각을 사용하고 있을 때 당신의 본체는 장님에 귀머거리 상태가 됩니다.

당신은 자기 턴에 행동을 사용하여 일시적으로 패밀리어를 사라지게 할 수 있습니다. 이때 패밀리어는 주머니 차원 속으로 사라지며, 당신의 소환을 기다릴 것입니다. 또한, 당신은 행동을 사용해 아예 영원히 패밀리어를 해제할 수도 있습니다. 일시적으로 사라진 동안이라면 언제든 다시 행동을 사용하여 당신으로부터 30ft 내에 있는 점유되지 않은 공간에 패밀리어를 다시 불러낼 수 있습니다.

당신은 한 번에 하나 이상의 패밀리어를 가질 수 없습니다. 만약 당신이 이미 패밀리어를 지닌 상태에서 이 주문을 다시 시전했다면 당신은 패밀리어를 하나 더 만드는 대신 원래 지녔던 패밀리어에게 새로운 형태를 부여할 수 있습니다. 위의 목록에서 새로운 형태를 정하면, 당신의 패밀리어는 당신이 정한 모습으로 변할 것입니다.

마지막으로, 당신이 사거리가 접촉인 주문을 시전할 때, 당신의 패밀리어는 마치 당신이 접촉한 것처럼 해당 주문을 전달할 수 있습니다. 이때 당신의 패밀리어는 100ft 내에 있어야 하며, 패밀리어 자신의 반응행동을 사용하여 주문을 전달해야 합니다. 만약 해당 주문이 명중 굴림을 요구하는 것이라면, 당신은 자신의 명중 보너스를 사용하여 명중 굴림을 행할 수 있습니다.

포격 소환 CONJURE VOLLEY
5레벨 조형계

시전 시간: 1 행동
사거리: 150ft
구성요소: 음성, 동작, 물질(투척 무기 하나 또는 화살, 볼트, 돌 등의 탄환 하나)
지속시간: 즉시

당신은 화살, 볼트, 슬링용 돌 등의 비마법적 탄환을 하나 허공에 발사하거나 비마법적 투척 무기 하나를 허공에 던지며 주문을 시전합니다. 그 직후, 주문의 사거리 내에서 당신이 선택한 지점 주변으로 해당 탄환이나 무기의 복제품 수백개가 쏟아져 내립니다. 당신이 선택한 지점을 중심으로 40ft 반경, 20ft 높이의 원통형 지역을 설정하십시오. 해당 범위 내의 모든 크리쳐는 민첩 내성 굴림을 굴려야 하며, 실패할 시 8d8점의 피해를 받게 됩니다. 내성에 성공하면 피해는 절반으로 줄어듭니다. 이 피해의 종류는 당신이 처음 발사한 탄환이나 무기의 피해 속성을 그대로 따릅니다.

포획의 일격 ENSNARING STRIKE
1레벨 조형계

시전 시간: 1 추가 행동
사거리: 자신
구성요소: 음성
지속시간: 집중, 최대 1분까지

주문의 지속시간 동안 당신이 다음번 가하는 첫 근접 무기 공격이 명중하면, 타격한 지점에서 갑자기 가시돋힌 덩굴이 생겨나며 목표를 얽매기 시작합니다. 목표는 근력 내성 굴림을 굴려야 하며, 실패

할 시 주문이 종료될 때까지 마법적인 덩굴에 의해 포박된 상태가 됩니다. 대형 이상의 크기를 지닌 크리쳐는 이 내성 굴림에 이점을 얻습니다. 만약 목표가 내성에 성공하면 덩굴은 시들어 사라집니다.

이 주문으로 포박되어 있으면 목표는 자신의 턴이 시작될 때마다 1d6점의 관통 피해를 받게 됩니다. 덩굴에 포박된 크리쳐나 이에 인접한 다른 크리쳐는 행동을 사용하여 탈출을 시도할 수 있으며, 이때는 당신의 주문 내성 DC를 목표로 근력 판정을 하게 됩니다. 이 판정에 성공하면 목표는 탈출할 수 있습니다.

고레벨에서. 당신이 2레벨 이상의 주문 슬롯을 사용하여 이 주문을 시전할 경우, 상승한 주문 슬롯 1레벨당 포박 이후 가하는 피해가 1d6점씩 증가합니다.

폭발성 구름 INCENDIARY CLOUD
8레벨 조형계

시전 시간: 1 행동
사거리: 150ft
구성요소: 음성, 동작
지속시간: 집중, 최대 1분까지.

주문의 사거리 내에서 당신이 지정한 지점을 중심으로 20ft 반경에 백열로 달아오르며 휘몰아치는 연기구름이 생겨납니다. 이 구름은 모서리를 돌아 퍼져 나가며 구름 내는 심하게 가려진 지역이 됩니다. 이 구름은 주문의 지속시간 동안 지속되며, 그 이전에도 시속 10마일 이상, 즉 보통 세기 이상의 바람이 불 경우 흩어져 사라질 수 있습니다.

구름이 나타날 때, 해당 범위 내에 있는 모든 크리쳐는 민첩 내성 굴림을 굴려야 합니다. 이 내성에 실패하면 10d8점의 화염 피해를 받게 되며, 성공하면 피해는 절반으로 줄어듭니다. 또한 주문이 지속되고 있을 때 자기 턴에 처음으로 구름 속에 들어오거나, 속에서 자기 턴을 끝낼 경우에도 내성 굴림을 굴려 피해를 받게 됩니다.

구름은 당신의 턴이 시작될 때마다 10ft씩 당신에게서 멀어지는 방향으로 움직입니다.

하급 원소 소환 CONJURE MINOR ELEMENTALS
4레벨 조형계

시전 시간: 1분
사거리: 90ft
구성요소: 음성, 동작
지속시간: 집중, 최대 1시간까지

당신은 사거리 내의 점유되지 않은 공간에 원소들을 소환할 수 있습니다. 당신은 아래의 선택지 중 하나를 정해 원소들을 불러낼 수 있습니다.

- 도전 지수 2레벨 이하의 원소 하나
- 도전 지수 1레벨 이하의 원소 둘
- 도전 지수 1/2 이하의 원소 넷
- 도전 지수 1/4 이하의 원소 여덟

이 주문으로 소환된 원소는 hp가 0이 되거나 주문의 지속시간이 종료되면 사라집니다.

소환된 크리쳐는 당신과 동료들에게 우호적입니다. 소환된 크리쳐들은 집단으로 우선권을 굴리며, 자신들의 턴에 행동합니다. 이들은 당신이 말한 명령에 따릅니다. (당신은 행동을 사용할 필요가 없습니다.) 만약 당신이 아무런 명령을 내리지 않으면 이들은 최선을 다해 자기 방어를 할 뿐, 다른 행동을 취하지 않습니다.

DM은 소환된 크리쳐들의 게임 수치를 확인하고 적용할 것입니다.

고레벨에서. 당신이 더 높은 레벨의 주문 슬롯을 사용할 경우, 위의 선택지에서 더 많은 원소를 소환할 수 있습니다. 6레벨 주문

슬롯을 사용하면 2배 더 많은 원소를 소환할 수 있으며, 8레벨 주문 슬롯을 사용하면 3배 더 많은 원소를 소환할 수 있습니다.

하급 환영 MINOR ILLUSION
환영계 소마법

시전 시간: 1 행동
사거리: 30ft
구성요소: 동작, 물질 (양털 한 조각)
지속시간: 1분

당신은 주문의 지속시간 동안 사거리 내에서 어떤 물체의 영상을 만들거나 어떤 소리를 낼 수 있습니다. 이 환영은 당신이 이 주문을 다시 시전하거나 행동을 사용해 효과를 취소하면 사라집니다.

당신이 이 주문으로 소리를 만들고자 한다면, 이 소리의 음량은 속삭임에서 비명까지 다양한 크기가 가능합니다. 이 소리 환영은 당신의 목소리일 수도 있고, 다른 누군가의 목소리일 수도 있으며, 사자의 울부짖음이나 북소리 등 다른 소리도 가능합니다. 이 소리는 주문의 지속시간 동안 계속 들리며, 주문이 종료되기 전이라면 당신은 이 소리를 다양하게 변경시킬 수 있습니다.

당신이 이 주문으로 어떤 물체의 영상을 만들어 내고자 한다면, 이 영상은 5 × 5 × 5ft 이내의 크기여야 합니다. 의자, 손자국, 작은 상자 등이 이에 해당합니다. 이 영상은 소리를 내지 않으며 냄새도 나지 않고, 다른 감각적 효과를 수반하지 않습니다. 물리적으로 이 영상에 접촉할 경우 통과하므로 이것이 환영임을 간파할 수 있습니다.

만약 크리쳐가 자기 행동을 사용하여 소리나 영상을 조사하려고 한다면, 당신의 주문 내성 DC를 목표로 지능(수사) 판정을 하게 되며, 성공할 경우 환영임을 간파할 수 있습니다. 일단 환영임을 간파하고 나면 이 환영은 흐릿하고 희미하게 보이게 됩니다.

하급 회복 LESSER RESTORATION
2레벨 방호계

시전 시간: 1 행동
사거리: 접촉
구성요소: 음성, 동작
지속시간: 즉시

당신은 크리쳐 하나에 접촉하여 해당 크리쳐에게서 하나의 질병을 제거하거나 하나의 상태 이상을 회복할 수 있습니다. 이 주문으로는 장님, 귀머거리, 마비 혹은 중독 상태를 회복할 수 있습니다.

하다르의 굶주림 HUNGER OF HADAR
3레벨 조형계

시전 시간: 1 행동
사거리: 150ft
구성요소: 음성, 동작, 물질 (절인 문어 촉수 하나)
지속시간: 집중, 최대 1분까지

당신은 별들 사이의 어둠에서 길을 열어 알려지지 않은 공포의 조각을 불러 낼 수 있습니다. 주문의 사거리 내에서 당신이 지정한 지점을 중심으로 한 20ft 반경에 냉혹한 냉기와 암흑으로 가득 찬 구체를 만들어 내며, 이 영역은 주문의 지속시간 동안 유지됩니다. 이 공허는 부드러운 속삭임과 기괴한 잡음으로 가득차 있으며, 구체에서 30ft 내에서는 이 소리를 들을 수 있습니다. 마법적이든 아니든 어떠한 빛으로도 해당 지역 내를 비출 수 없으며, 완전히 해당 지역 내에 있는 크리쳐는 장님 상태가 됩니다.

이 공허는 공간의 구조 그 자체를 비틀어 버립니다. 해당 지역은 어려운 지형이 되며, 그 안에서 자기 턴을 시작하는 크리쳐는 모두 2d6점의 냉기 피해를 받습니다. 또한 그 안에서 자기 턴을 끝내는 크리쳐는 민첩 내성 굴림을 굴려야 하며, 실패할 시 외계의 촉수에 휘감겨 2d6점의 산성 피해를 받게 됩니다.

하다르의 팔 ARMS OF HADAR
1레벨 조형계

시전 시간: 1 행동
사거리: 자신 (10ft 반경)
구성요소: 음성, 동작
지속시간: 즉시

당신은 암흑의 기아, 하다르의 힘을 불러냅니다. 검은 힘으로 이루어진 촉수가 당신에게서 뻗어나오며 10ft 내의 모든 크리쳐를 후려칩니다. 이 지역에 있는 크리쳐 모두는 근력 내성 굴림을 굴려야 하며, 실패할 시 2d6점의 사령 피해를 입고 자신의 다음 턴이 시작될 때까지 반응행동을 사용할 수 없게 됩니다. 내성 굴림에 성공할 경우 피해는 절반으로 줄어들며, 다른 효과도 받지 않습니다.

고레벨에서. 당신이 2레벨 이상의 주문 슬롯을 사용하여 이 주문을 시전할 경우, 상승한 주문 슬롯 1레벨당 피해가 1d6점 증가합니다.

함정 탐지 FIND TRAPS
2레벨 예지계

시전 시간: 1 행동
사거리: 120ft
구성요소: 음성, 동작
지속시간: 즉시

당신은 주문의 사거리 내에서 당신과 시선이 닿는 범위에 있는 함정의 유무를 감지할 수 있습니다. 이 주문에서 말하는 함정이란 어떤 방식으로든 예상치 못한 방식으로 통행자에게 해를 주거나 원치 않는 효과를 불러일으키도록 고안된 장치를 말합니다. 그러므로 이 주문은 경보*Alarm* 주문의 영역을 감지할 수 있으며, 보호의 문양*Glyph of Warding* 역시 발견할 수 있고, 기계적 구덩이 함정 따위도 볼 수 있습니다. 하지만 이 주문은 복도의 자연적인 약점이나 천장의 불안한 부분, 혹은 숨겨진 땅꺼짐 지역을 발견할 수 없습니다.

이 주문은 함정의 존재 유무만을 확인할 뿐입니다. 당신은 각각 함정의 위치를 알아낼 수 없지만, 당신이 감지한 함정이 대체적으로 어떤 위험을 가져오는지는 알아차릴 수 있습니다.

형상변화 SHAPECHANGE
9레벨 변환계

시전 시간: 1 행동
사거리: 자신
구성요소: 음성, 동작, 물질 (최소 1,500gp 가치의 옥 서클렛. 주문을 시전할 때 머리에 써야 함.)
지속시간: 집중, 최대 1시간까지

당신은 지속시간 동안 다른 크리쳐의 형태를 취합니다. 당신이 취할 새로운 형태는 자신의 레벨 이하의 도전 지수를 지녀야 합니다. 이 주문으로는 구조물이나 언데드로 변신할 수 없으며, 당신은 자신이 변하려는 크리쳐의 모습을 최소 한 번 이상 본 적 있어야 합니다. 당신은 클래스 레벨이나 주문 시전 능력을 지니지 않은 해당 크리쳐의 일반적인 모습으로 변합니다.

당신의 게임적 수치는 선택된 크리쳐의 것을 따르게 되지만, 당신 자신의 성향과 지능, 지혜, 매력 점수를 유지합니다. 당신은 또한 모든 기술을 그대로 가질 수 있으며 내성 굴림 숙련을 유지할 수 있습니다. 만약 변신한 크리쳐가 당신과 같은 숙련을 지녔는데 당신보다 높은 보너스를 받고 있다면, 당신 것 대신에 해당 크리쳐의 보너스를 사용할 수 있습니다. 당신은 새로운 형태가 지니고 있다 하더라도 전설적 행동이나 본거지 행동을 사용할 수 없습니다.

당신은 새로운 형태에 따라 히트 다이스와 hp를 가지게 됩니다. 만약 당신이 hp가 0이 되어 원래 형태로 돌아가게 되면, 초과한 분량의 피해는 당신의 본래 형태에게 가해집니다. 만약 초과한 분량의 피해로 인해 당신의 본래 형태 hp까지도 0으로 떨어진 것이 아니라면, 당신은 무의식으로 쓰러지지 않을 수 있습니다.

당신은 자신의 클래스와 종족에 따른 기능과 이익을 그대로 유지할 수 있으며, 해당 능력들을 사용할 수 있고, 이에 더해 새로운 형태의 물리적 기능 역시 사용할 수 있습니다. 당신은 새로운 형태가 지닌 것이 아닌 한 암시야 등의 특수 감각을 사용할 수 없습니다. 또한 새로운 형태가 말할 수 있는 능력을 지니고 있어야만 말을 할 수 있습니다.

당신이 변신할 때, 당신은 장비하고 있던 물건을 땅에 떨어트릴 것인가, 아니면 새로운 형태에 녹아들게 할 것인가, 아니면 새로운 형태로 착용할 것인가 선택할 수 있습니다. 착용한 장비는 일반적인 것과 마찬가지로 작동합니다. DM은 해당 장비가 새로운 형태에 맞게 어떻게 변할지 결정합니다. 녹아든 장비는 아무런 효과도 내지 못합니다.

주문의 지속시간 동안, 당신은 자기 턴마다 행동을 사용하여 마찬가지의 제한을 따르는 한도 내에서 얼마든지 새로운 모습을 취할 수 있습니다. 단, 이때 당신이 취하려는 새로운 형태가 현재의 hp보다 높은 hp를 지니고 있다면, hp만큼은 현재값 그대로 남게 됩니다.

혼란 CONFUSION
4레벨 환혹계

시전 시간: 1 행동
사거리: 90ft
구성요소: 음성, 동작, 물질(땅콩 껍질 3개)
지속시간: 집중, 최대 1분까지.

이 주문은 상대의 마음을 파고들어 비틀며, 기이한 망상을 불러일으키고 행동을 통제할 수 없게 만듭니다. 주문의 사거리 내에서 당신이 지정한 지점을 중심으로 10ft 반경에 있는 모든 크리쳐는 지혜 내성을 굴려야 하며, 이 내성에 실패할 경우 주문의 효과를 받게 됩니다.

주문에 영향을 받은 목표는 반응행동을 취할 수 없으며, 자기 턴이 시작할 때마다 d10을 굴려 아래 표의 결과에 따라서 자기 행동을 행해야 합니다.

d10	행동
1	목표는 모든 이동력을 소비해 무작위 방향으로 이동합니다. 방향을 정하려면 d8을 굴려 그 결과에 따라 북쪽에서 시계 방향으로 결정합니다. 목표는 이번 턴에 다른 행동을 하지 않습니다.
2-6	목표는 이번 턴에 행동을 취하거나 이동하지 않습니다.
7-8	목표는 근접 거리 내에서 무작위 목표를 향해 근접 공격을 가합니다. 만약 근접 거리 내에 목표가 아무도 없다면 목표는 이번 턴에 아무런 행동을 하지 않습니다.
9-10	목표는 일반적으로 이동하고 행동할 수 있습니다.

주문의 영향을 받고 있는 크리쳐는 자기 턴이 끝날 때마다 다시 지혜 내성 굴림을 굴릴 수 있으며, 성공하면 효과에서 벗어납니다.

고레벨에서. 당신이 5레벨 이상의 주문 슬롯을 사용하여 이 주문을 시전할 경우, 상승한 주문 슬롯 1레벨당 주문의 범위가 반경 5ft씩 늘어납니다.

화살 결계 CORDON OF ARROWS
2레벨 변환계

시전 시간: 1 행동
사거리: 5ft
구성요소: 음성, 동작, 물질(화살이나 볼트 4개 이상)
지속시간: 8시간

당신은 화살이나 석궁 볼트 등 비마법적 탄환 4개를 땅에 꽂고, 이에 마법을 걸어 주변 지역을 지키게 합니다. 주문의 지속 시간이 지속되는 동안, 당신 외의 크리쳐가 탄환에서 30ft 내에 접근할 경우, 혹은 그 안에서 자기 턴을 마칠 경우, 탄환 하나가 솟아올라 그 크리쳐를 공격합니다. 목표는 민첩 내성 굴림을 굴려야 하며, 실패 시 1d6점의 관통 피해를 받게 됩니다. 이 탄환은 발사한 후 파괴됩니다. 이 주문은 더는 땅에 탄환이 남아 있지 않으면 종료될 것입니다.

당신이 이 주문을 시전할 때, 당신은 원하는 만큼 주문에 예외가 될 크리쳐를 지정할 수 있습니다.

고레벨에서. 당신이 3레벨 이상의 주문 슬롯을 사용하여 이 주문을 시전할 경우, 상승한 주문 슬롯 1레벨당 2개씩의 탄환을 더 땅에 꽂아 대비할 수 있습니다.

화염 구체 FLAMING SPHERE
2레벨 조형계

시전 시간: 1 행동
사거리: 60ft
구성요소: 음성, 동작, 물질(수지 양초 한 토막, 유황 한 움큼, 그리고 철가루 약간)
지속시간: 집중, 최대 1분까지

당신은 사거리 내에서 당신이 선택한 점유되지 않은 공간에 지름 5ft짜리 불덩어리를 만들어 냅니다. 이 불덩이는 주문의 지속시간 동안 유지됩니다. 불덩이로부터 5ft 내에서 자기 턴을 끝내는 모든 크리쳐는 민첩 내성 굴림을 굴려야 하며, 실패할 시 2d6점의 화염 피해를 받게 됩니다. 성공할 시 피해는 절반으로 줄어듭니다.

당신은 자기 턴에 추가 행동을 사용하여 이 구체를 30ft까지 이동시킬 수 있습니다. 만약 구체를 어떤 크리쳐에 격돌시킬 경우, 격돌한 크리쳐는 구체의 피해에 대해 내성 굴림을 굴려야 하며, 구체는 이동을 멈추게 됩니다.

당신이 구체를 움직일 때, 이 구체는 5ft 높이까지의 방벽 위로 올라갈 수 있으며, 10ft 너비의 구덩이도 뛰어넘을 수 있습니다. 이 구체는 지나간 거리 내에서 누군가 다른 이가 장비하거나 들고 있지 않은 가연성 물체에 모두 불을 붙입니다. 또한 이 구체는 20ft 반경까지를 밝은 빛으로, 추가로 20ft까지를 약한 빛으로 밝힙니다.

고레벨에서. 당신이 3레벨 이상의 주문 슬롯을 사용하여 이 주문을 시전할 경우, 상승한 주문 슬롯 1레벨당 화염 피해가 1d6점씩 증가합니다.

화염 방패 FIRE SHIELD
4레벨 방출계

시전 시간: 1 행동
사거리: 자신
구성요소: 음성, 동작, 물질(인 약간이나 반딧불 한 마리)
지속시간: 10분

주문의 지속시간 동안 당신의 몸 주변에 가느다란 불꽃이 일렁이며 몸을 감싸게 됩니다. 이 불은 주변 10ft를 밝은 빛으로, 추가로 10ft까지를 약한 빛으로 밝힙니다. 당신은 행동을 사용하여 지속시간이 되기 전에도 이 주문을 취소할 수 있습니다.

이 주문은 당신의 선택에 따라 따뜻한 방패나 차가운 방패 형태로 나타날 수 있습니다. 따뜻한 방패는 당신에게 냉기 피해에 대한 저항을 주며, 차가운 방패는 화염 피해에 대한 저항을 줍니다.

또한, 당신으로부터 5ft 내에 있는 다른 크리쳐가 당신을 근접 공격하여 명중시킬 때마다, 이 방패는 불꽃으로 폭발합니다. 당신을 공격한 자는 따뜻한 방패일 경우 2d8점의 화염 피해를, 차가운 방패일 경우 2d8점의 냉기 피해를 받게 됩니다.

화염 생성 PRODUCE FLAME
조형계 소마법

시전 시간: 1 행동
사거리: 자신
구성요소: 음성, 동작
지속시간: 10분

당신의 손에서 번쩍이는 불꽃이 생겨납니다. 이 불꽃은 주문의 지속시간 동안 남아 있으며, 당신이나 당신의 장비에는 아무런 해를 끼치지 않습니다. 이 불꽃은 주변 10ft까지를 밝은 빛으로, 추가로 10ft까지를 약한 빛으로 밝힙니다. 당신이 이 주문을 다시 시전하거나 행동을 사용하여 취소하면 주문은 자동으로 종료됩니다.

당신은 또한 불꽃으로 공격할 수 있지만, 이렇게 공격하게 되면 주문은 종료됩니다. 당신이 이 주문을 시전할 때나 이후 행동을 사용하여 공격하려 할 때는, 주변 30ft 이내의 크리쳐 하나에게 불꽃을 던집니다. 장거리 주문 공격을 가하며, 이 공격이 명중하면 목표는 1d8점의 화염 피해를 받습니다.

이 주문의 피해는 시전자의 총 레벨이 오르면서 점점 증가하여 5레벨에 2d8, 11레벨에 3d8, 17레벨에 4d8의 피해를 가합니다.

화염 직격 FLAME STRIKE
5레벨 방출계

시전 시간: 1 행동
사거리: 60ft
구성요소: 음성, 동작, 물질 (유황 약간)
지속시간: 즉시

사거리 내에서 당신이 택한 지점에 신성한 불기둥이 아래로 내리꽃힙니다. 그 지점을 중심으로 10ft 반경, 40ft 높이의 원통형 범위 내에 있는 모든 크리쳐는 민첩 내성 굴림을 굴려야 하며, 실패한 경우 4d6점의 화염 피해와 4d6점의 광휘 피해를 받게 됩니다. 내성에 성공한 경우 피해는 절반으로 줄어듭니다.

고레벨에서. 당신이 6레벨 이상의 주문 슬롯을 사용하여 이 주문을 시전할 경우, 상승한 주문 슬롯 1레벨당 화염 혹은 광휘 피해를 1d6씩 증가시킬 수 있습니다. (어떤 피해를 증가시킬 것인가는 당신의 선택에 따릅니다.)

화염 폭풍 FIRE STORM
7레벨 방출계

시전 시간: 1 행동
사거리: 150ft
구성요소: 음성, 동작
지속시간: 즉시

주문의 사거리 내에서 당신이 선택한 지점에 울부짖는 불꽃의 폭풍이 몰아칩니다. 이 폭풍은 10 × 10 × 10ft 이하 크기의 입방체 10개를 연결한 범위에 영향을 주며, 주문의 영향 범위는 당신이 원하는 대로 연결하여 배치할 수 있습니다. 각각의 입방체는 최소 하나의 면을 다른 입방체와 맞대고 있어야 합니다. 주문의 유효 범위 내에 있는 모든 크리쳐는 민첩 내성 굴림을 굴려야 합니다.

이 내성에 실패하면 7d10점의 화염 피해를 받게 되며, 성공하면 피해는 절반으로 줄어듭니다.

이 화염 피해는 해당 범위 내에서 누군가 장비하거나 들고 있지 않은 모든 가연성 물체에 불을 붙입니다. 당신은 해당 범위 내의 살아있는 식물에는 영향을 가하지 않도록 선택할 수 있습니다.

화염 화살 FIRE BOLT
방출계 소마법

시전 시간: 1 행동
사거리: 120ft
구성요소: 음성, 동작
지속시간: 즉시

당신은 사거리 내의 크리쳐나 물체에 불덩이를 던질 수 있습니다. 목표에게 장거리 주문 공격을 가합니다. 이 공격이 명중하면 목표는 1d10점의 화염 피해를 받습니다. 이 주문은 누군가 장비하거나 들고 있지 않은 가연성 물체에 불을 붙일 수 있습니다.

이 주문의 피해는 시전자의 총 레벨이 오르면서 점점 증가하여 5레벨에 2d10, 11레벨에 3d10, 17레벨에 4d10의 피해를 가합니다.

화염구 FIREBALL
3레벨 방출계

시전 시간: 1 행동
사거리: 150ft
구성요소: 음성, 동작, 물질 (박쥐 구아노와 유황으로 만들어진 작은 공)
지속시간: 즉시

당신의 손가락 끝에서 밝게 빛나는 섬광이 번쩍이며 사거리 내의 원하는 지점에 날아가 불꽃을 일으키며 폭발합니다. 당신이 택한 지점에서 20ft 반경 내에 있는 모든 크리쳐는 민첩 내성 굴림을 굴려야 하며, 실패할 시 8d6점의 화염 피해를 받습니다. 내성에 성공할 경우 피해는 절반으로 줄어듭니다.

이 주문의 효과는 모서리를 돌아 퍼져 나갑니다. 또한 이 주문은 해당 범위 내에서 누군가 장비하거나 들고 있지 않은 가연성 물체에 모두 불을 붙입니다.

고레벨에서. 당신이 4레벨 이상의 주문 슬롯을 사용하여 이 주문을 시전할 경우, 상승한 주문 슬롯 1레벨당 화염 피해가 1d6점씩 증가합니다.

환생 REINCARNATE
5레벨 변환계

시전 시간: 1시간
사거리: 접촉
구성요소: 음성, 동작, 물질(최소 1,000gp 상당의 희귀한 기름과 연고류. 주문 시전시 소모됨.)
지속시간: 즉시

당신은 죽은 인간형 크리쳐나 그 사체의 조각에 접촉합니다. 이 크리쳐는 죽은 지 10일 이내여야 하며, 당신은 이 죽은 자의 영혼을 위해 새로운 몸을 만들고 즉시 그 영혼을 불러 새 몸에 들어가게 할 수 있습니다. 만약 목표의 영혼이 자유로운 상태가 아니거나 새 몸에 들어가지 않으려 할 경우 주문은 자동으로 실패합니다.

이 마법으로 만들어지는 새로운 몸은 아예 다른 종족이 될 수 있으며, DM이 d100을 굴려 아래 표에서 무작위로 결정하거나 DM의 판단에 따라 지정할 수 있습니다.

d100	종족
01-04	드래곤본
05-13	언덕 드워프
14-21	산 드워프
22-25	다크 엘프
26-34	하이 엘프
35-42	우드 엘프
43-46	숲 노움
47-52	바위 노움
53-56	하프 엘프
57-60	하프 오크
61-68	라이트풋 하플링
69-76	스타우트 하플링
77-96	인간
97-00	티플링

환생한 대상은 자신의 전생과 경험 모두를 기억할 수 있습니다. 또한 환생한 대상은 자신의 원래 형태였을 때의 능력 모두를 사용할 수 있으나, 종족에 따른 능력만큼은 새로운 종족의 것을 따르고 원래 종족의 것은 잃어버리게 됩니다.

환영 문서 ILLUSORY SCRIPT
1레벨 환영계(의식)

시전 시간: 1분
사거리: 접촉
구성요소: 동작, 물질 (최소 10gp 가치를 지닌 납 섞은 잉크. 주문 시전시 소모됨.)
지속시간: 10일

당신은 어떤 문서나 편지, 기타 읽을 수 있는 것을 쓰며 여기에 지속시간 동안 유지되는 강력한 환영을 겁니다.

당신과 당신이 주문 시전시 지정한 크리쳐는 이 문서를 당신이 쓸 때 의도한 대로 일반적인 것처럼 읽을 수 있습니다. 다른 이들에게 이 문서는 알 수 없는 언어로 쓰였거나 읽을 수 없는 마법적인 문서처럼 보입니다. 또한 당신은 아예 다른 메시지를 담고 있는 것처럼 보이도록 문서를 조작하거나, 당신이 알고 있는 다른 언어로 쓴 것처럼 보이도록 쓸 수도 있습니다.

이 주문이 무효화되면 환영이 사라지고 당신이 원래 썼던 대로의 문서가 모습을 드러냅니다.

진시야를 지닌 크리쳐는 환영을 간파하고 숨겨진 내용을 그대로 다 읽을 수 있습니다.

환영 살해자 PHANTASMAL KILLER
4레벨 환영계

시전 시간: 1 행동
사거리: 120ft
구성요소: 음성, 동작
지속시간: 집중, 최대 1분까지

당신은 사거리 내에서 당신이 볼 수 있는 크리쳐 하나의 악몽에 접하여 내면의 가장 큰 공포를 드러내는 환영을 만들어 냅니다. 이 환영은 그 크리쳐만이 볼 수 있습니다. 목표는 지혜 내성 굴림을 굴려야 하며, 실패할 시 주문의 지속시간 동안 공포 상태가 됩니다. 목표는 자신의 턴이 끝날 때마다 다시 지혜 내성 굴림을 굴려야 하며, 이 내성에 실패할 때마다 4d10점의 정신 피해를 받습니다. 내성에 성공할 경우 주문은 종료됩니다.

고레벨에서. 당신이 5레벨 이상의 주문 슬롯을 사용하여 이 주문을 시전할 경우, 상승한 주문 슬롯 1레벨당 정신 피해가 1d10점씩 증가합니다.

환영 지형 Hallucinatory Terrain
4레벨 환영계

시전 시간: 10분
사거리: 300ft
구성요소: 음성, 동작, 물질 (돌, 나뭇가지, 녹색 식물 약간)
지속시간: 24시간

당신은 주변 150 × 150 × 150ft 범위의 자연환경을 다른 종류의 환경처럼 보이고, 들리고, 냄새나게 만들 수 있습니다. 이 주문을 이용하면 멀쩡한 들판이나 도로를 늪이나 협곡, 기타 통과하기가 불가능하거나 어려운 지형처럼 보이게 만들 수 있습니다. 샘을 잔디 동산처럼 보이게 할 수 있으며, 깎아지른 절벽을 완만한 경사로 보이게 할 수도 있고, 바위투성이 둔덕을 넓고 평탄한 도로처럼 보이게 할 수도 있습니다. 하지만 해당 지역 안에 있는 건축물이나 장비, 크리쳐들은 모습이 변하지 않습니다.

해당 지형의 실제 특징은 바뀌지 않으므로, 해당 지형에 들어선 크리쳐들은 환영임을 알아차릴 수도 있습니다. 만약 직접 접촉하지 않고 차이점을 알아차리려면 당신의 주문 내성 DC를 목표로 지능(수사) 판정을 해야 합니다. 환영임을 알아차린 크리쳐는 해당 지형을 뿌옇게 흐려진 영상처럼 뚫어볼 수 있습니다.

환영력 Phantasmal Force
2레벨 환영계

시전 시간: 1 행동
사거리: 60ft
구성요소: 음성, 동작, 물질 (양털 약간)
지속시간: 집중, 최대 1분까지

당신은 사거리 내에서 당신이 볼 수 있는 크리쳐 하나의 마음에 기반한 환영을 만들어 냅니다. 목표는 지능 내성 굴림을 굴려야 하며, 내성에 실패한 경우, 당신은 10 × 10 × 10ft 이하의 크기를 지닌 환영 물체나 크리쳐, 혹은 보이는 현상을 창조할 수 있습니다. 이 환영은 오직 당신이 지정한 목표에게만 보이며, 주문의 지속시간 동안 유지됩니다. 이 주문은 언데드나 구조물에는 아무런 효력이 없습니다.

이 환영은 해당 크리쳐에게만 느껴지는 소리와 온도를 가지며, 그 외 기타 자극 역시 마치 실재하는 것처럼 줍니다.

목표는 행동을 사용하여 이 환상을 조사할 수 있으며, 이때는 당신의 주문 내성 DC를 목표로 지능(수사) 판정을 행합니다. 이 판정에 성공하면 목표는 환영을 간파하고, 주문은 종료됩니다.

목표가 주문의 영향을 받는 동안, 목표는 해당 환상이 마치 실재하는 것처럼 느끼며 그렇게 행동합니다. 목표는 환상과 상호작용을 주고받으며 느끼게 되는 모든 비논리적인 결과를 나름의 방식으로 합리화할 것입니다. 예를 들어, 목표가 환상 다리 위로 걸어가려다 떨어질 경우, 당연히 협곡 아래로 추락할 텐데, 이때 주문이 유지되고 있다면 목표는 다리는 그대로 있다고 믿고 바람에 밀려 떨어졌다거나, 다리를 헛디뎌 미끄러졌다는 등으로 자신이 추락한 이유를 어떻게든 만들어 낼 것입니다.

주문에 영향을 받는 목표는 너무나 분명하게 환상의 실재를 믿고 있기 때문에, 환영으로 인해 피해를 입을 수도 있습니다. 당신이 만들어낸 환상은 목표에게 공격을 가할 수 있습니다. 마찬가지로 당신이 불이나 산, 용암 등의 환상을 만들어 냈다면 이 환상은 목표를 태우거나 녹일 수 있습니다. 매 라운드 당신의 턴마다, 목표가 환상의 위치에 있거나 5ft 내에 위치할 경우 1d6점의 정신 피해를 받게 됩니다. 이 피해는 환상의 영향으로 마치 공격을 받거나 위험한 환경에 처한 것처럼 느끼기에 입는 것입니다. 목표는 환영의 모습에 따라 그에 맞는 속성의 피해를 받는다고 느낍니다.

환영마 Phantom Steed
3레벨 환영계 (의식)

시전 시간: 1분
사거리: 30ft
구성요소: 음성, 동작
지속시간: 1시간

당신은 사거리 내에서 당신이 지정한 점유되지 않은 지점에 대형 크기에 준현실적인 말 형태의 크리쳐를 불러냅니다. 당신은 이 크리쳐의 외형을 결정할 수 있지만, 안장과 고삐를 장비하고 있다는 것은 변함이 없습니다. 이 주문으로 인해 만들어진 장비는 탈것에서 10ft 이상 떨어진 경우 연기로 변해 사라집니다.

주문이 지속되는 동안, 당신이나 당신이 선택한 크리쳐는 이 탈것에 올라탈 수 있습니다. 이 탈것은 승마용 말의 게임적 수치를 사용하지만, 이동속도가 100ft이며 시간당 10마일, 빠른 속도로 이동할 경우 13마일 이동할 수 있다는 점이 다릅니다. 주문이 끝나면 탈것은 흐려지고 사라지며, 탑승자가 내릴 시간이 1분 주어집니다. 당신은 행동을 사용해 지속시간 이전에도 주문을 취소할 수 있으며, 그게 아니더라도 이 탈것이 피해를 받게 되면 그 즉시 주문이 종료됩니다.

활력의 오오라 Aura of Vitality
3레벨 방출계

시전 시간: 1 행동
사거리: 자신 (30ft 반경)
구성요소: 음성
지속시간: 집중, 최대 1분까지

당신 주변 30ft 범위에 치유의 힘이 퍼져 나가며 오오라를 형성합니다. 주문의 지속시간 동안 이 오오라는 당신을 중심으로 당신을 따라 움직입니다. 당신은 추가 행동을 사용하여 당신을 포함해 오오라 내에 있는 크리쳐 하나의 hp를 2d6점 회복시킬 수 있습니다.

활보 Longstrider
1레벨 변환계

시전 시간: 1 행동
사거리: 접촉
구성요소: 음성, 동작, 물질 (흙 한 움큼)
지속시간: 1시간

당신은 크리쳐 하나에 접촉하여 주문의 지속시간 동안 이동속도를 10ft 증가시킬 수 있습니다.

고레벨에서. 당신이 2레벨 이상의 주문 슬롯을 사용하여 이 주문을 시전할 경우, 상승한 주문 슬롯 하나당 목표 크리쳐를 하나씩 더 지정하여 주문의 효과를 부여할 수 있습니다.

황폐화 Blight
4레벨 사령계

시전 시간: 1 행동
사거리: 30ft
구성요소: 음성, 동작
지속시간: 즉시

주문의 사거리 내에서 당신이 지정한 크리쳐 하나에게 사령의 힘이 몰아치며, 몸에서 물기와 생명력을 빨아들입니다. 목표는 건강 내성 굴림을 굴려야 하며, 실패할 시 8d8점의 사령 피해를 받게 됩니다. 성공하면 피해는 절반으로 줄어듭니다. 이 주문은 언데드나 구조물에는 아무런 효력도 없습니다.

만약 당신이 식물 크리쳐나 마법적인 식물에 이 주문을 사용했다면, 목표는 내성 굴림에 불리점을 받게 되며, 피해는 최대량으로 고정됩니다.

만약 나무나 덤불 등 크리쳐가 아닌 비마법적 식물을 목표로 할 경우, 목표는 내성 굴림을 굴릴 수도 없으며 그 즉시 시들고 죽음을 맞이하게 됩니다.

고레벨에서. 당신이 5레벨 이상의 주문 슬롯을 사용하여 이 주문을 시전할 경우, 상승한 주문 슬롯 1레벨당 피해가 1d8점씩 증가합니다.

회화 Commune
5레벨 예지계 (의식)

시전 시간: 1분
사거리: 자신
구성요소: 음성, 동작, 물질 (성수 혹은 불경수를 담은 물병 하나와 태우는 향 약간)
지속시간: 1분

당신은 자신이 믿는 신이나 그 신의 하수인에 접하여 그렇다 혹은 아니다로 답할 수 있는 질문 3개까지를 던질 수 있습니다. 당신은 주문의 지속시간 내에 질문을 해야 하며, 각각의 질문에 대한 대답을 받을 수 있습니다.

신성한 존재가 꼭 전지하리라는 보장은 없으며, 따라서 당신이 신의 지식 범위를 넘는 질문을 던질 경우 "불확실하다"는 답변을 받을 수도 있습니다. 한 단어로 가해지는 답변이 착각을 불러일으키거나 신의 의도와는 배치되는 결과를 불러올 것 같다면, DM은 한 단어 답변 대신 짧은 문구로 답해줄 수도 있습니다.

만약 당신이 긴 휴식을 취하기 전에 이 주문을 2번 이상 시전했다면, 2번째 시전할 때부터 25%씩 누적되는 확률로 어떤 답변도 얻지 못할 수 있습니다. DM은 이 확률을 비밀리에 굴려 정할 것입니다.

흐려짐 Blur
2레벨 환영계

시전 시간: 1 행동
사거리: 자신
구성요소: 음성
지속시간: 집중, 최대 1분까지

당신의 몸은 흐려지며, 당신을 보는 사람은 물결치며 변해가는 것처럼 그 모습을 정확히 분간할 수 없게 됩니다. 주문의 지속시간 동안, 당신을 공격하는 모든 크리쳐는 명중 굴림에 불리점을 받게 됩니다. 맹안시야 등 시각에 의존하지 않는 크리쳐는 이 효과에 면역이며, 진시야 등으로 환영을 간파할 수 있는 크리쳐 역시 이 효과를 받지 않습니다.

흔적없는 이동 Pass without Trace
2레벨 방호계

시전 시간: 1 행동
사거리: 자신
구성요소: 음성, 동작, 물질 (겨우살이 잎을 태운 재 약간과 가문비나무 가지 하나)
지속시간: 집중, 최대 1시간까지

당신에게서 그림자와 정적의 장막이 뻗어 나오며, 당신과 동료들을 탐지에서 보호해 줍니다. 주문의 지속시간 동안 당신을 포함해 당신을 중심으로 30ft 내에 있는 모든 크리쳐들은 민첩(은신) 판정에 +10 보너스를 받으며 마법적인 방식을 제외한 그 어떤 방법으로도 추적당하지 않습니다. 이 보너스를 받고 있는 크리쳐는 이동 중 어떤 흔적도 남기지 않습니다.

흡혈의 접촉 Vampiric Touch
3레벨 사령계

시전 시간: 1 행동
사거리: 자신
구성요소: 음성, 동작
지속시간: 집중, 최대 1분까지

당신의 손은 그림자로 물들고, 이 손으로 접촉하면 다른 이에게서 생명을 빨아들여 당신의 상처를 치유할 수 있습니다. 당신의 근접 거리에 있는 목표에게 근접 주문 공격을 행합니다. 이 공격이 명중하면 목표는 3d6점의 사령 피해를 입게 되며, 당신은 목표가 입은 사령 피해의 절반만큼 hp를 회복합니다. 주문이 지속되는 동안, 당신은 자기 턴마다 행동을 사용해 다시 이 공격을 행할 수 있습니다.

고레벨에서. 당신이 4레벨 이상의 주문 슬롯을 사용하여 이 주문을 시전할 경우, 상승한 주문 슬롯 1레벨당 사령 피해가 1d6점씩 증가합니다.

희망의 봉화 Beacon of Hope
3레벨 방호계

시전 시간: 1 행동
사거리: 30ft
구성요소: 음성, 동작
지속시간: 집중, 최대 1분까지

이 주문은 희망과 활력을 부여합니다. 주문의 사거리 내에서 원하는 만큼의 크리쳐들을 선택합니다. 주문의 지속시간 동안, 당신이 선택한 목표 각각은 지혜 내성 굴림과 죽음 내성 굴림에 대해 이점을 받게 되며, 치유를 받을 때 주사위 최대치로 hp를 회복하게 됩니다.

힘의 원 Circle of Power
5레벨 방호계

시전 시간: 1 행동
사거리: 자신 (30ft 반경)
구성요소: 음성
지속시간: 집중, 최대 10분까지

신성한 힘이 당신에게서 펼쳐지며, 30ft 내의 마법적 힘을 왜곡하고 확산시킵니다. 주문의 지속시간 동안 이 범위는 당신을 중심으로 당신과 함께 이동합니다. 주문의 지속시간 동안, 당신을 포함해 해당 범위 내에 있는 우호적인 크리쳐는 주문과 다른 마법적 효과에 대한 내성 굴림에 이점을 받습니다. 또한 주문에 영향을 받은 크리쳐가 내성 성공시 피해를 절반만 주는 주문이나 마법 효과에 대한 내성 굴림에 성공할 경우, 절반의 피해 대신 아무런 피해도 받지 않을 수 있습니다.

부록 A: 상태

여러가지 주문이나 클래스 요소, 괴물의 공격 등의 효과는 크리쳐에게 다양한 상태이상과 특이한 상태를 부여할 수 있습니다. 장님 상태 등과 같은 대부분의 상태는 캐릭터에게 장애를 주는 상태이상이지만, 투명화 같은 몇몇 상태는 이점을 가져다주기도 합니다.

상태는 해제되거나(예를 들어 넘어진 상태라면 일어서는 것으로 해제할 수 있습니다) 상태를 부여한 효과에 명시된 지속시간이 끝나면 종료됩니다.

만약 한 크리쳐에게 동일한 상태를 부여하는 여러 효과가 동시에 가해졌다면, 각각의 효과는 자기들만의 지속시간을 지니지만 이 상태가 겹쳐서 더 약화되지는 않습니다. 상태이상은 단지 한 종류로만 나타날 뿐입니다.

아래의 정의는 특정한 상태에 걸렸을 때 크리쳐에게 어떤 일들이 벌어지는가를 설명하고 있습니다.

공포 상태 FRIGHTENED
- 공포 상태의 크리쳐는 공포의 대상이 시선 내에 있을 때 모든 능력 판정과 명중 굴림에 불리점을 받습니다.
- 공포 상태의 크리쳐는 자의로 공포의 대상에게 가까이 갈 수 없습니다.

귀머거리 상태 DEAFENED
- 귀머거리 상태의 크리쳐는 들을 수 없고, 듣기와 관련된 모든 능력 판정에 자동적으로 실패합니다.

넘어짐 상태 PRONE
- 넘어진 크리쳐는 일어서지 않는 한 포복으로만 이동할 수 있으며, 일어나면 상태가 종료됩니다.
- 넘어진 크리쳐는 명중 굴림에 불리점을 받습니다.
- 공격자가 5ft 내에서 넘어진 크리쳐를 공격하는 명중 굴림은 이점을 받습니다. 5ft보다 멀리 떨어진 곳에서 가하는 명중 굴림에는 불리점을 받습니다.

마비 상태 PARALYZED
- 마비된 크리쳐는 행동불능 상태도 되며, 이동하거나 말도 할 수 없습니다.
- 마비 상태의 크리쳐는 근력과 민첩 내성 굴림에 자동으로 실패합니다.
- 마비 상태의 크리쳐를 공격하는 명중 굴림은 이점을 받습니다.
- 공격자가 마비 상태의 크리쳐로부터 5ft 내에서 공격을 가해 명중시켰다면, 해당 공격은 치명타가 됩니다.

공포 상태

귀머거리 상태

마비 상태

넘어짐 상태

매혹 상태 Charmed

- 매혹된 크리쳐는 매혹자를 공격할 수 없으며, 매혹자를 목표로 해로운 능력이나 마법 효과를 사용할 수 없습니다.
- 매혹자는 매혹 상태의 크리쳐에 대해 사회적으로 교류할 때 모든 능력 판정에 이점을 받습니다.

무의식 상태 Unconscious

- 무의식 상태의 크리쳐는 동시에 행동불능 상태이며, 이동이나 말하는 것도 불가능하고 주변 환경을 인지하지 못합니다.
- 무의식 상태의 크리쳐는 손에 들고 있는 것을 떨어트리며 넘어집니다.
- 무의식 상태의 크리쳐는 근력과 민첩 내성 굴림에 자동으로 실패합니다.
- 무의식 상태의 크리쳐를 공격하는 명중 굴림은 이점을 받습니다.
- 무의식 상태의 크리쳐로부터 5ft 내에서 가하는 공격이 명중하면 자동으로 치명타가 됩니다.

붙잡힘 상태 Grappled

- 붙잡힌 상태의 크리쳐는 이동속도가 0이 됩니다. 그리고 해당 크리쳐는 이동속도에 어떤 보너스도 받을 수 없습니다.
- 만약 붙잡은 자가 행동불능 상태에 빠지면 이 붙잡힘 상태는 자동으로 종료됩니다.
- 또한 천둥파도Thunderwave 주문으로 밀려나는 등 강제 이동 효과로 인해 붙잡힌 크리쳐가 붙잡은 자의 간격에서 벗어나게 되면 붙잡힘 상태는 자동으로 종료됩니다.

석화 상태 Petrified

- 석화된 크리쳐는 변형된 것이며, 자신이 이전에 장비하고 있거나 들고 있던 모든 비마법적 물건 역시 같이 무기물(대개는 돌)로 변해버립니다. 이 상태에서 무게는 10배로 불어나며, 더는 나이도 먹지 않습니다.
- 석화된 크리쳐는 행동불능 상태이기도 하며, 말하거나 움직일 수 없고, 주변 환경을 인지할 수 없습니다.

탈진

몇몇 특별 능력이나 굶주림 같은 환경적 위험, 그리고 추위나 더위 같은 장기적 효과들은 탈진이라는 특별한 상태 이상을 가할 수 있습니다. 탈진은 6단계로 구분됩니다. 탈진 상태를 가하는 효과는 한 번에 2단계 이상의 탈진을 가할 수도 있습니다.

단계	효과
1	능력 판정에 불리점을 받습니다.
2	이동속도가 절반이 됩니다.
3	명중 굴림과 내성 굴림에 불리점을 받습니다.
4	최대 HP가 절반이 됩니다.
5	이동속도가 0이 됩니다.
6	죽음

만약 이미 탈진 상태인 크리쳐가 다시 탈진을 일으키는 효과를 받게 되면, 그 효과의 설명에 나와 있는 것만큼 탈진 단계가 증가합니다.

2단계 이상의 탈진 상태에 걸려 있는 크리쳐는 자기보다 아래 단계의 효과도 모두 받게 됩니다. 예를 들어 2단계 탈진에 있는 크리쳐는 이동속도도 절반이 되고 모든 능력 판정에 불리점도 받습니다.

탈진을 제거하는 효과는 설명에 쓰인 만큼 탈진 단계를 낮춥니다. 탈진 단계가 0 이하가 되면 탈진은 끝납니다.

긴 휴식을 마치며 음식과 물을 섭취한 크리쳐는 탈진이 1단계 낮아지며, 죽음에서 부활한 크리쳐도 탈진이 1단계 낮아집니다.

- 석화된 크리쳐를 공격하는 명중 굴림은 이점을 받습니다.
- 석화된 크리쳐는 근력과 민첩 내성 굴림을 자동으로 실패합니다.
- 석화된 크리쳐는 모든 피해에 저항을 얻습니다.
- 석화된 크리쳐는 독과 질병에 면역이 되지만, 석화되기 전에 몸에 있던 독이나 질병은 사라지는 것이 아니고 그저 정지되어 있을 뿐입니다.

붙잡힘 상태

무의식 상태

석화 상태

매혹 상태

장님 상태 Blinded

- 장님 상태의 크리쳐는 볼 수 없으며, 시각이 필요한 능력 판정에 자동적으로 실패합니다.
- 장님 상태의 크리쳐를 공격하는 명중 굴림에는 이점이 가해지며, 장님 상태의 크리쳐가 가하는 명중 굴림에는 불리점이 가해집니다.

중독 상태 Poisoned

- 중독 상태의 크리쳐는 모든 명중 굴림과 능력 판정에 불리점을 받습니다.

충격 상태 Stunned

- 충격 상태의 크리쳐는 행동불능 상태이기도 합니다. 또한 충격 상태에서는 움직일 수 없으며, 말도 더듬거리기만 할 수 있습니다.
- 충격 상태의 크리쳐는 근력과 민첩 내성 굴림에 자동으로 실패합니다.
- 충격 상태의 크리쳐를 공격하는 명중 굴림은 이점을 받습니다.

투명 상태 Invisible

- 투명 상태의 크리쳐는 마법이나 특별한 감각의 도움 없이 볼 수 없습니다. 은신이 가능한가를 판정할 때, 투명 상태의 크리쳐는 심하게 가려져 있는 상태로 취급합니다. 이 크리쳐의 위치는 소리로 파악하거나 움직이며 남기는 흔적으로 알아차릴 수 있습니다.
- 투명 상태의 크리쳐를 공격하려는 명중 굴림에는 불리점을 받게 되며, 투명 상태의 크리쳐는 명중 굴림에 이점을 받습니다.

포박 상태 Restrained

- 포박된 크리쳐는 이동속도가 0이 되며, 이동속도에 아무런 보너스도 받을 수 없습니다.
- 포박된 크리쳐를 공격하는 명중 굴림은 이점을 받게 되며, 포박된 크리쳐가 행하는 명중 굴림은 불리점을 받습니다.
- 포박된 크리쳐는 민첩 내성 굴림에 불리점을 받습니다.

행동불능 상태 Incapacitated

- 행동불능 상태의 크리쳐는 행동이나 반응행동을 할 수 없습니다.

장님 상태

포박 상태

중독 상태

투명 상태

충격 상태

부록 B: 멀티버스의 신들

D&D 멀티버스의 세계에서 신앙은 중요한 문제입니다. 신들이 세상을 거닐고 있으며, 클레릭들은 신성한 힘을 받아 사용하고, 사악한 교단들은 지하의 소굴에서 암흑의 제물 의식을 치르며, 빛나는 팔라딘들은 어둠에 맞서는 봉화가 됩니다. 이런 세상에서 신들의 존재를 믿지 않는 것은 어려운 일입니다.

D&D 세계의 많은 사람은 때와 상황에 따라 서로 다른 많은 신을 믿습니다. 예를 들어 포가튼 렐름즈의 사람들은 연애의 성취를 위해 슈운에게 기도하고, 시장에 가기 전에는 와우킨에게 제물을 올리며, 심한 폭풍이 몰아칠 때는 탈로스를 달래려 합니다. 이 모든 일이 매일 일어납니다. 많은 사람은 여러 신 중에서 자신의 성향과 이상에 맞는 신 하나를 가장 열심히 섬기곤 합니다. 그리고 소수의 사람은 오직 한 분의 신에게 자신의 모든 것을 바치며, 이런 이들은 사제가 되거나 신의 이상을 위해 싸우는 투사가 되곤 합니다.

당신의 DM은 자신의 캠페인 세계 속에 어떤 신들이 있는지 알려줄 것입니다. 당신은 이렇게 주어진 신 중 하나를 골라 섬기고 숭배할 수도 있으며, 자신이 관심을 가지는 몇몇 신들만 정해둘 수도 있고, 필요할 때 신들의 이름을 읊을 수 있도록 간단히 기억만 해두고 넘어갈 수도 있습니다. 만약 당신이 클레릭이거나 복사 배경을 지니고 있다면 당신이 섬길 신을 분명히 정해야 할 것이며, 당신의 캐릭터가 권역을 정할 때는 그 신이 지닌 권역 중 하나를 선택해야만 합니다.

D&D 만신전

D&D 멀티버스 속의 세계들은 저마다 자기들의 만신전을 지니고 있습니다. 포가튼 렐름즈나 그레이호크처럼 방대한 신들이 있을 수도 있고, 에버론이나 드래곤랜스처럼 소수의 신들에게 집중되어 있을 수도 있습니다. 비인간 종족들 상당수는 여러 세계에서 동일한 신을 섬기곤 합니다. 예를 들어 드워프들은 포가튼 렐름즈나 그레이호크, 그 외의 여러 세계에서 모라딘을 섬기곤 합니다.

포가튼 렐름즈

포가튼 렐름즈의 세계에서는 많은 신들이 경배를 받으며 가끔은 두려움의 대상이 되기도 합니다. 렐름즈 전역에서 널리 믿어지는 신들만 적어도 30 이상이 있으며, 지역적인 숭배를 받거나 부족의 신, 혹은 작은 교단이나 종파의 신들을 합하면 그 수는 더욱 많아집니다.

생명과 죽음 권역

이 부분에서 다루는 많은 신은 생명 권역과 연관되어 있으며, 특히 치료, 보호, 탄생, 성장, 풍요에 연관된 신들이 그러합니다. 제3장에서 설명한 바와 같이, 생명 권역은 널리 사용되고 있으며, 악하지 않은 신을 모시는 클레릭은 누구나 택할 수 있습니다.

주로 악한 신들을 포함한 여러 신이 죽음 권역을 지니고 있으며, 죽음 권역은 *던전 마스터즈 가이드(Dungeon Master's Guide)*에 좀 더 자세히 나와 있습니다. 이 권역을 택한 이들은 대부분 악한 NPC이지만, 당신이 정말 죽음의 신을 섬기고 싶다면 먼저 DM과 상담해보시기 바랍니다.

그레이호크

그레이호크의 신들은 서로 다른 4개 이상의 만신전으로 나누어져 있으며, 이 만신전은 오어릭 대륙에 분포한 다양한 문화와 인종적 집단을 대표합니다. 그 결과, 유사한 권능을 지닌 신들이 겹치는 경우도 꽤 많이 있습니다. 예를 들어 펠러는 플랜인들의 태양신이지만, 오리디언들은 폴터스를 태양신으로 섬기곤 합니다.

드래곤랜스

크린의 신들은 서로 다른 3개의 일가로 나누어져 있습니다. 선한 일곱 신은 팔라다인과 미샤칼이 이끌고 있으며, 중립의 일곱 신은 길리언이 지도하고, 악한 일곱 신들 중에는 타키시스와 사르고나스가 군림합니다. 이 신들은 세계의 역사 속에서 여러 종족에 의해 서로 다른 이름으로 알려졌지만, 오직 이들만이 밤하늘 속 별자리로 고정된 것처럼 이 세상 속 유일한 신들임에는 변함이 없습니다.

에버론

에버론에는 서로 다른 수많은 종교가 있지만, 그중 가장 중요한 것은 소버린 호스트라 알려진 만신전과 그들의 어두운 그림자인 암흑의 여섯 신입니다. 소버린 호스트의 신들은 모든 영역을 관장하는 별개의 신들로 이루어지지만 모두 같이 숭배를 받으며 통일된 목소리를 내는 반면, 암흑의 여섯 신은 원시적이고 유혈 낭자하며 잔혹한 신들로서 서로 다른 목소리를 냅니다.

에버론의 다른 종교들은 D&D의 전통적인 만신전과는 상당히 큰 차이를 지닙니다. 은빛 불꽃 교단은 유일신적인 것으로서 세상 모든 악과 싸우는데 헌신하고 있지만 그 내부에도 타락이 퍼져 있습니다. 불의 혈통을 섬기는 철학은 모든 필멸의 존재 속에 신성이 잠자고 있다고 가르치며 불멸성을 얻은 언데드들을 숭배합니다. 광기에 빠진 여러 교단은 지하의 용 카이버라는 이름으로 알려진 에버론의 언더다크에 잠들어 있는 악마와 공포의 존재들을 섬기곤 합니다. 빛의 길을 따르는 자들은 세상을 가리는 어둠이 빛으로 변하는 찬란한 미래로 향해 가고 있다고 믿습니다. 그리고 서로 연관된 엘프 국가 둘은 자신들의 선조 영혼을 섬기곤 합니다. 이들은 영혼이나 언데드 형태로 존재하는 선조로 이루어진 불사의 궁정과, 고대의 전쟁에서 활약한 위대한 영웅들을 기리는 과거의 영령으로 나누어집니다.

비인간 신들

비인간 종족들은 여러 세계에서 유사한 신앙을 가지곤 하지만, 그 신앙의 방법이 반드시 같지는 않습니다. 포가튼 렐름즈와 그레이호크의 비인간 종족들은 만신전을 공유합니다.

비인간 종족들은 그들만의 만신전을 지니기도 합니다. 예를 들어, 드워프 신들은 모라딘 뿐 아니라 모라딘의 아내인 베로나 트루실버를 포함해 그들의 자식과 손자들로 이루어진 만신전이 있습니다. 아바토르, 클라게딘 실버비어드, 더그마렌 브라이트맨틀, 듀마토인, 고름 굴타인, 하엘라 브라이트엑스, 마타모르 듀인, 샤린들라르, 타르드 하르, 베르가다인 등이 드워프 만신전에 속하는 신들입니다. 다양한 드워프 왕국과 씨족들에서는 이러한 신들을 모두 섬기거나 그중 일부만 섬기기도 하고, 외부인들에게는 잘 알려지지 않은 (혹은 다른 이름으로 알려진) 자신들만의 신을 섬기기도 합니다.

포가튼 렐름즈의 신들

신	성향	연관 권역	상징
곤드, 공예의 신	N	지식	네 개의 이빨이 난 톱니바퀴
데네이르, 글의 신	NG	지식	떠 있는 눈 위의 불타는 양초
라샌더, 탄생과 재생의 신	NG	생명, 광휘	일출로 향해 나 있는 길
레이라, 환영의 여신	CN	기만	안개 소용돌이가 담긴 아래로 향한 삼각형
로비아타, 고통의 여신	LE	죽음	아홉 꼬리 가시 채찍
리어라, 기쁨의 여신	CG	생명	여섯꼭지 별 세 개로 만든 삼각형
마스크, 도둑들의 신	CN	기만	검은 가면
말라, 사냥의 신	CE	자연	발톱이 달린 짐승 발바닥
멀라일, 시와 노래의 신	NG	광휘	잎으로 만든 다섯 줄 하프
미르쿨, 죽음의 신	NE	죽음	하얀 사람 해골
미스트라, 마법의 여신	NG	지식	일곱 별의 원, 붉은 안개를 감싼 아홉 별, 혹은 별 하나
미엘리키, 숲의 여신	NG	자연	유니콘의 머리
바알, 살인의 신	NE	죽음	핏방울의 원에 둘러싸인 해골
베샤바, 불운의 여신	CE	기만	검은 사슴뿔
베인, 폭정의 신	LE	전쟁	위로 펼쳐진 오른손, 손가락을 모두 펴고 있음
사브라스, 예지와 숙명의 신	LN	지식	여러 종류의 눈이 빛나는 수정구
샤, 어둠과 상실의 여신	NE	죽음, 기만	가장자리가 도드라진 검은 원반
셀루네, 달의 여신	CG	지식, 생명	일곱 별에 둘러싸인 한 쌍의 눈
슈운, 미와 사랑의 여신	CG	생명, 광휘	아름다운 붉은 머리 여성의 얼굴
시어릭, 거짓의 신	CE	기만	검은색 혹은 보라색 태양 위의 턱 없는 해골
실바누스, 야생 자연의 신	N	자연	떡갈나무 잎
아우릴, 겨울의 여신	NE	자연, 폭풍	여섯 꼭지 눈송이
아주스, 마법사의 신	LN	지식	위로 향한 왼손, 불에 둘러싸여 있음
엘다스, 평화의 여신	NG	생명, 자연	고요한 호수 위로 떨어지는 폭포
오그마, 지식의 신	N	지식	비어 있는 두루마리
와우킨, 무역의 여신	N	지식, 기만	왼쪽을 향한 와우킨의 얼굴이 그려진 동전
움버리, 바다의 여신	CE	폭풍	좌우로 흔들리는 파도
일마터, 인내의 신	LG	생명	붉은 실로 묶인 양손
챠운티, 농경의 여신	NG	생명	곡식 한 단 또는 곡식 위에 피어나는 장미
켈렘버, 죽은 자들의 신	LN	죽음	위로 치켜올린 저울을 쥐고 있는 해골 손
탈로나, 질병과 독의 여신	CE	죽음	삼각형을 이루는 세 개의 눈물방울
탈로스, 폭풍의 신	CE	폭풍	중앙에서 뻗어 나오는 번개 세 줄기
템퍼스, 전쟁의 신	N	전쟁	위로 향한 타오르는 검
토름, 용기와 자기 희생의 신	LG	전쟁	하얀색 오른손 건틀릿
티르, 정의의 신	LG	전쟁	워해머 위에 올려진 저울
티모라, 행운의 여신	CG	기만	윗면을 향한 동전
헬름, 보호의 신	LN	생명, 광휘	감시하는 눈이 그려진 위로 향한 왼손 건틀릿

그레이호크의 신들

신	성향	연관 권역	상징
네룰, 죽음의 신	NE	죽음	낫을 들고 있는 해골
라오, 평화와 이성의 신	LG	지식	하얀 심장
랄리샤즈, 불운과 광기의 신	CN	기만	점술용 뼈 세 조각
베오리, 생명의 여신	N	자연	녹색 원반
베크나, 사악한 비밀의 신	NE	지식	손바닥에 눈이 그려진 손
보콥, 마법의 신	N	지식	오망성 안의 눈
성 커스버트, 상식과 열정의 신	LN	지식	안에 여러 꼭지 별 모양이 그려진 원
셀레스타인, 별과 방랑자의 신	N	지식	원 안에 아치를 이룬 일곱 개의 별
에리스널, 질투와 살육의 신	CE	전쟁	핏방울
엘로나, 숲의 여신	NG	생명, 자연	유니콘 뿔
오바드 하이, 자연의 신	N	자연	떡갈나무 잎과 도토리
올리다마라, 환락의 신	CN	기만	웃는 가면
울라, 언덕과 산의 여신	LG	생명, 전쟁	심장부에 원이 그려진 산
위 자스, 마법과 죽음의 여신	LN	죽음, 지식	화염구 위의 붉은 해골
이스터스, 운명과 숙명의 여신	N	지식	세 줄기 실이 돌아가는 물레
이우즈, 고통과 압제의 신	CE	죽음	광소하는 인간의 해골
인카불로스, 질병과 기아의 신	NE	죽음	다이아몬드 속의 파충류 눈
코드, 운동과 힘의 신	CG	폭풍, 전쟁	중앙에서 펼쳐진 4개의 창과 4개의 철퇴
타리즈던, 영원한 어둠의 신	CE	기만	검은 소용돌이 혹은 뒤집힌 지구라트
트리세리언, 자유와 보복의 신	CG	전쟁	트리스켈리온(중앙에서 퍼져 나가는 세 줄기 빛 모양)
파라진, 지평선과 여행의 신	NG	지식, 기만	원 속에 그려진 지평선
펠러, 태양과 치유의 신	NG	생명, 광휘	태양
폴터스, 빛과 질서의 신	LG	광휘	은색 태양 또는 작은 초승달로 가려진 만월
헥스터, 전쟁과 불화의 신	LE	전쟁	아래로 부채처럼 펼쳐진 여섯 개의 화살
헤이로너스, 기사도와 용맹의 신	LG	전쟁	번개 한 줄기

드래곤랜스의 신들

선한 신들

	성향	연관 권역	상징
마자레, 명상과 질서의 신	LG	지식	구리 거미
미샤칼, 치유의 여신	LG	지식, 생명	푸른색의 무한대 표시
브란찰라, 음악의 신	NG	광휘	바드의 하프
솔리나리, 선한 마법의 신	LG	사제 없음	하얀색 원 또는 구체
키리 졸리스, 명예와 전쟁의 신	LG	전쟁	들소의 뿔
팔라다인, 지배자와 수호자의 신	LG	전쟁	은색 삼각형
하바쿡, 동물 생명과 바다의 신	NG	자연, 폭풍	파랑새

중립 신들

	성향	연관 권역	상징
길리언, 지식의 신	N	지식	펼쳐진 책
레오룩스, 공예의 신	N	지식	대장간 망치
루니타리, 중립 마법의 신	N	사제 없음	붉은색 원 또는 구체
샤이네어, 부와 무역의 여신	N	지식, 기만	그리폰의 날개
시리온, 불과 변화의 신	N	자연	여러 색의 불꽃
지빌린, 지혜의 신	N	지식	거대한 녹색 혹은 황금 나무
치슬레브, 자연의 여신	N	자연	깃털

악한 신들

	성향	연관 권역	상징
누이타리, 악한 마법의 신	LE	사제 없음	검은색 원 또는 구체
모르기온, 질병과 비밀의 신	NE	죽음	붉은 두 눈이 빛나는 후드
사르고나스, 복수와 불의 신	LE	전쟁	붉은 콘도르 모양
제보임, 바다와 폭풍의 여신	CE	폭풍	거북 껍데기
케모쉬, 언데드의 신	LE	죽음	붉은 해골
타키시스, 밤과 증오의 여신	LE	죽음	검은 초승달
히두켈, 거짓과 탐욕의 신	CE	기만	부러진 상인의 저울

에버론의 신들

소버린 호스트

	성향	연관 권역	상징
돌 도른, 무예의 신	CG	전쟁	방패 위에 교차된 롱소드
돌 아라, 태양빛과 명예의 여신	LG	광휘, 전쟁	떠오르는 태양
발리노르, 야수와 사냥의 신	N	생명, 자연	한 쌍의 사슴뿔
볼드레이, 공동체와 가정의 신	LG	생명	돌 화덕 속에 타오르는 불
아라와이, 풍요의 여신	NG	생명, 자연	녹색 리본으로 묶인 밀 한 단
아우레온, 질서와 지식의 신	LN	지식	펼쳐진 책
오나타르, 공예의 신	NG	지식	교차된 망치와 집게
올라드라, 행운의 여신	NG	생명, 기만	도미노
콜 코란, 무역과 부의 신	N	기만	아홉꼭지 금화

암흑의 여섯 신

	성향	연관 권역	상징
격노자, 분노와 광기의 여신	NE	전쟁	여자의 머리와 상반신, 날개가 달린 뱀
그림자, 사악한 마법의 신	CE	지식	흑요석 탑
나그네, 혼돈과 변화의 신	CN	지식, 기만	서로 겹쳐진 룬이 새겨진 뼈 네 개
모욕하는 자, 폭력과 배신의 신	NE	전쟁	다섯 개의 피묻은 도구
지키는 자, 탐욕과 죽음의 신	NE	죽음	이빨 모양을 한 드래곤샤드 돌
포식하는 자, 자연의 분노를 나타내는 신	NE	폭풍	날카롭게 깎은 뼈 다섯 개의 묶음

에버론의 다른 믿음

	성향	연관 권역	상징
과거의 영령들, 엘프 선조	CG	전쟁	다양함
볼의 혈통, 불사와 불멸의 철학	LN	죽음, 생명	붉은 눈물모양 보석에 새겨진 용의 해골
불사의 궁정, 엘프 선조	NG	지식, 생명	다양함
빛의 길, 빛과 자기향상의 철학	LN	생명, 광휘	찬란한 수정
은빛 불꽃, 보호와 선의 신	LG	생명, 광휘, 전쟁	은에서 솟구치는 불꽃 또는 은으로 된 불꽃
지하룡의 교단, 광기의 신들	NE	기만	다양함

비인간 신들

신

	성향	연관 권역	상징
갈 글리터골드, 기만과 재치의 노움 신	LG	기만	황금 금괴
그럼쉬, 폭풍과 전쟁의 오크 신	CE	폭풍, 전쟁	깜박이지 않는 눈
그롤란터, 전쟁의 언덕 거인 신	CE	전쟁	나무 몽둥이
딥 샤셀라스, 바다의 엘프 신	CG	자연, 폭풍	돌고래
라오그제드, 굶주림의 트로글로다이트 신	CE	죽음	도마뱀/두꺼비 문양의 신
롤스, 거미의 드로우 여신	CE	기만	거미
릴리페인 랄라틸, 자연의 우드 엘프 신	CG	자연	떡갈나무
마글루비에트, 전쟁의 고블리노이드 신	LE	전쟁	피투성이 도끼
모라딘, 창조의 드워프 신	LG	지식	망치와 모루
바하무트, 선의 드래곤 신	LG	생명, 전쟁	용의 머리 모양
블립둘풀프, 쿠오 토아의 여신	NE	죽음	가재의 머리 혹은 검은 진주
세무아냐, 생존의 리저드포크 신	N	자연	알
세콜라, 사냥의 사후아긴 신	LE	자연, 폭풍	상어
세하닌 문보우, 달의 엘프 여신	CG	지식	초승달
수르트, 공예의 화염 거인 신	LE	지식	불타는 검
스림, 힘의 서리 거인 신	CE	전쟁	하얀 양날도끼
스케리트, 켄타우로스와 사티로스의 신	N	자연	도토리에서 자란 떡갈나무
스코라우스 스톤본, 예술의 바위 거인 신	N	지식	종유석
에아드로, 바다의 인어 신	N	자연, 폭풍	소용돌이 문양
욘달라, 풍요와 보호의 하플링 여신	LG	생명	방패
코렐론 라레시안, 기예와 마술의 엘프 신	CG	광휘	초승달 혹은 퍼져 나가는 별 모양
쿠툴막, 전쟁과 광산의 코볼드 신	LE	전쟁	노움 해골
티아마트, 악의 드래곤 여신	LE	기만	다섯개의 손톱자국과 용의 머리 모양
흐루게크, 폭력의 버그베어 신	CE	전쟁	모닝스타

판타지-역사 만신전

켈트 이집트, 그리스, 북유럽 신화의 만신전들은 우리가 살아가는 세상의 고대를 배경으로 역사적 종교를 만들고자 할 때 유용합니다. 이 만신전에는 D&D 게임에도 충분히 사용할 수 있는 신들이 많이 있으며, 실제 세상의 역사적 맥락에서 분리해서 게임에 사용해도 충분히 어울릴 것입니다.

켈트 신화

세상 모든 영혼 속에는 무언가 야생의 힘이 숨어 있다고 합니다. 밤하늘을 날아다니는 거위 떼의 울음, 소나무 사이로 들려오는 바람의 속삭임, 떡갈나무 위에서 자라는 붉은 겨우살이, 바로 이런 곳들이 켈트 신들이 거하는 곳입니다. 이들은 개울과 샘에서 솟아나 떡갈나무의 힘을 지니며 숲과 넓은 언덕의 아름다움을 드러냅니다. 최초의 숲사람이 나무 얼굴에 이름을 붙이고 시냇물의 목소리를 들었을 때부터, 이 신들은 그곳에 있었습니다.

켈트 신들은 자연과 깊게 연관되어 있기 때문에 클레릭 뿐 아니라 드루이드들에게도 많은 숭배를 받습니다.

그리스 신화

올림푸스의 신들은 해안에 밀려오는 부드러운 파도와 구름 너머 산봉우리에서 내려치는 천둥의 양면을 지니고 있습니다. 멧돼지가 들끓는 깊은 숲속과 올리브가 자라는 언덕의 모습이 이들이 지나쳐 갔음을 알려줍니다. 이들은 자연의 모든 측면을 반영하고 있으며, 사람들의 마음속에도 자신들이 깃들 자리를 마련했습니다.

이집트 신화

이 신들은 고대의 신성한 일가로 이루어진 왕조의 일원이며, 우주를 다스리고 마아트(Ma'at)의 신성한 법칙, 즉 신들과 필멸의 파라오, 보통 남녀들을 우주 속에서 제자리에 있게 만드는 진실, 정의, 법, 질서의 법칙을 수호하는 이들입니다.

이집트 만신전은 죽음을 다루는 신들이 성향에 따라 셋으로 나누어진 특이한 구조를 지니고 있습니다. 아누비스는 내세를 다루는 질서 중립 신이며, 죽은 자들의 영혼을 심판합니다. 세트는 살인의 혼돈 악 신이며, 그의 형제 오시리스를 죽인 것으로 널리 알려져 있습니다. 그리고 네프티스는 비탄의 혼돈 선 여신입니다. 그러므로 대부분의 죽음 권역 클레릭들은 악역 캐릭터들인 경우가 많지만, 아누비스나 네프티스를 믿는 경우 꼭 악 성향이 아니어도 됩니다.

북유럽 신화

눈덮인 언덕과 얼음투성이 피요르드 아래, 해안에 롱보트를 대고 봄과 가을마다 빙하가 내려오는 곳. 이곳이 바이킹들의 땅이며, 북유럽 신들의 고향입니다. 거친 삶을 살아가는 곳들이니 신들의 성향 역시 거칠게 나타납니다. 이 땅의 전사들은 살아남기 위해 가혹한 환경에 적응해야 했지만, 그 환경 때문에 많이 비틀리진 않았습니다. 식량과 재산을 얻기 위해 약탈해야 했던 것을 생각해

보면, 그들이 그렇게 살아남은 것은 놀라운 일입니다. 신들의 힘은 전사들을 이끄는 강한 지도력과 결단력 있는 행동을 비춰줍니다. 그러므로, 그들은 강의 굽이굽이에서, 내리치는 천둥소리에서, 무너지는 빙하의 굉음에서, 타오르는 롱하우스의 연기 속에서 그들이 숭배하는 신의 모습을 찾았습니다.

북유럽 신들은 크게 두 개의 주요한 가문으로 나누어집니다. 에시르 신족(전쟁과 운명의 신들)과 바니르 신족(풍요와 번영의 신들)이 이 두 가문입니다. 이들은 한때 적이었으나, 이제는 공통의 적인 거인들 (수르트나 스림 같은 거인의 신들)에 맞서 연합을 맺었습니다. 그레이호크의 신들처럼, 서로 다른 가문에 속해 있는 탓에 권역이 겹치는 경우도 존재합니다. 예를 들어 바니르 신족의 프레이와 에시르 신족의 오두르는 둘 다 태양과 연관되어 있습니다.

켈트 신들

신	성향	연관 권역	상징
다그다, 날씨와 곡식의 신	CG	자연, 기만	부글거리는 가마솥 혹은 방패
고이브니우, 대장장이와 치료의 신	NG	지식, 자연	검 위의 거대 망치
누아다, 전쟁과 전사들의 신	N	전쟁	검은 배경 위의 은빛 손
듀나티스, 산과 봉우리의 신	N	자연	산봉우리 뒤로 떠오르는 붉은 태양
디안세트, 의술과 치료의 신	LG	생명	교차된 떡갈나무와 겨우살이 가지
루, 예술, 여행, 상업의 신	CN	지식, 자연	긴 손 한 쌍
마나난 맥 리르, 바다와 해양생물의 신	LN	자연, 폭풍	녹색 위의 하얀 파도
마스 마소니, 마법의 신	NE	지식	지팡이
모리건, 전투의 여신	CE	전쟁	교차한 두 개의 창
벨레누스, 태양, 빛, 온기의 신	NG	광휘	태양 원반과 고인돌
브리간티아, 강과 가축의 여신	NG	생명	인도교
실바누스, 자연과 숲의 신	N	자연	여름의 떡갈나무
아라운, 삶과 죽음의 신	NE	생명, 죽음	회색 배경 위의 검은 별
오그마, 글과 말의 신	NG	지식	말려 있는 두루마리

그리스 신들

신	성향	연관 권역	상징
제우스, 하늘의 신, 신들의 지배자	N	폭풍	번개를 움켜쥔 주먹
니케, 승리의 여신	LN	전쟁	날개 달린 여인
데메테르, 농경의 여신	NG	생명	말의 머리
디오니소스, 술과 환락의 신	CN	생명	티르수스 (솔방울로 장식된 지팡이)
아레스, 전쟁과 투쟁의 신	CE	전쟁	창
아르테미스, 사냥과 탄생의 여신	NG	생명, 자연	달의 원반 위 활과 화살
아테나, 지혜와 문명의 여신	LG	지식, 전쟁	올빼미
아폴로, 빛, 음악, 치료의 신	CG	지식, 생명, 광휘	리르
아프로디테, 미와 사랑의 여신	CG	광휘	바다의 조개껍질
티케, 행운의 여신	N	기만	붉은 오망성
판, 자연의 신	CN	자연	스링스 (팬 파이프)
포세이돈, 바다와 지진의 신	CN	폭풍	삼지창
하데스, 저승의 신	LE	죽음	검은 염소
헤라, 결혼과 모략의 여신	CN	기만	공작 깃털의 부채
헤라클레스, 힘과 모험의 신	CG	폭풍, 전쟁	사자의 머리
헤르메스, 여행과 상업의 신	CG	기만	카두세우스 (뱀이 감긴 날개 달린 지팡이)
헤스티아, 가정과 가족의 여신	NG	생명	화덕
헤카테, 마법과 달의 여신	CE	지식, 기만	지는 달
헤파이스토스, 대장장이와 기술의 신	NG	지식	망치와 모루

이집트 신들

신	성향	연관 권역	상징
라 호라프티, 태양의 신, 신들의 지배자	LG	생명, 광휘	태양의 원반을 둘러싼 뱀
네프티스, 죽음과 비탄의 여신	CG	죽음	달의 원반을 둘러싼 뿔
바스트, 고양이와 복수의 여신	CG	전쟁	고양이
베스, 행운과 음악의 신	CN	기만	기이한 신상 모형
세트, 어둠과 모래 폭풍의 신	CE	죽음, 폭풍, 기만	똬리를 튼 코브라
소벡, 물과 악어의 신	LE	자연, 폭풍	뿔과 깃털이 달린 악어
아누비스, 심판과 죽음의 신	LN	죽음	검은 재칼
아펩, 악과 화염, 뱀의 신	NE	기만	불타는 뱀
오시리스, 자연과 내세의 신	LG	생명, 자연	갈고리와 도리깨
이모텝, 공예와 의학의 신	NG	지식	초원 위의 피라미드
이시스, 풍요와 마법의 여신	NG	지식, 생명	앙크 십자와 별
토트, 지식과 지혜의 신	N	지식	왜가리
프타, 공예와 지식, 비밀의 신	LN	지식	황소
하토르, 사랑과 음악, 모성의 여신	NG	생명, 광휘	달의 원반 위의 뿔난 소의 머리 모양

북유럽 신들

신	성향	연관 권역	상징
오딘, 지식과 전쟁의 신	NG	지식, 전쟁	감시하는 푸른 눈
뇨르드, 바다와 바람의 신	NG	자연, 폭풍	금화
로키, 도둑과 기만의 신	CE	기만	화염
발두르, 아름다움과 시의 신	NG	생명, 광휘	보석이 박힌 은제 잔
수르트, 화염 거인과 전쟁의 신	LE	전쟁	불타는 검
스림, 서리 거인과 냉기의 신	CE	전쟁	하얀 양날도끼
스카디, 대지와 산의 여신	N	자연	산봉우리
시프, 전쟁의 여신	CG	전쟁	위로 치켜 올린 검
에기르, 바다와 폭풍의 신	NE	폭풍	거친 바다의 파도
오두르, 빛과 태양의 신	CG	광휘	태양의 원반
울러, 사냥과 겨울의 신	CN	자연	장궁
토르, 폭풍과 번개의 신	CG	폭풍, 전쟁	망치
티르, 용기와 전략의 신	LN	지식, 전쟁	검
포르세티, 정의 와 법의 신	N	광휘	수염난 남자의 머리
프레이, 풍요와 태양의 신	NG	생명, 광휘	얼음같이 푸른 대검
프레이야, 풍요와 사랑의 여신	NG	생명	매
프리가, 탄생과 풍요의 여신	N	생명, 광휘	고양이
헤르모드, 행운의 신	CN	기만	날개 달린 두루마리
헤임달, 감시와 충성의 신	LG	광휘, 전쟁	굽어 있는 뿔나팔
헬, 저승의 여신	NE	죽음	절반은 썩어 있는 여자의 얼굴

부록C: 존재의 세계들

놀**랄**만큼 방대한 던전즈&드래곤즈Dungeons & Dragons 게임의 우주 속에는 무수한 현실의 변형 차원들이나 여러 세계들이 존재하며, 이들을 존재의 세계들(Planes of Existence)이라 부릅니다. 던전 마스터는 비교적 평범한 물질계를 포함해 이 모든 세계 속에서 모험을 만들어 낼 수 있습니다. 원형 그대로의 원소와 에너지로 이루어진 세계 너머 악마와 천사들의 고향인 순수한 사상과 철학의 세계들도 있으며, 이곳에서 신들이 거하고 있습니다.

많은 주문과 마법 물건은 이 세계들에서 힘을 끌어내며, 그곳의 존재들을 불러오고, 그 거주자들과 연락을 취하며, 모험자들이 그곳까지 여행할 수 있게 합니다. 당신의 캐릭터가 더 강력한 힘을 얻고 높은 레벨에 도달하면, 당신은 어비스의 끔찍한 심연 속에서 친구를 구하는 임무를 맡게 되거나, 이스가르드의 친근한 거인들과 술잔을 나누는 경험을 하게 될지도 모릅니다. 당신은 물질화된 불로 만들어진 거리 위를 걸을 수도 있고, 쓰러진 자들이 다음날 새벽이면 도로 일어나 다시 싸우는 영원한 전쟁에 참여할 수도 있습니다.

물질계 THE MATERIAL PLANE

물질계는 철학적 요소와 원소의 힘들이 모여드는 중심점이자 필멸의 삶과 모든 일상적인 일들이 일어나는 장소로서, 이계들을 구분하는 핵심이 됩니다. D&D의 모든 세계는 물질계 내에 있으며, 대부분의 캠페인과 모험은 물질계에서 시작합니다. 멀티버스의 나머지 부분들은 물질계와의 관계를 통해 정의됩니다.

물질계 속 세계들은 무한의 다양성을 지니고 있으며, DM의 창조적 상상력을 반영하고 있습니다. 물질계 속에서 플레이어들은 영웅적인 모험을 벌이게 됩니다. 물질계 속에는 마법으로 황폐화된 세계도 있고 대양 위에 섬들만 떠 있는 세계도 있으며, 마법과 발전된 기술이 융합한 곳이 있는가 하면 석기시대에 머물러 있는 곳도 있고, 신들이 여전히 거니는 곳이 있는가 하면 신들이 버리고 떠나버린 곳도 존재합니다.

긍정력계

외부 이계

부정력계

멀티버스 내에서 가장 널리 알려진 세계는 그레이호크, 블랙무어, 드래곤랜스, 포가튼 렐름즈, 미스타라, 버스라이트, 다크 선, 에버론 등등 D&D의 오랜 역사 속에 출판물로 등장했던 것들입니다. 이러한 세계들은 각각 자신들의 영웅적 모험자와 교활한 악당들을 지니고 있으며, 세계마다 고대의 폐허와 잃어버린 유물들이 있고, 저마다의 던전과 드래곤들을 지니고 있습니다. 하지만 당신의 캠페인이 이러한 세계 중 하나에서 시작하게 된다면, 그 세계는 출판된 형태에서 당신의 DM의 상상력을 더해 만들어지는 수많은 평행세계 중 하나로서 존재한다는 사실을 명심해야 합니다.

물질의 반향

물질계는 마법이 풍부한 곳이며, 그 마법적인 본성은 멀티버스의 중앙을 차지하는 다른 두 이계에도 반향을 남깁니다. 페이와일드와 섀도펠은 우주적 관점에서 동일한 장소에 서로 겹쳐 존재하는 평행 차원들이며, 물질계의 메아리 이계라거나 거울 이계라는 이름으로 알려져 있기도 합니다. 이 세계들의 지형은 물질계의 자연적인 모습을 그대로 닮아 있지만, 세부적인 부분들에서 차이를 보입니다. 페이와일드에서는 더 장엄하고 마법적인 모습이며, 섀도펠에서는 색채가 사라지고 비틀린 모습으로 나타납니다. 물질계에서 화산이 분출하는 곳을 페이와일드에서 보았다면 하늘을 뚫을 정도로 거대한 수정의 내부에서 불꽃이 타오르는 모습을 볼 수 있을 것이며, 섀도펠에서 보았다면 날카로운 바위투성이 산이 거대한 해골 형상을 한 모습을 보일 것입니다.

흔히 요정계라고도 알려진 **페이와일드**는 부드러운 빛과 환상의 땅으로, 거대한 욕망을 가진 작은 사람들이 살아가며 음악과 죽음이 충만한 땅입니다. 이 세계는 영원히 황혼 속에 있으며 느릿한 랜턴이 부드러운 바람에 흔들리고 거대한 반딧불이들이 언덕과 들판에 빛을 뿌리는 곳입니다. 하늘은 해 질 녘이나 해 뜰 녘의 빛으로 붉게 타오르지만, 실제로 해가 뜨거나 지지는 않습니다. 어스름을 드리며 그저 그곳에 영원히 있을 뿐입니다. 실리 궁정이 다스리는 정착지들 너머 머나먼 곳에는 날카로운 가시나무들과 끈적한 흙탕이 사냥감들을 노리는 언실리 궁정이 땅이 있습니다. 페이와일드에서 살아가는 요정 크리쳐들은 숲의 존재 소환 등과 같은 주문으로 물질계에 불러올 수 있습니다.

흔히 음영계라고도 알려진 **섀도펠**은 어두운 빛의 차원이며, 세상 만물이 흑백으로 존재하는 곳입니다. 이곳은 유독한 어둠이 만개한 곳이며 빛을 증오하고 하늘은 새까만 색으로 뒤덮여 해와 달도 별도 보이지 않습니다.

> **긍정력계와 부정력계**
>
> 다른 이계들 위를 뚜껑처럼 덮고 있는 **긍정력계**는 빛나는 힘의 원천이며 크고 작은 모든 살아있는 것들에게 활력을 주는 생명력의 근원입니다. 그 어두운 반향인 **부정력계**는 사령적 에너지의 근원이며 살아 있는 것을 파괴하고 언데드를 움직이는 힘이 나타나는 곳입니다.

물질계 너머

물질계를 벗어나면 신비와 신화가 살아 숨쉬는 다양한 존재의 세계들에 닿을 수 있습니다. 이들은 그저 단순히 다른 세계인 것이 아니라, 존재의 다른 형태를 보여주는 곳이며 일반적인 세계와는 다른 법칙이 지배하는 원소와 영적인 원칙의 땅입니다.

이계간 여행

모험자들이 다른 존재의 세계로 여행을 갈 때, 이들은 자신들의 사명을 완수하기 위해 존재 그 자체의 한계를 벗어나는 전설적인 여정을 떠나는 것입니다. 이러한 여행은 전설에서나 일어나는 과업입니다. 죽은 자들의 세계에 발을 들이거나, 신을 받들어 모시는 천상의 하인들을 찾거나, 이프리트들의 도시에서 흥정을 벌이는 일은 노래와 이야기로 만들어져 오랫동안 전해질 것입니다.

물질계를 넘어 이계로 향하는 여행은 두 가지 방법으로 이루어질 수 있습니다. 주문을 통한 것과 이계간 포탈을 이용하는 것입니다.

주문. 여러 가지 주문들이 직접적으로 다른 존재의 세계로 갈 수 있게 해 줍니다. *이계 전송Plane Shift*과 *관문Gate* 주문은 모험자들을 직접 다른 존재의 세계로 보내주지만, 그 정확도에는 상당한 차이가 있습니다. *에테르화Etherealness* 주문은 모험자들을 에테르계에 들어서게 해 주며, 그곳에 닿아있는 섀도펠이나 페이와일드 등의 세계에도 갈 수 있게 해 줍니다. 그리고 *아스트랄체 투영Astral Projection* 주문은 모험자들을 아스트랄계에 투영해 주며, 이를 통해 외부 이계로 갈 수 있습니다.

포탈. 포탈이란 세계의 한 장소에서 다른 특정한 장소로 계속 오갈 수 있는 고정적인 이계간 연결을 통칭하는 말입니다. 몇몇 포탈은 문처럼 생겼고, 어떤 것들은 창문처럼 생겼거나 그저 안개로 가득 찬 길처럼 보이기도 합니다. 이런 포탈은 들어서는 것만으로도 간단히 이계간 이동이 가능합니다. 다른 것들은 특정한 장소에 만들어지기도 합니다. 선돌이 원으로 늘어선 곳이라거나 높이 솟아오른 탑, 항해 중인 배, 심지어는 하나의 마을 전체가 포탈인 경우도 있으며, 이런 지역들은 여러 세계에서 잠깐 동시에 존재하다가 그중 어느 한 곳으로 옮겨가곤 합니다. 어떤 경우는 소용돌이 모습을 띠기도 하며, 이런 것은 주로 에테르계에서 볼 수 있지만, 물질계에서 나타나기도 합니다. 화산의 심장(불의 원소계로 향하는)이라거나 바다의 심연(물의 원소계로 향하는)에서 이러한 포탈이 나타납니다.

전이계 TRANSITIVE PLANES

에테르계와 아스트랄계를 함께 전이계라고 부릅니다. 이 세계들은 그 자체만의 특성이 희박하며, 주로 이곳을 통해 다른 이계로 오가는 여행의 통로로 사용되곤 합니다. *에테르화Etherealness*나 *아스트랄체 투영Astral Projection* 같은 주문을 사용하면 캐릭터들은 이 세계에 들어서 더 멀리 떨어진 이계로 향할 수 있습니다.

에테르계는 안개로 가득 찬 차원으로 가끔 거대한 바다처럼 묘사될 때가 있습니다. 그 해안에 속하는 부분은 변경 에테르계라고 부르며, 물질계와 내부 이계에 접해 있습니다. 변경 에테르계의 모든 부분은 그에 상응하는 물질계나 내부 이계의 장소들을 지니고 있습니다. 어떤 크리쳐들은 변경 에테르계의 존재들을 감지하는 능력을 지니고 있으며, *투명체 감지See Invisibility* 혹은 *진시야True Seeing* 따위의 주문을 사용하면 그런 능력을 얻을 수도 있습니다. 몇몇 마법적 효과들은 물질계와 변경 에테르계에 동시에 영향을 주기도 합니다. 특히 역장 우리*Forcecage*나 역장의 벽*Wall of Force* 등과 같은 역장 에너지를 이용하는 주문들이 이러한 특성을 지니고 있습니다. 해안을 떠나 더 깊은 곳에는 심층 에테르계가 존재하며, 이곳은 소용돌이치는 안개와 색색의 연무가 존재하는 곳입니다.

아스트랄계는 생각과 꿈의 세계로, 그 방문자들은 몸에서 벗어나 영혼의 형태로 신들과 악마들이 거니는 다른 세계로 여행할 수 있습니다. 아스트랄계는 거대한 은빛의 바다로 묘사되며, 위와 아래가 같고, 소용돌이치는 은백색의 흐름과 멀리 떨어진 별처럼 보이는 빛무리가 나타나는 곳입니다. 다양한 색의 회오리가 마치 회전하는 동전처럼 허공에서 빛나고 있습니다. 가끔 단단한 물질이 이곳에 들어오는 경우도 있지만, 아스트랄계의 대부분은 끝없이 펼쳐진 거대한 무의 영역입니다.

내부 이계 INNER PLANES

내부 이계는 물질계와 그 메아리 세계들을 감싸고 있는 곳으로, 순수한 원소의 물질과 힘을 이 세계들에 흘려 넣는 역할을 합니다. 대기, 대지, 화염, 물의 네 **원소계**는 물질계를 둘러싸고 있으며, 그 사이에는 휘몰아치는 태초의 혼돈(Elemental Chaos)이 있습니다.

원소계의 가장 안쪽 변경은 물질계에 닿아 있는 부분이며, (안쪽이라거나 닿아있다는 말은 실제 지리적 구조보다는 관념적으로 해석해야 합니다.) 여기서 원소계는 물질계와 유사한 모습으로 나타납니다. 네 원소들은 서로 함께 모여들어 물질계의 대지와 바다, 하늘을 만들어 냅니다. 하지만 물질계에서 멀리 떨어진 원소계의 깊은 부분은 기이하고 적대적입니다. 이곳에서 원소들은 그 가장 순수한 형태로 존재합니다. 단단한 대지, 타오르는 불, 수정처럼 맑은 물, 오염되지 않은 공기의 세계인 것입니다. 이 세계들은 거의 알려지지 않았기에, 누군가가 불의 원소계에 관해 이야기할 때는 그저 물질계에 가까운 변경만을 뜻하는 경우가 많습니다. 내부 이계 중에서 가장 깊은 곳에 내려가려면 순수한 원소들조차 녹아내리고 서로 뒤섞이며 수많은 물질과 에너지가 서로 충돌하여 만들어지는 태초의 혼돈으로 향하게 됩니다.

외부 이계 OUTER PLANES

내부 이계가 멀티버스를 구성하는 순수한 물질과 에너지의 세계라고 한다면, 외부 이계는 그 방향과 사상, 목적을 만들어내는 곳입니다. 따라서 많은 학자는 외부 이계를 신성계나 영계, 혹은 신들의 세상이라 부르며, 실제로 외부 이계는 여러 신들이 거하는 곳으로 알려져 있습니다.

신들에 관해 이야기할 때는 늘 그러하듯, 모든 것이 은유가 되기 마련입니다. 신들이 거하는 곳은 말 그대로 어떤 "장소"가 아니며, 외부 이계는 사상과 영혼이 있는 세계이기 때문입니다. 원소계들과 마찬가지로 사람들이 인지할 수 있는 외부 이계는 그저 물질계와 가까운 변경 지역일 뿐이며, 순수한 영적 세계는 오감으로 인지할 수 있는 경험 밖에 존재합니다.

인지할 수 있는 지역만 보더라도, 보이는 것과 실제는 다를 수 있습니다. 기본적으로 외부 이계 상당수는 물질계의 구성원들에게 호의적이며 친숙한 모습을 띠고 있습니다. 하지만 외부 이계의 지평은 강력한 존재의 의지만으로 그 모습을 변화시키곤 합니다. 신들처럼 강력한 존재의 힘은 세계의 모습을 근본부터 변화시킬 수 있으며, 아예 모든 것을 지우고 자신들의 필요에 따라 새로운 모습을 얼마든 만들어 낼 수 있습니다.

외부 이계에서 거리는 거의 의미가 없는 개념입니다. 인지 가능한 지역에서조차 짧게 보이는 거리가 무한으로 늘어나는 일이 가능합니다. 지옥의 권세가 그렇게 하고자 한다면 구층지옥을 1층부터 9층까지 하루 만에 관광하는 일도 가능하지만, 원치 않는다면 몇주가 걸려도 한 층조차 제대로 돌아다닐 수 없습니다.

가장 널리 알려진 외부 이계들은 (중립을 제외하고) 8종의 성향과 그 사이의 간극들로 이루어진 16개의 세계입니다.

외부 이계

신	성향
셀레스티아 산의 일곱 천국	LG
바이토피아의 쌍둥이 낙원	NG, LG
엘리시움의 축복받은 들판	NG
비스트랜드의 야생	NG, CG
아보리아의 올림피아 평원	CG
이스가르드의 영웅 영역	CN, CG
림보의 끝없이 변하는 혼돈	CN
판데모니움의 바람이 몰아치는 심연	CN, CE
어비스의 끝없는 계층	CE
카르케리의 타르타로스 심연	NE, CE
하데스의 회색 황야	NE
게헨나의 음울한 영원	NE, LE
구층지옥의 바아터	LE
아케론의 영원한 전장	LN, LE
메카누스의 태엽 열반	LN
아카디아의 평화로운 왕국	LN, LG

본성에 선 성향을 포함한 세계들은 흔히 **천상계**라고 부르며, 천사나 페가수스 같은 천상체들이 이곳에 살고 있습니다. 한편 일종의 악 성향을 지닌 세계들은 **하계**라고 부릅니다. 데몬, 데빌, 유골로스 같은 악마들이 하계에서 살아갑니다. 세계의 성향은 그 정수이며, 해당 세계와 맞지 않은 성향을 지닌 캐릭터가 들어서면 부정적인 반향을 겪게 됩니다. 예를 들어선 선 성향의 캐릭터가 엘리시움에 들어선 경우 세계와 조율된 것 같은 기분을 느끼겠지만, 악 성향의 크리처가 들어섰다면 무언가 맞지 않는 느낌에 더해 상당한 불편함과 불쾌감을 느낄 것입니다.

기타 이계들

존재의 여러 세계 중에서 소개된 것들 사이나 너머에 있는 다양한 세계들을 소개합니다.

시길과 아웃랜드

아웃랜드는 흔히 외부 이계들 사이에 존재한다고 하며, 영원한 중립의 이계입니다. 하지만 중립이라고 아무것도 없다는 게 아니니, 오히려 모든 것이 조금씩 포함되어 있고 그 결과 서로 반대되는 것들이 계속 섞여 들어가는 역설적인 균형을 이루고 있는 곳입니다. 이곳은 수없이 다양한 지형이 존재합니다. 넓은 평야가 있는가 하면 깎아지른 산도 있고, 소용돌이치는 얕은 강도 있습니다. 여러 면에서 물질계의 보통 세계를 떠올리게 하는 바가 많습니다.

아웃랜드는 마치 거대한 바퀴처럼 원형이라고 여겨집니다. 사실, 많은 사람은 다른 외부 이계들이 아웃랜드를 바퀴의 중심축으로 둔 끄트머리들에 위치한다고 믿고 있으며, 이것으로 여러 세계

들 간의 우주론을 설명합니다. 하지만 이 논쟁은 공회전할 수밖에 없는 것이, 애초에 아웃랜드 자체가 거대한 바퀴의 모습에서 영감을 얻어 만들어진 것일 수도 있기 때문입니다.

이 원의 가장자리에는 흔히 **관문마을**로 알려진 16개의 정착지가 존재하며, 각각의 마을에는 외부 이계로 통하는 포탈이 있습니다. 이 마을들은 자신들이 연결된 외부 이계와 상당히 많은 특성을 공유하는 편입니다.

아웃랜드 중앙에는 마치 바퀴의 축과 같이 하늘을 뚫을 듯 치솟아 오른 거대한 첨탑이 있습니다. 그리고 이 가느다란 꼭대기 위에 고리 모양의 도시인 시길, 문의 도시가 존재합니다. 이 북적이는 이계간 대도시에는 다른 세계들로 이어지는 수없이 많은 포탈이 존재합니다.

시길은 무역상들의 도시이기도 합니다. 상품과 제품, 다양한 정보들이 세계와 세계를 거쳐 돌아다닙니다. 여러 세계에 대한 다양한 정보들이 거래되며, 특정한 포탈을 운용하기 위한 명령어나 물건들도 오가곤 합니다. 이 포탈의 열쇠는 비싼 값에 팔리곤 하며, 도시 내의 많은 여행자는 자신의 여정을 계속하기 위한 포탈이나 그 열쇠를 찾기 위해 애쓰고 있습니다.

데미플레인 DEMIPLANE

데미플레인(창조된 유사세계)은 그 자체만의 독특한 규칙을 가진 작은 외차원 공간입니다. 이들은 다른 어디에도 맞지 않는 현실의 일부입니다. 데미플레인은 다양한 형태로 나타납니다. 어떤 것들은 데미플레인 주문의 결과로 창조되기도 하며, 어떤 것들은 강력한 신이나 다른 권세에 의해 만들어지기도 합니다. 이들은 멀티버스의 어느 한구석에 자연스레 만들어지는 경우도 있으며, 어쩌면 그 자체가 점점 자라나고 있는 아기 우주일 수도 있습니다. 데미플레인은 다른 이계와 접해 있는 한 부분을 통해 들어갈 수 있습니다. 이론적으로 말하자면 *이계 전송Plane Shift* 주문은 여행자들을 데미플레인으로 보낼 수도 있지만, 데미플레인에 맞도록 소리굽쇠를 조율하는 일 자체가 극도로 어려운 것입니다. *관문Gate* 주문을 사용할 경우, 시전자가 목적지를 알고 있다는 전제 하에서는 보다 안전하게 데미플레인으로 향할 수 있습니다.

파 렐름 THE FAR REALM

파 렐름(머나먼 세계)은 알려진 멀티버스 밖에 존재하는 곳입니다. 사실, 어쩌면 파 렐름은 완전히 이질적인 물리적 마법적 법칙이 존재하는 또 다른 멀티버스일 수도 있습니다. 파 렐름의 기이한 힘이 다른 세계에 흘러들게 되면, 생명과 물체는 뒤틀려 본래의 생물학이나 물리학에 맞지 않는 이질적인 모습으로 변하고 맙니다.

파 렐름에서 흘러나온 존재들은 일반적인 정신이 받아들이기엔 너무나 이질적인 존재들이라 정신적인 피해를 입게 됩니다. 광기로 가득찬 허무 속을 헤엄치는 거대한 존재들. 겁없이 들으려는 자들에게 끔찍한 진실을 계속 속삭이는 형언할 수 없는 공포의 존재들이 바로 그런 것들입니다. 필멸자들에게 있어 파 렐름의 지식은 물질과 공간, 심지어 이성을 부정하는 정신력의 승리입니다.

파 렐름으로 향하는 포탈은 알려진 것이 없으며, 최소한 지금 작동하는 것은 하나도 없습니다. 고대의 엘프들은 한때 수억의 한계를 넘어 파이어스톰 봉우리라는 산에서 파 렐름으로 향하는 거대한 포탈을 열었다고 하지만, 그들의 문명은 피의 공포로 인해 몰락하였고 포탈의 위치는 심지어 그 후예들에게조차 오래전에 잊혀졌습니다. 다른 포탈들이 여전히 존재할지는 모르지만, 그 근처에는 새어 나오는 이질적인 힘이 물질계를 왜곡하고 있을 것입니다.

부록 D: 크리쳐 자료

주 문이나 클래스 요소를 사용하면 캐릭터들은 동물로 변신하거나 다른 크리쳐들을 소환해 패밀리어로 부릴 수 있고, 언데드를 창조할 수도 있습니다. 편의를 위해 이러한 크리쳐들의 게임적 자료를 이 부록에 모아 놓았습니다. 자료 상자를 읽는 방법에 대한 정보는 몬스터 매뉴얼(Monster Manual)을 참조하십시오.

갈색 곰 BROWN BEAR

대형 야수, 성향 없음

방어도 11 (자연 갑옷)
히트 포인트 34 (4d10+12)
이동속도 40ft 등반 30ft

근력	민첩	건강	지능	지혜	매력
19 (+4)	10 (+0)	16 (+3)	2 (-4)	13 (+1)	7 (-2)

기술 감지 +3
감각능력 상시 감지 13
언어 —
도전지수 1 (200xp)

예리한 후각. 곰은 후각에 관계된 지혜(감지) 판정에 이점을 받습니다.

행동

다중공격. 곰은 물기 1회, 할퀴기 1회 씩 2번의 공격을 가합니다.

물기. 근접 무기 공격: +6 명중, 5ft 간격, 목표 하나. 명중시: 8(1d8+4) 점의 관통 피해.

할퀴기. 근접 무기 공격: +6 명중, 5ft 간격, 목표 하나. 명중시: 11(2d6+4) 점의 참격 피해.

개구리 FROG

초소형 야수, 성향 없음

방어도 11
히트 포인트 1 (1d4-1)
이동속도 20ft 수영 20ft

근력	민첩	건강	지능	지혜	매력
1 (-5)	13 (+1)	8 (-1)	1 (-5)	8 (-1)	3 (-4)

기술 감지 +1, 은신 +3
감각능력 암시야 30ft 상시 감지 11
언어 —
도전지수 0 (0xp)

수륙양용. 개구리는 수중과 지상에서 모두 호흡이 가능합니다.

제자리 뛰기. 개구리는 도움닫기를 하지 않고도 10ft 너비, 5ft 높이까지 도약할 수 있습니다.

거대 거미 GIANT SPIDER

대형 야수, 성향 없음

방어도 14 (자연 갑옷)
히트 포인트 26 (4d10+4)
이동속도 30ft 등반 30ft

근력	민첩	건강	지능	지혜	매력
14 (+2)	16 (+3)	12 (+1)	2 (-4)	11 (+0)	4 (-3)

기술 은신 +7
감각능력 맹안시야 10ft 암시야 60ft 상시 감지 10
언어 —
도전지수 1 (200xp)

거미 등반. 거미는 능력 판정 없이 어려운 표면을 포함해 벽이나 천장을 등반할 수 있습니다.

거미줄 감각. 거미는 거미줄에 접촉해 있을 때, 그 거미줄에 접촉해 있는 다른 크리쳐들의 위치를 정확히 알 수 있습니다.

거미줄 걷기. 거미는 거미줄로 인한 이동 제한을 무시합니다.

행동

물기. 근접 무기 공격: +5 명중, 5ft 간격, 크리쳐 하나. 명중시: 7(1d8+3) 점의 관통 피해, 목표는 DC 11의 건강 내성에 실패할 시 9(2d8)점의 독성 피해를 받습니다. 성공하면 피해는 절반으로 줄어듭니다. 이 독성 피해로 목표의 hp가 0 이하로 내려가면 목표는 즉시 안정화되지만 대신 중독 상태가 되며, 이렇게 중독된 동안 마비 상태에도 빠집니다. hp를 회복해도 중독 상태가 회복되지는 않습니다.

거미줄 (재충전 5-6). 장거리 무기 공격: +5 명중, 사거리 30/60ft 크리쳐 하나, 명중시: 목표는 거미줄로 포박 상태가 됩니다. 포박된 목표는 행동을 사용해 DC 12의 근력 판정에 성공할 시 거미줄을 찢고 나올 수 있습니다. 거미줄은 공격해 파괴할 수도 있습니다. (AC 10, hp 5, 화염 피해에 취약성. 타격, 독성, 정신 피해에 면역)

거대 독수리 GIANT EAGLE

대형 야수, 중립 선

방어도 13
히트 포인트 26 (4d10+4)
이동속도 10ft 비행시 80ft

근력	민첩	건강	지능	지혜	매력
16 (+3)	17 (+3)	13 (+1)	8 (-1)	14 (+2)	10 (+0)

기술 감지 +4
감각능력 상시 감지 14
언어 거대 독수리어. 공용어를 이해하지만 말할 수는 없습니다
도전지수 1 (200xp)

예리한 시각. 독수리는 시각에 관계된 지혜(감지) 판정에 이점을 받습니다.

행동

다중공격. 독수리는 부리 1회, 발톱 1회 씩 2회의 공격을 가합니다.

부리. 근접 무기 공격: +5 명중, 5ft 간격, 목표 하나. 명중시: 6(1d6+3) 점의 관통 피해.

발톱. 근접 무기 공격: +5 명중, 5ft 간격, 목표 하나. 명중시: 10(2d6+3) 점의 참격 피해.

검은 곰 BLACK BEAR

중형 야수, 성향 없음

방어도 11 (자연 갑옷)
히트 포인트 19 (3d8+6)
이동속도 40ft 등반 30ft

근력	민첩	건강	지능	지혜	매력
15 (+2)	10 (+0)	14 (+2)	2 (-4)	12 (+1)	7 (-2)

기술 감지 +3
감각능력 상시 감지 13
언어 —
도전지수 1/2 (100xp)

예리한 후각. 곰은 후각에 관계된 지혜(감지) 판정에 이점을 받습니다.

행동

다중공격. 곰은 물기 1회 할퀴기 1회씩 2번의 공격을 가합니다.

물기. *근접 무기 공격:* +4 명중, 5ft 간격, 목표 하나. *명중시:* 5(1d6+2) 점의 관통 피해.

할퀴기. *근접 무기 공격:* +4 명중, 5ft 간격, 목표 하나. *명중시:* 7(2d4+2) 점의 참격 피해.

고양이 CAT

초소형 야수, 성향 없음

방어도 12
히트 포인트 2 (1d4)
이동속도 40ft 등반 30ft

근력	민첩	건강	지능	지혜	매력
3 (-4)	15 (+2)	10 (+0)	3 (-4)	12 (+1)	7 (-2)

기술 감지 +3, 은신 +4
감각능력 상시 감지 13
언어 —
도전지수 0 (10xp)

예리한 후각. 고양이는 후각에 관계된 지혜(감지) 판정에 이점을 받습니다.

행동

발톱. *근접 무기 공격:* +0 명중, 5ft 간격, 목표 하나. *명중시:* 1점의 참격 피해.

구렁이류 뱀 CONSTRICTOR SNAKE

대형 야수, 성향 없음

방어도 12
히트 포인트 13 (2d10+2)
이동속도 30ft 수영 30ft

근력	민첩	건강	지능	지혜	매력
15 (+2)	14 (+2)	12 (+1)	1 (-5)	10 (+0)	3 (-4)

감각능력 맹안시야 10ft 상시 감지 10
언어 —
도전지수 1/4 (50xp)

행동

물기. *근접 무기 공격:* +4 명중, 5ft 간격, 목표 하나. *명중시:* 5(1d6+2) 점의 관통 피해.

조이기. *근접 무기 공격:* +4 명중, 5ft 간격, 목표 하나. *명중시:* 6(1d8+2) 점의 타격 피해. 목표는 붙잡힙니다. (탈출 DC 14) 붙잡힌 크리쳐는 포박 상태이며, 이렇게 붙잡고 있는 동안 뱀은 다른 목표에게 조이기 공격을 가할 수 없습니다.

까마귀 RAVEN

초소형 야수, 성향 없음

방어도 12
히트 포인트 1 (1d4-1)
이동속도 10ft 비행시 50ft

근력	민첩	건강	지능	지혜	매력
2 (-4)	14 (+2)	8 (-1)	2 (-4)	12 (+1)	6 (-2)

기술 감지 +3
감각능력 상시 감지 13
언어 —
도전지수 0 (10xp)

흉내내기. 까마귀는 사람이 속삭이는 소리나 아기 울음소리, 동물 소리 등 자신이 들었던 간단한 소리를 흉내낼 수 있습니다. 이 소리를 들은 크리쳐는 DC 10의 지혜(통찰) 판정에 성공해야 가짜임을 알아차릴 수 있습니다.

행동

부리. *근접 무기 공격:* +4 명중, 5ft 간격, 목표 하나. *명중시:* 1점의 관통 피해.

노새 MULE

중형 야수, 성향 없음

방어도 10
히트 포인트 11 (2d8+2)
이동속도 40ft

근력	민첩	건강	지능	지혜	매력
14 (+2)	10 (+0)	13 (+1)	2 (-4)	10 (+0)	5 (-3)

감각능력 상시 감지 10
언어 —
도전지수 1/8 (25xp)

짐꾼 짐승. 노새는 적재량을 판정할 때 대형 크기로 취급합니다.

안정된 자세. 노새가 넘어지게 만드는 효과에 대한 근력과 민첩 내성에 이점을 받습니다.

행동

발굽. 근접 무기 공격: +2 명중, 5ft 간격, 목표 하나. 명중시: 4(1d4+2)점의 타격 피해.

늑대 WOLF

중형 야수, 성향 없음

방어도 13 (자연 갑옷)
히트 포인트 11 (2d8+2)
이동속도 40ft

근력	민첩	건강	지능	지혜	매력
12 (+1)	15 (+2)	12 (+1)	3 (-4)	12 (+1)	6 (-2)

기술 감지 +3, 은신 +4
감각능력 상시 감지 13
언어 —
도전지수 1/4 (50xp)

예리한 청각과 후각. 늑대는 청각과 후각에 관계된 지혜(감지) 판정에 이점을 받습니다.

무리 전술. 늑대는 공격하려는 목표 주변 5ft 내에 행동불능 상태가 아닌 늑대의 동료가 있다면, 명중 굴림에 이점을 받습니다.

행동

물기. 근접 무기 공격: +4 명중, 5ft 간격, 목표 하나. 명중시: 7(2d4+2)점의 관통 피해. 목표가 크리쳐라면 DC 11의 근력 내성에 실패할 시 넘어집니다.

다이어 울프 DIRE WOLF

대형 야수, 성향 없음

방어도 14 (자연 갑옷)
히트 포인트 37 (5d10+10)
이동속도 50ft

근력	민첩	건강	지능	지혜	매력
17 (+3)	15 (+2)	15 (+2)	3 (-4)	12 (+1)	7 (-2)

기술 감지 +3, 은신 +4
감각능력 상시 감지 13
언어 —
도전지수 1 (200xp)

예리한 청각과 후각. 늑대는 청각과 후각에 관계된 지혜(감지) 판정에 이점을 받습니다.

무리 전술. 늑대는 공격하려는 목표 주변 5ft 내에 행동불능 상태가 아닌 늑대의 동료가 있다면, 명중 굴림에 이점을 받습니다.

행동

물기. 근접 무기 공격: +5 명중, 5ft 간격, 목표 하나. 명중시: 10(2d6+3)점의 관통 피해. 목표가 크리쳐라면 DC 13의 근력 내성에 실패할 시 넘어집니다.

독사 POISONOUS SNAKE

초소형 야수, 성향 없음

방어도 13
히트 포인트 2 (1d4)
이동속도 30ft 수영 30ft

근력	민첩	건강	지능	지혜	매력
2 (-4)	16 (+3)	11 (+0)	1 (-5)	10 (+0)	3 (-4)

감각능력 맹안시야 10ft 상시 감지 10
언어 —
도전지수 1/8 (25xp)

행동

물기. 근접 무기 공격: +5 명중, 5ft 간격, 목표 하나. 명중시: 1점의 관통 피해, 목표는 DC 10의 건강 내성에 실패할 시 5(2d4)점의 독성 피해를 받습니다. 내성에 성공하면 피해는 절반으로 줄어듭니다.

마스티프 Mastiff

중형 야수, 성향 없음

방어도 12
히트 포인트 5 (1d8+1)
이동속도 40ft

근력	민첩	건강	지능	지혜	매력
13 (+1)	14 (+2)	12 (+1)	3 (-4)	12 (+1)	7 (-2)

기술 감지 +3
감각능력 상시 감지 13
언어 —
도전지수 1/8 (25xp)

예리한 청각과 후각. 마스티프는 청각과 후각에 관계된 지혜(감지) 판정에 이점을 받습니다.

행동

물기. 근접 무기 공격: +3 명중, 5ft 간격, 목표 하나. 명중시: 4(1d6+1)점의 관통 피해. 목표가 크리쳐라면 DC 11의 근력 내성에 실패할 시 넘어집니다.

매 (솔개) Hawk (Falcon)

초소형 야수, 성향 없음.

방어도 13
히트 포인트 1 (1d4-1)
이동속도 10ft 비행시 60ft

근력	민첩	건강	지능	지혜	매력
5 (-3)	16 (+3)	8 (-1)	2 (-4)	14 (+2)	6 (-2)

기술 감지 +4
감각능력 상시 감지 14
언어 —
도전지수 0 (10xp)

예리한 시각. 매는 시각에 관계된 지혜(감지) 판정에 이점을 받습니다.

행동

발톱. 근접 무기 공격: +5 명중, 5ft 간격, 목표 하나. 명중시: 1점의 참격 피해.

멧돼지 Boar

중형 야수, 성향 없음

방어도 11 (자연 갑옷)
히트 포인트 11 (2d8+2)
이동속도 40ft

근력	민첩	건강	지능	지혜	매력
13 (+1)	11 (+0)	12 (+1)	2 (-4)	9 (-1)	5 (-3)

감각능력 상시 감지 9
언어 —
도전지수 1/4 (50xp)

돌격. 멧돼지가 한 턴에 최소 20ft 이상 직선으로 이동한 직후 적에게 엄니 공격을 가해 명중시켰다면, 목표는 추가로 3(1d6)점의 참격 피해를 받습니다. 목표가 크리쳐라면, DC 11의 근력 내성에 실패할 시 넘어집니다.

끈질김. (짧은/긴 휴식 이후 재충전). 멧돼지가 피해를 받아 hp가 0으로 떨어졌다면, 한 번에 8점 이상의 피해를 받은 것이 아닌 한 hp 1점은 남게 됩니다.

행동

엄니. 근접 무기 공격: +3 명중, 5ft 간격, 목표 하나. 명중시: 4(1d6+1) 참격 피해.

박쥐 Bat

초소형 야수, 성향 없음

방어도 12
히트 포인트 1 (1d4-1)
이동속도 5ft 비행시 30ft

근력	민첩	건강	지능	지혜	매력
2 (-4)	15 (+2)	8 (-1)	2 (-4)	12 (+1)	4 (-3)

감각능력 맹안시야 60ft 상시 감지 11
언어 —
도전지수 0 (10xp)

반향감지. 들을 수 없는 상태가 되면 맹안시야를 잃습니다.

예리한 청각. 박쥐는 청각에 관계된 지혜(감지) 판정에 이점을 받습니다.

행동

물기. 근접 무기 공격: +0 명중, 5ft 간격, 목표 하나. 명중시: 1점의 관통 피해.

사자 Lion

대형 야수, 성향 없음

방어도 12
히트 포인트 26 (4d10+4)
이동속도 50ft

근력	민첩	건강	지능	지혜	매력
17 (+3)	15 (+2)	13 (+1)	3 (-4)	12 (+1)	8 (-1)

기술 감지 +3, 은신 +6
감각능력 상시 감지 13
언어 —
도전지수 1 (200xp)

예리한 후각. 사자는 후각에 관계된 지혜(감지) 판정에 이점을 받습니다.

무리 전술. 사자는 공격하려는 목표 주변 5ft 내에 행동불능 상태가 아닌 사자의 동료가 있다면, 명중 굴림에 이점을 받습니다.

급습. 사자가 최소 20ft 이상 직선으로 이동한 후 그 턴에 적을 할퀴기 공격으로 명중시켰다면, 목표는 DC 13의 근력 내성에 실패할 시 넘어집니다. 만약 목표가 넘어졌다면 사자는 추가 행동으로 같은 목표에 물기 공격을 1회 가할 수 있습니다.

달려 넘기. 사자는 10ft의 도움닫기 후 최대 25ft까지 멀리뛰기를 할 수 있습니다.

행동

물기. 근접 무기 공격: +5 명중, 5ft 간격, 목표 하나. 명중시: 7(1d8+3)점의 관통 피해.

할퀴기. 근접 무기 공격: +5 명중, 5ft 간격. 목표 하나. 명중시: 6(1d6+3)점의 참격 피해.

산호 상어 REEF SHARK

중형 야수, 성향 없음

방어도 12 (자연 갑옷)
히트 포인트 22 (4d8+4)
이동속도 0ft 수영 40ft

근력	민첩	건강	지능	지혜	매력
14 (+2)	13 (+1)	13 (+1)	1 (-5)	10 (+0)	4 (-3)

기술 감지 +2
감각능력 맹안시야 30ft 상시 감지 12
언어 —
도전지수 1/2 (100xp)

무리 전술. 상어는 공격하려는 목표 주변 5ft 내에 행동불능 상태가 아닌 상어의 동료가 있다면, 명중 굴림에 이점을 받습니다.

수중호흡. 상어는 물속에 있을 때만 호흡할 수 있습니다.

행동

물기. 근접 무기 공격: +4 명중, 5ft 간격, 목표 하나. 명중시: 6(1d8+2)점의 관통 피해.

슈도드래곤 PSEUDODRAGON

초소형 용, 중립 선

방어도 13 (자연 갑옷)
히트 포인트 7 (2d4+2)
이동속도 15ft 비행시 60ft

근력	민첩	건강	지능	지혜	매력
6 (-2)	15 (+2)	13 (+1)	10 (+0)	12 (+1)	10 (+0)

기술 감지 +3, 은신 +4
감각능력 맹안시야 10ft 암시야 60ft 상시 감지 13
언어 공용어와 용언을 이해하지만 말할 수는 없습니다.
도전지수 1/4 (50xp)

예리한 감각. 슈도드래곤은 시각, 청각, 후각에 관계된 지혜(감지) 판정에 이점을 받습니다.

마법 저항. 슈도드래곤은 주문이나 기타 마법적인 효과에 대한 내성 굴림에 이점을 받습니다.

제한된 정신감응. 슈도드래곤은 자신의 단순한 생각이나 감정, 영상 등을 주변 100ft 내의 크리쳐 하나에게 마법적 정신감응으로 보낼 수 있습니다.

행동

물기. 근접 무기 공격: +4 명중, 5ft 간격, 목표 하나. 명중시: 4(1d4+2)점의 관통 피해.

독침. 근접 무기 공격: +4 명중, 5ft 간격. 목표 하나. 명중시: 4(1d4+2)점의 관통 피해. 목표는 DC 11의 건강 내성에 실패할 시 1시간 동안 중독 상태가 됩니다. 목표가 이 내성 굴림에 5 이상의 차이로 실패했다면, 목표는 같은 시간 동안 무의식 상태에도 빠집니다. 이 상태는 피해를 받거나 다른 크리쳐가 행동을 사용해 깨우면 종료됩니다.

스켈레톤

스켈레톤 SKELETON

중형 언데드, 질서 악

방어도 13 (갑옷 쪼가리)
히트 포인트 13 (2d8+4)
이동속도 30ft

근력	민첩	건강	지능	지혜	매력
10 (+0)	14 (+2)	15 (+2)	6 (-2)	8 (-1)	5 (-3)

피해 취약성 타격
피해 면역 독성
상태 면역 중독
감각능력 암시야 60ft 상시 감지 9
언어 생전에 알았던 언어를 이해하지만 말할 수는 없습니다.
도전지수 1/4 (50xp)

행동

소검. 근접 무기 공격: +4 명중, 5ft 간격, 목표 하나. 명중시: 5(1d6+2)점의 참격 피해.

단궁. 장거리 무기 공격: +4 명중. 사거리 80/320ft 목표 하나. 명중시: 5(1d6+2)점의 관통 피해.

스프라이트 Sprite

초소형 요정, 중립 선

방어도 15 (가죽 갑옷)
히트 포인트 2 (1d4)
이동속도 10ft 비행시 40ft

근력	민첩	건강	지능	지혜	매력
3 (-4)	18 (+4)	10 (+0)	14 (+2)	13 (+1)	11 (+0)

기술 감지 +3, 은신 +8
감각능력 상시 감지 13
언어 공용어, 엘프어, 삼림어
도전지수 1/4 (50xp)

행동

장검. *근접 무기 공격:* +2 명중, 5ft 간격, 목표 하나. *명중시:* 1점의 참격 피해.

단궁. *장거리 무기 공격.* +6 명중, 사거리 40/160ft 목표 하나. *명중시:* 1점의 관통 피해. 목표는 DC 10의 건강 내성을 굴려 실패할 시 1분간 중독됩니다. 만약 이 내성 굴림에 5 이상의 차이로 실패했다면, 목표는 중독되어 있는 동안 무의식 상태에도 빠집니다. 해당 크리쳐는 피해를 받거나 누군가 행동을 사용해 깨우면 일어날 수 있습니다.

심장 보기. 스프라이트는 크리쳐에 접촉해 마법적으로 목표의 현재 감정 상태를 알 수 있습니다. 목표는 DC 10의 매력 내성을 굴리며, 실패할 시 스프라이트는 목표의 성향을 파악할 수 있습니다. 천상체, 악마, 언데드는 자동적으로 내성에 실패합니다.

투명화. 스프라이트는 투명화합니다. 이 투명화는 공격하거나 주문을 시전할 때까지 집중하는 동안 유지됩니다. (주문에 대한 집중과 동일) 스프라이트가 장비하거나 들고 있던 물체 역시 같이 투명화합니다.

승용마 Riding Horse

대형 야수, 성향 없음

방어도 10
히트 포인트 13 (2d10+2)
이동속도 60ft

근력	민첩	건강	지능	지혜	매력
16 (+3)	10 (+0)	12 (+1)	2 (-4)	11 (+0)	7 (-2)

감각능력 상시 감지 10
언어 —
도전지수 1/4 (50xp)

행동

발굽. *근접 무기 공격:* +5 명중, 5ft 간격, 목표 하나. *명중시:* 8(2d4+3)점의 타격 피해.

악어 Crocodile

대형 야수, 성향 없음

방어도 12 (자연 갑옷)
히트 포인트 19 (3d10+3)
이동속도 20ft 수영 30ft

근력	민첩	건강	지능	지혜	매력
15 (+2)	10 (+0)	13 (+1)	2 (-4)	10 (+0)	5 (-3)

기술 은신 +2
감각능력 상시 감지 10
언어 —
도전지수 1/2 (100xp)

숨 참기. 악어는 15분 동안 숨을 참을 수 있습니다.

행동

물기. *근접 무기 공격:* +4 명중, 5ft 간격, 목표 하나. *명중시:* 7(1d10+2)점의 관통 피해. 목표가 크리쳐라면 목표는 붙잡습니다. (탈출 DC 12) 이렇게 붙잡힌 크리쳐는 포박 상태가 되며, 악어는 크리쳐를 물고 있을 때 다른 목표에게 물기 공격을 할 수 없습니다.

올빼미 Owl

초소형 야수, 성향 없음

방어도 11
히트 포인트 1 (1d4-1)
이동속도 5ft 비행시 60ft

근력	민첩	건강	지능	지혜	매력
3 (-4)	13 (+1)	8 (-1)	2 (-4)	12 (+1)	7 (-2)

기술 감지 +3, 은신 +3
감각능력 암시야 120ft 상시 감지 13
언어 —
도전지수 0 (10xp)

날아치기. 올빼미는 적의 간격에서 날아서 빠져나올 때 기회공격을 유발하지 않습니다.

예리한 시각. 올빼미는 시각에 관계된 지혜(감지) 판정에 이점을 받습니다.

행동

발톱. *근접 무기 공격:* +3 명중, 5ft 간격, 목표 하나. *명중시:* 1점의 참격 피해.

임프 IMP

초소형 악마 (데빌, 변신자), 질서 악

방어도 13
히트 포인트 10 (3d4+3)
이동속도 20ft 비행시 40ft (쥐 형태일 때는 20ft, 까마귀 형태일 때는 20ft 비행 60ft, 거미 형태일 때는 20ft 등반 20ft)

근력	민첩	건강	지능	지혜	매력
6 (-2)	17 (+3)	13 (+1)	11 (+0)	12 (+1)	14 (+2)

기술 기만 +4, 통찰 +3, 설득 +4, 은신 +5
피해 저항 냉기, 은도금이 되어 있지 않고 마법적이지 않은 무기에 의한 타격/관통/참격 피해 전체
피해 면역 화염, 독성
상태 면역 중독
감각능력 암시야 120ft 상시 감지 11
언어 하계어, 공용어
도전지수 1 (200xp)

변신자. 임프는 행동을 사용해 쥐나 까마귀, 거미 중 하나의 형태로 변하거나 원래 모습으로 돌아올 수 있습니다. 임프는 모든 형태에서 같은 게임 자료를 사용하지만, 이동 속도는 새로운 형태에 따라 변화합니다. 임프가 장비하거나 들고 있던 물건은 같이 변하지 않습니다. 임프가 사망하면 본래 모습으로 돌아옵니다.

데빌의 시야. 마법적 어둠은 데빌의 암시야를 가리지 못합니다.

마법 저항. 임프는 주문이나 다른 마법 효과에 대한 내성 굴림에 이점을 받습니다.

행동

독침(야수 형태일 때는 물기). 근접 무기 공격: +5 명중, 5ft 간격, 목표 하나. 명중시: 5(1d4+3)점의 관통 피해. 목표는 DC 11의 건강 내성에 실패할 시 10(3d6)점의 독성 피해를 받습니다. 내성에 성공하면 피해는 절반으로 줄어듭니다.

투명화. 임프는 투명화합니다. 이 투명화는 공격하거나 주문을 시전할 때까지 집중하는 동안 유지됩니다. (주문에 대한 집중과 동일) 임프가 장비하거나 들고 있던 물체 역시 같이 투명화합니다.

임프

전투마 WARHORSE

대형 야수, 성향 없음

방어도 11
히트 포인트 19 (3d10+3)
이동속도 60ft

근력	민첩	건강	지능	지혜	매력
18 (+4)	12 (+1)	13 (+1)	2 (-4)	12 (+1)	7 (-2)

감각능력 상시 감지 11
언어 —
도전지수 1/2 (100xp)

짓밟는 돌격. 전투마가 한 턴에 최소 20ft 이상을 직선으로 이동하여 목표에게 발굽 공격을 명중시켰다면, 목표는 DC 14의 근력 내성에 실패할 시 넘어집니다. 목표가 넘어졌다면, 전투마는 추가 행동으로 발굽 공격을 1회 가할 수 있습니다.

행동

발굽. 근접 무기 공격: +6 명중, 5ft 간격, 목표 하나. 명중시: 11(2d6+4)점의 타격 피해.

변형: 전투마의 마갑

갑옷을 입은 전투마는 마갑의 종류에 따라 다른 AC를 지니고 있습니다. (마갑에 대해서는 제5장에서 더 자세히 설명하고 있습니다.) 말의 AC에는 적용 가능한 경우 민첩 수정치가 포함됩니다. 마갑은 말의 도전 지수를 바꾸지 않습니다.

AC	마갑	AC	마갑
12	레더	16	체인 메일
13	스터디드 레더	17	스플린트
14	링 메일	18	플레이트
15	스케일 메일		

좀비 ZOMBIE

중형 언데드, 중립 악

방어도 8
히트 포인트 22 (3d8+9)
이동속도 20ft

근력	민첩	건강	지능	지혜	매력
13 (+1)	6 (-2)	16 (+3)	3 (-4)	6 (-2)	5 (-3)

내성 굴림 지혜+0
피해 면역 독성
상태 면역 중독
감각능력 암시야 60ft 상시 감지 8
언어 생전에 알았던 언어를 이해하지만 말할 수는 없습니다.
도전지수 1/4 (50xp)

언데드의 인내력. 만약 좀비가 피해를 받아 hp가 0 이하로 떨어졌다면, 5 + 받은 피해를 DC로 건강 내성을 굴립니다. 이 내성에 성공하면 좀비는 hp 1을 남길 수 있습니다. 단 광휘 피해나 치명타로 받은 피해는 이렇게 견딜 수 없습니다.

행동

후려치기. 근접 무기 공격: +3 명중, 5ft 간격, 목표 하나. 명중시: 4(1d6+1)점의 타격 피해.

쥐 RAT

초소형 야수, 성향 없음

방어도 10
히트 포인트 1 (1d4-1)
이동속도 20ft

근력	민첩	건강	지능	지혜	매력
2 (-4)	11 (+0)	9 (-1)	2 (-4)	10 (+0)	4 (-3)

감각능력 암시야 30ft 상시 감지 10
언어 —
도전지수 0 (10xp)

예리한 후각. 쥐는 후각과 관계된 지혜(감지) 판정에 이점을 얻습니다.

행동

물기. 근접 무기 공격: +0 명중, 5ft 간격, 목표 하나. 명중시: 1점의 관통 피해.

콰짓 QUASIT

초소형 악마(데몬, 변신자), 혼돈 악

방어도 13
히트 포인트 7 (3d4)
이동속도 40ft (박쥐 형태 시 10ft, 비행 40ft. 지네 형태 시 등반 40ft. 두꺼비 형태시 수영 40ft)

근력	민첩	건강	지능	지혜	매력
5 (-3)	17 (+3)	10 (+0)	7 (-2)	10 (+0)	10 (+0)

기술 은신 +5
피해 저항 냉기, 화염, 번개. 비마법적 무기로 인한 타격/관통/참격 피해 전체.
피해 면역 독성
상태 면역 중독
감각능력 암시야 120ft 상시 감지 10
언어 심연어, 공용어
도전지수 1 (200xp)

변신자. 콰짓은 행동을 사용해 박쥐, 지네, 두꺼비 중 하나의 형태로 변신하거나, 다시 원래 모습으로 돌아올 수 있습니다. 콰짓은 어떤 형태에서도 동일한 게임 자료를 사용하지만, 이동 속도만큼은 형태에 따라 달라집니다. 콰짓이 장비하거나 들고 있던 물건은 같이 변화하지 않습니다. 콰짓이 죽으면 원래 모습으로 돌아옵니다.

마법 저항. 콰짓은 주문과 모든 마법적 효과에 대한 내성 굴림에 이점을 얻습니다.

행동

할퀴기(야수 형태일 때는 물기). 근접 무기 공격: +4 명중, 5ft 간격, 목표 하나. 명중시: 5(1d4+3)점의 관통 피해. 목표는 DC 10의 건강 내성에 실패할 시 5(2d4)점의 독성 피해를 받고 1분간 중독 상태가 됩니다. 목표는 매번 자기 턴이 끝날 때 다시 내성을 굴릴 수 있으며, 성공하면 효과는 종료됩니다.

겁주기(1회/일). 콰짓은 20ft 내에서 크리쳐 하나를 선택하며, 목표는 DC 10의 지혜 내성에 실패할 시 1분간 공포 상태가 됩니다. 목표는 매번 자기 턴이 끝날 때 다시 내성을 굴릴 수 있으나, 시야 안에 콰짓이 있으면 내성에 불리점을 받습니다. 내성에 성공하면 효과는 종료됩니다.

투명화. 콰짓은 마법적으로 투명화합니다. 이 투명화는 공격하거나 겁주기를 사용할 때까지 집중하는 동안 유지됩니다.(주문에 대한 집중과 동일) 콰짓이 장비하거나 들고 있던 물체 역시 같이 투명화합니다.

팬서 PANTHER

중형 야수, 성향 없음

방어도 12
히트 포인트 13 (3d8)
이동속도 50ft 등반 40ft

근력	민첩	건강	지능	지혜	매력
14 (+2)	15 (+2)	10 (+0)	3 (-4)	14 (+2)	7 (-2)

기술 감지 +4, 은신 +6
감각능력 상시 감지 14
언어 —
도전지수 1/4 (50xp)

예리한 후각. 팬서는 후각에 관계된 지혜(감지) 판정에 이점을 받습니다.

급습. 팬서가 최소 20ft 이상 직선으로 이동한 후 할퀴기 공격을 가해 명중시켰다면, 목표는 DC 12의 근력 내성 굴림에 실패할 시 넘어진 상태가 됩니다. 만약 목표가 넘어졌다면 팬서는 추가 행동으로 물기 공격을 가할 수 있습니다.

행동

물기. 근접 무기 공격: +4 명중, 5ft 간격, 목표 하나. 명중시: 5(1d6+2)점의 관통 피해.

할퀴기. 근접 무기 공격: +4 명중, 5ft 간격, 목표 하나. 명중시: 4(1d4+2)점의 참격 피해.

호랑이 TIGER

대형 야수, 성향 없음

방어도 12
히트 포인트 37 (5d10+10)
이동속도 40ft

근력	민첩	건강	지능	지혜	매력
17 (+3)	15 (+2)	14 (+2)	3 (-4)	12 (+1)	8 (-1)

기술 감지 +3, 은신 +6
감각능력 암시야 60ft, 상시 감지 13
언어 —
도전지수 1 (200xp)

예리한 후각. 호랑이는 후각에 관계된 지혜(감지) 판정에 이점을 얻습니다.

급습. 호랑이가 최소 20ft 이상 직선으로 이동한 후 그 턴에 적을 할퀴기 공격으로 명중시켰다면, 목표는 DC 13의 근력 내성에 실패할 시 넘어집니다. 만약 목표가 넘어졌다면 호랑이는 추가 행동으로 같은 목표에 물기 공격을 1회 가할 수 있습니다.

행동

물기. 근접 무기 공격: +5 명중, 5ft 간격, 목표 하나. 명중시: 8(1d10+3)점의 관통 피해.

할퀴기. 근접 무기 공격: +5 명중, 5ft 간격, 목표 하나. 명중시: 7(1d8+3)점의 참격 피해.

부록 E: 읽을거리

내가 만들어 낸 판타지 세상 모든 것에 영감을 주었던 것은 내가 어린 꼬마였을 무렵 아버지가 내게 보여준 사랑이었다. 아버지는 나에게 많은 이야기를 해 주셨다. 소원을 들어준다는 망토를 쓴 노인의 이야기나 마법의 반지와 검의 이야기, 사악한 주술사와 용감한 검사의 이야기들 말이다. 우리는 모두 그림 형제나 앤드류 랑이 쓴 동화들을 접하며 아주 어린 시절부터 판타지를 가까이해 왔다. 그리고 나는 신화들을 읽고, 동물 전집을 읽으며, 수많은 문화와 민족 사이에서 내려오는 전설과 전승을 알게 되었다. 그러한 기반 위에 판타지에 대한 나의 관심이 생겨났고, 1950년부터 꾸준히 모든 종류의 사이언스 픽션과 판타지 문학을 읽는 열성적인 독자가 되었다. 아래 작가들은 나에게 특별히 많은 영감을 준 이들이다.

— E. 개리, 가이객스. 던전 마스터 가이드 (1979)

던전즈 앤 드래곤즈DUNGEONS & DRAGONS의 창조자가 위의 글을 쓴 이후에도 엄청나게 많은 판타지 문학 작품이 출판되었으며, 그 중에서는 D&D에서 공유되는 세계에 기반한 것들도 많습니다. 아래의 작품 목록은 개리 가이객스의 본래 목록에 더해 이후 게임의 제작자들이 참조하며 영감을 얻은 작품들을 더한 것입니다.

알렉산더 로이드. "비밀의 책" 그 외 프리데인 연대기 시리즈 전체
프레드릭 브라운. "아마겟돈", "아레나"
토마스 불핀치 "그리스 로마 신화"
에드거 라이스 버로스. "지구의 중심에서"와 펠루시다 연작. "금성의 해적"과 금성 연작. "화성의 공주"와 화성 연작
트레이시 힉맨 & 마가렛 와이즈. "가을 황혼의 용들" 외 드래곤랜스 연대기 삼부작
윌리엄 호프 호지슨 "이계의 집"
로버트 E. 하워드 "야만인 코난" 시리즈
로드 던세이니, "경이의 서", 로드 던세이니 작품선, 페가나의 신들, 엘프랜드 왕의 딸, 로드 던세이니 명작집, 웰러란의 검 외 다른 이야기들
가이 가브리엘 케이. "티가나"
스티븐 킹. "용의 눈"
어슐라. K. 르 귄 "어스시의 마법사" 외 어스시 연작
H.P. 러브크래프트 "러브크래프트 전집"
조지 R.R. 마틴. "왕좌의 게임" 외 얼음과 불의 노래 연작
스콧 린치. "록 라모라의 위험한 도박" 외 불한당 신사 시리즈.
차이나 미에빌 "퍼디도 스트리트 정거장" 외 바스-라그 소설들.
테리 프레쳇 "마법의 색" 외 디스크월드 연작
패트릭 로스퍼스 "바람의 이름" 외 왕살해자 연작
R.A 살바토레. "수정 파편" 외 드리즈트 연대기
브랜던 샌더슨. "미스트본" 삼부작
J.R.R 톨킨 "호빗", "반지의 제왕", "실마릴리온" 등
로저 젤라즈니. "그림자 잭", "앰버의 아홉 왕자" 외 앰버 연대기

Ahmed, Saladin. *Throne of the Crescent Moon.*
Anderson, Poul. *The Broken Sword, The High Crusade,* and *Three Hearts* and *Three Lions.*
Anthony, Piers. *Split Infinity* and the rest of the Apprentice Adept series.
Augusta, Lady Gregory. *Gods and Fighting Men.*
Bear, Elizabeth. *Range of Ghosts* and the rest of the Eternal Sky trilogy.
Bellairs, John. *The Face in the Frost.*

Brackett, Leigh. *The Best of Leigh Brackett, The Long Tomorrow,* and *The Sword o f Rhiannon.*
Brooks, Terry. *The Sword of Shannara* and the rest of the Shannara novels.
Carter, Lin. *Warrior of World's End* and the rest of the World's End series.
Cook, Glen. *The Black Company* and the rest of the Black Company series,
de Camp, L. Sprague. *The Fallible Fiend* and *Lest Darkness Fall.*
de Camp, L. Sprague & Fletcher Pratt. *The Compleat Enchanter* and the rest of the Harold Shea series, and *Carnelian Cube.*
Derleth, August and H.P. Lovecraft. *Watchers out of Time.*
Farmer, Philip Jose. *Maker of Universes* and the rest of the World of Tiers series.
Fox, Gardner. *Kothar and the Conjurer's Curse* and the rest of the Kothar series, and *Kyrik* and the *Lost Queen* and the rest of the Kyrik series.
Froud, Brian & Alan Lee. *Faeries.*
Jemisin, N.K. *The Hundred Thousand Kingdoms* and the rest of the Inheritance series, *The Killing Moon,* and *The Shadowed Sun.*
Jordan. Robert. *The Eye of the World* and the rest of the Wheel of Time series.
Lanier, Sterling. *Hiero's Journey and The Unforsaken Hiero.*
Leiber, Fritz. *Swords and Deviltry* and the rest of the Fafhrd & Gray Mouser series.
McKillip, Patricia. *The Forgotten Beasts of Eld.*
Merritt, A. *Creep, Shadow, Creep; Dwellers in the Mirage;* and *The Moon Pool.*
Moorcock, Michael. *Elric of Melnibone* and the rest of the Elric series, and *The Jewel in the Skull* and the rest of the Hawkmoon series.
Norton, Andre. *Quag Keep* and *Witch World.*
Offutt, Andrew J., ed. *Swords against Darkness III.*
Peake, Mervyn. *Titus Groan* and the rest of the Gormenghast series.
Pratt, Fletcher. *Blue Star.*
Saberhagen, Fred. *The Broken Lands* and *Changeling Earth.*
Smith, Clark Ashton. *The Return of the Sorcerer.*
St. Clair, Margaret. *Change the Sky and Other Stories, The Shadow People,* and *Sign of the Labrys.*
Tolstoy, Nikolai. *The Coming of the King.*
Vance, Jack. *The Dying Earth* and *The Eyes of the Overworld.*
Weinbaum, Stanley. *Valley of Dreams* and *The Worlds of If.*
Wellman, Manly Wade. *The Golgotha Dancers.*
Williamson, Jack. *The Cosmic Express* and *The Pygmy Planet.*
Wolfe, Gene. *The Shadow of the Torturer* and the rest of The Book of the New Sun.

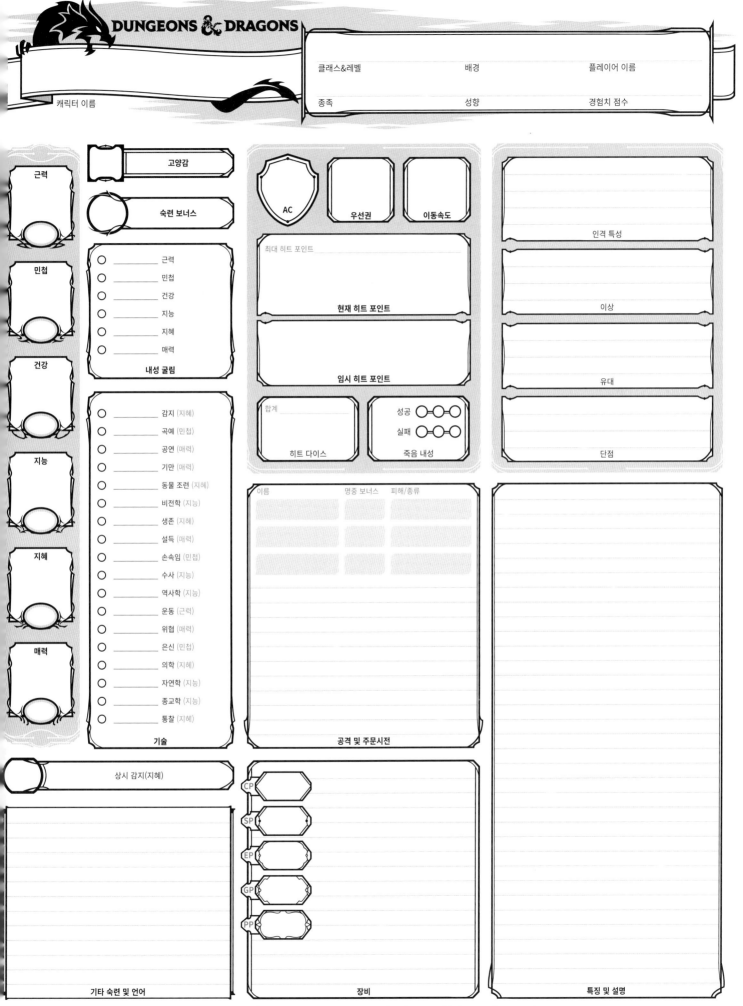

캐릭터 이름

나이　　　　　　　　신장　　　　　　　　체중

눈동자 색　　　　　　피부색　　　　　　　머리색

이름

문양

캐릭터 외모

동료 및 조직

추가적인 특징 및 설명

캐릭터의 배경담

보물

D&D

주문시전 클래스

주문시전 능력치   주문 내성 DC   주문 명중 보너스

소마법

3   6

주문
레벨

총 슬롯 개수   소비한 슬롯

1   7

주문명

4

2   8

5   9

다음엔 어떤 일이 기다릴까?

깊이있는 캐릭터 제작에 빠져들었으면, 이제 당신의 다음 행로를 생각할 때입니다. D&D의 즐거움은 캐릭터를 만드는 데에만 있는 것이 아니라, 실제로 게임을 즐기는 데에 있습니다. (캐릭터를 만드는 과정만으로도 아주 즐겁지만 말입니다.)

당신이 새로이 던전 마스터가 되어 친구들에게 게임을 소개하고자 한다면 스타터 세트(Starter Set)가 좋은 선택이 될 수 있습니다. 만약 당신이 알고 있는 DM이 아무도 없다면, 스스로 그 역할을 해 볼 때가 온 것입니다. 스타터 세트는 당신의 기나긴 여정의 좋은 첫걸음이 되어줄 것입니다.

D&D 기초 규칙은 이 책에서 제공하는 여러 가지 정보들을 담고 있으며, 당신만의 새로운 캠페인을 짜는데 필요한 자료들도 포함하고 있습니다. 일단 스타터 세트를 충분히 맛보았다면, DungeonsandDragons.com에서 무료로 다운로드할 수 있는 D&D 기초 규칙을 읽어보는 것이 좋습니다.

몬스터 매뉴얼(Monster Manual)은 던전즈 & 드래곤즈 DUNGEONS & DRAGONS 세계에서 가장 중요한 괴물들을 담고 있습니다. 이 매뉴얼은 DM을 위한 용도로 쓰여졌지만, 플레이어들이 읽기에도 좋습니다.

던전 마스터즈 가이드(Dungeon Master's Guide)는 DM을 위한 자료를 집대성한 것입니다. 이 책 속에는 다양한 마법 물건과 선택 규칙 그리고 단순한 던전에서 시작해 당신의 캠페인 전체를 아우르는 우주에 이르기까지 모든 것을 당신 마음대로 설계할 수 있는 방법이 들어 있습니다.

그리고 매년, 새로운 D&D 모험이 여러분을 기다립니다. 이 시나리오와 캠페인들은 당신이 큰 수고를 들이지 않고도 가장 즐거운 D&D 게임을 즐길 수 있게 해 줄 것입니다.

정기적으로 D&D를 즐기는 친구들을 찾거나 시간이 있을 때마다 함께 모험을 나설 동료를 찾고 싶습니까? 주변의 D&D 매장이나 이벤트를 검색해 보십시오. 우리 웹사이트나 주변의 게임 상점에서는 D&D 조우나 D&D 대장정 등과 같은 이벤트가 항상 벌어지고 있습니다.

당신의 게임을 좀 더 실감 나게 만들고 즐거움을 끌어올리기 위해 플레이어와 DM을 위한 다양한 디지털 도구들이 마련되어 있으며, 그 외에도 여러 가지 미니어처, 코팅된 전투용 지도, 캠페인 지도, 옷 등의 액세서리 상품도 준비되어 있습니다.

정기적으로 게임을 진행하는 친구들을 찾는 것이 어려울 때도 있습니다. 그런 경우라면 던전즈 & 드래곤즈 DUNGEONS & DRAGONS 보드게임 역시 가볍게 즐길 수 있는 좋은 게임 경험이 되어줄 것입니다. 또한 여러분은 Mac이나 PC, 기타 모바일 기기로도 D&D에 연관된 다양한 디지털 게임과 자료들을 찾으실 수 있을 것입니다.

> DUNGEONSANDDRAGONS.COM
> 을 방문하시고
> 당신의 D&D게임을
> 한층 더 레벨업 하십시오.